탐정학

조사방법과 실무기법

CRC Press
Taylor & Francis Group

탐정학

조사방법과 실무기법

Private Security and the Investigative Process, fourth edition

Charles P. Nemeth

| 임준태 · 송영남 옮김 |

도서출판 그린

저자 서문

출판된 어떤 작품이든 제4판까지 구성하게 되면 주제부터 본문의 필요성뿐만 아니라, 전문화된 내용의 필요성을 이해하는 독자와 출판사의 장점과 지지에 대해 많은 것을 알 수 있다. 민간경비에 있어서 세계는 우리의 사법정의 모델의 모든 수준에서 확장되었을 뿐이다. 즉 수사 영역도 예외가 아니다. 본문의 근본적인 구조는 그대로 유지되지만 내용은 매우 강력하고 공격적인 업데이트를 거쳤다. 2011년에 발간된 2판은 수사기법과 프로토콜의 세계에선 이미 아주 오래전 일이다. 그리고 최종 분석에서 이번 개정판이 추구하는 것은 내용이 뒤떨어지기보다는 사물의 최첨단에 놓는 것이다. 따라서 이 텍스트에 구애되는 몇 가지 분명한 새로운 가닥이 있다. 첫째, 기술적 영향력의 상승은 분명히 강조된다. 둘째, 법의학 기법과 디지털 어플리케이션으로 일을 하는 개선된 기법이 다루어지고, 셋째, 배경 정보가 수집되고, 정보가 저장되는 혁신적인 방법이 있다. 목록화, 수집 및 보존 기법 등이 새 개정판의 일부분이다. ASIS와 같은 전문 그룹과 관련된 모든 콘텐츠는 어느 정도 주목을 받고 있으며 오래된 소스 자료는 새로운 권한에 의해 뒷받침된다. 독자는 인터넷, 웹 정보, 전문가 서식 및 가이드에 대한 활기찬 접근법을 금방 알아차릴 수 있으며, 일반적으로 모든 주제에 대해 최신 정보를 얻을 것이다.

이러한 종류의 작업은 민간경비 산업의 교육과 향상, 현장 운영을 위한 훈련, 연구와 데이터베이스로서 또는 대규모 산업에서 새로운 관행과 절차를 전파하는 여러 가지 목적을 제공한다. 나는 본문의 작성에 있어서 각각 조금씩 이루어지길 바라지만, 가장 중요한 것은 본문이 입문 단계와 경험이 있는 실무자에게 하나의 제품으로 남아있어야 한다는 것이다. 편찬은 최선의 방법으로 양식, 체크리스트, 가이드 문서로 채워져 있으며, 일반적으로 그리고 특정 경우에 유용하다. 실무자들은 그것을 다른 출처, 아이디어, 전술 및 보안 전략에 대한 제안으로 가득 찬 자료로, 그리고 가장 복잡한 분야의 방법에 대한 신선한 생각으로 원할 것이다. 민간경비는 결코 따분한 일이 아니다. 근무 중에 잠을 자는 은행 경비원이라는 고정관념은 사실관계가 거의 없거나 전혀 없다. 동의하지 않으면 이 작업의 내용을 검토하기만하면 된다.

제1장에서는 한 번 공개된 사법 기능의 민영화 현상을 충분히 분석한다. 이런 경향을 볼 때 향후 민간경비의 확대는 불가피하다. 정부 및 민간 경비원의 모든 데이터는 이러한 상승 방향을 확인시켜 준다. 게다가, 우리 세계는 사람, 장소, 사물에 대한 무한한 정보, 특히 정확하고 검증된 정보를 필요로 한다. 조사 과정은 이 목적에 도움이 된다.

제2장에서는 유능한 조사관에게 필수적인 특성, 성격, 전문적 기술, 그리고 개인의 속성을 강조한다. 정보의 단순한 수집이 아니라 정보의 비판적 분석 단계에 새로운 관심이 주어진다.

초기 면접을 능숙하게 수행하는 방법이 제3장의 주제다. 고객과 고객의 사례에 대한 첫인상과 객관적인 사례 평가의 중요성을 철저히 검토한다. 이 장에서는 조사 정보 수집을 위한 다양한 새로운 형태와 기술을 제공한다.

일반인이든 전문가이든 증인은 제4장에서 논한다. 증언, 증거, 그 내용과 품질을 다루는 방법은 아무리 강조해도 지나치지 않다. 이 장은 또한 배경 평가에서 증인의 역할, 성격, 그리고 전반적인 신뢰도에 대해서도 논한다.

본문의 큰 장 중 하나는 제5장 "정보의 수집"으로, 민간경비 업계에서 훌륭한 실무자가 되기 위한 선험적 조건을 다루고 있다. 주제로는 안내 및 그 개발, 공공 및 민간 정보 출처(데이터베이스 및 출판물), 컴퓨터 서비스 등이 있다. 구체적인 실용적 응용도 포함되며, 이것은 수집 과정에서 기술과 웹의 역할에 대한 새로운 강조와 결합된다.

본문의 가장 포괄적인 장인 6장 "증거의 수집과 현장보존"은 이 방향을 계속한다. 주제는 조사 키트, 물리적 증거 및 그 수집, 장면 스케치, 사진 증거 및 문서화 응용 프로그램이다. 모든 전술이 업데이트되었다.

제7장에서는 도보로든, 순찰차로든 감시 기법을 조사하여 그래픽으로 재현한다. 카메라, 위치 및 범위와 관련하여 기술 개선을 특별히 강조한 장이다.

보고서 작성의 역학 관계를 구체적인 형태와 문서로 이해하는 것이 제8장의 주요 목적이다. 민간경비 전문가들은 공경찰과 마찬가지로 서류작업에 대한 부담도 커지고 있다. 보고서 작성 과정을 개선하는 소프트웨어 응용프로그램은 상당한 관심을 받는다.

제9장을 시작으로 본문은 적용 방향을 취한다. 본문에서는 앞의 제8장에서 논의된 다양한 기술과 역량을 사용하여 전문화된 사례 상황에 이러한 일반 원칙을 적용하기로 명시하고 있다. 제9장은 절도 및 재산범죄를 전담한다. 새로운 "범죄 조직" 혹은 "조직적인" 소매 절도 전술이 부각된다.

근로자의 보상, 장애, 방화, 상해 등 보험 건에 대해 10장에서 충분히 다루고 있다. 차량 및 사고 조사와 재구성에 상당한 주의를 기울인다.

제11장에서는 개인 및 직업 배경을 조사하기 위한 다양한 방법을 분류한다. 거리 인터뷰부터 웹 기반 데이터베이스에 이르기까지 그 기법은 매우 상세하게 다루어진다. 새로운 체크리스트와 기타 보조기구가 완전히 통합되어 있다.

마지막으로, 제12장은 탐정사무실 운영의 행정 요건에 대한 기초적인 평가를 한다. 청구서, 소개서, 서류철, 비용 청구서와 같은 주제를 다룬다. 사무실의 유지보수에 있어서 소프트웨어 프로그램의 역할은 완전히 갱신된다.

독자들에게 : 당신의 인내와 신뢰에 진심으로 감사하고, 언제나 그렇듯이, 나는 당신의 조언과 전문적인 통찰력을 기대한다.

Charles P. Nemeth JD, PhD, LL.M

Chair and Professor

John Jay College of Criminal Justice

Department of Security, Fire and Emergency Management

저자 약력

Dr. Charles P. Nemeth는 직업 생활의 대부분을 법과 정의에 대한 연구와 실천에 보냈다. 그는 직업윤리와 사법제도, 민간부문의 정의, 민간경비 시스템에 대해 인정받는 전문가다. 현재 그는 뉴욕 John Jay 대학의 Security, Fire and Emergency Management 학과의 교수와 민간경비 및 안전센터의 센터장을 맡고 있다. 또한 그는 동안 법과 정의에 관한 수많은 글과 기사를 출판한 다작 작가다. 그의 저서인 Private Security and the Law 제4판(Elsevier, 2012)은 그 주제에 관한 최고의 저서로 여겨지며, 2018년 Taylor & Francis가 5판을 발간했다. 그의 민간경비에 대한 전문성은 Private Security and Investigative Process 제4판(CRC Press, 2019), Criminal Law 제2판(CRC Press, 2012), Law and Evidence 제2판(Jones and Bartlett, 2010)으로 더욱 뒷받침된다. 국토안보 분야에서는 Introduction to Homeland Security: Practices and Principles 제3판(CRC Press, 2010, 2014, 2017)을 발간했다. 아울러 그는 Thomas Aquinas에 관한 다음과 같은 철학 작품들을 저술했다. Aquinas on Crime(St. Augustine's Press, 2010), Aquinas in the Courtroom(Praeger/Greenwood Press, 2001), Aquinas and King: A Discourse on Civil Disobedience(Carolina Academic Press, 2011), Cicero and Aquinas: A Comparative Study of Nature and the Natural Law(Bloomsbury Publishing, 2018). 또한 2005년부터 동료평가(peer reviewed) 저널인 Homeland Security Review의 편집장(Chief Editor) 역할도 수행했으며, 최근에는 Anthem Press가 출간하는 Law, Ethics and Jurisprudence series의 편집장 역할을 하고 있다. 그는 40년 이상 교육자로 있었으며, New York, North Carolina, 그리고 Pennsylvania Bars의 회원권을 가지고 있다. Nemeth 박사는 이전에 브록포트에 있는 State University of New York과 펜실베니아의 14개 주립대학 중 하나인 California University of Pennsylvania의 학과장을 역임했다. 그는 보안 회사의 법률 고문이자 법률, 직업윤리 및 도덕성과 민영화로 인한 공공 정의 모델에 미치는 영향에 대해 잘 알고 있는 학자다. Nemeth 박사는 48년 동안 배우자인 Jean Marie와 함께 펜실베니아 주 피츠버그에 살고 있으며, 개인적으로나 직업적으로나 모두 성공한 7명의 자녀를 두고 있다.

역자 서문

Nemeth, Charles P. 변호사가 저술한 「탐정학 : 조사방법과 실무기법(Private Security and the Investigative Process)」 제4판(2020년)은 미국의 탐정학 분야 실무지침서로서 유용한 정보와 내용을 담고 있다. 국내에서는 아직 민간조사업 혹은 탐정업이 공인된 자격 및 직업영역으로 자리매김하지 못한 상태이다.

다양한 민/형사사건을 둘러싸고, 민간조사관 혹은 탐정에 대한 사회적 수요가 점증하고 있음은 공지의 사실이다. 관련 업무분야에 대한 감독 주체를 둘러싸고 경찰청 및 법무부 간에 명확한 결론을 내리지 못한 채, 여러 법안들이 국회에 제출, 계류되면서 오랜 시간이 흘렀다.

대체로 영미법계(Common Law) 국가들에서는 민간/사적 영역에서의 조사행위를 광범위하게 인정하고 있는 반면에, 대륙법계(Civil Law) 국가들에서는 조사행위를 범죄수사에 상응하는 것으로 인식하고, 전통적으로 공경찰 영역으로 인식해왔으며 국가의 개입 및 통제여지를 많이 갖고 있다. 이러한 견해 차이는 민간경비산업의 한 분야로서, 민간조사업 혹은 탐정업에 대한 접근 및 이해방식의 차이가 초래한 간극이라 여겨진다.

형사사법 분야의 글로벌 경향에 따르면, 민간조사업 혹은 탐정업은 정규직업 영역으로 자리잡고 있는 것이 사실이다. 국내의 입법과정에서 진척상황이 지체되고 있음은 매우 안타까운 일이다. 경제규모 및 사회변화에 따른 업무가 수요가 점증하고 있기 때문에, 민간조사업 및 탐정업의 공인화 절차는 시급히 해결되어야 할 과제이다. 이러한 상황을 감안하여, 미국에서 널리 활용되고 있는 탐정학 교재를 번역, 출판하게 되었다. 본서는 미국에서의 민간조사절차를 소개한 것이지만, 향후 한국에서도 많이 활용될 수 있을 것으로 사료된다. 민간조사업이 정착된다면, 보다 더 실무적 활용가능성이 높은 한국형 민간조사절차에 대한 저술 작업이 병행되어야 할 것이다.

최근 미국 Taylor & Francis Group의 CRC Press社에서 출판한 본서에 대하여 한국어 판권을 획득하여, 번역출판하게 되었다. 출판을 맡아준 「도서출판 그린」 윤덕우 사장님께 감사함을 표합니다. 아울러, 번역작업 및 원고정리에 많은 도움을 준 동국대 대학원 박사과정 홍성초君과 석사과정 김근호君에게도 고마움을 표합니다. 본 역서가 한국의 민간조사업 및 탐정업 정착과 발전에 기여할 수 있기를 공동 번역자들은 기대합니다.

2020년 6월

동국대학교 동국관 서재에서

임준태교수(법학박사, Prof. Dr.Dr.jur., Penn State Law LLM)

송영남교수(범죄학박사, PH.D.Criminology., 경호학박사, PH.D.Security & Safety)

Contents

제 4장

탐정업무에 있어서 목격자의 증언과 증거

제 5장

정보의 수집

제 6장

증거의 수집과 현장보존

제 7장 감시기법들

제 8장 보고서 작성

제 9장 조사방법과 기법: 절도 및 재산범죄 조사사례

제 10장 조사방법과 기법: 보험사기 사례

제 11장 조사방법과 기법: 신원(배경)조사 사례

제 12장 탐정사무실 보안과 행정상의 이슈들

제 1장

탐정산업(민간조사업)과 조사절차

1. 탐정산업(민간조사업)의 개요와 내용
2. 민간경비산업과 민영화
3. 민간경비산업의 역할과 탐정의 조사절차
4. 결론 및 최종적인 고민사항들

1 탐정산업(민간조사업)의 개요와 내용

어떠한 합리적인 사람이라도 이미 탐정산업(민간조사업)과 제한 없이 접촉하고 있으며, 그 업무영역에 직면하고 있는 것 같다. 탐정업은 그 방향을 현대인의 모든 삶의 영역 쪽으로 엮어가고 있으며, 확장하고 있는 시장 안에서, 수십 개 분야를 가로지르면서, 지속적으로 안전(safety), 즉 사람과 재산의 보호, 그 자체에 대해서 고민하고 있다.

1.1 민간경비산업의 최근 동향

2차 세계대전과 냉전 이후, 민간경비산업은 점진적인 성장을 경험하고 있다. "민간경비산업 종사자들의 숫자 역시 정규 경찰관과 정규 군인이 아닌 정부부처의 경비대원 숫자와 대비하여 거의 2:1 수준으로 훨씬 능가하고 있다."[1] 오늘날, 공경비 영역은 공동체 삶의 모든 영역에 걸쳐서 영향력을 갖고 있는 민간경비 영역과 서로 교류하고 있으며, 또한 의존하고 있다.

1) Total private security employment in 1982 is conservatively estimated at 1.1 million persons (excluding federal, civil, and military security workers), 449,000 in proprietary security, and 641,000 in contract security. These rises continue unabated throughout the Western world. Our neighbors to the north have seen a shrinking to a stagnant public police model replaced by a vibrant private policing system. See: "Statistics Canada Website," Table 1: Police officers, private investigators and security guards Canada 1991, 1996, 2001, and 2006, Government of Canada, last accessed August 26, 2018, available at www.statcan.gc.ca/pub/85-002-x/2008010/article/10730/tbl/tbl1-eng.htm.

2002년, ASIS International은 현재 및 장래의 민간경비산업 분야에 현존하고 있는 기회들을 확인하고 다음과 같이 언급하고 있는바, 정보절취, 직장 내에서의 폭력, 테러리즘 그리고 화이트칼라범죄로 인하여 보다 더 강화된 보안에 대한 요구가 증가하고 있다. 미국에서 보안산업(경비산업)의 시장규모는 1년에 1,000억 달러 규모이며, 증가하고 있다. 민간경비산업의 모든 수준에서 사업 기회들이 존재하고 있다. 모든 사업은, 그 규모가 얼마나 작던지 간에, 사기, 절도, 컴퓨터 해킹, 산업스파이 혹은 직장 내 폭력과 같은 안전/보안에 관한 문제들을 갖고 있다.[2]

전 세계 시장의 점진적인 복잡성, 상품생산의 기술적 진보, 서비스 그리고 화폐 및 다른 지불수단의 유통은 민간경비산업 성장에 촉매제 역할을 하고 있다. 예를 들면, ATM 기계에서 종이 없는 수표, 전신 송금에서 신용카드 발급에 이르기까지, 은행 업무에 있어서 사이클론과 같은 선풍적인 혁명을 생각해보라. 이러한 모든 사례들은 본질적으로 새로운 것이지만, 동시에 몇몇 창의적인 범죄의 대상이 되고 있다. 미래에는 공경찰 모델과 연계된 개인 차원의 예방과 보호에 뿌리를 둔 시스템이 존재하게 될 것이다.[3] 장래에는 범죄현장, 테러리스트조사, 혹은 공공시설물에서 보다 더 많이 협력하는 모습들이 목격될 것이다. 현재, 민간경비영역에 의하여 인정되고 있는, 즉 민간경비기능에 해당한다고 여겨지는 항목들이 감소되지 않은 채 계속 증가하고 있다. 공공 및 지역사회는 단순히 FBI나 ATF(Bureau of Alcohol, Tobacco, Firearms and Explosives : 주류 · 담배 · 화기및폭발물단속국) 혹은 주정부 법집행기관 및 지역경찰관서가 무수히 많은 임무들을 모두 수행해주기를 더 이상 기대하지 않는다.

민간경비산업은 점진적으로 공공의 안전과 보안 업무영역 쪽으로 그 방향을 돌리고 있는

2) "Professional Development—hat is Security?" ASIS International, at www.asisonline.org/careerwhat.html, last visited October 10, 2002; see also J. Scott Harr and Karen M. Hess, Careers in Criminal Justice and Related Fields: From Internship to Promotion (Boston: Cengage Learning, 2009).

3) The growth, internationally, has been equally dramatic. See Jaap De Waard, "The Private Security Industry in International Perspective," European Journal on Criminal Policy and Research 7 (1999): 143.

바, 그 방향으로 동요되지 않을 정도의 확고 부동성을 갖고 있다.[4] 공경찰과 안전을 도모하는 기관들은 이러한 민간경비영역에서의 지원을 환영하고 있다. 주택이나 대규모 아파트단지, 주정부 혹은 연방정부 시설, 군 시설과 지역 교정시설, 교통이 밀집한 교차로, 대중교통시설, 중요인사 경호 그리고 화재 및 폭발물 위험 평가 분야에서, 손에 도넛을 들고 있는 청원경찰관(rent a cop) 혹은 퇴직한, 패기가 없어 보이는 경찰관 모습을 우스꽝스럽게 표현하고 있는 캐리커처야말로 바로 민간경비산업의 이미지를 보여주고 있는 것이다. Frank MacHovec은 공경찰에 의하여 수행되지 않는 모든 경비서비스 제공 기능이야말로 민간경비산업의 기능이라고 언급하고 있다.[5] 민간경비분야는 최첨단 기술과 운용정책에 관한 산업이다. 민간경비산업은 공공 법집행기능이 종종 부러워하는 분야이기도 하다.[6] 공공 법집행분야에서 부담이 덜 되는 규제와 과도한 헌법적 감시 및 정치적 관여로부터 자유로운 상황이 확인되고 있으며, 효율성과 기업가적 창의성에 의하여 추진되고 있다. 그래서 민간경비산업은 앞으로 발전할 수 있다.

민간경비산업은 공공분야 쪽의 상대 파트너들보다는 일반 시민들과 훨씬 더 많은 관련을 맺고 있다. 놀라울 정도의 규모로 증가하고 있는 산업계의 추세에도 불구하고, 민간경비산업은 화려한 광고도 많이 하지 않은 채, 시민들과 관련을 맺어오고 있다. David Sklansky는 The Private Police라는 논문에서 중요한 함의를 다루고 있다.

대부분의 변호사들과 학자들에게 있어서, 민간경비 분야는 알려지지 않은 대지와 같은 분야이다. 즉 야생적인, 아직 지도로 만들어지지 않은, 거의 탐험되지 않은 땅과 같은 것이다.

---

4) Charles P. Nemeth and K. C. Poulin, The Prevention Agency: A Public Safety Model for High Crime Communities in the 21st Century (California, PA: California University of PA, 2004); Charles P. Nemeth and K. C. Poulin, Private Security and Public Safety: A Community-Based Approach (Upper Saddle River, NJ: Prentice Hall, 2004).

5) Frank Machovec, Security Services, Security Science (Springfield, IL: Charles C. Thomas, 1992): 11.

6) Despite the envy from afar, status perceptions are often vastly different. Deborah Michael's study of security officers shows a negative self-image as "junior partners" when compared to public police officers. Deborah Michael, "The Levels of Orientation Security Officers Have towards a Public Policing Function," Security Journal (1999): 33.

비록, 정부 관서들이 청사경비와 청사주변, 주택단지, 공원 및 시설을 순찰하기 위하여 민간경비회사 소속 경비원을 고용하고 있다. 그런데 그 숫자 면에서 적지만, 점진적으로 지방자치 단체들이 민간경비회사 소속 경비원들을 보다 더 광범위하게 활용하기 시작했다.[7]

민간경비산업에서의 조용한 혁명(the Quiet Revolution)이[8] 더 이상 충격적인, 놀라운 일이 아니다.[9] 이전보다는 더 많이, 민간경비산업 분야 쪽으로 거대한 공공수요가 유발되고 있다. 이러한 공공수요로 인하여, 전문적인 계획과 정책결정, 그리고 역동적인 민간경비산업 발전에 대한 새로운 집중이 요구되고 있다. 경제범죄가 광범위하게 확산하고 있는 동향이다. 더불어 이와 같은 방향으로 민간경비산업을 적응시키려는 분위기와 필요한 기술을 서로 결합시키려고 했던 노력이 더 나아지지는 않았다.

민간부문에서의 사경찰 활동은 훨씬 더 적은 부담으로 균형을 맞추고 있으며, 신속하게 대응할 수 있는 자발성을 갖고 있다. 이러한 방향으로 상호 협력할 수 있는 특별한 분위기, 공유된 그리고 서로 학습된 경험이 존재한다. 이 책의 전체적 접근에 있어서, 중요한 부분은 민간경비산업이 바람직스럽지 않은 공경찰 기능의 뼛조각과 부스러기들을 내던져야 한다는 반성으로서 취급될 것이 아니라, 미국의 법과 질서 시스템 내에서 민간경비산업이 굳건하게 뿌리내려야 한다는 마음으로부터 우러나오는 믿음이라는 점이다. 이러한 진취적인 정신은 그 구성원들과 구성요소 둘 다를 고상하게 만들어준다. 민간분야에서의 수단을 통하여 공공 책임성을 완수함으로써, 민간경비산업은 국가 전체가 존재하고 제대로 작동될 수 있도록 해준다.

실제로, 민간경비 산업에 대한 철학은 미국 전통의 한 부분이다. 스스로 돕고, 스스로 의

7) David A. Sklansky, "The Private Police," UCLA Law Review 46 (1998): 1177.

8) Sklansky, "Police": 1171.

9) "Groundbreaking Study Finds U.S. Security Industry to be $350 Billion Market," ASIS International, August 12, 2013, www.asisonline.org/News/Press-Room/Press-Releases/ 2013/Pages/Groundbreaking-Study-Finds-U.S.-Security-Industry-to-be-$350-Billion-Market.aspx.

지하며, 스스로 보호하는 것은 단지 슬로건에 그치는 것이 아니라, 미국의 경험상 삶의 한 방식인 셈이다.[10] 스스로 돕고, 스스로 보호하는 것은 범죄에 대한 공공 법집행기관의 대응을 기다리는 것이 아니라, 그 자신을 보호하기 위한 도덕적 용기와 의지를 보여주는 자유시민의 본질을 의미하는 것이다. 범죄발생이 초래하는 삶의 방식 변화에 곧바로 맞서면서 저항할 수 있는 시민들의 자발성이야말로 국가의 위대함이며, 이는 서로 직접적으로 연관된다. 이러한 분위기는 주(州), 연방, 이웃 간 그리고 상업지구 내에서 확인되고 있다.[11]

상업 및 공업지구에서 민간경비산업이 동일한 유리한 시점에서 유지되어 온 이래, 그것은 아직 빛나고 있다. 어떻게 그리고 왜 공동체가 유지되고, 소멸하고, 번창하며 혹은 붕괴되는 지를 경비서비스에 특화된 회사들이 시각적으로 잘 보여줄 수 있다. 사적인 이익에 예방적이고 보호적인 서비스를 제공함으로써, 민간경비 분야 실무가들은 궁극적으로 공동체의 안정을 보장하고 있는 셈이다. 이것이 원시시대로부터 유래된 공공의 책임이 아니라고 주장하는 사람은 거의 없다. 이 문제의 정점에서 미국의 외교정책상 민간영역의 개입에 대해 점진적으로 나타나고 있는 선호경향이 있다. 중동지역, 이라크 그리고 아프가니스탄 전역에 걸쳐서, 민간경비산업의 흔적이 훨씬 더 명확해지지 않고 있었다.[12] 민간경비원들을 민간

10) Charles P. Nemeth, Private Security and the Law, 5th ed. (Boca Raton, FL: CRC Press, 2018): 1.

11) Carl F. Horowitz highlights the power of the private sector on business and community and establishes the fundamental reason why the private sector is so vital to the control of crime: "Local residents, fearing crime, are unwilling to patronize neighborhood businesses during evening hours. Business owners may be willing to bear the risk of crime in order to attract evening customers, but if residents are too frightened to shop, many of the businesses will not survive. As a result, many inner city residents no longer enjoy the convenience of having neighborhood stores. A lengthy trip thus may be required for groceries, clothing, and other household goods." "An Empowerment Strategy for Eliminating Neighborhood Crime," The Heritage Foundation, March 25, 1991, available at www.heritage.org/crime-and-justice/report/empowerment-strategy-eliminating-neighborhood-crime.

12) E. L. Gaston, "Mercenarism 2.0? The Rise of the Modern Private Security Industry and Its Implications for International Humanitarian Law Enforcement," Harvard International Law Journal 49 (2008): 221, www.harvardilj.org/2008/01/issue_49-1_gatson.

군사전문가들 혹은 용병(dogs of war, 전쟁의 충견, 개인적 이익을 위하여 전쟁에 참여하는 자들)으로 이름을 붙이는 것은 이러한 새로운 양상이 야기하는 긴장에 대하여 많은 것을 언급하게 될 것이다. 그러한 사람들의 입장에서, 민간기업에 소속된 군인(용병)은 아주 유연한 특성을 제공하는 바, "각각의 사례에 대한 독특한 해결책을 제시할 수 있는 능력과 함께 문제가 되는 부분에 대한 지식, 작전상의 전문 기술, 사업상의 완전성, 비밀의 보장 그리고 일반적으로 정치적 의의가 없는 그런 특성이 있다."[13] 비판가들에 따르면, 민영화된 군사작전은 "개인적 이익을 위하여 무력을 활용하거나, 도덕적으로 불미스러운 세력의 대리인으로서 서비스를 제공하고, 혹은 억압, 혼란, 그리고 인권침해를 조장한다"고 비판하고 있다.[14] 이러한 사례들 가운데 어느 것도 정확한 것은 없지만, 미국의 대표적인 민간군사기업(Private Military Company : PMC)인 블랙워터(Blackwater)의 변질된 모습을 표현한 캐리커처는 이렇게 새롭게 등장하고 있는 민간경비산업의 역동성에 관한 제한된 일부 사례를 보여주고 있다.[15] 군사적인 충돌상황에서 민간경비 회사들이 수행하고 있는 역할과 임무는 민영화에 대한 자연적인 발전이라고 할 수 있다.[16]

테러와의 전쟁 상황에서 광범위한(whole scale) 경비시스템은 민간분야 시스템에 의존하게 되었다. 군사작전 세계에서 민간영역의 정의가 부합하는지 여부를 잠깐 봤을 때에, 오히려 이상하게 보인다. 그런데 상호 관련성이 더욱더 깊이 고려될수록, 그것은 보다 더 중요해진다. 민간경비회사들은 지금 "각각의 사례에서 독특한 해결책을 만들어낼 수 있는 능력과 함

13) Robert Mandel, "The Privatization of Security," Armed Forces &Society 28 (2001): 129, 132; see also Joshua S. Press, "Crying Havoc Over the Outsourcing of Soldier and Democracy's Slipping Grip on the Dogs of War," Northwestern University Law Review Colloquy 103 (2008): 109.

14) Mandel, "Privatization": 129.

15) Mark Calaguas, "Military Privatization: Efficiency or Anarch?" Chicago-Kent Journal of International &Comparative Law 6 (2006): 58.

16) Jon Cadieux, "Regulating the United States Private Army: Militarizing Security Contractors," California Western International Law Journal 39 (2008): 197.

께 문제가 되는 영역에 대한 지식, 작전상의 전문기술, 사업상의 완전성, 비밀보장 그리고 일반적인 비(非)정치적 성질을 갖고 유연하게 행동하고 있다."[17] 다른 방식으로, 민간경비산업은 그 문제를 냉정하게 보면서, 돈을 벌 목적으로 물리력(용병)을 제공할 수 있다. 그로 인해 결과적으로 해당 민간경비업체가 더 합리적이며 이성적인 것으로 보일 것이다.

그것이 중요인사에 대한 경호나 민영교도소 운영절차, 지역공동체와 근린지역의 정보, 외교업무의 보호이던지 간에, 그 몇몇 기능에 민간경비인력을 배치하기 위하여 민간경비인력에 이러한 책임을 맡기는 것은 전반적인 패러다임의 변화를 확연하게 보여주는 것이다.[18] 전쟁과 평화상태 등 두 가지 모든 상황에서, 민간 사법 모델이 공적 기능 안으로 불안정하게 서로 맞물리게 하는 상황을 목격하고 있다.

이제 민영화라는 단어가 공공정책 분야에서는 예측할 수 있는 전문적 용어가 되고 있으며, 정부가 제공하는 서비스의 전달자가 되고 있다. 전체 순환구조를 감안하면서, 입법가들과 정책결정자들은 공공기관의 업무를 다른 민간부서로 하청(outsourcing)주는 사적 계약, 이행의무를 위탁할 수 있는 용역서비스, 그리고 민간영역과의 파트너십 관점에서 관련 프로그램과 그 전달방식을 평가하고 있다. 이러한 종류의 사고방식은 더 이상 비주류적인 것이 아니다. 비록 이러한 변화가 지금은 자명해졌지만, 이런 추세는 또한 곤란한 상황을 많이 야기시킨다.[19] 국립사법연구소(the National Institute of Justice)에 따르면, 비(非)공공 법집행의 형태 속에

17) Mandel, "Privatization": 132.

18) Christopher Kinsey, Corporate Soldiers and International Security: The Rise of Private Military Companies (New York: Routledge, 2006); Thomas Jager and Gerhard Kummel, Private Military and Security: Companies' Chances, Problems, Pitfalls and Prospects (Heidelberg, Germany: Springer VS, 2007).

19) Scott M. Sullivan, "Private Force/Public Goods," Connecticut Law Review 42 (2010): 857-858; see also Ellen Dannin, "Red Tape or Accountability: Privatization, Public-ization, and Public Values," Cornell Journal of Law and Public Policy 15 (2005): 113; Jody Freeman, "The Contracting State," Florida State University Law Review 28 (2000): 170; Clayton P. Gillette and Paul B. Stephan III, "Constitutional Limitations on Privatization," American Journal of Comparative Law 46 (Supp. 1998): 490; David A. Super, "Privatization, Policy Paralysis, and the Poor," California Law Review 96 (2008): 409-410.

서, 민영화된 사법(司法) 쪽으로 후퇴하고 있는 변화를 통찰력 있게 이해해오고 있었다.

이러한 민간경비분야의 확장된 활용과 증가한 시민들의 관여는 범죄로부터 시민들을 보호하기 위해 민간영역 쪽으로 점진적으로 선회하고 있다는 신호이다. 현대 경찰의 성장과 확장은 19세기 초반 사경찰 활동과 민간경비분야가 주도적 역할을 했던 분야로부터의 변화를 반영하고 있는 것이다. 지금은 시계의 추가 이쪽저쪽으로 왔다 갔다 하는 모습이다. 최근 수년 동안 범죄예방을 위한 확장된 경찰의 역할에도 불구하고, 법집행기관이 폭력범죄와 범죄대응에 보다 강력하게 집중하고 있는데 반하여, 민간경비산업은 범죄예방에 보다 많은 역할을 감당하고 있는 것처럼 보인다. 경제적 현실들은 업무상의 부담을 줄이는 방법을 찾기 위하여, 법집행을 강조하고 있는 중이다.[20]

마지막 분석에 따르면, 이러한 현실에 관하여 능력을 갖게 하는 뭔가가 있다. 그리고 몇몇 사람들이 "참여적 민주적 자치(participatory democratic self-government)"를 언급하고 있다.[21] 시민들이 자기 스스로 돕고, 자기 스스로를 보호(자경주의)해야 한다는 책임성을 인정할 때보다, 자신들을 둘러싸고 있는 주변세계에 대한 보다 더 넓은 의미의 책임성을 갖고 있는가?

미국 형사사법 행정에 있어서 민간경비영역의 역할은 마치 다양한 양상으로 그리고 테두리로 경계가 에워싸여진 두 가지 모습인 것처럼 보인다. 민간경비의 서비스 영역은 사적인 신변 보호, 개별적인 혹은 재산상의 보호를 포함할 뿐만 아니라, 컴퓨터 보안을 포함한 손실방지, 보험, 군(軍) 관련 정보수집 그리고 그에 관련된 기능들을 포함하고 있다. 실무적 관행, 절차 그리고 시스템으로서 민간경비는 국가의 전통 속에 깊이 각인되어 있으며, 현대 미국의 사법제도에 필수적으로 기여하고 있다.

20) William C. Cunningham and Todd H. Taylor, The Hallcrest Report: Private Security and Police in America (Boston: Butterworth, 1991): 3.

21) David A. Sklansky, "Private Police and Democracy," American Criminal Law Review 43 (2006): 89.

1.2 민간경비산업의 분류와 기능들

민간경비산업은 미국의 역사적 경험상 모든 분야에 걸쳐서 그 실마리가 서로 연관되어 있다. 개인적인 배달 업무, 기업적인 서비스 혹은 용역서비스를 제공하기 위한 계약 관계하에서든지, 민간경비산업은 경제적인 삶의 모든 영역에 접촉하고 있는 실정이다. 특정한 보안서비스를 위하여 금전이 어떻게 지급되는지 간에, 계약적 서비스는 중요한 현장이나 장소/환경에서의 안전과 보안을 증진시키고 있다.

"사적인 계약을 통한 보안이나 경비서비스"산업은 경비원, 탐정서비스(민간조사 서비스), 중요 사무실의 알람 모니터링, 무장을 한 채로 수송하는 것, ATM 서비스, 보안컨설팅 그리고 데이터보안과 민영교도소 시설관리 서비스를 포함하고 있다. 또한 수익성이 높은 특정 시장으로서 폭발물처리 및 검색, 금속탐지 업무, 약물검사, 고용 후보자 사전배경 조사, 보안 시설의 렌트, 라돈 등의 위험스러운 가스 같은 물질의 검사 그리고 경비견 제공 서비스 등을 포함하여, 광범위하게 전문화된 경비서비스 영역이 존재한다.[22]

기업 차원의 민간경비서비스에서도 유사한 결과를 제공해준다. 소규모 개인 회사 차원에서는 직접적으로 일반 대중에게 경비서비스를 제공하는바, 재산의 보호에서 개인에 관한 배경 조사에 이르기까지 그리고 사기 방지시스템에서 은행에서의 보안통제에 이르기까지 다양한 서비스를 제공한다. 소규모 개인 민간경비회사는 탐정(민간조사원), 컴퓨터와 기술범죄 대응 전문가, 대(對)테러전문가들이 넘쳐나면서, 창의력과 발명가적인[23] 훌륭한 능력을 반영하고 있다. 최고의 전문가협회, ASIS International에 따르면, 민간경비산업은 다음의 중요한 4가지 분야로 나누어진다.

22) Paul S. Bailin and Stanton G. Cort, "Industry Corner: Private Contractual Security Services: The U.S. Market and Industry," Business Economics 31 (April 1996): 57.

23) See Pinkerton Security Services USA, at www.securitasinc.com/who-we-are/about- securitas-usa/ourhistory/, last visited September 3, 2018, for information on the merger of Pinkerton, Securitas, and Burns Security.

첫째, 물리적 보안(Physical security)은 경비인력, 경비시스템 그리고 보안 절차를 활용함으로써 사람, 재산 및 시설 보호에 초점을 두고 있다. 물리적 보안업무에 종사하는 자는 재산 혹은 계약상의 통일된 보안 운용을 감시하고, 보안시스템상의 요구사항을 확인하며, 재산에 대한 내부/외부적 위협을 평가한다. 그러한 위협에 대응하기 위한 정책, 계획, 절차 및 물리적 경비역량을 발전시킨다. 물리적 보안업무에는 장벽을 활용할 수 있고, 경보장치, 잠금장치, 접근통제시스템, 보호적 조명시설, CCTV 그리고 다른 최신식 보안기술 활용을 포함하고 있다.

둘째, 정보보안(Information Security)은 민감한 정보를 보호하는 것에 관련된다. 비록 정보보안이 전통적으로 미국 정부가 비밀로 분류한 정보의 보호와 관련되어 있지만, 정보보안은 또한 사적인 데이터, 소규모 기업의 재산 가치가 있는 정보, 계약상의 정보 그리고 지적 재산을 포함하고 있다. 정보보안은 누가 그러한 정보에 접근해야 하는지 그리고 어떻게 그 데이터가 저장, 통제, 표시, 배포 그리고 처분되어야 하는지와 같은 이슈들을 다루고 있다.

셋째, 인적 보안(Personal Security)은 어떤 조직 내 근무자의 완결성과 신뢰성을 보장하는 것에 연관되어 있다. 인적 보안은 보안상 문제점을 찾아내어 그것을 해결하도록 허용하고, 다른 정보 접근 특권에 대한 판단을 포함하여 근무자의 배경조사, 약물검사 그리고 다른 고용 전 후보자를 스크린하는 기법을 포함한다.

넷째, 정보시스템 보안(Information System Security)은 비밀성, 신뢰성을 비롯하여 만들어진, 저장된, 처리된, 그리고 자동화된 정보시스템을 통해 전송된 데이터의 활용가능성을 유지, 관리하는 것과 연관된다. 정보시스템 보안에 종사하는 자들은 해커 및 허가받지 않고 데이터에 접근하려는 다양한 노력과 시도, 바이러스와 정보시스템에 대한 수많은 다른 위협들에 대하여 이를 보호할 수 있는 절차와 안전장치를 개발한다.

민간경비산업은 중요한 업무영역 안에서 전문분야별로 나누어지며, 끊임없는 세부 영역의 배열을 포함하고 있으며, 다음과 같은 사항에 국한되지 않는다:

- 교육시설의 경비
- 금융기관경비
- 게임장 및 도박장 경비

- 정부시설의 경비
- 보건시설의 경비
- 정보시스템의 보안
- 숙박업소경비
- 공장시설경비
- 소매점/상점경비
- 경비상품 판매, 장비 및 서비스
- 대중교통상의 경비
- 가스/전기/수도 등 편익시설경비[24]

24) See the ASIS International website at www.asisonline.org for more information.

2 민간경비산업과 민영화

일반 대중의 인식은 사법절차 모델을 공적인 기능으로 보려는 경향이 있는 반면에, 거기에는 사법 서비스를 제공했던 사립탐정들(private operatives)과 관련된 오래된 역사와 전통이 있다. 실제로, 대부분의 미국 역사에서는 사적인 사법서비스와 사적인 경찰서비스에 대한 선호경향을 보여주고 있다.

주로, 초기 식민지에서 민간경비에 대한 요구는 소규모의 개인적인 혹은 상업적인 이익에 치중하지 않고, 오히려 화재, 부랑자 및 인디언들의 공격에 대한 두려움에 기초하고 있었다. 도시에서 인구가 증가하면서, 보안관 시스템, 제복경찰 그리고 야경대 조직을 통해 법집행 요구를 충족시키기에는 다소 부적합하다는 것이 밝혀졌다. 그러나 식민지 시대의 다양성으로 인하여, 통일된 법집행 관행들이나 국가 차원의 경찰에 대한 어떤 개념도 발전시키지는 않았다. 심지어, 도시에서 혼잡성과 범죄율이 증가했지만, 미국의 법집행 분야에서 변화는 거의 없었다. "1800년대 중반에 가서 직업경찰조직이 설치될 때까지, 야경대원들이 여전히 익숙한 형태로 남아있었고, 중요한 경비조치들을 구성하고 있다."[25]

외관상으로 변하지 않을 것처럼 보였던 식민지 시절의 미국 법집행조직이 어떤 의미로 사회가 안정되었다는 것을 보여주는 표시라기보다는, 그것은 오히려, 연방정부에 의하여 통제되는 그 어떤 공적인 혹은 국가차원의 물리력행사에 관한 신중함 때문인 것처럼 보였다. "각 주정부의 권리에 대한 원칙은 법집행에 관하여 심도 있고 지속적인 영향을 갖고 있었

25) National Advisory Commission on Criminal Justice Standards and Goals, Report of the Task Force on Private Security 30 (Washington, DC: US Department of Justice, 1976).

다."[26] 특별히 미국 혁명기 바로 직후, 미국인들은 주와 지역의 문제들을 통제하고 관리하기 위하여 추구되었던 그 어떤 연방기관의 존재에 대해서도 의심의 눈초리를 갖고 있었다. 삶의 다른 국면처럼, 법집행과 민간경비, 이 둘은 주정부와 자치단체에 의하여 통제받도록 되어 있었다. 이러한 내용은 "주정부 권리들"에 대한 사고방식의 시대와 분권화된 연방주의의 우선성을 반영했다. 비록 지역 및 주정부의 형사사법관할 구역에서 민간경비회사가 운영하는 경비시스템 덕분에 정치적으로 편안함을 느낄 수는 있었지만, 다른 요소들은 미국 내 경비상황에 있어서 변화를 필요로 하고 있었다. 영국에서처럼 오래된 법집행 시스템은 점점 시대에 뒤떨어지게 되었으며, 점증하는 국가의 안전/경비문제에 직면하기에는 부적절하게 되었다. "19세기 초중반 야경대와 제복경찰 시스템에 관한 기본적인 결함으로 인하여, 많은 도시에서 발생하는 사회불안 문제를 제대로 해결하기 위한 제대로 준비된 모습을 영국 시민들에게 보여주지 못했다."[27] 도시의 문제들을 해결하기 위하여 공적인 그리고 사적인 법집행을 조직하고 개념을 정의하는 새로운 방법들이 필요해졌다.

19세기 초중반에 미국인들은 도시화, 범죄증가, 그리고 보다 나은 법집행 서비스에 대한 요구의 증가를 경험하였다.[28] 민간경비산업이 존재하기는 했지만, 그것은 단지 중소규모 사업이나 상인을 보호하는 수준의 작은 규모에 불과했다. 비록 사경찰활동(민간경비)이 지역사회 평화를 지키는 데 엄청나게 기여했지만, 특별한 몇몇 도시들에서는 중앙집권화된 공공경찰관서의 설치가 필요하다는 것이 더욱더 명백해졌다.

1800년대 초반에, 평화유지를 위한 뚜렷한 물리력으로서 미국 경찰의 탄생을 경험하였다. 뉴욕시(New York)에서는 1783년에 초보적인 경찰관서 형태가 시작되었고, 1880년에 처음으로 보수를 받는 주간(晝間) 경찰대(警察隊)가 설치되었다. 이처럼 주간에 근무하는 경찰대

26) Gion Green, Introduction to Security (Boston: Butterworth, 1981): 9.

27) Gloria G. Dralla et al., "Who's Watching the Watchmen? The Regulation, or Non-Regulation, of America's Largest Law Enforcement Institution, The Private Police," Golden Gate Law Review 5 (1975): 443.

28) For a fascinating look at entirely Western law enforcement see Lawman by John Boessenecker (Norman, OK: University of Oklahoma Press, 1998).

가 필라델피아(Philadelphia)에서 1883년, 보스턴(Boston)에서 1838년에 각각 시작했다.[29] 초기의 경찰관서들은 야경대 시스템을 대신하지는 않았다. 오히려 야간경비에 대비되는 주간에 근무하는 경찰대로서의 역할을 하였다. 주간과 야간에 분리된 별도의 경비가 범죄문제 대처에 부적절한 것으로 밝혀짐으로써, 뉴욕시(New York)에서는 1844년, 주간 및 야간 경비대를 통합한 경찰대를 처음으로 운영하게 되었다.[30] "다른 대규모 도시들도 이러한 선례를 따르기 시작했다. 예를 들면, 시카고(Chicago)에서는 1851년, 뉴올리언스(New Orleans)와 신시내티(Cincinnati)에서는 1852년, 프로비던스(Providence)에서는 1864년에 도입했다. 일종의 눈덩이 효과 덕분에 미국 경찰 활동의 현대화를 자극했다."[31]

19세기 말엽, 주, 연방 혹은 지역의 법집행공무원들을 경비업무에 활용한 것은 그 당시에는 명백히 새로운 패러다임이었다. 철도산업의 발전과 서부지역 주들의 확장, 산업혁명의 전체적인 진전으로 미국인들의 삶이 보다 더 복잡하게 되었으며, 오늘날 우리가 목격하는 공공의 모습으로 법집행 양상을 변화시켰다. 심지어 공공영역에서의 이러한 인식과 함께, 삶은 완전한 순환체제가 되었다.[32]

일단 이러한 것들의 경계가 확립되면, 공공서비스는 점차 민간영역에 의한 통제를 받는 쪽으로 전환된다. 법원, 주차관리부서, 공공주택 프로젝트, 연방시설들, 조사 서비스 및 교통관리 서비스 분야에서, 민간영역에 의한 사법이 재출현했다. 민간영역에 의한 사법으로의 성장, 회복 그리고 전환은 끊임없는 성장을 증명해 보이고 있다는 분위기에 다다르고 있다. 〈표 1.1〉 참조.

이러한 성장의 한 부분은 또한 경제적인 힘에 기인할 수 있는바, 공적인 즉 정부 모델과 그 어떤 무익한 기회를 찾는 자본주의적 시스템 간의 구별과 차이이다.

29) Erik Beckman, Law Enforcement in a Democratic Society: An Introduction (Chicago: Burnham Inc, 1980): 34.

30) Milton Lipson, On Guard: The Business of Private Security (New York: Quadrangle, 1975): 21.

31) Beckman, "Enforcement": 34.

32) For an interesting analysis on this private to public—public to private genealogy, see: Karena Rahall, "The Siren Is Calling: Economic and Ideological Trends toward Privatization of Public Police Forces," University of Miami Law Review 68 (Spring 2014): 633.

표 1.1 다양한 민간영역의 사법서비스와 민간경비 그리고 서비스를 제공할 수 있는 다양한 역할과 기능들

지역사회 보호와 서비스; 공공주택 보호
주차관리부서의 통제와 경비; 자동차관련 법률의 집행
천연자원보호활동; 수로와 항구에 대한 보호
항공 및 철도보호; 동물통제
법원경비; 정부사무실경비
민영교도소 경비; 규칙위반감사
특별이벤트경비; 정부차원의 조사

확실히, 사립탐정들은 공적인 시스템이 쉽게 감당할 수 없는 중요한 기능 쪽으로 향상되었으며, 진입했다. 그리고 마치 수입과 이익이 발생한다면 어떤 곳이라도 상관없다는 듯이 새로운 출처를 찾고 있다. 이러한 경제적인 압력은 일종의 경제성장을 보는 시스템으로부터 나오는바, 자본주의의 존재와 그에 대한 중요한 이유처럼, 사회주의 시스템에서는 상상할 수 없을 정도로 자본주의적 방식대로 민간경비산업을 발전시켰다.[33]

민간경비산업에 관하여 잘 정리된 질적이면서 양적인 연구로서, Hallcrest Report Ⅱ에 따르면, 〈그림 1.1〉에서 이러한 점진적인 경향을 평가해주고 있다.[34]

〈그림 1.2〉에서, 미국 노동통계국(the U.S. Bureau of Labor Statistics)의 자료는 이러한 경향을 확인시켜주고, 보충해주고 있다.[35]

모든 수준에서 민간영역을 향한 이러한 경향을 경험하고 있다. 심지어 범죄수사업무도 이

33) See: Stephen Rushin, "Transcripts from the C. Edwin Baker Lecture on Liberty, Equality, and Democracy: Article: The Regulation of Private Police," West Virginia Law Review 15 (Fall 2012): 159.

34) William C. Cunningham, John J. Strauchs, and Clifford W. Van Meter, Private Security Trends 1970-2000: The Hallcrest Report II (Woburn, MA: Butterworth-Heinemann, 1990), Figure 7.2 at 237.

35) "Employment Projections," Bureau of Labor Statistics, accessed September 3, 2018, at https://data.bls.gov/projections/occupationProj.

제는 이러한 변화에서 예외가 될 수 없다. 개략적으로 2015년, 해당 산업에서는 3,770억 달러를 지출했으며[36], 이것은 "국민의 삶에 있어서 중요한 보호역할을 하고 있다."[37] 또한 민간경비산업의 확고한 경제적 성장은 미국의 인구조사국(the U.S. Census Bureau)에서 발행하는 자료에서도 잘 나타나고 있다. 〈그림 1.3〉에서 이러한 내용을 잘 보여주고 있다.[38]

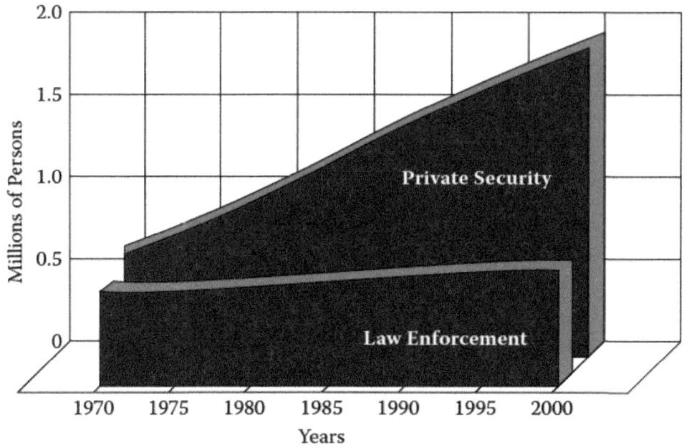

그림 1.1 Hallcrest Report II에서 제시된 민간경비분야와 전통적인 법집행분야 일자리에 관한 경향분석

36) Michael Moran, "Security Market Growth Continues," Security Management, May 5, 2015, https://sm.asisonline.org/Pages/Security-Market-Growth-Continues.aspx; "High Growth Reported for the US Private Security Services Market," Reuters, August 5, 2008, last accessed January 2, 2009, at www.reuters.com/article/pressrelease/idus168856+05-Aug- 2008+MW20080805.

37) U.S. Department of Justice, National Institute of Justice, The Growing Role of Private Security (Washington, DC: U.S. Government Printing Office, 1984): 1; Miroslav Baljak, Ph.D., Ministry of Defence bih (AF bih), The Role of Private Security Agency in the 21st Century, accessed September 3, 2018, http://doisrpska.nub.rs/index.php/DEF/article/ download/1987/1912;Diane Richey, "Proud To Be Security: How Roles Changed After 9/11," Security Magazine,September 1, 2011, accessed September 3, 2018, available at www.securitymagazine.com/articles/82306-proud-to-be-security-how-roles-changed-after-911.

38) "2012 Economic Census. Core Business Statistics Series: Comparative Statistics for the U.S. and the States (2007 NAICS Basis): 2012 and 2007, 2012 Economic Census of the United States," U.S. Census Bureau, accessed September 3, 2018, www.census.gov/ data/data-tools.html.

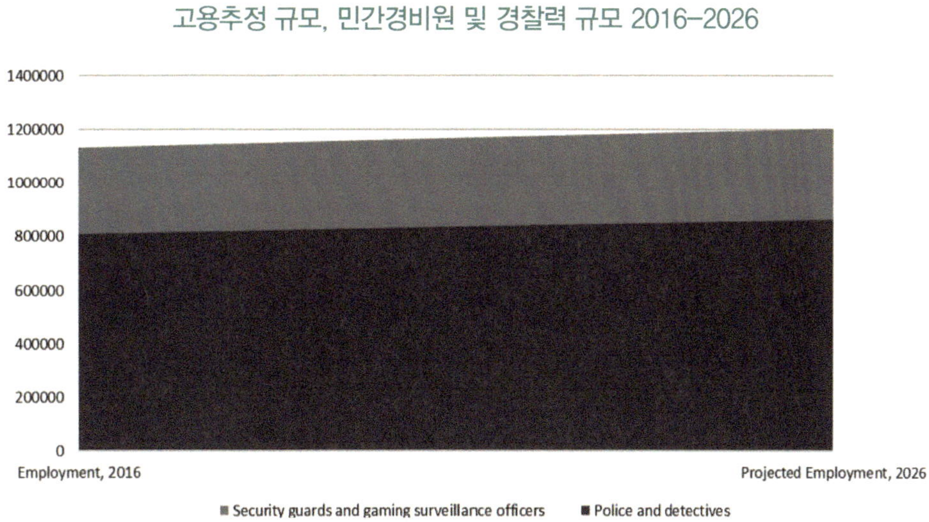

그림 1.2 2026년까지 민간경비인력 및 정규경찰관의 고용추정 규모

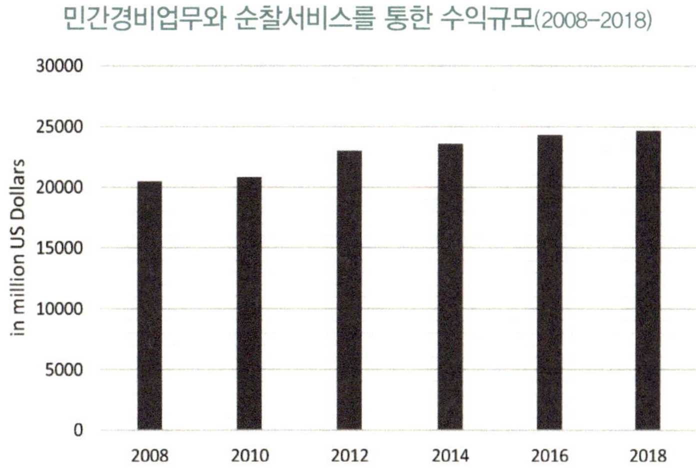

그림 1.3 2018년까지 민간경비업무와 순찰서비스를 통한 수익규모 수치

미국 국립정책분석센터(the National Center for Policy Analysis: NCPA)에 따르면, 다만 민간영역의 사법기능에 관한 추가적인 확장상황을 예측하고 있는바, 그것은 다음과 결론내리고 있다:

- 1990년, 공공영역 법집행인력의 거의 세 배 정도인 150만 명 정도의 민간경비인력이 배치되어 있

었다. 그리고 우리가 공경찰을 유지하기 위하여 지불하는 세금의 거의 2배 규모를 민간경비산업에 지출하고 있었다.

- 현상금을 추적하는 자 혹은 보석금 집행 요원들은 도주하려는 자들을 추적하고 체포함으로써, 범죄를 저질러 기소된 사람들에 대한 민간 보석보증서 시스템을 만들고 있다.
- 어떤 경우, 지역의 검사(檢事)들을 위한 소송사건 준비를 위하여, 형사사건을 기소하기 위하여, 법정 밖의 죄수들을 고용하기 위하여, 민간영역이 다양한 방식으로 혁신적으로 활용되어왔다.[39]

민간영역에 의한 사법(justice)이 탐정으로 알려진 직업적 역할로 다가오면서, 그에 대한 전망은 예외적으로 밝다. 민간경비산업의 모든 영역에서, 탐정에 대한 요구는 자연적 상황이 될 것이다. 미국 노동통계국(the Bureau of Labor Statistics)에 따르면, 〈표 1.2〉에서 그러한 상황을 명확하게 보여주고 있다.[40]

표 1.2 2026년까지 사립탐정 및 민간조사관의 경우, 11% 성장 추정치를 보여주는 통계

직업분류	2016년 고용규모	2026년 고용추정규모	2016-2026 변화	
사립탐정 및 민간조사관들	41,400명	45,800명	11% ↑	4,400명 증가

출처: 미국 노동국(Bureau of Labor)

공공영역에서 민간영역에 의한 서비스 제공으로의 방식변화는 "민영화(privatization)"라는 이름으로 적절하게 명명되고 있으며, 공공 서비스 기능이 민영화된 서비스 기능으로 전환되고 있다. 많은 법집행서비스, 예를 들자면, 연예공연 장소에 대한 경비, 중요인사 경호서비스,

39) Morgan O. Reynolds, Using the Private Sector to Deter Crime—NCPA Policy Report No. 181, (Dallas, TX: National Center for Policy Analysis, 1994): 1, accessed September 3, 2018, www.ncjrs.gov/pdffiles1/Photocopy/148741NCJRS.pdf.

40) Bureau of Labor Statistics, United States Department of Labor, Occupational Outlook Handbook, Private Detectives and Investigators, visited July 7, 2018, www.bls.gov/ooh/ protective-service/privatedetectives-and-investigators.htm.

소매점, 회사 및 산업계 경비와 같이 민간경비산업에 완벽하게 들어맞는 것처럼 보이지만, 그러한 변화는 지금 전통적인 법집행 및 경찰 기능들에서도 아직 목격되고 있다. 한때는 이러한 변화가 상상할 수 없는 것으로 인식되었다. 왜냐하면, 공공영역에 의한 법집행은 항상 공공재에 대한 요구에 부응하는 것으로 책임이 부여되었기 때문이다.[41]

가정 내 폭력상황, 사망자 이송, 탈주한 동물포획 혹은 집 없는 자들에 대한 보호에 관심을 가진 민간경비회사들이 거의 없었으며,[42] 다른 어떤 회사들도 공공영역에서 담당하고 있는 심각한 중범죄들에 많은 관심을 두는 경우도 거의 없었다.

그런데, 민간영역 사법을 담당하는 탐정들과 공공경찰 활동 간의 결합은 상당히 빠른 속도로 진행되는 것처럼 보인다. 직업적 요구는 별론으로 하고, 저렴한 비용으로 유사한 서비스를 제공할 수 있는 능력이나 효율성 요소 측면에서 보면, 이러한 변화요인들은 거부할 수 없는 것처럼 보인다. Raymond Bechler의 논문에서 이러한 사경찰 활동의 증가에 대한 부분을 지적하고 있다:

민영화된 경찰을 소유하는 것은 현실이 될 수 있다. 사경찰 활동은 경제적으로 중요해지고 있으며, 지방정부를 위한 재정적인 승리가 될 수 있다. 대부분의 예산과 함께, 일반적으로 인력운영 경비는 전체 일반 재원의 절반 이상을 차지한다. 개별 노동자별로 높은 비용을 삭감시키면서, 사적인 소유는 서로 다른 퇴직시스템을 함께 유지할 수 있도록 해준다. 또한, 민영화된 경찰을 소유함으로써 지방정부, 지역공동체 및 법집행 직역에 대한 이점이 경쟁에 의해 훨씬 더 강화될 수 있다.[43]

예를 들자면, 지금은 몇몇 민간경비회사들이 지역사회경찰활동, 내부자 조사, 약물 및 음주통제, 교통통제 및 공공장소 통제에 참여하고 있다. 10년이 채 되기 전에는 전체 지역공

41) The movement of traditional law enforcement functions to the private realm is not merely a national phenomena, but a global, worldwide reality. See Baljak, "21st Century."

42) Richard W. Lukins, "Training for the Security Guard," Security Management 20 (1976): 32.

43) Raymond E. Bechler, "Private Police Ownership: Can it Possibly Happen?" Journal of California Law Enforcement 45 (2011): 20.

동체들이 경찰서비스를 제공하기 위하여 민간경비 인력을 채용하리라고는 아무도 기대하지 않았었다.[44]

민간경비자문위원회(the Private Security Advisory Council)에 따르면, 경찰직무를 공공의 이익이 있는 기능으로 특징짓고 있다. 공경찰은 "필수적으로 공적인 관심사를 보호하기 위한 광범위한 책임성을 갖고 있으며, 그들의 노력은 법규상으로 위임된 직무 및 형사사법시스템과 아주 밀접하게 연관되어 있다."[45] 그러나 이런 직무 범위와 유사한 혹은 심지어 동일한 서비스를 제공하는 것으로부터 민간경비 분야를 제외시키지 않는다.[46]

오히려, 공공경찰을 향한 증가된 임무와 증가하고 있는 법적책임에 대한 압력이야말로 민영화된 서비스 쪽으로의 패러다임 변화를 진전시켜왔다.

Web 상에서 다음과 같은 내용을 보여주고 있는바, 이러한 민영화 경향은 정부의 모든 영역에서 확실하게 이루어지고 있으며, 수자원 관리에서 공항까지, 대부분의 다른 정부 기능에까지 이르고 있다. 다음의 사이트를 방문해보라.

www.governing.com/topics/mgmt/pros-cons-privatizing-government-functions.html.

민간경비분야 사경찰 모델과 비교할 때, 공공 경찰시스템이 답답한 감독 체제하에서 고생하고 있다는 점은 완전히 부인할 수 없는 상황이 되었다.[47] 스펙트럼의 다른 한 쪽 끝에서, 민간경비분야 탐정에 대한 법적 감시는 점점 증가하고 있지만, 비교해보면 여전히 최소한에

44) See: Charles P. Nemeth, Private Security: An Introduction to Principles and Practice (Boca Raton, FL: CRC Press, 2018): 181-183 for an examination of how legal arguments use "public function" to prove the transference.

45) Advisory Committee, "Report Private Security": 5.

46) At the same time, these increased services demand higher levels of training and professionalism for security investigators—see John Manzo, "On the Practices of Private Security Officers: Canadian Security Officers' Reflections on Training and Legitimacy," Social Justice 38 (2011): 107.

47) See Nemeth, "Law 5th."

머물고 있다. Stephen Rushin이 언급하기를, "민간경비는 전통적인 법집행기관같이 동일한 역할을 많이 감당하고 있다. 그러나 법원과 입법부에서는 여전히 공경찰 활동과 민간경비 활동을 매우 다르게 규제하고 있다."[48] 특별히 공경찰 활동에 적용되었을 때, 이러한 지위는 헌법주의적 문제들과 그 구제수단 및 비판에 있어서는 사실이다.[49]

자문위원회에 따르면, 공경찰은 헌법상의 한계를 지니고 있으며, 민간경비분야의 탐정이라면 경험하지 않았을 법한 자연적 비효율성을 야기 시키고 있는 공공영역의 법집행임무를 수행하면서, 어떤 가이드라인을 해석하고 실행해야 한다고 지적하고 있다. 공경찰 활동은 불가피하게 정치적 영향과 결부된 공공예산과 재정절차에 의하여 추가적으로 제약을 받고 있다. 경찰행정가들은 그들의 지역공동체 구조 내에서 현재 운용 중인 반드시 필요한 것과 요구사항에 따라서 자원을 평가하고 배분해야 한다.[50] Norman Spain과 Gary Elkin의 "Private Security and Public Security: There is a Difference(민간경비와 공경비: 차이가 있다)"이라는 논문에 따르면, 심지어 그러한 차이에도 불구하고, 그 두 가지의 접근들은 완전히 상호 보충적이라고 한다.

공경찰 활동의 전통적인 기능 중의 하나는 범죄를 억제하는 것이다. 실제로, 이러한 임무를 수행할 수 있는 능력은 급격하게 제한되었다. 주요한 그 이유는 다음과 같은 바, 경찰이 범죄를 부추기는 조건들에 대해 변화시킬 수 있는 권한을 거의 갖고 있지 않기 때문이다. 또한 공경찰은 자신들의 사법관할 구역 내에 누가 거주할 수 있을지, 누가 경찰서비스를 제공받을 대상자인지 결정할 권한을 갖고 있지 않다. 그렇지만, 다른 한편으로, 민간경비산업에 종사하는 인력은 자신들이 근무하고 있는 환경을 과감하게 변경시킬 수 있다.[51]

48) See Rushin, "Regulation."

49) See Nemeth, "Law 5th."

50) Ibid.

51) Norman Spain and Gary Elkin, "Private and Public Security: There Is a Difference," Security World 16 (1979): 32.

그러나 민영화된 경찰활동에서 이러한 진전은 보편적으로 지지받지 못하고 있다. 민간영역 및 공공영역 양쪽의 평행선적인 역량평가에 대해서, 신랄한 비판이 제기되고 있다. 한 가지 비판에 따르면, 민간경비분야가 "고도로 훈련받은 연방경찰관들에 의하여 이전에 제공되었던 엘리트 수준의 경비역량에는 못 미친다는 점이다."[52]

노동조합과 공무원에 의한 서비스 시스템은 똑같이 비판적이다. 이점에도 불구하고, 이러한 움직임은 멈춰질 것 같지 않아 보인다. 민간경비분야는 한 때 공공경찰의 신성불가침적 기능이 수행했던 것에 대하여 더욱더 많은 것을 떠맡으면서, 그 경계선이 모호해지고, 그 차이점들이 녹아 없어지며, 각각의 시스템을 위한 상호 필요성은 점점 명확해지고 있다.[53] 민간경비산업은 이제 옵션이나 선택이 아니라, 보호수준을 확립시키는 것 혹은 심지어 일반 시민들의 모든 요구사항들을 충족시킬 수 없는 공공시스템에 관한 대체 혹은 대용인 것이다.[54]

민영화로의 패러다임 변화는 요구사항 그 자체 혹은 목표나 목적 없는 비밀스러운 직업주의에 의하여 등장한 것이 아니다. 다른 무슨 힘이 민간경비영역으로 이러한 변화를 추진시켰을까?[55] 첫째, 미국 내에서 점증하고 있는 범죄율에 관하여, 그것이 실제적인 것이든 혹은 단지 인식되었던지 간에, 범죄율이 증가하고 있다는 인식은 존재하고 있다. 둘째, 비용/효과분석은 사경찰 활동을 공공 카운터 파트너들보다 보다 더 효율적인 위치로 인정하고 있다.

비록 민간경비가 "안전"하다고 느끼는 사람들의 감소경향과 미국 시민들이 안전 이슈들에 대해 어떻게 느끼고 있는지에 대한 주제에 대해서, 범죄문제에 관한 대부분의 연구들이 평가했지만, 데이터들은 여전히 복잡한 그림을 그리고 있다. 비록 일부 선택적 연구들이 특정한 종류의 중범죄 감소를 시사하고 있더라도, 범죄가 확산되고 있는 현실은 회사의 이사회

52) Areto A. Imoukhuede, "The Real Homeland Security Gaps," Ohio Northern University Law Review 42 (2016): 396.

53) The blurring lines have existed for quite a long time since police "moonlighting" in the world of private security is commonplace even today. See Seth W. Stoughton, "Moonlighting: The Private Employment of Off-Duty Officers," University of Illinois Law Review 2017, no. 5 (2017).

54) Advisory Committee, "Report Private Security."

55) See Nemeth, "Private Security": 75.

사무실에서 지역의 채소가게에 이르기까지, 미국인들 삶의 모든 영역에 걸쳐 있다. 비록 이러한 상황이 비(非)공식적인 사법적 판단 쪽으로 전환조치 되는 것뿐만 아니라, 비(非)범죄화 노력 덕분에 왜곡되고 있지만, 양적으로 그리고 질적으로 두 가지 모든 측면에서 범죄는 상승 경향을 보이고 있다. 데이터들이 어떻게 해명되고 보고되더라도, 일반적으로 미국인들은 삶의 질에 관하여 신경 쓰고 있다. 비록 범죄가 순환적인 현상이라고 충분히 이해하면서도, 사회적 불안과 시민사회의 혼란이 점차 목격되고 있는 실정이다.[56] FBI의 최근 통일범죄보고서(Uniform Crime Report) 자료에 따르면, 〈표1.3〉에서 이 같은 내용을 확인시켜 주고 있다.

표 1.3 FBI 통일범죄보고서 자료(2년, 5년 및 10년 동안의 비율 변화)

	2016/2015	2016/2012	2016/2007
폭력범죄율	+3.4	−0.4	−18.1
고의 살인과 비과실 살인율	+7.9	+12.8	−6
강간범죄율	+4.2	+9.2	−3
강도범죄율	+0.5	−9.1	−30.7
중폭력범죄율	+4.4	+2.4	−13.5
재산범죄율	−2	−14.5	
주거침입범죄율	−5.2	−30.2	
절도범죄율	−2.2	−11.2	
자동차절도범죄율	+6.6	+2.8	

출처: U.S. Department of Justice, "Crime in the United States, 2016"(Washington, DC: US Government Printing Office), Table 1A. https://ucr.fbi.gov/crime-in-the-u.s/2016/crime-in-the-u.s.-2016/topic-pages

이러한 피해자학적 관점을 제외하고, 범죄경제학적 관점에서는 민영화에 대한 움직임을 또한 재촉하고 있다. 비즈니스, 산업 그리고 기업 세계는 돈이라는 조건에서 범죄를 측정한

56) Federal Bureau of Investigation, Crime in the United States, Uniform Crime Reports (Washington, DC: U.S. Government Printing Office, 2016), Table 1A, https://ucr.fbi.gov/ crime-in-the-u.s/2016/crime-in-the-u.s.-2016/topic-pages/tables/table-1a.

다. 그리고 범죄에 의하여 지배되고 있는 세상에 대해서 기업의 이익이 어떻게 대응할 것인가를 평가한다. 비즈니스에 대한 범죄의 결과는 많으며, 다양하다:

- 증가된 보험료와 민간경비보호
- 범죄를 조사하기 위한 내부감사 활동에 비용
- 경비 및 관리 인력의 손실된 시간의 관점에서 확인된 용의자 조사와 기소에 드는 비용
- 감소된 이익
- 증가된 판매가격과 약화된 경쟁상의 지위
- 생산성의 손실
- 비즈니스 명성의 손실
- 서비스 질의 악화
- 종소기업 생존에 대한 위협
- 범죄예방 프로그램의 비용
- 범죄 신고와 위임된 경비 프로그램의 비용
- 세금납부대상 소득의 손실
- 소비재와 범죄로 인한 손실을 상쇄하기 위한 용역서비스에 대한 증가된 비용
- 투자자산의 손실
- 증가된 세금
- 비즈니스 실패로 인한 감소된 고용
- 기술적 설비를 위한 증가된 비용[57]

밀물 같은 범죄피해자화 물결과 경제적 영향과의 결합은 민간경비산업에 대한 합법성과 다른 한편으로 공경비가 갖지 못하는 예리함을 제공하고 있다. 모든 사람이 만족하지는 않는다. Howard Rice는 민간경비산업의 성장뿐만 아니라, 공경찰과 민간경비 등 두 분야가 그

57) Advisory Committee, “Report Private Security”: 19.

들의 책임성을 각각 실행하면서, 공경찰을 사적으로 고용함으로써 인해 초래되는 현저한 상호 얽힘 상황을 비판하고 있다.

최근의 경향에 따르면, 민간경비산업은 공경찰의 성장을 앞지르고 있다. 보다 더 많은 사람들은 공경찰보다 민간경비산업 분야에서 일하고 있다. 그런데 이러한 수치적 비교는 최근의 다른 경향, 즉 민간경비회사가 비번(非番)인 제복경찰관을 제한적으로 고용하고 있는 현실에서의 실질적 성장 동향을 제대로 반영하지 못하고 있다.[58]

9/11 테러가 민간경비 영역에서 직접적인 성장을 견인했다고 또한 확실하게 주장할 수 있다. 국토안보부와의 공공-민간 파트너십 관계에서, 협력관계를 충분히 진전시키는 가운데, 국토안보부의 임무가 제대로 해석될 수 있다.[59] 9/11사건 이후, 민간경비 분야의 역할은 천

58) U.S. Department of Justice, National Institute of Justice, Private Employment of Public Police (Washington, DC: U.S. Government Printing Office, 1988): 1.

59) The federal government, at both the executive and legislative level, have made support for public-private cooperation a key policy goal. Public-private partnerships have been recognized by several Presidential Directives and national strategies as a necessary element of preparedness: Homeland Security Presidential Directive (HSPD) 7 (LLIS.gov ID# 9937), issued by President Bush on December 17, 2003, tasks the Department of Homeland Security (DHS) and various federal agencies with coordinating information sharing and other protective measures with the private sector; Homeland Security Presidential Directive 9 (LLIS.gov ID# 9938), also issued by President Bush on January 30, 2004, establishes public-private information sharing as part of a national policy to protect the nation's agriculture and food systems; The National Preparedness Standard on Disaster/Emergency Management and Business Continuity (National Fire Protection Association 1600) (www.nfpa.org/PDF/nfpa1600.pdf?Src=nfpa), 2004 edition, recommends cross-sector cooperation on a number of issues; The National Response Plan (LLIS.gov ID# 11904), released December 1, 2004, outlines the roles and responsibilities of the private sector in emergency response, including coordination with public sector responders; The National Strategy for Homeland Security (LLIS.gov ID# 138), released on July 1, 2002, states that "government at the federal, state, and local level must actively collaborate and partner with the private sector"; The National Strategy for the Physical Protection of Critical Infrastructure and Key Assets (LLIS.gov ID# 11888), released in February 2003, states that "local communities play critical roles in … engaging their public and private leadership in the development of coordinated local and regional plans to assure the protection of residents and businesses."

천히 그렇지만 꾸준하게 증가하고 있다. 그리고 이렇게 국토안보부의 기능이 민간경비 영역 쪽으로 이동하고 있는 경향은 민영화 이론을 좀 더 보충해준다. 실제로 9/11의 영향이야말로 이전에는 도저히 예측할 수 없었던 속도로 민간경비산업 발전을 촉진시켰다. Security Management의 Diane Ritchey에 따르면, 민간경비산업은 2001년 9월 11일 공격 때문에, 10년이라는 짧은 기간 내에, 동의하는 어렵지만 운영과 기술적 복잡성 측면에서 거의 100년치 수준으로 성장했다고 주장하고 있다.[60]

중요한 인프라구조의 영역에서, 민간경비분야와 국토안보부는 손에 손을 잡고 일하고 있다. 국립인프라구조자문위원회(the National Infrastructure Advisory Council)에 따르면, 공공-사적 영역의 정보조정에 관한 보고서에서 테러리즘에 대항하기 위한 노력을 향상시키기 위하여 필요한 17가지 사업과 상업분야를 확인하고 있다.

- 통신
- 화학적 그리고 위험한 물질
- 상업적 시설들
- 댐들
- 방산산업기지
- 에너지
- 응급서비스
- 금융서비스
- 식품과 농업
- 정부시설들
- 정보통신기술
- 국보급 기념물과 아이콘이 될 만한 물건
- 핵발전소

60) Richey, "Security After 9/11."

- 우편 및 선박수송
- 공중보건 및 병원시설
- 운송수단
- 수자원[61]

두 번째 측면에서, 민간경비회사들과 종사자들의 역할이야말로 국방 분야에 있어서만 중심적이고 통합적인 것으로 설명될 수 있다. 4년마다 한 번씩 발행되는 2014년의 Homeland Security Review에서 국토안보부는 "공공-민간영역 간 파트너십을 통하여 우리의 임무수행 능력을 강화 시킨다"고 하면서 민간영역의 중요성을 전적으로 강조하고 있다. 민간경비는 이러한 임무 안에서 "파트너"로서 일컬어지고 있으며, 국토안보부는 다음과 같이 선언하고 있다.

국토안보는 회사에서부터 비영리단체와 미국 가정에 이르기까지 모든 파트너들 간에 공유된 노력을 통하여 달성된다. 우리는 혼자서 할 수 없는 것을 해결하기 위해 공통의 이익을 함께 이용할 수 있다. 또한 우리는 보다 적은 것으로 더 많은 것을 해야 할 때, (1) 이익을 공유하고 (2) 공유된 산출물을 확인한다는 두 가지 안내 원칙들이 공공-민간영역 간 파트너십으로 하여금 각 파트너에 의한 투자와 파트너십의 성공을 최대화하도록 도와준다.[62]

전반적으로, 민간경비분야 이익의 역할은 결코 과소평가될 수 없으며, 혹은 과소 활용될 수도 없다. 왜냐하면, 국토안보에 있어서 파트너로서, 정부는 다음과 같은 내용을 할 수 있기 때문이다.

- 정보와 데이터를 공유하기
- 목표로 삼고 있는 활동에 파트너들을 조정하기

61) National Infrastructure Advisory Council, Public-Private Sector Intelligence Coordination: Final Report and Recommendations by the Council (July 2006): 67.

62) US Department of Homeland Security, The 2014 Quadrennial Homeland Security Review (2014): 58.

- 다양한 파트너들을 언명된 목표를 달성하도록 연결시켜주기
- 제공자들에게 경제적으로 이익을 주는 한편, 운용상의 비용을 공유하기
- 새로운 전략, 산출물, 방법들 그리고 안보에 대한 수단을 창안하고 생산하기[63]

이러한 파트너십은 테러리스트 계급에 의하여 야기된 그리고 도발된 복잡한 안보상의 많은도전을 처리하기 위한 능력을 보장해준다.

Web상에서, 국토안보부 핵심 인프라 부문 파트너십(DHS, Critical Infrastructures Sector Partnership) 웹페이지인 www.dhs.gov/critical-infrastructure-sector-partnerships를 참조하라.

범죄와 9/11 이후의 세계라는 두 가지 이슈가 주어졌을 때, 민영화 쪽으로의 잔잔한 물결이 거꾸로 진행되거나 종료될 수 없다.[64] 우리의 많은 문화적 제도적 영역을 가로질러 가면서, 민간경비산업은 그 기법과 역량을 독점적인 방식으로 혹은 공공영역과의 파트너십 혹은 다른 협력적인 조정 쪽으로 투입하고 있다. 〈표 1.4〉는 해당 산업의 영향에 관한 완전한 범위를 포착해준다.

이러한 각각의 영역에서 조사상의 통찰력에 대한 사립탐정의 요구는 재산, 사람 그리고 국가보호에 대한 일상적 노력을 통하여, 그러한 방식으로 진전되고 있다.

63) Ibid.

64) J. R. Greene, T. M. Seamon, and P. R. Levy, "Merging Public and Private Security for Collective Benefit: Philadelphia's Center City District," American Journal of Police 14 (1995): 3-20.

3 민간경비산업의 역할과 탐정의 조사절차

민간경비산업은 기세가 줄어들지 않은 채 계속 성장하고 있다. 사립탐정을 위한 기회들은 확실히 다음과 같은 분야를 따라가고 있다. 이전에 언급했던 바와 같이, 민간경비산업에 결부되어 있는 한계, 기능과 임무의 범위는 그러한 임무수행에 있어서 탐정으로 하여금 완전성을 확실하게 유지할 필요가 있을 것이다.

표 1.4 민간경비 분야가 완전한 역할을 제공할 수 있는 영역들

은행 및 금융기관들 • 일반은행들 • 은행카드센터 • 저축 및 대부업회사 • 금융센터	**컴퓨터 보안관련** • 은행 • 전화회사 • 보험회사 • 신용카드회사, • 범죄예방
신용카드보안관련 • 은행 • 소매점 • 가솔린회사들	**레스토랑과 숙박업소**
교육시설 • 대학 • 중고등학교, 전문대학 • 주요 교육구역	**대규모 숙박시설** • 대규모 레스토랑 체인점 • 호텔과 모델체인점
화재발생원인과 관리 • 소규모 공동체 • 주요, 회사, 우주공간	**소매점관리** • 백화점 • 채소가게 • 일반상품취급 가게
건강관리 시설 • 병원 • 건강 회복기 보양소 • 은퇴자 요양원 • 제약회사	**운송수단 및 화물수송관련** • 항공사 • 트럭회사 • 특별배송 • 철도 • 항구 및 해운관련 보안

핵발전시설보안	요인경호관련분야
• 생산시설 • 발전소 • 운송시설	• 귀빈 • 외교관 • 유명연예인
공공시설	**지역공동체**
• 수자원 및 전기관련시설 • 전화회사 • 주요 발전시설	• 아파트단지 • 방과 후 학습 프로그램 • 근린순찰

내부적으로 그리고 외부적으로 민간경비산업은 대학에서 병원에 이르기까지 범죄와 위험을 조사하기 위하여, 직장 내 괴롭힘과 폭력상황을 찾아내기 위하여, 근간이 되는 재산의 손실을 탐지하기 위하여, 혹은 시설을 보호하기 위하여 수사적인 평가방식에 의존하게 될 것이다. 각각의 근무지에서 탐정으로서의 역량에 부합하는 기술들이 항상 요구될 것이다.

한때 단순히 공상과학적 허구와 같은 방식의 생각으로 보안상의 위협이 등장하고 진전되고 있는 곳에서, 늘 변하는 기술적인 전망이야말로 이러한 현실상의 정점에 놓여 있다. 이러한 현실 공간, 기술적 국면에서, 사립탐정들은 사실을 밝혀내기 위하여 새롭고 창의적 기술들을 연마할 필요가 있을 것이다.[65] 어떻게 민간경비산업과 그 기술적 창작성이 법집행이 가능토록 새롭게 진보된 방법들을 만들어낼 것인지에 관한 사례는 바로, 지역공동체 내에 CCTV 시스템–공공 영역에 의하여 창안된 것이 아닌–을 설치한 것이다. 이 모든 것은 민간경비회사들에 의해 만들어졌으며, 설치되었고, 모니터링 되고 있다. CCTV 시스템은 현재 공공 법집행에 있어서 중요한 역할을 한다. 그것은 침입자를 식별하는 능력에 달려 있으며, 민간과 공공시스템 간에 상호작용이 어떻게 이루어지는 가 그리고 사립탐정들이 두 가지 세계–민간 및 공공영역–에서 동일한 정보를 어떻게 활용하느냐에 관한 바로 그 한 사례가 되고 있다.[66]

65) See "2017 Security Industry Outlook," Pinkerton, accessed September 3, 2018, www.pinkerton.com/our-thoughts/blog/1382/2017-security-industry-outlook.

66) See: Hyungjin Lim and Pamela Wilcox, "Crime-Reduction Effects of Open-street CCTV: Conditionality Considerations," Justice Quarterly 34, no. 4 (2017): 597-626, https://doi- org.ez.lib.jjay.cuny.edu/10.1080/07

일반적 의미로, 모든 탐정들은 사실적인 융합과 체계적인 증거수집 절차에 관련되어 있다. 조사는 밀도 있는 집중적인 관찰, 검사, 증거분석 그리고 특정한 상황에 대한 이론을 결합하기 위한 연결성을 요구하고 있다. 조사는 "풍부한 상식(street smarts)"으로 무장된 이론적 균형을 요구한다. 탐정의 조사실무는 사실과 탄탄한 정보에 달려 있다. 성공적인 사립탐정은 청구(claim), 소송원인 혹은 범죄기소를 지원하거나 혹은 반박하기 위하여 필요한 정보를 제공해야 한다. 모든 탐정들에게 소금과 같은 역할을 할 수 있는 확실하면서도 필수적인 자질들이 요구되고 있는바, 다음과 같은 자질에 한정되지 않는다.

- 에너지와 기민성
- 법률에 대한 지식
- 현실적 목표를 설정할 수 있는 능력
- 방법론적 접근
- 인간의 본성/자연에 관한 이해
- 관찰과 연역적 추론능력
- 중요한 기록을 유지할 수 있는 능력

충실한 민간조사 실무라 함은 조사 절차상의 계획에 따라 임무를 수행하고, 조사절차를 뒷받침하는 이론적 구조를 만들어내면서 조사 체계 내로 연결시키는 법률상의 원인과 사례를 제안하는 것이다. 조사절차는 사건들, 조건들 혹은(종종 언급되는 것처럼) "진실" 그 자체를 재구성해야 한다. 진실을 발견한다는 것은 심지어 가장 경험이 많은 탐정에게도 도전이 될 수 있다. 객관적이고 완전히 신뢰할 만한 정보를 입수하는 것은 어렵다. 사건들과 상황들을 재구성하기 위하여, 탐정은 목격자를 포함하여 많은 당사자들과 실무사례, 물리적이고 실질적인 증거, 서류들, 법과학, 입증증거 그리고 복잡한 전문가견해에 부딪혀야 한다. 어떤 의미로, 탐정은 현재를 위하여 과거(역사)를 재구성한다. James Davidson과 Mark Lytle의 After

418825.2016.1194449.

the Fact라는 문헌에서, 탐정이 수행하고 있는 조사절차는 실제로 역사적인 과거로 여행을 하는 것이라고 언급하고 있다.

"역사는 과거에 있었던 일이다." 이는 모든 문제에 대한 일상적인 관점이다. 이처럼 역사적으로 더듬어가는 조사업무는 쉽지 않은 일이라는 것을 알 수 있다. 그러나 역사학자들은 사실을 왜곡하거나 새로운 관점을 강요하지 않기 때문에 과거를 되짚어 살펴보면 성공할 수 있다고 한다. 사실상 역사학자들은 과거와 현재 사이의 안내자로서 여겨진다. 모든 좋은 메신저와 마찬가지로, 그들은 단순히 정보를 추가하지 않고 전달하기만을 기대한다.[67]

결론적으로, 탐정에 의한 조사절차에는 문제로 제기된 행위들을 실질적이고 유용한 증거로 전환시키는 것을 요구하고 있다.[68]

탐정에 의한 조사의 기능에는 많은 다양한 측면들이 있다. 예를 들면, 라틴어에서 유래된 vestigare라는 단어는 추적하고, 수색하고, 융합하다, 혹은 정보와 사실을 수집한다는 의미를 담고 있는 조사(수사)를 의미한다. Russell Colling에 따르면, 그의 Hospital Security(병원보안)이라는 논문에서, 탐정의 조사절차와 공경찰의 수사 절차 간에 그 형태 및 임무 면에서 실제로 차이가 있다고 언급하고 있으며, 사실은 그 임무들이 상호 보완적이라고 한다.

법집행기관의 목적과 탐정(민간보안조사관)의 목적을 구별하는 다양한 기법들과 목적들이 존재한다. 탐정(민간보안조사)이 늘 다른 관점을 갖고 있었다는 것은 논쟁의 여지가 없다. 경찰수사는 기본적으로 범죄를 저지른 자를 체포하고, 해당 사건을 성공적으로 기소하기 위하여 증거를 수집할 목적을 갖고 수행된다는 점이다. 한편, 탐정(민간보안조사관)은 범죄문제 뿐

67) James Davidson and Mark Lytle, After the Fact: The Art of Historical Detection, 5th ed. (Boston: McGraw Hill, 2005): XV.

68) Ronald Mendell, How to Do Financial Asset Investigations, 4th ed. (Springfield, IL: Charles C. Thomas, 2012); Cynthia Hetherington, The Guide to Online Due Diligence Investigations (Facts on Demand Press, 2015); Cynthia Magno, "Where Crimes Converge Investigations Merge," Security Management, March 1, 2005; Patricia W. Kittredge, "Guideposts for the Investigation of a Negligence Case," Practical Lawyer 90 (1973): 55; J. Stannar Baker, "Reconstruction of Accidents," Traffic Digest and Review 17 (1969): 9; P. Magarick, "Investigating the Civil Case: General Principals," American Jurisprudence Trials 1 (1987): 361.

만 아니라, 조직의 규정과 규칙을 위반한 것과 관련된 정보, 고용후보자의 배경을 조사한다거나, 혹시 범죄사건으로 비화될 것 같은 조건들, 새로운 보안통제와 절차를 위한 요구, 잠재적인 배상책임이나 청구, 불안 조건들, 혹은 어떤 주장을 증명하거나 반박하기 위해서 필요한 증거를 수집하는 업무를 맡고 있다.[69]

ASIS International에 따르면, 탐정업 분야에서 오랫동안 진행되고 있는 중대한 그리고 확장하고 있는 역할을 다음과 같이 평가하고 있다:

이러한 예방적 역할의 성장과 함께, 더욱더 복잡한 기술과 기법들을 활용하고, 보다 더 전문화된 사립탐정을 요구하면서, 조사상의 책임들 역시 확대되고 있다. 오늘날, 많은 기업이나 회사, 그리고 다른 조직들이 그들 조직 내부 보안프로그램의 한 분야로서 직접적으로 탐정(보안조사관)을 고용하고 있다. 다른 조직에서는 조직 외부에서 임시적으로 업무를 담당하기 위하여, 혹은 계약을 체결하여 보다 더 영속적인 기반 위에서 탐정을 고용하기도 한다. 몇몇 조직들에서는 보안 및 조사업무를 다른 분야에서, 예를 들면 인사관리, 안전, 혹은 보험 업무를 맡고 있는 직원들에게 위임하기도 한다. 다른 조직들은 법집행 경험을 갖고 있는 직원들, 즉 이러한 업무를 수행하기 위해 민간경비업에 노출이 거의 안 되어 있거나 없는 사람들에게 업무를 맡기고 있다. 민간경비회사들과 특정 조직 내 보안부서들은 보안서비스에 대한 요구를 충족시키기 위하여, 민간조사 영역(탐정)에 대한 제한된 배경을 갖고 있는 요원들을 종종 고용할 수밖에 없다.[70]

ASIS International에서는 〈그림 1.4〉에서 제시하고 있는 PCI(탐정전문인증제, Professional Certi-

69) Russell Colling, Hospital Security (Boston: Butterworth Publishers, 1982): 211; Jos Maas, "Hospital Security: Protecting the Business," Journal of Healthcare Protection Management, January 1, 2013.

70) American Society for Industrial Security, Basic Guidelines for Security Investigation (1981): 1; see also the ASIS Certification Handbook which highlights the necessary competencies of a variety of positions including the investigator at www.asisonline. org/globalassets/certification/documents/certificationhandbook_final.pdf.

fied Investigator)로 알려진 탐정에 대한 전문적인 인증업무를 관리하고 있다.[71]

이러한 조사(탐정)서비스와 잠재적인 고객들은 이러한 역량을 필요로 하는 어떤 사람들과 조직에 대한 광범위한 스펙트럼을 항상 포함하고 있다. 많은 장소와 상황 속에서, 사립탐정은 중요한 목적을 위하여 고용되어있다. 〈표 1.5〉가 잠재적인 탐정 서비스 고객들의 범위를 잘 제시해주고 있다.[72]

3.1 민간경비분야(탐정)에서 일반적으로 직면하게 될 조사활동들

탐정의 조사절차에서 민간경비분야의 역할이 직접적으로는 조사대상과 상호 관련되어 있다. Thomas Eimerman이라는 교수에 따르면, 민간조사의 성격과 그에 상응하는 방법론이 어떻게 조사 대상에 달려있는 지를 확인해준다.

조사의 성질은 수중에 있는 사건의 특별한 사실 뿐만 아니라, 연관된 법률 영역과 함께 상당히 다양하다. 예를 들면, 과실에 의한 불법행위 사건에서는 상당히 많은 조사상의 노력들이 필요하다. 자동차파손, 망가진 기계들 그리고 부상을 입은 사람들은 모든 것들이 조사되기를 기대한다. 마침내, 어떤 한 당사자 혹은 여러 명의 당사자들이 해당 사고에 대해서 과실이 있었는지 여부를 판단할 수 있도록 목격자들이 신문(訊問)을 받아야 한다. 노동자들에 대한 보상사건에서 과실은 중요한 이슈가 아니다. 그러나 피해 혹은 손실의 범위는 문제가 된다. 마찬가지로, 직무연관성이 있는 피해규모는 결국 조사의 중요한 범위가 된다. 유산상속과 관련된 문제에서 사립탐정의 조사범위에는 유언서가 작성될 시점에 실종된 상속인의 위치를 알아내거나 유언을 한 고인(故人)의 정신상태가 어떠했는지를 판단하기 위한 시도들

71) "Professional Certified Investigator," ASIS International, accessed September 3, 2018, www.asisonline.org/certification/professional-certified-investigator-pci.

72) Thomas Eimermann, Fundamentals of Paralegalism (Little, Brown &Co., 1980): 102-103.

이 포함될 수 있다. 모든 영역에서 기초가 되는 기법들은 기본적으로는 동일하다.[73]

ASIS GSX COMMUNITY CAREER HQ STORE JOIN CREATE ACCOUNT LOGIN

MEMBERSHIP ▼ CERTIFICATION ▼ PROFESSIONAL DEVELOPMENT ▼ PUBLICATIONS & RESOURCES ▼ GET INVOLVED ▼ SECURITY MANAGEMENT ▼

BECOMING A PROFESSIONAL CERTIFIED INVESTIGATOR (PCI®)

전문적인 인증을 받는 탐정이 되기(Becoming A Professional Certified Investigator: PCI)

■ 왜 전문 인증을 받는 탐정에 지원하는가? 탐정으로 지정하는 전문 인증을 취득하는 것은, 사건평가와 사건관리 전략에 관한 선택사항을 심사하는 것을 포함하여, 민간조사업무에 있어서 당신의 전문화된 기술에 관한 독립적인 확인을 받는 것이다. 인증제도는 유효한 감시기법을 통하여 정보를 수집하고, 인터뷰하고, 그리고 신문할 수 있는 당신의 능력을 확인해주는 것이다.	**■ 지원 자격** 적어도 2년 정도의 사건관리를 포함하여, 5년 정도의 조사/수사업무 경험이 있어야 한다.
■ 시험에는 어떤 것이 출제되는가? 전문 탐정인증 자격시험에는 125개의 객관식 선택형 문제들과 점수가 부여되지 않는 15개의 무작위 사전 출제문제로 구성되어 있다. 그래서 총140문제이다. 2시간 반(150분)동안 진행된다. 이러한 분야에서 요구되는 역량으로서 전문 탐정들에 의하여 확인되어 왔던 이 중요한 세 가지 영역, 즉, 탐정의 임무, 지식 및 기법들을 이 시험에서 다루고 있다.	**■ 그리고** 고등학교 이상의 졸업학력 혹은 GED(General Educational Development*)에 상응하는 교육정도 *고등학교 졸업증에 상응하는 자격
■ 시험비용 ASIS 회원은 300달러 비회원은 450달러 재시험은 200달러.	**■ 그리고** • 경비업무와 연관된 역할에서 정식 직원으로 고용된 상태 ■ 경비업무, ASIS 혹은 자격프로그램에 부정적으로 영향을 미칠 수 있는 그 어떤 범죄를 저질러서 유죄선고를 받은 경력이 없어야 한다. ■ ASIS자격획득에 필요한 행동강령을 준수하겠다는 서명과 동의 ■ 자격증 취득안내서에 기재된 개략적인 내용처럼, ASIS자격프로그램의 지침을 준수하겠다는 동의

그림 1.4 ASIS International은 탐정전문인증제(Professional Certified Investigator: PCI) 프로그램에서 업계에서의 자격제도를 인정하고 있음(2018년 ASIS협회의 승인을 받아 게재하였음).

73) Pinkerton's, Inc., Investigations Department Training Manual (1990): 30-31.

표 1.5 산업분야에서 요구하고 있는 전문탐정이 제공할 수 있는 서비스의 내용들 현황

① 검사(檢事)와 법집행당국들
- 범죄수사
- 도주자를 체포하고 증인을 확보하기
- 증거를 보존하고 감시하기
- 국가안보를 위한 공공/민간영역간의 협력과 계획

② 변호사들
- 소송과 재판을 준비하면서 사건을 조사하기
- 증인을 확보하고 행방불명된 상속인을 찾는 것 등
- 은닉된 재산을 찾고, 사건 당사자에게 서류송달

③ 변리사들(특허변호사)
- 특허권침해 사건을 조사하기
- 채택, 사용 그리고 포기의 관점에서 사실을 입증하기

④ 출판사들
- 출판물에 의한 명예훼손으로 야기된 소송의 조사
- 불공정 경쟁사건에 대해 조사
- 저작권 침해사건에 대한 조사

⑤ 은행들
- 범죄사건의 조사
- 신용과 책임있는 직책으로 승진예정인 후보자와 직원에 대한 조사
- 고가의 귀중품 운반시 보호
- 부정행위 의혹이 있는 직원들과 다른 용의자에 대한 감시
- 보고된 재산의 검증
- 모험적 사업경영에 대한 체크
- 신용대출 신청자에 대한 조사

⑥ 보험회사와 보험업자들
- 위탁금유용(횡령), 강도, 주거침입절도, 절도, 재물손실, 화재 그리고 다른 재난 소송사건의 조사.
- 생명, 사고, 의료과오(malpractice), 배상과 다른 청구사건의 조사
- 장애의 범위(정도)를 확인하기 위하여 실업수당 청구자들을 뒷 따라 다니기

⑦ 철도, 버스 그리고 항공사들
- 정직성과 서비스 감시
- 소송사건의 조사

⑧ 자동차 운송, 물류저장소 그리고 화물터미널 회사들
- 절도사건 등의 조사
- 소송사건의 조사

⑨ 가게(점포)들
- 백화점에 근무하는 탐정들
- 절도사건 등의 조사
- 신용위반확인 및 사기사건 조사

⑩ 공장 및 도매상들
- 제조물책임(PL) 소송사건의 조사
- 불공정 경쟁, 회사의 명성을 훼손하기 위한 고의적 시도, 거래상의 비밀에 대한 사기적 폭로 그리고 거래합의사항들의 위반
- 국토방어를 위한 계획

⑪ 호텔들
- 호텔에 근무하는 탐정; 절도사건 등의 조사
- 정직성, 효율성, 낭비 및 규칙위반에 대한 각부서의 서비스감시

⑫ 각개인의 특성에 대한 조사
- 명성을 확인하기 위한 조사, 거주지 주소를 확인하기, 현재 혹은 이전의 고용 및 사업관계, 결혼여부, 습관, 생활스타일, 수입, 재정상 및 신용상의 책임, 사회적 및 사업상의 관계, 경찰처분관계와 요청받은 상세한 사항들의 조사

⑬ 감시
- 근무시간 중 이동상황, 동료들, 직무에 대한 주의력 및 생활방식에 대한 확인
- 사인간(私人間) 상해사건에 관한 행동을 서류화하기 위한 비디오녹화 서비스

⑭ 생산시설 및 물류저장소에 대한 감시
- 주말, 공휴일 그리고 야간시간, 재물 절취현장과 약탈행위 기도행위를 탐지하기 위하여 점 포나 건물을 감시하기, 非인가된 者의 출입이나 다른 부적절한 행위들을 확인하기

⑮ 비밀조사(undercover investigation)
- 부정직함, 낭비, 부주의, 非효율성, 고의적 태만, 안전규칙의 위반, 탐닉주의, 종업원 차별, 저하된 윤리의식, 사보타지 그리고 다른 불법행위들을 확인하기 위하여 종업원들을 조사하기

민간조사업 분야의 전문가들이 직면하고 있는 조사 실무상의 유형들은 조사 대상뿐만 아니라, 탐정의 전문성에 달려 있을 정도로 다양하다. 그래서 노동자들의 보상문제 혹은 장애등급 사기사건에 전문화된 민간경비회사들은 이러한 청구사건을 무효화시킬 수 있는 선별된 조사 실무기법, 즉 의료적 분석뿐만 아니라, 인터뷰나 감시기법 같은 것을 목표로 삼고 있다. 이러한 조사기법의 한 세트로서, 다음과 같은 대상을 포함하고 있다.

청구사건의 조사	의료과실 조사	피용자 보상사건 조사
이혼사건의 조사	정부부처의 조사	기업사건 조사
실종사건의 조사	화재, 안전 및 직업안전 및 보건관리청(OSHA)사건 조사	판결내용에 관한 조사
상속인 및 양수인의 조사	가족 내 관련사건 조사	제조물책임 및 소비자피해 사건 조사
민사사건 조사	조직범죄 조사	공공기록에 대한 검색
형사사건 조사	사기 및 화이트칼라 범죄조사	재산권의 권원조사
배경조사	종업원에 대한 조사	해상사건 조사
비밀조사	거짓말탐지기 조사	건축현장의 사고 조사
보험사건 조사	주택관련 규정 조사	독성물질의 피해에 관한 조사
인적 부상 조사	빌딩거래관련 조사	심리학적 및 정신의학적 조사
교통사고 조사	감시활동	의문에 제기되는 문서의 조사
재물손실 조사	목격자 확보	

예를 들면, 법과학분야, DNA 혹은 컴퓨터 포렌식, 또는 급속한 사이버공간상의 도전과 같은 영역에서, 기술적, 과학적 그리고 다른 진보된 것들이 발생하면서, 전문기술이 있는 사립탐정에 대한 요구가 새롭게 등장한 분야를 반영할 것이다. 언급된 조사를 실행하고 있는 조사상의 방법론과 탐정들 모두 전문성뿐만 아니라, 인식될만한 모든 분야에 의존하게 될 것이다. 이러한 의미로 조사상의 실무는 끝없이 변하고 있는 것이다. 민간경비분야 탐정

의 다양한 기능의 개략적인 내용의 경우, 다음의 박스(BOX 1.1)에서 확인할 수 있다.[74]

Box 1.1 민간조사업 분야 및 탐정이 제공할 수 있는 다양한 역할에 대한 개요

사립탐정 및 조사관은 전형적으로 다음과 같은 내용을 수행할 수 있다:

- 정보를 수집하기 위하여 사람들을 인터뷰하기
- 단서를 찾아내기 위하여, 온라인, 공공의 그리고 법원의 기록들을 탐색하기
- 감시/미행을 실행하기
- 의뢰인을 위하여 증거를 수집하기
- 민사사건 판결과 범죄관련 기록을 체크하기

사립탐정과 조사관은 개인, 변호사들 그리고 사업자들을 위하여 많은 서비스를 제공한다. 예를 들면, 배경조사, 회사로부터 절도를 저질렀을 가능성이 있는 종업원을 조사하기, 이혼 사건에서 부부간 정절의 위반을 입증 혹은 반박하는 것, 실종자 위치를 확인하는 것이 포함된다. 사립탐정 및 조사관들은 해당 사건에서 사실을 조사할 때, 다양한 수단을 활용한다. 업무의 많은 부분은 컴퓨터를 이용한 전화번호, 사회관계망에 대해 자세한 내용수집, 온라인상의 활동 설명, 개인의 과거 체포기록과 같은 정보를 취득할 수 있도록 해주는 컴퓨터와 연관되어 이루어진다.

사립탐정은 또한 사건을 조사할 때, 감시/미행을 실시한다. 그들은 종종 은닉된 위치에서 카메라 혹은 망원경을 사용하면서 어떤 사람의 집 혹은 사무실과 같은 장소를 관찰하고, 관심의 대상이 되고 있는 사람의 정보를 수집한다.

사립탐정과 조사관들은 조사를 실시할 때, 법률에 관해서 주의를 기울여야 한다. 경찰과 같은 조사상의 권한이 결여되어 있기 때문에, 사립탐정들의 임무는 민간인 신분의 자격과 같은 수준에서

74) Bureau of Labor Statistics, U.S. Department of Labor, Occupational Outlook Handbook, Private Detectives and Investigators, accessed August 4, 2018, www.bls.gov/ooh/protec tive-service/privatedetectives-and-investigators.htm.

이루어져야 한다. 결과적으로, 사립탐정과 조사관들은 그들의 임무수행에 영향을 미칠 수 있는 프라이버시법과 다른 법률적 이슈와 같이 연방, 주 및 지역관할의 법령에 대해서 잘 알고 있어야 한다. 다른 한편으로, 그들이 수집한 증거가 법정에서 활용되지 않을 수도 있으며, 그들은 자칫하면, 기소상황에 직면할 수도 있다. 행방불명 채무자를 수색하는 사람(skiptracers)은 행방이 알려지지 않은 어떤 사람의 위치를 확인하는 것에 전문화되어 있다. 예를 들면, 채권집행관들은 채무를 변제하지 않은 사람들의 위치를 확인하기 위하여 그들을 고용할 수 있다.

민간경비회사들은 조사와 관련된 다양한 업무의 측면들을 반영하고 있으며, 이러한 다양한 임무를 수행할 수 있는 역량 있는 탐정들을 고용하려고 찾고 있다. 〈표 1.5〉를 참조하라.[75]

75) Ultimate Security Investigations of America, 3333 Warrenville Road suite 200, Lisle, IL 60532, https://usaprivatesecurity.com/investigative-services/private-investigation.

4 결론 및 최종적인 고민사항들

사건이나 조사대상이 어떠하든지 간에, 민간경비산업은 경험이 많은 사립탐정들에 관한 기본적인 골격을 만들어내는 것에 혈안이 되고 있다. 비즈니스 및 산업계, 변호사들, 연방, 주 및 지역 수준의 부서들 그리고 다른 고용주들은 정보를 수집하고, 사실 관계적 분쟁을 해결하고, 애매한 데이터와 정보를 잘 조화시킬 수 있는 탐정들을 찾고 있다.

게다가, 이러한 단골 의뢰인들은 보고와 분석, 사건평가와 발견사항 그리고 법적인 책임을 유발할 수 있는 사건과 조건들에 관한 상태보고서 분석을 위하여 전문적인 탐정에 의존한다. 충실하게 훈련을 받은 사립탐정들은 문제가 되고 있는 사람, 장소 그리고 시설을 잘 다룬다.

일반적으로, 탐정들은 어떤 사건들이 평가될 수 있고 결정될 수 있는지, 혹은 최종적인 실행과 정책결정이 명확해질 수 있는지에 따라서, 어떠한 토대 및 개념적 구조를 만들어 놓는다.

조사는 어떤 사실을 받아들이는 절차이다. 조사는 성질상 민사사건이든 형사사건이든 간에, 어떤 청구사건을 지원하거나 반박하는 데 필요한 증거에 대한 체계적인 수집이다. 조사는 관찰/감시, 면밀한 검사 및 분석, 어떤 특수한 대상에 대한 지속적이고 규칙적인 탐문 절차이다. 조사는 탐색이며, 의뢰인의 요구 및 이익에 적절하게 부응하는, 사건과 조건의 재구성으로 향하는 여행이다.

성공적인 조사는 연구와 경험에 의해서 얻어지는 조사절차에 관한 과학적 지식과 학습된 기술의 인위적 적용에 의해서 얻어지는 기법들 간의 균형에 관련된다.[76]

76) W. Bennett and K. Hess, Criminal Investigation (Eagan, MN: West Publishing Co., 1981): 9; Karen M. Hess, Christine Hess Orthmann, and Henry Lim Cho, Criminal Investigation, 11th ed. (Boston: Cengage, 2017).

그림 1.5 USIA를 통하여 제공하고 있는 민간경비서비스
(Ultimate Security and Investigations of America의 허락을 받아서)

그래서 빈틈없이 조사를 실행하는 것에는 다음과 같은 통일된 실무관행들을 포함해야 한다.

1. 합리적 추론이 반드시 이어져야 한다.
2. 실질적, 물리적 증거가 합법적으로 취득되어야 한다.
3. 실질적, 물리적 증거가 적절하게 보관되고 보존되어야 한다.
4. 목격자들이 반드시 확인, 면접되어야 한다. 그리고 그 어떤 잠재적 혹은 실질적 소송수행을 위해서 준비되어야 한다.
5. 단서들이 반드시 드러나야 한다.

6. 보고서, 서류들이 반드시 수집되어야 한다.
7. 정보가 정확하게 그리고 완전하게 기록되어야 한다.
8. 수집된 증거는 청구내용, 소송원인 혹은 기소된 범죄와 반드시 관련지어져야 한다.[77]

조사상의 절차는 사건, 조건, 혹은 종종 언급되는 것처럼 진실 그 자체를 광범위하게 재구성해야 한다. 진실을 발견하는 것은 종종 파악하기 어려운 임무이기도 하다. 진실을 찾는 절차에서 탐정들은 반드시 목격자, 물리적 그리고 실질적인 증거, 서류, 증언 그리고 전체 사건을 형성하는 데 있어서 증거적 고려사항들의 완전한 배열을 평가하고, 측정하고 분석해야 한다. 단순하게, 제기된 행위들의 변환을 요구하는 조사절차를 실질적이고 유용한 증거에 갖다 놓아야 한다.[78]

이 본문에서 요약하고 있는 중요한 목적은 다음의 것인바, 조사실무 관행을 위한 기초를 제공하는, 그렇지만 보다 더 좁게 그 내용을 민간경비의 세계 쪽으로 조화시키려는 매뉴얼이라는 점이다. 페이지를 펼 때, 독자들은 이 민간경비산업에 의하여 수행되는 많은 조사업무 유형을 위하여, 특별한 규칙을 접할 뿐만 아니라, 전문적인 탐정의 형상을 만들어내는 일반적이며, 특수한 기술과 소질에 접하게 될 것이다. 이 책을 통해 독자는 형식, 체크리스트 그리고 실무가들을 위한 유용한 도구의 주체에 접하게 될 것이다. 그리고 민간경비 산업계에서 전문적인 가장 훌륭한 실무관행들, 조사에 연관이 있는 전문가그룹이나 협회들 그리고 조사상의 절차가 판단되어져야 할 기준들을 알게 될 것이다. 사립탐정이 민간경비 산업을 우리의 삶 중심에 자리 잡도록 해 줄 정도로 필수적인 상황이 되었기 때문에, 그 어떤 민간경비분야 전문가라도 그들의 경력에서 사립탐정에 관한 내용이나 역할을 부인할 수 없는 것은 확실하다.

77) Ibid.

78) Patricia W. Kittredge, "Guideposts for the Investigation of a Negligence Case," Practical Lawyer 90 (1973): 55; J. Stannar Baker, "Reconstruction of Accidents," Traffic Digest and Review 17 (1969): 9; American Jurisprudence Trials 1 (1987): 357.

제 2장

유능한 탐정으로서 일반적인 자질

1. 서설
2. 개인적 사고방식 대 집단적 사고방식
3. 대인관계와 조사과정(Human relations skills and investigative practice)
4. 윤리와 조사과정
(Ethics and Investigative Process)

1 서설

다른 직업과 마찬가지로 수사 분야에서도 성공을 위해서는 일정한 기술과 자질 그리고 역량이 필수적이다. 성격, 운용 스타일, 기술 수준이 서로 다르고 수사 과제의 수행방법 또한 다양하지만 모든 전문 수사관들에게는 일종의 '수사 DNA'라는 특징이 공통적으로 존재한다. 러셀 콜링(Russel Collings)은, 병원 경비(Hospital Security)라는 글에서, 이러한 수사관의 특징을 "타고났다"라고 묘사하고 있다.

진정으로 유능한 조사관은 선천적인 재능을 갖고 있고 그들은 인간관계와 결합되는 조사 과정에 의해 만들어진다. 조사는 도전의식을 나타내고 성공과 실패에 대해 직접적으로 관련되는 열정과 능력의 정도를 나타낸다.[1]

숙련된 조사자는 다음과 같은 속성을 가져야 한다.

- 활력과 조심성
- 법적인 지식
- 현실적인 목적을 성취할 수 있는 능력
- 방법론적 접근법
- 인간의 본성에 대한 지식

1) Russell Colling, Hospital Security (Boston: Butterworth Publishers, 1982): 221; Jos Maas, "Hospital Security: Protecting the Business," Journal of Healthcare Protection Management (January 1, 2013).

- 관찰력과 추론능력
- 유의미한 기록을 유지할 수 있는 능력[2]

의심할 여지없이, 유능한 조사관은 공적이든 사적인 것이든, 이러한 특징들을 모두 포괄한다. 이 장에서는 수사 관행의 세계에서 성공하기 위해 필요한 특성과 기술 수준을 강조한다.

2) Ibid.; see also the historic role investigative services have played in the world of private security and private protection at Charles P. Nemeth and K. C. Poulin, Private Security and Public Safety: A Community Based Approach (Upper Saddle River, NJ: Pearson-Prentice Hall, 2005): 22; Charles P. Nemeth, Private Security: An Introduction to Principles and Practice (Boca Raton, FL: CRC Press, 2018); Daniel J. Benny, Private Investigation and Homeland Security (Boca Raton, FL: CRC Press, 2016); Robert J. Fischer et al., Introduction to Security (New York: Elsevier, 2103).

2 개인적 사고방식 대 집단적 사고방식

민간 경비 요원들과 공경은 수사의 방법과 수행기능에 있어서 분명한 교차점이 존재하지만, 각기 다른 비전과 끝이 있다. 확실히 유능한 조사관의 자질은 두 가지 환경 모두에서 똑같이 적용되며, 수사의 주제가 서로 반영될 수도 있다. 실제로 민영화 전환이 큰 제약 없이 계속되면서 모든 단계에서 민영화와 공영화의 협력 수준이 기하급수적으로 높아지고 있다. 사경찰활동은 공공기능을 확립하면서 점점 더 많은 일을 수행하고 있다. 러셀 콜링은 자신의 업무인 병원 경비(Hospital Security)에서 공경찰의 수사 프로토콜과 사경찰의 차이점은 정말 형식과 사명의 차이점이며, 실제로 임무는 매우 상호 보완적이라고 결론짓는다.

보안조사와 사법기관의 수사를 차별화하는 것은 다양한 목적과 기법이다. 보안 수사가 늘 다른 초점을 두고 있다는 뜻은 아니다. 경찰 조사는 기본적으로 범죄의 가해자를 체포하고 사건의 성공적인 기소를 위한 증거를 찾기 위한 목적으로 이루어진다. 한편, 보안 조사에는 조직 규칙 및 규정의 위반에 관한 정보 수집, 범죄 위반으로 이어질 수 있는 조건에 대한 구직자의 배경, 새로운 보안 통제와 절차의 필요성, 책임 청구, 안전하지 않은 상태, 또는 특정 혐의를 입증하거나 반증하는 데 필요한 증거 또는 잠재적 청구가 포함될 수 있다.[3]

수사과정 자체는 본질적으로 확실한 사실과 증거능력에 의존하는 사법체계 모두에 봉사하고 있다.[4] 사경찰이든 공경찰이든 간에 범죄와 시민 제도는 다음을 가능하게 하는 조사 과

3) Colling, “Hospital”: 211.

4) International Association of Chiefs of Police, National Policy Summit: Building Private Security/Public Policing

정에 의존한다.

1. 범죄의 각 요소를 지지하거나 물리칠 충분한 사실적 증거가 있는지 판단한다.
2. 재판에서 사건을 입증하거나 패소하는 데 필요한 사실적 증거를 축적하거나, 해결의 근거를 마련하는 것
3. 추가 증거에 대한 단서를 찾기 위해
4. 사람이나 재산의 소재 파악
5. 증인이나 상대편의 명예를 떨어뜨리는 데 사용될 수 있는 증거 찾기[5]

무엇을 조사할 것인가에 대한 문제는 조사를 수행하는 기업의 임무 및 목적과 크게 관련이 있다.[6] 공공 시스템과 민간 시스템 사이에는 유사성이 풍부하지만, 이들 시스템의 차이와 구별은 부인할 수 없다. 공경찰은 본질적으로 어떤 민간경비 회사보다 중범죄에 대해 더 신경을 써야 한다. 살인이 사경찰에게는 시카고나 뉴욕 시에서 일하는 수사관에게 있어서만큼 중요한 문제가 아니다. 다른 중죄인 강도, 절도 및 다른 형태의 절도, 사기 및 부패 행위, 폭행 및 구타 등과 같은 범죄에 적합할 수 있으며, 이러한 것은 공공과 민간 시스템에서 공통적으로 나타난다.[7] 홀크레스트 보고서 II(Hallcrest Report II)는 공공 및 민간 경비 전문가 모두를 대상으로 이들 시스템의 궁극적인 목표가 무엇인지에 대한 전체적인 인상을 조사했다. 두 사람 모두 "경비 서비스"가 전체 임무의 일부라는 데 동의한다. 그림 2.1.[8] 참조

Partnerships to Prevent and Respond to Terrorism and Public Disorder (2004), accessed September 4, 2018, www.theiacp.org/Portals/0/pdfs/Publications/ACFAB5D.pdf.

5) James McCord, The Litigation Paralegal (Eagan, MN: West Publishing Co., 1988): 69.

6) See Louis Perry, "How Private Security Can Help Law Enforcement" (May 31, 2012), accessed September 4, 2018, www.policemag.com/blog/patrol-tactics/story/2012/05/how-private-security-canhelp-law-enforcement.aspx.

7) See COPS Website, accessed September 4, 2018, www.cops.usdoj.gov/.

8) William C. Cunningham, John J. Strauchs, and Clifford W. VanMeter, Private Security Trends 1970 to 2000: The Hallcrest Report II (Woburn, MA: Butterworth Heinemann, 1990): 116.

그림 2.1 공경찰 기능과 사경찰 기능 비교

이러한 차이는 수익, 자산 보호 및 보다 대상화된 활동에 더 관심을 갖는 민간 모델에서 상당히 명백하다. 상대적으로 공경찰 시스템은 정부적으로 수용되기 때문에 기업가 정신이 거의 없는 넓은 비전을 보여준다. 홀크레스트 II(Hallcrest II)는 또 업계 최고인 보안 관리자들이 어떻게 그들의 적절한 목적과 목표를 지시했는지에 대해서도 평가했다. 이 두 보안 분야의 비교는 꽤 균일하다. 그러나 이러한 유사점은 법 집행 임원들이 기능의 우선순위를 매길 때 다소 소멸된다.

공경찰들은 분명히 개인보다 구속과 기소에 더 신경을 쓴다. 이러한 결론은 동일한 우선순위 목록에서 "일반 국민"의 우려에 의해 더욱 뒷받침된다. 이 우선 순위는 비록 첨예한 분열을 정당화한다고 여겨서는 안 되지만, 그 자체로 분명한 구별이다. 오히려 공공과 민간 법 집행 모두 일반적인 목표인 법 집행을 공유한다. 빌 스트루달(Bill Strudal)이 그의 글 "경찰에게 안전의식을 부여하라.(Giving the Police a Sense of Security)"에서 지적했듯이,

> 공경찰과 사경찰이 공유하지 않는 우리의 목표는 법 집행이다... 만약 우리가 공경찰과 사경찰이 같은 목표를 가지고 있다는 전제를 받아들인다면, 우리는 정기적으로 함께 일하는 것이 어떨까? 차이가 있다; ...양군 간에 많은 차이가 있다는 것을 아무도 부인할 수 없다. 그러나 좋은 훈련과

대화로 극복할 수 있는 것은 없다.[9]

직무, 의무, 의무의 유사성은 조사의 과제를 고려할 때 매우 명백하다. 민간경비 부문의 기술은 본질적으로 대중과 동일하다. 상자 2.1을 검토하여 사경찰하고 공경찰에서 공유하고 부담하는 다양한 기회를 확인하십시오.

Box 2.1 공경찰과 사공찰이 공유하는 분야

- 검찰 및 법 집행 기관
- 불법행위 조사
- 풍문(Publisher Actions)
- 은행 조사 및 보안
- 보험 회사 및 자기 보험 회사 조사
- 철도, 버스 및 항공 회사 보안
- 모터 화물, 창고 및 화물 터미널 보안
- 제조, 도매 유통 및 소매 보안
- 호텔 보안
- 캐릭터 조사
- 감시
- 플랜트 및 스토어 보안 감시
- 잠복수사

9) Bill Strudel, "The Private Security Connection: Giving the Police a Sense of Security," Police Chief (February 1982): 28-29; Law Commission of Canada, In Search of Security: The Roles of Public Police and Private Agencies (2002); George S. Rigakos, The New Parapolice (Toronto: University of Toronto Press, 2002).

민간 경비의 조사관들은 고객 측면에서 공공경찰하고 다르다 예를 들면, 사람을 찾는 행위, 정확하고 신뢰할 수 있는 배경 정보 및 중요한 기록의 수행, 기업과 사업 목적을 위해 수행하는 것 등이 공공 경찰 모델보다 훨씬 더 중요하다. 점점 더 많은 컨설팅 기업 중 렉시스/넥시스(법률정보서비스 회사)는 최신 데이터 서비스를 제공하며, 배경 확인 및 조사 목적으로 공개된 개인 정보를 제공한다.[10]

이 차이에도 불구하고, 민간 공공의 상호보안성(Private–Public Alignment)은 계속해서 더 엄격해져, 주 규제 당국은 "민간경비 조사관" 지정을 위해 더 신뢰할 수 있고 균일한 기준을 세우려고 시도하고 있다. 국제 보안 및 조사 규제 협회(International Association of Security and Investigative Regulator)는 바로 이런 목적으로 2001년에 설립되었다. 그림 2.2[11] 참조

그림 2.2 국제 보안 및 조사 규제 협회
(International Association of Security and Investigative Regulator) 로고(출처: IASIR, www.iasir.org)

IASIR의 임무에는 다음이 포함된다.

- 신청자 처리 및 기록 관리 강화
- 편리한 배경 조사 및 지문 처리를 위한 설명
- 보험/본드에 대한 정보 전달

10) LexisNexis, "Accurint for Private Investigations," www.lexisnexis.com/risk/downloads/literature/accurint-private-investigations.pdf.

11) IASIR, P.O. Box 93, Waterloo, IA, 50704, www.iasir.org.

- 새로운 라이센스 기술에 대한 최신 정보 유지 및 공유
- 효과적인 국가 규제 및 시행 촉진
- 교육 및 교육 표준 지원
- 무면허 활동 제거
- 법 집행 기관과 규제 산업 간의 조화 발전
- 연방 입법에 영향을 미침
- 모델 법률 및 규정 제정
- 법률 및 규정의 개발 및 시행에 있어 상태 지원
- 국가 간 상호 호혜성 증진
- 주 규제 기관에 교육 및 교육 기회 제공

웹 연습 사설탐정 세계에 대한 뛰어난 개요를 보려면 다음 사이트를 방문하십시오.
www.detectivetraining.com/lesson1html/.

2.1 객관성 및 조사 관행(Objectivity and Investigative practice)

훌륭한 수사관은 감정이나 선입견, 편견, 또는 사실적 근거가 결여된 의견보다는 사실에 의해 움직인다. "조사자는 일단 사실을 보지 못하고 의견에 이끌리기 시작하면, 더 이상 필요한 객관성을 유지할 수 없다."[12] 사실을 수집하고 선입견과 결론으로 동화시키는 과정을 시작하는 수사관들은 잘못된 결과를 만들어 낼 운명이다. 그러므로 수사관의 가장 강력한 소송은 이 사건에 대한 개방적이고 가설적인 과학적 접근이다. 수사관이 개인적인 감정과

12) Arnold Markle, Criminal Investigation and Presentation of Evidence (Eagan, MN: West Publishing Co., 1976): 1.

선입견을 제거해야만 수사과정이 청렴함을 가질 수 있을 것인데, 사실이야말로 수사관을 몰아내고 수사 자체의 주체사안으로 구성하는 것이기 때문이다.

사실 수집은 민간경비의 조사 과정의 특징이 되어야 한다. 만약 그렇다면, 수사관의 행동은 다른 사람들에게 그 과정의 진실성을 믿게 하고 그 판단은 믿을만하고 신뢰성을 보여준다. 수사관에 대한 최근 직무 서술은 다음과 같은 능력을 강조한다.

- 문제를 분석하여 중요한 요인을 식별하고 관련 데이터를 수집하며 해결책 인식
- 작업 계획 및 구성
- 효과적인 구두 및 서면으로 커뮤니케이션

이러한 기술들은 수사관에게 전문적인 접근법을 개발하고, 현장에서 일하는 "신뢰적이고 사무적인"[13] 수사관을 보장한다. 객관적인 사실 수집에 대한 이러한 충성은 항상 쉬운 것은 아니다. 탐정들은 종종 계획적으로 감정적인 상황에 놓인다. 국내 분쟁, 노사분규, 공공시위, 몇 가지 설정들을 언급하는 것은 감정이 고조된 경우의 유형을 나타낸다. 이러한 시나리오에서 여러분의 머리를 유지하는 것은 전문적으로 힘든 일이다.[14] 객관적인 방법을 고수하고, 감정적으로 고립된 상태를 유지하고, 반감 없이 주어진 임무를 수행하는 것은 어려운 일이다. 사실, 조사 작업은 육체적으로나 감정적으로나 종종 실무자와 연구원들에 의해 잊혀지는 현실의 연속적인 요구를 가지고 있다.[15]

범죄 수사 과정에 내재된 많은 스트레스를 극복하는 것은 모든 조사 환경의 사실과 상황에 대한 객관적인 분석에 필수적이다. 솔리, 코프, 유우메(Sollie, Kop, Euwema)는 수사 시나리

13) Art Buckwalter, Investigative Methods (Woburn, MA: Butterworth, 1984): 36.

14) Karl Ask and Par Anders Granhag, "Hot Cognition in Investigative Judgments: The Differential Influence of Anger and Sadness," Law and Human Behavior 31 (2007): 537-551.

15) Henk Sollie, Nicolien Kop, and Martin C. Euwema, "Mental Resilience of Crime Scene Investigators: How Police Officers Perceive and Cope with the Impact of Demanding Work Situations," Criminal Justice and Behavior 44, no. 12 (2017): 1580-1603, https://doi.org/10.1177/0093854817716959.

오, 업무 요구, 다과제 및 긴박한 문제에서 자연스럽게 나타나는 여러 가지 스트레스로부터 "감정적 거리(emotional distancing)"라고 부르는 것을 요구한다.[16]

게다가, 훈련은 "단순한 조치의 반복 ...이 스트레스를 받더라도 일련의 사건들을 수사관들의 마음에서 최우선적으로 유지하는데 도움이 될 수 있기[17] 때문에 집중과 궤도에 집중하는 데 필요한 자신감을 확보하는 데 중요한 역할을 한다. 최종 분석에서는 효과적인 수사관이 객관적인 현실을 탐색하여 기록한다.[18]

웹 연습 PCI®(Professional Certified Investor) 프로그램의 ASIS International 웹 페이지 방문하시오: www.asisonline.org/certification/professional-certified-investigator-pci에서 "3대 주 도메인" 링크를 클릭하여 인증된 조사관이 되기 위해 필요한 기술과 지식을 검토하십시오.

2.2 논리 및 조사관행(Logic and Investigative Practice)

방금 논의된 감정 조절과는 별도로, 유능한 조사관은 논리적인 방법과 절차에 의존해야 한다. 특정 사례의 사실, 조건 및 상황에 대한 사실 수집과 연역적 추론은 논리적인 사고를 요구한다. 논리학은 일관성 있고 순차적인 순서로 사실, 조건 및 사건에 대한 질서 있고 합

16) Ibid.

17) R. A. "Rick" Stern, "Training That's on Target," Security Management, April 2012, https://sm.asisonline.org/Pages/Training-Thats-on-Target.aspx; see also: Darius H. Bone, Anthony H. Normore, and Mitch Javidi, "Human Factors in Law Enforcement Leadership," Law Enforcement Bulletin, December 9, 2015, https://leb.fbi.gov/articles/featured-articles/human-factors-in-law-enforcement-leadership.

18) Rick Sarre, "Book Review," review of Private Investigation And Security Science: A Scientific Approach, 3rd ed., by Frank Machovec, Criminal Justice Review 34 (2009): 142.

리적인 검토라고 가장 잘 설명할 수 있다. 그러기 위해서는 수사관이 적절한 조사 기법을 고안해야 한다. 간단히, 올바른 순서대로 질문하라! 논리는 순수한 이성의 운동이기 때문에, 사실은 직접적, 연역적, 추론적 또는 역적 형태의 추론으로 평가할 수 있다. 일반적으로:

- 이 정보에 대한 책임은 누구에게 있는가?
- 이 정보는 무엇을 의미하는가?
- 이러한 정보는 어디에서 수집되었는가?
- 이 정보는 언제 수집되었는가?
- 이 정보를 어떻게 입수했는가?
- 이 정보에 대해 다른 당사자나 개인이 책임질 수 있는 것은?
- 이 정보가 이 위치에서 발견된 이유

이렇게 해서 수사관은 상관관계를 찾는다. "모든 가능한 원인 및 효과 관계는 조사되고, 연관성이 발견되고, 결론이 도출되어야 하지만, 모든 대안을 철저히 탐구한 후에야 한다."[19] 예를 들어, 식당과 호텔 시설에 대해 제기된 식중독에 대한 주장을 생각해보자. 당신이 그 청구를 조사하기 위해 배정된 탐정이라고 가정하자. 어떤 종류의 논리적인 질문을 해야 하는가? Walter J. Buzby와 David Paine은 호텔 및 모텔 보안 관리(Hotel and Motel Security Management)에 다음과 같은 다양한 종류의 조사를 제안한다.

1. 피해자가 언제 병에 걸렸나? (날짜와 시간)
2. 병의 본질은 무엇이었습니까? (통증, 구토, 현기증 등)
3. 얼마나 오래 병이 계속되었는가?

19) Wayne W. Bennett and Karen M. Hess, Criminal Investigation (Eagan, MN: West Publishing Co., 1976): 11; Karen M. Hess, Christine Hess Orthmann, and Henry Lim Cho, Criminal Investigation, 11th ed. (Boston: Cengage, 2017).

4. 의사의 진찰을 받았거나 약을 복용했는가? 만약 의사의 진찰을 받았다면, 그의 발견의 사본을 확보해야 한다.
5. 피해자가 주장하는 질병의 원인은 무엇인가?
6. 피해자는 왜 이런 음식들이 병을 일으킨다고 느끼는가? 그들은 의심을 불러일으키는 특정한 냄새나 맛이나 외모를 가지고 있었을까?
7. 피해자가 의심되는 음식을 먹기 전에 어떤 활동을 했는가? 피해자는 파티에 갔거나 술이나 약을 먹은 적이 있었나? 그들은 다른 사람들과 함께 있었는가?
8. 피해자가 먹기 전에 외상성 경험을 한 적이 있는가? 그렇다면 자세한 정보를 얻으십시오.
9. 피해자가 의심스러운 특정 식품 품목을 정확히 지적할 수 없는 경우, 섭취한 모든 식품 목록을 확보한다.
10. 그날 제공받은 피해자의 소비 품목별 서비스 횟수에 대한 호텔 기록(휴식 기록)을 확인한다.
11. 그날의 다른 질병에 대한 보고는 없는지 기록을 확인한다.[20]

이러한 유형의 논리적 처리는 종종 "누가, 무엇, 언제, 어떻게, 왜" 질문 순서라고 설명된다. 올바른 질문을 순서대로 하는 숙련된 수사관들은 성공적인 사건 해결에 필수적인 사실을 발견할 것이다. 형사적 또는 민사적 맥락에서 표준 5W 및 H 라인의 질문은 다음과 같다.

20) Walter J. Buzby and David Paine, Hotel &Motel Security Management (Woburn, MA: Butterworth Publishers, 1976): 122-123.

누가(Who)

- 누가 사건이나 범죄를 발견했는가?
- 사건이나 범죄는 누가 보고했는가?
- 중요한 것을 보거나 들은 사람은?
- 참여 동기와 다른 이유가 있는 사람은?
- 사건이나 범죄에 대한 책임은 누구에게 있는가?
- 누가 지원자, 방조자, 공모자, 공동 피고 또는 공동 원고로 간주될 수 있는가?
- 피고는 누구를 연관시켰는가?
- 증인은 누구인가?

무엇을(What)

- 이 사건이나 범죄 중에 무슨 일이 일어났는가?
- 문제의 사건이나 범죄는 무엇인가?
- 이러한 행동이나 범죄의 원인에 대한 요소는 무엇인가?
- 피고 또는 피의자에 의해 저질러진 사실과 행동은 무엇인가?
- 증인들이 알고 있는 것은?
- 어떤 증거가 확보되었는가?
- 증거물로 무엇을 했는가?
- 어떤 공구 및 기타 기기가 사용되었는가?
- 어떤 무기 또는 기타 실제 증거가 존재하는가?
- 사건이나 범죄 집행에 어떤 교통수단이 사용되었는가?
- 운영 방식(운영 방법)은 무엇인가?

어디서(Where)

- 사건이나 범죄는 어디에서 발견되었는가?
- 사건이나 범죄는 어디서 일어났는가?

- 용의자나 피고인은 어디에서 목격되었는가?
- 행사 기간 동안 증인은 어디에 있었는가?
- 피해자는 어디에서 발견되었는가?
- 공구 및 기타 기기는 어디서 구했는가?
- 피의자 또는 피고인은 어디에 살고 있는가?
- 피해자는 어디에서 살았는가?
- 피의자나 피고인은 지금 어디에 있는가?
- 피의자 또는 피고인이 자주 드나드는 곳은?
- 피의자나 피고는 어디에서 추적되었는가?

언제(When)

- 사건이나 범죄는 언제 일어났는가?
- 사건이나 범죄는 언제 발견되었는가?
- 사건 또는 범죄에 대해 적절한 당사자에게 언제 알렸는가?
- 경찰은 언제 현장에 도착했는가?
- 희생자가 마지막으로 목격된 시점은?
- 용의자는 언제 체포되었는가?

어떻게(How)

- 사건이나 범죄는 어떻게 일어났는가?
- 피의자 또는 피고인은 어떻게 현장에 도착했는가?
- 피의자 또는 피고는 어떻게 현장에서 출발했는가?
- 피의자나 피고는 어떻게 위법 행위를 저지르는 데 필요한 정보를 얻었는가?
- 얼마나 많은 피해를 입었는가?
- 얼마나 많은 재산을 도둑맞았는가?
- 이 사건이나 범죄가 일어나기 위해 얼마나 많은 기술, 지식 및 개인적 전문지식이 필요했는가?

왜(why)

- 왜 사건이나 범죄가 일어났는가?
- 특정 공구 또는 계측기를 사용한 이유
- 왜 특별한 방법이 사용되었는가?
- 증인들은 왜 말을 했는가?
- 왜 증인들이 말하기를 꺼렸는가?

그림 2.3[21]의 보안사고 보고서와 같은 조사 문서는 효과적인 조사에 필요한 이러한 논리적 진행을 반영한다.

안전사고 보고서

절차: 이 보고서는 사건을 보고하거나 관련자 또는 그 관리자/감독자(또는 지명자)가 작성해야 한다. 완료된 보고서는 사건 발생일 이후 업무일 종료 전까지 전자적으로 전달 또는 발송되어야 한다.

적절한 사고 코드를 확인하려면 동봉된 사고 코드 참조 시트(Code Reference Sheet)를 참조하십시오. 별도의 양식을 사용하여 여러 개별 사건 보고 자세한 내용은 보안 운영 부서에 문의하십시오.

보안 사건은 다음과 같이 정의된다.

- 소환 여부와 관계없이 카운티 시설에서 법 집행 기관이나 보안 담당자의 조치가 필요한 개인 또는 재산을 위험에 빠뜨리는 사건; 혹은
- 공무 수행 중 카운티 근무자가 관련된 위험에 처한 경우 이 분류는 근무일 시작 또는 종료 시

21) County of Los Angeles Board of Supervisors, Executive Office, Security Operations Unit, 500 West Temple Street, Room #B-98, Los Angeles, California 90012, Security Incident Report, SIR Form 2017.

외부 주차 시설로 걸어가거나 나가는 동안 포함된다.; 혹은

- 카운티 자산에서 사람이나 재산을 위험에 빠뜨리는 의심스럽거나 특이한 성격의 사건; 혹은
- 카운티 직장에 영향을 미치거나 영향을 미치는 비업무 시간 동안 발생한 사건

I. 사건 당일 날짜: **시간:** **끝난 날짜:**

보고한 카운티 시설:

시설의 주소

사고의 주소

사고서론

서론에 포함하지 않는 단체

1) 이름: 직원 성별: Emp#/DOB/Age(직원 번호/생일/나이):

2) 이름: 직원 성별: Emp#/DOB/Age(직원 번호/생일/나이):

3) 이름: 직원 성별: Emp#/DOB/Age(직원 번호/생일/나이):

II. 직장폭력 체크리스트

□ 피해자는 카운티 직원인가 □ 용의자가 카운티 직원인가

□ 폭력행동이 있었는가 □ 언어폭력이 있었는가

□ 총기 사용 □ 총기말고 다른 무기:

□ 증오범죄 □ 반복되는 문제: 이전 사고 □ 보고됨 □ 보고되지 않음

□ 무슨 법집행기관이 반응했는가 □ 고소/범죄 신고 #

III. 안전 계획

□ 1) 현장 민간경비 알리기

□ 2) 관련된 당사자들이 분리되었다.

□ 3) 영향을 받은 직원들에게 의료지원을 했다.

□ 4) 자동차까지 호위했다.

□ 5) 직원한테 퇴사 혹은 대체직장을 권요했다.

□ 6) 카운티한테 EAP(Employee Assistance Program: 직운 지원 프로그램)를 제공했다.

□ 7) 직장/가정에 시행순찰 요청

□ 8) 서면 증인 진술서 사본 입수 및 첨부

□ 9) 법 집행에서 얻은 긴급 보호 명령

□ 10) 보안 운영 부서(Security Operations Unit) 직원과 상담

□ 11) 카운티 변호인으로부터 접근 금지 명령 획득에 대한 지원 요청

□ 12) 사건 발생 기록을 작성하고 유지해라:

□ 13) 다른 조치:

보고자: 번호: 이메일:

메니저: 번호: 이메일

그림 2.3 **표준적인 보안 사고 보고서**

모든 조사 보고서는 객관적이고 논리적으로 작성되어야 한다. 대부분의 경우 표준화된 보고서 양식은 수사관이 "누가, 어디서, 언제, 어떻게, 왜"를 수집하는 데 도움이 될 것이다. 수사실무에서는 사건이나 조건의 재구성을 통해 진실의 탐구가 신중하게 사실을 수집하고 연구할 것을 요구한다.

탐색적 논리는 지성과 상상력을 모두 발휘하는 것이다. 그러나 그것은 조작이나 어떤 종류의 망상이 아니다. 그 대신 논리와 현실에 입각한 자연 추론을 잘 근거된 사실에서 끌어낼 수 있는 역량과 능력이다. 조사자는 믿을 만한 것을 추측과 구별하고 비교하고 대조할 수 있어야 하며, 마찬가지로 중요한 것은 사실이 드러나면서 기꺼이 변화하고 수정하고, 기초 이론을 조정하고, 따라서 사례가 진화하는 것이다. E. Smith는 그의 저서 "수사관들을 위한 실용적인 가이드(A Practical Guide for Investigators)"에서 논리적인 유연성의 관점에 일치한다.

그 이론은 밝혀진 사실과 일치하지 않음을 증명하는 즉시 포기해야 한다. 모든 이론은 끝까지 조

사되어야 한다. 어떤 것도 당연하게 여겨서는 안 된다. 이론을 버릴 때, 그것은 마음속에서 완전히 제거되어서는 안 된다. 이론을 언제 버려야 하는지를 판단하는 능력은 수사관에게는 귀중한 자산이다.[22]

조사 과정 내내, 유능한 수사관은 의심스러운 것, 신뢰할 수 없는 것, 그것이 물리적인 증거인지 증명할 수 있는 증거인지를 감지하거나 꿰뚫어 볼 수 있다. 그리고 조사 면담의 경우, 실무자는 이야기가 단순히 뻔지르르한 이야기인지(practitioner must be skilled in detecting deception—knowing when a story simply does not gel), "진실을 이야기하는 사람과 거짓말 하는 사람"과 "의도가 진실과 거짓인지"를 구별할 수 있어야 하며 속임수를 감지하는 데 능숙해야 한다.[23]

웹 연습 www.fbijobs.gov/sites/default/files/Logical_Reasoning.pdf에서 FBI 논리 추론 샘플 테스트를 보십시오.

2.3 인내심, 근면성 및 조사 관행 (Perseverance, Diligence, and Investigative Practice)

사실을 제대로 파악하기 위한 전문적이고 개인적인 집착, 그리고 사건의 적절한 해결을

22) Edward Smith, Practical Guide For Investigators (Boulder, CO: Paladin Press, 1982): 34; Dean A. Beers, Practical Methods for Legal Investigations: Concepts and Protocols in Civil and Criminal Cases (Boca Raton, FL: CRC Press, 2011); Robert J. Fischer et al., Introduction to Security (New York: Elsevier, 2103).

23) See Tuule Sooniste, Par Anders Granhag, and Leif A. Stromwall, "Training Police Investigators to Interview to Detect False Intentions," Journal of Police Criminal Psychology 32 (2017): 152-162, doi:10.1007/s11896-016-9206-9.

분별하려는 그에 상응하는 욕구인 "철저한 성격(Stick–to–itiveness)"은 훌륭한 수사관의 필수 속성이다. 사건은 우연에 의해 좀처럼 해결되지 않지만, 오히려 열심히 일하고 똑같이 강한 양의 "기대적 사고"[24]에 의해 해결되는데, 이것은 결코 이론을 배제하지 않고 항상 어떤 설명보다 먼저 생각하는 것이다. 조사자는 정보와 사실의 수집가이자 동화자일 뿐만 아니라, 그러한 사실들을 연역적 및 추론적 분석으로 귀속시키는 사람이어야 한다. 대부분의 조사는 일직선으로 진행되지 않고 해결의 길에 장애가 있을 가능성이 매우 높기 때문에, 적절한 결론에 도달하려는 강렬한 열망은 수사관에게 도움이 될 뿐이다. 보안 전문가는 역경, 막다른 골목, 좌절, 좌절을 감당할 수 있어야 하며, 예기치 못한 그리고 심지어 놀라운 돌발 상황까지 폭넓게 처리할 수 있어야 한다. 인내심은 변명이나 완화 요인을 견뎌내는 신중함으로 묘사될 수 있다. 인내심 또한 쉽게 흔들리지 않는 정신적, 육체적 인내의 형태를 취할 수 있다. 이러한 특성은 탐정이 테러, 인질 협상, 임원 보호 시스템의 설계 및 구현에 관여할 때 특히 필수적이다.

인내심은 목격자들과 같은 조사 과정 동안 꾸준한 단서들을 만들어낸다. "가끔 수사관은 알려지지 않았거나 예상치 못한 증인을 배출할 수 있을지 모르지만, 그런 증인의 발견은 대개 우연으로 인정될 수 없다."[25] 대신 수사관이 끈질기게 단서를 따라왔기 때문에 증인이 발각될 것이다. 조사 과정의 모든 면에서, 이러한 과제와 결과에 대한 헌신은 결국 결실을 맺는다. 많은 조사 업무의 지루함에도 불구하고, 보안 전문가는 가장 중요한 목표를 달성하고 해결해야만 한다. 감시, 재고 및 창고 검색, 감사 기법, 기록 분석, 제목, 세금 및 기록 추상화의 실행은 흥미진진한 활동이 아니지만, 각각의 실행은 주목할 만한 결과를 낼 수 있다. 수사관은 임무 수행에 있어서 확고한 태도를 유지해야 하며, 조사 과정은 느리고 신중하지만, 시간이 지남에 따라 칭찬할 만한 단서를 만들어 낼 수 있다는 것을 충분히 인식해야

24) Ann Longmore–Etheridge, "Survey of Risks and Competencies Released," Security Management, November 2014, https://sm.asisonline.org/Pages/Survey-of-Risks-and-Competencies-Released.aspx.

25) American Jurisprudence Trials 1 (1987): 357, 365

한다.

예를 들어, 부정, 간통, 잔혹, 학대에 근거한 이혼소송을 만들 때, 수사관은 의뢰인의 입장을 뒷받침하는 상황, 사건, 조건 등을 찾아 평가해야 한다. 수사관은 또한 상대방에게 객관적인 견해를 동의해야 하며 단순히 어떤 고객의 주장과 확언을 믿는 것이 아니라 그 주장을 확인해야 한다. 간단히 말해서, 수사 관점은 사건에 관련된 모든 당사자들과 증거들을 살펴볼 필요가 있다. 그러기 위해서는 끈기 있고 부지런한 성격이 필요하다. "[26]수사는 종종 지루하고 지루한 임무를 수행하는데, 이는 이 사건에 도움이 되는 정보나 증거를 제시하지 않을 수도 있고 그렇지 않을 수도 있다. 그럼에도 불구하고 인내와 끈기가 성공적인 수사의 열쇠가 되는 경우가 많다고 말했다. 그러나 끈기와 근면은 완고함과 난이도와는 동등하지 않다는 것을 명심하라. 인내심은 지적, 개인적 융통성으로 강화되고 보완되어야 한다. 그리고 이런 종류의 집념은 보안 조사관이 고객들에게 깊은 인상을 주는 끈기와 고객의 요구가 사건 전반에 중요하다는 것을 보여주는 데 큰 도움이 된다.[27]

26) Bennett and Hess, "Investigation": 13; Hess, Orthmann, and Cho, "Investigation 11th"; Charles P. Nemeth, "Private Security."

27) For an excellent article on how performance and persistence pays off in customer service, see James Stewart, "A Plan for Polite Protection," Security Management, November 2015, https://sm.asisonline. org/Pages/A-Plan-for-Polite-Protection.aspx.

3 대인관계와 조사과정

(Human relations skills and investigative practice)

조사관의 성공 중 많은 부분이 정보를 수집하는 능력에 달려 있기 때문에, 사람의 상호작용 능력은 이러한 능력을 더한다. 의뢰인, 목격자, 기관장, 공무원, 경찰제도와 사회봉사 요원, 보험 및 보험금 조정자와 공감할 수 없는 수사관들은 능숙하지 못할 것이다.[28]

대인관계 기술은 정보 획득을 촉진하고 수집할 가치가 있는 지식의 흐름을 제공한다. 사실의 수집과 인간의 지능이 그것에 매우 의존하고 있기 때문에 인간관계의 중요성은 아무리 강조해도 지나치지 않다. 효과적인 인간관계는 조사관이 "협력의 문화(Culture of collaboration)"를 창출하고 "안전과 통신의 공통목표(Common goals of safety and communication)"를 촉진한다고 보증한다.[29]

28) See Jonathan Lafontaine and Cyr Mireille, "A Study of the Relationship between Investigators' Personal Characteristics and Adherence to Interview Best Practices in Training," *Psychiatry, Psychology &Law* 23, no. 5: 782-797, doi:10.1080/13218719.2016.1152925.

29) See Darius H. Bone, Anthony H. Normore, and Mitch Javidi, "Human Factors in Law Enforcement Leadership," Law Enforcement Bulletin, December 9, 2015, https://leb.fbi.gov/articles/featured-articles/human-factors-in-law-enforcement-leadership.

웹 연습 국제보호재단(International Foundation for Protection Officers) 웹사이트 www.ifpo.org/wp-content/uploads/2013/08/Zumbrum_Effective_Communication_Skills.pdf에서 "보안 인력을 위한 의사소통 기술(Communication Skills for Security Personnal)"에 대한 짧은 기사를 읽으시오.

증인을 소외시키는 수사관은 귀중한 정보를 잃어버린다. 조사관이 명확하고 이해할 수 있는 말로 표현하거나 의사소통을 할 수 없다면, 질문은 대답되지 않을 것이다. 이런 의미에서 교육받은 사람이 되는 것은 그 작전에 매우 중요하다. 즉, 의견을 표현할 수 있는 능력을 갖추는 동시에 인터뷰한 파티에 쉽게 참여하도록 하는 것이다.[30] 조사관이 사람들을 불편하게 하거나 불쾌하게 하거나 방어적으로 만들면 정보 수집 능력이 상당히 손상될 것이다. 이상적으로는 민간 조사관들이 야당을 끌어들이고 동기를 부여하는 개인적 특성을 지녀야 한다. "수사관의 경력은 완전히 사람 지향적이오. 조사는 직간접적으로 사람들과 관련된 것이다. 따라서 사설탐정들은 그들과 함께 편안함을 느끼고, 이해하고, 동기 부여하고, 소통할 필요가 있다.[31] 충분한 인간관계 기술이 없다면, 보안전문가들은 지속적으로 불리하게 운영된다. 조사자는 최소한 다음을 수행할 수 있어야 한다.

1. 타인에 대한 긍정적인 태도를 표현하기 위해
2. 타인에 대한 관심을 드러낼 수 있는 것

30) Questions regarding the value of education in human interaction have been long analyzed in the criminal justice sector—in both public and private setting. See Philip Carlan, "Do Officers Value Their Degrees?" Law &Order (December 2006): 59; Dave Walsh, Mick King, and Andy Griffiths, "Evaluating Interviews Which Search for the Truth with Suspects: But Are Investigators' Self-Assessments of Their Own Skills Truthful Ones?" Psychology, Crime &Law 23, no. 7 (2017): 647-665.

31) Buckwalter, supra note 4, at 36; Tuule Sooniste, Par Anders Granhag, and Leif A. Stromwall, "Training Police Investigators to Interview to Detect False Intentions," Journal of Police and Criminal Psychology 32 (2017): 152-162.

3. 좋은 인간관계를 구축할 수 있는 것
4. 타인에 대한 공감과 우려를 표현할 수 있는 능력
5. 타인과 좋은 관계를 맺을 수 있는 것
6. 서로 다른 성격과 환경에 적응할 수 있는 능력
7. 타인과 효과적으로 의사소통할 수 있는 능력
8. 믿을 수 있는 사람이 되는 것
9. 타인과의 의사소통을 명확하고 정확하게 하기 위해
10. 다른 사람을 설득하고 동기 부여할 수 있는 능력
11. 대화를 효과적으로 관리하고 정보를 도출할 수 있는 능력
12. 타인의 감정적 장단점을 이해하기 위해
13. 감정을 조절하기 위해
14. 적보다 친구를 만들 수 있는 것[32]

웹 연습 SHRM 웹 사이트의 "작업장 조사 방법(How to conduct a workplace investigation)" 기사를 읽어 보십시오. www.shrm.org/hr-today/news/hr-magazine/pages/1214-workplace-investigations.aspx.

대인관계 기술의 또 다른 척도는 의사소통의 기술 그 자체다. 대부분의 사람들은 의사소통을 구두 또는 글로 생각하지만, 비언어적 의사소통은 수사관행에서 중요한 역할을 한다. 비언어적 의사소통은 신체 언어와 시각, 후각, 맛, 청각, 촉각과 같은 감각적 인식에 대한 인식을 포함한다. 조사관들은 반드시 인간과 환경조건에 적응해야 한다.

32) Id. at 35-47; Karen M. Hess, Christine Hess Orthmann, and Henry Lim Cho, Criminal Investigation (Cengage, 2017); Charles P. Nemeth, Private Security: An Introduction to Principles and Practice (CRC Press, 2017).

> 왜 사람들은 본능적으로 다른 사람들을 좋아하거나 싫어하는지; 그들을 믿거나 두려워하는지; 다른 사람들에게 끌리거나 거부당하는지; 우리가 명확하게 공부하기에는 너무 복잡하다. [조사관]는 그들의 전체적인 의사소통 노력이 체취(좋든 나쁘든), 표정, 몸짓, 목소리 톤, 표현, 어휘, 글쓰기 스타일과 기법의 형태로든 타인에게 주는 인상에 영향을 받는다는 것을 알아야 한다.[33]

상식은 정보 수집과 사실의 동화 및 수집이 다른 사람들과 능숙하게 상호작용할 수 있는 사람들에게 더 쉬울 것이라는 것을 지시한다. 다른 관점에서 볼 때, 어떤 성격적 특성은 명백히 수사관에게 이익이 된다. Art Buckwalter는 그의 매우 가치 있는 연구인 Investigative Methods에서 견고한 조사자에게 필요한 특징과 특징의 부분적인 목록을 제시하였다.

- 경고–이해하거나 행동할 준비가 되어 있는.
- 벨리예블 —다른 사람이 믿고 믿을 수 있는 사람
- 차분함–감정을 조절할 수 있다; 흥분과 동요가 없다.
- 상식 —현실적이고 올바른 판단
- 의존적 —믿을 만한
- 결정됨–결연한; 끝까지 조사를 끝까지 할 수 있는
- 정직함–정직하고 솔직하며 명예롭고 행동이나 말투가 솔직한.
- 공평함–공평하고 공평하며 편파적이지 않으며 공정하다.
- 유전적 —진보적인 독창성과 빈틈없는, 수사 문제에 대한 영리하고 효과적인 해결책을 만들어 낼 수 있는 능력이 있는.
- 법령 준수–법에 따르다
- 레벨 헤드–견실한 판단력과 균형 잡힌 추리를 가지고 있다.

33) National Association of Legal Assistants, Manual for Legal Assistants 10 (West Publishing Co., 1979); Tuule Sooniste, Par Anders Granhag, and Leif A. Stromwall, "Training Police Investigators to Interview to Detect False Intentions," Journal of Police and Criminal Psychology 32 (2017): 152-162.

- 목적-조사의 사실과 외부적인 측면에 집중할 수 있는 것, 주관적인 감정에 초점을 맞춘
- 관찰자-주의 깊게 살펴보다; 예리한 관찰력을 가지고
- 침착함-도발시 침착한 기다림과 관용이 가능하며, 장애물과 지연에도 굴하지 않음
- 지각력-통찰력 있고, 잘 알고 있다; 예민한 감각을 가지고 있다.
- 지속성-끈기 있고 끈기 있고, 문제를 꿰뚫어 볼 수 있는
- 신중함-현명하고 현명하게 자신을 지휘하고 행동할 수 있는 능력; 신중하고 합리적이며 능숙한 능력 적용
- 기억력 우수-기억하고 회상할 수 있는.
- 책임감-책임감 있고, 신뢰할 수 있으며, 자신의 행동과 의무에 대해 책임을 질 수 있고, 신뢰를 가질 수 있다.
- 지략 —일반적인 수단이 효과적이지 않을 때 다른 출처나 전략에 의지할 수 있다. 예비 능력과 대체 자원을 가지고 있다.
- 철저하게-일을 완성할 수 있다; 고심하고 정확하며 세부사항에 주의할 수 있다.
- 다기능성-여러 가지 적성을 가지고 있고, 상황에 적응할 수 있으며, 전술이나 포지션의 변화가 필요한 상황[34]

이러한 특성 중 일부를 강조하는 그림 2.4[35]를 참조하십시오.

34) Buckwalter, "Methods": 47-9.

35) "About Us," Forletta Investigative/Security Consultant, 301 Grant Street, Suite 4300, Pittsburgh, PA 15219, accessed September 7, 2018, www.fcisllc.com/about-us.

FORLETTA

Private Eye Blog Services Forensics Missing Persons Who We Serve Locations

우리의 가장 큰 장점

우리는 복잡한 형사 소송과 민사 소송의 전문가들이다. 우리는 피츠버그와 클리블랜드의 최고의 사설탐정이다. 우리의 가장 강력한 속성 중 하나는 "전문 면접"을 실시하는 데 있어 입증된 전문지식이다. 우리는 증인에게 그것들을 주기 보다는 세부사항을 얻는다. 전문 인터뷰 기술은 "교과서"에서 배우는 것이 아니라, 세계에서 가장 세련된 범죄자들을 다루면서 수년에 걸쳐 개발된다. 우리는 또한 많은 지방, 주 및 연방 법 집행 공무원들과 미군에게 외국 정부 관리들을 인터뷰하는 기술을 가르친다.

우리의 가치

윤리: 우리는 진실과 사실에 근거하여 모든 보고를 할 것이다. 어떠한 개인적 감정이나 편견도 의뢰인에 대한 조사 과제에서 얻은 결과에 대한 사실적이고 진실된 공시를 방해하지 않을 것이다.

서비스: FORLETTA는 고객의 요구에 따라 서비스를 조정한다. 우리는 각 고객이 고유한 문제를 처리하고 있다는 것을 이해한다. 우리는 그 문제들에 초점을 맞추고 최선을 다해 해결한다.

전문성: 우리는 우리의 효율적인 조사 방법과 기술에 자부심을 느낀다. 우리는 변호사, 판사, 그리고 다른 전문 전문가들이 검토하고 시험한 상세한 보고서를 고객에게 제공한다.

지속성: 우리는 결코 조사를 그만두지 않을 것이다. 우리는 계속해서 긍정적인 결과와 우리의 조사의 최선의 결과를 위해 노력할 것이다.

신뢰성: 우리는 항상 고객들에게 이용가능하다. 우리는 고객들에게 우리의 조사 노력에 대한 정기적인 업데이트를 제공한다. 우리는 고객의 모든 문의에 즉시 응답한다.

존중: 우리는 고객을 우리 가족의 일원처럼 대하고 최대한의 존경심을 가지고 대한다.

그림 2.4 Forletta 웹사이트(출처: Forletta, www.fcisllc.com/about-us)

4 윤리와 조사과정(Ethics and Investigative Process)

객관성, 논리성, 끈기, 근면성, 대인관계의 특성은 유능한 수사관의 의무적 속성을 나타낸다. 그러나 이러한 특징들은 윤리적이고 전문적인 철학과 결합될 필요가 있다. 요컨대, 탐정은 이러한 관행을 지도하는 윤리적 나침반을 가지고 있어야 한다. 윤리는 선하고 도덕적인 행동의 소산이다.[36] 대부분의 경우 탐정은 올바른 행위가 무엇인지 본질적으로 알고 있다. 그렇더라도 이 전문가는 조사 작업 중에 선택한 각 조치의 윤리적 매개변수를 평가하고 평가하는 법을 배워야 한다. 윤리는 항상 보안관행의 최전선에 있어야 한다. 윤리적 매개 변수가 없다면 수사 관행은 법적, 도덕적 정당성을 잃을 수 있다. 문명화된 행동의 원칙을 무시하는 사람, 도덕적, 법적 가치를 지키지 않는 사람, 민주적 관념에 부합하는 직업적 행동을 무시하는 사람은 개인과 집단적 해를 모두 초래한다.

윤리의 결여는 특정한 법적 또는 인권을 축약하는 것 외에도 수사의 정당성을 훼손하고 그 합법성에 의문을 제기한다. 보안업계는 윤리와 수용 가능한 수사 관행의 상관관계를 충분히 인정하고 있다. 앤드류스 인터내셔널(Andrews International)의 한 부서인 밴스 시큐리티 USA(Vance Security USA)는 모든 직원들에 대한 행동 규칙을 발표했다. 상자 2.2.[37] 참조

36) Robert D. McCrie, ASIS Intl. Takes Risks with Guidelines Commission Strategy, Security Letter, November 15, 2003; "ASIS Publishes Standards for Professionals," Corporate Security, January 31, 2003; Mary Lynn Garcia, "Personal Opinion: Raising the Bar for Security Professionals," Security Journal 13 (2000): 79.

37) "Employee Handbook," Vance Security US—ndrews International, Inc., 455 N. Moss Street, Burbank, CA 91502 (2009): 20-22, accessed September 7, 2018, www.andrewsinternational.com/hr/1541/Download/NewHirePacket/VANCE/VANCE%20EMPLOYEE%20HANDBOOK/VANCE%20EMPLOYEE%20HANDBOOK.pdf.

Box 2.2 행동규칙(출처: Vance Security)

금지된 행동

다음 행위는 금지되어 있으며 회사에 의해 용인되지 않는다. 이 금지된 행동 목록은 예시일 뿐이며, 보안, 개인 안전, 직원 복지 및 회사의 운영을 위협하는 다른 유형의 행동도 금지될 수 있다.

- 고용 기록, 고용 정보 또는 기타 회사 기록의 확인
- 다른 직원의 근무 시간을 기록하거나 다른 직원이 사용자의 근무 시간을 기록하도록 허용하거나 사용자 또는 다른 직원의 업무 시간 카드를 위조하는 행위
- 회사 재산의 도난, 고의 또는 부주의한 손상 또는 파괴, 직원 또는 고객의 재산
- 사전 승인 없이 회사 또는 고객 자산을 제거 또는 차용하는 행위
- 회사 또는 클라이언트 장비, 시간, 자료, 복사, 전화 서비스, 시청료 지불, 컴퓨터 또는 시설의 무단 사용
- 근무 시간 또는 회사 재산상의 싸움 또는 싸움 유발
- 회사 시간 또는 회사 구내에서의 말장난이나 짓궂은 농담에 참여
- 밴스 보안 사장에 의해 서면으로 승인되지 않은 한 언제든지 회사 구내에 총기 또는 기타 위험한 무기를 휴대하는 것
- 직무수행과 관련이 없는 범죄행위에 관여
- 회사 재산에 대한 근무 시간 동안 발생하는 모든 종류의 업무 중단의 원인, 생성 또는 참여
- 감독자나 경영진의 지시나 지시에 따르지 않거나, 감독자나 경영진에 대한 욕설이나 협박성 언어 사용을 포함하되 이에 국한되지 않음
- 사내에서 언제든지 욕설 사용
- 직장에 보고할 수 없는 경우 4시간 이상 감독관에게 통보하지 못함
- 3일 연속으로 예정된 근무일수가 보고되지 않음
- 정상 근무 시간 동안 어떤 이유로든 퇴근 허가를 얻지 못한 경우
- 휴식 시간 및 점심시간을 포함한 작업 일정 준수 실패
- 요청 후 48시간 이내에 충분한 특정 의사의 인증서를 제공하지 못함
- 작업 중 수면 또는 숙취

- 비상시를 제외한 개인 전화 통화 또는 수신
- 승인 없이 초과 근무 또는 할당된 초과 근무 거부
- 작업 중 불편하거나 전문적이지 않거나 부적절한 스타일의 드레스 또는 머리 착용
- 안전, 보건, 보안 또는 회사 정책, 규칙 또는 절차 위반
- 어떠한 상황에서도 사기 행위 또는 배임 행위
- 다른 개인에 대한 불법적인 괴롭힘 행위에 대한 의무 또는 관여
- 통제 물질의 영향 하에 있는 동안 작업 보고, 작업 중에 술에 취하거나 통제 물질의 영향을 받는 경우, 회사 내에서 작업성과를 손상시키지 않는 의사가 처방한 개인 의약품은 제외하고, 통제 물질의 사용, 보유 또는 판매
- 본 핸드북 또는 채용 패키지에 설명된 대로 정비 표준을 준수하지 않음
- 비공개 계약 위반, 경쟁업체나 다른 조직 또는 밴스 보안 담당자에게 기밀 또는 독점 정보 제공, Vans Security 직원 중 경쟁업체에서 근무 중, 다른 직원에게 개인 임금 정보를 포함한 인사 정보의 기밀성 위반
- 악의적인 소문 및/또는 루머 확산; 직원들 사이에 불화 및 조화를 유발하는 행동에 관여; 다른 직원의 업무 방해, 작업 산출량 제한 또는 다른 직원에게 동일한 행동을 하도록 권장함
- 회사 재산에 대한 부도덕한 행위 또는 비도덕
- 회사 구내에서 복권 또는 도박 실시
- 개인 전화에 회사 또는 고객의 전화사용
- 회사 규칙에 명시된 제한 구역 또는 지정되지 않은 시간에 흡연. 공공 또는 고객이 보는 동안에는 제복을 입은 담당자가 담배를 피울 수 없다.
- 비위생적 조건 생성 또는 기여
- 재판매를 위해 회사 상품 구매
- 회사 또는 고객 재산상의 회사 차량 또는 개인 차량의 속도 또는 부주의한 주행
- 회사 또는 고객 장비 또는 재산과 관련된 손상 또는 사고를 즉시 보고하지 않음
- 근무 시간 및/또는 어떤 이유로든 근무 구역에서 상담(예: 본인, 친구, 친척 또는 지인을 위한 금전적 이익 추구, 영업시간 동안 허가 없이 자선 단체나 다른 사람들을 위한 상품 판매 또는

자금 수집 또는 다른 직원의 업무에 지장을 주는 장소)
- 밴스 보안부에서 주소나 전화번호의 변경 사항을 감독자와 회사 사무소에 계속 알리기 위해
- 교대 완료 후 작업장을 즉시 이탈하지 않음
- 밴스 보안 최고재무책임자나 밴스 보안책임자의 사전 허가 없이 미디어, 보험 회사, 변호사 등과 밴스 보안 또는 고객 비즈니스 논의
- 직원 전용 주차 구역이 아닌 구역에 주차
- 밴스 보안의 직원, 임원, 감독자 또는 관리자의 부적절한 행동
- 게시된 클라이언트 정책 또는 절차 위반
- 근무 중 모든 공공법 위반
- TV, 비디오 게임 또는 기타 승인되지 않은 판독 자료 가져오기
- 회사에 근무 중 또는 비번 체포 사실을 알리지 않음
- 회사에게 운전 특권의 정지 또는 취소를 통보하지 않음

이 금지된 행동의 진술은 회사의 자발적 고용 정책을 바꾸지 않는다. 귀하 또는 회사는 이유나 사전 통지를 받거나 하지 않고 언제든지 자유롭게 고용 관계를 종료할 수 있다. 위반은 민형사상 기소로 귀결될 수 있다.

민간경비산업들은 직원들의 윤리적 차원에 크게 관심을 갖고 있으며 성실, 정직, 충성 등의 특성을 가진 훌륭한 인격을 가진 사람들을 고용하기를 희망하고 있다. 종업원에서의 이러한 정직성은 수사 프로토콜의 성과 검토와 자기 평가에도 확대되어야 한다. 데이브 월시, 믹 킹, 앤디 그리피스(Dave Walsh, Mick King, Andy Griffiths) 등은 최근 연구에서 "용의자들과 진실을 찾는 인터뷰를 평가한다: 하지만 수사관들이 그들 자신의 기술에 대한 자기 평가는 진실된 것인가?"라고 말함으로써 윤리는 현재와 과거의 관행에 대한 정직한 평가에서 출발한다는 것을 수사 전문가에게 상기시킨다.[38]

38) Dave Walsh, Mick King, and Andy Griffiths, "Evaluating Interviews Which Search for the Truth with Suspects:

그들의 연구결과는 수사계 한 부문이 그것의 조사 관행을 "자강화(self-enhance)"하려는 경향이 있고, 결과적으로 그것의 방법의 효과를 완전히 이해하지 못하는 경향이 있다는 결론을 내리고 있다.[39]

도덕적이고 선량하며 참된 것이 무엇인지에 대한 보편적 인식의 현대적 쇠퇴와 모순되는 윤리적 책략의 출현을 고려할 때, 윤리적 개인과 제도적 행위를 보장하기 위한 더욱 복잡한 과제가 되었다. 입법 차원에서는 최소한의 윤리적 기준을 공표하려는 시도가 있었다. 정부 당국은 보안 업계에서 용인할 수 있는 관행을 기술하는 데 점점 더 관여하고 있다. 일리노이 주는 다양한 유형의 비전문적 행위를 정의함으로써 훌륭한 인격과 전문성을 정의한다. 상자 2.3[40] 참조

Box 2.3 일리노이 주의 행동규칙

Sec 40–10 disciplinary sanctions

(a) 부서는 면허, 등록, 영구 직원 등록 카드, 탐지견 관리인 허가증, 탐지견 훈련사 허가증 또는 화기 관리 카드를 발급 거부, 갱신 거부, 복원 또는 문책, 집행유예, 취소 또는 기타 징계 또는 비학제 조치를 취할 수 있다.각 위반에 대해 10,000달러를 초과하지 않는 벌금, 45–60조에 따라 다음 중 하나에 대해 비용을 평가할 수 있다.

(1) 면허 또는 등록의 취득 또는 갱신에 있어서의 사기, 기만, 또는 오보.

(2) 열악한 서비스 표준에 의해 입증된 전문적 무능.

(3) 대중을 속이거나, 사기를 치거나, 해를 입힐 가능성이 있는 인물의 불명예, 비윤리적 또는 비

But Are Investigators' Self-Assessments of Their Own Skills Truthful Ones?" Psychology, Crime &Law 23, no. 7 (2017): 647-665, doi:10.1080/1068316X.2017.1296149.

39) Ibid.: 657

40) 225 Ill. Comp. Stat. 447/40-10 (2018).

전문적 행위에 관여한다.

(4) Nolo에 대한 유죄 또는 유죄 또는 유죄 인정 또는 이 주 또는 다른 관할 구역의 정부 기관에 의한 행정적 제재의 진입 또는 이 주 또는 다른 관할 구역의 중죄 또는 경범죄에 대한 유죄 판결 또는 탄원; 이 (4)항에 따라 행해지는 경범죄 또는 행정적 제재에 대한 조치는 경범죄로 제한된다. 또는 부정직이나 사기의 필수적인 요소로서 또는 거짓된 가식이나 신뢰 게임을 통해 돈, 재산 또는 신용을 획득하는 것을 포함하는 행정적 제재.

(5) 공공에 대한 실질적 손상의 유무에 관계없이, 서비스를 매우 부주의하게 수행하거나 면허소지자의 종업원이 서비스를 수행하는 것을 허용한다.

(6) 다음 사항 중 하나로 인해 연습에 부적합한 사람이 되었음에도 불구하고, 지속적인 연습.

(A) 신체 질환, 정신 질환 또는 기타 장애(노화 과정 또는 운동 기술 상실을 포함하되 이에 국한되지 않음)를 포함하여, 공공에서 합리적인 판단 또는 안전성으로 서비스를 제공하지 못하고 위협하는 행위.

(B) (빈 공간)

(C) 법에서 통제 물질, 알코올 또는 다른 물질로 정의되어 합리적인 판단, 기술 또는 안전성을 가지고 실천할 수 없게 되는 약물의 습관적 또는 과도한 사용 또는 남용.

(7) 직접 또는 간접적으로 제공되지 않은 서비스에 대한 보상 수령.

(8) 물질적인 문제에 대해 고의적으로 대중을 속이거나 사취한다.

(9) 다른 개인 또는 단체에 속하는 사업자의 소유로 들어오는 돈 또는 문서를 설명하거나 송금하지 않는다.

(10) 해당 규율의 근거 중 적어도 하나가 이 법에 명시된 것과 동일하거나 실질적으로 동등한 경우, 다른 미국 관할권, 외국 또는 정부 기관에 의한 징계.

(11) 인종, 피부색, 신조, 성, 종교, 또는 국유 때문에 그 사람의 피해를 보는 사람에게 차별 대우를 한다.

(12) 허위 또는 오해의 소지가 있는 광고에 참여한다.

(13) 다른 사람이 본 법이나 규정에 위반되는 것을 방조, 방조 또는 자진하여 허용한다.

(14) 서비스 대상자 또는 기업으로부터 허가 없이 서비스를 수행하고 청구한다.

(15) 고용주나 주인의 업무와 관련하여 자신의 행위에 영향을 미칠 것임을 이해하거나 의도하지 않고 고용인, 대리인 또는 피용자의 동의 없이 직간접적으로 이익을 제공 또는 수용한다.

(16) 부서에서 면허인에게 부과하는 징계 명령 위반.

(17) 사설탐정, 사설탐정, 사설경보계약자, 사설경보계약자, 사설경보계약자의 관행에 전적으로 적용되는 연방법, 주법, 규칙 또는 규정을 위반한 결과 유죄판결 또는 행정판결을 받는 행위 또는 이 법의 시행규칙을 위반하는 행위큐리티 도급업자, 지문 판매업자 또는 자물쇠 수리공

(18) 유효한 자격증 없이 대리점 운영

(19) 일리노이 차량 법규 제2-123절에 따라 이용 가능한 정보를 포함하되 이에 국한되지 않는, 법률에서 요구하는 경우를 제외하고 기밀 정보의 공개.

(20) 본 법률에서 요구하는 서적, 기록 또는 양식을 부서에 제출하지 못함.

(21) 부서로부터의 정보 요청에 대한 서면 회신 실패 30일 이내.

(22) 면허신청자와 관련하여 부서에서 요구하는 고용정보 또는 경험정보를 제공하지 못함.

(23) 본 법에 따라 발급된 라이센스 또는 등록의 징후를 요청 시 부서에 제공할 수 없음

(24) 기관의 적극적인 참여가 없는 기관의 면허소지자로서의 청렴.

(25) 면허를 보호관찰 상태로 둔 후 면허소지자가 보호관찰조건을 위반했다는 부서의 조사결과가 나왔다.

(26) 섹션 30-30의 하위 섹션 (f) 위반.

(27) 즉시 소지할 수 있는 총기가 합리적으로 통제할 수 있는 것보다 더 많은 총기를 소지하고 있는 총기 관리 카드 보유자.

(28) 결산 또는 1만 달러를 초과하는 평결 후 60일 이내에 부서에 서면으로 보고하지 않음, 면허인 또는 등록인의 전문 서비스의 질이 법적 조치의 대상이 된 모든 법적 조치.

(b) 본 조에 따라 부과되는 모든 과징금은 과징금을 부과하는 명령의 시행일로부터 60일 이내에 지불되어야 한다.

(c) 부서는 (i) 지문 이미지 및 기타 데이터를 주 경찰서에 전송하는 데 허용되는 오류율, (ii) 지문 작업 명령 생성에 사용되는 정보의 수집 및 문서화에 허용되는 오류율 및 (iii) 기타 모든 서비

스에 대한 서비스 표준을 규정하는 규칙을 채택해야 한다. 부서에서 결정한 지문 채취 서비스에 영향을 미치는 서비스 표준.

버지니아 주는 모든 보안 전문가들에게 그들의 전문 법규에 윤리적 행위를 서약할 것을 요구한다.[41] 마찬가지로 형사사법기준과 목표에 관한 국민자문위원회도 사설 보안 태스크포스(TF) 보고서(The Task Force on Private Security)[42]에서 보안업체 관리자에 대한 윤리강령을 제시했다(박스 2.4).

Box 2.4 형사사법기준 및 목표에 관한 국가자문위원회별 경비업체 관리자 윤리강령

민간경비 관리자로써 윤리강령

민간경비 관리자로써 이를 선서합니다:

I. 우리의 주요 책임은 우리의 조직과 고객에 의해, 생명과 재산을 보호하고, 우리의 사업, 산업, 또는 다른 조직과 기관에 대한 범죄를 예방하고 줄이는 것, 그리고 공공의 이익에 있어서, 법을 지키고 모든 사람들의 헌법적 권리를 존중하는 것이라는 것을 인식하는 것이다.

II. 업무 수행, 모든 인사 문제, 정부 기관, 고객 및 고용주와의 관계, 그리고 일반 대중에게 대한 책임감, 명예, 정의 및 도덕성에 의해 인도된다.

III. 최고 품질의 보안 서비스를 제공하기 위해 충실하게 노력하고 우리의 지식과 기술을 향상시키고 그에 따라 민간 보안의 전반적인 효과를 향상시키기 위해 지속적으로 노력한다.

41) See Virginia Private Security Services Advisory Board, Private Security Code of Ethics, accessed September 7, 2018, www.dcjs.virginia.gov/sites/dcjs.virginia.gov/files/publications/private-security/private-security-code-ethics.pdf.

42) U.S. Department of Justice, LEAA, National Advisory Committee on Criminal Justice Standards and Goals, Report of the Task Force on Private Security (1976).

Ⅳ. 법률의 위반을 명령하거나 묵인하지 않고, 경비 요원이 다른 사람의 권리에 대해 적법하고 적절하게 의무를 수행하도록 보장함으로써 우리의 고용주, 우리의 고객 및 대중의 신뢰를 유지한다.

Ⅴ. 민간경비에서 타인의 명성과 관행을 존중하되, 비윤리적이거나 불법적인 행위를 적절한 당국에 폭로하는 것.

Ⅵ. 인종, 신조, 피부색, 성별 또는 연령에 관계없이 직원을 모집 및 선발할 때, 그리고 직무 책임과 훈련, 교육, 경험에 상응하는 급여를 제공할 때 고용의 균일하고 공정한 기준을 적용한다.

Ⅶ. 인정되고 책임감 있는 법 집행 기관 및 기타 형사 사법 기관과 협력하고, 보안 허가 및 등록 법률과 기타 우리의 업무와 관련된 법적 요건을 준수한다.

Ⅷ. 우리의 고용 기간을 넘어 고용주와 고객의 비밀스럽고 특권적인 정보를 존중하고 보호하는 것. 그들의 이익이 법률이나 이 윤리 강령에 위배되는 경우는 제외한다.

Ⅸ. 고용주 및 고객, 개인 보안 분야 및 기타 직종 직원과의 모든 업무 관계에서 전문적 자세를 유지하고, 우리 직원이 최고 수준의 전문적 행동 기준을 준수하도록 요구하는 것.

Ⅹ. 적절한 보안 지식, 교육 및 교육을 습득할 수 있도록 지원함으로써 우리 직원의 전문적 진보를 장려한다.

민간경비산업 최고 전문협회인 ASIS 인터내셔널은 자체 웹사이트(www.asisonline.org)에서 검토할 가치가 있는 조사 관행의 세부사항과 업계를 지도하는 윤리강령을 공포한다[43](그림 2.5).

43) See ASIS International, Code of Ethics

Code Of Ethics

ASIS 국제 윤리 강령

ASIS 인터내셔널(ASIS International, ASIS)은 전문 보안 활동의 질이 궁극적으로 행동의 특별한 기준을 준수하고 전문적인 관계에 대한 선의의 표시에 따라 결정된다는 것을 알고 다음 윤리강령을 채택하고 회원들의 구속력 있는 조건으로 양심적 준수를 의무화하고 있다.

행동강령 I
회원은 법률과 최고 도덕률에 따라 전문적 직무를 수행한다.

행동강령 II
회원은 정직, 정직, 청렴의 원칙을 준수해야 한다.

행동강령 III
회원은 성실하고 부지런히 전문적 책임을 다해야 한다.

행동강령 IV
회원은 전문적 책임을 이행할 능력이 있어야 한다.

행동강령 V
회원은 비밀정보를 보호하고 부적절한 공개를 방지하기 위해 적절한 주의를 기울여야 한다.

행동강령 VI
회원은 동료, 고객 또는 고용주의 직업적 명성이나 관행을 악의적으로 손상시키지 않는다.

그림 2.5 ASIS 인터네셔널 윤리코드(출처: ASIS International 2018)

민간경비 컨설턴트들의 전문 협회인 IAPSC는 윤리적 및 전문적 매개변수를 구체적으로 기술하고 있다. 예를 들어, 보안 컨설턴트를 위한 "일반" 조항은 행동 지침과 전문 지침을 구체적으로 설명한다.

- 공인 보안 컨설턴트는 고객의 업무와 관련된 모든 정보를 기밀로 보고 처리한다.
- 공인 보안 컨설턴트는 컨설팅 관계 때문에 얻은 내부 정보의 개인, 재정 또는 기타 이점을 누리지 않는다.
- 공인 보안 컨설턴트는 고객과 잠재 고객에게 이해충돌로 간주될 수 있는 특별한 관계나 상황을 통지한다.
- 인증된 보안 컨설턴트는 합리적인 수수료 이상을 청구하지 않으며, 가능하면 언제든지 컨설턴트는 수수료 또는 수수료에 대해 고객과 사전에 합의한다.
- 공인 보안 컨설턴트는 고객 의뢰에 대해 수수료를 받거나 수수료를 지불하지 않는다.
- 인증된 보안 컨설턴트는 고객에게 서비스를 제공하는 과정에서 장비, 공급품 또는 서비스를 권장하거나 권할 수 있는 개인 또는 조직으로부터 수수료, 수수료 또는 기타 귀중한 고려사항을 받지 않는다.
- 인증된 보안 컨설턴트만 해당 할당을 수락하고, 관련 업무에 대한 전문가의 의견을 제시한다.[44]

파커 보안&탐사 서비스(Parker Security& Investigative Services)는 직원들을 위한 윤리강령을 작성했다. 그림 2.6 참조[45]

44) "Certified Security ConsultantSM Code of Ethics," International Association of Professional Security Consultants, accessed September 7, 2018, https://iapsc.org/about-us/certification/code-ethics/.

45) Parker Security &Investigative Services, Inc., P. O. Box 70127, Albany, GA 31708, accessed September 7, 2018, https://parkerpsai.com/code-of-ethics-for-security-officers/.

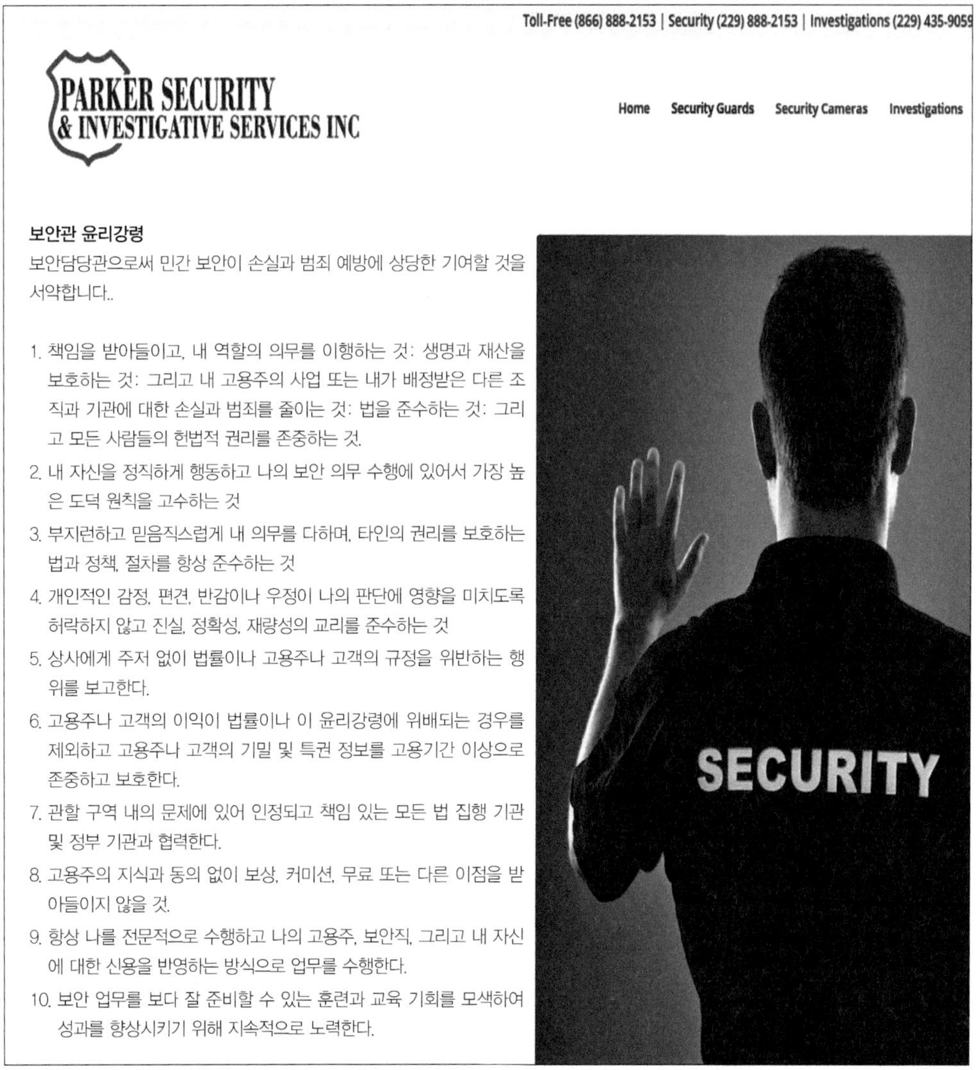

Toll-Free (866) 888-2153 | Security (229) 888-2153 | Investigations (229) 435-9059

PARKER SECURITY
& INVESTIGATIVE SERVICES INC

Home Security Guards Security Cameras Investigations

보안관 윤리강령

보안담당관으로써 민간 보안이 손실과 범죄 예방에 상당한 기여할 것을 서약합니다..

1. 책임을 받아들이고, 내 역할의 의무를 이행하는 것: 생명과 재산을 보호하는 것: 그리고 내 고용주의 사업 또는 내가 배정받은 다른 조직과 기관에 대한 손실과 범죄를 줄이는 것: 법을 준수하는 것: 그리고 모든 사람들의 헌법적 권리를 존중하는 것.
2. 내 자신을 정직하게 행동하고 나의 보안 의무 수행에 있어서 가장 높은 도덕 원칙을 고수하는 것
3. 부지런하고 믿음직스럽게 내 의무를 다하며, 타인의 권리를 보호하는 법과 정책, 절차를 항상 준수하는 것
4. 개인적인 감정, 편견, 반감이나 우정이 나의 판단에 영향을 미치도록 허락하지 않고 진실, 정확성, 재량성의 교리를 준수하는 것
5. 상사에게 주저 없이 법률이나 고용주나 고객의 규정을 위반하는 행위를 보고한다.
6. 고용주나 고객의 이익이 법률이나 이 윤리강령에 위배되는 경우를 제외하고 고용주나 고객의 기밀 및 특권 정보를 고용기간 이상으로 존중하고 보호한다.
7. 관할 구역 내의 문제에 있어 인정되고 책임 있는 모든 법 집행 기관 및 정부 기관과 협력한다.
8. 고용주의 지식과 동의 없이 보상, 커미션, 무료 또는 다른 이점을 받아들이지 않을 것.
9. 항상 나를 전문적으로 수행하고 나의 고용주, 보안직, 그리고 내 자신에 대한 신용을 반영하는 방식으로 업무를 수행한다.
10. 보안 업무를 보다 잘 준비할 수 있는 훈련과 교육 기회를 모색하여 성과를 향상시키기 위해 지속적으로 노력한다.

그림 2.6 Parker Security& Investigative Services의 윤리 코드
(출처: Parker Security&Investigative services, http://parkerpsai.com)

윤리의 문제는 도덕적인 동시에 실천적인 것이다.[46] 어떤 이들은 심지어 민영화된 서비스

46) The question of ethics has both national and international implications, especially in light of the industry's

의 증가가 모든 수준에서, 그리고 치안 및 관련 서비스의 공공 부문 배타성의 감소와 상관관계가 있을 때, 우리의 윤리적 바로미터에 순비용이라고 주장해왔다. 앨리슨 스텐거(Allison Stanger)는 적절한 아웃소싱이 용이하게 할 수 있는 민첩성, 효율성, 혁신적인 문제 해결의 이점은 미미한 것이 아니라 윤리적 비용을 초래했다고 말한다.[47]

이러한 권한의 이양과 전통적 공공의 의무 위임에는 초조함이 있다는 장점이 있지만, 민영화된 서비스는 일류 인사와의 일류 사업일 수 있고 종종 있기 때문에 이 결론은 매우 논란의 여지가 많다. 정부의 감시가 더 나은 인력을 배출한다는 결론은 50개 주에 걸쳐 계속되는 부패 사건이 일어난다.

논쟁의 여지가 없는 것은 민간경비업계가 높은 인원 소모율과 지원자와 현재 고용된 직원 모두의 낮은 품질로 인해 만성적인 어려움을 겪어왔다는 것이다. 이 회전문은 보통 낮은 봉급과 거의 또는 전혀 훈련하지 않는 데서 촉발되는 악순환으로, 이는 결국 한계 인력의 채용으로 해석된다. 표준 이하의 직원들에게는 표준 이하의 조사 관행이 따른다. 업계에서는 직원들에 대한 윤리적이고 전문적인 요구를 증가시킬 수 있는 강력한 필요성을 충분히 인식하고 있다. 그래서 긴급한 문제는 미국 법무부가 산업계와 그 직원 모두를 중심으로 국가 안보 태세에 관한 국가 태스크포스 및 자문 위원회를 구성하여 자질, 행동 및 목표의 최소한의 기준을 제시한 사안이다. 박스 2.5[48]에 재인쇄된 표준 1.8(Standard 1.8)은 취업 전 심사 자격의 개요를 설명한다.

increasing role on the world stage—even in the military conflicts in war zones. Marcus Hedahl, "Unaccountable: The Current State of Private Military and Security Companies," Criminal Justice Ethics 31, no. 3 (December 2012): 175-192.

47) Allison Stanger, "Transparency as a Core Public Value and Mechanism of Compliance," Criminal Justice Ethics 31, no. 3 (December 2012): 288.

48) National Advisory Committee on Criminal Justice Standards and Goals, Private Security: Report of the Task Force on Private Security (Washington, DC: US Department of Justice, LEAA, 1976): 82.

Box 2.5 국가 태스크포스 및 자문위원회별 자격, 행동 및 목표의 기준

표준 1.8(Standard 1.8)

최소 취업 전 심사 자격

민간경비 요원을 위해 다음과 같은 최소 사전 취업 심사 자격을 확립해야 한다.

1.최소나이 18세

2. 고등학교 졸업증명서 또는 동등한 필기시험

3. 이해력 및 직무수행을 위한 서면진술

4. 표준 1.7에 명시된 유죄판결 기록 없음

5. 최소 물리적 표준

   a. 각 눈에서 20/20(스넬렌)으로 보정할 수 있고 보청기의 도움 없이 각 귀로 10피트 거리에서 일반적인 대화를 들을 수 있는 무장 인력

   b. 다른 사람들은 업무 수행을 방해하는 신체적 결함이 없다.

Securitas는 그림 2.7[49]에 표시된 웹 사이트의 모든 직책에 대한 최소 자격증을 게시한다.

49) "FAQS," Securitas USA, accessed September 7, 2018, www.securitasinc.com/join-us/faqs/job-requirements/.

Securitas의 보안 담당자의 책임은 무엇인가?
우리 보안요원들은 우리 고객의 재산, 귀중품, 직원들을 보호하기 위해 전국의 고객 현장에서 일하고 있다. 이는 경계, 무결성 및 유용성(우리의 핵심 기업 가치)을 행사함으로써 순찰, 모니터링 및 보고 기법을 통해 달성된다.

우리의 보안 담당자들은 일류 고객 서비스 전문가들이다; 미국 증권거래소에서 서비스 우수자로 더 잘 알려져 있다! 우리 사업의 성격이 변함에 따라 보안담당관의 업무 책임도 영상, 컴퓨터, 통신기술 책임으로 바뀐다.

다양한 개방형 직위를 탐색하면서 보안 담당자의 직무가 개별 고객의 필요에 따라 얼마나 다양한지 알게 될 것이다.

이전 보안 경험이 필요한가?
아니. 우리의 기본 지원 요건을 충족하는 사람은 누구나 지원하도록 권장된다. 보안담당자 교육은 효과적인 현장교육과 멘토링을 통해 이루어진다.

미국 Securitas에서 일하는 데 필요한 자격은 무엇인가?
보안 담당자를 위한 우리의 기본적인 고용 요건은 다음과 같다.

- 최소 18세(무장한 직위에 지원할 경우 21세)
- 미국에서 일할 자격이 있다는 증거
- 고등학교 졸업장/GED(또는 채용 후 6개월 이내에 GED 프로그램을 완료하기로 동의)
- 신뢰할 수 있는 교통 및 통신 수단(예: 전화 또는 호출기)
- 영어를 읽고 쓰고 말하는 능력
- 채용 전 심사(마약 화면 및 배경조회) 참여 의향상

그림 2.7 Securitas에서의 직무 자격, 자격 및 기대(출처: Securitas inc. www.securitasinc.com)

전문적 준비, 자격 기준과 지속적인 보안 인력의 고도화, 그리고 윤리의 개념 사이의 관계는 그야말로 부정할 수 없다. 전문적 표준은 윤리적인 성과 기대와 동일하다. 여기에 보안관을 규제하는 대부분의 주가 탐정에게 유사한 일련의 표준을 완전히 승인하지 않은, 수사 면허에 관한 일관성 없고 거의 불가능한 규제 상태를 결정하는 것은 거의 불가능하다.(Add to this the inconsistent and almost impossible to determine regulatory state as to investigative licensure—where most states regulating security officers have not fully endorsed a similar series of standards for the private detective or private investigator.)

자격에 대한 통일된 기대의 부족은 프로의 기대치를 더한다.[50]

J. 갤러티(J. Gallati)는 인사 검증 문제를 정면으로 공격한다.

> 특허 및 계약 보안 영역 모두에서 적격 인력의 선발과 관련하여 인사 문제가 제기된다. 부적절한 급여와 경력 개발 강조의 부족은 높은 소모율을 발생시키며, 결과적으로 더 많은 사람들을 고용해야 한다.
>
> 계약 보안의 높은 경쟁성, 높은 이직률로 인해, 적절한 훈련의 비용이 입찰 과정의 요소가 된다. 모든 보안 사원에 대한 필수 자격요건이 있어야 하는가? 이러한 자격요건이 선발과 훈련 모두에 적용되어야 하는가? 연방 최소 표준, 주 또는 지방 규정이 있어야 하는가? 그러한 규제가 어떻게 시행될 것인가?[51]

갤러티가 제기하는 질문과 문제들뿐만 아니라 민간경비 분야의 수많은 전문가들도 평범한 비평이 되고 있다. 업계가 내부 이직과 초기 경력 고장으로 어려움을 겪고 있는 것은 사실이다. 나아지기는 했지만 급여 규모는 낮다는 것은 사실이다.[52] 인간관계의 끈기와 근면함, 논리성, 객관성, 강화된 기술을 가진 수사관들이 잘 훈련되지 않고, 잘 보완되고, 높은 윤리적 기대의 길을 안내한다면 이러한 속성들을 충분히 개발하지 못할 것이라는 것은 사실이다. "산업 자체가 규제 문제에 있어서 어떤 결점이라도 열심히 시정해야 한다. 그 신뢰성

50) See Charles P. Nemeth, Private Security and the Law, 5th ed. (Boca Raton, FL: CRC Press, 2018); Thomas Lonardo, Alan Rea, and Doug White, "To License or Not to License Reexamined: An Updated Report on State Statutes Regarding Private Investigators and Digital Examiners," The Journal of Digital Forensics, Security and Law 10, no. 1 (2015): 45-56.

51) Robert R. Gallati, Introduction To Private Security (Upper Saddle River, NJ: Prentice-Hall, 1983): 269; Lonardo, Alan, and White, "License Reexamined."

52) "Executive Security Focus of New Course," Forensic Examiner 17 (2008): 64; Dennis W. Bowman, "Comparing Law Enforcement Accreditation and Private Security Standards," Journal of Security 26 (2003): 17; Bruce Mandelblit, "A Sorry State of Security?" Security (April 2003): 54.

은 제정에 달려 있다고 말했다.[53] Bottom과 Kostanoski는 동의한다:

> 윤리적 문제는 보안과 손실 통제에 이미지 문제를 준다. 종종, 윤리적인 정비가 필요한 것은 고용주다. 일반적으로 비즈니스에는 이미지 문제가 있다...
> 보안 및 손실 통제는 고용주의 요구에 대응한다. 고용주에게 윤리가 부족하면 보안부에 윤리적 단점이 있다는 것은 놀라운 일이 아니다. 비록 보안부가 비윤리적인 행위에 관여하지 않더라도, 대중은 모든 직원들을 같은 이유로 비판할 것 같다.[54]

웹 연습 https://youtu.be/70tDjjAagy8과 ShadowAnyone.com에서 훌륭한 사설탐정을 만드는 성격 특성과 윤리에 관한 비디오를 시청하십시오.

만약 요원들이 억압받거나 이류 전문가로 간주된다면 어떤 조사 과정도 그것의 최대 잠재력에 도달할 수 없다. 대중의 존경은 수사관의 기능 능력에 필수적인 역할을 한다. 만약 민간경비 요원들이 직업적으로나 개인적으로 계속 의심을 받고 있다면, 그들의 시설과 정보에 대한 접근은 실질적으로 제한될 것이다. 대중의 존경을 얻으려면 이 이미지 문제를 해결해야 한다. 문제는 이 산업의 이미지를 개선하고 보안과 손실 통제가 쇼핑몰 내부에 기대는 획일화된 경비 이상이라는 점을 국민에게 납득시키는 것이다.

ASIS 재단인 아폴로 교육 그룹(Apollo Education Group Inc.)과 피닉스 대학교의 보안 산업 조사라는 제목의 공동 연구는 유능한 보안 전문가와 재능 있는 전문가들의 본질적인 특징을 설명하므로 눈여겨 볼 만하다.[55]

53) Nemeth and Poulin, "Public Safety": 308.

54) Norman R. Bottom and John Kostanoski, Introduction to Security and Loss Control (Upper Saddle River, NJ: Prentice Hall, 1990): 37-38; Marcus Hedahl, "Unaccountable: The Current State of Private Military and Security Companies," Criminal Justice Ethics 31, no. 3 (December 2012): 175-192; Stanger, "Transparency."

55) ASIS International, "Security Industry Survey of Risks and Professional Competencies": 11, accessed

목표 2.1에 있는 국가 태스크포스(National Task Force) 및 자문 위원회(Advisory Committee)는 다음을 이야기한다.

> 개인과 재산의 보호에 있어서 민간경비 요원이 부담하는 책임은 훈련을 필요로 한다. 직원들이 책임을 효과적이고 효율적으로 수행할 준비가 충분히 되어 있는지 확인하기 위해 모든 단계에서 훈련을 실시해야 한다.[56]

같은 자문위원회의 목표 3.1은 모든 민간 경비 요원과 그 고용주들이 윤리강령을 채택하고 시행할 것을 요구한다. 마지막으로, 표준 3.2는 민간 보안 요원이 개인의 권리 보호를 위해 일반적으로 인정되는 지침 내에서 보안 기능을 수행해야 한다고 주장한다.[57]

요컨대, 민간 보안 산업은 그 사업의 윤리적 차원과 전문적 차원을 모두 다룰 필요가 있다. 실무자, 학자, 경영자, 입법자들은 모두 업계의 미래에 이러한 도전과 다른 도전들에 대해 동의한다.

September 7, 2018, www.apollo.edu/content/dam/apolloedu/microsite/security_industry/AEG-PS-264513-CJS-STEM-SECURITY-SURVEY.pdf.

56) National Advisory Committee, "Private Security Report": 89.

57) Ibid.: 123, 126.

제 3장

사건관계자의 면접 및 사건의 평가

1. 서 론: 인터뷰와 탐정
2. 초기 인터뷰
3. 사건 평가와 후속 인터뷰

1 서 론: 인터뷰와 탐정

모든 유능한 탐정은 의사소통 기술의 중요성을 안다. 특히 잠재적 의뢰인이나 기존의 의뢰인, 목격자, 피의자 또는 다른 당사자와의 인터뷰를 하는 동안 말이다. 이것은 탐정의 핵심역량이며, 질의 및 정보수집기술이 비밀요원에게만 존재한다고 생각해서는 안 된다. 조사 인터뷰와 질문의 기술이 완벽해지는 것에는 몇 년이 걸린다. 숙련되고 능숙한 탐정이 되기 위해서는 의뢰인과 명분 양쪽의 진실로 이어지는 질문 및 심문 기법이 요구될 것이다. 이러한 기법은 한 사건에 대해 누적적인 영향을 미치지만, 일반적으로 다른 사건에도 영향을 미친다. 조사 과정에서 정적인 것은 아무것도 없다. Tom Samshank가 관찰한 것은 다음과 같다.

> 인터뷰 대상은 당초 수사계획에 포함되지 않았던 새로운 면접과목으로 이어지는 민간 조사정보를 제공할 수 있다. 탐정은 인터뷰 주제에 대한 새로운 단서를 얻을 때마다 항상 배경 조사를 수행하고, 새로운 대상에게 연락하고, 면접 일정을 잡고, 면접을 완료하는 것으로 후속 조치를 취해야 한다. 민간 탐정들은 첫 인터뷰 때와 마찬가지로 후속 인터뷰를 준비하고, 수행하고, 마무리할 때도 같은 절차를 따라야 한다.[1]

본질적으로, 인터뷰 과정은 막다른 길이나 잘못된 리드(lead)를 피하면서 개인 대 개인으로

1) 1 Tom Shamshak, "Private Investigator Basics Part 2: Interviewing," PInow.com, May 7, 2012, accessed September 7, 2018, www.pinow.com/articles/1182/private-investigator-basics-interviewing.

그림 3.1 [6] Cape Fear Investigative Services 홈페이지

6) Cape Fear Investigative Services, 401 N. Chestnut St., Suite D, Wilmington, NC 28401, accessed September 7, 2018, http://capefearinvestigative.com.

2 초기 인터뷰

많은 전문가가 고객과 가장 먼저 마주친 것은 초기 인터뷰일 수 있다. 의뢰인, 피의자, 피해자, 증인, 원고 또는 피고를 만나든 간에, 초기 인터뷰는 일반적으로 사례와 참가자의 첫인상을 반영한다. 첫 번째 인터뷰에서는 민간 탐정의 인간성, 사교성 능력을 시험하고 다가오는 조사 과정에 맞춰진다. 초기 인터뷰의 성공은 다음을 포함한 다수의 변수에 달려 있다.

1. 고객의 비밀을 존중하는 것
2. 고객의 협력이 확보됨
3. 수사관이 항상 친절하고 예의 바르며 공손한 것
4. 수사관이 대화 기술을 연습한다는 것
5. 수사관이 의뢰인을 안심시키고 자신감을 불어넣는 것
6. 수사관이 법무법인을 대신하여 선하고 긍정적인 태도를 촉진한다는 것
7. 수집된 모든 정보가 고객의 진술에 대한 정확한 프레젠테이션이라는 것
8. 최초 면접에서 요구되는 후속 정보의 출시를 보장하기 위해 정기적이고 지속적인 의사소통이 필요[7]

7) Carol Bruno, Paralegal's Litigation Handbook (Eagan, MN: West Group, 1980): 68-83; Tuule Sooniste, Par Anders Granhag, and Leif A. Stromwall, "Training Police Investigators to Interview to Detect False Intentions," Journal of Police and Criminal Psychology 32 (2017): 152-162; Scott Fulmer, "10 Interview Techniques for Private Investigators that Quickly Build Rapport," October 13, 2010, accessed September 7, 2018, www.pinow.com/articles/353/10-interview-techniques-for-privateinvestigators-that-quickly-build-rapport.

처음부터 인터뷰 대상자는 환영과 존경을 받아야 한다: 이것은 긍정적인 면접 환경을 보장한다. 조사자와 대상자 사이에 적절한 어조를 설정하는 것은 정보 수집 과정의 중요한 첫 번째 단계다.[8] "수사관 쪽에서 우월한 태도를 보이는 것은 피해야 한다. 많은 사람들이 수사관에게 제공되었을지도 모르는 교육적인 기회를 갖지 못했을 것이고, 이 사람들을 애지중지하는 태도보다 더 빨리 적대시하는 것은 없을 것이다. 따라서 수사관은 가능한 한 동등한 수준에서 모든 사람을 만나도록 노력하고 인터뷰하려는 사람들에게 우정을 보여줘야 한다."[9]

정보가 자유롭게 흐르느냐, 자연스레 나오느냐 하는 것은 주로 조사자의 능력이며, 인터뷰에 도움이 되는 환경을 만들 수 있느냐에 달려 있다.[10] 즐거운 대화는 대화를 이끌기 쉬울 수 있지만, 공식적인 정보를 얻고 사례 개발에 필요한 기초적인 지원을 만들기에는 부적절한 방법이다. 이 때문에 수사관들이 양식, 체크리스트, 사실확인 서류 등 적을 수 있는 도구로 인터뷰 내용을 기록하는 것이 최선의 방법이다.

8) Assuring good people in the investigative function is a critically important step for those entrusted with their hire. Bad decisions on personnel cause bad investigative results. When hiring investigative personnel be sure to hire those that can develop a good rapport at the beginning of the investigative interview. See Philip Segal, "Five Questions Litigators Should Ask Before Hiring an Investigator (and Five Tips to Investigate It Yourself)," Litigation 43, no. 3 (Spring 2017): 52-56; Douglas R. Richmond, "Watching Over, Watching Out: Lawyers' Responsibilities for Nonlawyer Assistants," The University of Kansas Law Review 61, no. 441 (December 2012): 441-493.

9) American Jurisprudence Trials 1 (1987): 357, 374; Fulmer, "10 Interview Techniques."

10) An illustrative example of how these skills play out concerns the investigation of potential jury for a selected jury pool. Here the investigator must get a host of constituencies to relay information about a potential juror. Katherine Allen, "The Jury: Modern Day Investigation and Consultation," The Review of Litigation 34, no. 3 (Summer 2015): 529-562.

표 3.1 [11] 예비 조사 양식의 예시

예비 조사 양식

날짜 ____________ 예산액 ____________ ____________

계약금액 및 기간 파일 번호

□ 가정 □ 신원조사 □ 아동복지 □ 인물 조사 □ 배경조사

추가 요청사항 : ____________

의뢰인 정보

성 명 ____________ 자택 전화번호 ____________

주 소 ____________ 휴대전화 번호 ____________

____________ 이메일 주소 ____________

____________ 직 업 ____________

연락방법 ____________ 업무시간 ____________

주 소 ____________

대상과의 관계 : □ 배우자 □ 이혼 □ 연인 □ 약혼 - 거주 □ 동거 □ 별거

대상자 정보

성 명 ____________ 휴대전화 번호 ____________

주 소 ____________ 주민등록번호 ____________

____________ 생년월일 ____________

성별 □ 남 □ 여 인종 ____________ 키 ____________ 체중 ____________

머리 색 ____________ 눈 ____________ 안경 □ 예 □ 아니오 결혼 □ 예 □ 아니오

대상에 대한 설명 ____________

차량 제조사 ____________ 모델 ____________ 도색 ____________ 차량번호 ____________

차량 특징 ____________

자녀 수 ____________ 연령 ____________ 입양 자녀 수 ____________ 연령 ____________

폭력 전과 여부 □ 예 □ 아니오

해당 시, 설명 ____________

범죄 전과 여부 및 설명 ____________

현재 대상이나 대상의 가족, 친척이 이혼, 양육, 기소, 입건, 구금, 보석, 민사 등 어떤 형태의 법적 절차에 있습니까? 만약 그렇다면, 어떤 상황인지 설명해주세요

____

____

직원 ____________ 휴대전화 ____________

주소 ____________ 직업 및 업무시간 ____________

누가 조사에 포함되었으면 좋겠습니까? 연락처, 주소, 차량 및 설명 기입 ____________

11) Probity Investigations Inc., The PI Agency, North Georgia Office, 2095 Highway 211 NW, Suite 2F-131, Braselton, GA 30517.

인터뷰 프로토콜과 관련된 것은 정보 수집의 다양한 업무가 될 것이며, 대화가 진행되는 동안 문서, 파일, 의료 기록 또는 경찰 보고서가 그들의 관련성을 보여준다. 민간 수사관들은 헌법상 우선적인 감독으로 인해 이 기록들을 평상시나 여러 가지 대체적인 방법으로 추적하는 데 꽤 능숙하다. "민간 수사관들은 정부 기밀문서에 접근할 수 없지만, 그럼에도 불구하고 그들은 의뢰인이 요구할 수 있는 얻기 어려운 정보를 얻을 수 있다."[12]

그러나 이러한 창의적인 접근방식은 수사 대상이나 용의자의 공간을 침해하는 사생활 침해와 잠재적인 민사상 책임에 경각심을 잃지 않아야 하며, 그들의 방법이 법적 책임이 될 수 있다는 것을 명심해야 한다.[13]

대부분의 계약 또는 독점적 보안 회사는 획일적이고 표준화된 절차를 구현했다. 그림 3.2의 PI 기관(PI Agency)의 조사 요청서에는 14개의 예비 조사 정보가 수집되어 있다. 이 문서는 잠재 고객 또는 기존 고객에 대한 초기 인터뷰의 중요한 부분이다.

2.1 초기 인터뷰: 관리 요구 사항

면담자는 초기 인터뷰가 시작되기 전에 인터뷰의 무결성과 효과성을 보장하기 위해 특정 문서를 작성하고 수집해야 한다. 즉, "대화"는 나중에 확인할 수 있고, 접근 가능하고, 공식화되어야 한다. 이것은 너무 복잡할 필요는 없지만, 이 모든 권고사항은 필요하다.

2.1.1 승인 및 해제(Authorization and Release)

정보 수집은 후속 내용을 반영하지만 이에 대한 완전하고 제한되지 않은 접근을 위해서는

12) Marc Davis, "Detective Work," ABA Journal 102, no. 3 (March 2016): 33.

13) See Richmond, "Watching Over."

당사자가 접근 권한을 허용하거나 승인해야 한다. 초기 인터뷰 단계를 예상하여 "정보 공개 허용" 양식을 작성하고 허가된 당사자에게 〈표 3.2〉에 나열된 모든 기록에 대한 접근 권한을 부여하는 것이 권장된다.

표 3.2 정보공개허용양식(Authority To Release Information Form)

정보 공개 허용서

관계당사자 앞:
저는 이 문서에 의하여 ______________의 대리인이나 어떠한 조사요원들에게도 나의 고용기록, 복무기록, 교육기록(학력, 운동, 개인사, 징계 기록 등 이지만 이것에 국한되지는 않음), 의료기록, 신용기록(신용카드 번호 등), 그리고 범죄 기록(입건 기록, 범법행위나 경범행위로 고소되거나 기소된 기록이 있는 경우에는 포함)에 관계되는 정보 취득 활동에 대한 권한을 원인으로 한 1년 한도의 기간 내에서 부본이나 공개를 허용합니다.

이 공개는 그 정보가 ______________의 공식적인 사용을 위한 것이라는 점에 대한 충분한 지식과 이해를 가지고 있으며, ____________가 공식적인 책임을 수행하는 과정에서 위에서 설명한 바와 같이 그러한 정보를 제3자에게 제공하는 것에 동의합니다.

저는 귀하를 이러한 기록의 관리자로서, 그리고 모든 학교, 대학, 대학 또는 다른 교육 기관, 병원 또는 기타 의료 기록의 보고, 신용국, 대출 기관, 소비자 보고 기관, 소매 사업장, 사법 기관, 또는 경찰, 관련 업계 종사자, 개인 및 단체로, 어떠한 종류의 손해에 대한 모든 책임으로부터 면책하며, 이 허가 및 정보 공개 요청, 또는 이를 준수하려는 시도로 인해 언제라도 나, 나의 상속인, 가족 또는 동료에게 귀책 될 수 있습니다.
나는 연방 법령이나 규정에 의해서 요구되지 않는다는 것을 이해하면서 나의 사회보장 계좌 번호를 임의로 제출하고 있습니다.

나는 ___________가 이 신청서와 관련하여 나와 관련된 고용, 군, 신용 및 교육 기록의 위치를 용이하게 하기 위해서만 이 번호를 사용할 것이라는 조언을 들었습니다. 본 공개의 유효성에 대해 의문이 있을 경우, 아래와 같이 연락해 주십시오.

성 명: ______________________________
(서명) (최초의 이름 또는 이전에 사용한 이름을 포함한 서명)

성 명: ______________________________
(Typed or printed) (최초의 이름 또는 이전에 사용한 이름을 포함한 서명)

사회보장번호 #: ____

부 모 혹은 보호자: ____________________
(만약 미성년자일 경우 기입)

날 짜: ____________________
현재 주소지: ____________________
____
____

전화번호: ____________________
휴대폰 번호: ____________________
증인(Witness): ____________________

2.1.2 인터뷰 정보 또는 자료표(Fact Sheet)

인터뷰를 실시하기 전에 면담자는 인터뷰의 목적이나 과정을 현명하게 제시해야 한다. 타인에 의해 채용된 경우, 의뢰를 정밀하고 정확하게 평가하고, 의뢰인의 목적에 맞게 면접 프로토콜을 조정한다. 예를 들어, 보험 업계는 클레임 조사를 위해 독자적인 보안 회사와 계약을 체결하고, 조사자와 보험 의뢰인 간의 합의의 일환으로, 회사는 찾거나 원하는 정보를 상세하게 기술한다. 요청 문서는 업계에서 일반적으로 초기 면접에서 수집할 정보의 한도를 정의한다. 〈표 3.3〉 참조.

표 3.3 [14] 보험 청구를 위한 샘플 조사 양식

날짜:________ 금액:________ 사건번호: ________

□ 직원의 보상금 □ 첩보수사 □ 데이터 마이닝 □ 안전 확인 □ 업무 협조

추가요청 사항: ____________________

의뢰인 정보

요청자	________	연락처	(__)______
의뢰인	________	청구 유형:	□ W/C □ A/L □ ____
주소	________	청구번호	________
	________	D.O.I.	________
의뢰인 변호사	________	연락처	(__)______

청구인 정보

성명	________	연락처	(__)______
주소	________	주민등록번호	________
	________	생년월일	___/___/___

성별 ___ 인종 ___ 키 ___ 몸무게 ___ 모색 ___ 눈빛 ___ 안경 ___ 결혼 ___

차량 제조사 _____ 모델 _____ 도색 _____ 차량번호 _____

배우자 이름 ________ 자녀 ________

기타 정보(휴대폰, 문신, 외모 등) ____________

부상/직원 정보

성명	________	연락처	(__)______
주소	________	직원	________
	________	연락 여부	□ 가능 □ 불가능
기타 정보	____________		

청구인의 의료 및 법률 정보

의사	________	연락처	(__)______
주소	________	다음 예약날짜	
	________	연락 여부	□ 가능 □ 불가능
부상명	________	직업	________
급여 수령 여부		한계	________
변호사	________	연락처	(__)______
주소	________	소송 날짜	___/___/___
	________	과거조사 여부	□ 예 □ 아니오

14) Ibid.

초기 인터뷰는 구체적인 행동이나 조사 목적에 따라 더 좁게 초점을 맞출 수 있다. 태만 분야에서 일하는 수사관들은 일찍부터 의뢰인의 전체적인 모습과 모습을 정리할 필요가 있다. 〈표 3.4〉의 "개인 상해 질문지"는 보험 정책 정보뿐만 아니라 배경정보에 대한 모음집, 고객의 법적 표현에 대한 데이터, 경제적 및 개인적 상해 손실에 관한 관련 데이터로 일반적인 초기 인터뷰 양식이다.

표 3.4 개인 상해 질문지 양식(A Sample Personal Injury Questionnaire)

개인 상해 질문지

어떻게 연락을 하길 원하시는지 알려 주십시오:

이름 :
주소 1:
주소 2:
시 :
도 :
집 번호 :
직장 번호 :
핸드폰 번호:
보조연락처 :

사고 정보:

사고 발생 날짜 및 시간:
사고 장소:
그 사건이 당신의 업무 범위 내에서 일어났는가?
□ 예 □ 아니오

만약 그렇다면:
그 사건이 책임 당사자의 업무 범위 내에서 발생하였는가?
□ 예 □ 아니오

만약 그렇다면:
무슨 일이 일어났다고 믿고 있는지 서술하십시오:

현장 사진이나 비디오, 사람, 차량이나 다른 것은 없는가?

□ 예 □ 아니오

만약 그렇다면, 서술하십시오:

즉각적인 부상 정보

사고로 인한 모든 부상을 나열하고 자세히 설명하십시오:

부상으로 인해 받은 모든 치료를 설명하십시오.:

아직도 치료 중입니까? 누구와 함께입니까?

NOTE: (1) 자동차 사고(자동차 사고로 부상), (2) 제품 책임(제품에 의해 부상), (3) 책임(누군가의 재산에 부상) 또는 (4) 의료 사업자에 의한 과실(의료 제공자 부상)을 가장 잘 설명한 네 가지 범주 중 하나로 건너뛰십시오.

자동차 사고 케이스

차량에 타고 있던 곳은 어디였습니까?
조사기관의 이름 및 주소(경찰, 보안관, 고속도로 순찰대 등):

당신이나 다른 운전사는 소환장을 받았는가? □ 예 □ 아니오
만약 그렇다면, 무엇 때문에 (당신) (다른 운전자)가 소환되었는지 설명하십시오:

날씨와 도로 상황은 어땠는가?
사고 보고서가 있으면 제공하십시오:
□ 예 □ 아니오

당신이 아는 한도 내에서 당신이나 다른 누군가가 술을 마시거나 마약을 복용한 적이 있었는가?
□ 예 □ 아니오

만약 그렇다면, 설명하십시오:

어떻게 현장을 떠났는가?

제조물 책임(Product Liability Cases) 케이스

문제가 있다고 생각되는 제품을 자세히 설명하십시오. :

제품의 소유자는 누구인가?

제품은 어디에 있는가?

제품에 접근할 수 있는가?

제품이 얼마나 오래되었는가?

사건 직후에 찍은 제품의 사진을 가지고 있는 사람이 있는가?
□ 예 □ 아니오

만약 그렇다면, 사진은 어디에 있는가?

구내 책임(Premises Liability) 케이스

그 사건은 누구에게 보고되었는가?

사건 직후 현장이나 사건의 원인을 찍은 사진이 있었는가?
□ 예 □ 아니오

만약 그렇다면, 사진은 어디에 있는가?

당신은, 신발도 포함해서, 무엇을 입고 있었나?

옷과 신발은 아직 가지고 있는가? □ 예 □ 아니오

그 사건은 외부에서 일어났는가, 내부에서 일어났는가? □ 예 □ 아니오

의료과실 케이스

부상이나 질병의 원인이라고 믿는 모든 사람이나 실체의 이름, 주소, 전화 번호, 그리고 왜 그렇게 믿고 있는지.

일반 정보 – 사례 유형에 관계없이 아래의 모든 질문을 작성하십시오.

고용 기록 & 임금 체불

현재 고용주의 이름:
사고 당시 같은 곳에서 근무 여부?
주소:
직위:
작업 내용:
임금/이익:
고용 날짜:

그 사건에서 입은 부상으로 인해 업무 시간을 잃었는가?
□ 예 □ 아니오

만약 그렇다면, 작업할 수 없었던 날짜를 서술하시오:

일하지 못해 수입이 줄었거나 다른 손실은 없었는가?:
□ 예 □ 아니오

만약 그렇다면, 줄어든 수입이나 손실 금액을 적으시오: $

과거 클레임 기록:

당신은 어떤 소송에 휘말린 적이 있는가?
□ 예 □ 아니오

만약 그렇다면, 다음 질문에 대답하십시오.
사건의 성격과 이유:
결과:

근로 보상 청구서(Workers'Compensation claim)를 낸 적이 있는가?
□ 예 □ 아니오

만약 그렇다면, 다음 질문에 대답하십시오.
부상 유형:
청구한 날짜:
결과:

과거 의료 기록

다음 질문에 대답하십시오.

1. 이전 건강 상태(원형 1):

☐ 매우 좋음 ☐ 좋음 ☐ 보통 ☐ 나쁨

2. 이전 의료 기록(입원 또는 부상 포함, 대략적인 날짜 포함):

초기 인터뷰의 이 초기 단계에서, 면담자는 당사자에 대한 기본 사항을 비롯하여 조사 대상의 과실이나 다른 사건에 대한 근본적인 이론을 정리한다. 탐정들은 종종 개인 상해 소송에서 당사자들의 신원을 확인하고, 명단을 작성하고, 발견하도록 요청 받는다. 어떤 종류의 그룹, 즉 고소인(원고)과 피고인이 요청 가능한가? 재산, 차량 또는 이와 관련된 청구에서 피고의 보험계약은 보험 한도액에 대해 검토된다.

탐정들은 종종 포괄적인 형태뿐만 아니라 요약된 사고 자료표도 사용한다. 전자의 경우 〈표 3.5〉를 참조하라. 이 형식의 문서는 파일을 검토해야 하는 다른 당사자가 쉽게 접근할 수 있도록 파일 시작 부분에 배치하거나 파일의 내부 표지에 영구히 부착해야 한다.

표 3.5 사고사실기재 용지(Accident Fact Sheet)

사고사실기재 용지

의뢰인의 개인 정보

의뢰인 성명	생년월일
거주지 주소	집 전화
시, 주소, 우편번호	주민등록번호.

의뢰인의 사고 정보

사고 날짜와 시간

사고 장소

사고에 대한 설명

의료 기록

신체 부상

구급차 회사의 이름(Name of Ambulance Company) 가격

병원의 이름과 주소

Name of Treating Physician(s)

의뢰인의 보험 정보

보험회사 이름 핸드폰 번호

주소 연락되는 사람

차량 소유주 신고 번호

피보험자의 성명

피고의 보험 정보

보험회사 이름 핸드폰 번호

주 소 연락되는 사람

차량 소유주 신고 번호

피보험자의 성명

자동차 사고는 신뢰할 수 있는 정보를 빠르게 수집해야 할 필요성이 있다. 초기 인터뷰에서의 정보 수집으로 이후의 모든 조사 활동의 단계를 설정한다. 〈표 3.6〉은 자동차 사고로 인한 개인 상해 정도와 심각도를 계산한다.

중요 질문

〈표 3.6〉을 검토하고 다음 질문에 답하십시오.

1. 왜 양식은 즉각적인 부상과 영구적인 부상을 구별하는가?
2. 질문 4와 5가 왜 중요한가?
3. 일반적인 보험자의 방어, 즉 기존 조건에 맞춰진 양식의 질문은 무엇인가?
4. 신체적 부상의 경제적 비용을 계량화하기 위해 시도되는 질문은 무엇인가?

표 3.6 대인 부상 초기 인터뷰 가이드

개인 상해 사건

의료 및 중대한 손실

인터뷰 가이드

	사건 번호
의뢰인	날짜_____ 시간_____ 부터_____
면담자	면담료
참고인	사건 날짜
	만료 기간 상태

개인 상해

1. 상해의 성격 및 정도 ______________________________

____

____

____

____

2. 상해의 즉각적 증상(무의식, 고통, 행동의 부자유, 절단, 찰과상, 출혈, 골절 등)

____

3. 영구적인 상해(흉터, 손상, 수술 필요성 등)

4. 구급차 정보 혹은 다른 응급차

5. 응급치료 혹은 다른 현장의 의료 치료를 한 치료자의 성명, 주소 등의 정보

6. 만약 병원으로 이송되었다면, 1) 그 이유와 이송한 사람, 2) 병원의 이름과 주소, 3) 이송 날짜, 4) 퇴원 날짜, 5) 받은 치료 및 치료자

7. 만약 병원이 아닌 다른 곳이라면, 장소와 이유, 이송한 사람

8. X선 촬영, EEG, EKG, 그리고 다른 검사의....
1) 검사를 수행한 사람
2) 검사를 시행한 신체 부위와 X선 촬영 검사를 통해 밝혀진 사실
3) EEG와 EKG 그리고 다른 검사의 결과

9. 치료한 의사와 의료인: 1) 이름과 주소 그리고 전문 분야(내과, 외과, 치과 등), 2) 치료의 성격과 정도 및 치료받은 장소 ____________________

10. 외래 치료: 병원의 이름과 주소, 치료받은 날짜와 성격, 각 의사, 간호사, 의료인의 이름과 주소 ____________________

11. 의료 경험: 장소, 치료자, 날짜, 전체 비용, 지불한 일자와 사람(병원, 치료소, 상담한 의사, 간호사, 의료인, 실험실, X선 검사 등) ____________________

12. 추후 혹은 예상되는 의료적 치료: 성격, 기간, 예상 비용

13. 퇴원 날짜

14. 가정 간병인: 성명, 주소, 연락처, 간병의 성격, 기간 및 비용

15. 가사 도우미: 성명, 주소, 연락처, 업무 성격, 기간 및 비용

16. 현재 불만 사항

17. 부상으로 인해 제한된 행동(취미, 일상활동, 걷기 등)

18. 만약 의뢰인이 의사의 의료 행위나 치료 권장을 거부했을 경우, 날짜와 그 이유

과거 의료 기록

19. 최근 10년 동안의 일반적인 건강 상태

20. 과거 사고로 인한 부상의 성격, 날짜, 정도(심장, 폐, 뇌, 신장, 혈관 등)

21. 담당 의사의 성명 및 주소(X선 촬영 등 다른 검사 담당 포함)

---

22. 병원 치료를 했을 경우, 병원의 이름과 주소, 입원한 기간과 날짜

---

23. 예전 신체적/정신적 상해의 현재 악화/완화 여부

---

24. 보험, 군 입대, 혹은 다른 목적으로 인한 신체검사: 결과 및 보험 등의 거절 여부

---

25. 과거 사고나 상해 청구: 변호사, 보험 회사의 이름과 주소

사고 전 고용 및 임금

26. 직원의 이름, 주소 및 연락처

---

27. 직원의 업무______________________________

28. 직책 및 의무

---

29. 근무 시간: 하루 ______________ 주중 ____________ 시간 당 ______________ 원

30. 12개월 근무시 평균 수당 ______________________ 원

31. 지난 2년간 소득세 보고서

____

____

____

사고 후 고용 및 임금

32. 손실 업무시간

____

____

33. 만약 의뢰인이 사고 후 업무에 복귀했을 경우, 만날 사람들의:

1) 이름, 주소, 연락처 및 업무

____

____

2) 직책과 의무

____

____

3) 일한 시간 : 하루 __________ 주중 __________ 시간 당 __________ 원

34. 업무 복귀날짜 ______________________

35. 아직 업무에 복귀하지 못했을 시, 그 이유 ______________

____

____

____

36. 상해가 업무에 지장을 줄 시, 해당 사항에 대한 설명

____

____

____

____

37. 업무 복귀 후 손해 시간(날짜, 기간, 사유, 손해 임금, 병가 사용 여부)

____

____

____

____

38. 만약 진급 혹은 임금 인상이 예상되었으나, 이뤄지지 않았을 경우, 자세한 설명

39. 상해로 인해 임금의 손해가 있을 경우, 해당 사항에 대한 설명

40. 만약 대체 인력이 의뢰인의 업무를 대신해야 했을 경우, 대체 인력의 이름, 주소, 연락처, 업무 성격, 업무 기간 및 임금

41. 의뢰인의 업무 사항에 대해 알고 있는 하급자, 상급자 및 협력 업체 직원들과 그들이 업무에 대해 어떤 부분을 알고 있는지에 대해 기입

42. 만약 외뢰인이 업무와 관련된 어떤 이익이나 권리를 잃었다면 그에 대해 설명(지휘권, 저택 권리)

43. 임금 혹은 금전 손해의 성격, 정도 및 출처

해당 사고 이전 5년간 회사 이력서 기록

44. 업무, 직급, 성격, 기간, 평균 임금

45. 학력(학교명 및 전공, 학위)

____

____

46. 기능 및 자격증

____

____

47. 이 사고로 인해 진학이나 직업 변경을 고려하고 있을 시 그 이유

____

____

____

____

48. 사고 당시 업무의 특성이 다른 경우, 이전에 참여하거나 교육을 받은 직종보다 열세거나 낮다면
1) 자세한 설명(교육 요구 여부 등), 2) 임금 변동의 결과

____

____

____

____

후속 상해

49. 만약 의뢰인이 해당 질문지를 받은 날 상해를 입었다면, 상해에 대한 설명과 받은 이유, 병원과 치료인에 대한 설명

____

____

____

____

____

각 초기 인터뷰는 조사의 주제와 내용에 따라 달라진다.[15] 자동차 사고가 아니라면 제품

15) For a close scrutiny of what to look for in a bank fraud investigation, see "Ten Steps for Conducting Fraud Investigations," Bank Security Report 44, no. 3 (March 2015): 4.

결함 및 개인 상해는 왜 발생했는가?[16]

각각의 형태는 논증이나 이론을 증명하거나 반증하는 일련의 질문을 적절히 제시해야 한다; 인터뷰한 당사자의 초기 인상을 기념하고, 제품 결함의 증거와 그에 상응하는 책임이나 방어 계획을 보여준다. 보험 회사들은 제품 책임 조치에 따른 보험 청구서의 진위를 결정하기 위해 민간 탐정을 고용한다. 부상이 발생한 것으로 보이는가? 제품이 실제로 결함이 있는 것인가? 아니면 제품이 잘못 사용되고 있는 것인가? 사용자가 제품 사용에 대한 명시적 지침 및 규칙을 준수하였는가? 〈표 3.7〉을 참조하라.

표 3.7 제품 책임 인터뷰 가이드(Product liability interview guide)

제조물 책임 사건

사실 정보(제품 손상 포함)

인터뷰 가이드

사건 번호 ____________

면담자 　　　　날짜______ 시간____ 부터____________

참고인 　　　　면담료

사건 날짜

만료기간 상태

의뢰인–배우자–자녀

1. 성명 ____________ 주민등록번호 ____________
2. 주소 ____________
3. 연락처: 자택 ____________ 직장 ____________ Fax ____________
4. 미성년자 혹은 무능력자: 부모 혹은 보호자의 성명, 주소, 연락처

____

16) Experienced investigators in the private sector encounter all sorts of case types, but it is fair to say they see these types of cases with regularity: child custody and visitation investigations, serving papers, internal investigations, interviewing and questioning techniques, stakeouts and surveillance, tailing a target. See "The Investigative Process for PIs: From Taking a Case to Bringing It to a Close," PrivateInvestigatorEDU.org, accessed September 7, 2018, https://privateinvestigatoredu.org/private-investigations-process.

____

____

____

배우자

5. 성명 ____________________ 주민등록번호 ____________________

6. 주소 ____

7. 연락처: 자택 ______________ 직장 ______________ Fax ______________

자녀

8. 미성년 자녀의 이름, 성별, 나이, 거주지

____

____

____

____

제품 설명

9. 제품명 ____

10. 제조사 및 제조자

____

11. 모델번호와 기타 정보

____

____

____

12. 제품에 대한 설명 및 사용방법

____

____

____

____

____

13. 광고의 복사 가능 여부(availability copies of advertisement)

____

____

____

____

제품 손상

14. 사고의 날짜와 장소 혹은 노출 기간

15. 제품의 사용처

16. 상황 설명

17. 상해 혹은 손상을 입게 한 제품의 문제점

18. 제품 작동 실패 혹은 고장의 원인

19. 사용방법이나 경고문을 어겼을 시, 어떤 부분을 어겼는지 설명

20. 제품 사용 위험성에 대한 의뢰인 인식

21. 제품의 안전장치 여부 및 사용 가능 여부

목격자

22. 사고에 연루된 모든 사람(가족 등)의 이름, 주소, 연락처

23. 사고 당시 목격자의 위치

24. 사고 현장에서의 대화, 특이사항, 진술(누가, 누구에게 등)

25. 경찰에게 한 진술 내용: 경찰관에 대한 정보, 날짜, 시간, 진술 당시의 주변 인물 및 세부 사항

26. 병원에서의 진술(날짜, 시간, 주변 인물, 대화 상대 등)

27. 진술서 복사본의 사용 가능성 및 장소

제품 구매

28. 제품은 ________원에 ________에서 구매하였다. □ 신품 □ 중고
29. 판매자(seller)의 성명, 주소, 연락처

30. 판매원(salesperson)의 성명과 주소

31. 만약 의뢰인에 의해 구매된 것이 아니라면, 구매한 사람과 의뢰인과의 관계

32. 구매한 것이 아닐 경우, 의뢰인의 물품 습득 경로(대여 등)

33. 제품의 내용물, 사용법, 경고문

34. 위의 사항을 확인 할 수 있는 곳

35. 제품 구매 당시 누가, 누구에게, 누구와 함께 하였는지에 대한 서술적 설명

제품 이력

36. 구매 당시부터 사고까지의 소유주와 사용자

37. 구매 당시부터 사고까지의 사용처

38. 구매 당시부터 사고까지 관리, 유지, 수리사항

39. 제품 사용에 대한 애로사항이나 어려움

제품의 위치

40. 제품의 현재 위치 및 사용자

41. 제품의 현재 상태

42. 동일 혹은 같은 제품의 검사 및 성능 확인 가능 여부

조사

43. 사고에 관한 모든 조사 설명(조사자, 보고서 확인 가능성 등)

44. 조사 혹은 신고됐다면 관련된 세부 성명(조사자, 날짜, 응답 등)

45. 동일한 혹은 같은 제품을 사용한 경험에 대한 설명

제품 손상

46. 제품의 손상 정도에 대한 세부적인 설명

47. 수리한 사람/회사의 이름과 주소, 영수증 혹은 아직 수리하지 않았다면 예상 수리비

48. 만약 손상된 제품이 판매되었거나 소유 중이지 않을 경우, 현 소유주의 이름과 주소, 매매/대여 여부, 날짜와 회수를 위해 고려할 점

49. 손상된 제품의 현재 시장 가격 ______________ 원
수리 전 가격 ______________________________ 원
수리 후 가격 ______________________________ 원

50. 추가 유지비 여부(운송비, 창고/보관비, 기타 추가 비용)
____
____
____

보험

51. 손상과 관련된 보험이 있을 경우, 세부적인 설명(소유자, 사고, 의료 보험 등)
____
____
____
____

공식 용도에 한함

☐ 의뢰 동의
☐ 경찰보고서 권한
☐ 경찰보고서
☐ 사진
☐ 기타
☐ 병원 및 치료 기록
☐ 의료 및 관련 영수증
☐ 기기의 대여 등

중요 질문:

〈표 3.7〉을 검토하고 다음 질문에 답하십시오.

1. 16번 질문에서 제품 사용 방법에 관한 정보를 요청한다. 그게 왜 중요한가?
2. 21번 질문에서 제품과 관련된 고객의 위험 인식을 조사한다. 왜 그런가?
3. 제품 책임 사건에서 29번과 30번 질문이 중요한 이유는 무엇인가?

수사관들은 이혼과 별거 사건에서 학대와 폭력 등 가정 분쟁의 격렬함을 마주하고 있다. 이런 경우, 감정이 현실을 왜곡하는 경향이 있기 때문에 객관적인 사실의 수집은 더욱 중요해진다. 어떤 당사자의 주장에 대한 신뢰성, 타당성 및 진실성을 비판적으로 검토해야 한다. 따라서, 조사자는 진술에 대한 깊고 강렬한 평가로 증인을 측정하고 평가해야 한다. 진

술의 허점을 찾거나, 진술이 사실이라는 것을 확인하는 것이다. 〈표 3.8〉 또는 이와 유사한 형태가 이혼, 양육권 또는 남용 사건 파일의 보호 시작 부분에서부터 도입되어야 한다. 청원자의 이름, 주소, 전화번호, 아이들의 이름과 같은 중요한 배경 정보를 수집한다. 메모를 위한 작은 공간이 제공되어야 한다.

미국 내 분쟁과 소송은 당사자들이 서로를 추적함에 따라 광범위한 기술사용을 보여 왔다. 합법성과 프라이버시와 관련된 암시는 있지만, 탐정은 그나 그녀의 공개 수사관보다 훨씬 더 많은 자유재량을 가지고 있다.[17] 일부 예로는 차량에 추적 장치를 사용하는 것, 간통하는 배우자를 추적하기 위한 감시 장비, 보관하고 있는 가정용 컴퓨터 하드 드라이브의 디지털 이미지 등이 있다. 이러한 전술은 이 부부들이 경험했던 한 때의 낭만적인 규범과는 거리가 먼 반면, 이혼, 양육권 분쟁, 거짓 주장 등의 전투에서 탐정의 서비스를 필수 불가결하게 만든다. 노련한 가정법과 미국 내 분쟁 전문탐정은 종종 잔혹한 환경에서 효과적일 필요가 있는 기술을 요약한다.

조사 업무에는 양면성이 있다. 하나는 형사적인 측면으로 감시를 하고, 목격자를 찾고, 당신이 증명하려고 하는 것이 무엇이든 그에 대해 알고 있는 사람들을 인터뷰하는 것이다. 감시에서, 그 증거를 법정에서 인정할 수 있게 하는 가장 좋은 방법은 상세한 보고서나 당신이 밖에 있었다는 것을 증명할 수 있는 사진 증거, 그리고 당신이 한 일을 기록하는 것이다. 다른 한쪽은 컴퓨터 포렌식 작업인 테크놀로지 방법이다. 문자, 이메일, 음성 메일 등 그러한 종류의 증거와 논쟁하는 것이 매우 어려워서 이러한 경우에 거래를 끝내거나(deal killer) 성사(deal maker)시킬 수 있다. 만약 당신이 누군가의 스마트폰을 손에 쥐게 된다면 그것은 많은 증거일 수 있고 실제로 차이를 만들어 낼 수 있다.[18]

17) See "Private Investigators Share Some Tricks of the Trade," Family Lawyer Magazine, July 12, 2013, https://familylawyermagazine.com/articles/private-investigators-tricks-trade/.

18) Ibid.

표 3.8 이혼 질문지(Divorce Questionnaire)

이혼 질문지

성명	날짜
현 주소	결혼 횟수 이메일 주소
자택 전화번호	생년월일
휴대폰 번호	직장 전화번호
배우자 성명	결혼 횟수
현 주소	국적
자택 전화번호	생년월일
휴대폰 번호	직장 전화번호
결혼 날짜	이혼 날짜

이혼 수당

월 ________________ 원을 (   ) 남편 (   ) 아내 (   ) 없음

직장

당신의 직장명	직장의 주소
직책	월급
배우자의 직장명	직장의 주소
직책	월급

추가 정보

이혼 근거를 다루는 보다 포괄적인 예는 〈표 3.9〉에 재현되어 있다.

중요 질문:

〈표 3.9〉을 검토하고 다음 질문에 답하라.

1. 6번 질문은 어째서 결혼 증명서를 요청하는가?
2. 현 결혼 내에서 어떤 다른 가정 관계 원인이 지방 법원에 계류되어 있을 수 있는가?
3. 이 양식은 실패가 없는 상황(no–fault)을 상정하지 않는다. 실패의 근거는 어디에서 논의되었는가?
4. 37번 질문은 화해의 문제를 다룬다. 이것이 초기 인터뷰 과정에서 중요한 부분이라고 생각하는가? 설명하라.

표 3.9 결혼 인터뷰 정보 기록지(Matrimonial Interview Information Record)

결혼 인터뷰 정보 기록지

문서번호 __________ 사건번호 ____________________

면담자 : 날짜 __________ 시간 __________부터 __________

참고인 : 면담료 ____________________

의뢰인

1. 성명 ____

2. (a) 자택 번호 ____________________ (b) 직장 번호 ____________________

팩스 번호 ____________________ 눈색 ____________________

배우자

3. 성명 ____________________ 주민등록번호 ____________________

4. 신체적 특징

키 __________ 체중 __________ 눈색 __________

머리색 __________ 안경 __________ 상처/흉터 __________

기타 ____

현재 결혼상태

5. 날짜 ________________ 장소 ________________

6. 결혼 증명서 제출 가능 여부 ________________

7. 결혼 후 거주지 주소(날짜 포함) ________________

자녀 여부

8. 미성년자 자녀 ________________

9. 학교 명 ________________

10. 성인 자녀의 성명, 생년월일, 거주지 그리고 현재 재학 여부(학교명 포함)

11. 자녀 입양 여부(성명, 날짜)

12. 자녀들 각각의 건강 상태 및 장애 여부

13. 한 달 자녀 양육비(각각)

14. □ 자발적 □ 법원 명령
(만약 법원 명령이라면, 세부 사항) ________________

이전 이혼 정보(이혼 횟수가 한 번 이상이라면 다른 페이지에 개별 기입)

15. 관련 상대 : □ 의뢰인 □ 배우자 날짜 ________ 장소 ________________

16. 예전 배우자의 성명 ______________________________

17. 이혼 원인 ______________________________

18. 법원 이름 및 이혼 날짜 ______________________________

19. 판결문 복사본 □ ______________________________

____

의뢰인이나 다른 배우자의 자녀

20. 미취학 혹은 장애 아동의 이름, 생년월일(그리고 부모의 이름)

____

____

____

21. 거주지 및 양육권 ______________________________

22. 성인 자녀의 이름, 생년월일, 거주지 그리고 현재 재학 여부(학교명 포함)

____

____

____

23. 자녀들 각각의 건강 상태 및 장애 여부

____

____

24. 한 달 자녀 양육비(각각)

____

____

25. □ 자발적 □ 법원 명령

(만약 법원 명령이라면, 세부 사항) ______________________________

____

____

직장 – 의뢰인

26. 직업 ______________ 보직명 ______________ 기간 ______________

27. 전화번호 ______________ 팩스번호 ______________

28. 근무 일자 및 시간 ____________________

29. ☐ 노동조합(O) ☐ 노동조합(X) 노동조합 명칭 ____________________

직장 - 배우자

30. 직업 __________ 보직명 __________ 기간 __________

31. 직장명, 주소, 연락처 ____________________

32. 근무 일자 및 시간 ____________________

33. ☐ 노동조합(O) ☐ 노동조합(X) 노동조합 명칭 ____________________

현재 결혼에 대한 다른 가족의 반응

34. 재판, 명세서 번호, 진행 과정, 날짜, 대리인, 성향, 변호사 이름.
지원, 양육 혹은 가정폭력에 대한 모든 가족 구성원의 반응

____

소송 사유

35. ☐ 유기 ☐ 별거 ☐ 극심한 학대 ☐ 간통 혹은 비정상적 성생활
☐ 약물/알코올 중독 ☐ 수감 ☐ 정신병으로 인한 보호시설
☐ 기타

사실관계 및 사건 정황

36. 일어났던 모든 사건에 대한 세부적인 정보
(사건의 원인, 이혼 또는 별거 사유, 목격자와 관련자의 이름, 주소, 사건 당시 행동 등)

37. 화해 가능성

____

____

양육권

38. 미성년 아동에 대하여 의뢰인이 원하는 양육권 처우와 그 이유

____

(a) 원하는 양육권 형태 ____________________

☐ 공동 법적 양육권(____________________ 가 거주 우선권을 가짐)

☐ 공동 물리적 양육권

☐ 단독 양육권과 방문권

39. 상대가 양육권을 가져야/가지지 않아야 하는 이유 ____________________

방문권 M=모 F=부 (M 또는 F로 항목 기입)

	현재	제안		현재	제안		현재	제안
신정	______	______	어버이날	______	______	개천절	______	______
설날	______	______	석가탄신일	______	______	한글날	______	______
삼일절	______	______	현충일	______	______	성탄절	______	______
어린이날	______	______	광복절	______	______	연말	______	______

2.1.3 후속 서신

인터뷰의 범위와 내용을 편지로 작성하여 인터뷰한 증인, 의뢰인 또는 다른 당사자에게 보내는 것은 올바른 관행이다. 〈표 3.10〉을 참조하라.

표 3.10 목격자 혹은 의뢰인 후속 인터뷰 서신 양식

후속 인터뷰 서신 양식

날짜:
이름:
주소:
고객의 이름:

일전에 우리가 귀하의 주장에 대해 논의했을 때, 저는 많은 정보가 귀하에게 새롭고 생소했다고 확신합니다. 저는 지금 우리가 논의했던 몇 가지 사항과 상해 보험 청구에 대한 조사를 처리하는 방법을 검토하기 위해 이 글을 쓰고 있습니다. 이것은 또한 조사가 어떻게 진행되는지에 대한 의문이 제기될 경우, 귀하를 위한 참고 자료로 작용할 수 있습니다.

준비 및 조사
우리는 이미 정보 수집 절차를 시작했습니다. 앞으로 다른 당사자나 보험회사로부터 전화가 걸려오면 바로 저희에게 전화를 연결해 주셔야 합니다. 질문에 답하거나 정보를 제공하지 마십시오. 당신의 가족이나 전화를 받을 것 같은 다른 사람들에게도 같은 얘기를 해야 합니다.

저는 부상이 어떻게 일어났는지에 대한 정보를 가지고 있는 사람들로부터 목격자 진술을 얻으려고 노력할 것입니

다. 추가적인 증인의 이름을 알게 되면 즉시 연락해 주십시오. 만약 누군가 당신에게 정보를 가지고 전화한다면, 그 혹은 그녀에게 전화할 우리의 번호를 주기 전에 반드시 당사자의 이름, 전화번호, 주소를 알아내야 합니다.

저희는 관련 부상에 대한 의료 정보를 위해 편지를 작성했습니다. 귀하의 담당 의사에게 계속 알려 주는 것이 중요할 것입니다. 구입하는 모든 종류의 의료 장비에 대한 모든 영수증을 보관하시길 바랍니다. 당신이 받는 모든 의료비 청구서의 사본을 저희에게 보내주면 큰 도움이 될 것입니다. 이 정보는 의료 비용, 치료 날짜 및 제공된 서비스의 종류를 권고하기 때문에 매우 중요합니다. 병원 입원이 예상되면 미리 알려 달라고 전화해 주십시오. 병원이 청구서 사본을 주지 않을 경우, 당신의 신원 팔찌에서 찾을 수 있는 환자 번호를 보관하십시오. 이것은 귀하의 의료 기록을 찾는 데 도움이 됩니다.
만약 귀하의 의학적 상태에 중대한 변화가 있다면 저희에게 알려 주시길 바랍니다. 만약 당신이 거주 지역에 오랫동안 없을 것이라면, 당신에게 연락할 필요가 있을 경우를 대비하여 우리에게 연락을 주시길 바랍니다.

진실하게,

[탐정의 성명]

목격자와 의뢰인으로부터 정보를 이끌어내는 사람의 기술과 전문성은 수많은 요인에 달려 있다. 탐정으로서 당신이 정보 대응의 톤과 속도를 설정하면서 인터뷰를 진행하고 통제하고 있다는 것을 기억하라. 따라서 그 부담은 탐정에게 달려있다. 정보를 수집하는 과정은 종종 타협과 화해의 기술을 포함한다. "스트레스를 최소화하기 위해 증인을 '압박하는 상황'을 조성한다고 해석할 수 있는 행동은 피한다. 초조하게 서두르지 말고 느긋한 인상을 주어야 한다. 우울함, 걱정 또는 주의가 산만하지 않아야 하고, 미소를 지으며 진정한 관심을 보여라. 사려 깊고 예의 바르게 반응하며, 무례하거나 외롭지 않도록 해야 한다."[19]

탐정은 새로운 의뢰인들과의 최초 인터뷰에서 긍정적인 첫인상을 만들어내는 것이야말로 장기적인 관계로 가는 첫 관문이라는 것을 인식해야 한다. 대응 및 기타 설명서는 새로운 고객에게 조사 역할에 대하여 안내한다.

19) National Association of Legal Assistants, Manual for Legal Assistants (Boston: Cengage, 1979): 246; "The Investigative Process for Pis"; Davis, "Detective Work."

2.2 인터뷰 인상 기록

고객과 수사관 간의 초기 면담 절차의 성공과 그 이후의 상호작용은 보안 관리와 행정 인력의 반복적인 우려 사항이다. 대부분의 잘 관리된 보안 회사는 "의뢰인 연락 기록(Client Contact Report)" 또는 유사한 양식을 사용하여 의뢰받는 유형에 대해 고객에게 직접 연락한다(〈표 3.11〉).

표 3.11 의뢰인 연락처 기록

의뢰인 연락처 기록						
사무실 :					기업 :	
의뢰인 :					날짜 :	
	연락처			수행		
날짜	대인	전화	이메일	고객	탐정	세세하게 설명하시오

3 사건 평가와 후속 인터뷰

정보가 수집된 후에는 그 질과 신뢰성을 평가해야 하며, 이 평가는 특정 사건이나 의뢰의 장점에 대한 결론으로 이어진다. 근거 있는 주장에 대한 장점은 흔히 탐정과 의뢰인 사이의 초기 교환에서 얻을 수 있다. 시간이 지남에 따라, 탐정은 의뢰인의 주장에 대한 육감을 발전시키고 인터뷰한 당사자의 일반적인 주장을 받아들이거나 진술의 가치를 낮추게 된다. 댈러스에 있는 한 회사의 경험이 풍부한 사설탐정인 Scott Fulmer는 10개의 인터뷰 규칙을 게시했다. 디자인에 의해 이러한 규칙들은 상식과 유머로 가득 차 있지만, 각각의 제안들은 수사 전문성으로 가는 우리의 여정에 크게 도움이 된다. (〈표 3.12〉 참조[20].

3.1 탐정을 위한 10가지 빠른 라포 형성 인터뷰 기법

1. 준비: 보이스카우트의 좌우명이기도 한 '준비'에 모든 노력을 아끼지 말아야 한다. 이것은 특히 친분을 쌓는 데 도움이 될 것이다. 나는 이것을 충분히 강조해도 부족하다: 준비를 해라! 훌륭한 변호사가 법정에서 답을 알지 못하는 질문을 미리 하지 않는 것처럼, 마찬가지로, 훌륭한 탐정은 미리 준비되어 있다. 만약 인터뷰가 대립적으로 된다면 이것은 특히 중요하다. 인터뷰 전에 가능한 한 많은 정보를 모아라. 주제에 대한 정보가 많을수록 관계를 형성하는 것이 더 쉬워질 것이다.

20) Fulmer, "10 Interview Techniques."

2. 주도권 차지하기: 인터뷰에서 관계를 구축하고 우위를 유지하기 위해 당신은 주도권을 가지고 싶을 것이다. 당신은 모든 인터뷰에 일찍 도착해야 한다. 만약 당신이 어떤 사람의 집이나 회의실에서 인터뷰를 하고 있다면, 당신이 테이블의 맨 앞에 앉도록 당신 자신을 위치시키도록 하라. 오른쪽 의자를 가리키며 면접하고 있는 사람이 그 자리에 앉도록 제안하라. 그러면 그들은 당신을 권위 있는 인물로 보고 스스로를 당신의 조수로 볼 것이다.

3. 행동 미러링(Body Mirroring): 관계를 형성하는 가장 강력하고 비언어적인 방법 중 한 가지는 일부 사람들의 바디랭귀지를 미러링하는 것이다. 초심자에게 이것은 우스꽝스럽게 들리지만, 나를 믿어라. 그것은 관계를 형성하는 훌륭한 방법이다. 당신이 의뢰인들의 몸의 움직임뿐만 아니라 그들의 언어 패턴의 속도와 음색을 반영할 때, 당신은 그들처럼 된다. 하지만 너무 뻔히 보이지는 말아야 한다. 당신의 움직임은 유동적이고 자연스러워야 한다. 기억하라, 우리는 우리와 같은 사람들 주변에 있는 것이 가장 편하다.

4. 이름에 무엇이 들어 있는가?: 셰익스피어의 불멸의 연극 로미오와 줄리엣에서 줄리엣이 말했듯이, 우리가 장미라고 부르는 것은 장미가 아닌 다른 이름으로 불리더라도 달콤한 냄새가 날 것이다. 줄리엣은 로미오의 이름이 무엇이었든 상관없이 그를 사랑했을 것이고 이름은 단지 인위적인 거래라고 말하고 있다. 하지만 실제 생활에서는 사람의 이름이 매우 중요하다. 우리는 모두 우리 이름의 소리를 듣는 것을 좋아한다. 인터뷰를 실시할 때는 최소한 두어 번 그 사람의 이름을 사용한다. 이것은 신뢰를 쌓고 그들이 당신의 말을 듣도록 격려한다. 그러나 인터뷰 중에 그들의 이름을 두 번 이상 사용하지 말아라. 그들의 이름을 사용하는 것은 관계를 형성하는 반면, 그들의 이름을 남발하는 것은 정반대의 효과를 가져온다. 그들의 이름을 남발하는 것은 당신을 능글맞은 허수아비처럼 보이게 할 것이고 그 주제는 그들이 이용당하고 있는 것처럼 느낄 것이다.

5. 심리적 정지(Psychological Pause): 질문을 할 때는 심리적으로 잠시 멈춰라. 이것은 단순히 심문 중에 취한 2-3초간의 일시 정지(또는 더 긴 시간)에 불과하다. 그것은 효과를 위해 사용되며, 여러분이 보통 중단하지 않는 인터뷰 영역에 삽입되어야 한다. 예를 들면 다음과 같다. '*내가 그 사건에 대해 모든 사람들과 얘기했다는 걸 알아줬으면 좋겠어. 그리고 나는 (여기에 심리적 정지를 넣어라) 네가 알고 있는 모든 걸 말해주지 않는 것 같아*' 이 부자연스러운 중단은 인터뷰에 약간의 긴장감을 유발한다.

6. 질문 방향 바꾸기(민감한 주제는 뒤에 둔다): 인터뷰 초반에는 반드시 라포(Rapport : 신뢰나 친밀감 등)를 쌓아야 한다. 관계를 구축할 기회를 만들기 전에 심각하거나 대립적인 문제에 대처하는 실수를 범하지 마라. 예를 들어, 만약 당신이 직장에서 재고 누락이나 횡령에 대해 알고 있는 증인이 의심된다면, 직접적인 질문을 하기 전에 라포를 형성하라. 만약 당신이 주제를 꺼내서 그 주제를 이해한다면, 부드럽게 뒤로 물러서라. 이 인터뷰가 그들에게 얼마나 어려울지 이해시켜줘야 한다. 간단히 말해서, '나는 그 질문이 너를 불편하게 만들었음을 알 수 있다. 그건 내 의도가 아니다. 나는 이것이 너에게 얼마나 어려울지 상상할 수 없다', '지금은 이것에 대해 걱정하지 말자', '어떻게 ABC 포장사에서 일하기 시작했는지 말해주지 않을래? 등 질문의 방향을 바꿈으로써 당신은 증인에 대한 신뢰와 우려를 나타내고 있다. 당신은 당신의 질문을 통해서 긴장을 완화시키고 있다. 당신은 대상자에게 관심을 주고 있다는 것을 보이며, 라포를 형성하고 있다. 즉, 당신은 방금 그들에게 점수를 땄다.
나중에 면접에서 관계가 성립됨에 따라 당신은 질문에 몰래 끼어들 수 있다. 모든 사람은 당신이 재고 누락과는 아무 관련이 없다는 것을 안다. 하지만 당신은 누가 연루되었는지 알고 있다. 나는 당신이 옳은 일을 하고자 한다는 걸 알고 있으며, 당신은 부양해야 할 가족이 있다. 그것은 직장에서의 몇몇 사람들과의 관계보다 훨씬 더 중요하다.

7. 가족과 아이들 먼저 확인: 인터뷰를 보기 전에 가장 먼저 하는 일은 대상자 가족이나 아동 색칠 책 그림의 사진을 빨리 스캔하는 것이다. 사람들은 그들의 가족에 대해 말하

는 것을 좋아한다. 아기나 최근 결혼식이 포함된 사진을 찾아보아라. 당신은 인터뷰의 첫 10분을 그들의 자녀나 손주들에 대해 이야기하면서 보낼 수 있다. 그들에게 "할머니가 되는 것이 무엇이 가장 좋으냐?"와 같은 열린 질문을 해보라. 하지만 이 모든 것의 유일한 이유는 대상의 주제와 라포를 형성하기 위해서라는 것을 기억하라.

8. 깃발 흔들기: 군대의 기념품이나 명판이나 제복을 입은 사람들의 사진을 찾아라. 자네와 대상자 둘 다 군 복무를 했나? 만약 그렇다면, 당신의 서비스에 대한 어떠한 논의로도 확실히 관계를 구축할 수 있을 것이다. 그들에게 어디에서 음식을 먹었는지 꼭 물어봐라. 네가 알고 있는 것보다 더 많은 공통점을 가지고 있을지도 모른다.

9. 스포츠!: 당신의 대상자 사무실에 어떤 종류의 스포츠 기념품이든 살펴봐야 한다. 골프의 장신구나 대상자가 가장 좋아하는 스포츠팀의 간판들을 찾아라. 만약 당신이 카우보이 팬이고 그들의 사무실이 스틸러스 기념품으로 도배되어 있다면, 이것은 여전히 당신에게 다음과 같은 오프닝을 허락한다: "오, 안돼! 너도 그들 중 하나야!" 만약 스포츠를 좋아하지 않는다면, 최소한 인터넷이나 지역 신문에서 최근의 점수나 큰 이벤트를 확인해서 좋은 대화를 계속할 수 있도록 하라. 공통점을 찾기 위해 할 수 있는 모든 일을 해야 한다.

10. 미스틱 사용: 마지막으로, 내가 PI 미스틱(PI mystique)라고 부르는 것을 사용하라. 당신은 사설탐정이고 대부분의 사람들은 그것을 매혹적이라고 생각한다. 당신은 누군가 당신에게 생계를 위해 무엇을 하느냐고 물을 때마다 그것을 보게 된다. 그들의 대답은 "와. 정말 신나겠다!"이며, Jim Rockford, Thomas Magnum 그리고 Sam Spade의 이미지가 그들의 마음속에 떠오를 것이다. 후속 질문은 항상 다음과 같다. '그게 어떤 건가요?' 그들과 전쟁 이야기를 좀 나누어라. 가장 흥미로운 사례에 대해 말하거나 사용하는 기기 중 일부를 설명하라. 그들은 한 마디, 한 마디에 매달릴 것이다.

인터뷰 과정은 탐정이 의심스러운 개인과 사건을 다루는 데 도움을 줄 수 있고 종종 도움이 될 수 있다. 피하고 싶은 사건 및 의뢰인의 예:

1. 사회의 변화를 꾀하는 의뢰인
2. 십자군 의뢰인
3. 단순히 복수를 원하는 의뢰인
4. "이룰 수 없는 꿈"을 가진 의뢰인
5. 정신적으로나 정서적으로 장애가 있는 의뢰인
6. 사건의 장점을 지나치게 주장하는 의뢰인
7. 전문 서비스를 구매하는 의뢰인
8. 기타 기본 및 알 수 없는 동기를 가진 의뢰인[21]

경험은 탐정들에게 특정 사건이 당연히 의심스럽다는 것을 가르쳐준다. 그러나 각각의 사건은 개별적으로 판단되어야 한다; 탐정은 "의뢰인의 이야기를 듣고 관찰해야 한다. 이 사건을 입증하는 것은 이 사람이 증인이 될 것을 요구할 수 있다."[22] 이 사건이 관여할 가치가 있는지 없는지를 결정하는 것은 주로 의뢰인의 진실성과 진위에 달려 있다. "의뢰인들은 거칠고, 둔하고, 신경질적이며, 알코올 중독자일 수도 있고, 신경질적이거나, 논쟁적이거나, 전혀 말이 안 될 수도 있지만, 변호사가 받아들일 수 있는 잠재적으로 승소할 수 있는 주장에 대해 여전히 효과적으로 증언할 수 있다."[23] 전문 초기 인터뷰를 실시하는 탐정은 골치

21) Lawrence Charfoos and David Christensen, Personal Injury Practice: Technique and Technology (Rochester, NY: Lawyers Cooperative Publishing, 1986): 428; Davis, "Detective Work."

22) Charfoos and Christensen, "Personal Injury": 433; see also Julius Glickman, "Persuasion in Litigation," Litigation 8 (1982): 30; David Horowitz, "How to Handle a New Client," Practical Lawyer 21 (1975): 11-12.

23) Charfoos and Christensen, "Personal Injury": 433; Philip Segal, "Questions Litigators Should Ask before Hiring an Investigator," GP Solo 34, no. 6 (November-December 2017): 66; Richmond, "Watching Over."

아픈 의뢰인을 걸러낼 것이다.

마지막으로, 탐정은 인터뷰 대상자를 찾는 대로 데려가야 한다. 고객은 어떤 유형의 질문에도 반드시 협조적이고, 우호적이며, 일반적으로 수용적일 것이라고 가정할 수 없다. 목격자, 고객, 용의자 또는 다른 당사자들은 모두 그 개인에게 독특하고 예측이 거의 불가능한 개인적인 특징과 특질을 보여줄 것이다. "증인들이 협조를 꺼리는 것처럼 보일 때, 탐정은 이 난색을 표하는 원인을 밝히기 위해 노력해야 한다. 그들은 상대방의 친구인가, 아니면 피해자의 친구인가? 그들은 일종의 보복을 두려워하는가? 그들은 단순히 재판 단계에서 증언하도록 불리는 것을 두려워하는가?"[24]

탐정은 또한 자연적으로 적대적이거나, 우호적이거나, 혹은 전문가로 특징지어질 수 있는 개인들을 다루고 있을 것이다. 이러한 유형의 증인은 4장에서 자세히 다룬다.

다음과 같은 일반적인 제안을 기억하라.

1. 증인을 적시에 인터뷰
2. 증인들에게 가능한 한 많은 사실 정보를 요청한다.
3. 증인을 다른 잠재적 정보 출처로 활용
4. 모든 증인의 진술을 서면으로 전환
5. 증인과 친해지고 어떤 대가를 치르더라도 적대감을 피하라.
6. 사건 진행에 따라 증인과 계속 연락[25]

인터뷰 과정에서 발생할 수 있는 법적, 윤리적 문제에 특히 주의를 기울여야 한다. 개인정보 법령이나 시민권 침해, 성희롱, 허위사실 또는 기타 허위사실은 선택한 질문과 심문 기

24) Thomas Eimermann, Fundamentals of Paralegalism (Aspen Publishers, 1980): 117; Fulmer, "10 Interview Techniques."

25) Mark Weinstein, Introduction to Civil Litigation (Eagan MN: West Publishing, 1986): 54-55; "The Investigative Process for PIs"; Davis, "Detective Work."

법의 적합성에 대한 가이드 역할을 해야 한다. 대부분의 경우, 거짓말 탐지 기법은 전적으로 부적절하다. "정확한 오해는 피해야 하며 법 집행관이나 다른 공무원들의 사칭은 절대 일어나서는 안 된다."[26]

상식을 사용하고 전문적인 수사 관행 기준을 준수하면 사례와 의뢰인 모두 보상을 받을 것이다.

26) ASIS, "Basic Guidelines": 52; Davis, "Detective Work."

제 4장

탐정업무에 있어서 목격자의 증언과 증거

1. 서론
2. 증인의 유형
3. 증언의 과정(Processing Witnesses)
4. 결론

1 서론

사건, 청구 또는 법적 조치의 가치는 여러 선택 중 증거의 품질과 정확성이 가장 중요하긴 하지만 많은 요인에 따라 달라진다. 형식적이거나 비형식적이든, 선서가 되었든 아니든, 법정의 요청이든 아니든, 증언은 주요한 증거의 형태이며, 특별한 무게를 지닌 것이다. 보안 수사의 세계에서는 목격자의 증언 없이는 이 일을 할 수 없다. 탐정들은 진술서, 범행이나 책임에 대한 진술서 혹은 자백서를 수집하고, 보고서와 문서에서 전문가의 조사 결과를 기록하며, 진술서나 심문서, 진술서에 의한 청구서 제출과 같은 증인의 구두 증언을 반영하는 서류를 수집하여야 한다. 목격자가 없다면 탐정의 임무는 불가능한 임무일 것이다.

모든 증인은 사건에 대한 정보와 단서 및 기타 통찰력을 제공하며, 다음을 포함하지만 이에 국한되지 않는 여러 가지 이유로 증언을 한다:

- 용의자 추정
- 소송을 둘러싼 사실과 상황의 진술
- 범행 동기와 수법에 대한 토론
- 관계가 적은 용의자를 배제함으로써 질(質)적인 통제수단으로서의 역할
- 예감, 짐작 및 전문적인 추측 자료를 제공
- 직접 눈으로 목격한 정보를 제공[1]

1) Bennett L. Gershman, "The Eyewitness Conundrum," New York State Bar Journal 81 (2009): 24. Law witnesses

이 증언 여행은 탐정이 배정된 모든 사건의 시작에서 시작된다. Ralph F. Brislin의 주목할 만한 매뉴얼인 The Effective Security Officer's Training Manual은 다음과 같이 설명한다:

> 현장에 도착해서 응급처치가 필요한 사람을 정했으면, 무슨 일이 일어났는지에 대해 아는 사람과 모든 사람을 찾도록 노력하라. 목격자들에게 말할 기회가 있을 때까지 그 지역에 남아 있으라고 부탁하라. 이런 상황에서는 공책과 펜을 가지고 있는 것이 매우 중요하다. 피해자든 가해자든 실제로 관련된 사람들을 인터뷰하라.[2]

수사관이 현장에서 물적 증거를 찾는 것과 같은 방식으로 사건에 대한 실제 증언을 제공할 수 있는 사람을 파악한다.[3] 잠재적 증인들의 배열은 사실, 장소, 참여자들에 따라 달라질 것이다. 증인은 능력과 연령에 따라 다양할 수 있으며, 점점 더 많은 수의 일반적인 증인들

---

cannot always be trusted or be deemed reliable. See "Police, Prosecutors Still Rely on Unreliable Eyewitness Accounts," Courts Today (October-November 2008): 12; Francesca T. Palmer, Heather D. Flowe, Melanie K. T. Takarangi, and Joyce E. Humphries, "Intoxicated Witnesses and Suspects: An Archival Analysis of Their Involvement in Criminal Case Processing," Law and Human Behavior 37, no. 1 (February 2013): 54-59, www-jstor-org.ez.lib.jjay.cuny.edu/stable/43586894; Anne Bowen Poulin, "The Investigation Narrative: An Argument for Limiting Prosecution Evidence," Iowa Law Review 101, no. 2 (January 2016): 683, http://law.uiowa.edu/journals/ilr; Helene Love, "Aging Witnesses: Exploring Difference, Inspiring Change," International Journal of Evidence &Proof 19, no. 4 (2015): 210-227, https://doi-org.ez.lib.jjay.cuny.edu/10.1177/1365712715591462.

2) Ralph F. Brislin, The Effective Security Officer's Training Manual (Oxford: Butterworth- Heinemann, 1995): 89; "The Investigative Process for PIs: From Taking a Case to Bringing It to a Close," PrivateInvestigatorEDU.org, accessed September 8, 2018, https://privateinvestigatoredu.org/private-investigations-process; "Investigating Crime Scenes: Police vs. Private Investigators," Guns, Gams &Gumshoes, September 27, 2015, https://writingpis.wordpress.com/2015/09/27/investigating-crimes-scenes-shaun-kaufman-colleen-collins/.

3) Witnesses come in a variety of states—including the intoxicated. For this special challenge see Palmer et al., "Intoxicated Witnesses."

이 자신의 역할을 알고 있을 나이에 도달한다.[4] 이 증거 형식의 중요성은 우리가 강박적으로 의존하게 된 법의학 기법만큼 가치 있으므로 무시할 수 없다. 때때로 증인은 찾고 있던 가장 명확한 증거를 전달해 줄 수 있다.[5]

4) See Love, "Aging Witnesses."

5) Lisa P. O'Donnell, "Empower your witness: Experts and lay witnesses are crucial to any case, so they need to be well prepared for what they're likely to face at trial," Trial, July 2011: 40.

2 증인의 유형

증인들은 일반적으로 전문지식이 없는 일반인(lay)과 전문가(expert) 두 가지 범주로 나뉜다. 전문가 증인은 화학자, DNA 전문가, 탄도 검사관 등과 같이 자신의 증언에 관한 전문지식을 가지고 있다. 그 외의 증인들은 일반 증인들로 분류되는데, 이들은 과학적인 맥락이나 목적 없이 객관적인 현실을 증언한다.[6] 예를 들어, 속도위반 사건에서 일반 목격자는 "그는 빨리 가고 있었다"고 말한다. 전문가는 레이더 결과를 통해서, "레이더 판독 속도는 101mph"라고 증언한다. 비록 그들의 접근방식이 꽤 구별되지만, 각각의 접근방식은 중요한 증거에 기인한다. 이처럼 여러 가지 요인에 따라 다르지만, 결코 부인할 수 없는 것은 그들의 잠재적인 사용 범위이므로 일반 증인들이 어떤 경우에 어떻게 활용되는지 알아야 한다. 일반 목격자 활동의 몇 가지 예는 다음과 같다.

- 증인은 고의적 행동의 실질적인 피해자일 수 있다.
- 증인은 범죄의 희생자일 수 있다.
- 증인은 태만, 의료 과실 행위 또는 비슷한 불법행위에 있어서 개인적으로 피해를 입은 당사자일 수 있다.
- 증인은 눈으로 사건을 직접 목격한 사람일 수 있다. 즉, 사건을 개인적으로 목격해서 사실과 조건을 진술할 수 있는 사람일 수 있다.
- 증인은 또한 특징적인 증인(옳고, 그른 혹은 무관심한 성격에 관한 개인적 특성, 적어도 그러한 특성에 관한 지역공동체의 인식을 그 혹은 그녀가 입증할 능력이 있는)으로 묘사될 수 있다.
- 증인은 일반인의 영역을 넘어 전문적인 의견에 대해서 증언할 수 있는 전문가일 수도 있다.

6) See Charles P. Nemeth, Law and Evidence, 2nd ed. (Burlington, MA: Jones &Bartlett, 2011).

- 사실대로 말하는 증인은 경우에 따라 의견을 제시할 수도 있다.
- 게다가 증인은 자기의 사건에 우호적으로 묘사될 수 있거나 혹은 반대적, 비(非)우호적 혹은 적대적인 것으로 평가될 수도 있다.

2.1 행방불명자 혹은 불상(不祥)의 증인

탐정들은 증인들을 활용 및 접근이 가능하다는 잘못된 가정 하에 활동할 수 있다. "행방불명된 증인 혹은 당사자들은 스킵(skip)이라고 불리기도 하는데, 일반적으로 두 가지 범주로 나누어진다. 첫 번째이자 가장 일반적인 형태는 비(非)의도적인 증인들로서, 이사 간 곳의 주소를 남기지 않았고 시간이 흘러 그들의 행방을 추적하기 어려운 경우이다. 두 번째 범주는 의도적인 경우로서 과거 알고 지내던 사람들과의 연락을 피하고자 주소를 남기지 않고 이사를 간 경우이다. 종종 의도적으로 조사를 회피한 증인들(skip)은 가정문제나 신용상의 문제 같은 불쾌한 상황을 피하고자 한다."[7]

알려지지 않거나 행방불명된 증인들을 찾아내는 일은 특히 형사사건에서 어렵다. 행방불명된 증인들은 때때로 비밀 은폐 시스템 즉, 대도시의 지하조직으로 잠적할 수도 있다. 가사(家事)소송 중 특히 부양의무 또는 부양금 지급 의무를 무시한 사람들의 기소에 있어서 탐정은 관할구역을 옮겨 다니며 새롭고 불법적 신원을 만들어내는 각 개인들을 추적해내야 한다. 이때, 다음의 실무적인 힌트들은 틀림없이 큰 도움이 될 것이다:

7) American Jurisprudence Trials 2 (1987): 229, 235; Alexandra Wells, "Ping! The Admissibility of Cellular Records to Track Criminal Defendants," Saint Louis University Public Law Review 33 (2014): 487; Peggy Shapiro and Perry Myers, "Locating Elusive Witnesses: An Introduction," Illinois Bar Journal (July 2003): 357; "How Is Skip Tracing Performed?," BountyHunterEDU.org, accessed September 8, 2018, www.bountyhunteredu.org/what-is-skip-tracing/.

1. **의뢰인과의 인터뷰**: 사람들은 종종 두 번째 주소, 은폐된 장소, 그리고 개인적인 공간을 갖고자 한다는 점을 기억해야 한다. 종종 의뢰인 자신이 잊어버리기도 하는 여행에 관한 관습과 버릇에 대한 통찰력 또한 필요하다.
2. **전화번호부**: 용의자와 부합되는 이름이나 가명들을 찾아내기 위해 가능한 모든 전화번호부를 살펴보라. 또한, 이전의 전화번호부도 찾아봐라. 그 이유는 일단 한번 기재되었던 이름들이 어떤 법률적 장애(certain legal difficulties) 때문에 누락되는 것이 일반적인 현상이기 때문이다. 또 만약 알아내고자 하는 전화번호가 비밀을 보장받은 번호라면 그 사람의 위치를 파악하기 위해 불법적이지 않은 한도 내에서 허위상황을 만들어 내어 자신을 소개하는 방법을 쓸 수도 있다.
3. **메일이나 전보**: 공인된 메일(mail)이나 Western Union 전보(電報) 또는 다른 전자공학적 수단들이 증인을 찾아내는데 실질적이고 유용한 방법이 될 수도 있다. 가장 최근의 주소지가 발견되면 증인으로 출두해달라는 소환장이 발급될 수 있을 것이다.
4. **경찰보고서나 다른 문서들**: 범죄나 사건 현장에 있었던 사람들이 다른 문서에서는 다른 증인들의 이름을 적었을 수도 있다는 가정을 해볼 수 있다.
5. **지역사회를 조사하라**: 사진이나 신원을 증명할 수 있는 자료를 직접 손에 들고 사업체나 가게, 음식점, 지역주민들을 조사해 볼 수 있다. 이것은 전형적이고 오랫동안 행해져 온 조사기법이다.
6. **신문이나 방송 매체**: 범죄나 개인적인 손해 소송 장면에서 신문 기자들은 사진을 찍거나 그에 대한 기록을 남겨둘 것이다.
7. **대중교통수단**: 버스, 택시, 기자, 트럭 운전수, 대중들에게 정규적인 서비스를 제공하는 사람들이 특정한 증인의 신원을 알려줄 수도 있다.
8. 도**시 주소기록부**: 이름을 모르는 상황이라면 주소를 가지고 특정 이름과 전후를 참조해 볼 수 있다. 물론 전화회사가 그러한 정보를 제공해주어야만 가능하다. 시티 디렉토리(city directory) 또한 정보를 제공해 줄 수 있고 대부분의 도서관에서 이용 가능하다.
9. **우편서비스**: 등록되거나 인가된 메일 또는 우편서비스 등은 특정한 증인의 위치를 찾아내는 유용한 방법이 될 수 있다. 우편규정은 이사간 곳의 주소를 직접적으로 노출시키지는 않지만, 이는 증인의 행방을 찾아내는 간접적인 수단이 될 수 있다.
10. **다른 단서들**: 다음의 어느 것이나 체크해봐라. 사교클럽, 집회장, 전문적인 조직, 학교, 교육기관, 공익회사, 전우회사무실, 정부의 대리기관, 복지회관, 레크리에이션 기관, 투표자 등록부, 혼인 · 출생 · 사망신고부, 경찰기록, NCIC 기록 등

탐정은 상속인이나 목격자, 채무자의 소재를 파악해주는 회사들, 특히 부동산, 신탁회사, 형법과 소송, 채무자, 채권자, 기부금품 모집을 전문으로 하는 회사와의 관계를 긴밀히 할 필요가 있다. 아래 〈그림 4.1〉은 이런 기업 중 하나를 보여준다. 수사 서비스는 실종자를 포함한 다양한 서비스에 도움을 줄 수 있다.

그림 4.1 [8] Maritin Inverstigative services 홈페이지

8) "Find Missing Persons," Martin Investigative Services, Newport Beach Headquarters, 620 Newport Center Drive, Suite 1400, Newport Beach, CA 92660, accessed September 8, 2018, www.martinpi.com/locate-people/find-missing-persons/.

2.2 비(非)전문가적 증인(證人)

비(非)전문가적 증인(證人) 즉, 단순하게 정의하면 전문가가 아닌 어떠한 증인이다. 비전문가적 증인은 선서, 기록, 재(再)수집, 진술, 입증 그리고 어떤 조건들과 사실들을 주장할만한 일반적 능력을 갖추어야 한다. 이렇게 해서 증인은 증언할 수 있을 만큼 유능하다고 해석된다. 연방 증거 규정 601은 역량의 주제를 개략적으로 설명 한다:

> 이 규칙에서 달리 규정하는 경우를 제외하고 모든 사람은 증인이 될 수 있다. 단, 주(州)법이 의사결정 규칙을 제공하는 청구 또는 변호의 요소에 관하여, 민사소송과 절차에서 증인의 역량은 주법에 따라 결정 된다.[9]

또한, 그 또는 그녀는 어떤 논리적이고 합리적인 순서로 사실, 조건, 사건들을 개략적으로 설명하기 위해 필요한 수준의 정신적 능력과 정서적 능력을 가지고 있어야 한다. 소송에 있어서 비전문가적 증인의 선서는 "(a) 증인의 인식에 합리적으로 기초한 그리고 (b) 증인의 선서 혹은 이슈가 되고 있는 사실의 확정에 관한 명료한 이해에 도움이 되는 그러한 의견들과 추론들에 한정된다."[10] 일반적으로, 형식화 된 법률과 소송은 그러한 비전문가적 견해에 대해서 호의적이지 않다. 그런데 개인적 관찰과 인식(예를 들면, 알코올 중독, 주행하는 자동차의 속도, 높이, 거리 등등)에 근거한 견해들은 종종 받아들여진다.[11] 어떠한 조사절차에서도 탐정은 증명되고 있는 사실들이 지나치게 감정적 혹은 환각작용, 망상 혹은 다른 꾸며낸 말의 결과가 아니라는 것을 확실히 증명해야 한다. 비전문가 증인들이 지각적 결함을 가질 수도

9) Fed. R. Evid.: 601.

10) FED R. EVID. 701.

11) "Evidence: Lay Opinion Testimony—Sound of Car Running Over Body," Criminal Law Reporter, January 7, 2009: 353.

있고, 그렇지 않을 수도 있다고 말하는 것은 증언 그 자체가 신뢰성이 부족하다는 것을 뜻한다. 모든 증인들처럼 비전문가 증인들은 그들의 진실을 정확히 알아야 한다. 예를 들어, 최근의 한 연구는 현저한 부정확성을 증명하는 결과를 가진 라인업(Line-up)이나 쇼업(Show-up)에서 용의자를 고르는 목격자들의 신뢰성에 이의를 제기했다.[12] 최소한 증인들은 개인적으로 경험한 사실이나 진실에 대해 증언할 수 있다. 비전문가 증인은 데이터의 기계적 암송을 넘어 실제 관찰된 사건에 대한 의견을 제시함으로써 증언의 범위를 확장할 수 있다.[13]

연방 증거 규정(Federal Rules of Evidence) 701조는 非전문가 증인의 증언 능력을 명확히 기술하고 있다.

> 증인이 전문가로서 증언하지 않는 경우, 의견이나 추론 형식인 증인의 증언은 (1) 증인의 인식에 기초하여 합리적으로, (2) 증인의 증언이나 문제의 사실의 명확한 파악에 도움이 되는 의견이나 추론에 한정되며, (3) 규칙 702의 범위 내에서 과학, 기술 또는 기타 전문지식에 기초하지 않는다.[14]

이러한 한계에도 불구하고 일반 증인들의 증언 역할은 소송 영역에서 결코 최소화되어서는 안 된다.[15] "대부분의 일반인들 사이에서는 전문적 증언만이 범죄나 민사소송에서 인정될 수 있는 유일한 증거라는 것이 통설이다. 이러한 인식은 화려한 증인들의 언론 보도와 다른 소수의 소송과 같은 많은요인 들의 결과물이다. 하지만, 어떤 범죄나 민사소송에서 제시

12) Susan M. Campers, "Time to Blow up the Showup: Who Are Witnesses Really Identifying?," Suffolk University Law Review 48 (2015): 845.

13) Nemeth, "Evidence": 151 et seq.; O'Donnell, "Empower your witness."

14) Fed. R. Evid.: 701.

15) Timothy J. Perfect et al., "How Can We Help Witnesses to Remember More? It's an (Eyes) Open and Shut Case," Law &Human Behavior 32 (2008): 314; Deborah M. Nelson, "Use Lay Witnesses to Prove Mild Traumatic Brain Injury," Trial, May 2008: 70.

된 증언 대부분은 본질적으로 '거짓말'이다.[16] 전문가의 증언과 마찬가지로 일반 증인은 증언에 대한 특정 기준을 충족시켜야 한다.

어떤 조사 과정에서도 탐정은 증언의 신뢰성을 확보해야 한다. 일반 증인은 자신이 인지하고, 이해 또는 경험한 것에 대해 증언할 수 있지만, 증언은 확인되고 확증되어야 한다. 전문가의 의견이 필요한 사안에서는 일반 증인의 증언은 받아들일 수 없지만, 일반 증인의 진술은 사실의 확증에서부터 의심받는 당사자의 소거에 이르기까지 조사 과정에서 다양한 용도로 사용된다.[17] 마지막으로, 일반 증인들은 사건이 전개될수록 훨씬 더 중요해지면서 선임 제공자로 채용되어야 한다.

2.3 전문가 증언

조사 과정에서 전문가적 증인들의 역할은 의심할 나위 없이 중요하다. 전문가들은 증거를 면밀히 조사하고, 초기 사례 검토 시 질적 관리 기능을 수행하며, 조사 대상 사례에 대한 통찰력을 제공한다. 법원이 해명과 깨달음의 한 형태로서 전문가의 증언에 점점 더 의존해 왔듯이 보안업계도 사건 평가에서 전문지식에 크게 의존하고 있다. "과학적, 기술적 또는 기타 전문지식을 가진 제3의 인물이 증거를 이해하거나 문제의 사실을 결정하는 데 도움이 될 경우, 전문가로서 자격을 갖춘 증인은 의견의 형태나 그 밖의 다른 형태로 그것에 대해 증언할 수 있다."[18]

16) Charles P. Nemeth, Litigation, Pleadings, and Arbitration, 2nd ed. (Cincinnati, OH: Anderson Publishing Co., 1990): 421; for an excellent analysis of historic distrust of lay opinion, see D. Garrison Hill, "Lay Witness Opinions," South Carolina Lawyer, September 2007: 34.

17) For an interesting case of how a lay witness was permitted to give testimony on perceived mental state, see Nelson, "Traumatic Brain Injury."

18) Fed. R. Evid.: 702.

"전문가 증인은 특수하거나 독특한 훈련, 기술, 특정 과목에 대한 익숙함 등의 이유로 권위를 가지고 말할 자격이 있는 사람으로 간주된다. 전문가 증인은 의견을 제시하고 결론을 도출할 수 있다(대개 전문가로서 자격이 없는 증인은 일반적으로 그러한 자유가 허용되지 않는다).[19]

가장 일반적인 의미에서 Doni Ryskamp에 따르면, 전문가들은 세 가지 주요 유형에 속한다.

실무자(Practitioners) : 특정 산업 혹은 실무 작업에서 전문성을 발휘하는 전문가. 의사, 감사(auditor) 및 엔지니어는 흔히 이 범주에 속한다. 이들 전문가 중 일부는 자신의 컨설팅 회사를 운영하고 있으며, 전문가의 증언이 그들의 업무량의 일부 또는 전부를 차지하고 있다.

학자(Academic) : 연구 분야가 문제의 질문이나 사실을 포괄하는 전문가. 통계적 분석이나 평가와 같은 특정 방법론적 접근방식에 대한 경험이 있는 학자도 이 범주에 속할 수 있다.

프로 전문가(Professional experts) : 전문 컨설팅 회사와 함께 일하는 전문가 이러한 개인은 종종 학자, 실무자 또는 둘 다로서의 경력을 시작하고, 그 후 비상근 또는 정규직 직업으로써 자신의 분야에서 전문적인 증언을 제공하는 것으로 전환한다. 그들은 종종 적용 가능한 법정과 증언 규칙에 정통하지만, 그들 분야에서 "실무" 작업을 중단함으로써 법원에서 부정적으로 받아들여질 수 있다.[20]

전문가는 보통 일반인의 지식을 능가하는 일정한 수준의 지식과 이해력, 경험을 가지고 있다는 것이 일반적으로 받아들여지고 있다. 교육, 개인 자격, 실무적 활동, 학술적 출판 같

19) Chris Vail, "Presenting Winning Testimony in Court," in The Security Supervisor Training Manual, eds. Sandi J. Davies &Ronald R. Minion (Oxford: Butterworth-Heinemann, 1995); Gary L. Birnbaum and Vail Cloar, "Surviving on cross-exam: tips for expert witnesses," Journal of Accountancy 218, no. 4 (October 2014): 18, www.journalofaccountancy.com.ez.lib.jjay.cuny.edu/.

20) Dani Alexis Ryskamp, "Selecting an Expert Witness: Pitfalls and Best Practices," The Expert Institute, September 19, 2017, www.theexpertinstitute.com/selecting-an-expert-witness-pitfalls-andbest-practice.

은 기준은 전문가 자격에 대한 기초적인 정보를 제공한다.

2.3.1 전문가의 자격

전문가 지위를 얻으려면 특정 특성에 대한 공식적인 평가가 이루어져야 한다. 전문지식의 주장은 다음과 같은 요인으로 뒷받침되어야 한다.

4.2.3.1.1 경험

일단 증인의 증언 주제가 "사법적 수용성의 장벽을 넘었다"고 결정되고, 존경받는 과학 연구자들에게 신빙성 있는 심사를 통과하여 재판부를 지원한다는 결정이 내려지면, 다음 쟁점은 전문 증인의 자격과 성격이다. FRE 규정 702에 따르면, 전문가는 "지식, 기술, 경험에 의한 전문가로서의 자격을 갖추어야 한다."[21] 적합한 자격의 발견은 다음 기준에 따라 달라질 수 있다.

- 증인은 전문 지식 분야에 대한 전문 교육을 이수함
- 증인이 교육 기관으로부터 고급 학위를 취득함
- 증인이 상당한 기간 동안 현장에서 연습한 경우
- 증인이 특정 분야의 강좌를 강의함
- 증인이 특정 분야의 책 또는 기사를 발행함
- 증인은 특정 분야의 전문 사회 또는 단체에 속한다.
- 증인은 이전에 자신이 의견을 제출하도록 요청받은 특정 주제에 대해 법원 또는 행정 기관 앞에서 전문가로서의 자격을 갖춘 적이 있다.[22]

21) Fed. R. Evid.: 702.

22) See Nemeth, "Litigation": 421; see also John Tarantino, Trial Evidence Foundations (Costa Mesa, CA:

학위를 받고 지적으로 발달한 사람들이라고 자동적으로 전문가로서의 자격을 갖추지는 못한다. 자격은 제공되고 있는 증거와 기초적인 관계를 가지고 있다. 예를 들어, Will v. Richardson–Merrell, Inc.[23],에서 Benidictin이라는 약물의 영향과 효과에 관한 성형외과 의사의 증언은 그 성형외과 의사의 전문지식이 약리학적이었기 때문에 부적절하다고 판결되었다. 지식은 선험적 자격인 반면, 전문가의 지식의 정도는 다음과 같은 조사항목에 따라 입증된다.

- 전문가가 컨설턴트 역할을 몇 번이나 수행했는가?
- 전문가가 실제로 증언한 사례 수는?
- 이전 사례의 문제가 변호사 이전 사례의 문제와 유사하였는가?
- 전문가가 상대 변호사에 의해 고용된 적이 있는가?
- 전문가의 이전 재판 작업 중 몇 퍼센트가 원고 사건을 대신했으며, 몇 퍼센트가 피고 사건을 대신하였는가?
- 전문가가 이해충돌을 방지하기 위해 사용하는 기록 보관 방법은 무엇인가?
- 전문가가 귀하의 사례와 관련된 주제와 관련된 기사, 서류 또는 논문을 작성 또는 발표하였는가?[24]

주목할 만한 경험적 역사가 없는 증인들은 그 증언을 망치고자 하는 상대편의 도전을 견

James Publishing, 1987): 4-5; Peter M. Durney and Julianne C. Fitzpatrick, "Retaining and Disclosing Expert Witnesses: A Global Perspective," Defense Counsel Journal 83, no. 1 (January 2016): 17; Ryskamp, "Expert Witness."

23) 647 F. Supp. (S. D. Ga., 1986): 544, 547.

24) Beverly Hutson, Paralegal Trial Handbook (Hoboken, NJ: Wiley, 1991): 3-15; Birnbaum and Cloar, "Surviving on cross-exam."; Christian C. Mester, "Expert preparation: Even experienced litigators can miss key steps when preparing an expert for deposition—and even the best witness can make mistakes that trip up your case. Use this step-by-step plan to show your witnesses the way," Trial, May 2010: 16, www.justice.org/cps/rde/xchg/justice/hs.xsl/4938.htm.

더낼 용기가 부족하다.[25] 전문가 증거에 부여된 가중치는 신뢰도, 경험력, 전문가의 이력 등에 크게 좌우된다.

4.2.3.1.2 교육과 훈련

경험은 자격의 한 측면일 뿐이다. 또 다른 측면은 제안된 전문가의 학벌이다. 제안된 전문가는 대학이나 대학교에서 학위를 받았는가? 바칼로레아(baccalaureate) 학위와는 별도로, 대부분의 전문가들은 최소 석사 학위를 가지고 있다. 많은 과학 분야에서는 박사학위가 필요하다. 정신감정은 정신의학에서 박사 후 교육을 받은 의학박사 학위를 요구한다. 탄도학이나 지문 분석과 같은 다른 특정 분야들은 반드시 바칼로레아 후 연구를 요구하지는 않으며 보통 사법 법의학 전문가들에 의해 관리된다. 하지만 분명히, 더 많은 학위가 옳든 그르든 간에 증인의 교육 수준이 그들의 증언을 더 신뢰할 수 있게 만든다는 명제로 이어진다. 학위는 어떤 면에서는 단지 종잇조각일 뿐이며, 일부 기관은 의심스럽기 때문에 학위 수여자에게 문의해야 한다. 정기간행물, 잡지, 신문 등에서 흔히 광고하는 저명 학위 수여 기관들은 피해야 한다.

불행히도, 부정적인 고정관념은 종종 특정 학위 부여 국가와 종교 계열 학교에 적용된다. 저자는 아이비리그 학위에 대한 법조계의 중압감과 부당한 강조에 대해 오랫동안 비판해 왔다. 아이비리그 기관 졸업은 전문지식이나 뛰어난 지능을 보장하는 것이 아니다. 전문가를 선정할 때, 교육 스펙트럼의 양쪽 끝에서 극단적인 입장은 피해야 한다. "matchbook" 대학이나 다른 "삼류 대학(diploma mill)"에 기반을 둔 교육적 준비를 하는 전문가는 입학 허가를 받는다면 거의 무게가 주어지지 않을 것이다. 반면 배심원과 법원 모두 역사적으로 유명한 기관에서 온 전문 증인들의 증언을 독단적으로 받아들이는 것을 거부해야 한다. 현대 세계에는 종교적으로 가장 작은 부속 기관들의 졸업생에서부터 가장 큰 주립 대학들 중 가장 큰 곳

25) 25. See Birnbaum and Cloar, "Surviving on cross-exam."

인 담쟁이덩굴로 덮인 홀에 이르기까지 경험과 학문적 훈련을 바탕으로 한 놀라운 전문지식이 있다.

4.2.3.1.3 전문기관과 다른 회원

전문 단체나 조직에 가입하는 것은 그 전문가가 현재 지지하는 전문지식을 유지하고 있다는 것으로 추측되는 신호다. 전문 단체와 과학 단체의 회원 자격은 그 전문가를 발전하는 기술의 최첨단에 있게 한다. 전문가 증인의 효용성을 파악함에 있어서, 회원 자격에 대해 신중히 고려해야 한다. 인상적인 회원 이력이 배심원들의 인식을 형성할 것이다. "배심원들은 전문가의 품행과 신뢰도에 관한 첫인상을 형성할 것이고, 그러한 인상들로 전문가와의 전반적인 공감과 동일성을 결정한 다음 증언할 것이다."[26]

추천된 전문가가 공개된 전문화에서 모든 필수 자격증 및 인증을 보유하고 있으며, 교육 인증서 또는 기타 문서를 수령하고 있는지 또는 전문가의 특수성을 증명하는 전문가 협회 또는 단체에 승인되었는지 여부에 유의하라.

4.2.3.1.4 출판물, 컨퍼런스 및 발표

전문가 증인들은 자격심사에서 책이든, 공부든, 또는 정기적인 기사든 출판물이 부각될 때 더욱 설득력이 있다. 잘못된 위치에 있든 그렇지 않든, 일반인들은 출판 기록을 교육된 전문가의 증거로 인식한다. 특히 심사위원이나 편집된 저널에서 볼 수 있는 간행물들은 일반 학계가 전문가의 이론적 자세를 받아들이는 것을 분명히 한다. 실무는, 그 자체로, 공개적으로 발표된 포럼에서 이론적 문제를 틀로 짜는 전문가보다 설득력이 떨어진다. 진정한 전문가, 더 믿을 수 있는 사람은 자신의 분야에서 순수한 경험을 보완하기 위해 글을 쓰고

26) Mark Dombroff, Dombroff on Unfair Tactics (Hoboken, NJ: Wiley, 1988): 415; Mester, "Expert preparation."

연구한 증인이다. 잊지 말아야 할 것은 교과서 출판물, 저자의 법률자료 참여, 또는 법률자문위원회 보고서와 문서에 대한 편집기여 등이다. 글쓰기의 형식과 영속성은 그 사실을 발견한 사람에게 잊을 수 없을 만큼 깊은 인상을 준다.

전문지식의 지표는 지속적인 교육 세미나, 컨퍼런스 및 컨벤션에 대한 전문가의 참석 기록이다. 이러한 행동들은 우수성에 대한 전문가의 노력, 과학적인 최전선에 서려는 전문가의 의지와 자신의 연구 분야가 끊임없이 변화하고 성숙하며 지적으로 발전하고 있다는 전문가의 인식에 깊은 인상을 준다. 의학 및 과학 분야에서는 이 접근법이 필수적이다.

모든 경우에서 탐정이 원하는 것은 기술적으로 가장 유능한 전문가로써, 전문가는 현장에서 가장 모범적인 자격을 얻을 수 있다. 일반적으로 자격 증명은 전문가가 자신의 전문 분야에서 경험의 상당 부분을 헌신했음을 보여줘야 한다. 조사해야 할 사항으로는 교육, 면허증 또는 (허용될 경우) 공인 자격증, 실무 경험 등이 있다. 경험은 양뿐만 아니라 질적인 측면에서도 평가되어야 한다. 품질에 영향을 미치는 요인으로는 해당 분야의 당국에 대한 노출이나 상, 명예 또는 전문 사회의 구성원 자격을 통한 동료의 인정 등이 있다. 해당 교류 또는 전문 출판물에 대한 기사 작성도 인상적이며, 전문가가 어떤 직책을 맡았는지를 결정하기 위해 모든 기사를 검토해야 한다. 교육적 경험이나 실제적 경험이 많을수록, 그 전문가는 사건 평가의 입장에서나, 재판에서의 궁극적인 증언에서 더 낫다.[27]

일반적으로 전문가를 고용할 만한 가치가 있는지 여부에 대해서는 다음과 같은 제안을 유념하라.

27) Lawrence S. Charfoos and David W. Christensen, Personal Injury Practice: Technique and Technology (Rochester, NY: Lawyers Cooperative Publishing, 1986); Durney and Fitzpatrick, "Global Perspective"; Ryskamp, "Expert Witness"; Gil I. Sapir, "Qualifying the Expert Witness: A Practical Voir Dire," Forensic Magazine, February-March 2007: 1-5, www.chm.uri.edu/forensics/courses/Appendix%20-%20forensic%20science%20&%20expert%20witness/Voir%20Dire.pdf.

1. 증인에 대한 이전 경험
2. 다른 전문가들 사이에서의 평가
3. 전문화 및 기술 분야의 정도
4. 출판물
5. 증인에 대한 녹취록, 신문 기사 또는 기타 정보에 기록된 이전 증언
6. 증인이 교직원에 있는 대학 또는 대학 문헌의 카탈로그 또는 기타 유형
7. 전문가가 발간하는 전문 광고 문헌
8. 전문가의 이력서
9. 전문가의 이전 증언[28]

아래 〈표 4.1〉의 체크리스트를 선별 및 검증 장치로 사용하라.

표 4.1 전문가 증인 질문지 양식

전문가 증인 질문지

이 름: ______________________________

주 소: ______________________________

____

집 전화번호: ______________ 사무실 전화번호: ______________

팩 스 번 호: ______________ 이메일 주 소: ______________

직 업: ______________________________

근무지 이름: ______________________________

근무 기간: ______________________________

조직내 직급: ______________________________

28) Dombroff, "Unfair Tactics": 417; Lyle Griffin Warshauer and Michael J. Warshauer, "Prepping your expert: expert witnesses can be blindsided when their opinions are attacked in court. Advising them about the rigors of litigation is essential—it can be the difference between winning and losing your case," Trial, September 2012: 14.

직전 직급: ______________________________

교육(Education): ______________________________

학사 학위: ______________ 기관: ______________

석사 학위: ______________ 기관: ______________

박사 학위: ______________ 기관: ______________

특수 훈련: ______________________________

과정(Course): ______________________________

자격증 또는 인증서: ______________________________

전문 기관 또는 조직: ______________________________

____

최종 학력: ______________________________

____

전문가 증인 경험: ______________________________

____

전문 분야: ______________________________

____

전문 분야들은 과학적으로 수용 가능한 분야와 그렇지 않은 분야들에 관한 사법적 결정에 의해서 제한된다.[29] 법원은 오랫동안 "사법적 수용성의 장벽을 넘은 것"[30]으로 해석하면서 미해결 또는 사실이 아닌 것으로 간주되는 분야들의 허용을 금지해 왔다. 예를 들어 점성술이나 부감각적 인식의 분야는 여전히 정당한 과학적 노력으로 간주 될 만큼 충분한 과학적 뒷받침이 발달되지 않았고, 발생할 것 같지도 않다.[31]

29) For more complete coverage of the use of experts, see Andre Moenssens, "The Impartial Medical Expert: A New Look at an Old Issue," Medical Trial Technique Quarterly 25 (1978): 63; Robert Porro, "Expert Witnesses: Crossroads of Law, Science and Technology," American Trial Advocacy 2 (1979): 291; Michael T. Smith and Walter R. Lancaster, "Impeaching a 'National Expert' in a Catastrophic Collision Case," For The Defense 23 (1981): 8; David E. Bernstein, "The Misbegotten Judicial Resistance to the Daubert Revolution," Notre Dame Law Review 89, no. 1 (2014): 27; Sandra Guerra Thompson, "Daubert Gatekeeping for Eyewitness Identifications," Southern Methodist University Law Review 65 (Summer 2012): 593.

30) Frye v. United States, 293 F. 1013 (1923).

31) Fritz Jekel, "When an Expert Isn't an Expert," Trial, July 2008: 50.

그러나 이러한 사고방식은 1990년대부터 고립되어 왔다. 미국 대법원은 과학적 엄격함 대신 Daubert[32]와 금호[33]라는 두 가지 판결을 내렸으며, 이 두 가지 판결은 연방제에서의 Frye의 지배를 사실상 종결시켰다.

연방법원은 핵심적인 판결 그리고 Daubert 대 Merrell Dow 제약 사건에 의해, 사실상 Frye의 규칙을 그들의 관할에서 무효로 만들었다.[34] Daubert는 한때 경멸받았던 "과학"의 능력을 달성하기를 바라는 사람들의 주된 지지자였다. Frye(이 기술은 일반적으로 관련 과학계에서 신뢰할 수 있는 것으로 인정된다)의 일반적인 합의 테스트에 대한 엄격한 의존도는 "제공된 증거의 신뢰성과 관련성에 대한 보다 탐색적이고 유연한 조사"로 대체되고 있다.[35] Daubert에 따르면, 판사들은 현재 이중적 기능을 수행하고 있다; "전문가가 자격을 갖추고 있는지 확인하기 위해서뿐만 아니라 전문가의 방법론이 '신뢰할 수 있는'지를 확인하기 위해 과학적인 증언을 전문적으로 심사한다."[36] 판사들은 "과학적 증거가 충분한 시험, 동료 심사 및 간행물을 가지고 있는지 여부를 판단해야 했다."[37] Daubert의 제안은 이의가 없었고 그 결과 하급 법원에서 예측할 수 없는 것이 일반화되었다. 판사들이 후자의 기능을 수행할 능력조차 있는지

32) Daubert v. Merrell Dow Pharmaceuticals, 509 U.S. 579 (1993).

33) Kumho Tire v. Carmichael, 526 U.S. 137 (1999).

34) 509 US 579 (1993).

35) Ellen Moskowitz, "Junk Science," Hastings Center Reporter (1996): 48; see also Lewis H. LaRue and David S. Caudill, "A Non-Romantic View of Expert Testimony," Seton Hall Law Review 35 (2004): 1; Gary Edmond, "Expertise in the Courtroom: Scientists and Wizards: Panel Three: Science, Scientists and Ethics: Article: Supersizing Daubert Science for Litigation and Its Implications for Legal Practice and Scientific Research," Villanova Law Review 52 (2007): 857; Thompson, "Daubert Gatekeeping."

36) Michael H. Gottesman, "Should State Courts Impose a 'Reliability' Threshold?," Trial, September 1997: 20-23; Bernstein, "Judicial Resistance."

37) Edward R. Cavanagh, "Decision Extends Daubert Approach to All Expert Testimony," New York State Bar Journal (July/August 1999): 9; see also Edward J. Imwinkelried, "The Next Step after Daubert: Developing a Similarly Epistemological Approach to Ensuring the Reliability of Nonscientific Expert Testimony," Cardozo Law Review 15 (1994): 2271; Thompson, "Daubert Gatekeeping."

의문이다.[38] 좋든 싫든 간에, Daubert가 수정될 때까지, 판사들은 과학적 증거에서 심사 역할을 증가시켜 왔다.[39]

Daubert의 관대하고 일관성이 없는 결과는 엄청난 비난을 불러일으켰다.[40]

금호타이어 대 Carmichael 사건에서 열린 미국 대법원의 1999년 판결은 전문적 증거의 질과 내용에 관한 한 판사의 관문 역할을 가속화시켰다.[41] 자격 및 현장 관련 질문뿐만 아니라, 결과 뒤의 방법론 또한 뒤에 설명되어 있다.[42] 금호산업은 급성장하는 '쓰레기 과학(Junk Science)' 산업을 법정에서 추방하려는 용맹스러운 시도를 했다. 전문적 증거는 주로 "신중하고 통제된 실험"[43]에서만 발생하는 "실제 과학"[44]에 기초해야 한다.

탐정들에게 있어서, 도움이 되는 양질로 대체된 과학 규칙의 자유화는 한때 일부 업무 관행에 우호적인 것으로 여겨졌다. 예를 들어, 조사 영역에서는 거짓말 탐지기와 다른 진실 측정 기기가 사법 수용성의 장벽을 넘은 적이 없으며 연방 입법은 그 사용을 제한한다. 전통

38) Paul Reidinger, "They Blinded Me with Science," ABA Journal (September 1996): 58-62; Thompson,"Daubert Gatekeeping."

39) In fact, the Federal Judicial Center has formally recognized the need for judicial involvement by increasing science training for district court judges and by publishing a handbook on scientific evidence, which includes detailed "reference guides" on scientific and technical specialties frequently encountered in the courtroom. Paul S. Miller and Bert W. Rein, "Whither Daubert? Reliable Resolution of Scientifically based Causality Issues in Toxic Tort Cases," Rutgers Law Review 50 (1998): 563; see also Victor E. Schwartz and Cary Silverman, "The Draining of Daubert and the Recidivism of Junk Science in Federal and State Courts," Hofstra Law Review 35 (2006): 217; Thompson, "Daubert Gatekeeping."

40) Bernstein, "Judicial Resistance."

41) 119 S. Ct. 1167 (1999).

42) Robert W. Littleton, "Supreme Court Dramatically Changes the Rules on Experts," New York State Bar Journal (July/August 1999): 8, 12.

43) Ibid.

44) Ibid.

적인 Frye 규칙들은 그 문을 닫았었다.[45] 그러나 많은 사람들은 Daubert가 최소한의 시간이 흐르면서 거짓말 탐지기가 사법적 저항에 직면하지 않을 가능성보다 더 많은 가능성을 열어 준다고 주장한다.[46] 반면에 정신의학과 심리학은 비록 부정확한 학문이지만 법원과 입법부에 의해 전문가적 증언의 영역으로 자유롭게 받아들여지고 있으며, 이러한 손쉬운 접근은 새롭고 참신한 이론과 함께 향후 몇 년 동안 성장할 수밖에 없다. 그래서 Daubert 원칙의 탄력성은 대부분 "쓰레기 과학"을 발전시켰고, 한때는 믿을 수 없는 주장을 수용 가능한 옹호론으로 만들었다. 이렇게 해서 수사관은 Frye 밑에서 가능했던 것보다 더 많은 기회를 잡게 된다.

다른 증거 형태에서와 같이, 제안자는 특정 규칙과 단계에 따라 특정 관할분야의 성문화 또는 관습적 조언에 대한 개요와 같은 잠재적 사용이나 허용 가능성에 대한 전문가의 증거를 입증할 필요가 있다. 피해에 관한 수많은 이론을 발전시키는 국립 가정 및 성폭력 센터는 Daubert 템플릿을 사용하여 사건, 전문가 목격자 및 의뢰인을 면밀히 조사한다.[47] 아래 〈표 4.2〉 참조.

45) For example, it is very unlikely that Frye would have permitted Palm Crease evidence as recently occurred. See "Palm Crease Expert Was Properly Allowed to Identify Sex Abuser's Hand in Photograph," Criminal Law Reporter, February 11, 2009: 525.

46) Paul C. Giannelli, "Daubert 'Factors,'" Criminal Justice (Winter 2009): 42; Mara L. Merlino et al., "Judicial Gatekeeping and the Social Construction of the Admissibility of Expert Testimony," Behavioral Science &Law 26 (2008): 187; Edward J. Imwinkelried, "Law for the Expert Witness," Jurimetrics (Winter 2008): 241; Thompson, "Daubert Gatekeeping."

47) See also Sapir, "Practical Voir Dire."

표 4.2 전문가 증인을 위한 DAUBERT 질문지 양식

전문가 증인을 위한 DAUBERT 질문지

1. 전문가 자격:

이름?
주소?
직업?
현재 직장?
과거 직장?
학력?
현재 전문직 종사 여부?
전문 협회에서의 회원 자격?

전문 분야
목적과 자문의 성격?
연구?
어떤 실험적 방법을 사용했는가?
결과와 의견?
의미?

2. 제시된 시험방법은 다음과 같이 사례의 양식에 적합하게 설계되어 있으며, 그래야 실제의 문제를 해결할 수 있다.

- 귀하의 증언은 어떤 부분에 관한 것인가?
- 귀하의 의견으로는 이러한 증언이 이 소송(또는 근본적인 문제)의 성격과 어떤 관련이 있다고 생각하는가?
- 귀하가 수행한 연구가 (귀하의 교육이나 경험이 없는) 평균적인 일반인들에 의해 수행되었을 수 있다고 생각하는가?
- 일반인이 이해할 수 있도록 수행한 연구를 고려하는가?
- 귀하의 증언이 귀하가 제시할 작업을 이해하는 데 더 도움이 될 것으로 생각하는가?

3. 이론 혹은 기술 테스트 (확실성):

- 연구에 어떤 이론/기법을 사용하였는가?
- 이 이론/기술을 얼마나 자주 사용하는가?
- 이 이론/기법을 다른 과목 영역에서 사용하십니까? 아니면 이 경우에 다루는 주제에만 해당하는가?
- 이 이론/기법을 어떻게 테스트하였는가?
- 정확성을 테스트하기 위해 매번 동일한 테스트 방법을 사용하였는가?
- 당신 이외의 누군가가 당신의 이론/기술의 정확성을 테스트했는가?
- 그 사람이 사용한 테스트는 무엇인가?
- 그 사람이 언제 테스트를 했는가?
- 결과는 무엇인가?

4. 기술들의 전문가 주관단계해석:

- 당신이 사용한 기법은 일반적으로 현장의 다른 사람들 사이에서 주관적 또는 객관적 해석이 필요한가?
- 연구에 사용된 기법이 주관적으로 또는 객관적으로 해석되었는가?
- 당신의 분야에서 다른 사람이 당신이 가지고 있는 것과 같은 방법으로 당신의 기술을 해석했을 것으로 생각하는가?
- 주관적 해석의 정확성을 교차 확인할 방법이 있는가?
- 그러한 교차 점검이 수행되었는가?

- 결과는 무엇인가?

5. Peer Review 또는 Pubscribe과 관련된 항목/기술:
- 귀하의 이론/기술이 발표되었는가?
- 어디서 출판되었는가?
- 언제 출판되었는가?
- 비판이 있었는가?
- 비판의 본질은 무엇인가?
- 귀하의 이론/기술이 동료들에 의해 검토되었는가?
- 누구에 의해 검토되었는가?
- 언제 검토되었는가?
- 검토 후 귀하의 기술에 대한 다른 사람들의 의견은 어떠했는가?

6. 기술의 오류나 오류 발생률:
- 당신의 이론/기술에 알려진 또는 잠재적 오류율이 있는가?
- 오차율은 얼마인가?
- 오류율에 어떻게 도달하였는가?
- 사용한 이론/기술에 대한 오류율이 일반적인가?
- 대체 원인과 이론을 신중하게 고려했는가?
- 어떤 것이 가장 사용하기 좋거나 가장 신뢰할 수 있는가?

7. 관계 과학 학계에 의한 기술의 일반적 접근성:
- 이 이론/기법을 소송의 목적 이외의 목적으로 사용해 보았는가?
- 어떤 경우에 사용되었는가?
- 언제 사용되었는가?
- 어디에 사용되었는가?
- 이론/기술이 사용되었고, 지금까지 그러한 사례로부터 일관되었는가?
- 소송으로 인해 이론/기술이 변경되었는가?

전문 증인은 대부분의 경우, 의뢰인과 그에 상응하는 사실들에 대한 평가자, 추천자 역할을 할 수 있기 때문에, 허용 가능성과 공식적인 법정 사용에 대한 질문은 조사자의 목적이나 목표가 될 수 없다. 전문가는 청구나 변호의 실질성, 신뢰성, 진실성 및 과학적 타당성을 판단하는데 단순히 조사자를 도울 수도 있고 논쟁의 가치와 장점을 강조할 수도 있다.

그리고 다른 경우, 당사자들은 전문가에 의해 제기된 증거가 어떤 사법적 틀에서도 결코 인정될 수 없다는 것을 알고 있지만, 비공식적으로 그 증거 사용은 여전히 평가의 가치가 있을 수 있다. 거짓말 탐지기는 유용하지만 비(非)사법적으로 인정되는 전문가 증거의 확실한 예다.

또 다른 비슷한 관점에서, 전문가 증인은 사법적, 과학적 수용의 문턱을 넘은 분야에서 증언적 발견을 전달해야 한다. 점성술은 그 기준에 들어가면 안 되며, 점괘도 안 된다. 탐정들은 그들의 전문지식이 바탕이 되는 분야가 과학적이고 사실적인 인정을 받도록 하여 전문가의 역량을 심사해야 한다. 합법적인 분야는 많은 영역을 포함하고 있으며, 다음을 포함한다.

- 보험 수리사(數理士-보험수학전문가)
- 농업가
- 인류학자
- 평가인
- 고고학자
- 항공 안전 전문가들
- 생물학자
- 식물학자
- 화학자
- 범죄수사학자
- 전기취급자들
- 엔지니어
- 환경론자
- 삼림관
- 지질학자
- 기상학자
- 야금(冶金)학자
- 극미세분야 전문가들
- 핵과학자들
- 심리학자
- 물리학자
- 정신과 의사
- 방사선 전문가
- 증권 분석가
- 측량사

의학적인 주장에서 조사자는 다음과 같은 분야와 하위 분야의 전문가에게 정확히 의존할 수 있다.

- 알레르기
- 마취학
- 심장학
- 가슴 외과수술
- 간호
- 산과학(産科學)
- 직업요법
- 안과학 그리고 시력측정법

- 척추 지압요법
- 치과학
- 피부병학
- 내분비학
- 위장병학
- 노인병학
- 노년학
- 부인과의학
- 혈액학
- 병원 행정
- 면역학
- 산업학
- 내과
- 의학 실험실 기술
- 의학 사진술
- 신경병 그리고 신경 외과
- 핵의학
- 정형외과
- 정골요법
- 이인후학
- 병리학
- 소아과
- 제약학
- 물리적인 약/물리적인 치료
- 성형외과
- 예방의학
- 직장병학
- 정신 의학 그리고 정신 분석
- 심리학
- 방사선학
- 외과수술
- 비뇨기학
- 가축병 치료약[48]

2.3.2 전문가 증인의 출처

전문가 증인들은 여러 방면에서 온다. Paul Kirk의 「Locating Scientific and Technical Experts:과학적 그리고 기술적 전문가를 정하기」는 전문가적 증인들을 규정하게 될 그룹들, 협

48) See D. Rubsamen, "Locating Medical Experts," American Jurisprudence Trials 2 (1987): 112-133.

회들, 주체들, 위원회들을 강조한다.[49] 「The Lawyer's Desk Reference Manual」또한 전문가 그룹들과 협회들에 관한 적절한 정보를 담고 있다. 전문가 증인을 찾기 위한 많고 다양한 방법들이 있다.

법조계에서 정기적으로 볼 수 있는 것은 전문가들의 목록과 그들의 지적 노력을 정리한 출판된 디렉터리들이다. 몇 가지 예는 다음과 같다:

- American Medical Forensic Specialists, 6425 Christie Ave., Suite 260, Emeryville, CA 94608. Toll free (800) 275-8903. Phone (510) 985-8333. Fax (510) 985-7383. Email info@ amfs.com. Web www.amfs.com/
- Consultants and Consulting Organizations Directory, 41st Edition, Gale, a Cengage Company, ISBN: 9781410317230. Web www.gale.com/
- Locating Scientificand Technical Experts in 2 Am. Jur. Trials, 302-356 (1987)
- Locating Medical Experts in 2 American Jurisprudence Trials, 112-133 (1987)
- TASAmed, 1166 DeKalb Pike, Blue Bell, PA 19422-1853. Phone (800) 659-8464. Fax (800) 850-8272. Email tasamed@tasanet.com. Web www.tasamed.com/.

법률, 공학, 생화학, 지질학, 수학, 심리학, 정신의학 및 관련 분야와 같은 특정 분야에 대한 「Who's Who Directories」를 참조하라. 대부분의 참고서류 사서는 이러한 풍부한 형태의 소스 자료를 분류하고 발견하는 데 도움을 줄 것이다.

4.2.3.2.1 개인 컨설팅 서비스

민간기업이 제공하는 것보다 더 역동적인 전문 컨설팅 서비스 분야는 없다. 전문가 컨설팅 서비스는 두 가지 주요 이유를 위해 구조화된다. 첫째, 자원 디렉터리 역할을 하는 것이

49) I. Gross, "Locating Scientific and Technical Experts," American Jurisprudence Trials 2 (1987): 293, 302-356.

며, 변호사, 수사관 및 특정 전문가와 해당 주제를 검색하는 정렬된 회사들을 위한 서비스 수수료 네트워크가 있다. 둘째, 평가 및 연구 서비스를 제공하기 위한 것이 있다. 이러한 민간 컨설팅 서비스 중 가장 자주 이용되고 잘 알려진 두 가지는 다음과 같다.

- Technical Advisory Service for Attorneys (TASA), 1166 DeCalb Pike, Blue Bell, PA. Phone (800) 523-2319. Web www.tasanet.com/
- Professional Expert Consulting Services, LLC, 14507 Lemoyne Blvd., Suite 8, Biloxi, MS 39532. Phone (228) 669-4004. Web www.thepcs.org/

전문지식으로 목록을 작성하고 연락처 정보를 제공하는 또 다른 영향력 있는 선수는 American Association for Justice (AAJ)가 있다. 777 6th Street, NW, Suite 200, Washington, DC 20001. Phone (800) 424-2725. Web www.justice.org/.

전문가들은 또한 정부 부처, 변호사들 그리고 탐정을 위한 사례 평가와 분석에 있어서 주요한 역할을 수행한다. 소송에 대한 예비적 평가에 있어서 이해관계가 있는 당사자들을 지원하기 위하여 다양한 사(私)기업들 그리고 재단들이 등장하였다. 예를 들면, 의료 소송사례에 있어서 그러한 회사들은 의료기록들과 서류들을 평가하고 의학적, 기술적 그리고 직업상의 장점에 관해 예측한다. 또한 이런 유사한 회사들은 판매자, 딜러 혹은 제조자 때문에 야기된 제조물, 서비스 혹은 행위에 존재하는 기술적 혹은 구조적 결함이 있는지 여부에 관하여 결정할 수 있는 사실의 패턴을 평가하게 된다.

전문가를 찾는 탐정은 이익을 추구하는 기업 즉, 사기업에 의존할 필요는 없다. 전문가들은 다음과 같은 분야를 포함하여 다른 영역에서도 존재할 수 있다.

- 대학과 종합대학교
- 전문 협회
- 학문적인 서적과 논문
- 직업학교들
- 전화번호부
- Who's Who Books

비록 전문가 서비스회사들의 영역이 폭넓을지라도, 탐정들은 고향 혹은 지방의 권위자들, 예를 들면 가정의(家庭醫), 제조물 책임(PL)소송사건에 있어서 자동차 메이커, 재활의학상의 및 목 치료약품에 있어서 정골요법 전문가 등등을 간과해서는 안 된다.

증명서, 추천서 양식에 있어서 혹은 품질통제 평가자로서 전문가적 증인을 활용할 때에 전문가는 다음과 같은 최소한의 범주를 충족시켜야 한다. 대체로 자격증명서들은 전문가가 그(그녀)의 직업상 본질적인 부분이 응용 가능한 주제영역에 이바지 하였는지를 보여줄 수 있어야 한다. 그 가운데 조사해야 할 사항들은 교육증명, 자격 증명서 혹은 기관의 인증서 등이다. 만약 적용 가능 하다면 실무 경험도 포함된다. 경험은 양적 측면과 아울러 질적인 측면에서도 평가되어야 한다. 질(質)에 영향을 미치는 사실들은 해당 분야에서 권위자들에게 알려진 것 혹은 상(償)이나 영예 혹은 직업 협회 내의 회원 자격 등을 통해 동료들에 의하여 인정된 것을 포함한다. 사건 주제에 적용할 수 있는 직업 혹은 직업적 출판에 관한 논문의 원작자도 인상적이며,[50] 어떠한 논문이라도 기록상 받아들여질 수 있는 내용인지에 대한 평가를 받아야 한다. 전문가가 교육과 실무경험을 더욱 더 많이 가질수록 전문가는 사건 평가와 예심(豫審)에 제출된 최종증언의 관점에서 더욱 유리하다.[51]

마지막으로, 조사자들은 전문가 자격 증명을 속이거나 지나치게 감명을 받아서는 안 된다. 특정 조건이 주어진 상황과 인과관계가 있다는 것을 증명하는 한 전문가에게 다른 전문가는 동일한 사실과 상관관계를 평가하고 반대되는 결론에 도달한다. 예를 들어, 정신이상에 대한 법적 조치가 입증되었다고 주장하는 정신과 의사는 피고가 명쾌하고 정신이상이라는 법적 상태로부터 자유롭다고 주장하는 또 다른 정신과 전문가에 의해 반박될 가능성이 크다. 전문가들의 증언은 '틀림없다'라고 볼 수 없기 때문에, 전문가의 증언과 증거적 결과를 현명하게 다루어야 한다.[52] 그리고 전문가는 자신의 상담비를 지불하는 지불자에게 유리

50) Charfoos and Christensen, "Personal Injury Practice": 493; Ryskamp, "Expert Witness."

51) Charfoos and Christensen, "Personal Injury Practice": 493; Ryskamp, "Expert Witness."

52) Charfoos and Christensen, "Personal Injury Practice": 502.

할 것이라는 것을 기억하라. 이러한 계약적 관계를 고려할 때, 어느 누구도 경제적 편견으로부터 자유롭지 않다.

2.3.3 전문가용역계약(Expert service contracts)

전문 컨설팅 서비스 회사들은 전문적 검토를 필요로 하는 기업과 수사 부서에 전문가 증인을 제공한다. 이들 컨설팅 회사는 자선단체가 아니며, 정해진 수수료, 시간당 비율, 또는 법적 소송에서 합의나 판결에 근거한 수수료를 받는 등 다양한 방식으로 고객에게 청구한다. 전문가용역계약은 이 약정에 채택된 표준 문서다. 아래 〈표 4.3〉을 참조.

표 4.3 전문가 증인 및 컨설팅 의뢰서 양식

전문가 증언 / 컨설팅 의뢰 계약서

의뢰내용

변호사: ______________________	피검사자: ______________________
로 펌: ______________________	피검사자의
주 소 : ______________________	주 소 : ______________________
______________________	______________________
______________________	______________________
전화번호: ______________________	피검사자의
팩스번호: ______________________	전화번호: ______________________

위와 같은 이름의 사건에 대한 귀하의 문제를 저에게 의뢰하여 법의학 정신감정을 받게 해주셔서 감사합니다. 저는 $________에 합의된 의뢰비 외에 본 전문가 증언 의뢰 계약서의 사본을 수령하는 즉시 이 사건에 관한 전문적인 서비스를 제공하게 되어 기쁘게 생각합니다.
저의 현재 의뢰비는 시간당 $________입니다. 저는 전화, 상담, 연구, 보고서 작성을 포함한 모든 경우에 대해 필요에 따라 15분 단위로 요금을 청구할 것입니다. 제 서비스가 더 이상 필요하지 않을 것이 확실해지면 저는 의뢰비에서 사용하지 않은 부분을 환불할 것입니다. 그러나, 이 경우에 전문가나 컨설턴트의 역할을 수행하기로 동의한 저의 최소 의뢰비는 4시간, 즉 $________입니다.
사건을 진행하면서 최초 의뢰비를 초과할 경우, 잔금 전액을 지불할 때까지 어떠한 보고서나 증언이 이루어지지 않을 것입니다. 법정에서의 증언이나 녹취에 의한 증언은 반나절(4시간) 블록으로 청구됩니다. 그런 증언에 관련된 보수는 선지급이어야 합니다.

출장비가 있는 경우, 이것들은 반드시 고용된 변호사가 지불해야 합니다. 출장비는 상황에 따라 산정되며, 시간은 다를 수 있지만, 최대한 의뢰인이 납득할 수 있도록 청구하겠습니다. 만약 검사 대상이 평가를 위해 나타나지 않는다고 해도 저는 여전히 그 사건에 대해 제가 투자한 시간 동안 요금을 청구할 것입니다. 날짜와 시간을 재조정할 수 있으며. 만약 변호사가 일정을 변경하지 않기로 한다면, 4시간 블록의 최소 요금이 여전히 적용될 것입니다.

저는 고용된 변호사가, 제가 평가할 대상자를 평가하기 전에, 모든 관련 의료 기록, 정신 건강 기록, 조사 보고서, 목격자 진술, 증언 및 기타 사례 정보를 저에게 보내 줄 것을 강력하게 권고합니다. 저는 이 자료들을 가능한 한 제가 그 사건을 평가하는 데 효율적일 수 있도록 그 대상자의 예정된 평가 전에 보내기를 추천합니다.

사건이 해결됐거나 저의 서비스가 더 이상 필요가 없어서, 제가 이 사건에 더 이상 관여하지 않기로 결정되면, 저는 모든 서류와 메모를 고용된 변호사에게 돌려줄 수 있습니다. 과다한 운송료를 충당하기 위해 돌려보낸 대량의 서류에 대한 배송비 요금이 청구될 수 있습니다.

아래에 서명함으로써, 고용된 변호사는 본 서비스 계약과 여기에 포함된 계약 조항의 수락 여부를 표시합니다. 위에서 언급한 유지비에 동의한 양식과 함께 이 양식을 반환하십시오. 그 후, 저는 계약서에 서명을 해서 고용된 변호사에게 돌려보낼 것입니다. 만약 이 서명된 의뢰 계약서와 의뢰비용이 이 사건에 대한 우리의 최초 연락일로부터 영업일 기준으로 7일 이내에 접수되지 않는다면, 제 이름은 고용된 변호사나 고용된 회사에 의해 증인으로 기재되지 않을 것이며, 저는 반대측 변호사를 포함한 다른 당사자들에 의해 자유롭게 고용될 수 있을 것입니다.

변호사, 회사 또는 로펌에 의해 고용되는 즉시 저는 그 특정 사건에 대해서만 고용되며 직접적인 이해 상충이 없는 한 다른 사건에 대한 반대 변호인을 포함하여 다른 어떤 변호사에게도 고용되지 않을 것입니다. 저는 서면으로 명시된 의뢰비를 기준으로 고용자에게 계속 고용될 수 있습니다. 이러한 고용 방법은 정기적으로 정신 건강과 관련된 법적 문제를 다루는 기업이나 회사에 유용할 수 있습니다.

계약자:

_________________________________ 날짜:_______________

_________________________________ 날짜:_______________

계약서에 명시된 비용과 자문료, 분쟁 및 다툼 발생 시 비용이 정확하게 포함되어 있는지 확인해야 한다. 그렇지 않으면 전문가의 증언이 특별한 책임으로 발전할 수 있다.[53]

53) Michael Wagner in his keenly authored work, Expert Problems, manifests a brilliant recognition of expert fees out of control. "Perhaps no more than any other professionals, lawyers know what hourly rate billing can mean. Hours are deposited on billing sheets, bit by bit, day by day. They do not look like much while they accrete, but before long the bill is a mountain. The gradual deposits of time are continuous; with hourly billing there is less incentive not to do something. If you are paid for every hour, you think less about the need for what fills up that hour's time. If you want to be stuck by your expert like some clients are stuck by their attorneys, insist on an hourly billing." Michael J. Wagner, "Expert Problems," Litigation 15 (1989): 35, 36; see also Durney and Fitzpatrick, "Global Perspective."

2.4 인물 증인(Character Witnesses)

탐정들은 열린 마음으로 조사를 시작해야 하지만 의뢰인과 의뢰인의 신빙성에 대한 매우 건전한 의구심을 갖고 조사를 시작해야 한다. 수사관들은 어떠한 주장도 사실이라고 추정할 수 없다.[54] 모든 수사 과제는 그 신뢰성과 진실성에 대하여 판단되어야 한다. 탐정들은 특별한 피해자라고 주장하거나 지나친 과장을 일삼는 사람들을 경계해야 한다. 이야기는 사실일 수도 있고 아닐 수도 있으며, 이야기가 믿을 수 있는지 없는지는 이야기의 출처의 성격과 명성에 달려 있다. 사실에 대한 모든 주장과 증언은 그들의 근본적인 신빙성을 확인할 필요가 있다. 어떤 사건이나 청구의 타당성은 증인의 진실성과 증언에 달려있다. 형사 사건에서 판결 전, 피고인들은 일반적으로 피고인의 어머니부터 지역 교회의 목사님까지 인격을 증명하는 증인들의 행렬이 이어진다. 그런 증언이 얼마나 신빙성이 있는지 의심스러운 눈으로 보아야 한다. 또 다른 관점에서 볼 때, 배심원들이 성격 증인의 신빙성에 의문을 제기할 수 있고 그들이 "피고인들이 증언을 전혀 듣지 못했을 때보다 더 부정적으로 본다"는 이유로, 이 증거가 유익할 것인가 혹은 심지어 일부 비평가들이 주장하듯이, 부정적인 결과가 될 수도 있다.[55]

구급차 추적자, 과도한 소송자, 그리고 자동차 충돌이나 의료 과실로 큰돈을 벌려는 사람들에게도 같은 조사가 적용되어야 한다. 정확히 이러한 사례의 성격이 무엇으로 구성되는지는 그러한 사실을 주장하는 사람의 성격과 불가해하게 연관되어 있다. 탐정들은 청구인과 피청구인 모두를 조사할 수 있는 능력을 갖추어야 한다.

54) "Asking Character Witnesses Hypotheticals That Assume Guilt Generally Is Permissible," Criminal Law Reporter, December 19, 2007: 320; Barrett J. Anderson, "Recognizing Character: A New Perspective on Character Evidence," The Yale Law Journal 121, no. 7 (May 2012): 1912-1968, www-jstor-org.ez.lib.jjay.cuny.edu/stable/41510461.

55) M. Greer, "Cross-examined character witnesses may hurt defendants on trial." Monitor on Psychology, May 2004, Vol 35, No. 5, print version: 22.

모든 증인의 진실성을 결정할 때 편견이나 의심과 관련된 다른 요소들을 고려할 가치가 있다. 탐정은 친밀한 증인을 경계할 필요가 있는데, 어떤 증언도 너무 가까운 사람은 주관적이다. 금융이나 돈이 개입되면 경제적으로 이득을 보는 사람이 주는 평판(reputational) 증거도 믿을 수 없다. 요컨대, 성격 증인은 그들이 말하는 사람들만큼 결점이 있거나 정의로울 수 있다. 마지막으로, 평판 증거를 제시할 때 더 큰 공동체를 대변하는 사람들을 의심하라. 전체 공동체는 말할 것도 없고 자신의 견해를 아는 것도 충분히 어렵다. 마지막 분석에서, 주요 목격자의 증언은 두 세계를 혼합한 것이다. 즉, 그 공동체 안에 있는 사람들에 비추어 자신의 인상을 주는 인물 증인이자 동시에, 평이한 형태로 피고의 평판에 대한 공동체의 인식과 믿음을 묘사하는 것이다.[56]

성격 증인들은 특정 당사자에 대한 정황과 증거를 전달한다. 성격 증인의 주된 근거는 심리적인 또는 정신적인 감각의 전문가라는 것이 아니라, 그 대신에 개인의 평판에 대한 공동체의 인식을 판단할 수 있는 자격이 있다는 것이다.[57]

56) Evidence-Character Witnesses-Impeachment with Evidence of Defendant's Prior Convictions-Preservation of Issue, Crim. L. Rep., March 4, 2009: 609; M. Greer, "Cross-examined Character Witnesses May Hurt Defendants on Trial," Monitor on Psychology 35, no. 5 (May 2004): 22, www.apa.org/monitor/may04/crossexam.aspx.

57) See J. McCord, Litigation Paralegal (Eagan, MN: West Publishing, 1988); Greer, "Character Witnesses."

3 증언의 과정(Processing Witnesses)

3장에서 제시되었듯이 증인과 인터뷰하는 기술에는 특별한 개인적 능력과 기술이 필요하다.[58] 일반적으로 증인이 의뢰자의 친구이거나 친척이면 변호사나 탐정의 말에 쉽게 대답할 것이다. 그러나 증인이 그런 부류의 사람이 아니라면 인터뷰하는 사람은 진술을 얻어내야 할 뿐만 아니라 증인이 모든 것을 말하도록 만들어야 한다.[59]

〈표 4.4〉과 〈표 4.5〉는 증인으로서 조사에 협조하고 정보를 제공하길 바란다는 내용을 담고 있는 편지의 샘플이다. 이러한 편지들은 적대적이지도 않고, 또한 접근방식이나 디자인 면에서 과도하게 법적이지도 않다는 것을 주의해라. 대신에, 증인과 우호적으로 일할 의도가 있음을 보여주고, 그(그녀)의 증언이 긴급하고 절실하다는 것을 보여준다.

표 4.4 증인 정보 조사 서신 양식

날짜
이름/주소:
제목:
고객명:
사고발생일시:
○○○에게
나는 위 의뢰인을 위한 탐정입니다. 그는 나에게 위 사건과 관련된 정보를 수집하기 위해 변호사의 모든 권한을 주

58) Too many witnesses can muddle the obvious so to speak and when the narrative becomes too confusing, one is trying to do too much with that narrative. See Anne Bowen Poulin, "The Investigation Narrative: An Argument for Limiting Prosecution Evidence," Iowa Law Review 101, no. 2 (January 2016): 683.

59) Mark Weinstein, Introduction to Civil Litigation (Eagan, MN: Wiley Publishing, 1986): 54.

었습니다. 변호사의 권한에 대한 복사본을 함께 동봉하여 보냅니다. 나의 의뢰인은 당신이 목격한 사건으로 입은 경제적 손실과 손해를 회복하고자 합니다. 가능한 시간에 방문하셔서(전화하셔서) 이 사건과 관련하여 당신이 목격한 사실을 알려주시기 바랍니다. 당신의 도움이 없다면 이 사건이 부당하게 해결될 수 있다는 사실을 강조 드리고 싶습니다.

질문사항이 있으시면 주저 없이 전화 주십시오.

안녕히 계십시오.

탐정의 성명 ○○○

표 4.5 **사건관련 증인 정보 조사 서신 양식**

날짜
이름/주소:
제목:
고객명:
사고발생일시:

□□□에게

저는 위 의뢰인을 위한 탐정입니다. 그는 나에게 위 사건과 관련된 정보를 수집하기 위해 변호사의 모든 권한을 부여했습니다. 변호사의 권한에 대한 복사본을 함께 동봉하여 보냅니다. 당신이 목격한 사건에서 손해를 입은 의뢰인을 대신하여 당신의 협조를 구합니다. 이번 사건으로 입은 의뢰인의 경제적 손실을 회복시켜주고자 합니다. 사건 당일에 목격한 사실과 관계된 정보를 얻기 위해 질문지를 한 장 동봉하여 드립니다. 만약 어떤 이유로 해서 이 질문서(양식)를 작성하는 것이 어렵거나 불편하시다면 저에게 전화 주십시오. 전화상으로도 기꺼이 당신의 진술을 받을 수 있습니다. 이번 사건에 관련된 사실을 진술하기 위해 시간을 내주셔서 감사합니다. 당신이 정보를 주시지 않는다면 이번 사건은 부당하게 해결될 수도 있습니다. 도움이 필요하시면 언제든지 전화 주십시오. 안녕히 계십시오.

탐정의 성명○○○

〈표 4.6〉은 위 편지에서 언급한 동봉물이다. 탐정들은 그(그녀)가 제공하는 진술로 증인의 질(質)을 평가해야만 한다.

표 4.6 증인진술요청서(Request for Witness Statement)

증인진술요청서

이름:
출생일:

본 사건과 관련된 사실을 보았을 때 당신은 어디에 있었습니까?________________

무엇을 봤습니까?________________

이번 사건에 개입된 사람들을 포함해서 누군가가 어떤 이야기를 하는 것을 들은 적이 있습니까?________________

만약 그렇다면 무엇을 들었습니까?________________

다른 증인을 아십니까? 예 ________ 아니오 ________

만약 안다면 증인들의 이름이나 그들이 어떤 사람들인지 진술할 수 있습니까?________________

덧붙일 이야기________________

날짜: ________________

4 결론

・・・ 이 장에서는 주장이나 이의에 대한 증언적 증거의 전달, 주장이나 사실의 입증, 사건 및 상황 확인, 평판 전달 그리고 사건의 타당성을 전문적으로 평가함으로써 조사자를 돕고, 도움을 줄 증인들의 간략한 스케치를 제공한다. 전문가 증인과 관련된 증거법 및 전문가 증언의 범위를 특별히 강조하였으며, 증인의 유형, 즉 일반인부터 전문가까지 누락 된 증인에 대한 분석 및 동일한 처리 과정에서 제시된 실질적인 제안이 분석되었다. 또한 바쁜 탐정을 위한 양식, 체크리스트, 단계별 지도 등 수많은 연습도구가 포함되었다.

제 5장

정보의 수집

1 정보의 속성과 수집의 규칙

기록, 파일, 증거서류 그리고 다른 문서적 또는 구두적 정보는 유능한 탐정(investi-gator)에게 있어 "중요한 능력"이다. 일반적인 조사 패턴에서 단서를 찾기 위하여 여러 형태의 서류와 증언 또는 물질적 증거는 필수적이다. 예를 들어 채용가능성이 있는 직원의 신원을 조회하기 위해서 고용된 保安업체는 다음과 같은 항목을 문서로 제출한다:

- 과거 신원조회 기록
- 군 기록
- 신용 내력 기록
- 구속 기록
- 범죄 기록
- 소송 문서
- 증서, 권리, 또는 보험 문서

사람의 성격에 결함이 있다는 단순한 주장만으로는 그것을 잘라낼 수 없다. 여기에 제시된 문서는 나쁜 성격의 주장을 구체화하고 결론을 확증하기 위해 도출될 수 있다.[1]

이 장의 범위는 정보와 그 수집을 포함한다. 전문 탐정은 그 분석뿐만이 아니라 정보 수집의 기술을 숙달할 필요가 있다. 무엇을 찾아야 하고 누구에게 물어볼 것인가 하는 것은 탐정에게 있어 영원한 문제다. 정보는 어디에나 있다. 어떻게 하면 그것을 얻고 그 의미에 확신을 가질 수 있을까 하는 것이 요령이다. 정보를 얻는 것은 개인이나 기관에 대한 접근에 크게 좌우된다. 정보를 입수하는 과정에서 수사관은 법과 프라이버시의 기본 원칙을 존중해야

1) POST Background Investigation Manual: Guidelines for the Investigator 2018 (California Commission on Peace Officer Standards and Training, 2018), http://lib.post.ca.gov/Publications/bi.pdf.

한다. 미국산업안전협회가 언급한 바와 같이:

> 많은 기관, 적지 않은 수의 신용 기관은 합법적 저항을 적게 받으며 운영된다. 비정확하고 신빙성이 떨어지는 기록들이 보관되고 비양심적인 정보의 사용도 흔하였다. 얼마 전까지 수사관들은 -공공 혹은 사립, 나쁘건 좋건 - 많은 종류의 데이터 뱅크에 거의 완전한 개가식(開架式 open access to)을 가지고 있었다. 그리하여 법과 규칙들을 통해 어떠한 정보의 수집이 가능한지, 어떤 것을 수집할 수 있는지, 또 어떻게 사용 될 수 있는 지를 제한하게 되었다. 이런 제한을 위반하였을 경우에는 탐정을 비롯한 모든 관련인들은 처벌받을 위험에 노출된다.[2]

탐정에게 있어서 사생활과 타인의 헌법적 권리에 대한 주의는 지속적인 도덕적 그리고 전문적 관심사이다.

> 현재 상황에서 탐정은 자기 자신이 어떠한 범위 안에서 정보를 수집할 수 있는가를 인식하여야 하며, 조사과정에 있어서 어떤 제한을 받고 어떤 권리가 있는지를 알아내어야 한다. 때에 따라서 새로운 조사가 착수되었을 때, 탐정은 조사의 권리와 한계를 재확인하여야 한다. 모든 탐정들은 자신이 일하고 있는 관할권 안에서 일어나는 입법상 혹은 규제행위, 그리고 법원 판결 등으로부터 생기는 변화의 결과를 알아야한다.[3]

법규정상과 동법상(同法上)의 정보입수는 관료적인 미로이다. 연방정부 수준에서는 사생활에 관한 질문과 기록 입수의 영향에 관한 여러 법안을 통과시켰다:

- 1974년 사생활법[4]

2) Ibid.; American Society for Industrial Security, Basic Guidelines For Security Investigations (1981): 5.

3) POST Background Investigation Manual; ASIS, "Security Investigations": 5, 6.

4) 5 U.S.C. § 552a.

- 1978년 금융사생활법[5]
- 1980년 사생활보호법[6]
- 1981년 공정금융정보실행법[7]
- 1981년 전자상거래사법[8]
- 1970년 공정신용보고법[9]
- 1968년 종합범죄통제및가두안전법[10]
- 정보자유법(FOIA)[11]

조사 과정의 모든 단계에서 보안 요원은 이러한 법령에 부합하는 행동 유형과 전문적 예의를 행사할 필요가 있다.[12]

美법무부(The United States Department of Justice)에서는 자체의 사법통계국(Bureau of Justice Statistics)을 통하여 범죄내력정보에 관한 사생활과 안전: 사생활 문제의 분석(Privacy and Security of Criminal History Information: An Analysis of Privacy Issues)이라는 것을 저술하였는바:

5) 12 U.S.C. §3401 et seq.

6) 42 U.S.C. §2000aa-6.

7) See U.S. Code.

8) See U.S. Code.

9) 15 U.S.C. §1681 et seq.

10) 5 U.S.C. §5315-5315, 7313.

11) 5 U.S.C. §552.

12) Anne T. McKenna, "Pass Parallel Privacy Standards or Privacy Perishes," Rutgers Law Review 65 (Summer 2013): 1041; Erin Murphy, "The Politics of Privacy in the Criminal Justice System: Information Disclosure, the Fourth Amendment, and Statutory Law Enforcement Exemptions," Michigan Law Review 11 (February 2013): 485.

"사생활"은 모든 분야의 개인적 사무(Personal affairs)에서 관심을 끌고 있다. 가장 중요한 한 가지는 형사 사법정보에 관한 "사생활과 안전"이라는 주제이다. 흔히 익명성에 대한 욕구는 형사사법제도에 저항하는 사람들과 "알권리"에 대한 사회의 요구와 부딪히게 된다.[13]

이와 같은 맥락으로 "형사사법기준과목표에대한국가자문위원회의(the National Advisory Commission on Criminal justice Standards and Goals)"는 주(州)정부가 제공하는 법률을 채택하기를 요구하였다:

형사사법 정보제도의 안전과 사생활 보호요구, 가능한 한 법률을 통하여 안전과 사생활 보호를 위한 최소한의 기준과 법과 규칙을 어겼을 경우 민 · 형사(民 · 刑事) 제재를 확립해야 한다.[14]

"미국의 민간경비와 경찰에 관한 Hallcrest 보고서(The Hallcrest Report: Private Security and Police in America)"는 미국의 민간보안 종사자와 경찰을 비교했을 때, 사생활 침해 우려에 대해서 비슷한 경고를 했다. 공공기관과 비교했을 때 민간산업은 정보 습득의 우월성을 보여주지만, 민간 부문의 정의(Justice)는 공공의 치안 유지에 있어서 너무나 명백한, 부담스러운 헌법적 제약 없이 운영된다. Hallcrest 보고서가 결론 내리기를:

탐정(사설탐정)이 사용하는 정보의 출처는 법집행관이 사용하는 것과 다름없다. 그러나 민간경비는 법정에서 증거 수집 능력이 문제가 되지 않는 경우가 많아 경찰만큼 정보수집에 제한을 받지

13) Justice Information Privacy Guideline: Developing, Drafting and Assessing Privacy Policy for Justice Information Systems (National Criminal Justice Association, 2002), https://it.ojp.gov/documents/ncisp/privacy_guideline.pdf; U.S. Department of Justice, Bureau of Justice Statistics, Privacy and Security of Criminal History Information: An Analysis of Privacy Issues (U.S. Government Printing Office, 1980): 1.

14) U.S. Department of Justice, Report of The National Advisory Commission on Criminal Justice Standards and Goals (U.S. Government Printing Office, 1973): 9.

> 않는다. 민간부분에 있어서 탐정은 고객으로부터 정해지는 세부사항과 비용수준에 따라서 사건을 수임한다. 반면에 형사(刑事)는 많은 양의 담당건수와 내부사건 운영기준으로 인하여 한 사건에 투입 할 수 있는 시간과 자원을 제한 받는다.
>
> 사설탐정에게 있어서 중요한 제한은, 많은 신용 · 은행 · 정부 기록 그리고 거의 모든 경찰 정보의 입수를 제한하는 사생활정보 보호법 때문이다. 대체적으로 사설탐정들에게는 전화회사기록, 신용정보, 고용주정보 그리고 범죄기록정보 등은 입수가 금지(off limits)되어 있다.[15]

가상 접속의 시대에, 프라이버시와 관련된 우려가 증가하고 있다. 프라이버시 권리를 보호하기 위한 다양한 주 및 연방의 노력은 프라이버시를 보호하고 법무 부문에 대한 접근을 보장하는 데 진전을 보이고 있다.[16]

예를 들어, 범죄 이력분야에서, 여러 주가 범죄 이력을 요청할 경우 많은 것이 위태롭다. 요청자는 형사사법기관, 개인 또는 비범죄 사법기관이다. 일반적인 범죄기록 요청서 양식의 뒷면에 나타나는 지시사항에서, 개인은 완전한 범죄 신고를 하지 않고 단지 "전과 기록"만

15) William C. Cunningham and Todd H. Taylor, The Hallcrest Report: Private Security and Police in America (Chancellor Press, 1985): 57; POST Background Investigation Manual; Justice Information Privacy Guideline: Developing, Drafting and Assessing Privacy Policy for Justice Information Systems (National Criminal Justice Association, 2002), https://it.ojp.gov/documents/ncisp/privacy_guideline.pdf; McKenna, "Privacy Standards"; Erin Murphy, "The Politics of Privacy in the Criminal Justice System: Information Disclosure, the Fourth Amendment, and Statutory Law Enforcement Exemptions," Michigan Law Review 11 (February 2013): 485.

16) Laura Spadanuta, "Protecting Personal Information," Security Management, October 2008: 24; "Legal Protections for Personal Data," EPIC.org, accessed September 8, 2018, https://epic.org/privacy/consumer/legal.html; McKenna, "Privacy Standards"; Murphy, "Politics of Privacy"; for suggestions on how to fashion a workable privacy policy in the handling of information, see National Criminal Justice Association, Justice Information Privacy Guideline: Developing, Drafting and Assessing Privacy Policy for Justice Information Systems (2002): 65 et seq, accessed September 8, 2018, https://it.ojp.gov/documents/ncisp/privacy_guideline.pdf.

사용할 것을 권고한다.

탐정의 공공 기록 접근에 대한 이론적 제약의 상당 부분은 공공경찰 및 사설 경찰 간의 상호작용으로 완화된다. 기록적인 수의 공공 경찰이 사설 경찰로 근무하면서, 기록에 대한 접근은 학계의 논쟁이 되고 있다.

"국가형사사법정보와통계서비스"(The National Criminal Justice Information and Statistics Service)에 관한 Hallcrest Report는 사설탐정과 공공(公共)법집행기관과의 관계를 수립하는 것을 강조한다. "법집행기관으로부터 받는 정보의 양과 협조의 수준을 결정하는데 필요한 것은 정당성 또는 합법성이라기보다는 개인의 인격이라고 할 정도로 민간경비회사들은 개인적 관계에 많은 비중을 두고 있다."[17] 이 민간조사회사에 관한 국가차원의 설문조사에서는 정보를 제공하는 관행이 퍼져 있다.

> 민간조사회사는 법집행기관의 수사관들과 빈번한 교류가 있다고 보고하고 있다. 이 중 58% 정도가 일(日) 단위 또는 주(週) 단위로 교류가 이루어지고 있다. 법집행감독관이나 매니저와의 교류는 그다지 많지 않았다. 반면, 국가차원의설문조사시, 법집행관은 민간 경비요원들과 덜 빈번한 교류를 가졌다: 오직 44%의 수사관(형사)들만이 일간(日間)의 교류를 가졌다고 보고된다. 인구수가 100,000명이 넘는 시(市)에서는 약 두 배 이상의 일상적 교류가 보고되었다.
>
> 이와 같이 사설탐정들은 법집행관과 자주 교류를 하고 있다고 보고되지만 눈에 띄게 법집행 정보를 탐색하지 않고, 자신의 조사정보를 주기적으로 제공하지도 않는다. 10개의 회사 중 4개는

17) Cunningham and Taylor, "Hallcrest Report": 57; POST Background Investigation Manual"; Chang-Hun Lee and Ilhong Yun, "Factors Affecting Police Officers' Tendency to Cooperate with Private Investigators," Policing 37, no. 4 (2014): 712-727; Jeremy G. Carter, David L. Carter, Steve Chermak, and Edmund McGarrell, "Law Enforcement Fusion Centers: Cultivating an Information Sharing Environment While Safeguarding Privacy," Journal of Police and Criminal Psychology 32, no. 1 (2017): 11-27, doi:http://dx.doi.org.ez.lib.jjay.cuny.edu/10.1007/s11896-016-9199-4.

비번(非番)인 경찰관을 고용하고 있다고 보고했다. 이런 자격으로 고용된 경찰관들은 자신들의 제 2의 직장인 민간경비업체로부터 총애를 받기 위해서 경찰정보를 획득 할 수 있는 위치에 서게 된다.[18][19]

이런 비밀스런 정보공유 네트워크는 여기서 멈추지 않는다. 민간경비업체 탐정들은 이들을(아래) 포함한 수많은 다른 관계자들과도 관계를 맺고 있다:

- 법원 서기/사무관
- 교정 직원
- 권리증서 관리직원
- 공증인
- 은행원
- 보험 담당자
- 전화 회사 직원
- 인사 기관

탐정(사설탐정)은 위에서 거론한 리스트들과 같은 정보의 원천들과 보완적이고 약삭빠른 관계로 다듬으면서 정보의 무한한 공급에 접근하고 있다. 관료적 또는 규정적 장애에도 불구하고 호기심이 많은 사람은 결국에는 원하는 정보의 이용을 얻을 것이다

공평성을 보증하기 위해서 정부와 기록 보관자들은 파일 혹은 문서와 그사이 속에 들어있는 데이터와 정보의 대중적 필요성, 요구 그리고 검증할 수 있는 권리의 두 주제의 이익사이에 균형을 이루어야한다.[20] 본래 양면성적(兩面性的)인 사생활은 지나친 조사와 검토로부터

18) Ibid.; Lee and Yun, "Police Officers"; Carter, Carter, Chermak, and McGarrell, "Law Enforcement Fusion Centers."

19) Cooperation between the public policing system and the private investigator needs to be encouraged, honed, and fostered on both sides of the continuum because each force needs the other. Most analytical studies suggest "that the public police need to utilize private investigators and that cooperation being essential for better public service" (Lee and Yun, "Police Officers": 712).

20) See Douglas H. Frazer, The Complete Handbook of Investigations &Privacy Rights (2012), accessed September 8, 2018, www.dewittross.com/docs/doug-frazer-publications/the-complete-handbook-ofinvestigations---december-2012.pdf.

개인을 보호하는데 이렇게 하는 것은 정보의 흐름과 이용을 막으며 그로 인하여 대중의 이익에 방해가 된다. 이런 경쟁적인 이익들을 균형 맞추기 위해서 접근과 보급은 다음과 같은 규칙을 반드시 고집하여야 한다:

① 어떤 개인 정보시스템도 그 존재 자체가 비밀이기에 보존되어서는 안 된다.
② 데이터의 대상자는 자기 자신에 관한 정보 이용이 허용되어야하며 어떤 목적으로 보존 되는 지를 알아야 한다.
③ 데이터 대상자는 자기 자신의 정보 정정(訂正)을 제기하고 요구할 수 있어야 한다.
④ 데이터는 데이터 대상자의 동의 없이는 오직 원래 목적에만 사용 할 수 있어야 한다.
⑤ 사용되는 정보는 적확하고, 때에 알맞으며, 관련성이 있으며, 완전해야 한다.
⑥ 정보는 허가받지 않은 이용, 변경 또는 훼손으로부터 보호되어야한다.[21]

21) BJS, “Privacy and Security”: 9; NCJA, “Justice Information Privacy Guideline”; Murphy, “The Politics of Privacy.”

2 탐정을 위한 안내와 접촉들

아무리 훌륭한 탐정이라도 정보의 출처와 교류를 발전시켜야 하며, 보안전문가들 역시 공적(公的)·사적(私的) 두 출처에 의존해야한다. 교류란 이런 관계자들로 이루어진다:

- 정부 직원
- 신용회사 직원
- 은행간부 및 직원
- 백화점 및 할인매장 직원
- 전화회사 직원
- 민간경비업체 직원
- 경찰관
- 신문 기자 및 편집자
- 보험회사 직원
- 학교 및 교육 관련인
- 병원 및 의료 관련인
- 응급치료 서비스 관련인
- 법집행관/경찰관
- 견인차량 기사
- 차량정비사
- 세무서 직원
- 郡주사
- 권리증서 서기
- 유언 검증관
- 동네 정보원
- 동네 참견쟁이
- 사교모임 리더 및 임원들
- 꼬리표, 증서 및 검사 직원
- 회사등록 및 허가 직원[22]

22) P. Fuqua and J. Wilson, Security Investigator's Handbook (Gulf Publishing Co., 1979): 21-22; Frazer, "Investigations &Privacy Rights."

조사자는 주제별로 참조하는 정보를 〈표 5.1 정보 출처 목록〉에 표시된 것과 유사하게 유지해야 한다. 조사자는 권리증서나 사망 증명서와 같은 주제를 파악한 다음 출처표를 참조해야 한다.

표 5.1 Pinkerton's 정보출처 목록(Pinkerton's List of Information Sources)

정보 출처	
주소	시(市) 주소 성명록; 전화번호부; 투표자 등록기록.
변호사	말틴데일-허블(Martindale-Hubble) 변호사 주소록; 주(州)변호사 안내서; 주(州)법조협회 기록.
자동차	주(州)자동차국(차량등록, 면허, 자동차 관련 업무 기관)
차주	주(州)자동차국
차 담보권	주(州)자동차국
剖檢기록	군/시 사무관, 군/시 법원; 인구 통계부(생사, 혼사, 질병) 시 보건소.
상업 평판	지방 거래 개선 협회; 동업조합/동업자 단체.
민사 소송	미 지방 법원, 지방/주 경찰국; 주 또는 연방 보안관국.
사단 법인	연합 조항, 군 법원(본사); 던과 브레드스트리트; 플스의 관리자 주소록.
사망	군/시 사무관, 군/시 법원; 시 보건소; 변사자 검시국; 인구 통계부; 검사관, 군(County).
권리증서	시/군 사무관, 군 법원; 권리증서 기록 담당자.
범죄 기록	미 지방 법원, 지방/주 경찰국; 주 또는 연방 보안과국.
의사	미의학 협회 주소록; 군 의학 협회 주소록; 주의학 협회 주소록.
금융	저당, 군(郡)법원; 던과 브레드스트리트(신용국).
화재	소방국장, 소방국.

담보권	군(郡)법원, 권리증서 기록 담당자.
위치-사람	검인 재판소; 신용 회사(신용카드); 은행(수표); 자동차국(면허변경).
地圖,	군구 군(郡)탐정실.
혼인 신고증	군(郡)사무관실, 군 법원; 인구 통계부, 주 위생국. 군 판사, 순회 재판소, 민사법원, 지방자치 기록보관소 & 기록 보유센터. (Note: 군 법원은 보통 장소이다. 여러 시 또는 군들은 다른 장소에 있다.)
軍제대	만약 공공이면, 군(軍)법원.
經범죄	자치지방 형사법원; 지방 경찰국.
저당	군(郡)법원, 현(現)시가를 알려면 소비세(消費稅) 인지(印紙)를 봐라.
생산업체	토마스의 고객 가이드 & 맥레이스의 생산업체 등록.
이름-교환	토마스의 고객 가이드 & 맥레이스의 생산업체 등록.
사단법인원	풀스(Poors)의 관리자 주소록.
협동 & 법인	무디(Moody) 주소록.
집행유예	지방자치(또는 다른) 형사법원.
재산(개인)	군(郡) 법원.
부동산	군(郡) 법원; 군. 시, 또는 주(州)세금국.
등록상표	토마스의 고객 가이드 & 맥레이스의 생산업체 등록.
세금	군 또는 시 사무관.
개인	시-재무증 기록.
재산	시, 군 & 주(州)세금국.

탐정은 지역 문제와 자원에 따라 이 데이터베이스를 확장하기를 원할 수 있음

대부분의 경우, 연락처는 이미 존재하는 자료이며, 어떤 환경에서도 그렇게 독창적인 것은 없다. 예를 들어, 정부의 기관들은 항상 존재해왔고 정보를 제공해 왔다. 그렇더라도 개발하고 연마해야 할 정보원은 많다. 탐정 핸드북(Security Investigator's Handbook)에 따르면 연락은 하룻밤 사이에 이루어지지 않는다. "만약 경험이 많은 탐정이 성공하기를 원한다면, 자신의 정보 출처가 어디에 있는 지를 잘 찾을 수 있어야 한다. 연줄의 개발은 오래 걸리는 과정이지만, 공적인 정보가 어디에 있는지를 찾는 것은 오직 신중한 사전조사에 달려있다."[23]

그러므로 정보에 대한 접근은 창의성과 혁신에 달려있다. 탐정이 올바른 방법을 택할 필요가 있지만, 효율적이고 효과적인 방법으로 그렇게 할 필요가 있다. 정보가 공개 검토와 조사에 이용 가능하다고 가정하더라도, 정보를 찾고 그것에 접근하기 위한 단계와 과정을 아는 일은 성공적인 조사에 그만큼 중요하다.

> 준비가 잘된 수사관은 일반적인 정보가 어디에 보관되는지 또 어떤 종류의 정보가 어디에 보관되어 있는지도 알고 있다. 이를 바르게 알고 있으면, 특정한 것을 찾을 때 보다 유리한 위치에 있을 것이며, 만약 그가 이를 모르고 있을 경우에는 건초더미 안에 바늘이 있는지를 모르고 찾는 경우와 같다.[24]

또한 정보는 공공(公共) 또는 사적(私的) 환경에서도 기록될 수 있다는 것을 기억해야한다.[25] 정보에 접근하는 것이 가능하며 조사할 가치가 있는 사람들과의 관계를 형성한다. 대부분의 직업들은 조사 과정에 유용한 어떤 종류의 정보 기반을 두고 있다는 것을 이해해야 한다. 연락처는 다양한 모양과 크기로 제공 된다:

23) Fuqua and Wilson, "Handbook": 22; Frazer, "Investigations &Privacy Rights."

24) Fuqua and Wilson, "Handbook": 17; Frazer, "Investigations &Privacy Rights."

25) "4 Reliable Resources Private Investigators Use," North American Investigations, July 25, 2017, https://pvteyes.com/4-reliable-resources-private-investigators-use/.

- 항공사 사무관, 직원
- 이발사
- 바텐더
- 벨 보이
- 건물 관리자
- 버스 기사
- 택시 기사
- 드라이브인 식당 웨이터
- 관리인
- 나이트클럽 관리자
- 치과의사
- 도어맨
- 엘리베이터 관리자
- 환경요원
- 주유소 직원
- 관리인
- 잡역부
- 우체부
- 동네 아이들
- 신문 상인
- 야간경비
- 잡상인
- 신문배달부
- 주차장 관리인
- 보석(保釋) 및 집행유예자
- 의사
- 당구장 관리자
- 공공설비 서비스인
- 철도요원, 관리자
- 구두닦이

정확히 누가, 어떤 출처가 될지는 조사의 주체에 달려있다. 예를 들어, 美연방수사국(FBI)의 경제 · 금융범죄 훈련팀은 "정보출처가이드(The Guide to Sources of Information)"를 출판했다.[26] 이 가이드는 정보의 관계있는, 특히 비공식적인 "지역사회 권력구조"에 관한 특정한 제안들로 가득 차있다. 어떤 써클 혹은 집단에서 "명성(名聲)조사"로 알려진 것처럼, 지역사회의 권력 구조를 이해하고 싶어 하는 탐정은 누가 진정 정치적 힘을 끄는지 또는 권력과 통제의 버튼을 움직이는지를 식별하게 될 것이다. 명성조사는 탐정에게 권력 구조가 경제적이건, 사

26) GAO Office of Investigations, Investigators' Guide to Sources of Information (Washington, DC: U.S. Government Printing Office, 1997), www.gao.gov/assets/200/198282.pdf.

법적이건 혹은 사회적이건 어떠한 것인지 느낌을 전해준다. 또 신빙성이 떨어지는 주변적 권력자한테 에너지를 낭비하는 대신 권력을 가지고 있는 개개인들과 존재들한테로 집중할 것이다.

3 정보의 공적(公的) 출처

공공이용 정보는 법(法) 또는 Common Law의 원칙으로부터 부분적으로 보증된다. 그러나 그러한 이용이 절대적인 것은 아니며 어떤 규제절차의 대상이 된다. 일반적인 공공이용 정보는 재판기록, 출생기록, 혼인기록, 사단법인 등록과 다른 사업체들, 세금기록, 투표자등록 기록 그리고 자동차 등록증 등이 해당된다.

BRB 출판사는 연간 구독료 또는 알라카르트(a la carte) 단위로 공공 기록 연구 서비스를 제공한다. 그 결과에는 연방, 카운티 및 지방 법원, 기록자와 평가자 기록, 주 기관, 직업 허가 위원회 및 인가된 대학 및 대학의 정보가 포함된다. 더 많은 정보를 확인하려면, www.brbpublications.com/products/Prrs.aspx을 방문하고, 그림 5.1을 보면 된다.

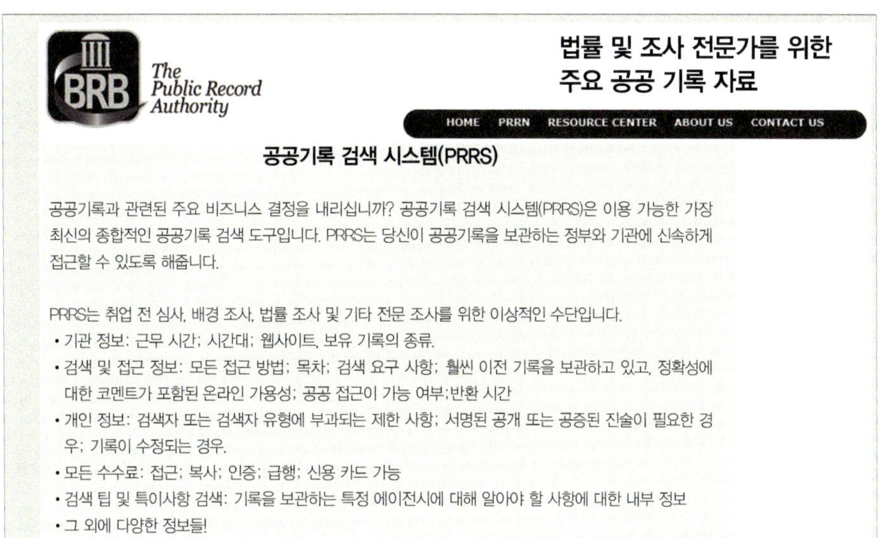

그림 5.1 법률 및 수사 전문가를 위한 주요 공공 기록 자료

사회보장번호, 저소득층 의료 보장 제도(Medicaid), 장애 또는 퇴역군인의 복리후생과 같은 정부 혜택을 포함하는 기록은 탐정에게 정기적으로 요청된다. 이전(以前) 거주자 혹은 소재를 알기 위해서는 사회보장번호(Social security number, SSN) 처음 앞 세 자리를 보아라(참고 표 5.2)

표 5.2 **사회보장번호 표**

001–003 New Hampshire	429–432 Arkansas
004–007 Maine	433–439 Louisiana
008–009 Vermont	440–443 Oklahoma
010–034 Massachusetts	449–467 Texas
035–039 Rhode Island	468–477 Minnesota
040–049 Connecticut	478–485 Iowa
050–134 New York	486–500 Missouri
135–158 New Jersey	501–502 North Dakota
159–211 Pennsylvania	503–504 South Dakota
212–220 Maryland	505–508 Nebraska
221–222 Delaware	509–515 Kansas
223–231 Virginia	516–517 Montana
232–236 West Virginia	518–519 Idaho
237–246 North Carolina	520 Wyoming
247–251 South Carolina	521–524 Colorado
252–260 Georgia	525 New Mexico
261–267 Florida	526–527 Arizona
268–302 Ohio	528–529 Utah
303–317 Indiana	530 Nevada
318–361 Illinois	531–539 Washington
362–386 Michigan	540–544 Oregon
387–399 Wisconsin	545–573 California
400–407 Kentucky	574 Alaska
408–415 Tennessee	575–576 Wawaii
416–424 Alabama	577–579 District of Columbia
425–428 Mississippi	716–717 Pennsylvania Railroad

2011년부터 사회보장번호 배정은 주로 지리적 배정이 아닌 무작위 배정에 의해 이루어진다. 사회보장국(Social Security Administration, SSA)은 2011년 6월 25일 사회보장 번호(SSN)의 발행 방식을 변경하였다. 이러한 변화를 "무작위화(randomization)"라고 한다. SSA는 SSN의 온전함

을 보호하기 위해 이 새로운 방법을 개발했다. SSN 무작위화는 또한 전국적으로 9자리 SSN의 수명을 연장할 것이다. 무작위화는 다음과 같은 방법으로 SSN 할당 프로세스에 영향을 미쳤다.

> 그것은 특정 주에 있는 개인에게 할당하기 위해 지역 번호를 더 이상 할당하지 않음으로써 지역 번호라고 불리는 SSN의 처음 세 자리 숫자의 지리적 중요성을 제거했다. 그것은 가장 높은 그룹 숫자의 중요성을 제거했고, 그 결과 높은 그룹 목록은 시간에 맞춰 동결되고 무작위화 시행일 이전에 발급된 영역과 그룹 번호 SSA를 보기 위해서만 사용될 수 있다.

이전에 할당되지 않은 지역 번호는 지역 번호 000, 666 및 900-999를 제외한 할당을 위해 도입되었다.[27]

3.1 연방기관들

공공 영역에는 풍부한 정보가 존재한다. 다음 기관은 귀중한 데이터와 정보를 제공할 수 있다:

- 연방항공단
- 법무부
- 교통부
- 인권위원회
- 국세청
- 농림청
- 교통안전위원회
- 내무부
- 민간항공위원회
- 상무부

27) "Social Security Number Randomization," Social Security Administration, accessed September 8, 2018, www.ssa.gov/employer/randomization.html.

- 연방무역위원회
- 국가해양기후청
- 인구조사국
- 미국 연방 직업안전 · 보건국
- 재향군인회
- 에너지국
- 소비자보호청
- 교육부
- 국토안보부

연방 수준에서 탐정은 조사를 하기 위해 주체와 해당 기관을 모두 식별할 필요가 있다. 〈표 5.3〉의 차트를 숙지하는 것이 좋다.

표 5.3 수사 영역과 관련 연방기관

수사 영역과 관련 연방기관	
수사 영역	**연방기관**
은행	저축기관감독청, 미국 재무부, 연방 준비제도 이사회, 연방예금보험공사, 연방 주택 대출 은행 이사회, 농사신용국, 정리 신탁 공사
범죄 관련 및 기록	미연방수사국, 미국 법무부, 국립 범죄정보센터, 미국 재무부, 미국 마약국, 중앙 정보국, 알코올 담배 화기국
노동	전국 노동 관계 위원회, 미국 노동부, 국립산업안전보건연구원
법의학	미국 국방부; 미국 육군, 미국 공군; 미연방수사국 법의학실험실.
정치	의회 기록 지수, 분기별 의회, 공공 기록 사무소, 연방 규정 강령, 연방 선거 위원회
보안	증권거래위원회, 미국 재무부, 미연방수사국

3.2 주(州)와 지방기관들

주(州)와 지방 기관은 방대한 양의 정보와 자료를 축적하고 있지만 그러한 정보에 접근하는데 있어서 일관적인 방법은 없다. 일반적으로 정보에 접근하는 데 유용할 수 있는 기관(예: National Directory of State Agencies, The Pennia Manual, Illinois Blue Book)을 나열하는 디렉터리(Directory)가 있다. 디렉터리에는 종종 전화번호, 주소, 기능, 기관, 그리고 주(州) 경찰국장과 같은 정부의 주요 성격이 포함된다.

자동차 사고 보고서 양식은 주(州) 경찰 당국과 지방 및 시 당국이 작성한 것으로, 원고 또는 피고를 위해 일하는 민간 탐정의 주요 사항이다(3장 그림 3.5–3.7 참조). 사고 보고서의 법적 허용이 경합된 분야인 반면, 순수한 공공 기록으로서 사고 보고서의 접근에 대한 제한은 거의 없다.

모든 주(州)는 기록물 접근에 관한 정책을 정하고, 각 주는 기록물 처리를 담당할 다양한 사무소나 임원을 지정한다. 조사자를 위해 자료를 축적하는 대표적인 기관에는 다음이 포함되지만 이에 국한되지는 않는다.

- 차량관리부
- 세무사
- 운수부/도로 및 고속도로
- 선거인 등록 사무소
- 인구통계국
- 노동 산업부
- 주(州)세무위원회
- 교정국
- 보험국
- 기업 및 사업국
- 사업국
- 국무장관
- 직업 및 라이센스
- 직업재활부
- 지방 검찰청
- 검진실
- 카운티 검시관 사무소
- 카운티 등기소
- 교통부
- 유언 검증관
- 공공사업부
- 카운티 직원
- 카운티 및 지방 법원

기록 가용성은 점점 더 높아지고 있다. 유언장 사본, 세금 기록, 교통 위반, 그리고 검시관의 보고서는 현재 인터넷 세계에서 접근할 수 있는 공공기록의 몇 개 분야에 불과하다.[28]

28) Robert McCrie, "Manual to Online Public Records and Public Record Research Tips Book," Security Letter,

〈그림 5.2〉. 참조.[29]

CourthouseDirect.com과 같은 사이트들은 수사관들이 전국의 공공 기록을 검색하는데 도움을 준다. (Used with permission, CourthouseDirect.com.)

그림 5.2. CourthouseDirect 홈페이지

수사관들은 공공기록에 정기적으로 접근할 수 있는 광범위한 온라인 포털과 검색 엔진을 이용한다. 링크를 포함한 대표적인 그룹은 다음과 같다:

January 2009: 4.

29) CourthouseDirect.com, accessed September 8, 2018, www.courthousedirect.com/.

- **www.beenverified.com/.**

  BeenVerified의 신원조회를 통해 당신은 범죄 기록, 체포 기록, 파산 등을 위해 수십억 개의 공공 기록을 온라인으로 검색할 수 있다. 당신은 주소, 전화번호, 이메일을 이용하여 사람들을 찾을 수 있다.

- **https://risk.lexisnexis.com/.**

  LexisNexisR은 법률, 리스크 관리, 기업, 정부, 법 집행, 회계 및 학술 시장의 전문가를 위해 특별히 설계된 컨텐츠 지원 워크플로우 솔루션의 선도적인 글로벌 공급 업체다. LexisNexis는 고객에게 45,000개 이상의 법률, 뉴스 및 비즈니스 출처에서 검색 가능한 수십억 개의 문서와 기록에 접근할 수 있는 권한을 제공한다.

- **www.spokeo.com/.**

  Spokeo People Search는 다양한 공공 출처의 방대한 정보를 정리하는 검색 엔진이다. 공개 데이터는 통합되고 일관성 있으며 따라 하기 쉬운 형식으로 제시된다. 검색과 관련된 수수료가 있다.

- **https://publicrecords.onlinesearches.com/**

  The Records Project는 가장 큰 무료 공공 기록 백과사전을 만드는 데 전념하는 온라인 커뮤니티다.

- **http://publicrecords.searchsystems.net/.**

  Search Systems는 인터넷에서 무료 공개 기록 데이터베이스에 대한 링크들의 큰 디렉터리다. 이 자료를 사용하여 사업 정보, 기업 서류, 재산 기록, 청구되지 않은 재산, 전문 자격증, 범죄자, 수감자, 형사 및 민사 법원 서류 등을 찾아볼 수 있다.

- **www.zabasearch.com/.**

  ZabaSearch는 훌륭하고 강력한 공공 기록 검색 엔진이다. 엄청난 수의 공공 기록 데이터베이스로부터 데이터와 정보를 취합하여 사용하기 쉽고 일관성 있게 정보를 제공하며, 바쁜 탐정에게 아주 좋은 장소다.[30]

30) Michael Kissiah, "List of the Top Online Public Records Research Websites," April 5, 2013, www.einvestigator.com/public-records-research/.

4 정보의 사적(私的) 출처

· · · 주(州), 지방, 연방정부 수준의 기관들이 우리에게 많은 정보를 주지만, 탐정들에게 제공되는 사적(私的)인 정보 역시 무시할 수 없다. 민간 회사와 기업은 현재 정보 비즈니스에 종사하고 있으며 보안 전문가들은 이러한 서비스를 최대한 활용해야 한다.

4.1 인명부목록, 데이터베이스 및 지도책

정보를 찾을 때 디렉토리, 주소 및 데이터베이스는 필수적인 도구다. 이러한 자원이 다루는 영역은 다소 글로벌한 경향이 있지만, 상표, 의회 기록 발표, 기업 운영 및 가치, 긍정적 행동 프로그램, 노동 및 고용 통계 및 기타 평범한 사업 기록 유지에 관한 보다 구체적인 정보가 이러한 출처 내에서 발견된다. 전자 데이터 전송과 인터넷 용량이 등장함에 따라, 이러한 유형의 정보의 증가된 양이 온라인에서 발견될 수 있다.

4.1.1 상업에 관한 데이터베이스

산업과 상업에 관한 많은 데이터베이스 중에서 손꼽히는 것들은 아래와 같다.

Moody's/Value Line : 소유권과 가치에 관한 법인(法人) 개요

Dow Jones : SEC가 기관소유, 채무변제 그리고 내부거래로부터 발췌한다.

Dow Jones News Services : 주식, 상품, 선물 및 옵션거래정보 그리고 다른 새로운 서비스

※ SEC: Securities and Exchange Commission(증권거래위원회)

또한 아래와 같은 전국적인 사업데이터베이스들이 활용가능하다:

- Standard & Poor's news
- Standard & Poor's register of corporation
- Disclosure data base
- Dow Jones News/retrieval data base
- Mergers and Aquisitions news
- Corporate affiliations
- Insider trading monitor
- Business wire
- Trinet company data base
- Dun's electronic yellow pages
- Dun's market indentifiers
- Publisher distributors and Wholesalers
- Dun's financial record
- Moody's corporate news
- Thomas register on line
- Investext
- PTS annual reports abstracts
- Trade and Industry index
- Business date Line
- Wall Street Journal
- Dun's million dollar directory

4.1.2 기타 데이터베이스들

상업적이 아닌 것까지 포함하고 있는 데이터베이스들은 다음과 같다:

- Cogressional Record Abstracts: 의회속기록요약집, 의회정보 서비스, 의회출간책자
- Lexis and Westlaw : 판례, 법령집, 전자결재를 통한 행정결정
- Medical index : 주요 의회잡지의 기사 및 색인 요약
- Gale Infotrac: 법률 기사 및 인용문 목록

- Congressional statistics index : 미국 정부가 출간한 통계자료의 색인
- Federal register : 연방정부기관의 규칙에 대한 출판물
- City directories : 이름과 가로명에 기초한 주소
- Directory listing of professions : ATLA, ABA 그리고 州와 지방 법률기관
- Who's who publications : 법률, 의학, 건축 등 자연과학 분야
- Telephone directories : 대부분의 지방 도서관에서 확인가능

이러한 데이터베이스들은 결론에 도달할 수 있는 통계적인 정보들을 제공한다.

데이터베이스는 조사에 필요한 전문적이고 깊은 정보 또는 당면한 사례를 완전히 이해하는 데 필요한 국제적 배경 유형을 둘 다 제공할 수 있다.

4.2 도서관

정보의 원천으로서의 연방, 주, 지역 단위의 도서관들은 종종 잊히기 쉬운 곳이다. 대부분의 주(州)나 지방 정부의 도서관에서 법률집, 모든 종류에 관한 목록, 전화번호, 기타 다른 것들을 볼 수 있다. 연구 도서관들에서는 법률과 시행에 영향을 미치는 역사적인 또는 동시대의 문제들을 탐구해 볼 수 있다. 대학도서관에서 역시 철학적인 문제나 기술적인 문제에 있어서 필요한 정보 그리고 학술 논문과 일간지 등을 찾아볼 수 있다. 주(州) 단위의 단과대학이나 종합대학 도서관들은 일반적으로 미(美)전역 도서관들의 책을 빌려 볼 수 있게 상호 협력체계에 참여하고 있다. 대학 도서관들은 또한 그들의 데이터베이스 시스템과 전문 저널(full-text journal)를 위한 전자 소프트웨어를 통해 상상할 수 있는 모든 다른 도서관들에 접근할 수 있다.[31]

31) Keystone Library Network Page," Pennsylvania State System of Higher Education, accessed September 8,

4.3 신문(新聞)

주요 도시 대부분의 신문사들은 신문보관소나 신문도서관 등을 보유하고 있다. 주요한 기사 중심으로 연대순을 배열되어 있거나 다른 적절한 순서로 찾아 볼 수 있게끔 하고 있다. 신문에 대한 정보의 접근은 기사표제에 의해서 선별하면 된다. 〈표 5.4〉에서 확인할 수 있다.

표 5.4 신문에 대한 정보 접근

부서	정보
사망기사	가족, 前주소, 前직업, 다른 배경 정보, 사진 혹은 기호에 관한 기사
광고	신용 기록, 상업관계
사설	주요 기사, 상업활동, 지역범죄, 기타 다른 것들
시사 평론가	약력, 정치 경력

일반적으로 신문들은 저장의 목적으로 마이크로 필름형태로 보관되어진다. 혹시나 기사에 관한 특별한 기록이나 배경을 알아보려고 한다면 사서에게 물어보면 된다. 물론 그런 것들을 지원하는 온라인 시스템이 있다. 그것은 아래와 같다.

- AP news
- Business Wire
- Chicago Tribune
- Financial Times Fulltext
- Japan Economic Newswire
- Mcgraw-Hill news
- Newswire ASAP
- PR newswire
- Reuters
- UPI news
- USA Today Decisionline
- Washington Presstext

2018, www.passhe.edu/executive/academic/kln/Pages/default.aspx.

4.4 인터넷과 웹 기반 검색

인터넷, 다양한 웹 위치 및 검색 엔진을 사용할 때 많은 정보가 탐정에게 임의로 제공된다. 가장 일반적으로 사용되는 검색 엔진은 다음과 같다.

- Google
- Bing
- Yahoo
- Ask.com
- AOL.com
- 인터넷 아카이브

이러한 모든 검색 엔진은 디자인상 일반적인 경향이 있으며, 탐정이 더 자세히 볼 때, 전문화된 정보를 수집하는 인터넷 용량은 매우 집중적인 검색 매체에 의존할 것이다.[32]

4.4.1 소셜 미디어 검색

LinkedIn, Facebook, Twitter, Instagram 및 기타 그러한 서비스의 형태로 소셜 미디어는 조사자에게 풍부한 정보의 원천이며, 조사 대상의 전반적인 활동과 사고방식에 대해 많은 정보를 얻을 수 있다. 미디어 게시물, 상태 업데이트, 사진 및 온라인 대화 내용을 검토하면 그 주제에 대해 많은 것을 알 수 있을 것이다. 실제 소송, 국내 관계 및 양육권 싸움을 포함한 특정 유형의 사례들은 이 검토에서, 또는 성격과 배경에 대한 개요로서 큰 이익을 얻는다. 탐정은 다음과 같은 소셜 미디어 사이트에서 데이터를 추출할 수 있다.

32) Kimberly Faber, "Investigators Share Which Databases They Prefer to Use," PInow.com, April 3, 2017, www.pinow.com/articles/2087/13-investigators-share-what-databases-they-prefer-to-use.

- 페이스북
- 트위터
- 인스타그램
- 유튜브
- 텀블러
- 인터넷 메시지 서비스[33]

4.5 전문협회와 단체들

많은 준(準)개인 그리고 비(非)영리협회들, 단체들 그리고 재단들이 상당히 중요한 정보들을 제공해 줄 수 있다. 백과사전협회와 대부분의 도서관에서 찾아질 수 있는 참고도구다. 12,500여개가 넘는 협회목록을 제공하고 있으며, 아래와 같은 목록들을 포함하고 있다:

① 무역과 상업에 관련된 조직

② 농업 기관 그리고 상품교역기구

③ 정부행정조직, 국방조직, 법률기관, 공공행정기관

④ 자연과학, 엔진이어링, 기술관련 조직

⑤ 교육, 문화 조직

⑥ 의료 건강 조직

⑦ 사회복지 조직

⑧ 공공정책 조직

33) "Social Media Investigation," PInow.com, accessed September 8, 2018, www.pinow.com/investigations/social-media-investigations.

⑨ 자국에 있는 외국단체에 관한 조직, 인종관련 조직, 국가관련 조직

⑩ 종교 조직

탐정들이 기억해야 할 몇몇의 중요한 조직들은 다음과 같다:

The Better Business Bureau : Bureau는 매년 전국규모의 방대한 불평과 불만 사항에 관해 접수한다. 이 기관은 사기꾼이나 도덕적으로 불량한 이들에 대한 파일을 관리 한다. 이 기관 의 소재지는 Better Business Bureau, 230 Park Avenue, New York, NY 10017이다.

미국 상무부(Department of Commerce) : 타국의 재정상태와 무역과 유동성 재정에 관한 기초적인 정보를 제공하는 기관이다. 상무부는 미국 전역 에 지역사무소를 두고 있다. United States Department of Commerce, Washington, DC 20230이 소재지이다.

4.6 자동차 기록들(Auto Records)

조사자는 자동차와 그 차주에 대한 정보를 수집하는 것이 완전하거나 부분적일 때, 정부, 준공공기관 또는 민간 등 다른 기관을 찾을 것이다. 예를 들어, 미국 상무부는 음주 운전이나 고속도로 안전 법규를 위반하여 차량 사망사고를 초래한 경우 운전면허나 면허가 취소된 개인에 대해 기록을 보관한다. American Association of Motor Vehicle Administrators와 the American Trucking Association는 탐정들이 특정 자동차 기록을 확인하는 데 도움이 되는 정보 책자를 가지고 있다. The National Automobile Dealers Association는 관련 분야의 자동차 딜러, 판매원 등에 대한 면허 요건을 기재한 간행물을 발행한다.[34]

34) Federal Bureau of Investigation, Training Division, Economic and Financial Crimes Training Unit, Guide to Sources of Information (Washington, DC: U.S. Government Printing Office, 1980): 65-68; Federal Bureau of

자동차 절도, 사기, 보험계약의 경우 막대한 지원을 받는 것은 1992년 미국 National Automobile Theft Bureau(NATB)과 Insurance Crime Prevention Bureau (ICPI)의 합병으로 설립된 비영리 단체인 미국 National Insurance Crime Bureau (NICB)의 일이다. NICB의 임무는 보험사, 법집행기관, 시민단체들이 데이터 분석, 조사, 교육, 입법 지원 등을 통해 보험사기와 범죄를 예방하고 퇴치하기 위한 공동의 노력을 주도하는 것이다.[35]

차량 식별 번호(Vehicle identification number, VIN)도 NICB의 데이터 은행 내에 보관되며, 인양 및 도난 부품과 관련된 정보도 보관된다. 탐정은 또한 자동차 도난방지 및 감지의 기술을 강조하는 상업용 매뉴얼을 구입하기를 원할 수도 있다.

탐정은 공적인 자료를 이용하든, 사적인 자료를 이용하든, 자신의 수사 방향을 지지, 반박 또는 확립할 수 있는 충분한 자료를 수집, 확보, 분석, 해석해야 한다. 증거 출처는 사실의 범위와 수사관의 상상력, 창의력, 인내력, 논리력, 연역적 추론에 의해서만 제한된다.

Investigation, Domestic Investigations and Operations Guide (Washington, DC: U.S. Government Printing Office, 2008), https://fas.org/irp/agency/doj/fbi/diog.pdf.

35) "About NICB," National Insurance Crime Bureau, accessed September 8, 2018, www.nicb.org/ about-nicb.

5 배경조사

보안업체는 국내, 민사, 범죄, 사고 및 기타 사례에서 다수의 의뢰인을 대상으로 광범위한 신원 조사를 수행한다.[36] 회사가 임원을 고용하려고 하든, 아니면 연방정부의 예비 직원이 보안업계의 독립적인 계약자들에 의해 면밀히 조사받고 있든 간에, 배경조사는 보안업계의 주요 요소다. 예비 직원을 위한 배경조사는 다음과 같은 중요한 문제를 해결함으로써 그렇지 않으면 존재하지 않을 고용에 대한 확신을 제공한다:

- 후보자가 해당 직책에 적합한지 여부 결정
- 회사의 명성 및 조직 자산 보호
- 부주의한 고용 클레임으로부터 보호
- 다른 직원의 안전 보장
- 직원 도난 방지[37]

다른 형태의 조사와 마찬가지로, 접근정책은 어지럽게 다양하지만 연방, 주, 지방 기관 내의 정보는 공공 기록이다.

36) Amy Thomson, "Valuable Files to Review in a Background Investigation," PInow.com, August 14, 2013, www.pinow.com/articles/1683/valuable-files-to-review-in-a-background-investigation; subjects can also be tracked by cell phone monitoring. See also Michael Kissiah, "Private Investigator Software," eInvestigator.com, February 7, 2018, www.einvestigator.com/private-investigator-software/.

37) "Background Check: How Do You Conduct a Background Check," PInow.com, accessed September 8, 2018, www.pinow.com/investigations/background#3.

> 시청, 법원, 군청 등에서 볼 수 있는 이 정보는 재산 행위와 직함, 소송 기록, 결혼, 출생, 사망, 유언, 재무제표, 재산 양도, 세금 채권, 기계류 채권, 재산세, 군 제대, 이혼, 범죄 혐의, 정신이상 청문회 기록 등을 포함한다.[38]

공공기록물 접근에 있어 일정한 공통적인 특징이 있지만, 탐정은 주마다 다른 미묘한 차이(nuances)에 익숙해질 필요가 있다. 대부분의 지방 법원에서는 재산, 유권자 등록, 주택 담보 및 행위, 세금 채권 및 책임, 이혼, 결혼, 입양 및 전과와 관련된 정보에 쉽게 접근할 수 있다. 보안 회사들은 보통 탐정에게 이러한 조사를 완료하기 위해 표준화된 양식을 제공한다. 배경조사보다 정보를 더 잘 수집하는 조사자의 능력을 시험하는 다른 연습은 없다.

주 차원에서, 배경조사를 위한 기록의 많은 부분이 현재 온라인이다. 정확히 무엇이 이용 가능한지는 관할권에 따라 달라질 것이다.

재산기록

- 토지 기록 및 증서
- 압류 및 세금 공제 판매
- 평가자 및 재산세 기록
- GIS 및 지도

인구 통계

- 유전 기록
- 출생 기록
- 사망 기록
- 결혼 기록

일자리와 고용

- 직원 디렉터리
- 정부 일자리 및 고용 목록

범죄 및 법정 기록

- 영장
- 교도소 및 수감자 기록
- 성범죄자 등록
- 법원 기록

자격증 및 허가

38) Fuqua and Wilson, "Handbook": 18; Frazer, "Investigations &Privacy Rights."

- 이혼 기록

지역사회 보건 및 안전

- 지속 가능성과 환경위생
- 교통 카메라 및 보고서
- 범죄 및 범죄 데이터

- 사업허가증
- 계약허가증
- 전문자격증
- 변호사 협회
- 허가 및 검사

코드, 규정 및 기타 소스

- 법률 및 규약
- 투표자 및 선거 정보
- UCC 파일링
- 미청구 재산[39]

이러한 유형의 조사를 적절히 수행하기 위해 조사자는 다음 사항을 고려하고 평가해야 한다.

- 개인 생활 및 정보
- 차량 기록
- 고용 이력
- 경제적 이익(예: 부동산, 자산)
- 범죄력
- 교육 배경
- 평판과 성격
- 금융 행위[40]

39) "Public Records Search," Online Searches, accessed September 8, 2018, https://publicrecords.onlinesearches.com/.

40) Scott B. Fulmer, "Conducting Background Checks—10 Tips for Private Investigators," PInow.com, April 12, 2011, www.pinow.com/articles/337/conducting-background-checks-10-tips-for-private-investigators; PInow.com, "Background Check," www.pinow.com/investigations/background.

배경조사는 〈표 5.5〉에 요약되어 있다.

표 5.5 배경조사 확인 양식

배경조사 확인 작업표

사건 명: ______________________

사건 번호: ______________________

조사관: ______________________

개인 정보	**차량국 기록**
주민등록번호: ________	성명: ________
생년월일: ________	주소: ________
신장: ________	________
체중: ________	생년월일: ________
눈색: ________	취득일: ________
머리색: ________	만료일: ________
성별: ________	급수: ________
인종: ________	제한: ________
추가 사항 : ________	정지/취소: ________
________	________
________	________

범죄 경력:

____

____

____

____

조직범죄 경력:

____

____

____

____

추가 사항:

____

____

____

____

____

검색된 정보의 일부는 컴퓨터가 준비된 데이터베이스를 통해 접근할 수 있다. 〈표 5.6〉을 참조하라. 많은 보안 회사들은 현재 데이터베이스와 온라인 서비스에 가입하고 있으며, 그 예들은 이 장의 이전 절에서 언급되었다. 컴퓨터 서비스 요청 양식에는 데이터베이스 가입 서비스의 여러 가지 옵션이 정리되어 분류되어 있다.

표 5.6 컴퓨터 서비스 요청 양식

컴퓨터 서비스 요청 양식

사건 명:	대상자 이름:
사건 번호:	대상자 주소:
조사관:	
날짜:	대상자 생년월일:
요청자:	대상자 주민등록번호:
수행된 검색:	국가:
참고된 검색:	대상자 추가사항:
비용: 지불 여부:	
□ 신용카드 확인	□ 운전면허증
□ 예비 자산 검색	□ 차량등록증
□ 전국적인 위치	□ 자동 이름 색인
□ 취업 전 조사	□ 국가 운전면허증
□ 예비 배경조사	□ 국가 자동 번호 지표
□ 전국적 취업 전 조사	□ 국가 상호명 기록
□ 형사 기호 식별(Sleuth SID)	□ 사업용 공공 기록
□ 국가 식별자 검색	□ 사업 신용 기록
□ 주(州) 내 공공 기록	□ 국가 사업 보고서
□ 이사 기록	□ 사업 사실기반 정보 보고서
□ 온라인 재산 검색	□ 특별 요청
□ 국가 재산 검색	□ 신문잡지 색인
□ 국유 재산	□ 국가 항공기 소유기록 검색
□ 주 전역의 UCC	□ 국가 UCC
□ 주 전체의 결혼과 사망기록	□ 전과 기록
□ 우범 및 도시 범죄 지수	□ 전국 민사법원 색인
□ 선거인 등록	□ 근로자 보상 청구 소송
□ 연방 법원 기록	□ 다주(多州) 기업 법인 기록

6 물적 재산 명의 검색

부동산 기록의 영속성은 조사관들에게 신뢰할 수 있는 자료 출처를 제공한다. 과거 및 개인 정보가 풍부한 명의 검색은 특정 고객에 대한 많은 정보를 보여준다. 명의 목록의 연결고리는 다음과 같은 많은 유용한 정보를 나열한다.

- 사업 허가자 그리고 이전 파트너 및 협력업체
- 대출
- 신용 이력
- 친척 및 기타 개인 정보
- 결혼 및 이혼
- 이전 거주지 및 주소
- 민사 행위
- 재무적 가치 수준
- 건축 허가서
- 세금 공제 또는 이전 의무를 충족하지 않음
- 저당권말소증서(Satisfaction pieces)
- 파트너십 및 기타 공동 투자자
- 범죄 행위/사기
- 신뢰의 존재(Existence of trusts)
- 법적 소유자 대 공평한 소유자
- 유치권(Lien) 및 기타 확보된 이익

다양한 관할구역이 부동산 거래를 기록하고 분류하는 방법은 다양하지만, 일정한 관행도 있다.[41] 검색 및 분석할 수 있는 제목은 다음과 같다:

- 보조금(판매자) 지수
- 허가자(구매자) 지수
- 토지세 번호(Tax parcel number)
- 배치도
- 거래일
- 거리 주소
- 증서 번호
- 증서 장부

이러한 표준적인 소유권 추적방법이 막다른 골목으로 귀결될 경우, 조사자는 권리서 초본 평가, 세금신고 및 기록, UCC 유치권 파일링, 제2, 제3의 담보대출 파일링(담보대출장부를 살펴보기), 감정, 약속 어음 등을 평가하는 대체적인 방법과 수단을 가지고 있다. 토지 기록 검색 시 정보를 기록하는 데 유용한 도구는 〈표 5.7〉에 있다.

41) See Charles P. Nemeth, Reality of Real Estate (Upper Saddle River, NJ: Prentice Hall, 2007); Michael Sankey, A Primer on Searching Recorded Documents, Judgments, and Liens, accessed September 8, 2018, www.prrn.us/documents/Searching.pdf; Public Record Retriever Network, Tip Sheet for Searching Court Records, accessed September 8, 2018, www.prrn.us/documents/CourtTipsheet.pdf.

표 5.7 [42] 토지기록 검색 양식

TITLE SEARCH

1. Client: ______ File No.: ______
2. Current Owners (As title is vested): ______
3. Brief Property Description: ______
4. ______ County taxes paid through: ______
   City or Town of ______ taxes paid through: ______
   See attached tax sheet for listing information.
5. Res. Cov.: Book ______ Page ______ & Date of Recording ______
   Amended.: Book ______ Page ______ Date of Recording ______
   Amended: Book ______ Page ______ Date of Recording ______
   Set back:
   Front: ______
   Side: ______
   Rear: ______
   Utility Easements: ______
6. Map Information:
   Book/Cabinet: ______ Page/Slide: ______
   Set Backs: Front: ______ Rear: ______
   Side: ______
   Easements ______
   Does Survey Match Plat? ______
7. Means of Access: ______
8. U.C.C.'s: (only HHG or fixture filings) - None
   File No.: ______
   Grantor: ______
   Grantee: ______
   Date: ______
   Collateral: ______
9. DT's:

Book/Page	Grantor	Trustee	Beneficiary	Inst. Date	Date Rec.	Face Amt.

10. Judgments: ______
11. Suits Pending: ______
12. Special Proceedings: ______
13. If Corporate Party, Name of Record: ______
14. Home Owner's or Property Owner's Assessments: ______
15. Are there any grantors in chain not joined by spouses?
    Name: ______
    Book/Page: ______
    Marital Status: ______
16. Are there any estates in chain?
    Decedent: ______
    Date of Death: ______
    Administration Info.: ______
    Tax Certificate: ______
17. Utility Easements:

Instrument	Book/Page	Grantor	Grantee	Inst. Date	Date Rec.

18. Are there any other defects or caveats?
19. Search period was from:
    Date and Time of Recording: ______
    of ______ (deed, will, DT)
    from: ______ to: ______
    (Trustee) for: ______ (Beneficiary)
    face amount (if DT): ______
    to: ______, ______.m., ______ day of ______, 19 ______.
20. SD Memo: ______ attached
    Title Policy: ______ attached
    Title Opinion: ______ attached

Last out in current Owners Outs: ______
Have you drawn out metes and bounds calls or have a copy of a survey? ______
Abstractor:

42) North Carolina Bar Foundation, II Practical Skills Course (1988): 57-58.

7 결론

정보 수집은 어떤 탐정에게도 중요한 기술이다. 그것이 범죄든 시민이든 모든 사건을 뒷받침하는 생명선과 같다. 확실한 조사 기법은 초기 인터뷰부터 사후 평가까지 모든 사례의 시작부터 효과적인 수집 기법에 의존한다. 무엇을 찾고 모아야 하는지 아는 것 말고도, 수사관은 현재와 미래에 사용하기 위해 정보를 준비하고, 저장해둘 필요가 있다. 이 장에서 독자는 다양한 정보 수집 전술, 출처 자료, 정보를 쉽게 이용할 수 있는 장소, 그리고 각 유형의 사례에서 고유한 많은 조사 요구에 노출되었다. 따라서 이 장에서는 지역 도서관, 인구 통계 또는 보고 역할을 하는 정부 기관에서 정보를 수집하는 방법과 장소를 다룬다. 말 그대로 어디서 정보를 찾을 것인가에 대한 수백 가지의 제안들이 장 전체에 뿌려져 있다.

아울러, 독자는 자동차 사고와 과실, 범죄와 경범죄, 산업재해와 장애, 보험사건, 부동산 소유권, 실종자와 목격자의 위치와 같은 일반적인 수사 상황에 대한 구체적인 의뢰를 받는다. 효율적인 사건 파일을 만들기 위해 그 정보를 어떻게 정리할 것인가는 이 장의 또 다른 주제다. 마지막으로 독자들은 데이터베이스와 렉시스와 페이스북과 같은 검색 서비스를 사용하여 가상 세계에서 정보를 수집하는 방법에 대해 배운다. 요컨대, 이번 장은 성공적인 조사를 위해 충분하고 신뢰할 수 있는 정보를 보장하는 데 필요한 정보 수집 단계와 기법을 제공한다.

제 6장

증거의 수집과 현장보존

1. 서론
2. 수사 기법: 초기 증거수집 전략
3. 수사 기법: 현장 스케치 및 다른 그래픽 묘사
4. 수사 기법: 사진촬영에 의한 증거 (PHOTOGRAPHIC EVIDENCE)
5. 수사 기법: 서증화(DOCUMENTARY EVIDENCE)
6. 수사 기법: 의료 보고서(진료기록)
7. 수사 기법: 경제적 손실관련 기록
8. 수사 기법: 증거의 보전
9. 결론

1 서론

기본적인 조사실행에 있어서 경찰관에게는 범죄현장 보호와 증거의 보존이 요구된다.

"수집, 보존 및 증거의 온전성 보장"[1]은 수사 기법의 핵심이다. 이것은 절도로 의심되는 사건뿐 아니라 방화에 의한 보험조사, 사기, 교통사고, 테러행위, 폭탄위협, 요인경호에 대한 위협, 호텔이나 대학 등으로의 침입, 폭력적인 노동투쟁의 노동자 배상과 같은 범죄행위를 포함하는 어떤 유형의 사건에 있어서도 마찬가지이다. 공무를 수행하는 경찰관에게 요구되는 기술과 능력은 사설탐정에게도 똑같이 적용된다. 이 장에서는 증거보전과 현장보존을 보증하는 탐정들이 사용하는 방법과 기술들에 대한 포괄적인 분석을 다룬다.

현장에서 철저하고 유용한 증거 수집을 확보하기 위해서 탐정들은 특정한 도구를 필요로 할 것이다. 이 도구들은 다음의 것을 포함한다:

필수 용품:

- 수첩
- 멸균 비닐백(Biohazard bags)
- 체액 체취 키트(Body fluid collection kit)
- 플래시 기능이 있는 카메라(여분의 필름 혹은 메모리카드)
- 주조재료(Casting materials)
- 동의 및 수색 서류 양식
- 견고한 무기 및 탄약 상자용 컨테이너, 문서 복구를 위한 시트 면으로 된 파이 박스, 화일 폴더
- 증거 인감/테이프
- 응급 처치 키트
- 플래시라이트 및 여분의 배터리
- 고강도 조명
- 최신 프린트 키트

1) Charles P. Nemeth, The Paralegal Resource Manual, 3rd ed. (New York: McGraw-Hill, 2008): 338; Susan Geoghegan, "Lessons Learned in Evidence Management," Law &Order 62, no. 6 (2014): 26-28.

- 출입금지 테이프
- 절단 기구(나이프, 박스 커터, 메스, 가위 등)
- 방향 지시표
- 소독제(예: 10% 표백제)
- 증거 표지(숫자, 플래카드)
- 핀셋
- 돋보기
- 측정 장치
- 유성마커
- 개인 보호 장비(Personal protective equipment, PPE)
- 사진 축척(자)
- 혈액검사용품(Presumptive blood test supplies)
- 스케치 용지

선택사항:

- 오디오테이프 녹음기
- 혈흔 패턴 검사 키트
- 명함
- 분필
- 화학반응 증폭 용품
- 나침반
- Entomology(곤충) 수집 키트
- 연장 코드
- 플레어
- 법의학적 광원(대체 광원, UV 램프/레이저, 고글)
- 발전기
- 총상 잔류물 키트
- 레이저 궤적 키트
- 지도
- 표시용 페인트/snow wax
- 금속탐지기
- 거울
- 전화 목록(중요 번호)
- 개인생활용 칸막이
- 궤적 측정용 돌출 봉 세트(Protrusion rod set)
- 반사색조 조끼
- 냉동 또는 냉각 장치
- 필터가 있는 호흡기
- Roll of string
- 고무줄
- 성폭행 증거 수집 키트(피해자 및 가해자)
- 족적 리프팅 장비
- Templates (scene and human)
- 온도계
- 원뿔형의 도로 표지
- 궤적 막대(Trajectory Rods)
- 비디오 레코더
- 무선 전화

특정 증거 수집에 대한 키트에는 다음이 포함될 수 있다.

혈흔 수집:

- Bindle
- 동전 봉투
- 일회용 메스
- 증류수 또는 일회용 살균수 점적기
- 증거 표지
- 건조 상자(Drying box)
- 라텍스 장갑
- 사진 눈금자(ABFO 척도)
- 화학물질 검사(Presumptive chemical)
- 면봉

지문:

- 접착제 및 젤라틴 이송 재료
- 브러시
- 화학반응 증폭 용품
- 의료용 순간접착제
- 예비 수집을 위한 지문 잉크 패드, 카드 및 카드 홀더
- 손전등
- 법의학적 광원
- 8.5 × 11 인치 리프트 카드
- 리프트 테이프(Lift tape)
- 측정 척도
- 분말

혈흔 패턴 문서:

- ABFO 스케일
- 계산기
- 레이저 포인터
- 유성매직
- 각도기
- 줄
- 테이프

전자 혹은 디지털 증거 복원:

- 정전기 방지 가방
- 에어캡 및 기타 포장재
- 케이블 마크와 타이
- CD 및 3.5인치 디스켓
- 패러데이 백(Faraday bag)
- 손수레
- 너트 드라이버(육각형 및 별형)
- 펜치
- 고무줄
- 돋보기
- 프린터 용지
- 드라이버 비트
- 나사 드라이버
- 소형 비자성(nonmagnetic) 핀셋
- 와이어 커터

발굴 및 증거 복원:

- 도로 표지
- 증거 지표
- 손공구(망치, 끌/나사 드라이버, 의료용 핀셋, 작은 톱, 박스 커터, 석고 톱 등)
- 금속탐지기
- 페인트 붓
- 삽
- 채반(Sifting screen)
- 줄
- 저울계
- 목재/금속 말뚝

흔적- 신발, 타이어, 공구:

- 그릇/혼합 용기
- 상자
- 캐스팅 키트(Casting kit)
- 치과용 경질석고(Dental stone)
- 증거 식별기
- 재질/원료 목록 표
- 측정 척도
- 수정 마커
- 눈 위에 흔적을 보존하는 왁스(Snow print wax)
- 교반스틱(Stirring sticks)
- 물

Pattern print lifter:

- Chemical enhancement supplies
- Electrostatic dust lifter
- Gel lifter
- Wide format lift tape

미세증거 수집:

- 아세테이트 시트 프로텍터 또는 클리어 이차 라이너
- Bindle paper or weigh paper for bindles
- 두꺼운 방습지(Butcher paper)
- 2.5~4인치 폭의 실링 테이프
- 면봉
- 손전등(경사광)
- (일회용 또는 깨끗한) 핀셋
- 밀폐된 회전형 뚜껑이 있는 병
- 뚜껑이 있는 금속 마찰 캔(Metal friction lid can)
- 슬라이드 및 슬라이드 메일러
- Trace evidence vacuum with disposable collection filters
- 이송용 피펫(유리 또는 플라스틱)[2]

2) National Forensic Science Technology Center, Crime Scene Investigation: A Guide for Law Enforcement (2013), www.nfstc.org; George Schiro, "Collection and Preservation of Evidence," Crime Scene Investigator Network, accessed September 9, 2018, www.crime-scene-investigator.net/evidenc3.html; Wisconsin Dept of Justice, Crime Laboratory Bureau, Physical Evidence Handbook (2017), https:// wilenet.org/html/crime-lab/physevbook/physical-evidence-handbook-2017.pdf; Salisbury University Police Department, "Chapter 83—Collection and Preservation of Evidence," www.salisbury.edu/police/Written_Directives/Chap83.pdf; Federal Bureau of Investigation, Crime Scene Investigation: A Guide for Law Enforcement (2000), https://archives.fbi.gov/archives/about-us/lab/forensic-sciencecommunications/fsc/april2000/twgcsi.pdf; Indiana Law Enforcement Academy, Criminal Investigation Manual, www.in.gov/ilea/files/Criminal%20Investigation%20Manual%20Rev%202.pdf.

2 수사 기법: 초기 증거수집 전략

만약 보안탐정이 운(運)이 좋아 민사사건이나 범죄현장에 일찍 들어가 볼 수 있게 된다면, 인명피해나 재산 혹은 밀수품의 손실이든 간에, 현장의 물리적인 원형을 보존하는 것이(사건발생 주변의 상황과 증거의 보존)원초적이고 매우 중요한 책무가 된다.

이러한 최초 현장조사는 법적으로 허용되고 공공(公共)정의의 기능을 간섭하거나 방해하지 않는 계획적이고, 통합적이며, 정당한 행위여야 한다. 명백히 하기 위해서, 보험 회사의 탐정들은 공법(公法)집행에 접근하거나 발표하는 것에서 그들의 신분과 의도상 매우 신중해야 한다. 예외 없이, 공적인 행동, 기능 혹은 활동에 대해서는 탐정들 또한 양보해야 한다. 합법적으로 인정되어 조사에 관계를 갖고 있는 사람들만이 현장에 들어가도록 허가되어야 하며 그러한 인원수는 최소화되어야 한다. 대체로, 현장에 출입하는 사람의 수가 많을수록 현장은 더 심하게 훼손될 수 있다.

최초 현장 입장에 있어서 두 가지 기본적인 우선사항이 조사행위를 지배한다:

① 신체적, 사실적, 문서적 그리고 실체적인 증거의 취득과 보존.

② 동기와 범죄수법(modus operandi)에 관한 정신적 인상에 관한 기록.

진입 즉시 조사자는 보존을 위해 현재 존재하는 사건 및 조건을 포착하기 위해 모든 노력을 기울여야 한다. 美법무성은 「범죄현장탐구와 물리적 증거 안내서」라는 제목의 사법과 공

법집행에 관한 서적을 출판했다.[3] 그 책은 초동적 조사의 긴급함을 강조한다:

> 그 밖의 다른 생각들은 제쳐 놓고, 조사자는 범죄현장을 매우 동적인 것으로 간주해야 하는데, 그것은 변화를 겪고 있는 상태를 말하며, 각각의 아이템들이 포함하고 있는 증거로서의 가치는 쉽게 떨어질 수 있으며 범죄 현장은 훼손되기 쉬운 것으로 간주해야 한다. 일반적으로, 현장을 적절하게 조사하는 데는 딱 한 번의 기회가 있다. 그 사건에 대한 충분한 사전조사를 하는 것은 그 기회를 최상의 장점으로 이용할 수 있도록 돕는다.[4]

수사관이 현장을 보존하는 것은 가장 중요한 책임이다. 현장을 장기간 방치한다면 단지 시간만 흐른다 해도 어떤 단서도 남아 있지 않기 때문이다.[5]

탐정은 우선 자신보다 앞서 현장에 왔던 사람들에 의해서 축적된 모든 정보와 의견을 계산에 넣어야 한다. 잠재적으로 증거가 될 만한 가치를 가지고 있는 아이템이나 자료에 대해서 다른 경찰관들이 인식하고 있는 것과 마찬가지로, 명백한 물리적 초점이나 범죄의 요점들은 이 정보 교환에서 특별한 관심거리가 된다.[6]

범죄 현장 무결성 유지의 시작은 현장에 있는 첫 번째 경찰관이나 수사관의 관찰로 시작되며, 이는 다음과 같은 단계를 구성한다.

---

3) U.S. Department of Justice, National Institute of Justice, Crime Scene Search and Physical Evidence Handbook (U.S. Government Printing Office, 1973); National Forensic Science Technology Center (NFSTC), Simplified Guide to Crime Scene Investigation (2009), www.forensicsciencesimplified.org/csi/CrimeSceneInvestigation.pdf; FBI, "Crime Scene Investigation."

4) Ibid.: 15; see also NIJ, Death Investigation: A Guide for the Scene Investigator (2011), www.ncjrs.gov/pdffiles1/nij/234457.pdf; NFSTC, "Simplified Guide"; FBI, "Crime Scene Investigation."

5) Geoghegan, "Lessons Learned." See also Texas Department of Public Safety, Crime Scene Response: Standard Operating Procedures (2011), https://txdpslabs.qualtraxcloud.com/ShowDocument.aspx?ID=43042.

6) Ibid.; NFSTC, "Simplified Guide"; FBI, "Crime Scene Investigation."

a. 주소/위치, 시간, 날짜, 통화 유형, 관련자 등, 메모 또는 기록 발송 정보.

b. 범죄 현장을 떠나는 사람이나 차량을 주의하라.

c. 조심스럽게 현장에 접근하여 전체 지역을 스캔하여 현장을 철저히 평가하고 가능한 2차 범죄 현장을 기록한다. 범죄와 관련이 있을 수 있는 사람과 차량을 주의하라.

d. 현장을 평가하고 진행하기 전에 경찰관 안전을 보장하기 위해 초기 관찰(보기, 듣기, 냄새 맡기)을 한다.

e. 주의를 기울이고 경계하라. 그렇지 않다고 판단될 때까지 범죄가 계속된다고 가정하라.

f. 다른 것으로 평가되고 결정될 때까지 그 장소를 범죄 현장으로 취급한다.[7]

똑같이 타당한 충고가 펜실베이니아 주(州) 경찰의 "범죄실험실"운영매뉴얼에서 나오는데 이것은 확실히 사전조사의 기능에 초점을 맞추고 있다:

- 조사의 목적을 형성하고 무엇을 조사할지 결정하기.
- 먼지에 찍힌 구두자국, 발자국 등 쉽게 훼손될지 모르는 증거에는 각별한 주의 기울이기.
- 사진, 지문, 증거 취급의 임무를 할당함으로써 수색을 조직하기.
- 수색 유형을 결정하고 요원을 돕기 위해 사건 설명하기.[8]

물리적 증거를 보전할 필요성은, 고유한 현장의 어떠한 왜곡과 이상을 막기 위해서 혹은 적어도 최소화하기 위해서라도 비상선을 치고 사건현장의 물리적 상황을 보호하는 단호한 시도를 요구한다. 다음은 몇 가지 물리적 증거 수집을 위한 기본 유형의 개요다.[9] 물리적 증

7) United States Department of Justice, Crime Scene Investigation: A Guide for Law Enforcement (2000): 11.

8) Pennsylvania State Police, Crime Laboratory 2.1 (1985); Texas Department of Public Safety, Crime Laboratory Service, Physical Evidence Handbook (2007), www.crime-scene-investigator.net/evidence_manual_TX.pdf; Wisconsin DOJ, "Evidence Handbook."

9) For a fascinating look at the new world of electronic crime scenes, such as computer hard drives, and the need for first responders to exercise the same caution on approach to a crime scene, see National Institute of Justice,

거를 위한 점검표〈표 6.1〉는 형사 · 민사상의 모든 소송에 활용된다.

표 6.1 [10] 물리적 증거수집을 위한 점검표

물리적 증거 수집을 위한 점검표			
	조사	예	아니오
a	언제, 어디서, 왜 그런 일이 일어났는가?		
b	피해자는 누구인가		
c	가능한 동기가 있는가?		
d	가해자는 어떻게 범죄현장에 진입하게 되었고 어떻게 현장을 탈출하게 되었는가? 언제 그랬는가?		
e	선별된 소수 중에서 가해자를 찾을 것인가?		
f	특정 개인을 의심할 수 있는가? 왜 그런가?		
g	가해자에 대한 인상착의가 있는지요? 성과는 무엇인가?		
h	사용된 차량에 대한 정보가 있는가?		
i	범죄 현장이나 피해자에게서 빠진 게 있나?		
j	가해자가 추적할 수 있는 어떤 것을 남겨 놓았는가?		
k	범죄와 연관될 수 있는 다른 사건, 문제, 상황 또는 관찰이 있는가?		
l	특정 지역이 1차 범죄 현장인지 아니면 단지 발견 장소와 다른 곳에서 범죄가 일어났는지 결정하고 만일 그렇다면, 1차 범죄 현장을 확보하라		

Electronic Crime Scene Investigation: A Guide for First Responders, 2nd ed. (2008).

10) See also National Institute of Justice, Crime Scene Investigation: A Reference for Law Enforcement Training (2004).

수사관의 활동 점검표			
	활동	예	아니오
1	**누가 그 사건을 보고 받았는가?** – 어떻게 받았는가? – 언제(시간) 받았나?		
2	**누가 그 사건을 보고했는가?** – 이름, 주소 – 전화 번호 – 관련자가 가까운 장래에 도달할 수 있는 위치		
3	**사실을 담은 정보** – 무슨 일이 있었나? – 시간, 장소 – 사건을 둘러싼 정황은 어떤가? – 용의자의 신원이 확인되었는가? – 무기가 있는가?		
4	**수행된 초기 조치:** – 날짜, 시간 – 담당자		
5	**대응시간?**		
6	**관련 기록(log book)은 있는가?**		
7	**현장에 도착한 첫 번째 담당자가 수행한 조치** **a. 살인: (아직 시체가 있는 현장)** – 사후 변화 – 사냉(死冷): 멈춘 혈액순환 – 사반(死斑): 차가운 몸 – 사후 경직: 경직되고 굳은 몸 – 응급조치는? – 현장이 1차 범죄 현장인가, 찾아낸 장소(finding place) 인가? **b. 살인 : (병원으로 데려온 시체)** – 경찰이 즉시 병원으로 가라고 지시했나? – 피해자의 옷은 확보 했는가? – 병원 관계자 인터뷰 – 누가 시신을 병원에 데려왔는가? – 의류는 어떻게 취급되고 있는가? – 지갑 보유 – 휴대폰 – ID 카드 – 기타 항목 등 – 총기가 발사된 경우 화약 잔류물 추출을 위한 파라핀 주조		

수사관의 활동 점검표			
	활동	예	아니오
	c. 납치/유도: – 납치된 사람에 대한 정확한 묘사가 있는가? – 납치 당시 주변의 모든 상황을 정확하게 묘사했나? – 치과 기록 및 엑스레이 사진을 수집했는가? – 진료기록 및 엑스레이 사진을 수집했는가? – DNA를 가지고 있는 물건(칫솔, 면도기, 빗)? – 지문? – 비교할 친인척(우선 어머니)의 샘플? – 사진? – 경고등?		
	d. 모든 경우: – 가해자의 잠재적 은신처, 출입항 등을 고려해 범죄 현장 주변의 충분히 넓은 지역 차단 – 차단된 범죄 현장을 보호하고 외부 요인에 의해 파괴될 수 있는 증거 확보 – 범죄 현장에 들어온 모든 사람을 기록하거나 메모하라 – 구경꾼이 있는가? 그들을 기록하거나 메모하라 – 범행 현장(조명, 냄새, 창문)의 문서화(사진 또는 스케치) – 현장 주변(주거, 상점, 버스 정류장, 식당 등과 경비원, 거리 청소원 등)을 기록한다 – 주변/지역(잠재 목격자)에 주차된 차량의 등록번호를 기록하라 – CCTV 확인 – 휴대폰 확인		
8	**범죄 현장 조사:** – 절차(프로토콜)의 결과는? – 문서화(사진, 비디오, 스케치)? – 채취한 샘플? – 추가 법의학적 조사? – 결과? – 초기 Police Line 해제 결정은 신중했는가?		
9	**조직 설정:** – 구조 – 자원배분(재원) – 담당 공무원 – 우선순위 및 방향 – 작업 – 문서화 – 브리핑 – 보강 계획 – 언론 관계 (기사 모니터링 및 수집, 기타 언론 보도)		

수사관의 활동 점검표			
	활동	예	아니오
10	**경보**: 다른 경찰서와 인근 지역의 부대들은? 순찰 활동?		
11	가해자를 **추적하여 체포**하기 위한 즉각적인 조치 체크포인트 등? **수색견** 동원 여부 경고등?		
12	**범행장소 주변 탐문 조사(집집마다)와 도주 경로** – 질문이 포함된 준비된 템플릿 – 비교재료(자동차, 색상 등) – 인터뷰?		
13	**기타 초기 조치:** – 보안 CCTV 설치 여부 – 현장에서 있는 사람들의 인터뷰 여부 – 피해자 가족과 목격자의 치료 – 중요 시간에 해당 지역의 이동통신 목록 요청 여부 – 구급대원이나 현장에서 시신을 가져온 다른 사람들과의 인터뷰 (피해자가 살아있었다면 무슨 말을 했을까?) – 피해자가 살아서 병원에서 치료를 받고 있을 때, 수사관 배치 여부 – 직통전화(hotline) 여부 – 당면한 사건과 연관된 다른 사건들 여부 – 검찰과 접촉 여부		
14	**피해자의 주거지와 다른 건물, 자동차 등에서의 자택 수색 여부** – 다음 사항에 대한 수집 및 분석: – 컴퓨터 – 휴대전화 – 호출기, 일기 – 사진 – 편지 – 영수증 – 대차대조표 등		
15	**용의자 신원 확인?** – 물적 증거? – 목격자(라인업, 영상, 사진 식별)? – 합성 스케치? – 경고등?		
	참고점/권장사항:		

〈표 6.2〉물리적 현장조사의 점검표에서 탐정은 어떻게 사전조사를 하고 실제 조사를 하는지에 대한 단계적 지도를 받는다. 이 점검표는 날씨와 조명 상태의 보고와 현장보호를 위해 외부 사람들을 차단함으로써 경계선을 설정하는 것이며, 냄새를 고려한 관찰과 필요하다면 분별 있는 추가지원 요청 정책을 포함하고 있다는 것에 주목할 필요가 있다.

표 6.2 [11] 물리적 현장조사의 점검표

캘리포니아 보안관 위원회 규정 및 훈련 지도서

"형사사법을 위한 법의학 기술" 을 차용한 수색작업 구성 및 절차

준비:

1. 범죄 현장 수색의 현재 법적 영향을 평가한다(예: 수색 영장 획득).
2. 가능하면 현장에 도착하기 전에 관련 담당자와 향후 수색에 대해 논의한다.
3. 현장에 도착하기 전에 가능한 경우 담당자를 정한다.
4. 수색 인력의 안전과 편이성을 고려한다–잠재적으로 위험한 현장이나 악천후와 마주칠 때 준비되지 않은 상태로 시작하지 말아야 하며, 예는 다음과 같다.
   - 의류
   - 통신
   - 조명 지원
   - 대피소
   - 교통
   - 음식
   - 의료지원
   - 현장 보안
   - 장비
5. 범죄 현장 수색 시 어느 부분이 해결될 수 있는지 질문할 수 있도록 보조적 성격의 기관(예: 검시관, 검사관)과의 통신을 구성한다. 중대/복잡한 수사에서 통신, 의사결정 등을 위한 "지휘소" 본부를 구성하는 절차를 밟는다.

11) "Organization and Procedures for Search Operations," Crime Scene Investigator Network, accessed September 9, 2018, www.crime-scene-investigator.net/respon3.html. This information was adapted from the California Commission on Peace Officer Standards and Training's workbook for the "Forensic Technology for Law Enforcement" Telecourse presented on May 13, 1993.

기본 단계:

1. 현장 접근, 현장의 보안 및 보호
2. 예비조사/현장 경계 설정
3. 물적 증거의 가능성을 평가
4. 서술적 설명을 준비
5. 현장을 사진으로 묘사
6. 현장의 도표/스케치를 준비
7. 자세한 수색을 수행
8. 물적 증거의 기록 및 수집
9. 최종 탐문 수색 실시
10. 범죄 현장 공개

현장 접근:

1. 폐기된 증거에 대해 주의한다.
2. 가능한 접근/탈출 경로에 대해 관련 사항을 기록한다.

현장 보안 및 보호:

1. 도착 시 현장을 통제한다.
2. 지금까지 어느 현장이 보호되었는지를 판단한다.
3. 적절한 현장 보안을 보장한다.
4. 현장에 진입한 인원을 파악하고 그에 대한 정보를 기록한다(현장에 있었던 인물들의 문서화).
5. 기억에 의존하지 말고 광범위한 메모를 한다.
6. 허가받지 않은 사람의 출입 금지– 현장에 출입을 한 사람에 대한 기록 시작

예비 조사 시작:

1. 조사는 전체적인 수색을 계획하기 위한 구성 단계이다.
2. 현장을 조심스러운 걸음걸이로 안내한다.
3. 담당자는 확실한 관리적, 정서적 통제를 유지한다.
4. 적절한 서술 기법을 선택 한다.
5. 예비 사진을 입수한다.
6. 수색 영역의 섬세한 범위 – 일반적으로 초기 경계를 확장한다.
7. 특별한 문제 영역을 인식하는 데 필요한 구성 및 절차를 체계화한다.
8. 직원 및 장비의 요구 사항 결정; 특정하여 할당한다.
9. 일시적인 물리적 증거를 식별하고 보호한다.
10. 범죄의 일반적 이론을 전개한다.
11. 장면의 물리적, 환경적 상태, 과제, 인원 이동 등을 문서화하기 위해 광범위한 메모를 한다.
12. 차량에서 VIN 번호, 등록번호, 열쇠 위치, 주행 기록계 수치, 기어 변속 위치, 주유량, 조명의 켜짐 여부 등을 확인한다.

물리적 증거 가능성 평가:

1. 예비 조사에서 알려진 것을 바탕으로 어떤 증거가 존재할 가능성이 있는지를 판단한다.
2. 가장 일시적인 증거에 집중하여 이것을 가장 과도하지 않은 형태까지 작업한다.
3. 열린 시야에서 쉽게 접근할 수 있는 영역에 먼저 초점을 맞추고, 최종적으로 가능한 시야 밖의 위치로 진행하며, 의도적으로 숨겨진 항목을 찾는다.
4. 증거가 무심코 옮겨진 것으로 보이는지 고려한다.
5. 현장과 증거가 의도적으로 "조작된" 것으로 보이는지 여부를 평가한다.

서사적 설명 준비:

1. 이 단계의 목적은 범죄현장의 상황에 대한 생생한 설명을 제공하는 것이다. 현장에 있어야 되는 것(피해자의 지갑이나 차량)과 없어야 되지만 있는 것(스키 마스크)을 고려한다.
2. 현장을 "일반적에서 특별한" 계획으로 표현한다. 상황 요인: 조명 및 난방 상태, 진입로/집 안의 신문, 당겨진 커튼, 개방 또는 폐쇄 등의 상황을 고려한다.
3. 서사적 노력이 산발적이고 조직적이지 않은 물리적 증거 회수 시도로 전락하는 것을 허용하면 안된다. 대부분의 상황에서는 증거를 수집하지 않는 것이 좋다.
4. 서사적 설명의 방법: 필기, 녹음, 녹화

현장 사진:

1. 가능한 한 빨리 사진 촬영을 시작하며, 촬영 전에 계획부터 한다.
2. 사진 작업 일지를 이용하여 사진 작업을 문서화한다.
3. 현장의 전체적, 중간적, 클로즈업 시점 등의 진행이 확립되어 있는지 확인한다.
4. 가능한 경우, 크기 확인을 위해 인식될만한 스케일 장치를 사용한다.
5. 스케일 장치를 사용할 때는 먼저 이 장치를 포함하지 않고 사진을 찍는다.
6. 수집 및 포장 전에 증거를 제자리에 배치한다.
7. 범죄 현장의 출입구와 인접한 지역을 관찰하고 촬영한다(창문, 비상구 등)
8. 항공사진의 실현 가능성을 고려한다.
9. 증인, 피해자, 피의자의 진술을 확증하기 위한 물건, 장소 등을 사진으로 찍는다.
10. 가능한 경우 눈높이에서 사진을 찍어서 정상적인 시야에서 관찰할 수 있는 것처럼 장면을 표현한다.
11. 필름은 수고에 비해 상대적으로 큰 가치를 가진다(당시에는 뚜렷한 의미가 없는 것을 촬영하는 것을 주저하지 말고). 나중에 수사의 핵심 요소로 드러날 수도 있다.
12. 잠재된 지문을 들기 전에 사진을 1:1로 찍거나 적절한 눈금을 사용하여야 한다.

현장의 도표/스케치 준비

1. 도표는 품목, 상태 및 거리/크기 관계에 대한 영구적인 기록을 설정하며, 사진으로 보완한다.
2. 대략적인 스케치는 장면에서 그려지며(보통 스케일로 그려지지 않음), 완성된 스케치의 모델로 사용된다.
3. 대략적인 스케치의 필요한 자료:

- 특정 위치
- 날짜
- 시간
- 사건 식별자

- 준비자
- 기상 조건
- 조명 조건
- 척도 또는 척도 계측
- 나침반 방위 측정
- 증거
- 측정
- 범례

4. 스케치 상의 번호 지정을 많은 경우, 증거 기록의 동일한 번호 지정과 조정할 수 있다.
5. 스케치의 일반적인 진행:

- 기본 경계 배치
- 고정된 물건, 가구 등 제시
- 증거의 위치 기록
- 적절한 측정값 기록(이중 점검)
- 범례, 나침반 방향 등을 명시

자세한 수색/기록 수행 및 물리적 증거 수집

1. 증거 가능성에 대한 이전의 평가에 근거한 수색을 시행한다.
2. 일반적인 방법으로 수색을 시행하고 증거 항목에 대한 세부 사항을 파악한다.
3. 특정된 수색 패턴(예: 격자, 나선형)의 사용을 권장한다.
4. 수집 전 모든 증거를 사진으로 찍어 사진일지에 표기(필요 시 척도 계측기 사용)
5. 도표/스케치에 증거 위치를 표시한다.
6. 각 증거 항목에 대한 적절한 표기법으로 증거 일지를 작성한다.
7. 조사자가 증거를 수집하여 증거 또는 증거 컨테이너를 초기화하도록 한다.
8. 복원 후 증거를 과도하게 취급하지 않는다.
9. 범죄 현장에 있는 모든 증거 컨테이너를 봉인한다.
10. 포장 요건에 대해 추측하면 안 된다. 다른 유형의 증거에는 다른 용기가 필요할 수 있다.
11. 잠재적 증거를 위해 현장의 출입구를 잊지 말아야 한다.
12. 적절한 "Known" 표준 샘플(예: 카펫에서 섬유)을 얻어두어야 한다.
13. 나중에 혼동이나 문제를 일으킬 수 있는 오류가 있는지 서류 작업, 포장 표기 및 기타 관련 정보 기록을 지속적으로 점검한다.
14. 네 가지 기본 전제:

- 최상의 수색 옵션은 일반적으로 가장 어렵고 시간이 많이 소요된다.
- 물적 증거를 "over-document"할 수 없다.
- 일을 제대로 할 기회는 단 한 번뿐이다.
- 기본 수색 접근방식은 다음 두 가지가 있다.
  - 가시적 영역에 대한 "신중한" 수색, 증거 손실 또는 오염 방지 조치.
  - "신중한" 수색 후, 은닉 구역에 대한 활발한 수색.

최종 조사 실시

1. 이 조사는 수색의 모든 측면을 비판적으로 검토하는 것이다.
2. 완전성을 위해 모든 요원과 공동으로 수색에 대해 논의한다.
3. 실수로 인한 오류를 감지하기 위해 점검표를 두 번 확인한다.
4. 현장을 떠나기 전에 모든 증거가 설명되었는지 확인한다.
5. 수색에 사용된 모든 장비가 수집되었는지 확인한다.
6. 가능한 은신처나 접근하기 어려운 지역이 세부 수색에서 간과되지 않았는지 확인한다.
7. 중요한 문제: 증거 수색에 있어 충분히 멀리 갔는가?, 모든 필수적인 사항을 문서화했는가?, 미래에 부정확할 수 있는 가정을 하지 않았는가?

범죄 현장 공개

1. 최종 조사를 마친 후에야 개방이 이루어진다.
2. 최소한 문서화는 다음과 같이 작성되어야 한다.
   - 공개 시간 및 날짜
   - 개방된 사람
   - 개방한 사람
3. 현장이 개방되는 사람에게 법적 요건을 고려하여 필요에 따라 적절한 재고가 제공되었는지 확인한다.
4. 일단 현장이 정식으로 공개되면 재진입에 영장이 필요할 수 있다.
5. 당사자에게만 현장을 개방할 수 있는 권한이 있어야 한다. 이는 모든 사람이 알고 지켜야 한다.
6. 특정 전문가가 현장을 공개하기 전에 조사하도록 해야 할 필요성을 고려한다(예: 혈액형 분석가, 검시관).

또 하나 중요한 형식은 〈표 6.3〉에서 나오는 "현장보호를 위한 점검표"이다. 이 자료에 나타나 있는 기준과 정책을 따름으로써 탐정은 증거보전에 확신을 가지게 될 것이다. 침입을 방지하는 데에 필요한 자료와 보급품(팻말, 조명, 깃발, 밧줄, 분필이나 크레용, 바리케이드, 다른 안전요원)에는 각별한 주의를 기울여라.

표 6.3 [12] 현장보존을 위한 점검표

현장 보존을 위한 점검표

PROTECTION OF THE CRIME SCENE CHECKILST

현장의 보안 및 인원 통제

a. 현장에 있는 모든 사람을 통제한다

1. 현장인원 이동 제한
2. 물적 증거의 변경을 방지
3. 물적 증거 인멸을 방지
4. 현장에서의 보안 유지
5. 현장 내 이동 영역을 제한
6. 현장 유지를 통해 현장을 계속 통제

b. 현장에 있는 모든 사람을 식별한다

1. 용의자 식별(보안 및 분리)
2. 목격자 식별(보안 및 분리).
3. 구경꾼 식별(현장에서 격리)
4. 피해자/가족/친구 식별(사건에 대한 유감을 표하며 통제)
5. 의료 및 보조 담당자 확인

c. 현장에서 비허가/비필수 인력은 제외한다

1. 수사에 포함되지 않은 경찰관
2. 정치인
3. 미디어
4. 기타 비필수 인원(예: 현장에서 조사 또는 보안 기능을 수행하지 않는 자)

장면 경계 설정 및 보존

a. 현장의 초점 식별 및 외부로 확장하여 현장 경계를 설정한다

1. 범죄 발생한 지역을 확보
2. 용의자/ 목격자의 잠재적 출입구 및 경로 지역 확보

12) NIJ, "Crime Scene Investigation": 14-16; U.S. Department of Justice, A Guide for Explosion and Bombing Scene Investigation (2000), accessed September 9, 2018, www.ncjrs.gov/pdffiles1/nij/181869.pdf.

3. 피해자/증거가 이동하거나 이동했을 수 있는 지역 확보
4. 경계를 넓히는 것보다 수축하는 것이 쉽기 때문에 당초에는 더 넓은 면적을 확보한다

b. 물리적 장벽을 설정한다

1. 설정된 현장 경계(범죄 현장 테이프, 로프, 콘, 차량, 인원 등)에 대한 물리적 경계를 설정
2. 기존 구조물(벽, 방, 문 등)을 사용하여 설정된 현장 경계에 대한 물리적 경계를 설정한다.

c. 현장에 출입하는 모든 사람을 기록하여 문서화 한다

1. 현장으로 들어가는 사람의 이름을 기록
2. 현장을 빠져나간 사람의 이름을 기록

d. 현장의 무결성 유지

1. 현장에 드나드는 인력과 동물의 흐름을 통제

e. 현장에서 증거 보존/보호 시도한다

1. 가능하면 환경 요소로부터 증거를 보호
2. 인위적인 침입(예: 신발 또는 타이어 인상)으로부터 증거를 보호
3. 기계장치(예: 스프링클러, 헬리콥터)로부터 증거를 보호
4. 동물로부터 증거를 보호

f. 현장에서 이동 중인 것으로 관찰된 피해자 또는 물체의 원래 위치를 문서화한다

1. 피해자의 발견지 또는 현장의 물품 등의 문서화
2. 대체 위치 문서화

g. 압수수색 관련 법을 준수한다

1. 압수수색 동의 또는 압수수색 영장 발부 필요성 판단

중요 인사를 보호하는 상황에서 폭탄이나 폭발물과 같은 특별한 사건을 조사할 때는, 물리적 증거에 관한 초점이 더 미묘해지게 된다. 숨겨진 폭발장치에 대한 확인을 위한 몇 가지 단서들이다:

- 최근에 어지럽혀진 땅
- 톱밥
- 블록 먼지
- 나무 조각
- 전선
- 끈
- 낚시줄
- 지저분한 줄(퓨즈)
- 은박지
- 부분적으로 열린 서랍

- 새로 바른 회반죽이나 시멘트
- 느슨한 마루 널
- 어지럽혀진 카페트
- 헐거운 전기 부속품
- 장소에서 벗어난 물체
- 기름종이 포장 등.[13]

만약 안전 요원들이 폭발장치의 위험을 잘 알고 있으며 그의 구성, 위장, 변장을 알아낼 수 있다고 한다면, 그들의 면전에서 그 장치들에 대한 단서를 쉽게 추적해서 찾아낼 수 있을 것이다.[14]

불행하게도 단서가 항상 보이는 것은 아니다. 교묘하고 말쑥한 폭파범은 그것이 조사요원을 사정거리 안으로 끌어들이려는 "미끼"가 아니라면, 그의 작업에 있어서 어떠한 흔적도 남기지 않을 것이다. 그러나 말끔하지 않거나 제대로 훈련받지 않은 폭파범은 눈에 보이는 단서를 남길지도 모르는데, 여기엔 다음의 단서들이 포함된다:

표면적 단서:

- 버려진 자동차
- 경로 상에 버려진 자동차
- 도중에 발생한 사고나 충돌
- 어지럽혀진 지면, 비 온 후에 움푹 들어간 곳
- 탄약/폭발물의 군용 컨테이너
- 뚜렷한 이유 없는 발자국이나 바퀴 자국
- 채소 등 식물의 위장, 절단, 구부러짐, 시들어짐

13) Wisconsin DOJ, "Evidence Handbook": 261-263; US DOJ, "Explosion and Bombing"; G. Knowles, Bomb Security Guide (1976): 69.

14) See US DOJ, "Explosion and Bombing"; see also Michael Dellarocco, Bombing Investigation: A Basic Primer, April 1, 2001, accessed September 9, 2018, www.fireengineering.com/articles/print/volume-154/issue-4/features/bombing-investigation-a-basic-primer.html.

- 절단된 식물
- 나뭇잎이나 덩굴 더미
- 나무에 있는 표시(적에게 함정을 나타냄)

내장된 단서:

- 명백히 자리에서 벗어나거나 "미끼" 같은 물체
- 폭발물 포장, 탄약, 혹은 폭발물 컨테이너
- 톱밥, 벽돌가루, 혹은 금속 줄밥
- 지저분한 발자국
- 긁히거나 새로 칠해진 페인트나 목재
- 빨래집게, 못, 전선, 은박지, 줄, 철사, 쥐덫, 시계, 시계의 부속
- 벽에 난 표시(적으로의 함정을 지시함)
- 헐거운 마루 널이나 들뜬 카펫, 타일 등
- 새로 쌓여진 벽돌, 회칠, 혹은 콘크리트[15]

폭발물 위협을 조사하는데 관계된 민간 안전 요원은 제8장에 설명되어 있는 "폭발물 수색 보고서(표 8.10)"가 매우 유용하다는 것을 발견할 것이다.

증거 수집의 무결성을 보장하기 위해 현장이 전체 조사를 하는 동안 변조 또는 오염을 겪지 않도록 해야 한다.

15) Ibid.: 115-116; Dellarocco, "Bombing Investigation."

3 수사 기법: 현장 스케치 및 다른 그래픽 묘사

탐정은 작성된 보고서에 일반적으로 첨가되는 현장을 묘사하는 스케치를 그려야 한다. 현장조사 스케치는 대부분의 형사사건과 민사사건 조사에 있어서 필수로 간주되고 있다. 현장 스케치는 현장에서의 상황을 손으로 그린 그림으로 나타내어진 묘사라 하겠다. 이것은 몇 가지 전형적인 스케치의 용도이다:

- 조사자의 기억을 새롭게 하기
- 가구의 일부분이나 고정된 물체에 연관되어 발견된 정확한 위치를 기록하기
- 영구적인 기록 제공하기
- 사건을 이해하는데 있어 관련된 모든 사람들을 돕기
- 사진과 문서를 보충하기

절대적으로 따라야 하는 스케치 방법이란 것은 없지만, 모든 스케치는 정확해야 하고, 일정한 비율에 맞아야 하며, 일률적으로 기록되어야 한다.[16]

만약 시체가 발견된 장소의 규모와 같은 한 가지 부분만이 정확하고, 그 장소 내부에 위치한 사물의 위치는 대강 측정되었다면, 제출된 스케치는 왜곡되어 상대적으로 쓸모없어지게 된다.

16) Al Lohner, "Crime Scene Diagramming Software Steadily Gains Converts," Law Enforcement Technology, April 2002: 58, 60-62, 63; Wisconsin DOJ, "Evidence Handbook": 47-57.

중요한 점은 스케치 속 아이템들의 좌표 거리가 동일한 방법으로 측정되어야 한다는 것이다.[17]

스케치 방법은 다음의 기초적 분류로 나뉜다:

① 삼각 측량법(표 6.4)

②기준선 혹은 좌표법(표 6.5)

③ 교차점 (표 6.6)

④ 대강의 간략한 스케치법(표 6.7과 6.8)

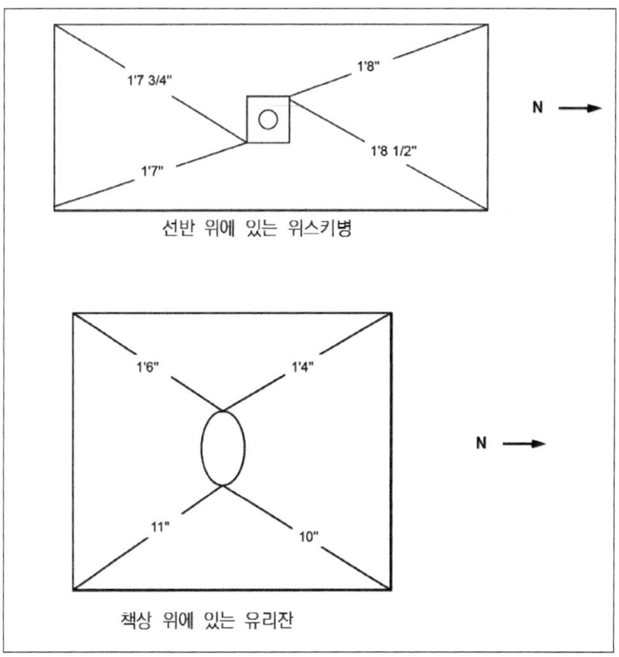

그림 6.1 [18] 2-V 삼각측량 방법(2-V method of triangulation)

17) US DOJ, "Evidence Handbook": 36; Wisconsin DOJ, "Evidence Handbook": 47-57.

18) Headquarters, Department of the Army, Law Enforcement Investigations (2005): 125, https://rdl.train.army.mil/soldierPortal/atia/adlsc/view/public/12038-1/FM/3-19.13/FM3_19X13.PDF; Wisconsin DOJ, "Evidence Handbook": 47-57.

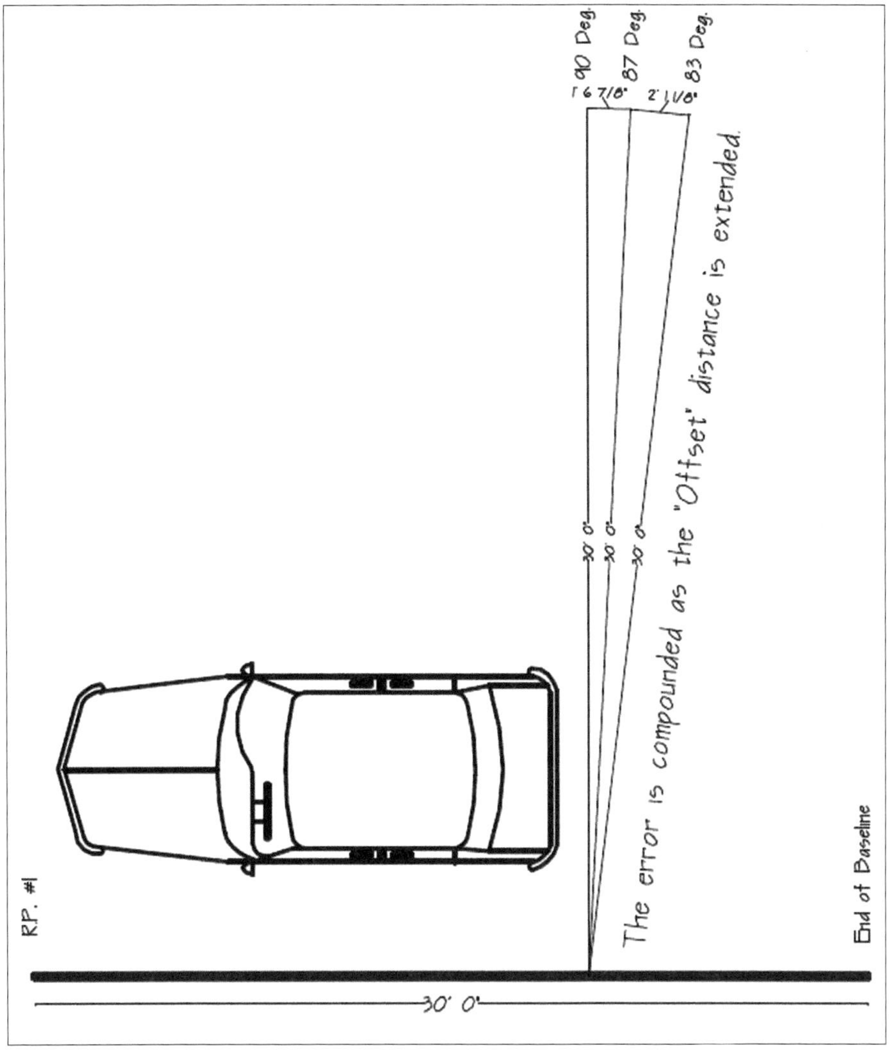

그림 6.2 [19] 기본선 혹은 좌표법(Baseline or Coordinate distances)

19) Tacoma Police Department, Forensic Services Policy and Procedure Manual (2004): 4; Wisconsin DOJ, "Evidence Handbook": 47-57.

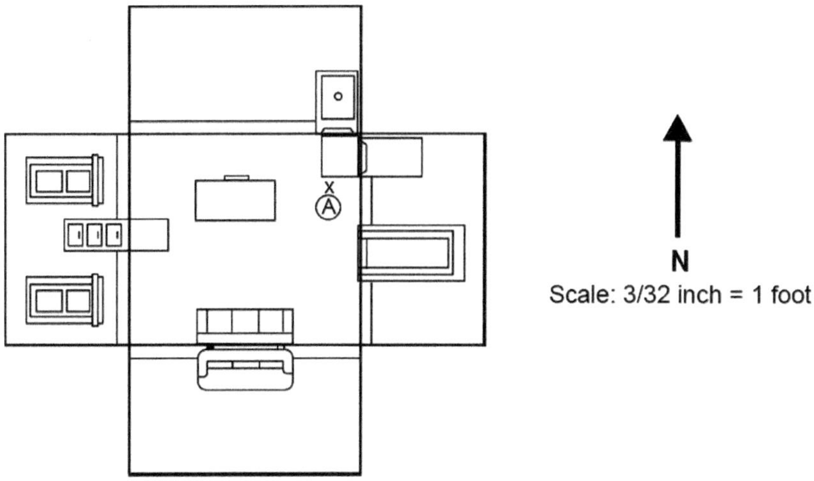

Legend
A. Crowbar

Title Block
사건번호: 1426-02-CID063
혐 의 : 침입절도 수사
현장 초상화: Room#7, Bldg 5-3251-B, troop billets
장 소 : Port Leonard Wood, MO
피해자 : SP4 Betty M. Holmes
시작 시간 및 날짜: 85년 1월 12일 10시 30분
작성자: Mr. Frank L. Wright
확인자: SA David L. Kelly

그림 6.3 [20] 교차점 스케치법(Cross Projection Sketching Method)

20) Army, "Investigations": 123; Wisconsin DOJ, "Evidence Handbook": 47-57.

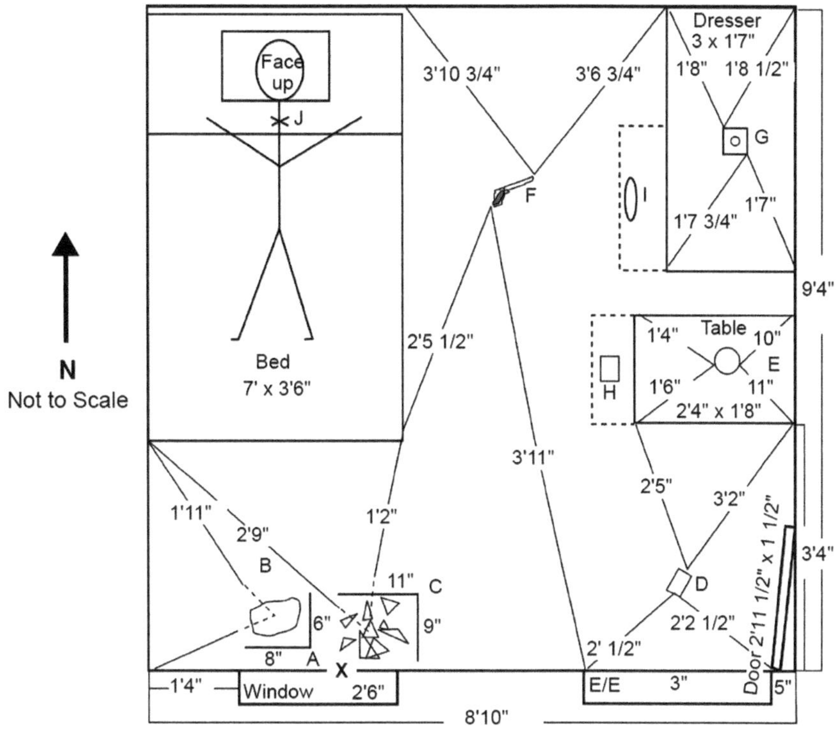

범례

A. 구멍
B. 붉은 얼룩
C. 유리 조각
D. 탄약통
E. 유리
F. 피스톨
G. 물병
H. 정화통
I. 담배
J. 목 손상

Title Block

사건번호: 0123-02-CID037
혐의: 미확인 사망
현장 초상화: Room#C-33, Bldg #3203, troop barrcks
장소: Fort Leonard Wood, MO 65473
피해자: 병장 Janet Williams
작성 시간 및 날짜: 02년 1월 2일 11시 15분
작성자: 이등병 William Mac
확인자: 이등병 John Friend

그림 6.4 [21] 대강의 스케치법(Rough Sketching Method)

21) Ibid.: 121; Wisconsin DOJ, "Evidence Handbook": 47-57.

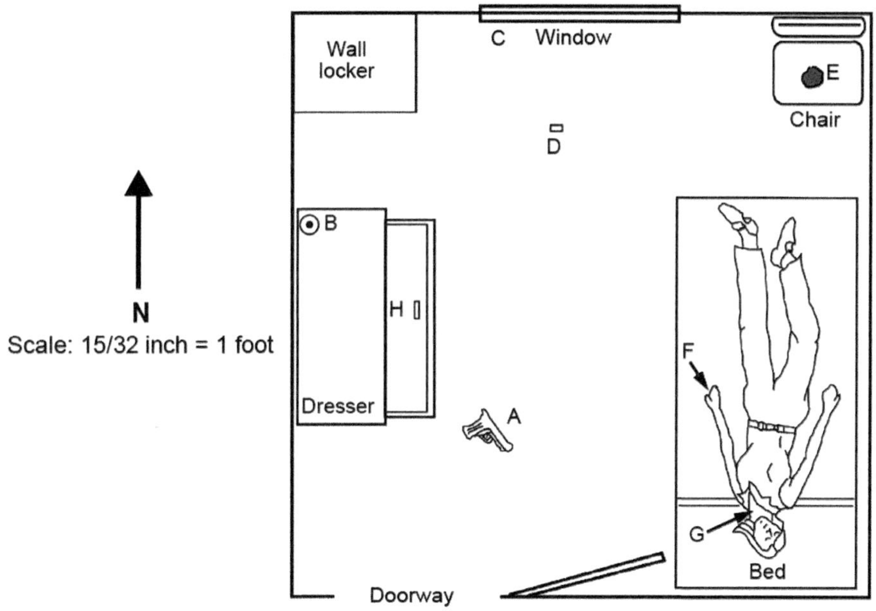

범례

A. 피스톨
B. 물병
C. 문자 "BR"
D. 탄약통
E. 붉은 얼룩
F. 섬유
G. 총상
H. 열린 서랍 속 담배

Title Block

사건번호: 063-02-4809
혐의: 사망 조사
현장 초상화: Room#7, Bldg 5-3251-B, troop billets
장소: Fort Leonard Wood, MO
피해자: 상병 Faye M. Miller
작성 시간 및 날짜: 02년 1월 12일 10시 00분
작성자: 이등병 Tim C, Winkler
확인자: 병장 Betty C. Goodwin

그림 6.5 [22] 마무리 스케치법(finished sketch Method)

22) Ibid.: 122; Wisconsin DOJ, "Evidence Handbook": 47-57.

3.1 스케치 규칙

선택한 스케치 방법에 관계없이[23], 다음 규칙이 적용된다.

- 스케치할 내용을 결정한다(주요 특징).
- 스케치에 북쪽을 표시한다(필요할 경우 나침반 사용).
- 모든 자세한 치수는 줄자나 자를 이용하여 측정한다.
- 모든 측정을 입증해줄 다른 사람을 확보한다(거리를 걸음으로 재지 말 것).
- 시체의 위치를 표시할 때는 두 가지의 분리된 측정 유형을 취한다; 하나는 머리에서부터 측정 하고 나머지는 발에서부터 한다.
- 모든 사물을 정확하게 위치시키고, 스케치에 그려진 모든 물체는 숫자와 칭호에 있어서 동일함을 확인하며, 시체를 대표하기 위해서는 막대기를 그린다.
- 도면에 모든 필수 항목을 포함시킨다.
- 모든 스케치는 현장에서 수정한다.
- 날짜, 시간, 그린 사람, 사건번호와 도움을 준 사람의 이름을 측정한 것과 함께 기록한다.
- 범례를 사용한다(그림 및 도표 작성 기호).

23) Tim Dees, "Crime Scene Drawing Programs," Law &Order, August 2001: 12; Kent E. Boots, "Crime Scene Diagramming: Back to Basics," January 4, 2014, accessed September 9, 2018, www.forensicmag.com/article/2014/01/crime-scene-diagramming-back-basics.

3.2 측정 규칙

모든 측정은 고정된 물체에서 수행되어야 한다.[24] 몇몇 실내 측정을 위한 일부 위치는 다음과 같다:

- 벽
- 방 모퉁이
- 문과 창문 틀
- 욕실 부착물

실외에서의 측정 또한 고정된 물체들로부터 재야한다:

- 빌딩의 모퉁이(주소 기록)
- 가로등(기둥 번호 기록)

시각적 묘사는 현장 스케치에 한정되는 것은 아니다. 외상과 부상 도표는 근로자 배상, 인명피해, 무자격 사건 등에 있어서 탐정을 뒷받침해준다. 〈그림 6.6〉를 보라.

24) The Forensic Sciences Foundation, Death Investigation and Examination: Medicolegal Guidelines and Checklists (1986): 13; Boots, "Back to Basics"; Wisconsin DOJ, "Evidence Handbook": 47-57.

그림 6.6 부상의 위치나 외상을 설명하기 위한 인체모형 및 머리

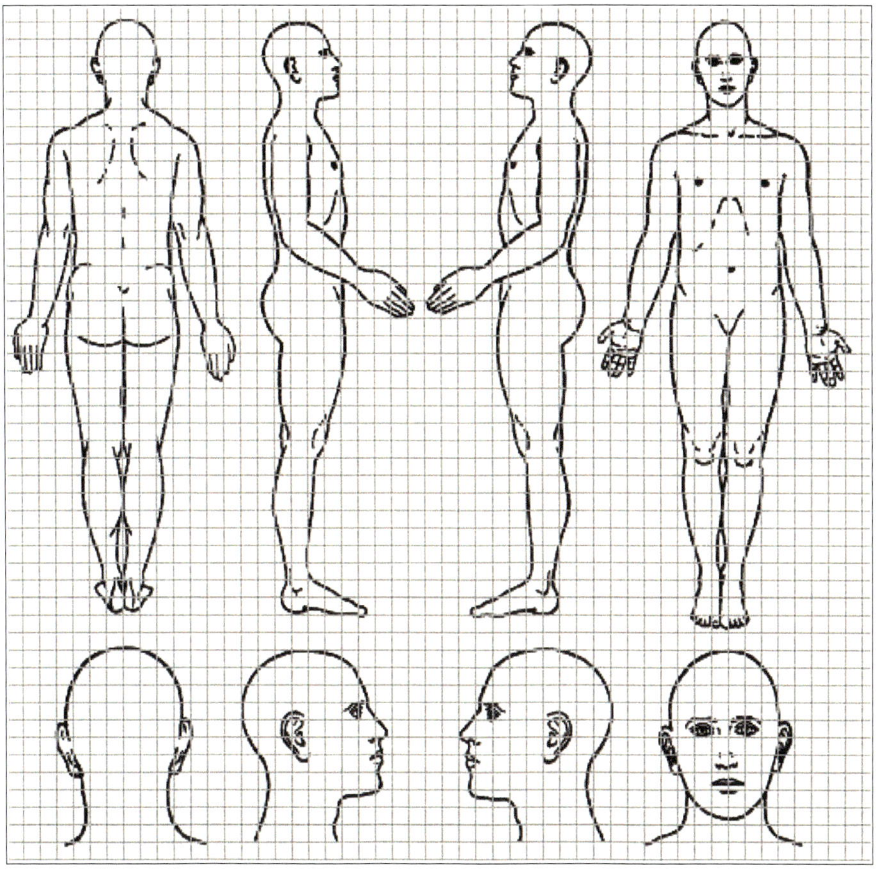

4 수사 기법: 사진촬영에 의한 증거 (PHOTOGRAPHIC EVIDENCE)

전통적인 필름이든 디지털 수단이든 사진 증거는 사건수사 발전에 중요한 역할을 한다. 〈사진 6.1〉에 표시된 장면은 스케치나 설명만으로 정확하게 나타내기 어려울 것이다. 차량과 차체 등의 물체를 이동한 후에는 장면이 변경되므로 이와 같은 증거는 사진에서 가능한 정확하게 묘사해야 한다.

사진 6.1 사고현장에서의 사진 증거

민간분야 또는 범죄분야에서 일하는 사설탐정들의 경우 대개 전문 사진사의 실력을 갖추게 된다. 사설탐정이 법집행 수사관들처럼 사건현장에 자주 나타나지는 않지만 합동수사나 공경찰과의 관계는 필수적이다.[25]

아마도 법정에서 사용되는 사진자료들의 대부분은 경찰 사진작가의 것이 주로 사용된다. 거의 대부분의 경찰서마다 사진을 찍을 수 있는 장비들을 구비하고 있다. 한두 대의 카메라 그리고 도시의 규모에 상관없이 경찰 사진연구실을 찾아볼 수 있다. 순찰차에도 종종 카메라가 장착되어 있다. 특별한 사고조사에 있어서, 자동차들은 더욱더 정교하게 장치되어 있다. 현장 사건 수사연구실로 사용되는 스테이션 왜건이나 트럭에는 더욱 정교한 촬영장비들이 설치되어 있다.[26]

사진은 또한 검사관, 의학자, 법의학자, 과학수사전문가, 변호인, 클레임조정인 그리고 정부기관들에 의하여 일반적으로 사용된다.

오늘날 모든 법집행자와 변호인들은 범죄현장 촬영의 중요성을 느끼고 있다. 비록 사건의 공판은 이루어지지 않았더라도 범죄 현장사진은 유용하다. 사진은 경찰과 변호인에게 범죄현장에 대한 가장 확실한 자료를 제공해 준다. 사진은 또한 범인과 증인을 심문할 때도 유용하게 사용된다. 가끔 명백한 사진자료를 증거물로 제시해서 범인으로부터 범죄 사실을 자백받기도 한다... 어떤 것이 움직이거나 심지어는 만져지기 전에 가능하면 발견하자마자, 모든 심각한 범죄현장사진을 촬영하는 것이야말로 全세계적으로, 표준적인 경찰실무 규칙이다. 이 규칙은 이제 너무도 널리 알

25) See Dick Warrington, "Crime Scene Photography: Capturing the Scene," Forensic Magazine, August 1, 2009, www.forensicmag.com/article/2009/08/crime-scene-photography-capturing-scene.

26) C. Scott, 1 Photographic Evidence (1980) " 13 at 19; A Simplified Guide to Crime Scene Photography (2009), www.forensicsciencesimplified.org/photo/Photography.pdf; Dick Warrington, Crime Scene Photography: Capturing the Scene, Forensic Magazine, August 1, 2009, www.forensicmag.com/article/2009/08/crime-scene-photography-capturing-scene.

려져서 이를 무시하는 사람은 거의 없다.[27]

사진이 중요한 증거 자료로서 가치를 갖기 위해서는, 사진이 현장, 인물 혹은 발견된 물건(대상)에 대한 묘사가 얼마나 정밀한가에 달려있다. 또한 후속 입회를 위해 선동적이거나 너무 섬뜩하지 않도록 해야 한다.[28] 그러므로 탐정이 사진촬영 기능을 수행하는 것은 두 가지 기본적인 요소에 관한 문제이다:

① 사진 활동(photographic action)과 사건 또는 상황에 대한 의문들 간의 시각적 연관성이 있는가?

② 사진을 촬영하는 과정에서 어떠한 앵글과 계획이 사용되었는가?

사진의 심각한 왜곡은 사진의 증거적 가치를 감소시키거나 파괴시키기 때문에 사실적이고 믿음이 가는 묘사는 사진촬영자의 가장 큰 의무이다. 다양한 방향과 앵글에서 촬영된 사진은 묘사의 진실성(眞意性)을 높여준다. 전문적 사진 촬영의 요건은 다음과 같다:

- 사건 현장으로의 접근
- 사건 현장의 주변
- 출구와 입구의 확대촬영
- 일반적 시나리오
- 다양한 앵글에서의 촬영
- 다양한 높이에서의 촬영

27) Ibid.: 344-345; National Forensic Science Technology Center, A Simplified Guide to Crime Scene Photography (2009), www.forensicsciencesimplified.org/photo/Photography.pdf; Warrington, "Capturing the Scene."

28) David A. Bright and Jane Goodman-Delahunty, "Gruesome Evidence and Emotion: Anger, Blame, and Jury Decision-Making," Law &Human Behavior 30 (2006): 183; Rebecca Hofstein Grady, Lauren Reiser, Robert J. Garcia, Christian Koeu, and Nicholas Scurich, "Impact of Gruesome Photographic Evidence on Legal Decisions: A Meta-Analysis," Psychiatry, Psychology and Law (2018), doi:10.1080/13218719.2018.1440468; "Gruesome Nature Renders Photographic Evidence Inadmissible in Criminal Trial," Stanford Law Review 4, no. 4 (July 1952): 589-591.

- 증거물을 이동시키기 이전의 위치에서의 촬영
- 시설물의 방해 속에서 촬영한 컬러와 흑백사진

4.1 범죄현장의 장소

사건 현장 사진사는 "접근에서부터 모든 지역을 아우르는 광각 촬영(wide–angle)을 먼저 해야 한다"고 말했다.[29]

실외 및 실내 범죄 현장 위치를 기록하기 위해서는 *Crime Laboratory Operations Manual*을 참조하는 것을 제안한다.

외부적 위치 (EXTERIOR LOCATIONS)

① 경계표를 포함해서 위치를 나타낸 거리에서의 촬영
② 증거품들의 상호 연관성을 보여주기 위해 중간거리에서 촬영된 사진.
③ 각각의 증거품들의 개별 확대 사진.

내부적 위치(INTERIOR LOCATIONS)

① 사진 촬영을 통하여 건물위치를 정하기
② 일반적인 관찰위치에서 현장의 공간 내에 있는 모든 품목들의 관련된 위치를 보여줄 수 있도록 눈높이, 방 그리고 내부의 다른 공간으로부터 촬영하기
③ 증거품과 가까이 인접한 장소를 보여 줄 수 있도록 중간 정도로 떨어져 사진을 촬영하기
④ 개별 증거품들을 클로즈업하여 사진을 촬영하기[30]

29) NFSTC, "Photography": 5.

30) PA State Police, "Crime Laboratory," 2.2; Wisconsin DOJ, "Evidence Handbook"; Indiana Law Enforcement Academy, Criminal Investigation Manual, accessed September 9, 2018, www.in.gov/ilea/files/Criminal%20Investigation%20Manual%20Rev%202.pdf.

〈표 6.4〉의 "사진일지"는 중요한 정보를 기록하는 데 도움이 된다.

표 6.4 사진일지(photographic log)

사진일지

명단 번호 #: _______ 촬영날짜: ____/_____/_____ 촬영자: ______________________________

디지털 카메라: _____ 필름 카메라: ________ 컬러: ________ 흑백: _______

번호	물품 및 장소	플래시	조리개
1			
2			
3			
4			
5			
6			
7			
8			
9			
10			
11			
12			
13			
14			
15			
16			
17			
18			
19			
20			
21			
22			
23			

24
25
26
27
28
29
30

다양한 사진들은 기억의 한계가 허락하지 않는 경우에 영구적이고 정확한 시각을 제공한다.

> 범죄현장의 정확하고 완벽한 촬영은 적절하게 기소되는 경우의 차이를 의미할 수 있다. 모든 법의학 사진에는 후속 시청자들에게 사진을 원근법으로 볼 수 있는 정보를 제공하는 척도가 포함되어야 한다.[31]

사진의 다양성은 반(半)영구적이며 사건에 대한 기억력의 한계를 정확한 묘사로 나타내 준다. 여러 앵글과 방향에서 촬영된 사진은 포괄적이고 신뢰성 높은 기록을 제공해 준다. 넓은 앵글, 클로즈업, 뒤쪽, 앞쪽, 내부 그리고 외부를 포함하여 서로 다른 방향에서 불에 탄 자동차(밴)를 촬영한 7장의 사진(사진 6.2–6.8)을 확인할 수 있다. 차량의 조건에 관하여 어떠한 결론이나 추론을 할 수 있겠는가? 왜 이러한 사진들이 자동차 화재사건을 조사하는 데 있어서 중요하게 여겨지는가를 생각해 봐야한다.

31) Kathy Marks, "Sirchie Crime Scene Products &Equipment: The Total Crime Scene Solution," Law &Order 63, no. 6 (June 2015): 24-27.

사진 6.2 넓은 앵글로 촬영한 조감도(Wide-Angle Aerial View)

사진 6.3 클로즈업한 모습(Close-up View)

사진 6.4 후면에서 촬영한 모습(Posterior View)

4.2 사진과 특별응용 (PHOTOGRAPHY AND SPECIAL APPLICATIONS)

4.2.1 차량 사고 및 차량 관련 소송

차량과 관련된 사건에서는 탐정에게 항상 집요한 추가적 요소가 존재한다. 왜냐하면 탐정들은 차량의 흐름을 다시 정상적으로 진행시켜야 하고 또한 추가적인 사고를 방지하기 위해 증거물을 이동시켜야하기 때문이다. 증거물을 이동시키기 전에 상황을 정확하게 기록해 두어야 한다. 차량사고 현장을 촬영 할 때에 중요한 것은 사진에 기록이 포함 된다는 것이다:

- 사건의 전체적인 면에서부터 충돌 지점의 접근까지.
- 차량의 정확한 위치, 부상자 그리고 사고와 직접적으로 관련된 물체

자동차사건에 관련된 사진학적 증거의 다양한 사례들을 아래에 모여져 있다. 각 사진별로 부합하는 문제에 답을 생각해 보는 것을 권장한다(<사진 6.5>와 <사진 6.7> 참조).

사진 6.5 과속으로 충돌한 전복된 차량(Overturned vehicle in high-speed collision)

이 사진의 범위 안에서, 어떻게 사고가 발생했는가에 대한 결론이나 추론을 할 수 있는 증거를 찾아낼 수 있는가?

사진 6.6 스키드마크 증거(Evidence of Skid Marks)

문제가 된 자동차의 속도에 관하여 추론이 가능할까?

사진 6.7 과속충돌된 자동차(Vehicle from High - Speed Collision)

충돌의 방향과 정도에 관한 추론이 가능한가?

4.2.2 신체상해와 사진학적 방법론 (Bodily injuries and photographic method)

신체상해에 관한 사진들이 촬영된 시점에 따라 조건들이 개선될 수도 있고, 악화될 수 있다. 그런데, 신체상해 사건에서 처음 2주에서 3주 동안에 걸쳐 부상상태가 나빠지는 경향이 있다. 곧바로 입은 부상은 손상의 부위와 정도를 최소화할 수 있다. 타박상 상처들이 잘 보일 때, 다친 부위들을 보기 위해서는 규칙적인 간격으로 사진을 촬영하라. 대부분의 사례에서, 훌륭한 탐정은 실제 부상을 촬영해야 하며, 확실히 증명력 있는 증거로서 사진을 보충해야 한다.

4.2.3 방화 및 보험사기와 사진 증거

민간 탐정들은 종종 보험에 가입된 자동차 화재사건과 관련된 보험사기 소송을 조사하기 위해 고용된다. 소방 과학 조사 분야에서는 변화가 계속해서 신속하게 이루어지며, 현장의 진화를 따라갈 필요가 있다. "불은 모든 수사 사진작가를 위한 풍부한 자료의 원천이다."[34]:

> 화재현장을 촬영할 시에는 손상부분을 완전하게 커버할 수 있는 것이 중요하다. 그러나 더욱 중요한 것은 발화지점 혹은 지점들로서 의심이 되는 대상물이나 지역들이다. 그러한 모든 대상들과 장소들에 대해서는 클로즈업한 사진을 촬영해야 한다.[35]

제 10장은 화재사건 조사에 관련된 사진 증거와 체크리스트를 제공하고 있다.

4.2.4 주거침입절도/불법침입/절도와 사진 증거

재산을 보호하는 데 있어서, 탐정은 절도, 절도, 사기, 사이버 범죄, 강도 사건을 정기적으로 처리한다. 재산 범죄는 민간 보안 산업의 주요 임무 중 하나인 자산 통제와 유지관리에 영향을 미친다. 기업 및 산업시설, 창고, 기타 시설에서 발생한 강도사건의 경우 불법 침입 및 절도에 대한 사진 증거가 이러한 요소적 부담을 충족시키는 데 도움이 된다. 불법 침입에 대한 사진 증거에 대한 설명은 〈사진 6.8〉을 참조한다:

재산 범죄를 조사할 때에, 사진촬영자는 다음의 사항에 초점을 맞추어야 한다:

- 건물의 내 · 외부.

34) John J. Lentini, "What Fire Litigators Need to Know in 2017," The SciTech Lawyer (Summer 2017): 18. 35. US DOJ, "Evidence Handbook": 43; Lentini, "Fire Litigators."

35) For an interesting study of forensic key and lock analysis, especially as it relates to tool marks, see "Forensic Locksmithing: A Key to Solving Crime," Forensic Examiner 22, no. 2 (Summer 2013): 76-77.

• 손상을 입은 지역들, 특별히 범죄자에 의하여 출입하거나 탈출한 지점주변.

• 주거침입절도의 표적이 되었던 손상된 컨테이너 혹은 금고, 보석상자, 튼튼한 상자 등을 클로즈업 한다.

• 도구 표시, 가까이에서 또는 일반적인 장면에 대한 표시 위치를 기록할 수 있는 관점에서의 도구 표시[36]

• 지문들. 비록 지문이 모든 타입의 조사에 있어서 매우 중요하지만, 그것들은 특히 주거 침입절 도 사건 조사에서 가치가 있다. 지문들은 현상없이 단지 눈으로 보일 때, 현상된 이후 지문들이 나타나지 않을 때 촬영한다.[37]

사진 6.8 주거침입절도사례-강제침입점(A Case of Burglary-Points of Forced Entry)

36) For an interesting study of forensic key and lock analysis, especially as it relates to tool marks, see "Forensic Locksmithing: A Key to Solving Crime," Forensic Examiner 22, no. 2 (Summer 2013): 76-77.

37) US DOJ, "Evidence Handbook": 44; "Forensic Locksmithing"; Schiro, "Collection and Preservation."

4.2.5 약물 및 알콜 남용과 사진 증거

마약과의 전쟁은 특히 주요 기업과 산업의 직원들에 대한 보안인력이 관련기업의 측면에서 중요한 증가를 불러일으켰다. 약물 남용으로 인해 야기된 법적, 개인적, 사회적 문제들은 이제 마음을 졸이게 하고 미국인들의 모든 경험에 영향을 끼쳤다.[38] 미국산업안전협회(ASIS)는 그 협회의 회원들에게 다음과 같은 사항을 상기시키고 있다:

> 사회계층은 약물남용과 관련된 긴급한 문제들에 대하여 면역되어있지 않다. 상실된 노동시간, 사고 그리고 절도사건에 있어서, 이러한 문제들은 매년 수백만 달러의 산업비용이 들어간다. 단지 안전과 직업수행을 위해서, 경영자는 어떠한 사람도 알코올이나 불법 마약의 영향아래서 일하는 것이 허용되지 않도록 투명한 정책들을 만들어야 한다. 회사 역시 위법자를 갱생시켜야 하는지 아니면 해고시켜야 하는지를 결정해야 한다. 한 명의 피고용자에서 또 다른 피고용자까지 이러한 마약상습의 가능성 확산은 모르는 사이에 다가오는 문제이다[39]

어떤 사회도 마약과 알코올 남용과 관련된 긴급한 문제들에 면역이 되지 않는다. 이러한 문제들은 노동시간, 사고, 절도 등으로 매년 수백만 달러의 손실을 입는다. 안전성과 직무수행을 위해서만 경영진은 술이나 불법 마약의 영향을 받는 사람은 일하지 않는다는 명확한 정책을 세워야 한다. 회사는 또한 위반자의 갱생과 회복 여부를 결정해야 한다. 이 습관들은 한 직원에서 다른 직원까지 확산될 가능성이 있는 음흉한 부작용이다.

38) American Society for Industrial Security, Basic Guidelines for Security Investigations (1981): 79; POST Background Investigation Manual: Guidelines for the Investigator (California Commission on Peace Officer Standards and Training, 2018), http://lib.post.ca.gov/Publications/bi.pdf; NIJ, "Death Investigation."

39) Read Hayes, "Strategies to Detect and Prevent Workplace Dishonesty," (ASIS International, 2008): 20, www.asisonline.org/globalassets/foundation/documents/crisp-reports/crisp-strategies-detect-preventworkplace-dishonesty.pdf.

미국의 회사들은 장래 피용자들의 습관을 확인하기 위한 관점에서 뿐만 아니라, 또한 그들의 종업원들이 근무 장소에서 환각물질 사용을 모니터링 하는 것을 민간경비분야의 전문가에게 많이 의존하고 있는 중이다. 감시 촬영은 약물남용사건을 기소하기 위한 증거수집의 효과적인 수단이다.

표 6.6 [40] 약물남용에 대한 가이드라인 체크리스트

약물남용에 대한 지침목록

〈보고〉

1. 날씨/ 시간/ 보고수단
2. 보고된 자/ 피해자와의 연관성
3. 범죄와 보고사이의 시간지연
4. 보고된 범죄의 상황

〈사건의 현장〉

1. 묘사/ 상태/ 피해자와의 연관성(집 등..)
2. 약물, 마약, 알코올 용기의 위치
3. 도료, 아교, 용매제와 용기의 위치
4. 장비의 위치
5. 그을음 혹은 알약의 잔류물/피로 물들여진 소독면 혹은 휴지
6. 유서
7. 싸움의 흔적/병의 흔적 등

〈약물/ 마약/ 알코올(제품과 용기)〉

1. 피해자를 위한 약물처방
   a. 유형/ 처방된 양/ 수중에 가지고 있는 양
   b. 위치(탁자, 마루, 욕실 등)
   c. 피해자의 평소섭취이력
   d. 여러 의사를 통한 같은 종류의 의약처방
   e. 대량비축
   f. 최근사용지침

40) TForensic Sciences, "Death Investigation": 55.

g. 의외의 섭취증거

2. 다른 사람에게 처방한 약물
   a. 유형/ 누구에게 처방해주었나/ 피해자와의 연관성
   b. 위치
   c. 처방된 양/손에 남아 있는 양
   d. 여러 의사를 통한 같은 종류의 의약처방
   e. 다른 사람의 약물에 대한 "대량비축"
   f. 최근 사용된 다른 사람의 약물
   g. 의외의 섭취 증거
3. 불법의 약물과 마약 중독자/ 알코올/도료, 아교, 용매제
   a. 유형/ 수량 / 형태(가루, 알약 등)
   b. 사용 또는 우발적 섭취의 증거

〈섭취의 유형〉

1. 흡연
2. 음주
3. 주사
4. 섭취
5. 흡입

〈잔여물(그을음, 가루 등)〉

1. 유형
2. 양

〈피해자〉

1. 의복 상태/ 적당한 의복상태/ 의복속의 내용물
2. 문신, 반지, 핀 등 (약물 숭배의 암시)
3. 주사바늘자국(新舊)
4. 몸 속 혹은 위에 아직도 소유하고 있는지의 여부
5. 손 혹은 입속의 알약과 캡슐/ 얼굴측면
6. 그을음 혹은 알약/ 몸에 남아있는 캡슐
7. 약물전력
8. 신체의 위치와 상태와 일치하는 가혹한 행위 및 일관된 경직 및 시반(Rigor and Liver Mortis)
9. 회복노력(일시/ 본래의 성질/행위자)
10. 병원/ 응급실/ 의사가 관리하는 약(일시/ 유형/ 양/ 수단)

5 수사 기법: 서증화(DOCUMENTARY EVIDENCE)

숙련된 탐정들은 전문적으로 정보나 문서, 보고서들을 수집하는 것에 대하여 잘 알고 있다. 일반적으로 문서수집과 기준에 부합하는 파일을 만들어내는데 많은 시간을 소모하고 있다. 이러한 것들은 창조적이어야 한다. 선례와 다른 증거가치가 있는 문제들을 제공할 수 있는 사람들에 대해서 열심히 생각해야 한다.

5.1 경찰기록

경찰관들은 직무와 관련되어 소비되는 시간의 대부분이 문서 작업에 투입되고, 그 다음으로 대민 관계적 활동에 많은 시간이 투입된다고 늘 하소연하고 있다. 그들은 문서 떠넘기기식 관료주의에 의하여 방해를 받고 있다고 한다. 탐정들은 문서조사의 중요성에 대해 빨리 이해하여야 할 것이다. 현장기록에서 마지막 보고서까지, 경찰조사문서의 발견은 특별한 사건에서 활동 중인 탐정에게 직업적 흥미가 될 것임에 틀림없다. 탐정들은 경찰직무 절차의 일부로서 많은 표준화된 형식과 문서들을 채워 넣어야한다.

5.1.1 알코올 혹은 화학적 기록

주취 중 운전에 대한 기소와 변호의 중요성은 커져왔다. 만취상태와 관련된 형식 혹은 조사문서는 도움이 된다. 그러한 방식은 정신의학적인 심리테스트 결과(〈표 6.13〉 참조)와 걷기, 코에 손 올려놓기, 똑바로 서기와 같은 특정한 기능을 수행하는 인간의 능력을 측정한다.

또 다른 중요한 방식은 알코올 영향보고 인데 이 테스트는 음주측정기에 의한 측정결과인데 이것은 형식적인 보고의 일부분이 된다. 음주탐지기와 음주측정기에 관련한 방어 전략은 부적절한 방법과 주장을 개선시키기 위해 노력중이다.

5.1.2 사건 보고서

경찰의 사건보고서는 책임규명에 대한 신속한 효과 때문에 많은 신뢰를 얻는다. 경찰은 종종 사건 현장에서 다른 어떤 당사자가 되기 전에, 사실을 기록할 것이다. 그런데, 경찰관들은 또한 민사 혹은 형사책임에 대한 증명활동에 관하여 어떤 판단을 하게 될 것이다. 경찰보고서는 이 교과서의 다른 부분에서 완전하고 철저하게 다루어진다.

5.1.3 가족관계 서류들

가족관계의 영역에서, 경찰관서는 약물남용으로부터 배우자와 아이들을 보호하기 위해 상당한 자원을 소모한다. 많은 경찰관서들에게 이러한 문제에 관한 문서를 정리하고 보관할 것이 요구되고, 경찰들이 이러한 문제들에 대해서 적극적인 행동의 역할을 수행하지 않을 때 시민들의 강력한 항의는 늘어난다. "가정 내 폭력범죄보고"에서는 전형적으로 경찰당국에 의하여 빈칸이 채워졌다. 이러한 문서유형은 이혼사유로서, 학대에 대한 소송을 뒷받침하거나 도와주는데 있어서, 매우 효과적이다. 또한 구금 혹은 면회 논쟁에 있어서 증거로 사용될 수 있다.

5.1.4 무전 송·수신 기록

경찰의 증거자료의 다른 예로는 "무전기록"이다. 최근 911 분쟁은 평상시보다 응답 시간이 느렸다고 주장하면서 무전기록의 중요한 성격을 강조하고 있다.

표 6.7 정신병- 생리학적 테스트 결과(Psycho-Physiological Test Results)

정신생리학 검사 결과

CD# 대상자

날짜:

발꿈치 걷기, 발가락 걷기

7걸음 앞으로 걷기, 좌/우 돌기, 4걸음 뒤로 가기

___________ 비틀거림	___________ 수행 성공
___________ 수행 불가	___________ 균형유지 실패
___________ 기타	___________ 지시에 따르지 않음
	___________ 지시선을 넘음

2. 손가락-코 검사

오른손 ___________ 횟수	___________ 회 코를 빗맞힘
	___________ 회 코를 만짐
	___________ 지시를 따르지 않음
	___________ 수행성공
왼 손 ___________ 횟수	___________ 회 코를 빗맞힘
	___________ 회 코를 만짐
	___________ 지시에 따르지 않음
	___________ 수행 성공

3. 전방굴곡 운동

눈을 감고, 다리를 모은 다음, 턱을 괴고, 30초간 굽히기

___________ 넘어짐	___________ 좌우로 흔들림
___________ 기타	___________ 앞뒤로 흔들림
	___________ 적거나 움직임 없음
	___________ 지시에 따르지 않음

4. 똑바로 서기

두 눈을 감고, 다리를 모은 다음, 팔짱을 끼기

___________ 넘어짐	___________ 좌우로 흔들림
___________ 기타	___________ 앞뒤로 흔들림
	___________ 적거나 움직임 없음

	____________ 지시에 따르지 않음
5. 알파벳	
대상자에게 알파벳을 나열하도록 지시	
____________ 예	____________ 나열 성공
____________ 아니오	____________ 나열하지 못함
6. 계산	
대상자에게 10까지 세도록 지시	
____________ 예	____________ 1부터 10까지
	____________ 수행 성공
	____________ 숫자를 틀림
____________ 아니오	____________ 10부터 1까지
	____________ 수행 성공
	____________ 숫자를 틀림
기타 추가적인 검사 :	검사에 대한 설명 및 관찰결과 설명

검사자 서명: ____

표 6.8 [41] 알코올 영향 보고서 양식(Alcohol Influence Report form)

담당 경찰관서를 여기에 기입				알코올 영향 보고서 양식	
피검사자 (성명):				사건번호:	순차적 파일 번호:
나이	성별	체중	눈색	체포자:	

화학적 호흡 검사 정보					
측정도구: 음주 측정기, Model 900 [ ] 음주 측정기, Model 900A [ ] 음주 측정기(Dominator Albreath [ ]					
	측정기 시리얼 번호	컨트롤앰플 로트 번호	퍼지(purge) % 결과	샘플 채취 날짜 / 시간	혈중 알코올 농도
테스트 #1					
테스트 #2					
테스트 #3					
테스트 #4					

음주측정기 점검표 - *N.J.A.C.* 13:51-3.6(a)2					
가능한 모든 항목에 "x" 표시 혹은 체크					
준비 단계				[ ]	전원 스위치가 "ON"으로 설정되어 있는지 확인하십시오. 전원 스위치가 "Off" 위치에 있으면 스위치를 "On"으로 돌리십시오.
테스트					
#1	#2	#3	#4		**사전 단계**
[ ]	[ ]	[ ]	[ ]	1.	측정기 온도: 측정기의 온도가 50℃, ±3℃에 도달함.
[ ]	N/A	N/A	N/A	2.	참고용 앰플: 측정; 좌측 홀더에 삽입
[ ]	[ ]	[ ]	[ ]	3.	테스트 앰플: 측정; 개봉; 용량 확인; 오른쪽 홀더에 삽입
[ ]	[ ]	[ ]	[ ]	4.	버블러: 테스트 앰플에 삽입: 아울렛에 연결
[ ]	[ ]	[ ]	[ ]	5.	빛이 들어옴, 측정기 균형 맞음, 혈중알코올 포인터를 시작 선으로 설정.
					퍼지 단계
[ ]	[ ]	[ ]	[ ]	6.	제어 노브를 "채취" 위치로 돌림, 배출됨, 제어 노브를 "분석" 위치로 돌림.

41) "Alcohol Influence Report Form," New Jersey Division of Criminal Justice, accessed September 9, 2018, www.state.nj.us/lps/dcj/agguide/final_ai_form.pdf.

[ ]	[ ]	[ ]	[ ]	7.	퍼지: 붉은 '공백' 신호가 나타나면 90초 동안 대기, 불이 켜짐, 측정기 균형
[ ]	[ ]	[ ]	[ ]	8.	퍼지 검사 결과 기록
[ ]	[ ]	[ ]	[ ]	9.	혈중알코올 포인터를 시작 선으로 설정
					분석 단계
[ ]	[ ]	[ ]	[ ]	10.	새 마우스피스를 호흡 튜브에 삽입
[ ]	[ ]	[ ]	[ ]	11.	호흡 샘플 채취: 제어 노브를 "채취" 위치로 돌림; 피검사자의 호흡 샘플 채취; 제어 노브를 "분석" 위치로 돌림.
[ ]	[ ]	[ ]	[ ]	12.	날짜 및 시간 기록
[ ]	[ ]	[ ]	[ ]	13.	붉은 '공백' 신호가 나타나면 90초 동안 대기, 불이 켜짐, 측정기 균형
[ ]	[ ]	[ ]	[ ]	14.	호흡검사 결과 기록
					두 번째 혹은 후속 호흡검사
[ ]	[ ]	[ ]	[ ]	15.	테스트 앰플을 탈착하고 적절히 폐기. 전원 스위치는 "ON" 상태로 유지. 1단계로 돌아가 다음, 새 호흡검사를 시작
"N/A"로 표시된 단계는 첫 번째 호흡검사에서만 수행되며, 이후의 호흡검사에서는 반복할 필요가 없음					

호흡 검사 담당관 ______________________ 대상에게 사본 제공 ______________________

계급 서명 배지 # 날짜 시간

5.1.5 체포보고서 – 마약

또 다른 서류 양식은 마약부서에서 정기적으로 사용되고 있는 "체포보고서"이다. 우리 사회 전체에 영향을 주는 마약문제가 만연해 있기 때문에, 경찰관서는 오로지 마약문제에 관한 조사와 기소에 종사할 사람들의 팀으로서 마약반을 만들었다.

5.1.6 직장 내 폭력

상업적 독립체들에게 불행한 현실은 직장에서의 폭력의 증가다. 폭력의 비용은 문서화 정책을 채택하기에 충분한 이유가 된다. 다양한 이유들은 다음과 같다.

- 기업은 단 한 번의 폭력 사건으로 인한 높은 비용을 깨닫기 시작하고 있다. 이러한 비용에는 잠재적인 책임 소송, 업무 및 생산성 손실, 수리 및 정리, 높은 보험율, 컨설턴트 수수료, 보안 조치 증가 및 가장 중요한 모든 것, 즉 소중한 직원과 동료의 사망 또는 부상 등이 포함될 수 있다.
- 위협과 그 밖의 폭력적인 행동은 직장에서 더 이상 용납되지 않는다.
- 임원, 전문가 및 행정 인력은 더 이상 직장에서의 폭력 행위에 영향을 받지 않는다.
- 해고, 업무량 증가, 적은 자원으로 더 많은 일을 해야 하는 것 및 기타 비인기적인 작업 환경 변화는 폭력의 위험 증가와 관련이 있다.
- 최근 보고서와 설문조사에 따르면 직장 폭력은 많은 수의 고용주와 직원에게 영향을 미친다고 한다.
- 그것은 옳은 일이다. 고용주들은 직원, 고객, 방문객들에게 안전한 일터를 제공해야 하는 도덕적 의무와 법적 의무가 있다.[42]

폭력 발생 시 아래의 〈표 6.9〉와 같은 위협 보고서를 준비해야 한다.

5.1.7 행방불명자 보고서

"행방불명자"에 대한 보고서는 보험사기, 탈옥, 집행유예와 가석방규칙위반, 신원 변경

42) The International Association of Chiefs of Police (IACP), Combating Workplace Violence (2002): 1-2. 43. "Missing Person Report," State of California Department of Justice (2014), accessed September 9, 2018, http://lib.post.ca.gov/Publications/Missing_Persons_Forms/mp_report.pdf.

또는 구실을 위한 다른 형태의 사건에 종사하는 탐정들에게 유용하다.[43]

5.1.8 처분서류

마지막 기록의 유지에 있어서 경찰관서는 종종 "처분서류"를 유지하는 바, 이는 필수적으로 체포 및 석방상태를 보여준다.

5.1.9 용의자 서술

두 가지 형태의 용의자 서술 방법이 아래에 설명되어 있다. 축약된 용의자 서술은 최초 조사 시 도움이 될 수 있지만(〈표 6.10〉 참조), 〈표 6.12〉의 용의자 서술 양식은 훨씬 포괄적이고 더 정확한 정보를 얻을 수 있다.

표 6.9 위협 보고서(Threat Report)

위협 보고서

1. 위협을 가한 사람의 이름 : ______________________________

2. 회사와의 관계 : ______________________________

3. 만약 있다면, 받은 사람과의 관계 : ______________________________

4. 위협받은 사람/피해자의 이름 : ______________________________
____

5. 사건의 날짜 및 장소 : ______________________________

43) "Missing Person Report," State of California Department of Justice (2014), accessed September 9, 2018, http://lib.post.ca.gov/Publications/Missing_Persons_Forms/mp_report.pdf.

6. 사건 직전의 상황 : ______________________________

7. 위협의 구체적 언어 : ______________________________

8. 위협을 통해 끝까지 밀고 나갈 의도를 입증할 수 있는 모든 물리적 행위 :

9. 위협 인물의 외형, 신체 및 감정 상태 : ______________________________

10. 사건에 직접적으로 연관된 다른 사람들의 이름 및 대처 행동 : ______________________________

11. 사건이 어떻게 끝났는지에 대한 설명 : ______________________________

12. 목격자의 이름 : ______________________________

13. 사건 후 위협 인물의 상황 : ______________________________

14. 사건에 직접적으로 연관된 다른 직원들의 상황 : ______________________________

15. 사건에 연관된 상위 직급자의 이름 및 대응 : ______________________________

16. 사건이 일어나게 된 계기 : ____________________

____

17. 사건 발생까지의 과정: ____________________

____

____

18. 위협이 실행되지 않게 하도록 취한 조치 : ____________________

____

____

19. 비슷한 사건이 또 다시 발생하지 않기 위한 조언 : ____________________

____

____

표 6.10 간이 용의자인상서(Abbreviated Suspect Description)

용의자 설명

용의자를 설명할 때 얻을 수 있는 가장 최우선적 혹은 유용한 정보 :

성별 ________ 인종 ________ 나이 ________ 키 ________ 체중 ________

만약 총기가 사용됐을 경우 :

☐ 리볼버

☐ 자동

그 외 다른 유용한 정보 :

머리 ____________________

눈색 ____________________

안경 ____________________

수염/콧수염/구레나룻 ____________

얼굴빛 ____________________

문신/흉터/화상 ______________

언어장애/말더듬 ______________

구분할 만한 걸음걸이 ____________

모자 ____________________

셔츠 ____________________

외투 ____________________

넥타이 ____________________

바지 및 신발 ________________

표 6.11 계속하여

차량 설명

차량을 설명할 때 얻을 수 있는 가장 최우선적 혹은 유용한 정보 :
운전면허증 번호, 발급 기관 등 ______________________________

다른 유용한 정보
제조사 ____________________ 기종(2륜, 4륜 등) __________ 연식 __________
차량 색상 ____________________ 파손이나 스크래치 ____________________

경찰관은 가능한 많은 질문에 대한 답변을 사용할 수도 있습니다. 잘못된 정보는 정보가 없는 것보다 나쁘다는 것을 기억하고 신중하게 답해주세요

1. 용의자의 수 ____________________
2. 용의자의 행동 ____________________
3. 용의자의 대화 ____________________
4. 도난된 물품 ____________________
5. 용의자의 행선지 ____________________
6. 다른 목격자의 존재 ____________________
   이름 및 주소 ____________________
   연락처 ____________________
7. 중요하다고 생각하는 다른 추가 정보

표 6.12 용의자 종합 인상서(Comprehensive Suspect Description)

세부 설명

성별(남, 여)
2. 인종(백인, 흑인, 황인)
3. 나이 ___________
4. 신장 ___________
5. 체중 ___________
6. 국적 (미국, 영국, 라틴, 스칸디나비아, 일본, 기타)
7. 체격 (마름, 보통, 건장, 비만, 고도 비만)
8. 자세 (곧음, 구부정함, 기타)
9. 안색 (정상, 어두움, 붉음, 황갈색, 창백, 주근깨, 여드름, 거칢, 매끄러움 등)
10. 두상 (대형, 중형, 소형, 원형, 사각형, 장방형, 넓음, 기타)
11. 머리색 (색: _____; 관자놀이의 색: _____; 굵기, 직모, 곱슬, 탈모 등)
12. 눈 (갈색, 파란색, 녹색, 회색; 선명함, 충혈: 큼, 작음, 깊음, 돌출, 속눈썹 등)
13. 이마 (넓음, 좁음, 높음, 낮음, 기울임, 수직, 불룩함)
14. 눈썹(얇음, 자연형, 아치형, 수평), 머리색과 같은가? 다르다면 어떤 색인가?
15. 코 (길음, 보통, 짧음; 얇음, 보통, 두꺼움, 곧음, 휨, 평평함 등)
16. 수염 (짧음, 보통, 길음; 굵음, 얇음; 유형 등)
17. 뺨 (전체, 살결, 침몰 등)
18. 광대뼈(높음, 낮음, 두드러짐, 두드러지지 않음)
19. 입 (입꼬리, 열린/닫힌 상태, 말이나 웃음으로 왜곡 여부)
20. 입술 (상부 또는 하부: 두껍고 얇고 부풀어 오름, 돌출됨 등)
21. 이빨 (흰색, 노란색, 얼룩, 헐거움, 파손, 교정기 등)
22. 전체턱 (작음, 큼, 보통, 사각형, 곡선, 뾰족함, 평평함, 이중, 보조개, 돌출 등)
23. 아래턱 (길음, 짧음, 넓음, 좁음, 가늘음, 사각형 등)
24. 귀 (작음, 큼, 타원형, 둥근 직사각형, 삼각형, 피어싱 등)
25. 목 (짧음, 보통, 길음; 곧음, 굽음, 얇음, 평평함 등)
26. 어깨 (작음, 무거움, 좁음, 넓음, 사각, 원형, 구부정함 등)
27. 손 (큼, 짧음, 넓음, 좁음, 얇음, 마름, 부드러움, 털이 많음 등)
28. 손가락(짧음, 길음, 마름, 두꺼움, 각짐 등)
29. 손톱 (길이, 설명, 네일아트나 매니큐어 여부등)
30. 목소리(기분 좋음, 보통, 낮음, 높음, 빠름, 느림, 점잖음, 억양, 사투리 등)

____

____

____

31. 걸음걸이(보폭, 움직임, 느림, 빠름, 활기참 등)
32. 외형(구부정함, 화려함, 단정함 등)
33. 옷: 색상 무늬 유형 재질 상태 해짐 여부

모자 ______________________________

오버코트 ______________________________

코트 ______________________________

바지 ______________________________

정장 ______________________________

드레스 ______________________________

셔츠 ______________________________

타이 ______________________________

신발 ______________________________

양말 ______________________________

벨트 ______________________________

가면 ______________________________

34. 장신구 (반지, 시계, 체인, 귀걸이, 넥타이핀, 팔찌, 목걸이 등)

설명: ______________________________

____

35. 특징들(가장 중요함)(흉터, 상처, 문신 등)

설명: ______________________________

____

36. 사용한 흉기의 종류:

예, 총:

(a) 색상(파랑, 철, 회색, 기타)

(b) 리볼버, 자동장전, 라이플, 소총 등

(c) 배럴의 길이

(d) 상태(낡음, 녹이 슴, 정상)

(e) 사용한 손(오른손, 왼손, 양손)

(f) 용의자가 총을 보이며 나타났는가?

이름 ______________

주소 ______________

____

날짜 ______________

6 수사 기법: 의료 보고서(진료기록)

표준적인 의학보고서는 의학적인 것이나 개개인의 상해 혹은 권리와 관련된 어떤 것들의 조사에서 없어서는 안 될 것이다. 병원 측, 의사, 상담전문의, 응급실 혹은 사용자로부터 자료의 양도를 허가할 수 있는 진단서의 공개에는 반드시 사인을 받고, 인증 받아야 한다. 그리고 기록을 얻을 목적을 위하여 제출되어야 한다. 일반적인 진단서 공개는 의뢰인에게 승인을 받아야한다. 일반적인 의뢰인의 동의를 받은 진단서 공개는 〈표 6.13〉을 통해 확인할 수 있다.

표 6.13 진단서공개 양식

진단서 공개

당신은 이 문서에 의하여 가지고 있는 약간 혹은 전부의 정보를 탐정에게 공개하는 것에 대해 어떠한 제약 없는 권한이 주어진다. 이러한 공개는 광고자료, 허가기록들, X–Ray보고, 실험보고, 간호사 노트, 절차보고 그리고 퇴원 개요를 포함한다.

이 권한은 명백하게 중지 될 때까지 소멸되지 않는다.

이 공개서의 복사본은 원본으로서 유효할 것이다.

이름: 의뢰인의 이름
날짜:__________
서명:__________

개인 정보 보호 고려사항과 의료 기록의 사적 진실성을 안내하는 새로운 또는 기존 법률에 주의를 기울이는 것은 지속적인 보안 우려사항이다. 건강보험이동성과 결과보고책무활동법(healthinsurance portability and accountability act, HIPAA)은 1996년 8월 21일에 시행되었다. 261항부터 264항의 HIPAA는 미국 보건복지부 장관에게 건강정보의 전자교환, 프라이버시 및 보안에 대한 표준을 공표할 것을 요구한다. 이것들은 총체적으로 행정 단순화 조항으로 알려져 있다.[44] HIPAA 원칙은 동의와 면제가 보장되지 않는 한 반드시 적용된다.[45] 〈표 6.14〉를 확인하라.

표 6.14 HIPAA 권한 양식

HIPAA 권한 양식 샘플

나, ______________ 는 [기관 명] 에게 다음과 같은 권한을 준다:

☐ 다음과 같은 보호 보건기록을 사용하거나,

☐ 다음과 같은 보호 보건기록을 열람할 권한

____

____

[정보 수신자의 성명]

해제될 정보는 다음과 같다:

☐ 의료 기록들

☐ 치료 기록들 ______________________________

☐ 진단 기록들

☐ 기타 : ______________________________

____

이 보호 보건기록들은 다음과 같은 목적을 위해서만 사용 혹은 열람된다:

____

____

44) "Summary of the HIPAA Privacy Rule," HHS.gov, accessed September 9, 2018, www.hhs.gov/hipaa/for-professionals/privacy/laws-regulations/index.html.

45) 45 C.F.R. " " 160.102, 160.103.

이 권한은 [특정한 (1) 날짜 혹은 (2) 열람 혹은 사용과 관련된 사건] 에 파기된다.

이 정보를 받는 사람이나 기업이 연방 개인정보 보호규정에 의해 적용되는 의료 제공자나 의료 보험이 아닌 경우, 위에서 설명한 정보는 다른 개인이나 기관에 공개될 수 있으며 더 이상 이 규정에 의해 보호되지 않을 수 있다.
이 허가서에 서명하는 것을 거절할 수 있다. 서명을 거부해도 치료나 지급을 받을 수 있는 능력이나 혜택에 대한 자격에는 영향을 미치지 않는다.
이 권한에 따라 사용되거나 공개될 보호 보건기록을 검사하거나 복사할 수 있다. 임상시험의 일부로 작성된 보호 보건기록의 경우 임상시험이 완료될 때까지 접근권이 정지된다.
마지막으로, [사무실 주소]의 [개인정보 이름]에 서면 통지를 발송하여 언제든지 서면으로 이 허가를 취소할 수 있다. 귀하의 통지는 귀하의 승인을 취소하기 위한 서면 요청을 받은 날짜 이전에 요청자/주체가 취한 조치에는 적용되지 않는다.

____

당사자 혹은 대리인의 서명

____

날짜

____

당사자 혹은 대리인의 성명

____

대리인의 권한에 대한 설명

의료 기록은 많은 부분에서 윤리적으로 실질적인 딜레마를 야기한다. 전자개인정보센터(Electronic Privacy Information Center)는 소비자뿐 아니라 탐정들에게 다음과 같이 경고한다:

이러한 기록에는 신체적 건강에 대한 정보 외에도 가족 관계, 성행위, 약물 남용, 그리고 심리치료와 함께 오는 사적인 생각과 감정에 대한 정보가 포함될 수 있다. 이 정보는 종종 사회보장번호로 연결된다. 사회보장번호의 사용에 있어 일관된 프라이버시 보호가 부족하기 때문에 이 정보는 쉽게 접근할 수 있다.

당신의 의료기록에서 나온 정보는 당신의 신용, 교육기관 입학, 그리고 고용에 영향을 미칠 수 있다. 그것은 또한 건강 보험에 가입하는 당신의 능력, 또는 당신이 보험에 지불하는 비율에도 영향을 미칠 수 있다. 더 중요한 것은, 다른 사람들이 당신의 삶에 대해 자세히 알게 되면 존엄성과 자율성을 잃게 될 수도 있다는 것이다.[46]

의료기록에 대한 연방정부의 접근을 통제하려는 노력은 종종 입법 시책으로 보여진다. 정보공개, 공개, 보호의 몇 가지 매개변수를 제시하는 정책 성명서나 초안은 필수적인 보안기능이다. 기록보호를 위임받은 모든 사무소는 〈표 6.15〉와 유사한 정책을 시행해야 한다.

표 6.15 **표준 정보 보안 정책(A STANDARD INFORMATION SECURITY POLICY)**

정보 보안 정책

1) 목적

정보의 기밀성, 보안성 및 무결성을 보호하는 동시에 권한이 부여된 자만이 컴퓨터화된 정보에 대한 적절한 접근을 보장하기 위한 지침을 제공한다.

2) 정책

a) 정의

i) 보안

의도적이든 우발적이든, 무단 변경, 파괴 또는 공개로부터 정보 자원을 보호한다.

ii) 정보 리소스

여기에는 하드웨어, 소프트웨어, 저장 매체, 컴퓨터 로그인 코드 및 컴퓨터 시스템에 의해 전송, 저장, 인쇄 및/또는 처리된 정보가 포함된다.

ii) 기밀 정보

환자의 신원과 진단을 포함한 환자 관리 및 치료 정보, 급여, 혜택, 성과 검토 및 징계와 관련된 인사 정보 등 사적 성격으로 인해 특별한 보호가 필요한 정보.

b) 정보보안 프로세스의 개발 및 지원

1. 병원은 정보에 대한 충분한 보안과 기밀성을 보장하기 위한 프로세스를 구현한다.

46) "Medical Record Privacy," Electronic Privacy Information Center, accessed August 4, 2018, www.epic.org/privacy/medical/#consumer.

2. 병원은 새로운 정보시스템의 구입 및 구현 시 보안 문제를 해결한다.
3. 각 부서의 경영진은 해당 시 소속 부서에 특화된 정보보안 정책을 개발하고 유지하며, 이는 본 방침과 일치한다.
4. 신입사원을 위한 오리엔테이션 프로그램은 병원의 정보보안 정책을 다룬다. 오리엔테이션 시점에, 각 신입 사원은 병원의 정보보안 정책 및 이들 정책에 관한 개인의 책임을 요약한 비밀유지 협약에 서명하게 된다. 이 동의서는 인사부에 있는 직원의 기록에 기록될 것이다.
5. 각 부서의 관리직원은 직원에게 기관 및 부서별 정보보안 정책을 통지한다. 경영진은 이 정책들이 매년 부서별 직원회의에서 다뤄지도록 할 것이다.

c) 정보 자원에 대한 접근 권한 부여

1. 병원의 정보자원에 접근할 수 있는 사업상의 정당한 사유가 있는 자에게만 접근권을 부여한다. 개인에게는 직무 요건에 부합하는 정보 자원에 대한 접근이 허용된다.
2. 그 누구도 사전 서면 승인 및 동의 없이 병원의 정보 자원이나 신청서에 접근할 수 없다. 병원의 동의 없이 병원 컴퓨터를 사용하거나 병원에서 보관하거나 유지 관리하는 정보에 접근하는 것은 불법이다.
3. 병원의 컴퓨터 시스템에 대한 모든 비밀번호는 기밀이며 병원의 재산이다. 여기에는 네트워크 시스템, 메인프레임 시스템, PC, 음성 메일 및 장거리 전화 코드가 포함된다.

d) 컴퓨터 장비 보안

1. 터미널, 네트워크 기기, 개인용 컴퓨터는 보안이 되지 않은 지역에 있는 도난 및 무단사용자에 의해 안전하게 보호된다.
2. 보안되지 않은 지역에 있는 개인용 컴퓨터는 적절한 비밀번호를 제공하지 않고 허가받지 않은 사람이 장치를 사용하는 것을 방지하기 위해 전원 암호와 키보드 암호를 사용하도록 설정될 것이다.
3. 컴퓨터 시스템에 로그인한 사람은 단말기나 PC를 방치할 때 반드시 로그오프하거나 물리적으로 안전하게 보호해야 한다.
4. 가능한 경우, 컴퓨터 시스템은 지정된 기간의 비활성 후에 자동으로 로그오프하거나 단말기와 PC를 암호로 보호하도록 설정될 것이다.
5. 데이터 센터에 대한 접근은 잠긴 진입로를 통해 확보되며, 컴퓨터 시스템의 작동 또는 유지보수를 허가받은 개인에게만 출입구 잠금 해제를 위한 열쇠, 카드 또는 기타 수단이 발급된다. 데이터 센터를 방문하는 인증된 방문객은 직원의 에스코트를 받는다.

e) 컴퓨터 관련 미디어의 보안

1. 비밀 또는 민감한 정보를 포함하는 인쇄된 보고서는 허가받지 않은 사람이 접근할 수 없는 안전한 장소에 보관될 것이다. 기밀 보고서는 폐기되기 전에 읽을 수 없게 될 것이다.
2. CD, 하드 드라이브, 플래시 드라이브 및 기타 기밀 정보를 포함하는 미디어는 "기밀"로 표시되며, 적절히 보호될 것이다.
3. 컴퓨터 파일을 포함한 CD, 하드 드라이브, 플래시 드라이브 및 기타 미디어는 허가받은 사람만이 접근할 수 있는 영역에 저장된다.

f) 전산화된 파일 보호

1. 부서 및 개인은 개인용 컴퓨터, 네트워크 파일 서버 및 기타 컴퓨터 시스템에 저장된 데이터 파일의 백업 복사본을 만들기 위한 정기적인 일정을 수립해야 한다.

2. 백업 복사본은 안전한 장소에 보관한다(열이나 자기장에 노출되지 않음). 네트워크 파일 서버 및 메인프레임 컴퓨터 시스템의 백업 복사본은 서버 또는 데이터 저장 장치와 같은 방에 저장되지 않는다.
3. 각 PC와 컴퓨터 시스템에 바이러스 방지 프로그램을 정기적으로 설치하고 실행한다.
4. 소프트웨어는 바이러스 방지 프로그램에 의해 먼저 스캔되지 않는 한 공용 게시판이나 기타 병원 이외의 컴퓨터 시스템에서 복사되지 않는다.

g) 정보원에 대한 전화 접속 액세스

1. 인가된 직원, 의사 및 기타 공인된 당사자는 적절한 보호장치를 가지고 병원 정보 자원에 접근하기 위해 전화선을 사용할 수 있다.
2. 병원 컴퓨터 시스템에 대한 모든 전화 접속 연결은 비밀번호 확인, 콜백 보안 또는 기타 유사한 기능을 제공하는 장치를 통해 라우팅될 것이다.
3. 전화 접속 보안 기능이 없는 모뎀이나 개인용 컴퓨터는 직접 전화선에 연결되지 않는다.

h) 정보보안 정책 위반

i) 이러한 정보보안 정책 및 절차를 준수하지 않을 경우 병원 경영진의 재량에 따라 징계, 병원 정보 시스템에 대한 접근권한 종료, 민사 또는 형사 조치가 발생할 수 있다.
ii) 각 부서의 경영진은 정보보안에 관한 사항을 감시하고 상담한다.

3) 절차

a) 보안 행정

i) 각 네트워크 시스템과 메인프레임 애플리케이션에 대해 시스템 보안 관리자를 지정한다.
(1) 시스템 보안 관리자는 자신이 담당하는 시스템에 대한 로그인 코드를 발행할 책임이 있다. 시스템 보안 관리자는 로그인 코드를 수신한 모든 사용자가 시스템에 대한 적절한 액세스 권한을 가지고 있는지 확인할 책임이 있다.
(2) 정보시스템 부서는 지정된 모든 시스템 보안 관리자와 백업자의 목록을 유지 관리한다.

b) 정보자원에 대한 접근권한 획득

i) 병원의 정보자원에 대한 접근 요청서는 해당 시스템 보안 관리자에게 서면으로 제출되어야 한다.
ii) 정보원에 대한 접근 요청은 해당 병원 경영진의 승인을 받아야 한다.
iii) 컴퓨터 시스템에 대한 접근을 요청하는 모든 사람은 병원의 정보 보안 정책 및 이러한 정책에 대한 개인의 책임을 요약한 기밀성 계약에 서명해야 한다.

c) 컴퓨터 로그인 코드 발급

i) 병원 컴퓨터 시스템에 접속할 수 있는 권한을 부여받은 각 개인에게는 고유한 개인 식별 코드와 비밀번호가 발급된다. 당사자는 컴퓨터와 처음 접촉한 직후 이 식별 정보를 제공해야 하며, 그렇지 않으면 추가 접속이 거부된다.
ii) 인증된 각 사용자는 이 작업을 수행할 수 있는 시스템에서 주기적으로(최소한 90일마다) 비밀번호를 변경할 책임이 있다.

응급실, 상담전문의 혹은 다른 병원에 종사하는 의학적 전문의로부터 병원기록을 요청하는 것은 기본적인 조사 실무이다. 병원기록에 대한 의뢰인의 허가요청은 〈표 6.16〉을 참고하면 된다.

표 6.16 병원기록에 대한 의뢰인의 허가요청

병원기록 요청서

날짜:

수신인:

참고인:

파일 번호:
__________ 귀하 :

저는 ____________ 에서 발생한 사고의 결과로 입은 부상에 대해 나를 대표하기 위해 이 회사를 선임했습니다.
부디 이 회사의 주소로 사고와 관련된 의료기록과 관련 영수증을 보내주시길 바랍니다.
부디 이 보고서 __________ 에 청구하시길 바랍니다.

감사합니다.

____________________ 올림

환자번호 #: ____________

의뢰정보에 관한 다른 사례가 조사파일을 보완하는 서류를 요청하는 것은 공식문서의 복사본에 대한 요청인 것이다.

이러한 사례에서, 서신왕래는 종종 의사의 서기(書記) 혹은 기록을 담당하는 다른 준(準)전문가를 응대하기 위하여 곧바로 보내진다. 이것은 의학적 평가 혹은 의료기록에 대한 직접적인 요청과 혼동되어서는 안 되며, 종종 표로 작성된 계산서처럼 표준화된 서류형태이다.

표 6.19 **의료기록복사본 요청서 양식**

일시:
이름/ 주소:
관련사항: 업무보고의 사본에 대한 요청
환자의 이름:
상해일시:

000 의사께

저는 위에 언급된 사건의 탐정입니다. 저에게는 정보와 기록을 찾을 수 있는 전권이 주어져 있습니다.
부속물은 권한 위임 시 사본입니다. 이러한 환자에 대해 귀 병원에서 준비하셨던 의료기록의 사본을 요청하기 위해 이렇게 글을 씁니다. 가능한 한 빨리 이 기록의 사본을 저에게 주시면 감사하겠습니다. 이러한 정보를 입수할 수 있도록 저를 허가한 진단서공개 사본을 동봉합니다.
요청된 자료를 복사하는 것에 대하여 어떠한 일이 있다면, 요청된 정보와 진술서를 함께 보내주시면 감사하겠습니다.

진심으로,
조사자의 이름

동봉

탐정은 필수적으로 다른 많은 기록과 허가, 퇴원기록들, 응급실 기록, X-ray 기록들, 의료비기록, 계산증빙자료, 급료지불정보, 구조대기록, 사망증명서 등을 포함하여 이들에 대해 접근을 요청하기 위하여 동일한 편지양식을 사용할 수 있다.

7 수사 기법: 경제적 손실관련 기록

관례적으로, 탐정들이 노동자에 대한 보상, 장애, 사회보장 혹은 대인부상 소송에 관련되어 있을 때에는, 실제로 의학적 부상증거뿐만 아니라, 경제적 손실에 관한 기록까지 수립해야 한다. 경제적 손실은 어떤 재산적 가치를 잃어버리는 것에서부터 과거, 현재 그리고 미래의 수입능력 손실에 이르기까지 다양한 형태를 취할 수 있다. 이러한 요소들 때문에 탐정들은 고용 및 보수지급 기록에 접근할 필요가 있다.

고용기록을 위한 허가와 요청에 관한 사례 〈표 6.17〉은 상세한 조사와 의뢰인의 보수지급 측면에 관한 문의를 보여주고 있다. 특히 주목할 만한 것은 주간급료와 초과근무시간 급여와 일반 봉급의 기간에 관하여 질문하는 것이다.

종종 사업주들은 의료수당 처리기록을 수집하고 유지한다. 왜냐하면, 의료보험과 근로자의 보상, 사고 등으로 인한 근로자의 능력상실 때문이다. 고용주에게 제시된 이러한 자료에 대한 공개나 허가는 〈표 6.18〉에 나와 있다.

표 6.17 고용기록의 요청 및 위임서

고용기록 요청 및 위임서

수신인 : ____________________	참고: ____________________ (회사명)
____________________	____________________ (주 소)
____________________	____________________
____________________	____________________
	주민번호 ____________________

귀하는 요청에 따라서 본인이 선임한 다음과 같은 이름과 주소의 변호사:

혹은 변호사의 권한을 위임받은 대리인에게 본인의 과거 또는 현재 고용과 관련하여 귀하가 가지고 있는 모든 정보를 제공할 수 있는 권한을 부여받으셨습니다. 요청된 다른 정보와 함께 모든 기록의 사본을 제공에 협조를 해주시면 감사하겠습니다.

날짜: ______________________ 회사 ______________________________

추가사항 : ____
____
____
____
____

날짜: ______________________ 직위 ______________________________

표 6.18 의료수당세금면제 양식

의료수당세금면제 양식

이 피고용자의 기록면제는 당신으로 하여금 당신의 소유 내에 있는 어떠한 기록 정보 혹은 지식을 탐정에게 제공하도록 허가하고 있다. 이러한 면제들은 제한되어 있지 않고 급여의 비율을 고려한 정보, 병중기록, 초과근무기록, 휴회기록, 개인신상정보, 상해와 건강기록, 세금과 사회보장기록 그리고 보험혜택기록을 포함한다. 면제는 명백하게 취하되었을 때까지 합법적으로 남아있다. 이 면제대장의 사본은 원본으로써 작용한다.

이름 : 의뢰인의 이름
사회보장번호 :
생일 :
탐정 이름 :

일시__________ 서명____________

의뢰인에 관련된 이러한 특별한 급여목록정보에 대한 접근을 위한 권한이나 세금면제대장은 〈표 6.19〉에서 보여주는 양식으로 제출된다.

표 6.19 **임금면제양식**

임금면제

급료의 면제는 탐정들이 지정한 임금과 벌이에 관해 당신이 소유하고 있는 어떠한 기록이나 정보를 마련해주기 위해 당신에게 권한을 부여한다. 이러한 면제는 제한되지 않고 임금의 비율에 관한 정보와 시간당 수당, 임금의 정보, 전체수당, 실수입 혹은 주간 근무수당을 포함한다.

이 면제는 명백하게 취소될 때까지 법적으로 유효하며,
면제대장의 사본은 원본으로서의 효과가 있다.

이름 : 의뢰인의 이름
사회보장번호:
생일:
탐정의 이름:

일시____________ 서명__________

8 수사 기법: 증거의 보전

증거의 수집과 보존, 그리고 조사절차동안의 명확성은 공공 및 민간경비시스템에 있어서 부정할 수 없는 책임이다. 증거관리의 사슬이 와해되고, 깨지고 오염되고, 남용되고 비공식화되고, 고쳐지고 혹은 어떤 중요한 방법으로 변화되느냐 여부에 탐정들은 계속해서 관련되어 있다. 유능한 수사관들은 증거 무결성을 보장하는 체계적인 접근방식인 "품질보증제도"를 고안해야 한다.[47] 총, 유리파편들, 머리카락, 섬유조각들, 몸의 일부분- 즉 어떠한 실질적 혹은 물리적 증거-은 가능하면 과학적으로 그 원래상태를 유지할 수 있는 환경 속에서 저장되어야한다[48]:

> 탐정 자신은 증거사실이 알려지거나 인지되기 전에 탐정 자신이 증거를 파괴하거나 오염 시킬 수 있는 가능성에 대해서 명심해야한다. 피의 미세한 분출, 먼지의 입자, 배설물과 파편은 육안으로는 항상 명확하지만은 않기에 만약 탐정들이 조사 중에 충분히 주의 깊게 지켜보지 않았다면

47) Halil Ibrahim Bulbul, H. Guclu Yavuzcan, and Mesut Ozel, "Digital Forensics: An Analytical Crime Scene Procedure Model (ACSPM)," Forensic Science International 233, nos. 1-3 (2013): 244, https://doi.org/10.1016/j.forsciint.2013.09.007.

48) The compelling nature of DNA evidence has surely heightened chain of custody concerns for both the public and private sector. See William P Kiley, "The Effects of DNA Advances on Police Property Rooms," FBI Law Enforcement Bulletin, March 2009: 20; O. Marius-Sorin and G. I. Madalin, "Biological Evidence, Clues and Answers for Criminal Activity," Journal of Criminal Investigations 10, no. 1 (2016): 66-69; Texas Department of Public Safety, Crime Laboratory Service, Physical Evidence Handbook (2007), www.crime-scene-investigator.net/evidence_manual_TX.pdf.

> 이러한 것들은 파괴되거나 변형되어 무의미한 증거가 될 수도 있다. 피고측 변호사는 발생하였던 증거의 오염가능성을 인식해야 하며, 그는 교호신문을 적절하게 실행해야 한다.[49]

일련의 관리에 관한 전체적인 개념은 탐정의 행동과 진술들을 관리한다:

> 증거보전에 대한 일련의 과정은 사건현장에서 수집된 시간으로부터 법정에서 증거로 채택될 때까지의 증거확인과 통제에 관한 해설이다. 법적인 증거관리 과정은 항상 유지되어야 한다.[50]

펜실베이니아 주(州)경찰은 산하에 있는 "Crime Laboratory Operations Manual"이라는 매뉴얼에서, 증거보전에 관한 자문을 제공하고 있다.

증거의 각 품목은 적당한 컨테이너에 보관해야 하며, 이러한 컨테이너는 철저히 확인하고 봉인되어야 한다. 연구소는 조사에 관해서만 도움을 줄 수 있는데, 만약 증거가 보존 되었고 또한 일반적인 규칙처럼 수집된 증거의 가치를 보장하기 위해서는 증거가 포장되어야 한다:

① **분실방지**: 작은 품목의 증거들은 컨테이너나 컨테이너의 갈라진 틈 안에서 혹은 컨테이너의 포 개진 부분에서 분실되지 않도록 모든 증거를 포장한다. 편지봉투와 같은 것은 페인트조각과 같이 아주 작은 증거품목을 담기에는 아주 열악한 용기가 된다. 왜냐하면, 그러 한 것들은 봉투의 모서리에서 새어 나올 수 있고, 포개진 부분에 잔류 하게 되며, 손실이나 손상 없이 꺼내기가 어렵다. 이러한 유형의 증거물을 위해서는 약상자나 플라스틱 물약병들이 사 용되어야 한다.

② **오염방지**: 항목들은 분리한 후 그 결과 다양한 지역에서 온 항목들과 혼합되지 않도록 한다. 현장으로부터 그리고 용의자로부터 나온 증거물들을 같은 용기에 절대 담아서는 안 된다. 범죄 피

49) Am. Jur. Trials (1987): 555, 577.

50) PA State Police, "Crime Laboratory," 2.5; Texas Public Safety, "Crime Laboratory"; Wisconsin DOJ, "Evidence Handbook."

해자나 범죄 용의자로부터 나온 의복과 같은 각각의 품목들은 또한 개별적으로 포장되어야 하며, 확인이 되어야 한다. 그래서 흔적이 되는 증거가 이쪽에서 다른 쪽으로 옮겨 다니는 일이 없어야 한다.

③ **변경방지**: 수집된 당시와 같은 조건으로 증거물이 실험실에 도착할 수 있도록 그러한 방식으로 증거물을 다루고 포장하라. 상식을 활용하라.[51]

물론, 어떤 종류의 증거는 혈액과 다른 체액과 같은 자연적인 파괴나 오염에 더 잘 걸린다. 보존을 위해서는 특별한 관리와 특별한 포장이 필수적이다. 다른 형태의 증거들은 "무결성"을 잃고 매우 빨리 "구식"이 된다.[52] "Handbook for Forensic Science"에서[53] FBI는 증거를 어떻게 포장해야 하는지, 처리해야 하는지, 그리고 어떤 분석결과를 우편으로 보낼 것인지에 대한 가이드라인을 제시하였다. 〈표 6.20〉에서는 그러한 포장과 보관기준에 대한 개요를 보여주고 있다.

51) PA State Police, "Crime Laboratory," 2.5; Texas Public Safety, "Crime Laboratory"; Wisconsin DOJ, "Evidence Handbook."

52) See Marius-Sorin and Madalin, "Biological Evidence"; see also J. L. Sumpter, "Investigating Big Crimes in Small Towns," Law &Order 61, 6 (2013): 28-30.

53) Federal Bureau of Investigation, Handbook for Forensic Services (Washington, DC: U.S. Government Printing Office, 2013), www.fbi.gov/file-repository/handbook-of-forensic-services-pdf.pdf.

표 6.20 [54] 물리적 증거를 어떻게 수집 · 표시 · 보존 · 포장하는가

증거자료	처리하는 방법	식별방법	증거자료의 양과 기준필요	보존과 증거포장	조사상 가치
(방화) 1. 액체	용기에 남긴다. 보이지 않는 흔적들 확인. 용기에서 알코올 제거. 보이지 않는 흔적들에 대한 용기 확인.	증거자료의 발생한 곳, 일시, 시간, 동행한 경찰관의 이름, 신고장 가리키는 용기 밖에 기호 표시	4온스 위로 필요기준 없음	4온스 금속용기 와 안전하게 봉한다. 자물쇠책임 은 감독자의 싸인을 받고 기호 테잎이나 포장 테잎에 봉한다.	부동 혹은 유동측정 조사적 수행자활용
2. 액체가 아닌, 즉 잔해나 부스러기 물리적인 혹은 전기적종이 사용 장치에서 나오는 것이 발화재로 사용가능	작은 부분들은 핀셋 사용. 극도로 조심하게 취급, 재가 밑으로 미끄러져 나가도록 뻣뻣한	위와 동일	모든 증거자료 필요기준 없음	깨끗하고 건조한 용기에 증거자료 담기. 증거자료의 비손상을 유지하기 위해 가능한 한 조심히 다룰 것	발화 원인에 이용된 요소 측정 위해 사용 그것으로 효과적인 방법 찾기에 활용
(혈액) 1. 알려진 표본	간략하게 혈액의 표본에 대한 취급 방법은 챕터Ⅶ에서 본다.	시험관 밖 테잎 사용, 증여자 이름 날짜, 운반, 의사이름 제출경찰관의 이름 혹은 싸인, 신고장	5cc의 살균시험관. 필요기준 없음	살균 시험관만 분류 감식을 위한 보존 없음 솜이나 부드러운 종이로 쌀 것	혈앨그룹과 혈액 속 알코올 성분 측정시 사용
2. 문 제 가 된 샘플	위오 동일	위와 동일	5cc까지, 필요기준 없음	시험 스포이드나 깨끗한 스푼사용 하여 수집. 가능한 깨끗한 시험관을 사용하고 불투과성 표면의 용기로 혈액을 옮긴다. 봉해진 약상자에 건조하게 보관한다.	피표본과 자연 피측정 (동물이건 사람이건)

54) Ibid.: 42-45.

증거자료	처리하는 방법	식별방법	증거자료의 양과 기준필요	보존과 증거포장	조사상 가치
3. (오염된) 옷	의복에서부터 나온 흔적 성분을 풀리지 않게 조심할 것.	꼬리표와 라벨사용, 적절한 데이터의 구색을 맞춰야 한다.	모든 옷 필요기준 없음	마른 것만 포장옷의 오염된 부분을 자르지 말 것. 각각 부분은 깨끗하게 포장되어야하고 증거가방은 건조하게 해야 한다. 범죄에 관련된 정보는 증거가방에 포함시킨다.	오염된 것이 무엇인지 즉 피, 잿가루, 정액 등 그것들이 암시하는 것 측정.
4.. 문서(편지, 노트, 표시)	족집게 사용. 어떤 명백한 흔적 위에 족집게 사용 말 것 . 숨어있는 흔적 보호할 것	처음 있던 곳과 봉인한 봉투를 기록하고 다른 용기에 문서를 포장하기 위해 사용 한다. 문서에 표시 말 것	모든 문서 필요기준 없음	문서는 취급되고 가지런히 접어야 하고, 최대한 조심스럽게 표시되어야 한다. 접혀지지 않았다면, 그것은 해결된 사건이다. 적절히 봉해진 봉투를 사용하고 투명테잎으로 봉한다. 봉투의 뚜껑에는 함유물의 표제와 내용물 설명, 신고번호와 경찰관의 이름 기입.	출처 신원을 결정하고 지문 변경, 위조나 지운 자국 측정
5. 섬유	섬유질은 특별한 필터부착과 진공청소기를 통해 얻어진다.	포장용기의 바깥쪽에 라벨을 붙인다.	모든 서유 필요기준 없음	접혀진 종이에 꾸려 넣고 약상자에 담는다. 분실방지 위해서 팽팽히 싼다.	현장에서 의심이 되는 물질과 섬유를 비교하기 위해.
(지문) 1. 잠재지문 현출		카드의 뒷면에 자국이 변질된 것. 적절한 정보는 구색을 맞출 것	잠재된 모든 자국, 현장에 있던 모든 경찰관과 당해 지역이나 물체에 합법적으로 접근한 모든 사람들의 배제흔적	물체에서 빈틈없이 카드까지 옮겨진 흔적, 카드는 지문 봉투에 보관해야 한다.	현장에 있었던 사람들을 실제적으로 측정하기 위해 사용.
2. 화학적 처리를 위한 지류(紙類)	문서는 가능한 적게 취급. 접지 말고 절대적으로 필요할 때에만 만다.	위와 동일	위와 동일	위문서와 동일	숨겨져 있는 흔적이 존재한다는 것을 측정하기 위해 사용.

증거자료	처리하는 방법	식별방법	증거자료의 양과 기준필요	보존과 증거포장	조사상 가치
(소형화기) 1. 단총	총자루의 깔깔한 부분만능 다루고, 지문조회	배경에서 발견되지 않는 신원표시나 첫글자 굵기. X로 표시하지 말고 쉽게 지워지는 무기에 표시 말 것.만약 장전된 총이라면 회전장치나 표시부분에서 빼낼것	모두 필요기준 없음	그것을 포함한 관련된 정보와 꼬리표 첨부, 튼 종이봉투에 보관	무기가 발사되었거나, 권총이 신원확인을 측정하기 위해 사용.
2. 소총/엽총	방아쇠의 안전장치 끝 부분과 손잡이의 깔깔한 부분, 받침점의 앞부분을 취급	위와 동일	모두 필요기준 없음	관련된 정보를 포함하고 있는 꼬리표 첨부	위와 동일.
(탄약) 1. 발사된 총알	족집게 끝과 테잎 사용, 총 주변에 선조 표시 새기기 금지	총탄의 부리이든 첫 부분이든 표시할 것. 측면에 표시 말 것.	모든 발사된 총탄들. 필요기준 없음	티슈에 싸거나 작은 알약상자에 보관. 상자에는 관련된 정보를 표시해야만 한다.	총알이 발사된 총기류, 구경은 제작법 측정 위해 사용.
2. 총탄과 탄약통 (발포 안된 것)	족집게와 끈의 끝 사용, 통이나 탄약의 손상을 피할 것	총의 약실과 일치하는 숫자, 날짜, 첫 글자 표시. 연발권총은 총알의 부리에서 다뤄짐	모든 총알들 필요기준 없음	위와 동일	비교를 위한 목적으로 사용.
3. 탄약통 (발포된 것)	족집게 끝의 개방된 끝 부분으로 들어올리기	케이스 안쪽에 표시하거나 가능한 한 바깥쪽 근처에 표시	모든 케이스들. 필요기준 없음	위와 동일	화기의 구경과 제조, 유형을 측정하기 위해 사용. 또한 총기 미복원시 비교를 위해.
4. 발사된 총알	위와 동일	총탄의 놋쇄 머리부분의 옆에 경찰관의 이니셜 사용. 총탄을 훼손하거나 긁거나 망쳐놓지 말 것.	모든 총탄들 필요기준 없음	종이 말고 종이봉투에 낱낱이 보관	무기표시의 비교와 총의 게이지를 측정하기 위해 사용.

증거자료	처리하는 방법	식별방법	증거자료의 양과 기준필요	보존과 증거포장	조사상 가치
5. 작은 총탄	끈의 끝과 족집게 사용, 통이나 탄약의 손상을 피할 것.	작은 알약상자와 보관함에 총탄을 보관하고 적절히 표시	모든 총탄들, 필요기준 없음.	표시방법과 같다.	총알의 크기가 다른 의심 가는 탄약과 일치할 수도 있다.
6. 뭉치	족집게 사용, 뭉치에 손상을 피할 것	되찾을 수 있는 경찰관에게 잉크로 파서 표시	모든 뭉치. 필요기준 없음.	종이봉투에 보관	총의 사이즈, 총포마개의 게이지 디자인.
(유리제품) 1. 유리파편	큰 부분의 끝은 손가락 사용. 평평한 부분은 만지지 말 것. 명백한 얼룩은 움켜쥐지 말 것. 숨겨진 지문채취 표시를 처리할 것.	감독 경찰관의 이름을 용기에 표시하고 다른 관련된 데이터를 표시할 것. 질문을 표류하고 조각들을 알릴 것.	모든 조각들, 필요기준 없음.	솜이나 휴지에 싸서 보관. 변형과 파손을 막기 위해 포장.	범죄현장에서 발견한 파편들을 확인해보기 위해 사용. 깨진 부분의 방향을 측정하기 위해 사용
2. 입자	손가락보다 작은 조각들은 족집게를 사용	위와 동일.	모든 조각들. 표준으로써 3인치의 깨진 조각들.	파손을 막기 위해 알약 상자에 보관하고 포장한다.	위와 동일
머리카락	족집게로 조심스럽게 범죄현장의 머리카락들을 회수	위와 동일	현장에서 발견한 모든 머리카락들. 가능한 한 몸과 머리의 부분에서 완전한 형태의 머리카락 20가닥	깨끗이 접혀진 종이에 머리카락을 보관하여 봉투에 둔다.	색깔과 구조를 측정하기 위하여 사용.
(흔적) 1. 족흔 2. 타이어 자국 3. 작은 흔적	취급할 수 있는 흔적들의 기법은 대략 Chapter Ⅷ에서 살펴본다.	적절한 조망을 위해 괘선기와 사진 촬영이용. 적절한 데이터와 그림 뒤에 라벨을 붙인다.	충분한 사진 촬영은 모든 각도의 충분한 흔적을 보여준다.	적절한 봉투에 보관하고 포장한다.	목적의 비교를 위해 사용.
액체 (독약, 산 그리고 기타)	원래 용기에 남겨둔다. 숨겨진 흔적채취를 위해 용기를 시험한다.	용기 밖의 적절한 정보와 라벨을 사용한다.	증거자료의 적당한 용기라면 즉, 4온스까지.	유리용기의 주위에 흡수성 물질을 싸고 튼튼한 박스를 둔다.	유동물의 실제성을 측정하기 위해 사용.

증거자료	처리하는 방법	식별방법	증거자료의 양과 기준필요	보존과 증거포장	조사상 가치
알코올	위와 동일	펜이나 금속 캔의 라벨에 확인 표시를 새김.	모든 증거자료 필요 기준 없음.	종이증거 가방에 보관하고 적절히 라벨을 붙인다.	알코올의 내용 측정을 위해.
의심스러운 마취제와 위험한 약들 1. 액제	숨겨진 흔적에 대해 용기를 시험하기 위해 본래 용기에 남겨둔다.	용기밖에 적절한 데이터와 함께 라벨을 붙인다.	모든 증거자료. 필요기준 없음.	모든 컵 주위에 흡수적 물질을 싸고 파손을 막기 위해 '깨지기 쉬운' 이라는 라벨을 만든다.	물질이 마취성이거나, 위험한 물질이 아니라는 것을 보여주거나, 마약으로 발견된 신원확인을 위해
2. 알약, 가루와 고형식품	적절한 용기에 옮길 수 있는 작은 솔이나 집게사용.	위와 동일.	모든 증거자료. 필요기준 없음.	포장된 약상자에 적절하게 보관하고 손실을 막기 위해 다른 용기에 적당하게 보관한다.	위와 동일.
(염료) 1. 액체	가능하다면 원래의 용기에 샘플들을 두고, 옮긴다면 엎지르지 않게 조심스레 샘플의 뒷부분을 붓는다.	용기에 모든 적절한 데이터 라벨을 붙인다.	좋은 용기에 모두, 즉 4온스까지. 원래용기에는 표준인 1갤론까지.	과도한 파괴나 엎지름을 막기 위해 포장한다.	취지와 관련된 내용물이나 조직의 측정을 위해 사용.
2. 조각	족집게나 주걱으로 조각을 종이위로 집어 올린다. 조각은 고스란히 유지되어 수집될 것이다.	포장된 용기에 적절한 데이터를 표기한다.	모든 증거자료를 가능하다면 의심가는 물체로부터 적절한 양의 물질을 표준으로 사용한다.	약상자나 다른 단단한 용기에 보관한다.	현장에서 찾아낸 조각들은 용의자를 추적할 수 있고 비교에 이용된다.
끈, 실, 밧줄	집게로 작은 조각들을 집어 올린다.	모든 적절한 데이터를 용기나 택에 표시 한다.	모든 증거자료 본래의 하나의 피트.	봉투나 충분히 작은 증거가방(만약 안전하게 포장하지 못할 시)에 보관한다.	로프나 실, 밧줄을 범죄 사용시 비교하기 위하여.
연장	연장에 남겨져 있는 흔적을 조사하고 난후에 연장의 옆을 취급한다.	연장의 옆을 표시하고 연장의 표면은 표시하지 않는다. 적절한 데이터와 실에 펜텍을 사용한다.	모든 연장을. 필요기준 없음.	증거가방에 보관. 연장의 손상을 막는다.	연장표시와 비교한다.

증거자료	처리하는 방법	식별방법	증거자료의 양과 기준필요	보존과 증거포장	조사상 가치
도구흔	부드러운 종이로 도구흔을 덮고 표식의 손상을 피한다.	도구흔을 연구소로 옮길 때, 연장 표식을 포함한 물체에 데이터와 이름을 새긴다. 도구흔에 표시하지 말 것.	완전한 도구흔 표식. 가능한 한 의심되는 연장.	표시의 오염 막기.	취지와 비교 위해 사용.
안전한 절연체와 토양샘플		적절한 데이터를 용기 밖의 라벨에 붙인다.	의문스런 모든 증거자료. 표준의 4 온스까지.	다수의 양을 수용하기 위해 충분히 큰 용기에 포장한다.	취지와 비교 위해 사용.

증거의 보전(保全)은 꼬리표(tag), 그리고 여러 가지 양식의 라벨들을 사용함으로 보호될 수 있다.[55] 손을 대지 않도록 요청하면서, 개봉한 흔적을 알아 볼 수 있게 하는 (tamper evidence) 테이프를 통해서 허가되지 않은 사람이 앞으로 증거물에 접근하지 못하도록 주의시킨다.

재물에 관련된 증거물에 부착할 꼬리표는 종종 가방, 상자 혹은 다른 포장물과 함께 부착한다. 누구로부터 왔으며, 어디에서 그리고 일시가 꼬리표에 관련내용이 기록되기 때문에, 이러한 꼬리표들은 정확한 증거보전 절차를 보증한다.

55) Ibid.

표 6.21 [56] 재물/증거물 꼬리표(Property/Evidence Tag)

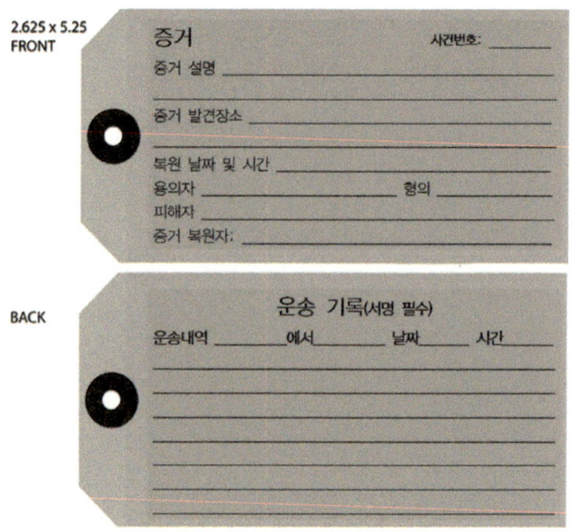

표 6.22 [57] 자체 라벨이 부착된 증거가방(Self-Labeled Evidence Bag)

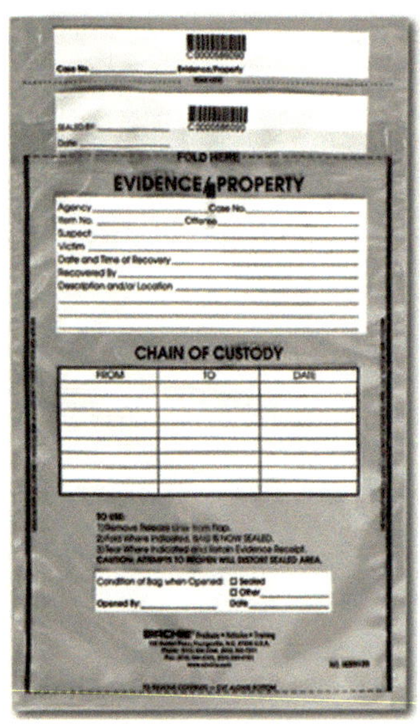

56) Evidence Tag #8, St. Louis Tag, 3201 Laclede Station Road, St. Louis, Missouri 63143.

57) Integrity Evidence Bag #IEB9120, Sirchie, 100 Hunter Place, Youngsville, NC 27596.

의사소통상의 병폐가 있는 상황에서, 탐정은 물건들을 취급하거나 액체상태 및 다른 소멸 가능성이 있는 증거물을 보관하면서 주의를 기울여야 한다. 장갑과 주사바늘, 플라스틱 유리병, 점안기(點眼器) 그리고 다른 장치들을 사용해야, 증거의 질을 훼손시키지 않을 뿐만 아니라, 조사활동을 수행하는 사람의 안전성 또한 보장받게 된다.

많은 상업적인 회사들은 혈액조사, 강간사건의 증거수집, 탄도(彈道)분석, 총탄발사 잔유물 테스트 그리고 다른 사항들을 위해 휴대용 소형 Kit를 공급한다. 탐정들이 무엇을 선택하든지 간에, 탐정이 여자든 남자든 간에 복잡한 증거포장을 취급함에 있어서 자신의 기술이나 전문적 지식이 불확실하다면, 그/그녀는 전문가이기를 양보해야 한다.[58] 미국산업안전협회(American Society for Industrial

Security, ASIS)는 이러한 입장에 대해서 확언하고 있다.

> 증거의 수집과 보관은 단지 전문적인 조사의 한부분이다. 그러나 그것들은 종종 범죄를 해결하는 가장 중요한 부분을 증명하고 혐의자를 기소한다. 반대로 부주의한 증거취급이나 업무의 필수적 측면에 대한 부적절한 지식으로 실패할 수도 있다.[59]

58) Texas Department of Public Safety, Best Practices: Collection, Packaging, Storage, Preservation, and Retrieval of Biological Evidence (2012), accessed September 9, 2018, www.dps.texas.gov/CrimeLaboratory/documents/labBP01BestPractice.pdf.

59) ASIS, "Basic Guidelines": 28; Texas Public Safety, "Crime Laboratory"; NFSTC, "Law Enforcement."

9 결론

민간 보안 산업은 다양한 장면을 처리하면서 매일 증거 양식을 접하게 된다. 직장에서의 절도, 침입, 내부 절도 고리, 직장 폭력 그리고 약물 남용을 조사한다. 직장에서의 폭력은 현재 직장 내 총격전으로 확대되었고 그러한 종류의 사건과 관련된 증거적 요구는 전설적이다. 업계에서는 증거 수집의 기본, 보존과 유지, 그리고 관리의 연속성이 뚫리지 않았다는 것을 확신할 필요가 있다. 그것이 범죄 현장 방문에서부터 자동차 사고 충돌에 이르기까지 이 장 전체의 추진력이다. 사설 보안 요원들은 한 장면의 모든 것을 보호하고 보존하는 방법을 알아야 한다. 법의학의 관점에서부터, 탐정들은 지문, 물질흔적, 생물학적 유동체, 암석, 토양 그리고 다른 지질학적 문제, 섬유, 머리카락, 로프, 끈, 실, 화기(火器), 연장들, 도구흔(痕) 증거, 문제가 된 문서, 폭발성 물질 등에 대해 기본적으로 이해해야 한다. 법의학 시대에, "증거는 기술적으로 그리고 기계적으로 정교하다. 이해하거나 해석하려면 복잡하고 정교한 지식과 기구가 필요하다."[60]

장면 스케치, 도표, 사진, 디지털 이미지 또한 망라되어 있다. 마지막 조언으로, 이러한 종류의 경우에서 사법기관과 긴밀히 협력하는 것이 매우 중요하다. 증거 및 조사 프로토콜을 준수하고 공공 시스템과 연대하여 민간 시스템이 후속 판결 또는 소송에 대한 증거를 효과적으로 조사하고 수집할 수 있도록 해야 한다.

60) Erin Murphy, "The Mismatch Between Twenty-First-Century Forensic Evidence and Our Antiquated Criminal Justice System," Southern California Law Review 87 (March 2014): 634

제 7장

감시기법들

1 목적과 기능

감시 추적하는 것은 직접적인 관찰이나 기술적 수단, 또는 둘의 조합에 의해 다른 것을 보는 것이다. 감시추적은 보안관행의 필수적인 요소지만, 그 감시 대상과 정밀 조사 대상의 활동은 알려지지 않았기 때문에, 실효성을 갖기 위해서는 예고나 대중의 인식 없이 감시가 이루어져야 한다. 감시추적의 사용은 공격적이고 신중한 계획과 전술의 혼합이어야 한다. 보안 전문가의 도구 상자에서 가장 주목할 만한 도구 중 하나라는 점에서 공격적이며, 도구 사용의 개인 정보 보호에 대한 함축성 때문에 규칙적으로 사용되어야 하고 신중하게 사용되어야 한다.

감시추적은 전통적인 수사 추적 방법을 보완하고 직접적인 관찰과 나란히 놓여 있다. 보안 감시 또는 은밀한 관찰은 다음과 같은 많은 목적을 제공한다.

- 스파이(undercover officers)를 방어하는 것 또는 그들의 증거를 입증하는 것.
- 범죄의 증거를 확보하는 것.
- 민사상 과실(civil wrong)의 증거를 확보하는 것.
- 사람을 찾아내는 것.
- 정보원(망원), 목격자, 다른 관계자들의 신뢰성을 조사하는 것.
- 숨겨진 자산 또는 밀수품을 찾아내는 것.
- 수색영장 발부를 위한 원인을 찾아내는 것
- 범행을 방지하거나 범행당시의 용의자를 체포하는 것.
- 신문에서 후에 사용하기 위한 정보를 확보하는 것.
- 다른 출처로부터 얻어진 단서와 정보를 밝히는 것.
- 개인의 항구적 소재를 파악하는 것.

• 법정에서 사용하기 위하여 증거로 용인될 만한 합법적인 증거를 확보하는 것.

국제 보안 경비(International Foundation for Protection Officers)는 추적 기법을 다음과 같이 설명하였다:

...쉽게 설명하자면 관찰은 정보를 얻고자하는 기법이다. 이 간단한 정의는 감시 형태라고 여겨질 수 있는 수많은 기술과 방법을 포함한다. 이들 중 상당수는 대중문화에 의해 만들어진 공통지식을 통해 알아볼 수 있다. 가장 잘 알려진 방법으로는 고정 감시(stationary surveillance), 기술 감시(technical surveillance)(일반적으로 은닉 비디오 또는 오디오 녹음), 전자 감시(디지털 관측, 키 입력 카운트) 등이 있다.[1]

민간경비의 감시추적은 제한이 없으며, 개인의 실무 및 기술 분야에 의해 제한될 뿐이다.[2] 그리고 "보안업체에 의한 CCTV의 사용은 비용대비 효과적이며"[3], 지출이 정당화되는 관행이기 때문에 감시추적에 용이하다. 많은 민간 보안 회사들은 기업이나 정부 차원에서 사기 분석이나 강도를 방지하는 것으로 주로 사용한다(그림 7.1[4] 참조). 다른 회사들은 군중들의 행

1) International Foundation for Protection Officers, "Surveillance: Concepts and Practices for Fraud, Security and Crime Investigation" (2005): 1, accessed September 9, 2018, www.hitsinstitute.com/pdf/surveillance.pdf.; see also Rod Gehl and Darryl Plecas, Introduction to Criminal Investigation:Processes, Practices &Thinking (University of Fraser Valley, BC, 2018); Charles P. Nemeth, Private Security: Principles and Practice (Boca Raton, FL: CRC Press, 2018).

2) Michael A Gips, "Image Is Everything in Stopping Crime," Security Management, February 2004: 12; "Public Cameras Yet to Be Real-Time Intelligence for Security," Corporate Security, January 31, 2007: 6.

3) David Aspland, "The Other Side of 'Big Brother': CCTV Surveillance and Intelligence Gathering by Private Police," Journal of Cases on Information Technology 13, no. 2 (April-June 2011): 34, http://dx.doi.org/10.4018/jcit.2011040103.

4) PRMG Security, 2899 E. Big Beaver Rd. Suite 135, Troy, MI 48083, accessed September 9, 2018, http://prmgsecurity.com/corporate-fraud-investigation.

동과 잠재적인 전염을 식별하기 위해 그것을 사용한다.[5]

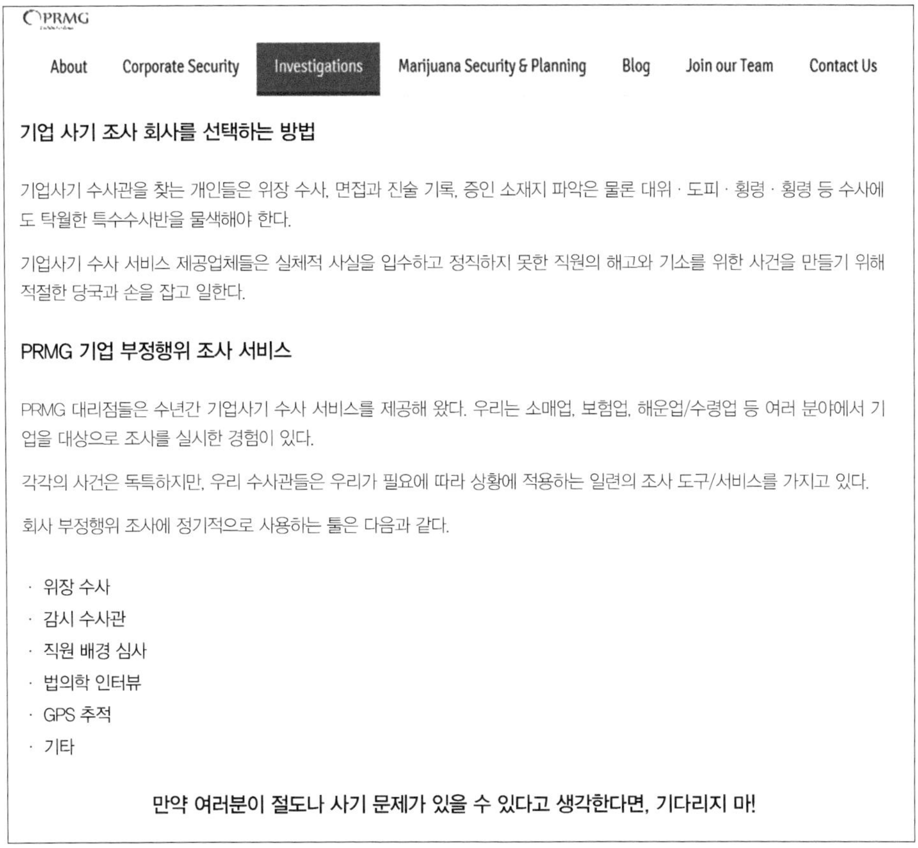
PRMG

About | Corporate Security | Investigations | Marijuana Security & Planning | Blog | Join our Team | Contact Us

기업 사기 조사 회사를 선택하는 방법

기업사기 수사관을 찾는 개인들은 위장 수사, 면접과 진술 기록, 증인 소재지 파악은 물론 대위 · 도피 · 횡령 · 횡령 등 수사에도 탁월한 특수수사반을 물색해야 한다.

기업사기 수사 서비스 제공업체들은 실체적 사실을 입수하고 정직하지 못한 직원의 해고와 기소를 위한 사건을 만들기 위해 적절한 당국과 손을 잡고 일한다.

PRMG 기업 부정행위 조사 서비스

PRMG 대리점들은 수년간 기업사기 수사 서비스를 제공해 왔다. 우리는 소매업, 보험업, 해운업/수령업 등 여러 분야에서 기업을 대상으로 조사를 실시한 경험이 있다.

각각의 사건은 독특하지만, 우리 수사관들은 우리가 필요에 따라 상황에 적용하는 일련의 조사 도구/서비스를 가지고 있다.

회사 부정행위 조사에 정기적으로 사용하는 툴은 다음과 같다.

· 위장 수사
· 감시 수사관
· 직원 배경 심사
· 법의학 인터뷰
· GPS 추적
· 기타

만약 여러분이 절도나 사기 문제가 있을 수 있다고 생각한다면, 기다리지 마!

그림 7.1 점점 더 많은 기업들이 기업사기 조사(Corporate fraud investigation)에 활용될 수 있다. (Precision Risk Management Group한테 허락을 받고 사용함)

감시는 또한 감시의 기능에 따라서 분류되어질 수 있다. 예를 들어, 감시는 엄밀히 특정한 사람, 범죄 또는 활동에 대한 정보를 모으기 위한 목적이다. 다음으로, 감시는 궁극적인 마

5) Hidefumi Nishiyama, "Crowd Surveillance: The (In)Securitization of the Urban Body," Security Dialogue 49, no. 3 (2018): 200-216.

약소탕이나 좀도둑을 체포하기 위한 준비로서 예비단계일 수 있다. 마찬가지로 감시는 비밀조사 관의 활동을 위한 대안으로서 역할을 한다. 감시의 이러한 형태는 두 가지 주요한 목적을 수행한다. 첫째, 관찰은 비밀요원(undercover agent)의 활동과 증거를 입증한다. 그리고 두 번째로 만일 문제가 발생한다면 감시팀은 비밀요원(undercover operative)을 돕는다. 마지막으로 감시는 특히 마약사건, 장물취득 또는 장물판매, 내부공동사기 그리고 다른 거래와 사업절도와 같은 후(後)획득활동(post-purchase activity, 장물구입 등)에서 전문화된 수단이다. 이러한 목적을 염두에 두고 후(後)획득 감시는 다음과 같은 것을 하기 위해서 수행되어진다.

- 판매 또는 거래 후에 돈과 물건이 어디로 가는지 결정하는 것.
- 장물, 마약 또는 다른 물질들에 대한 그 이후의 구매자나 매입자를 확인하는 것.
- 비밀요원이 사전거래에서 속았다면 용의자를 감시 하에 지키는 것.

감시는 인간이라는 주제를 넘어서서 데이터 마이닝(data mining)하고 가상현실의 쉐도잉(shadowing)이 10년 전에는 상상도 못할 정도의 발전을 이루고 있다. 정보기관과 법 집행기관, 보안회사, 그리고 그들의 IT 협력관계는 모두 다양한 종류의 정보 감시에 관여한다.[6]

민간 경비 산업이 감시의 개발, 구현 및 활용에 중요하고 중요한 역할을 한다는 표현은 절제된 표현이다. "기술은 우리의 법 집행기관과 보안기관이 유지하는 것이 사실상 불가능한 속도로 발전한다."[7] 이러한 동료적 사고방식은 컴퓨터 과학의 복잡성에 더욱 버팀목이 되고 있으며, "컴퓨팅과 통신의 결합, 경찰과 민간 경비의 상호 이익을 위한 새로운 공간이 열렸다."[8]

웹 연습 www.nowpi.com/surveillance/에서 다양한 보안 감시 유형에 대한 기사를 읽어 보십시오.

6) See Torin Monahan, "The Future of Security? Surveillance Operations at Homeland Security Fusion Centers," Social Justice 37, nos. 2-3 (2010): 84-98.

7) Robert Liscouski, "Surveillance Is Not a Dirty Word," Security 51, no. 8 (August 2014): 37.

8) Kirstie S. Ball, and David Murakami Wood, "Political Economies of Surveillance," Surveillance &Society 11, no. 1 (2013): 1-3; Bill Zalud, "12 Cost-Effective Video Strategies," Security 52, no. 11 (November 2015): 87-89.

2 감시의 기술과 전략

준비와 계획이 감시의 필수적인 요소이다. 이 장에서는 지능형 관제(intelligent surveillance)의 정책과 실행을 위한 필수적인 다양한 절차를 살펴볼 것이다.

2.1 감시의 단계는 어떤 것인가?

성공적인 감시는 범죄자와 일반시민 조사의 모든 면에서 행해지는 것으로, 네 가지 기초적인 단계를 필요로 한다.

① 계획 (Planning)

② 조직 (Organizing)

③ 감독 (Directing)

④ 통제 (Controlling)[9]

준비는 결과 지향적인 수사 관행의 핵심이며 감시도 예외가 아니다. "어떤 감시 작전의 성공도 준비에 크게 의존하고 있다."[10]

9) Pinkerton's, Inc., Surveillance Manual 2 (1990); Ball and Wood, "Political Economies"; IFPO, "Surveillance."

10) Eddie Cruz, "Foot Surveillance: Keeping Your Cover," Pursuit Magazine, April 11, 2017, http://pursuitmag.com/foot-surveillance-keeping-your-cover/.

수사팀은 실효성를 거두기 위해 목표와 목적을 계획하고 정리하며, 지리를 평가하여 이에 가장 적합한 감시수단을 결정한다.[11] 지능적인 계획은 효과적인 감시의 사용과 더 나은 결과를 보장한다. 당신이 책임지고 있는 지역을 알아라. 그 지역의 지리와 그 지리의 모든 미묘한 점을 알아야 한다. 사설탐정 Joseph M. La.Sorsa는 그가 말할 때 경험에 근거한 조언을 제공한다.

그 지역에 익숙해지십시오. 구글 어스(Google Earth) 이미지에서 해당 위치로 갈 수 있는 모든 경로를 확인하십시오. 이것은 당신이 가능한 가장 좋은 경로를 선택하는데 도움이 될 것입니다. 희망컨대, 당신의 주제가 어떤 경로를 택하는지 관찰할 수 있는 장소이길 바랍니다. 만약 당신의 초기 사이트 재검사에서 모든 출입로를 커버할 방법이 없다는 것을 알게 된다면, 이것은 당신이 그 일을 하기 위해 두 대 이상의 차량이 필요하다는 것을 알게 해줍니다.[12]

만일 감시가 감시의 목적을 달성하기 위한 것이라면 이러한 예비 질문에 대답이 되어야만 한다:

- 감시에 대한 어떤 대안이 있는가?
- 어떤 정보가 감시에서 요구되는지 아는가?
- 어떤 형태의 감시가 요구되는지 결정해 본적이 있는가?
- 장비와 인력 요구를 결정하는 감시의 영역에 대하여 충분히 알고 있는가?

11) K. C. Scott-Brown and P. D. J. Cronin, "Detect the Unexpected: A Science for Surveillance," Policing 31 (2008): 395; Tom Shamshak, "Private Investigator Basics Part 3: Surveillance," PInow.com, May 21, 2012, www.pinow.com/articles/1195/private-investigator-basics-surveillance; Cruz, "Foot Surveillance"; IFPO, "Surveillance"; Council of the Inspectors General on Integrity and Efficiency, Guidelines on Undercover Operations (2013), www.ignet.gov/sites/default/files/files/guidelines-undercover-operations-june-2013.pdf.

12) Joseph M. LaSorsa, "25 Tips for Surveillance Operatives: On Tactics, Equipment, and Reports," Pursuit Magazine, April 5, 2016, http://pursuitmag.com/surveillance-tactics-equipment-reports/.

- 요구되는 장비와 인력을 가지고 있는가?
- 감시하는 동안 필요한 정보를 기록할 수 있는 적절한 양식들이 있는가?
- 모든 암호(signal)은 사전에 만들어져 있는가?[13]

마찬가지로 중요한 것은, 그 활동이 감시가 행해지는 관할 구역에서 합법적이라는 것을 확실히 하고, 그 행위가 사생활 침해로 인한 제4차 개정 또는 민사 책임과 관련된 헌법 위반을 야기하지 않을 것임을 동등하게 확신해야 한다는 것이다.[14]

웹 연습 GPS에 의한 감시와 추적을 제한하는 흥미로운 사례는 US v. Jones를 참조하십시오: www.oyez.org/cases/2011/10-1259.

보안 감시의 법과 윤리를 준수하십시오.[15]

시행 전에 합법성을 확신하라. John Dale Hartman은 주요 법적 우려와 고려사항에 대해 다음과 같이 설명한다.

- 요원들은 일반인이 보지 못하는 보안된 시야를 강화하기 위해 어떤 조치를 취했는가?
- 고용인이 대중이나 동료가 시야 안에 있을 것이라고 기대해도 할 수 있는가?
- 문서를 작성한 장소는 고용인이 외부한테서 사생활을 보호받는다는 느낌을 주는 장소였는가?
- Was the area one in which the agent was statutorily prohibited from making clandestine observations?

---

13) W. Bennett and K. Hess, Criminal Investigation (1981): 235; LaSorsa, "25 Tips"; IFPO, "Surveillance";Inspectors General, "Undercover Operations."

14) For the brave new world of surveillance legal challenges—consider how drones will test our usual boundaries. See Deven R. Desai, "Constitutional Limits on Surveillance: Associational Freedom in the Age of Data Hoarding," Notre Dame Law Review 90 (December 2014): 579.

15) Ibid.; David Gray and Danielle Citron, "The Right to Quantitative Privacy," Minnesota Law Review 98 (November 2013): 62.

- 장소는 고용인이 직접 모든 것을 통제하는 장소인가? 아님 타인도 접근할 수 있는 장소인가?
- 해당 구역이 "사적 영역"을 포함하는 경우, 해당 직원은 활동이 관찰 및 문서화 대상이라고 경고받았는가?
- 민간경비원은 작전 수행 중, 노력은 합리적이며 비노골적으로 국한이 되었는가? 아님 공격적이고 비합리적이며 노골적인 것으로 밖에 표현할 수 없는 작전을 수행하였는가?
- 문서의 내용은 관련된 이슈에만 국한이 되었는가?
- 문서의 내용은 주제에 난처할 수 있겠는가?
- 감시의 이유는 합법적인 사업 목적과 관련이 있고 정당한 목적을 위해 행해진 것인가, 아니면 불법적인 동기가 개입된 것인가?
- 그 작전이 기존 계약을 위반하거나 종업원의 단체교섭권을 침해할 수 있는 것이었는가?

프라이버시 고려사항은 민간요법과 손해배상청구, 특히 프라이버시의 침해에 포함될 수 있다. 이러한 맥락에서 조사자는 반드시 합리적이고 법적 기준의 범위 내에서 행동해야 한다. 지나치게 거슬리는 감시는 개인의 사생활에 대한 기본적인 기대를 침해한다. International Foundation for Protection Officers은 이렇게 말한다.

감시는 사생활에 대한 그 주체의 기대를 침해해서는 안 된다. 조사자가 보통 관찰할 수 없는 피험자의 삶을 관찰하기 위해 기술을 이용하고 있다면, 아마도 프라이버시 침해 문제가 있을 것이다. 디지털 줌을 사용하여 거실 커튼을 통해 보고, 집 안을 관찰하고, 복도나 침실에서 일어나고 있는 일을 관찰하는 것은 사생활 침해일 수 있는 독특한 수단을 사용하는 것으로 간주될 수 있다.[16]

16) IFPO, "Surveillance"; see also "Setting limits on video surveillance in public places," Securityinfowatch.com, April 2015; Desai, "Constitutional Limits."

웹 연습 "감시와 사생활침해(Surveillance and Privacy Issues)"비디오를 www.c-span.org/video/?312840-4/surveillance-privacy-issues 에 시청하세요.

때때로 요원들은 지능적인 계획에 더 중점을 두어야 할 잠복수사도 한다. 마찬가지로 중요한 것은 담당 수사관이 감시에 성공하기 위해서는 기술력과 장비뿐만 아니라 이 임무를 수행할 수 있는 적절한 기질과 성격도 필요하다. 민간경비 전문가인 톰 샴샤크(Tom Shamshak)는 감시를 하는 유능한 전문가를 위해 훌륭한 모델을 제공한다.

감시는 개인이 요구하는 사생활을 침해해서는 아니된다. 조사자가 보통 관찰할 수 없는 피험자의 삶을 관찰하기 위해 기술을 이용하고 있다면, 아마도 프라이버시 침해 문제가 있을 것이다. 디지털 줌을 사용하여 거실 커튼을 통해 보고, 집 안을 관찰하고, 복도나 침실에서 일어나는 일을 관찰하는 것은 사생활 침해일 수 있는 독특한 수단을 사용하는 것으로 간주될 수 있다.[17]

웹 연습 "감시와 사생활침해(Surveillance and Privacy Issues)"비디오를 www.c-span.org/video/?312840-4/surveillance-privacy-issues 에 시청하세요.

때때로 요원들은 잠복수사를 할 것이고, 지능적인 계획에 더 중점을 두어야 할 것이다. 마찬가지로 중요한 것은 담당 수사관이 감시에 성공하기 위해서는 기술력과 장비뿐만 아니라 이 임무를 수행할 수 있는 적절한 기질과 성격도 필요하다. 산업 전문가인 톰 샴샤크(Tom Shamshak)는 감시를 하는 유능한 전문가를 위해 훌륭한 모델을 제공한다.

감시는 믿을 수 없을 정도로 까다롭고 도전적이다. 감시에 성공한 민간 경비들은 일정한

17) Shamshak, "Basics Part 3."

자질을 갖춰야 한다. 외향적인 성격, 뛰어난 의사소통 능력, 행동을 취할 수 있는 능력, 좋은 기억력, 주변과 어우러지고 세세한 부분까지 세심한 주의를 기울이는 능력을 가진 사람은 감시에 잘 어울릴 것이다. 이 사람은 또한 정직하고 인내심이 강하고 관찰력이 뛰어나며 지략이 풍부하고 유연하고 집중력이 뛰어나야 한다.

잠복 수사를 시작하기 전에 조사관은 다음 원칙을 숙지해야 한다.

- 잠복수사하는 수사관들은 결코 수사 대상자들과 감정적이거나 성적으로 연루되어서는 안 된다. 기록상으로는 사건이 이런 식으로 위태롭게 된 적이 한두 번이 아니다.(More than one case on record has been compromised this way.)

감시 기술

- 잠복근무자는 알콜을 마셔서는 안 된다. 대상이 알콜을 마시는 것이 목적에 도움이 될 수도 있지만, 잠복근무자는 마셔서는 안 된다.
- 비밀 수사관은 어떤 경우에도, 그룹의 일원이 될 수 있다거나 훔친 물품이 다시 주인한테 돌려준다 해도 절대로 훔쳐서는 안 된다. 수사관이 대상자들이 보안실에서 물건을 훔치는 것을 돕고 대상의 목적지까지 데려다는 주는 것까지 가능하다. 물품을 구내로부터 실제로 제거하는 데 도움을 주거나 심지어 차량에 물건을 싣는 것을 절대 도와서는 안 된다. 이것은 부메랑 효과를 가져왔고, 앞으로도 계속될 것이다. 도둑은 수사관이 모든 일의 배후에 있었다는 것을 암시할 수도 있고, 경영진은 그것을 믿을 수도 있다.
- 임무 수행자는 임무 수행 시 보안 식별 정보나 기타 조사 식별 정보를 가져가지 않아야 한다.
- 잠복근무자는 공작원의 신원을 밝힐 수 있는 어떤 것도 차 안에 남겨두지 말아야 한다. 글로브 컴파트먼트에 메모를 남겨두지 말아야 한다. 조사 대상자나 다른 사람이 에이전트 차량에 언제 접근할 수 있는지 모른다.

감시는 위험비용이 많이 드는 사업이기 때문에, 기업은 물론 고객도 이러한 형태의 지출을 정당화해야 한다. 고객의 문제가 감시 기술에 도움이 되는가? 동일한 정보를 얻기 위한 대체 메커니즘이 있는가? 감시활동은 회사의 고객이나 대리인을 위험에 빠뜨릴 것인가?

2.2 감시의 정확한 목적이 무엇인가?

효과적인 감시는 목표와 변수를 설정한다. 견고한 보안 감시 관행은 행동을 위한 구체적인 목표를 제시함으로써 최종 목표를 지속적으로 파악한다. 이러한 목표는 상황이나 사실의 변화로 인해 바뀔 수 있지만, 감시는 목표 없는 자유로운 감시가 되어서는 안 된다. 그 목적이 변경될 수 있다는 것을 충분히 인식하면서 초기 목적을 염두에 두어야 한다. 최소한 목표는 감시 목적과 관련이 있어야 한다. 이러한 목적과 목표는 필요한 경우 수정되어야 한다. 효과적인 감시는 유연하고 적응력이 뛰어나며 지속적인 검토의 대상이 된다.[18]

감시의 끝은 감시의 주제만큼이나 다양할 것이다. 보다 일반적인 예는 다음과 같다.

- 대상자가 전체적 또는 부분적인 결함에 따른 소송을 진행 중인가?
- 대상자가 노동자에 대한 보상 또는 대인상해 사건에서 주장된 피해를 속이고 있거나 가장 하고 있는가?
- 대상자가 장물(贓物)반지(ring)를 다루고 있는가?
- 대상자가 금전등록기 피탈의 의심을 받는가?
- 대상자가 들치기의 의심을 받는가?
- 소규모 회사에서 대상자가 위험한 출구를 통하여 친구들에게 재화나 상품을 빼돌린다고 의심받는가?
- 대상자가 작업장에서 알콜이나 마약물을 복용하는가?
- 대상자가 그가 고용된 직장에서 다른 동료들을 성적으로 희롱하는가?

18) Inspectors General, "Undercover Operations."

감시는 절대로 구속받지 않거나 점검되지 않은 활동이 되어서는 아니 되고 단순히 감시가 범죄활동 등이 발생할 거라는 예측적인 활동이 되어서는 안 된다. 감시는 단순한 낚시 활동이 아니라 특정한 타겟을 목표로 겨냥해야 한다. "신중한 계획은 필수적이며, 계획은 융통성을 발휘할 수 있는 여지를 두어야 하지만, 처음부터 노력의 방향성을 제시해야 한다. 누가 어떤 대상이고 어떤 증거 요소를 충족시켜야 하는지 분명히 해야 한다."[19]

2.3 감시는 어디서 이루어지는가?

전문적인 감시는 대상자뿐만 아니라 주변 환경에 대한 완전한 이해를 필요로 한다. 배포 전에 사용자의 지리 및 영역을 파악해라. 대상이 생활하고 일하는 지리적, 문화적, 환경적 자질에 익숙해져라.[20] 보다 구체적으로, 밀폐된 장소의 진입점과 출구점에 유의한다. 샛길과 길을 잘 기억하라. 감시 장소와 관련된 공법 집행 장소를 정확히 찾아내라. 지역과 관련된 질문은 다음과 같다.

- 당신이 감시하고 있는 지역의 특징과 특성은 무엇인가?
- 당신은 쉽게 위장될 수 있는가? 또는 외부사람들이 쉽게 식별되거나 확인되는가?
- 행동의 자유를 고려할 때, 어떤 형태의 감시가 가장 효과적일까?
- 자동감시가 가능하거나 고정 또는 도보 감시가 좀더 알맞은가?
- 당신은 하숙집, 호텔, 아파트와 같은 어떤 보호지역을 채택하는가?

19) Department of the Army, US Army Field Manual 19-20 Investigative Process: 21, http://library.enlistment.us/field-manuals/series-2/FM19_20/CH2.PDF.

20) National Institute of Justice, Video Surveillance of Public Places, February 2006; "Setting limits on video surveillance"; Brandon C. Welsh, David P. Farrington, and Sema A. Taheri, "Effectiveness and Social Costs of Public Area Surveillance for Crime Prevention," Annual Review of Law and Social Science 11 (2015): 111-130.

- 어떤 대중 교통이 쉽게 이용가능한가?
- 그 지역의 밀도가 주어진다면, 현장에 많은 조사관을 배치하는 것이 더 나은가?
- 문제가 있는 지역의 지도, 차트, 도표를 가지고 있는가?
- 관찰 또는 체포를 피하기 위한 가능한 방법의 초안을 만들어본 적이 있는가?

또한 감시가 얼마나 오래 지속될지 생각해보라. 이는 다음을 포함한 여러 가지 사항에 따라 달라질 수 있다.

- 의뢰인의 예산 고려 사항
- 해당 사례의 복잡성 또는 단순성
- 더 많은 지하 활동을 요구하는지 여부에 관계없이 감시의 성격
- 감시 대상자의 정교함이 감시 프로세스에 더 큰 민감성과 인내심을 야기할 수 있다.

2.4 감시는 언제 이루어지는가?

감시활동 시작을 결정하는 것은 조직적이고 전술적이다. 감시 실행을 위한 전략을 설계하고 계획하는 당신의 관리자(감독자)의 지시에 따르도록 하라. 그러나 감시결정은 다음과 같은 전술적 고려에 기초되어져야 한다.

- 감시가 밤이나 주간(晝間)에 좀 더 효과적일 것이냐?
- 하루 중 어느 시간에 들키거나 발각될 기회가 좀 더 덜할 것인가?
- 러시아워, 저녁 또는 땅거미 질 때와 같은 시간이 과업을 위해 사용되어진 감시량에 영향을 미 칠 것인가?
- 하루 중 어떤 시간에 관찰의 각도, 가시성(visibility), 방향의 명확성에 어려움이 있는가?
- 자동감시가 특정시간에 다른 형태의 감시보다 좀 더 효과적으로 사용될 수 있는가?
- 감시를 하는데 전문화된 장비가 요구될 것인가?

• 감시의 장소가 선택된 시간에 어떻게 영향을 주는가?

또한 감시가 얼마나 오랫동안 지속되어야 하는지 고려해야 한다. 이것은 다음의 것들을 포함하여, 수많은 상황에 의존할 수 있다.

• 의뢰인의 예산적인 고려

• 문제상황의 복잡성 또는 단순성

• 감시의 본질이 좀 더 많은 비밀활동을 요구하는지, 아닌지

• 감시과정에서 굉장한 예민함과 인내력을 야기할 정도로, 감시당할 대상자의 교묘함.

2.5 누가 혹은 무엇이 감시 대상인가?

감시대상자는 사람 또는 식물, 회사, 기업 또는 다른 장치와 같은 사람이외의 존재 어느 쪽도 될 수 있다. 비록 누가, 무엇이 감시 하에 있다 하더라도 그 사람 또는 존재는 "감시대상자"로 호칭한다. "그것은 사람, 장소, 재산, 차량, 사람들의 모임, 조직 또는 물체가 될 수 있다."[21] 이 광범위한 범주 내에는 다음과 같은 것들이 해당된다:

• 범죄행위로 의심받는 사람

• 민사관계에서 사기로 의심받는 사람

• 개인적 피해 또는 작업자의 보상 문제에서 평가를 필요로 하는 사람

• 노동방해의 의심을 받는 사람

• 사회 폭동 또는 다른 무질서 행위에 관련된 사람

21) W. Bennett and K. Hess, Criminal Investigation (West Publishing, 1981): 225; LaSorsa, "25 Tips"; IFPO, "Surveillance"; Inspectors General, "Undercover Operations."

반대로 장소 또는 위치에 있는 감시주체는 이러한 것들의 어떤 것 일수 있다.

- 중(重)범죄 용의자의 거주지
- 장물을 판매하는 장소
- 중요인사 경호시에 테러리스트들의 장소
- 매춘장소
- 도박장
- 마약소굴
- 불법 외국인 체류장소
- 불법 의료행위장소
- 자동차 불법개조 장소

감시의 대상은 감시의 포괄성에 영향을 미칠 것이다. 즉, 동네 거리에서 파는 마약상은 지역 교회에서 기도하는 시민보다 사생활에 대한 기대가 적다는 것이다. 침해의 정도는 사생활에 대한 헌법적 기대에 의해 유도되겠지만, 침입의 수준은 많은 요인에 따라 달라질 것이다.[22] 매우 거슬리고 기술적으로 매혹적인 주택에 대한 감시는 거리의 범인보다 더 교활한 명제다. 가정이나 가정은 사생활에 대한 기대가 가장 높다. "법원이 가정에 대한 관점의 과실을 논할 때 고려하는 요소에는 다음과 같은 것들이 있다.

- 감시의 시간
- 감시 기간
- 감시 대상까지의 거리
- 조사관의 배치

22) Colin Shaff, "Is the Court Allergic to Katz? Problems Posed by New Methods of Electronic Surveillance to the 'Reasonable-Expectation-of-Privacy' Test," Southern California Interdisciplinary Law Journal 23, no. 2 (2014): 409-450.

• 감시 대상 지역 사용

• 활동과 거주지 사이의 거리

• 피험자가 프라이버시를 보장하기 위해 취한 노력

• 활동을 볼 때 사용되는 포털에 커튼이나 블라인드가 있는지 여부 및 그 당시 그린 것인지 여부

• 해당 활동이 일반 대중이 볼 수 있는지 여부

• 감시의 시각이 특별한 장치가 필요한지

• 조사관이 시각을 고정하기 위해 사용하는 장비의 정교함

• 주체가 유지하는 프라이버시에 대한 합리적인 기대를 위반하는 것으로 간주할 수 있는지 여부

• 조사관들의 노력이 자신을 감추고 그렇지 않으면 확증편향을 강화하기 위한 것이었는지 여부[23]

웹 연습 사설탐정들이 할 수 없는 다섯 가지 일에 대한 기사를 읽으시오:

www.trustify.info/blog/5-things-private-investigators-can-and-cant-do.

23) Hartman, "Legal Guidelines": 32-3; Gray and Citron, "Quantitative Privacy"; Shaff, "Allergic to Katz?"; Joel R. Reidenberg, "Privacy in Public," University of Miami Law Review 69 (Fall 2014): 141.

3 준비와 장비

이미 언급한 바와 같이 효과적인 감시는 사전 계획과 준비를 필요로 한다. 대부분의 유능한 조사관들은 합리적으로 훌륭한 감시를 수행할 능력이 있지만, 작은 세부 사항들을 고려할 때 그 결과와 효과는 급격하게 증가할 것이다. 여기 사전 준비가 필요한 더 일반적인 문제들이 있다.

웹 연습 준비와 감시 프로그램의 목표를 이해하는 것은 함께 간다. www.buildings.com/article-details/articleid/21029/title/the-keys-toimplementing-an-effective-surveillance-system 에 들어가서 무슨 요소를 생각해야하는지 알아봐라

3.1 개인행동과 복장

감시관은 지역사회와 섞여 있는 평범한 외모를 지녀야 한다. 어떤 예외적인 신체적 특징도 그 주체의 관심을 끈다. 감시 담당자는 모든 상황에서 감시의 대상이 되는 환경에 적응하는 타고난 선수여야 한다. 예측불가능성은 감시과정의 상수이기 때문에 요원은 뛰어난 주의와 지략을 보여야 한다. 아무리 잘 기획하고 채택해도 많은 돌발 이벤트와 조건은 예상하지 못할 것이다. 에이전트는 뛰어난 관찰 기술과 높은 기억력을 보유해야 한다. 그 대리인은 절대적인 인내심과 정신적 체력이 필요하다. 감시는 적어도 대부분의 텔레비전에서 묘사된 것처럼 빠른 해결책은 아니다. 대신, 그 대리인은 그 주제에 대해 고심하고 끈기 있는 관

찰자여야 한다.

게다가, 조사관들은 항상 그들의 외모와 행동에 조심(주의)해야 하며, 감사하고 있는 환경과 잘 어울려야 한다. 감시자의 의복은 주위환경에서 다른 사람으로부터 눈에 띄어서는 안 되고 의복은 양면으로 입을 수 있는 것을 선택하는 것이 흔히 권해진다. 감시자는 불필요하게 남의 이목을 끌어서는 안 된다. 감시대상자에 관한 전체적인 접근은 차분해야 한다. 주의를 끌어서는 안 되며, 달리거나, 돌진하거나 혹은 숨기거나, 또한 이상스럽게 행동해서도 안 된다. 마찬가지로, 만약에 자동차 감시 · 추적에 배치되었다면, 자동차는 눈에 잘 띄지 않도록 한다. 밝은 색깔, 소음이 많은 배기시스템, 야단스러운 안테나시스템 그리고 싸이렌 장치들은 감시 · 추적에 별 도움이 안 된다.

3.2 감시장비

감시자는 시작하기 전에 그들에게 기술적으로 요구되는 물건들을 고려해야만 한다:

- 무선수신기(radio), 전자감시장비, 카메라 또는 원격 수신기가 필요한가?
- 어떤 형태의 전문화된 장비가 감시에 사용되어질 수 있는가?
- 무선통신이 보호되거나 혹은 완전성을 깨뜨리기 쉬운 것인가?
- 어떤 사진기기(Photographic equipment)들이 필요한가?
- 전자감시기술이 사용되어진다면, 당신의 관할권(jurisdiction)내에서 합법적인 제한에 무엇이 있는가?

감시방법의 복잡성은 감시 기구와 장비를 생산해 내는 데 수 백 말 달러짜리 산업을 발전시켜왔다. 이러한 장비에 대한 의존성은 "강화된 감시"라고 불린다. 그림 7.2를 봐라

더 많은 연구를 위해 국제적, 오픈엑세스, 동료검토 학술지인 *Surveilance &Society*와 컨설턴트를 해라. *Surveilance &Society*는 이러한 사람들을 위해 존재한다:

- 보안감시에 대한 혁신적이고 다양한 연구결과 발표

- 다양한 학문 분야의 보안 감시 접근 방식에 대한 이해 유도
- 폭넓은 사회에서의 감시 이해 증진
- 보안 감시에 대한 혁신적이고 다양한 연구 결과 발표[24]

Physical Security and Safety: Truett A. Ricks, Bobby E. Ricks, 그리고 Jeffrey Dingle의 실습자를 위한 현장 안내서는 보안관리의 전자적 측면에 대한 뛰어난 통찰력으로 보안관행에 고용된 기술에 대한 종합적인 검사를 제공한다. 좀 더 지배적인 하드웨어와 기술의 일부는 다음 절에 요약되어 있다.[25]

24) "Announcements," Surveillance &Society, accessed September 9, 2018, https://ojs.library.queensu.ca/index.php/surveillance-and-society/index.

25) Truett A. Ricks, Bobby E. Ricks, and Jeffrey Dingle, Physical Security and Safety: A Field Guide for the Practitioner (Boca Raton, FL: CRC Press, 2014), www.crcpress.com; for an interesting web location that features the intricacies of casino surveillance, visit Casino Surveillance News at www.casinosurveillancenews.com.

그림 7.2 전 세계적으로 보안 감시 시스템은 수십억 달러 규모의 산업이 되었다. (Shutterstock에서 허가를 받음).

3.2.1 CCTV

수많은 제조업자들이 감시의 목적으로 고해상도와 고감도 폐쇄회로 TV(CCTV)을 생산하고 있다. CCTV 시스템에서 각각의 카메라는 개별적인 모니터들과 직접 유선으로 연결되어 있다. CCTV가 전통적인 주택구조에 연결되어 있는 곳에서, CCTV 카메라는 "변조기(modulator)라 불리는 장치를 통하여 마스터 안테나 안쪽으로 그림이미지를 '공급해야'한다. 거기서 그것은 라디오 주파수 신호들을 전달하는 채널에 따라 돌아간다." 〈표 7.1〉[26]은 CCTV 시스

26) U.S. Department of Homeland Security, CCTV Technology Handbook (July 2013), Table 2.1, www.dhs.gov/sites/default/files/publications/CCTV-Tech-HBK_0713-508.pdf.

템을 도해식으로 보여준다.

CCTV 시스템을 통해 각 카메라는 개별 모니터에 직접 연결된다. 그림 7.3[27]은 CCTV 시스템을 보여준다.

CCTV 기술뿐만 아니라 다른 혁신 기술도 환경과 상황적 범죄 예방에 중요한 역할을 한다. 시민들과 범죄자들이 모두 CCTV를 접하면서 행동이 바뀌거나 수정된다. 몇 가지 예는 다음과 같다:

표 7.1 CCTV 시스템 디자인 설문지

CCTV 시스템 디자인 작업계획표

CCTV 시스템의 요건을 위한 기본적인 질문지

1) CCTV 시스템에 의해 담당할 영역은 어디인가?
2) 보호해야 할 최고가치의 자산은? 예를 들면 다음과 같다.
- 고가치 재료 특성
- 중요한 인프라
- 지적 재산 및/또는
- 기밀 자료 또는 정보

3) 취약성이 가장 큰 곳은 어디인가?
4) 정보기술 인프라가 카메라의 수를 적절하게 지원하는가?
5) 기존 물리적 보안 시스템과 통합될 것인가?
6) 기존의 전자접근제어시스템과 통합될 것인가?
7) 보안예산은 정기적인 유지보수, 교육 및 시스템 업그레이드를 다루고 있는가?

출처: DHS

27) Ibid.: 9.

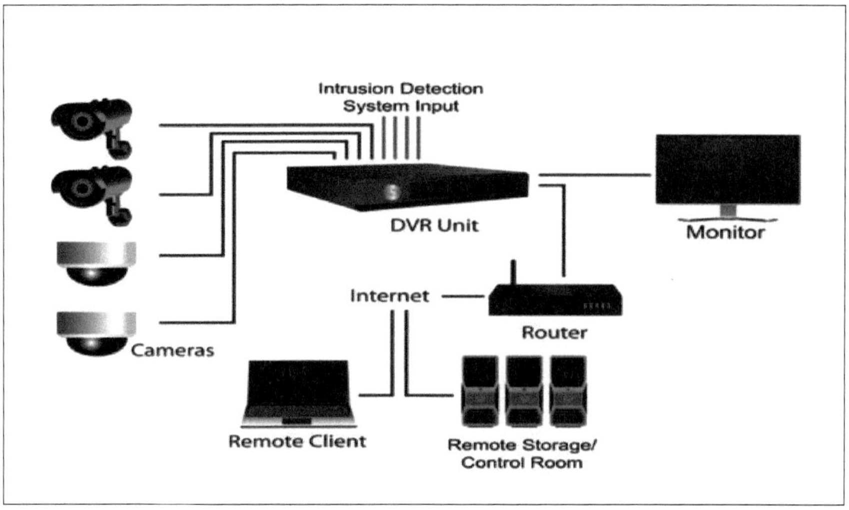

그림 7.3 네트워크 CCTV 시스템의 디자인(출처: DHS)

- 효과적인 배치: CCTV는 보안 요원을 모호한 상황으로 유도하여 실제 범죄행위로 발전시킬 수 있음
- 공공성; CCTV는 범죄를 심각하게 받아들이려는 노력을 상징할 수 있으며, 그러한 노력에 대한 인식은 법을 준수하는 시민들에게 활력을 불어넣고/또는 다른 사람들을 단념시킬 수 있다.
- 범죄 발생 시간; CCTV는 범죄를 저지르는 데 사용할 수 있는 시간을 줄이고, 오랜 시간과 노력을 필요로 하는 범죄를 예방하는 것으로 인식될 수 있다.
- 기억 조깅; CCTV의 존재는 사람들이 희생될 가능성에 대한 기억을 조깅함으로써 차를 잠그는 것과 같은 기본적인 보안 예방 조치를 취하도록 유도할 수 있다.
- 예상된 수치심; CCTV의 존재는 사람들이 CCTV에 부주의한 것으로 보여 부끄러움을 당할 것을 우려하여 기본적인 보안 예방 조치를 취하도록 유도할 수 있다.
- 주의자에게 호소한다: 예를 들어, 조심스러운 사람들은 차를 쇼핑하거나 떠나기 위해 CCTV가 있는 지역으로 이동할 수 있다.[28]

28) Brandon C. Welsh, David P. Farrington, and Sema A. Taheri, "Effectiveness and Social Costs of Public Area Surveillance for Crime Prevention," Annual Review of Law and Social Science 11 (2015): 111-130, www-

CCTV는 보안기술에 없어서는 안 될 도구로 선전되지만, 지나친 의존은 현명하지 못할 수도 있다. 구체적인 단점은 다음과 같다.

1. 감시 화면은 직접적인 시각만큼 장면을 충실히 재현하지 못한다. 이 때문에 작은 디테일은 분간할 수 없거나 눈길이 막연하다.
2. 경비원의 주의를 여러 개의 감시 스크린으로 나누는 것은 원하는 커버리지의 연속성을 제공하지 못할 수 있다.
3. 결과적인 눈의 피로와 모니터를 보는 지루함이 경비원측의 주의 부족을 초래할 수 있다.
4. 보이는 지역에 장애물이 너무 많아 CCTV 카메라 몇 대가 제대로 가려지지 않을 수도 있다. 이 경우 이동 경비나 경비 순찰이 더 나은 선택이 될 것이다.
5. 카메라가 일어나고 있는 사건에 대응하여 시정 조치를 취할 수 없다. 경비원이나 경비원을 이 지역으로 옮기는 데 소요되는 시간이 너무 길 수도 있다.[29]

많은 보안 회사들은 인상적인 감시 카메라를 가지고 있는데, 그 중 많은 것들은 다음과 같은 구성 요소들로 창조적으로 위장되어 있다.

- 쓰레기통
- 우편함
- 울타리 기둥
- 차량 안테나
- 시계
- 담뱃갑

annualreviews-org.ez.lib.jjay.cuny.edu/doi/full/10.1146/annurev-lawsocsci-120814-121649.

29) Carl A. Roper, Physical Security and the Inspection Process (1997): 165; Ricks, Ricks, and Dingle, "Security and Safety."

- 출구 표지판
- 타이 클립
- 카메라
- 포켓북

한 가지 효과적인 전략은 생각하지 못하는 스프링클러 시스템 내에 카메라의 눈을 숨기는 것이다(그림 7.4 참조).

웹 연습 감시 관행에 문제가 없는 것은 아니다.

www.popcenter.org/responses/video_surveillance에서 공공장소의 CCTV 시스템의 장점과 문제에 대한 기사를 읽으십시오.

3.2.2 사진촬영 장비

보조물(보조 장치)로 사진을 사용하는 것은 현명하다. 그러나 감시자는 정확히 사진촬영 장비를 사용하는 부가적인 어려움을 가질 것이다:

> 훌륭한 감시 촬영은 훌륭한 감시활동에다가 훌륭한 촬영 기술을 요한다. 그러한 기술들은 망원렌즈의 사용, 적외선 플래쉬 또는 램프의 사용, 필름속도를 최대화하기 위한 필름 현상과정, 그리고 연속 촬영카메라의 사용을 포함한다.

사진촬영에 의한 감시는 본질적으로 능동적일 수도 있고 수동적인 수도 있다. 능동적인 범주에서, 조사관은 적절한 장비와 함께 그것이 현장에 있도록 신중한 결정을 하게 된다. 조사관은 거리, 조명, 노출, 그리고 기후적 요소들, 그리고 망원렌즈 셔터의 스피드, 시야의 농도, 다른 부속물들이 만족스러운 사진을 찍는데 요구되는지 여부[30]를 고려하면서, 보통 조명상태에서 사진촬영을 해야 하는 어려움들을 조절해야 한다. 망원렌즈 또한 필수적이다. 그것은 그들이 소유하고 운영하는 회사를 위해 좀 더 경제적인 것으로서 비디오기록 장치를 사용하는 민간경비 산업에 한층 더 일반적인 것이 되고 있다.

웹 연습 민간경비 조사관들이 사진촬영 장비를 선택하는 것에 대한 조언해주는 비디오를 시청하시오: https://youtu.be/BljkGAkCMhk.

그림 7.4 카메라는 스프링클러 안에 숨길 수 있다(Shutterstock의 허락 하에 사용)

30) Eastman Kodak Co., Photographic Surveillance Techniques for Law Enforcement Agencies (1972); Raymond Siljander and Lance Juusola, Clandestine Photography—Basic to Advanced Daytime and Nighttime Manual Surveillance Photography Techniques—For Military Special Operations Forces, Law Enforcement, Intelligence Agencies and Investigators, (Charles C. Thomas Publisher Ltd., 2012); LaSorsa, "25 Tips"; Shamshak, "Basics Part 3."

그림 7.5 동작 센서가 알람이나 카메라를 트리거하여 녹화를 시작할 수 있음 (Shutterstock의 허락 하에 사용)

수동적 감시는 용의자 그 자신에 의해 기계적으로 작동되어진다. (그림 7.5) 비디오 기술은 민간경비 분야를 긍정적인 효과가 있는 것은 확실하다. 그림 7.5를 봐라.

많은 장치들이 침입자의 존재를 감지할 수 있고, 이에 따라 카메라가 작동하게 된다.

- 광전자 사진장치 감지기: 감광성(感光性)의 탐지기 위해 비쳐지는 광선에 따라 작동한다. 만일 광선이 파괴되면 카메라는 작동한다.
- 음성 감지기 : 소음이 발생할 때 카메라를 작동하는 마이크 탐지기에 의해 작동한다.
- 진동 감지기 : 움직임의 어떤 민감한 탐지로 카메라 작동이 시작된다.
- 정전(靜電) 감지기(Capacitance detectors): 정전영역은 지역주변을 감싸고 설치된다.
- 사람이 영역을 침범함으로서 카메라가 작동된다.
- 초음파 감지기: 카메라 작동을 발생시키는 소리파장을 본 뜬 것이다.[31]

31) Kodak, "Surveillance": 17; Siljander and Juusola, "Clandestine"; LaSorsa, "25 Tips"; Shamshak, "Basics Part 3."

감시에서 사진은 중요하다.

감시 수사관은 피험자와 피험자의 행동에 대한 명확하고 식별 가능한 사진이나 비디오 이미지를 획득해야 한다. 주체가 알려지지 않은 경우, 조사자는 명확한 사진을 입수하고 가급적 주체를 식별할 수 있는 누군가를 찾아야 한다. 감시에 몇 가지 알려지지 않은 주체가 관련된 경우, 절도나 강도 조사의 경우, 명확한 근접 촬영을 시도한 다음 나중에 확인할 수 있도록 "머그샷" 또는 전자 파일을 작성한다.

모든 사진은 주제를 식별할 수 있을 만큼 충분히 명확한 것으로 간주되어야 한다. 만약 사진이 분명하지 않다면, 피험자는 법정에서 묘사된 이미지와 행동은 자신이 아닌 다른 누군가라고 주장하는데 성공할 수 있다. 조사자는 주체가 확실하게 규명될 수 없기 때문에 자신이 옳다는 주장을 잃을 수 있다. 그 주제는 잘못된 신원이나 우연의 일치라고 주장할 것이다.[32]

이러한 모든 준비 단계를 염두에 두고 감시 프로세스를 시작하기 전에 그림 7.6에 설명된 감시 점검표를 완성하라.

감시 증거는 그것의 진실성과 구속 사슬에 관한 주장에 주의를 기울일 필요가 있다. 감시 사진 로그는 그림 7.7을 참조하라.

32) IFPO, "Surveillance."

의뢰인____________________ 조사관____________________________
대상_______________________ 장소______________________________

감시 체크리스트

조사자의 확인 대상: (1) 감시를 계획할 때, (2) 감시를 위해 출발하기 직전에, (3) 렌터카를 반환할 때(모든 장비가 제거되었는지 확인하기 위해), (4) 장비를 사무실로 반납할 때(모든 장비가 설명되었는지 확인하기 위해).

____1. 의상 확인(따뜻하게, 평상복, etc 그리고 여분의 옷이 있는가)
____2. 쌍안경
____3. 비디오카메라 – 여분의 카트리지 및/또는 비디오 카드, 완전히 충전된 배터리, 콘센트 어댑터
____4. 디지털 카메라 – 여분의 카드, 완전 충전 및 여분의 배터리
____5. 손목시계
____6. 펜과 종이
____7. MP3플레이어
____8. 적절한 형태와 표지판(연속 면접장, 교통수량 양식, 핸드 카운터, 문용 자석 표지판, 교통조사 표지판 등)
____9. 음식과 음료
____10. 구역에 표시된 적절한 차량 및 연료 탱크를 가득 채운 상태로 덮으십시오.
____11. 완전 충전된 휴대 전화와 충전기
____12. 올바른 식별 – 회사 및 개인 ID, 명함 등
____13. 경비.
____14. 시외 배정을 위해 확보된 예약/숙박
____15. 수갑(적절한 경우)
____16. 권총(적절한 경우)
____17. 손전등

감시 날짜:____
시작 날짜________________ 끝난 날짜____________________
의견/주의사항_______________________________________

그림 7.6 보안 감시 체크리스트는 보안 감시 작업에 필요한 모든 품목을 가져올 수 있는 훌륭한 백업이다.

감시 사진일지

조사자 ______________________ 보고한 날짜 ______________________
대상자 ______________________ 기소 ______________________
의심스러운 손상 ______________________ 주소 ______________________

카메라 모델

주인 ______________________ 상표 ______________________
시리얼 번호 ______________________ 모델 ______________________

메모리 카드 정보

상표 ______________________ 용량 ______________________
유형 ______________________

사진 기록

파일이름	시간	행동 서술	노출 cm	대상 거리

사진 촬영 장소를 정확히 명시: 홈( ) 비즈니스( ) 기타 위치( )
정확한 주소 제공 : ______________________
어느 지점에서 찍은 사진, 즉 길 건너, 인접 건물 등이었다. ______________________

그림 7.7 감시 사진일지의 예시

4 감시의 유형

종종 혁신적이고 기술적으로 진보된 보안 감시 방법과 유형은 지난 세기에 걸쳐 상당히 표준화된 상태를 유지해왔다. 감시기기의 배치로 인해 진퇴양난에 빠진 보안전문가를 계속해서 놀라게 하는 것은 사실이지만, 개인 대 개인 또는 자동차 감시의 전술은 여전히 꽤 표준적인 것으로 남아 있다. 보안 감시 기법과 방법은 크게 두 가지로 나뉜다.

- **고정적인 감시**: 감시자가 고정된 장소 내에 배치되었거나 잠복근무지역에 있다.
- **유동적인 감시**: 감시대상자와 아주 밀착되게, 근거리에 느슨하게 또는 대충 접근하여 도보 또는 차량으로 움직이면서 감시하는 것이다.

유동적 감시는 느슨한 것일 수 있고, 아주 근접한 경우일 수도 있다:

> 느슨한 감시는 주의가 요구될 경우에 실행한다. 감시대상자가 뒤따르는 존재를 알지 못하거나 의심조차도 하지 못하도록 해야 할 경우이다.
> 근접한 감시는 요원(要員)이 다른 사람에게 뭔가를 건네주기 위해 접촉을 해야 하기 때문에 단순히 가깝게 머무르는 것 혹은 단순히 혼잡한 상황을 극복하기 위해서 실행하는 것을 의미한다.[33]

33) Army, "Investigative Process"; Inspectors General, "Undercover Operations."

표 7.2를 봐라[34]

4.1 고정감시

영화 속에서 손에 땀을 쥐게 하는 경찰의 잠복근무가 극적으로 표현되어진다 할지라도 고정감시는 일반적으로 장기적이고 지루한 과정이다. 이러한 상황은 일반적으로 절도, 강도, 마약거래, 성희롱 또는 쉽게 발각되거나 관찰되어지지 않는 다른 행동들과 같이 "은폐"되어 버릴 무언가를 관찰하고자 하는 보안조사관들과 관련이 된다. 고정 감시는 이따금씩 장시간 어떤 결과 없이 기다리거나 지켜보고 있는 동안 상당한 인내력을 요구한다. 민간경비업에 대한 계속되는 실패중의 하나는 감시의 권태로움이 야기하는 도전에 직면하고 있다는 것이다. 고정감시의 장기화는 극도의 직업상 피로로 이어질 수 있다.

잠복근무 위치는 상당히 표준화되어지고 다음과 같은 것을 포함한다:

- 시야에서 근접한 또는 유사한 방, 아파트 또는 다른 장소들
- 모형 수송수단 (Dummy Vehicles)
- 막연하거나 눈에 띄지 않는 수송수단들.

어떠한 희생을 치르더라도, 민간경비 요원은 감시관찰을 조급하게 중지하면 안된다. 이 성급한 이탈(離脫)은 종종"냄새를 풍겼다(burned)"는 식의 콤플렉스로 언급되어진다.

다시 말하면, (감시대상자의) 움직임이 적다는 것은 감시 대상이 자신이라는 것 혹은 대상자가 감시요원의 감시를 받고 있다는 것을 알아차리고 있다는 믿음과 가정이다. 그렇게 되면,

34) Army, "Investigative Process."

조사관은 열심히 일하는 것이 완전히 시간낭비라고 생각하게 되고 낙담하게 된다. 감시자가 성급하게 행동할 때, 사건을 종종 망쳐버리게 된다. 인내하고 서두르지 말고, 감시계획에 대하여 사전에 충분히 준비해온 감시대상자는 좀처럼 잡히지 않는다는 것을 명심해야 한다.

4.2 유동감시(Moving Surveillance)

4.2.1 도보감시

도보감시는 단독 혹은 혼성팀으로 이루어진다. 대부분의 전문가들은 팀의 구성원 숫자가 3명을 넘어서는 안 된다고 믿고 있다. 하지만 경제적, 전술적 이유 때문에, 1인 감시방법이 유일하게 받아들일만한 방법이다. 몇몇 회사에는 1인 감시기법이 비용이 적게 드는 옵션이지만, 결과는 실망스럽다는 입장을 갖고 있다.

표 7.2 느슨하고 근접하며 혼합된 감시기술의 시각적 가이드

감시 기술		
느슨한	근접한	혼합된
대상을 가끔씩 관찰한다; 필요한 정보는 대상의 활동의 한 측면을 감시함으로써 얻을 수 있다.	대상을 지속적으로 관찰하며, 필요한 정보는 대상 활동의 한 측면 이상을 모니터링하여 수집해야 한다.	더 많은 정보를 얻기 위해 개별 대상자에 대해 동시에 또는 하나의 대상자에 대해 순차적으로 실행되는 느슨하고 근접한 감시.

출처: 미군

4.2.1.1 2인 1조 감시기법

2인 도보감시 팀은 1인 감시방법보다 긍정적인 결과를 가져올 기회가 많으며, 작전계획에 있어서 더욱 더 유연성을 가질 수 있다. 2명의 요원은 탄로 날 것에 대하여 훨씬 안전 할 수 있으며, 발각될 위험성을 줄일 수 있다. 만약에 1명의 요원이 의심을 받게 된다면, 다른 요원이 인계받을 동안 그/그녀가 위험을 피할 수 있다. 그림 7.8[35]를 봐라

4.2.1.2 3인 1조 감시기법 - ABC법

몇몇 보안회사들 내에서는, 3인-1조 도보 감시기법이 흔히"ABC법"이라고 일컬어지면서. 가장 바람직한 전략이라고 한다. 3명의 요원을 투입함으로써, 감시대상자를 놓칠 염려나 발각될 그리고 확인될 위험을 최소화 할 수 있게 된다. 예상치 못한 상황을 처리하면서, 인적(人的) 그리고 전략적 유연성은 ABC방법을 선호하게 만든다. ABC 예시들은 그림 7.9와 7,10에 나와 있다.

그림 7.8 2인 1조 감시기법(출처: 미군)

35) Ibid.: 17.

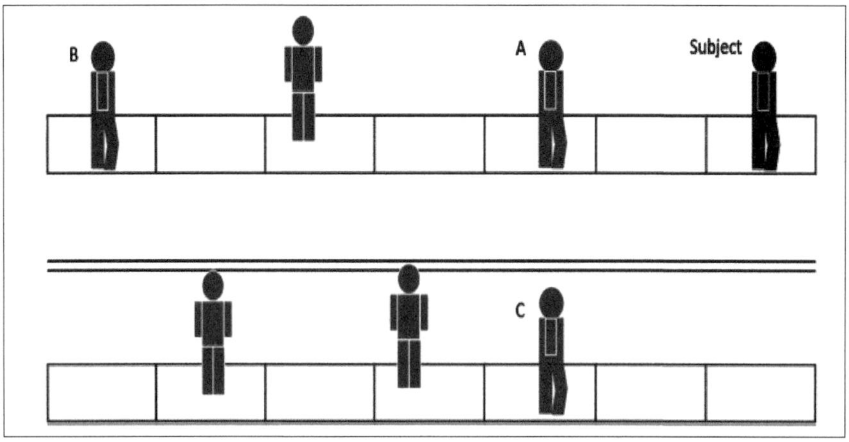

그림 7.9 ABC법의 기본적인 방법 - 일반 보행자 거리

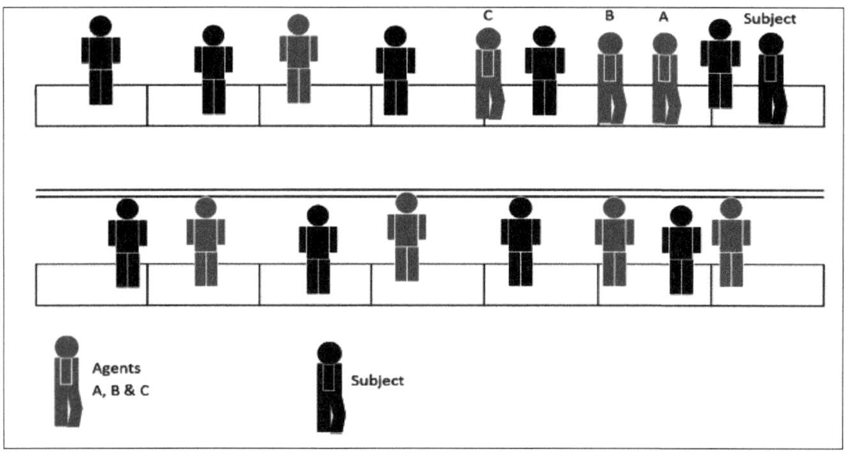

그림 7.10 사람이 많을 경우 ABC법

- A는 대상의 후방에 위치하며, 대상과 사이에 적당한 거리를 두고 있다. 합리적인 거리는 A와 대상 사이의 거리에 있는 사람들의 수에 달려 있다. 사람이 적을수록 거리는 커야 한다. 신입 민간경비의 흔한 실수는 자신과 대상과 사이에 너무 많은 거리를 두는 것이다.
- B는 A를 따른다. B의 책임은 A를 계속 볼 수 있게 하고 대상의 동료를 탐지하는 것이다. A와 B 사이의 거리는 A와 대상 사이의 거리보다 약간 더 크다.
- C는 거리의 반대편에 있고 대상자의 뒤쪽에 있어야 한다. C요원의 책임은 대상과 A가 시야에 있어

야 한다.

- 세 명의 요원이 모두 대상자와 같은 거리에 있음
- A가 대상과 매우 가깝게 따라야 함
- B가 A를 시야에 유지하는 데 집중함

ABC방법은 1인 혹은 2인 감시방법보다는 훨씬 더 낫다. 왜냐하면, 대상자 자신이 추적당한다는 느낌을 덜 받기 때문이다. 1인 도보순찰 시에 훨씬 더 낌새가 노출될 수 있다. 3인 1조 방법으로 하게 되면, 만약 감시요원들 중에 어느 누가 노출되더라도, 감시활동을 중도에 포기하지 않게 하면서, 3명중의 한 명은 신속하게 빠져 버릴 수 있다. 그림 7.11[36]은 3인 1조 방법의 다른 방식이다.

그림 7.11 A는 대상을 따르고 B는 A를 따른다. C는 보통 길 건너 주제의 바로 뒤쪽에 머문다.(출처: 미군)

ABC 기술은 주제가 코너를 돌 때 몇 가지 선택을 허용한다. A와 B가 피사체 뒤에 있고 C가 C로부터 코너를 돌 때 C가 길 건너라고 가정하자. A는 계속 직진할 수 있고 B는 A를 맡

36) Ibid.:

을 수 있다. C는 B 위치로 건너갈 것이다. A는 전에 C가 했던 것처럼 움직이면서 길 건너편에 머물곤 했다.

또 다른 접근방식은 C가 A 위치로 이동하는 것이다. A는 건너가서 C의 자리를 차지하고, B는 자기 자리를 지킨다. 주제가 좌회전해서 길을 건너 C 쪽으로 가면 어떡할까. C는 뒤로 떨어지고 A는 원래 방향으로 계속되어 C가 된다. 그런 다음 B는 A 위치로 이동하고, C는 B가 된다[37].

감시대상자의 다음 행동은 추적당하고 있다는 자신의 의심을 표시할 수 있다:

- 그는 그의 방향을 바꿔 놓을 것이다.
- 그는 당신의 그림자(투영된 모습)를 주목할 것이다.
- 그는 그것을 누가 줍는지 보기 위해서 떨어뜨릴 것이다.
- 그는 운송기관(교통수단)에 승차할 것이다. 그때에는 차량이 출발하기 전에 하차하라.
- 그는 모서리 주변을 걸어가다가 멈출 것이다.
- 그는 그를 도와주는 다른 누군가를 이용할 것이다.
- 그는 대부분의 건물 출입구를 당신으로부터 벗어나기 위해 사용할 것이다.[38]

그는 또한 미끼를 사용할지도 모른다. 골목에 숨어있거나, 마지막 택시에 타거나, 그렇지 않으면 심지어 군중에게서 그 자신의 모습을 바꾸거나, 위장하거나 혹은 군중들 속으로 들어가 자신을 못 찾도록 할 것이다. 어떤 상황에서는, 조사관과 마주칠 수도 있다. 만약에 이러한 상황이 벌어진다면:

- 자연스런 태도로 행동하라.
- 화난 것처럼 행동하면서, 접근하기 전에 미행대상자가 지나왔던 같은 방향에서 대상자와 떨어져서

37) Ibid.: 18

38) Ibid.; Inspectors General, "Undercover Operations."

걸어라

- 미행대상자가 거울처럼 사용하기 위해 판유리 창문을 사용하면서, 당신을 따라온다면, 조심해라.
- 현장 조사를 실시하고 있는 자간 조사관의 감독자가 아니라는 것을 확신해라.
- 만일 감시대상자가 지금 조사관을 미행하고 있으면, 오피스 빌딩, 지하철, 군중속, 버스, 택시 등에서 따돌릴 수 있다.
- 미행대상자가 추적을 당하고 있는지 여부에 관한 것 때문에 미행대상자의 마음속 에 어떤 의심을 품고 있다면, 조사관은 자연스런 태도로 의심스러운 미행대상자를 반드시 떨어뜨려야 한다.

4.2.2 자동차 감시

자동차 감시는 일반적인 정보수집에 있어서 통상적이고 믿을 수 있는 방법이다. 비록 그것이 때때로 종종 건물들과 사람들을 감시하기 위하여 사용되더라도 주요한 기능은 다른 자동차를 감시하는 데 있다. 당연히, 자동차의 외관이 통제되어야 한다. 완전한 주행제한과 방해받지 않는 관찰능력 때문에 자동차 안에 2명의 감시자가 있다는 것은 매우 권장할 만하다. “운전자는 특별한 자동차 조작기술을 지녀야 한다; 다른 한 명은 감시상태를 유지하는 동안 운전자를 도울 수 있도록 끊임없이 경계하고 준비하고 있어야 한다”.[39]

드물고 예외적인 상황 이외에는 자동차 감시자들은 교통법규를 위반해서는 안 된다. 만약 경찰관이 개입하거나 신원확인을 요구한다면 완전히 협조적이 되어야 한다. 공공법집행관들은 다른 자동차의 꼬리를 천천히 밟아가는 자동차를 찾아내는 데는 전문화되어 있다.

만약에 미행차량이 대상차량의 후면에 있다면 감시자는 대상차량의 후사경을 통하여 미행대상자의 눈에 감시자동차의 길게 늘어진 모습이 보이지 않도록 가능한 한 모든 수단을 동원하여야 한다. 다른 감시그룹과 자동차를 활용함으로써(이러한 자동차들은 “Cover Vehicle: 덮개차량”이라고 표현된다), 후사경안에 비치는 이미지가 섞어질 수 있게 된다(그림 7.12 참조).

39) Ibid.; Inspectors General, “Undercover Operations.”

자동 상호감시 기법과 절차는 감시가 일어나고 있는 지역의 지리적 혹은 지형학적 특성에 의해서 영향을 받는다. 예를 들면, 확 뚫린 고속도로와 도심교통 지역에서 채용된 감시기법을 비교하고 대조해 보라. 예상대로 미행대상 차량이 뜻밖에 교통정리 상황을 야기할 경우와 같은 때에는 조밀한 도심교통이 감시를 하기에는 커다란 방해가 될 것이다. 미행대상 차량 내부에서 일어나는 사건들과 행동들을 목격하면서, 낌새를 풍기지 않고 확인되지 않으면서, 일정한 미행위치를 유지하기 위해서는 감시자의 차량과 미행대상 차량사이에 있는 교통 신호등, 일시 정지표지 그리고 수많은 자동차들이 매우 중요하다. 주간(州間)고속도로 혹은 4차선 도로와 같이 확 트인 고속도로 상에서는 감시대상 차량이 넓은 시야를 갖고 있기 때문에 그로 하여금 특별한 한 대의 미행차량을 확인할 수 있게 하거나 익숙하게 할 수 있는 바, 많은 감시차량들은 대체로 현명하게 실행해야 한다. 고속도로 상황에서는 다수의 감시차량을 활용하는 것이 더욱 더 유리하다.

다수의 감시차량을 통한 감시계획에서 인도차량– 즉 실제로 추적하는 차량은– 종종 "눈알:eyeball"이라고 일컬어진다. 확실한 방침은 조건들에 따라 다른 자동차들이 잠재적인 적발 염려를 최소화하기 위하여 장소를 바꾸거나 그들의 위치를 포기토록 일러주는 것이다. 도로교통의 에티켓과 관습에 관한 법률들은 통과하고, 자동차가 다른 차선으로 이동하고, 가속페달을 밟거나 감속시키거나 혹은 일시적으로 노견에 정지시키는 등 자동차의 위치를 쉽게 바꾸거나 통제하도록 한다.

4.2.2.1 자동차 감시 기법

명백하게, 쉽게 발견되는 감시 방법은 민간경비 전문가에게는 거의 가치가 없다. 불법적, 위법적 혹은 의심스러운 행동에 연루된 사람들은 방어적으로 그리고 의심스러운 성향 쪽으로 행동하려는 경향이 있다. 자동차의 경우에 감시 대상 운전자는 일반적으로 자기를 따라오는 사람을 찾아보기 위해서 밖으로 내다보거나 적어도 뭔가 느끼려고 한다. 다음의 제안들 중 몇몇은 발각될 가능성을 최소화할 뿐만 아니라, 또한 성공적인 감시 작전을 수행할 수 있도록 좋은 안목을 제시한다. 이러한 제안들은 단지 일반적인 것이며, 사건, 조건들, 상황들 그리고 영역들에 따라 다양한 대응방안이 필요하다는 것을 명심해야 한다.

1) 개방된 고속도로

개별 상황들에서 당신의 거리를 지켜야 한다. 모자, 코트, 또는 선글라스를 바꿔라. 심지어는 번호판들을 바꾸는 것을 고려하라. 노견으로 일시적인 차량정지 혹은 휴식을 위한 정지 시에는 정상적으로 하라.(그림 7.13 참조)

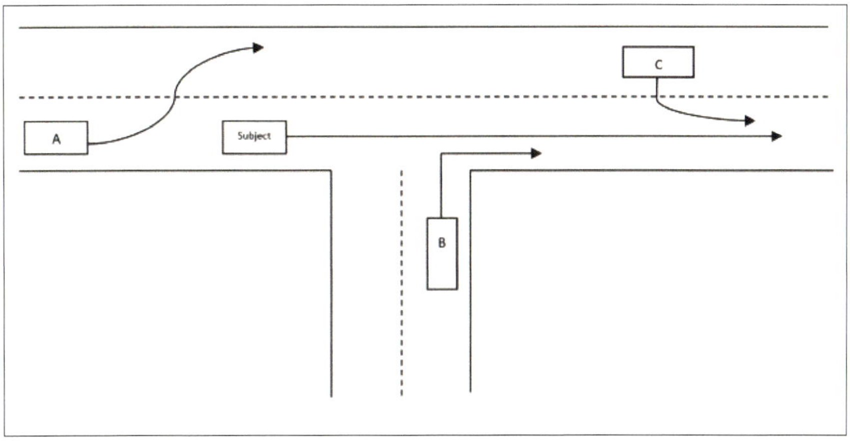

그림 7.12 자동차 감시의 그림

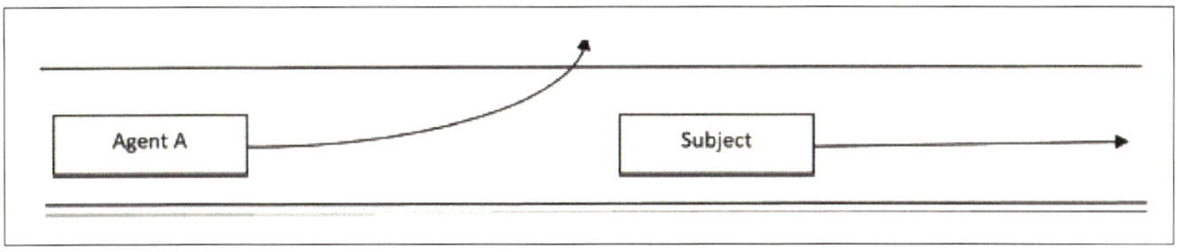

그림 7.13 빠져나가는 것은 탐지당하는 것을 피할 수 있는 방법 중 하나이다.

2) 좌(左)회전(감시대상은 좌측 차로; 감시자는 우측 차로상)

차선을 변경하는 것이 명백해진다. 교차로를 통과하라. 그리고 U턴을 하라. 차선변경이 쉽게 발각되지 않을 것 같으면 그렇게 하라.(그림 7.14 참조)

3) 좌(左)회전(대상차량이 교통신호가 없는 차로상에 있음)

만약 감시자가 감시대상자를 흉내 내면 발각이 될 가능성이 높다. 권고할 사항은 교차로에서 직진으로 통과하고 그리고 나서 우선 실행 가능한 U-턴을 하여 대상차량 후면 쪽으로 위치를 잡을 수 있도록 돌아가라.(그림 7.15 참조)

다음의 2가지 설명도에서 교차로를 통과 · 주행하게 되면, 감시 대상차량을 놓치게 될 위험성이 증가된다. 이러한 이유 때문에 1인-자동차 감시기법은 종종 실패로 끝날 작전이 될 수 있다. 여러 대의 자동차 감시의 경우에 선도 차량은 교차로에서 직진을 하고, 두 번째 혹은 세 번째 자동차가 좌회전을 하면서 감시대상차량을 따라갈 수 있다.

4) 좌(左)회전(녹색신호에 감시대상차량 통과; 감시차량은 적색신호를 받고 정지)

여러 대의 자동차 감시인 상황에서는, 선도하는 자동차는 교차로를 직진 통과한 후에 무전 교신을 한 후, 공격적인 U-턴을 감행하고 나서 감시추적을 다시 시도하라.

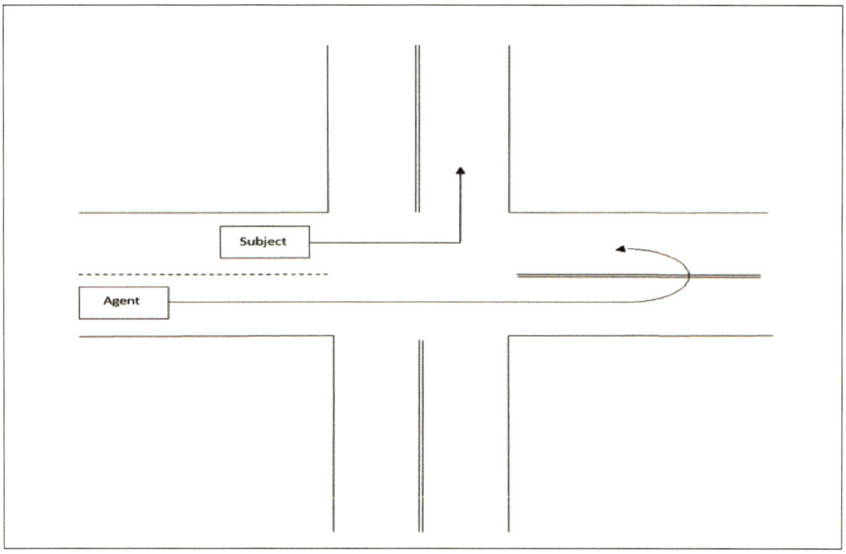

그림 7.14 대상은 좌측라인에서 좌회전을 한다. 민간경비요원은 직진 후 U턴을 해야 한다.

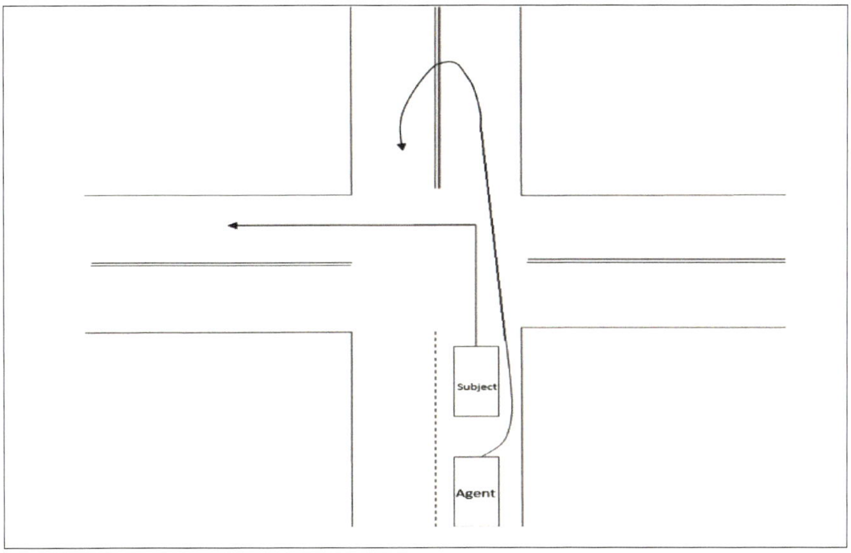

그림 7.15 대상은 다시 한 번 좌회전을 한다. 그러면 민간경비요원은 교차로에서 직진 후 U턴을 해야 한다.

5) 불법적 혹은 부적절한 회전(감시대상차량/감시차량의 대응)

감시 대상차량이 불법적 방향전환을 할 때 선도하는 차량이 이를 따라하는 것은 절대적으로 그리고 자동적으로 발각될 것이다. 선도차량은 계속해서 직진 후 U턴을 해야 한다(그림 7.15 참조)

6) 복수감시(위치변경)

발각될 것을 피하기 위하여 선행하는 차량과 후행하는 차량 간에 임무를 교대하라. 감시는 공공연하게, 예측 가능하게, 그리고 눈에 띄게 해서는 안 된다. 만약에 감시차량이 위치를 바꿀 준비가 되어 있고, 능력이 되고 당신이 이를 확신할 때까지 선도하는 자동차의 위치를 바꾸어서는 안 된다.(그림 7.17 참조)

7) 교통신호 (대상차량이 적색신호에 통과)

감시대상 차량이 종종 교통신호등을 통과하더라도 감시자에게 이러한 상황이 놀라운 일이 되어서는 안 된다. 교차로에서 기다렸다가 신호가 빨리 바뀌기를 기다리던가 아니면 감시대상 차량이 다음 신호에서 정지하기를 기다려야 한다.(그림 7.18 참조)

8) U-턴 (감시대상 차량이 U-턴 時)

여러 대의 자동차로 감시 추적 시, 선도 팀은 뒤따르는 차량에게 통보할 수 있다. 직진하라든가, 회전하라든가 그리고 다시 추적을 시도하라든가 등이다.(그림 7.19참조)

9) 커브길 혹은 언덕꼭대기에서 정차(대상차량)

발각될 것을 피하기 위하여 선도 차량은 커브길을 통과해서 주행하라. 여러 대의 자동차로 감시추적을 할 경우에 선도자동차는 대상차량의 위치와 장소를 무전기로 다른 추적 차량에 알려준다.(그림 7.20 참조)

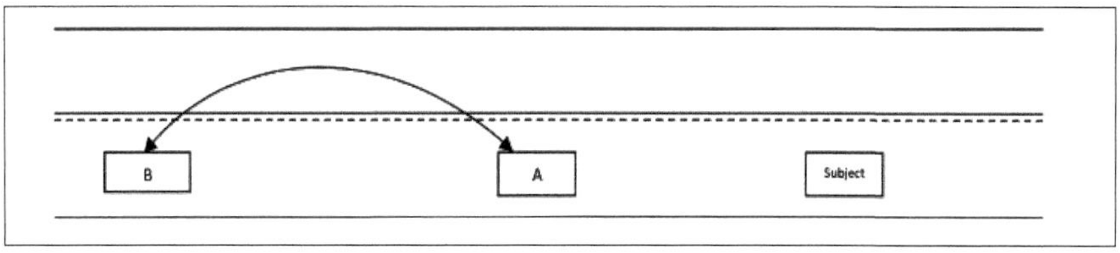

그림 7.16 대상자는 좌회전을 할시 민간경비요원은 교차로에서 직진 후 U턴을 한다.

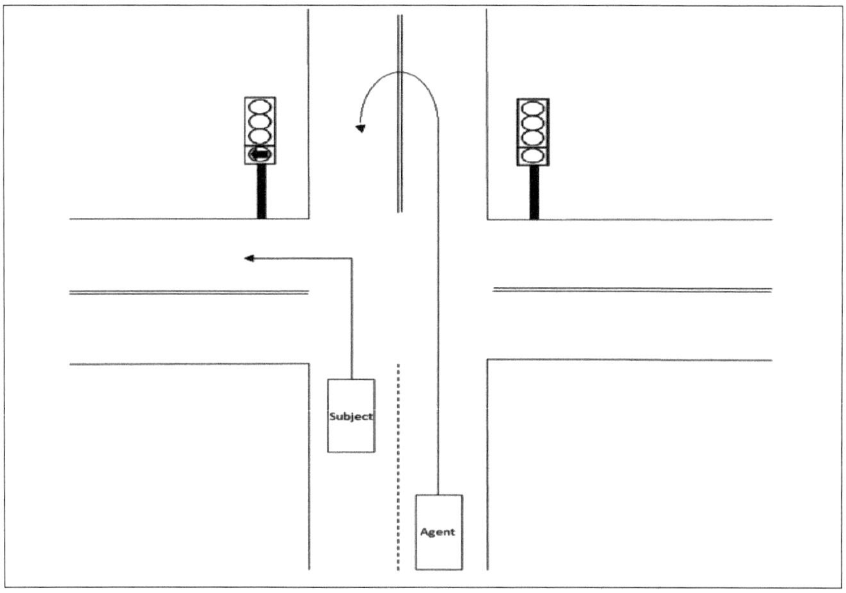

그림 7.17 선두차량하고 다른 감시차량하고 포지션을 바꿔라

10) 좁은 골목으로 좌·우회전(대상차량)

골목은 일반적인 교차로가 아니므로 그 골목으로 들어가지 말라. 선두 차량은 골목 앞에 멈춰야 한다. 그동안 선두차량의 조수석에 앉아 있는 다른 사람은 무전으로 뒤 따르는 차량에게 감시대상 차량의 다음 방향을 관찰하고 조언할 수 있다.(그림 7.21참조)

11) 선도형 감시

선도형 감시에는 여러 명의 운전자와 차량이 필요하다. 이 기술은 유도 차량과 다른 감시 차량 사이에 피사체를 유지하기 위한 복싱의 테크닉이다. 이것이 항상 허용되는 방법은 아니지만, 이 기술은 감시대상의 방향과 최종 목적지가 알려진 상황에서 가장 잘 작동한다. 실험 차량을 이러한 방식으로 포위함으로써 다음의 감시 차량은 더 많은 거리를 확보할 수 있다.(그림 7.22 참조)

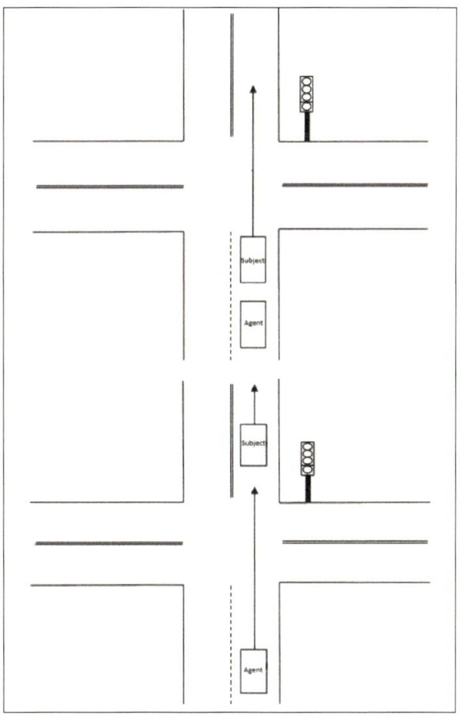

그림 7.18 신호등이 있을 시 감시대상을 따라가는 방법

12) 점진적 감시

점진적 감시는 그 명칭이 뜻하는 바와 같이 지속적이고 점진적이거나 혹은 대상차량을 감시함에 있어서 예측 가능한 방법이 아니다. 고도로 조화를 이루면서 추적을 의식하고 있는 대상차량의 꼬리를 물면서 추적하거나 감시할 때 점진적 감시는 그 빛을 발하는 경향이 있다. 점진적 감시기법은 감시차량에 의한 실행되고 있는 통상적인 감시활동을 추적 대상차량이 알아차리거나 혹은 목격할 가능성을 피한다. 이 방법은 알려지거나 혹은 의심받는 통상적인 운행경로를 따라 특별히 교차로에서 다양한 지점에 배치되고 있는 감시차량과 관련된다. 차량들은 이러한 교차로에 숨겨지거나 감시자들은 도보로 움직인다. 대상차량이 특정 교차로에 도달하지 못했을 때 대상차량이 어디에서 방향을 돌렸는지 판단하는 것이 가능하다.

점진적 감시법의 사례는 다음과 같다:

- 첫째날: 한 조사관이 버스정류장까지 대상자를 추적하고, 거기서 그만 둔다.
- 둘째날: 다른 조사관이 버스정류장에서 기다리고, 대상자와 함께 목적지까지 버스를 같이 탄다. 감시대상자가 버스에서 내릴 때 조사관은 버스에 남는다.
- 셋째날: 또 다른 조사관은 버스에서 대상자가 내릴 때까지 기다린다. 그리고 대상자가 처음 정지하는 곳까지 따라 가거나 혹은 조금 떨어진 곳에서 기다리든가 그리고 나서 추적을 그만 둔다 등등.

점진적 감시기법은 회사에 많은 비용을 필요로 한다. 하지만 탐지가 용이하거나 대상자를 신속하게 잡을 수 있는 경우에 이것은 매우 추천할 만하다.

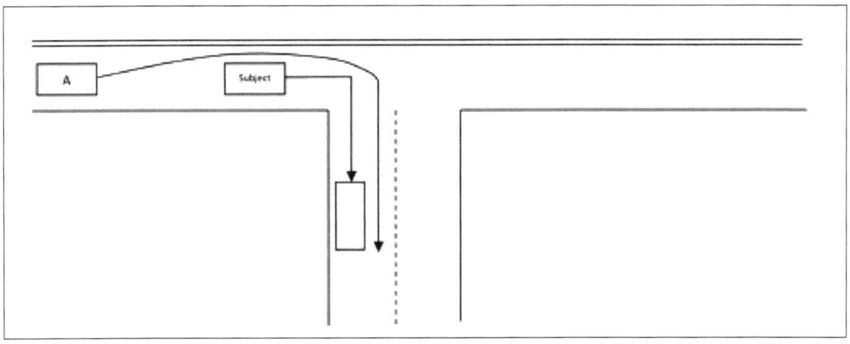

그림 7.19 감시차량은 2개 이상으로 있으면서 감시대상이 U턴을 할시

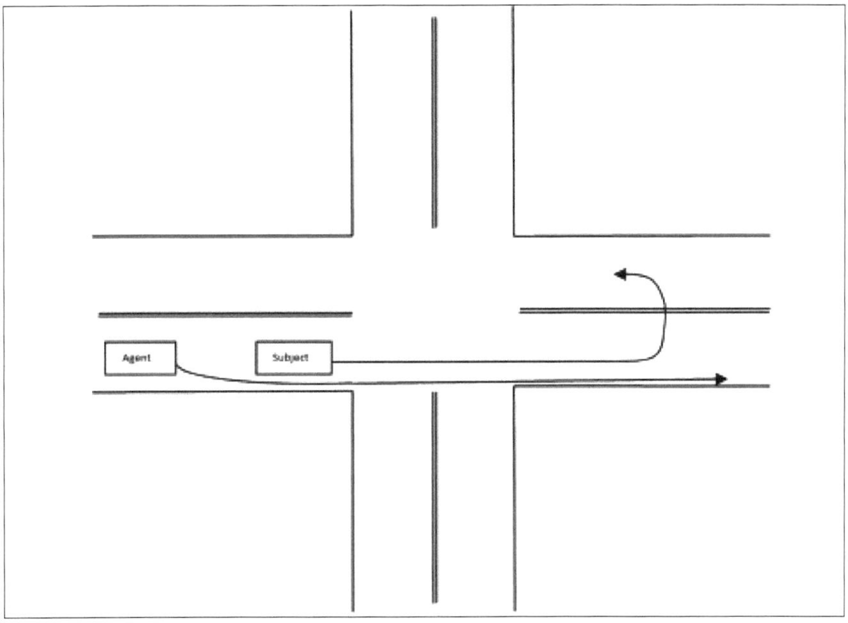

그림 7.20 커브길 혹은 언덕꼭대기에서 정차

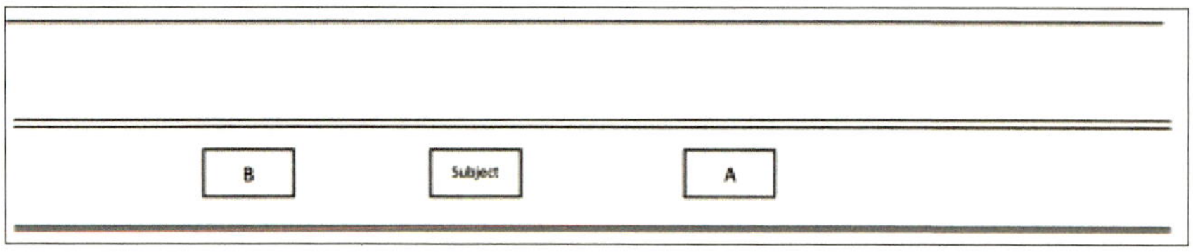

그림 7.21 감시대상이 골목으로 들어갈시

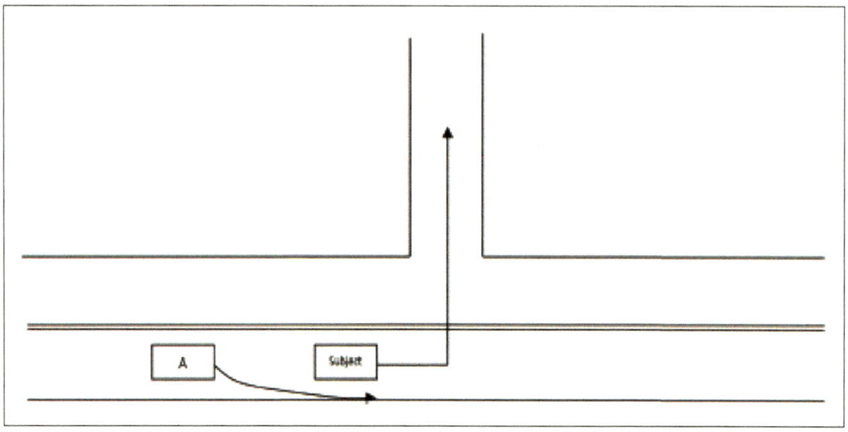

그림 7.22 복싱 인 기술을 위해서 여러 운전자와 차량이 필요하다.

13) 평행 감시

아래도식은 차량이 무전기를 사용하면서, 자동차가 도로와 평행하게 진행하면서, 작전하는 것을 보여준다. 이러한 기법은 거리에 교통량이 없거나 거의 없을 때 감시대 상자의 시야로부터 여러 대의 감시차량 모습을 떼어 놓을 경우에 대단히 유용하다. 그리고 방향전환을 해야 할 때에 감시자로 하여금 보다 많은 유연성을 제공한다.

여러 대의 감시차량들은 방향을 전환할 때 혹은 가속 · 감속해야 할 때에 그들의 위치를 조화시키고 잘 조정해야 하며 무전연락은 필수다.

웹 연습 차량 감시에 관한 비디오를 시청하라; https://youtu.be/OAo9RVikLCE.

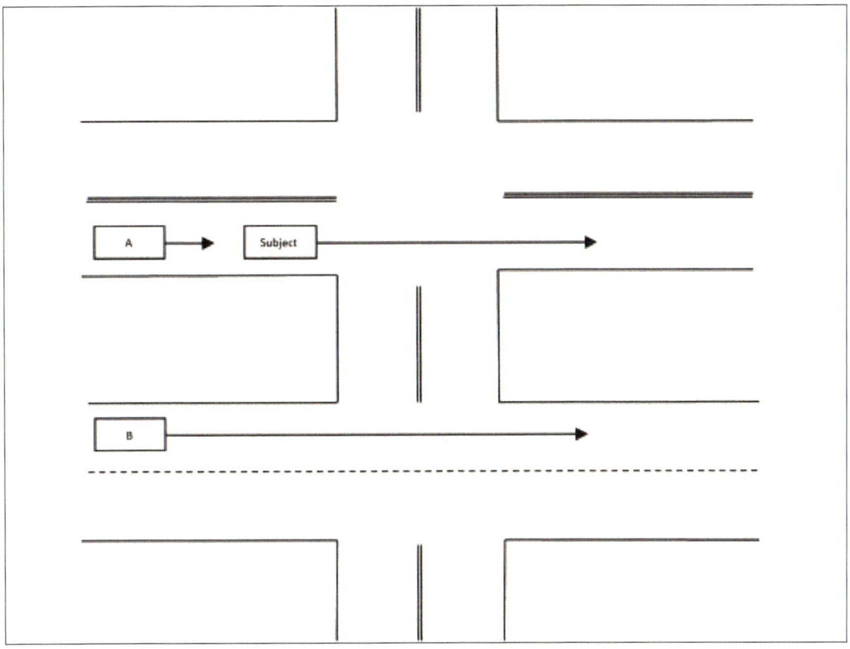

그림 7.23 평행 도로에서의 감시

4.3 혼성 및 기타 특별 감시기법들

4.3.1 도보/차량감시

도보감시와 차량감시를 약간 조화시키는 것은 종종 권장할 만하다. 그것은 혼잡한 도시지역에서 특별히 유리하다. 그림 7.24에는 의심되거나 알려진 경로에서 감시 차량에 의해 미행되는 감시대상의 차량이 표시된다. 한 블록만 올라가면 도보 요원이 감시대상 차량의 도착을 기다린다는 점을 봐라.

앞에서 추천을 했던 것처럼 오로지 혼자서 운전하는 감시차량은 없다. 자동차 작전에서 단독감시자는 관찰기술에 큰 혼란을 느낄 수 있기 때문이다. 차량에 있는 두 번째 팀원은 종종 보병이라고 일컬어지는 데, 다음과 같은 직업적 책임들이 있다: 1. 감시대상자의 차량을 지켜보기; 차량의 움직임에 관하여 권고 받은 운전자를 유지하기

2. 만약에 대상자가 그의 차량에서 내려야 한다면 재빨리 대상자를 감시상태 하에 놓이도록 할 것. 그 운전자는 차를 주차시킬 것이고, 그가 할 수 있을 때 그와 함께 가세한다(표 7.25을 참조).

3. 만약에 감시차량이 신호등에 걸려서 정지한다면 도보 감시자는 감시대상 차량을 시야에 확보해야 한다. 감시차량이 멈췄을 때, 만약에 대상차량이 교차로에서 좌 · 우 회전한다면 도보 감시자는 감시차량에서 내려야 한다. 그리고 대상차량이 다른 방향으로 턴을 할 경우에는 모퉁이 쪽으로 가야 한다. 만약에 감시대상 차량이 앞으로 곧바로 진행하고, 감시차량은 신호등에 걸려 정차한다면, 특별히 대상차량이 아래의 교차로에서 좌 · 우회전을 한다면, 도보감시자는 하차하여 감시대상 차량의 움직임을 잘 지켜볼 수 있도록 한다.(표 7.26 참조).

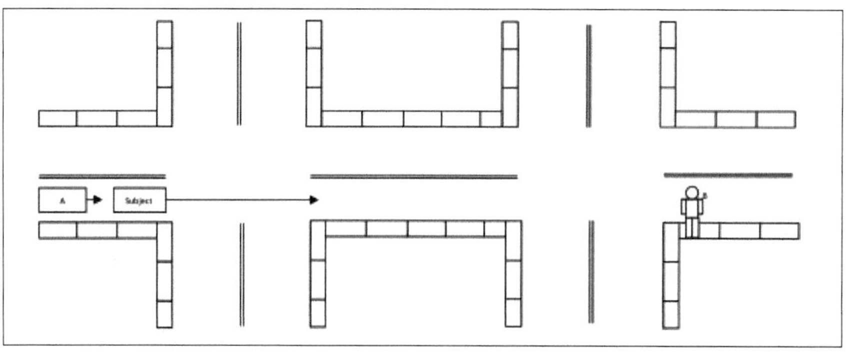

그림 7.24 도보/차량 감시

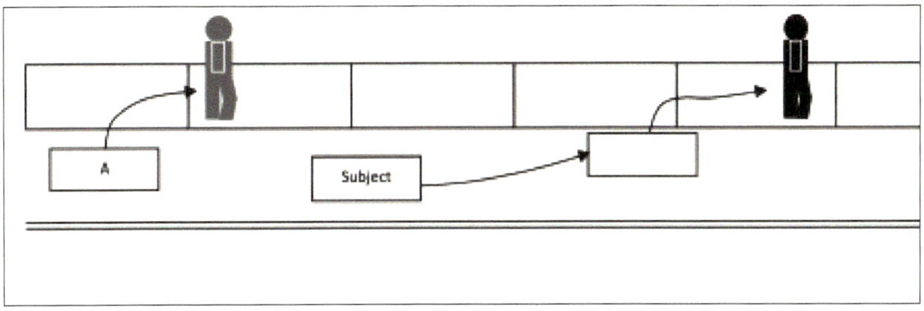

그림 7.25 감시대상이 차량 밖으로 이동할 경우

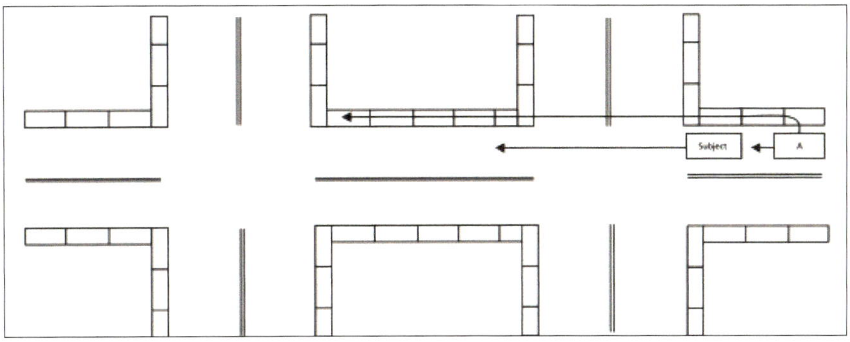

그림 7.26 보병이 감시를 멈추고 감시 대상의 차량을 감시한다.

4.3.2 버스 감시

버스정류장에서 대상자에 대한 감시는 특별한 주의를 요한다:

1. 대상자가 버스 쪽으로 접근할 때, 재빨리 가깝게 다가서서 버스가 정차할 때, 가능하면 당신은 대상자에게 좀 더 가까이 가라.
2. 대상자가 자리에 앉을 때 그의 눈에 띄지 않도록 하면서, 그의 뒤쪽으로 걸어갈 수 있도록 버스에 곧바로 타라.
3. 항상 버스의 뒤쪽 그리고 대상자의 뒤쪽에 자리를 잡아라.
4. 버스에서는 대상자와 같은 측면에 앉아라. 우리로부터 교차하는 모든 사람들을 바라보라.
5. 가능하다면 대상자가 내리려고 일어설 때까지 자리에 앉아 있으라. 그가 하차할 때까지 기다1. 리고 그때 그와 함께 버스에서 내려라. 감시를 받고 있다는 것을 알아차리는 대상자는 내리는 듯 버

스의 문 쪽으로 걸어갈 것이다. 그리고 다시 그의 좌석으로 돌아온다. 이렇게 하여, 조사관을 방심하게 한다.

4.3.3 핑계(변명)의 활용

핑계는 감시의 진짜 의도와 목적을 숨기는 가장된 혹은 허위의 변명이다. 핑계는 적극적인 일이다. 그리고 이것은"새끼줄로 꼬아진"것처럼 복잡한 기법이 아니다. 이것은 어떤 개인을 알아차리지 못하게 하고서 정보를 이끌어내고 취득할 수 있는 조사관의 역량이라고 일컬어진다. 사람들은 대체로 공공의 법집행관에게 공식적으로 정보를 제공하는 것을 꺼려한다(성질상 공적이든 사적이든); 게다가 핑계들은 종종 조사의 기능을 실현하는데 필요하다. 핑계가 직접적 혹은 단정적으로 잘못된 표현은 아니다. 또한 그것은 잘못된 권위 혹은 통제에 관한 긍정적인 주장과 인상도 아니다. 조사관이 단순히 자신의 진짜 목적을 숨기는 것이다. 그리고 조사관은 말할 기회를 상응하는 사람에게 제공하고 정보를 중계한다. 그런데, 핑계 작전이 프라이버시, 사법적 정의방해 그리고 공식적인 허위진술에 관한 법률적 이슈들에 위험할 정도로 근접하게 스쳐가기 때문에 상당한 주의가 요망된다. [40]

핑계기법은 이러한 관찰 작전에 채용된다:

- 추적 대상자가 개인적 부상이 어느 정도 성질상 사고로부터 야기되었다고 주장하는 임박한 소송건에 처해 있을 때와 같은 특별한 사례에서, 완전히 경험이 있고, 훈련이 잘 된 조사관들만이 핑계기법을 통한 감시 작전에 투입될 수 있다.
- 원고(요구자)와의 핑계기법적 인터뷰는 대상자의 신원과 그러한 청구가 허위 진술되고 있 다는 것을 알려 주는 어떤 명백한 조건에 관한 관찰에 한정되어야 한다.
- 핑계기법을 사용하는 조사관은 피할 수 있다면 원고의 주거지에 들어가서는 안된다.

40) Bill Pellerin, "Pretext as a Necessary Tool for Investigations," Texas Investigative Network, accessed September 9, 2018, www.texasinvestigators.com/pretext-necessary-tool-investigations/.

- 핑계기법을 사용하는 조사관은 감시추적팀에 가담해서는 안 된다. 왜냐하면, 이렇게 하면 감시자들을 탄로 나게 한다. 만약에 인원이 부족하여 같은 사람이 핑계기법과 감시추적에 포함되어야 할 상황이 필요하다면, 감시추적 조사관과 지명된 조사관이 동일인이 아니다 라고 확신할 수 있도록 특별한 주의가 요망된다. 모자를 쓴다거나, 선글라스 착용, 가짜 수염달기, 옷을 바꿔입기 등 모든 것이 조사관이 위장하는 데 활용될 수 있다. 지명된 조사관은 절대로 그의 자동차가 감시대상자의 눈에 띄게 해서는 안 된다.
- 감시관은 자신이 감시되고 있다는 것을 알아차린 듯하다고 핑계기법 조사관이 확신할 때까지 감시가 계속되어서는 안 된다.
- 조사관은 감시 중에 있는 대상자의 개인적 사업상 혹은 일신상의 행동들에 관하여 법률적인 이해관계가 없는 이웃이나 다른 사람에게 말해서는 안 될 것이다; 혹은 대상자에 관하여 거짓말을 해서도 안 된다.
- 조사관은 감시대상자의 가정과 같이 프라이버시 영역에 있는 감시대상자에 관하여 염탐하거나 혹은 그러한 상황에 있는 감시대상자의 사진을 촬영해서는 안 될 것이다.
- 조사관이 감시대상자의 요구와 모순되는 활동들에 대한 사진을 촬영함에 있어서는 강한 한계가 주어지게 될 것이다.
- 조사관은 연방, 주, 카운터 혹은 시(市)의 법집행 공무원들뿐만 아니라 신문기자, 혹은 선의의 관심을 가진 종업원과 대표자 혹은 조직에게 자기 스스로 허위로 표현해서는 안 된다.
- 조사관은 회사의 주소나 전화번호를 제공해서는 안 된다.
- 조사관은 그들의 신원이 확인되는 것을 통하여 알게 될 어떤 정보도 제공해서는 안 된다. 또한 그들이 사용하고 있는 자동차의 운전면허번호를 어떤 사람도 취득하도록 허용해서도 안 된다.

웹 연습 www.privateinvestigatoradvicehq.com/pretexting-laws/에서 법률과 법정 소송에 대한 기사를 읽으시오.

4.3.3.1 핑계기법의 사례

1) 안전사고 위장

보안조사관은 그가 국립사고예방협회의 요원이라고 소개한다. 협회는 보고된 사고에 관한 자료를 요구하고 연구하는 단체이다.

2) 은행거래위원장

충분한 자금이 신용수표계좌에 남아있는지 여부를 확인하는 사업가라는 것을 알게 한다.

3) 지역사회에서 평판과 명성이 있는 인물

이웃들에게 당신이 지역의 재배치(주거, 도시 등)를 고려중인 사람이지만, 특성, 명성에 관하여, 그리고 당신 이웃의 생활태도에 관하여 염려하는 사람으로 알게 하라.

4) 분쟁해결: 입증

마치 당신이 국립소송국의 대표인 것처럼 행동하라. 이 단체는 보험소송 사건에서 해결된 분쟁의 배상에 관한 평가와 보고를 하기 위하여 보험회사에 의해 설치된 주(州)영리단체이다.

5) 장애사례

- 당신의 친척 중의 한 사람이 유사한 부상과 질병으로 고생하고 있다는 것과 감시대상자가 받은 치료차원의 섭생법(攝生法)과 치료가 매우 효과적이었을 것이라는 것을 들었다고 대상자에게 말해주며 대상자에게 의사의 이름과 결과, 그리고 치료결과가 긍정적이었는지 여부에 관하여 대상자에게 조언하라.
- 당신이 특별한 거래 업에서의 실업률을 확인하기 위해서 조사를 수행하고 있다는 것을 말하라.
- 당신이 거래 계약자이고 확인된 어떤 사람이 기술이 뛰어난 목수 혹은 숙련공이란 사실을 들었다고 알게 하라. 개인이 부업으로 일하는 것에 관심이 있는지 없는지 물어봐라.

6) 서류: 손으로 직접 쓴 샘플을 요구할 때

다음의 핑계는 조사관이 쓰기 샘플을 획득할 수 있게 할 수 있다.

- 당신이 소비자단체, 그리고 수공업거래협회를 위하여 조사를 수행하는데 어떤 자료를 얻을 필요가 있다고 대상자에게 조언하라. 조사를 끝낸 후에 서명을 부탁하라.
- 가치 있는 어떤 사유(그러나 가상)에 대한 청원을 하는 척 하면서 서명을 부탁한다.

7) 사람의 위치

용의자를 찾는데 용의한 핑계이다.

- 대상자의 이웃에게 당신이 한 때 대상자의 기숙사 친구 혹은 가까운 친구였으며, 대상자로부터 빌린 어떤 물건을 되돌려주려 하고 있다는 것을 알게 하라.
- 당신이 한때 대상자와 같은 회사 종업원이었으며, 어떤 연장과 소유물을 공동으로 사용하였으며, 이미 말한 물건을 되돌려 받고자 한다는 것으로 알게하라

8) 비디오촬영사진 취득

다음 핑계는 수사관이 용의자의 사진을 찍을 수 있게 할 수 있다.

- 두 명의 감시자를 활용하라. 다른 감시자가 차 안에 비밀리에 카메라를 작동시키는 동안에 마치 자동차가 고장이 난 것처럼 행동하라.
- 당신이 자유기고가, 사진작가 그리고 영화제작자인 것 같은 인상, 그리고 전국수준의 잡지를 만들기 위해 자료를 수집하는 일 혹은 교육용 영화제작 준비에 종사하고 있는 것처럼 인상을 심어주라.

9) 직업 혹은 대상자의 고용

다음 핑계는 그 주제의 직업을 확인할 수 있다.

- 마치 당신이 민간 비(非)정부적 민간 고용기관에 의하여 고용된 사람인 것처럼 행동하면서 대상자의 거주지를 찾아라. 마치 그/그녀가 자리를 필요로 하고, 그러한 직위가 어떤 것인가를 문의하는 것처럼 행동하면서 감시대상자와 대화를 유지하라.

- 그 회사가 위치하게 될 지역 내에서 자격 있는 종업원을 물색한다고 하면서 사업적 그리고 산업적 관심 때문에 전국적인 조사를 수행하는 사람이라는 것을 말하라.

10) 주주 혹은 주식소유소송

당신이 감시대상자의 회사와 계약을 맺을 계획을 하고 있는 회사(도시에서 멀리떨어진)를 대표하지만, 대상자가 법적인 문제와 애로사항에 관하여 루머와 빈정대는 것을 들었다는 것을 알게 하라.

11) 자살/살인: 사업주

한 때 망자(亡者)에 의하여 소유되었던 회사를 구매하는데 관심이 있는 회장을 당신이 대표하고 있는데, 전체 재산과 채무부담 부분에 관하여 어떤 정보를 필요로 하고 있다는 것을 명백히 하고, 논의가 진행되는 동안 망자가 보다 더 많은 사업을 했었을 것 같다는 것을 알게 하라. 그리고 만약에 망자가 가족 내의 다툼, 재정적 근심거리 혹은 계속된 질병과 같은 개인적 어떤 어려움들을 가지고 있었는지 알게 되면, 이를 문의해 보라.

위에서 언급한 핑계기법들은 민간조사과정에서 일어날 수 있는 상황들과 조건들을 단순히 소개하는 차원의 제안들이다. 이러한 행위들이 직면하게 될 윤리적, 법률적 한계들에 항상 조심해야 한다. 민간조사관들은 인정되고 있는 행위준칙들을 위반하지 않도록 자신들을 방어할 태세가 되어 있어야 한다.

웹 연습 https://youtu.be/SCQAABblaOs에서 가장 중요한 핑계의 요소를 비디오로 시청하십시오.

5 감시의 형태와 보고서

민간조사의 모든 측면에서 보고서 쓰기, 기록 작성 그리고 정확한 서류작업은 전문 직업직 실무를 위해서 필수적이다. 감시에 관해 매일 정리한 것은 이후의 참고 및 축적된 자료, 증거와 비교하기 위하여 기록하면서 보고되어질 필요가 있다. 대부분의 회사들이 정기적으로 감시기록부를 유지하고 있는바, 이는 표지 면으로서 보다 더 중요한 기록이 되도록 이용된다. 이러한 본보기로 그림 7.27을 참조하라.

감시 일지 보고서

대상자________________ 조사관________________

주소________________________________

전화번호________________________________

주민번호________________ 사건 번호________________

생일________________ 사건 이름________________

서술________________

____

부상의 유형________________

____

자동차________________

________________ 날짜________________

감시 대상자 시간 감시 내용

개요

☐ 감시 대상자 ☐ 접촉 관찰됨 ☐ 사진 촬영 시도

☐ 대상자 관찰되지 않음 ☐ 비정상적 활동 ☐ 획득한 평가 데이터

_____시간 ________분 = 대상자에게 할당한 시간

관리 데이터:

장비:

밴:______________ 시작 마일리지____________ 마무리 마일리지________________

사진 예____ 아니요____

비디오 예____ 아니요____

그림 7.27 **감시보고서 예시**

현장기록들은 감시 보고에 관하여 마지막 문장구성이나 초안을 만들 경우에 있어서 매우 중요하다. "나중에 발전적인 안내와 조사에 관한 본질적 작업을 수행하기 위하여 완전한 기록들은 가치를 헤아릴 수 없을 정도로 중요하다."[41] 감시요원은 기록 작성이야말로 의뢰인에게 제출될 최종 서면을 작성하기 위한 기본적인 지원수단이라는 점을 항상 명심해야 한다.

감시보고서는 아마도 의뢰인에게 가장 큰 인상을 불러일으킬 것이다. 기록에 관하여 이러한 점들을 명심해라:

① 감시보고서는 조사관의 기록으로부터 작성하라.

② 기록들은 정확하고, 꼼꼼하고 완전해야 한다: 조사관이 기록으로 선서하게 될지 모른다.

③ 기록에는 조사관의 이니셜과 날짜를 나타내라.

④ (기록은 다음의 사항을 반영해야 한다) 연대순으로 된 사건, 제목, 반대편에 리스트된 행사 (사건)를, 심지어는 아주 미세한 일까지 반영하라.

⑤ 기록들은 조사관의 보고서와 함께 제출되어야 한다.

⑥ 감독자들은 다음 상황을 확인하기 위하여 그의 보고서와 함께 보조사관의 기록들을 체크해야 한다:

41) ASIS, "Basic Guidelines": 44; Army, "Investigative Process."

- 만약 시간제목이 정확한지, 그리고
- 만약 어떤 관련된 정보가 보고서에서 빠졌는지.[42]

감시활동들의 축적물은 매일, 주별(週別) 혹은 요약된 감시보고서로 남게 된다. 날짜, 시간, 활동형식 등 연대기 순에 따라 비망록 식으로 작성된, "일일감시보고서"라는 제목이 붙은 〈그림 7.28〉보라. 표현의 연속적, 개념적 순서를 중시하라.

일일감시보고서

받는 사람:
보낸 사람:
RE: 의 보안 감시
언제: [날짜]
[문단 1]
감독자로부터 받은 날짜, 시간, 정보를 포함하는 보고 요약
[문단 2]
제안된 감시 방법.
[문단 3]
이러한 이유로 인한 계획 및 이유의 이탈.
[문단 4]
활동 일지

예시

6/22/18
오전 8시 스미스는 거주지를 빠져나와 자동차로 들어간다.(색상, 제작, 모델, 알 수 있는 경우 연도, 등록 포함)

오전 8시 3분. 스미스는 메인 스트리트를 거쳐 코고의 편의점으로 차를 몰고 들어가 매장으로 들어간다.

오전 8시 6분. 스미스는 중간 크기의 가방 두 개를 들고 가게를 나선다. (사진 촬영함)

그림 7.28 일일감시보고서

42) Pinkerton's, "Surveillance": 9; Army, "Investigative Process."

첫 번째 단락은 부여된 활동들의 요약 혹은 개요를 요구하고 있다. 두 번째 단락은 제시된 감시기법에 관한 논의를 기재토록 요구하고 있다. 세 번째 단락에서는 감시활동이 시작된다.

감시보고서를 위한 문장구성에 관해 제안된 다른 형식이 박스 7.1에 있다. 스타일에 있어서 약간의 차이점들은 명백하다. 첫째, Pinkerton社 에서는 그 보고서 첫째 면에서 보이는 것처럼, 개요형식(대강기재)을 사용한다. 둘째, Pinkerton社에서는 사실에 입각한 포괄적인 작성에 강조를 두고 있다고 잘 알려져 있다(예를 들면, 오전 8:15분에 지시된 사항). 이런 상세한 기록 스타일은 매우 칭찬할 만하다. 다른 특별한 요점들이 다음 사항을 포함한다.

- 조사관에게는 모든 적절한 이름을 프린트할 필요가 있다.
- 조사관은 차들과 사람들에 관하여 모든 설명을 작성해야 한다.
- 조사관은 추적되고 있는 사람(대상자)과 그가 처음 관찰한 당시에, 그리고 매일 매일 시작할 때, 어떤 옷을 입었는지를 항상 설명해야 한다.
- 감시보고서에는 부여된 과제수행 시 취득된 사진 혹은 활동사진 진열품 등을 기록해야 한다. 그리고 적절한 형식과 서류 파일을 만들어야 한다.[43]

Box 7.1 감시보고서 서술기법

XYZ 보험회사

청구인: Jim Smith

근로자 보상금 청구 조사

Claim No. 1234A BCD

2018년 6월 17일 수요일

43) See "5 Tips for Surveillance Photography," Saber Security, February 6, 2015, https://sabersecuritytraining.com/5-tips-surveillance-photography.

개요:

짐 스미스는 이날 픽업트럭의 덮개에서 일하는 것을 목격했다. 특히 기온이 96도(F)까지 오르는 무더운 날이었다.

이른 오후에 그는 확실한 걸음걸이로 활기차게 걷는 것을 보았다. 그러고 나서 그는 정원에서 잡초를 뽑고, 허리를 구부리고, 옷을 뒤뜰의 빨랫줄에 거는 것을 목격했다.

스미스는 또한 작은 밧줄 조각을 움켜쥔 오른손으로 차고 문을 들어올리기 위해 앞으로 몸을 굽히는 것이 관찰되었다. 자동차 뒷좌석에 여러 개의 물건을 놓고 난 그는 오른손으로 머리 위로 손을 뻗어 차고 문손잡이에 붙어 있는 밧줄을 움켜잡았다. 그는 코드를 아래로 잡아당겨 차고의 문을 한 번에 닫았다. 그는 자동차 운전석에 돌아와 차를 몰고 갔다.

스미스의 얼굴은 고통이나 불편함의 징후를 전혀 나타내지 않았고, 그는 어떤 긴장감이나 어려움의 징후도 보이지 않았다.

이 보고서 전체를 읽는 것이 좋다.

회사: XYZ 보험회사 사무실: 위싱턴

청구인: Jim Smith Claim No. 1234A BCD

조사유형: 근로자 보상금 청구 조사

기밀

도시 요일 날짜

시작: 5:30am 끝남: 7:00pm

세부 정보를 수신하고 짐 스미스를 감시하기 시작, 거주지: 67 Oak street Anytown, DE, 0000

5:30AM 의뢰받고 워싱턴에서 Anytown DE로 출발

8:02AM Anytown에 도착하고 우체국으로 가는중(100W. Main Street)

8:15AM 우체국에 도착하여 Smith 거주지 방향 지시 받음:

시내를 가로질러 동쪽으로 가는 메인 스트리트를 타십시오. E. 메인 스트리트와 오크 스트리트 교차점에서 오른쪽으로 꺾어 오크 스트리트 쪽으로 간다. 스미스 저택은 왼쪽에 있는 세 번째 집이다. 집 번호 67번이 적힌 우체통이 진입로 끝에 있다.

8:32AM	대상자의 거주지 근처로 가보니 교외의 중산층 주거지역이었으며 대부분 나무틀 1층, 2층 구조로 이루어져 있었다. 이들 주택의 추정 가치는 7만5000달러에서 8만5000달러 사이.
9:00AM	스미스 집에 위치함. 그 피험자의 거주지는 빨간 면의 2층짜리 집으로 묘사되어 있고, 현관은 폐쇄되어 있다. 그 주택 우측으로 포장된 진입로가 있어 집의 오른쪽 뒤쪽에 위치한 작은 틀 차고로 이어지는 차고는 집에서 떨어져 있고 붉은 색의 측면으로 되어 있다. 그 거주지는 잘 유지, 보수되고 있는 것 같다. 잔디와 관목숲은 규칙적인 보살핌의 흔적이 보이고, 작은 꽃밭과 채소밭도 있어 보살핌의 기미를 보이고 있다. 채소밭은 그 재산의 뒤쪽에 있다. 75에이커로 구성된 스미스 저택의 가치는 75,000달러로 추정된다. 차도에 주차되어 차고를 향해 가는 것은 1999년 시보레 실버라도 픽업트럭, 은색,델러웨어 차량 000 XXXX
9:01AM	처음에 스미스 저택 옆을 운전하는 동안 위에서 설명한 픽업트럭의 후드가 올려져 있는 것을 관찰했다. 트럭의 좌측 프론트 펜더 가장자리에 앉아 엔진 위로 약간 구부려진 채 다음과 같이 묘사된 개인이었다. 남자, 백인, 나이 44세, 키가 172.7cm, 몸무게 178파운드, 포대 배를 가진 근육질 체격, 짙은 황갈색 머리, 클로즈업된 연한 갈색 머리, 셔츠도 입지 않은 채 빛바랜 청바지. 짐 스미스라고 믿었고, 이후로는 스미스라고 불렀다. 날씨는 맑고 화창하며 평균 기온은 화씨 96도, 습도는 높다는 점에 유의해야 한다.
9:42AM	나는 스미스 저택의 감시를 시작했다. 스미스는 지금 보이지 않는다. 픽업트럭

의 후드가 지금 내려갔는데, 스미스는 분명히 그의 집으로 돌아왔다. 이때 주목되는 은색 픽업트럭 좌측 진입로에 주차된 것은 다음과 같다.

샤이니, 레드 2005 쉐보레 코발트, 현재 델라웨어 자동차 번호 111 ZZZ.

10:11AM 나는 다음과 같이 묘사된 여성을 관찰했다.

흰색, 25세, 162.5cm, 155파운드, 청키한 체격, 창백한 안색, 어두운 색상의 짧은 소매 상의에 어두운 색상의 슬랙스를 입은 어두운 색상의 머리.

이 여성은 스미스의 거주지를 몇 명의 작고 활동적인 아이들과 함께 떠났다. 그들은 위에서 설명한 도로로 들어갔고 그녀는 차를 몰고 떠났다.

11:17AM 코발트가 떠난 후 스미스 저택에서의 활동은 관찰되었다.

지역 교통, 픽업트럭, 자동차의 온건하고 지속적인 흐름이 스미스 사저를 통과했다.

12:00PM 코발트가 오전 10시 11분에 떠난 이후로 스미스 저택에서 행해진 활동은 아직 없다.

12:35PM 지금 땀에 젖은 흰 티셔츠를 입고 있는 스미스는 마당을 가로질러 집 뒤쪽에서 집 오른쪽의 화원까지 활기차게 걸어갔다. 스미스는 확실한 걸음걸이로 걸었고, 상반신은 걸을 때 약간 뻣뻣해 보였고, 팔은 기계적으로, 몸 가까이로 휘청거렸다.

12:36PM 스미스는 화원에서 잡초를 뽑으며 8분간 관찰되었다. 이러한 육체적 움직임은 그의 허리를 앞으로 굽히고, 무릎을 약간 구부리고, 팔을 땅을 향해 앞으로 뻗으며, 잡초를 뽑고 버리는 것을 포함한다. 구부러진 자세로 정원 가장자리를 따라 아주 천천히 앞으로 나아가고 있는 스미스는 이 8분 동안 허리를 굽히고 기지개를 켜기 위해 두 번만 똑바로 세웠다. 이 기간 동안, 스미스는 그의 정원의 잡초를 뽑는 것을 목격했고, 그는 정원의 가장자리를 따라 총 3피트 앞으로 천천히 나아갔다.

12:43PM 이때 스미스는 똑바로 몸을 일으켜 즉시 정원에서 도구창고(약 17피트)까지 걸어가며 뚜렷한 망설임이나 어려움 없이 말을 이었다.

12:45PM 스미스는 공구창고를 나온 후, 집의 왼쪽, 뒤쪽에 있는 외부 빨랫줄에 옷 몇 벌

	을 걸어 놓은 것을 잠깐 관찰했다. 관찰했을 때, 그는 두 팔을 이용해 옷을 걸었고, 두 손은 몸 앞에서 머리 높이까지 치켜들고 있었다. 이 활동은 약 2분간 지속되었다.
12:54PM	나는 다음과 같이 묘사된 자동차를 관찰했다. 블루, 2008년 포드 무스탕, 현재 델라웨어 자동차 번호 123 ZYXW는 포장된 진입로에 진입하여 은색 픽업트럭 옆에 주차한다. 다음과 같이 묘사된 남자: 72세의 백인, 키 160cm, 몸무게 148파운드, 등뼈가 예리한 체격, 창백한 안색, 짧은 백발, 짙은 색의 모자를 쓰고 흰색 긴팔 셔츠를 입고, 이 자동차에서 내려 천천히 스미스 집으로 걸어 들어갔다.
12:58PM	스미스와 위에서 설명한 노인은 집을 떠났고, 나이든 남자는 파란 자동차로 돌아가고, 스미스는 차고 문 쪽으로 걸어갔다. 다시 스미스는 얼굴에 웃음을 띠며 자신만만한 태도로 걸어오며 뚜렷한 괴로움을 보이지 않았다.
12:59PM	닫힌 차고 문에서 스미스는 땅으로 앞으로 몸을 굽혀 문손잡이에 붙어 있는 작은 밧줄 조각을 오른손에 쥐었다. 그러자 스미스는 매끄럽고 흐트러지지 않는 동작으로 재빨리 똑바로 몸을 일으켜 차고 문을 완전히 열었다.
1:00PM	스미스는 차고(차량이 비어 있음)로 들어가 오른손에 옷 바구니만한 큰 플라스틱 용기와 왼손에는 정체불명의 물체를 집어 들었다. 이러한 물건들을 손에 들고 스미스는 약 30피트쯤 되는 파란 차의 뒤쪽으로 빠르게 걸어갔다.
1:01PM	스미스는 트렁크를 열고 90도 각도로 차 뒤쪽으로 몸을 앞으로 구부려 물건을 차 안에 넣었다. 그리고는 똑바로 몸을 일으켜 트렁크를 닫고 다시 위에서 설명한 대로 차고로 걸어갔다.
1:02PM	그러자 스미스는 오른손으로 머리 위로 손을 뻗어 차고 문 손잡이에 부착된 코드를 움켜잡았다. 그는 코드를 아래로 잡아당겨 차고의 문을 한 번의 쉬운 동작으로 닫았다.
1:03PM	스미스는 뚜렷한 망설임도 없이 운전석에 올라타며 파란 차로 돌아왔다. 스미스는 걷거나 차고 문을 열고 닫거나 파란 자동차에 탑승하는 동안 불편한 기색

	이나 긴장된 기색을 전혀 보이지 않는 얼굴에 변함없는 미소를 띠고 있었다.
1:04PM	스미스는 푸른색 자동차를 몰다가 차도로 후진하더니 도로로 앞으로 차를 몰았다. 그러고 나서 그는 파란 자동차를 내 시야에서 몰아냈다.
2:15PM	스미스는 집으로 돌아오지 않았다.
3:00PM	더 이상의 활동이 관찰되지 않았기 때문에, 나는 윌밍턴으로 가는 도중에 그 지역을 떠나, 오늘에 대한 감시를 중단했다.
5:20PM	윌밍턴 사무실에 도착하여 보고서 준비를 시작했다.
7:00PM	이 보고서를 완료하고 당일 작업 중단

주의사항: 은색 시보레 픽업트럭(DE 000 XXXXX)과 붉은색 시보레 코발트(DE 111 ZZZZ)의 번호판은 00000년 00000년 오크 스트리트 67번지에 있는 짐 스미스에게 등록되어 있는 것으로 밝혀졌다.

짐 스미스의 활동을 추가로 문서화하기 위해 추가 감시를 권고한다.

추가 조언이 있을 때까지 마무리.

6 결론

이 장의 주된 초점은 감시와 관련된 관행과 절차에 있다. 감시가 어떻게 민간 보안 산업과 수사팀에 도움이 되는지는 여러 가지 유형의 사례에서 볼 때 매우 명백하다. 범죄, 장해 및 상해 청구, 불법 펜싱 및 기타 재산 운영, 소매 절도 및 기타 경제 범죄의 해결에 어떻게 도움이 되는지에 대한 특별 토론이 모두 강조되었다. 또한, 독자들에게 감시 방법이 효과적인 감시 결과를 어떻게 이끌어내는지에 대한 광범위하고 상세한 평가가 주어졌다. 단독 잠복기를 포함하여 많은 종류의 감시를 완전히 포함했다. 다른 커버리지는 자동차가 어떻게 모든 종류의 나쁜 사람과 그들이 가하는 많은 해악을 찾아내는 데 사용될 수 있는지를 강조했으며 이러한 기법을 설명하는 그래픽 도표는 챕터 전체에 걸쳐 제시되었고 보안 감시 연습을 위한 실용적인 도구가 충분히 제공되었다.

제 8장

보고서 작성

1. 개관
2. 완벽한 보고서작성의 특성
3. 민간경비 조사관들의 전형적인 보고서
4. 결론

1 개관

힘겨운 경향에도 불구하고 보고서 작성은 수사 과정 내내 민간 수사관들에게 핵심이자 의무적인 기능이다. 보고서 작성, 즉 수사 사례와 관련된 다양한 보고서와 문서의 편집, 초안 작성 및 작성은 조사 단계 및 조사 결과의 공식 기록으로 간주한다. 보고서는 역사적 정확성에 매우 중요하며 사건이 전개될 때 사건 및 상황에 대한 객관적인 평가를 보장한다. 보고서는 또한 컴파일러에게 진행 상황이나 부족함을 따져보거나 지금까지 경험한 사실에 대해 대체적으로 생각하도록 함으로써 보안 업계를 위한 전문적인 모범 사례를 촉진한다. 보고서 작성의 질이 최우선 과제로 남아 있는데, 팀 디스가 "경찰 신병들과 그들을 훈련시키는 사람들의 삶을 복잡하게 만드는 기술들"[1] 중 하나인, 보고서 작성은 오랫동안 최상위권에 있었다. 보안 조사관들은 검토 중인 사실과 상황을 지나치게 규정할 필요는 없으며, 보고된 모든 사항에 대해 항상 명확하고, 사실적인 태도를 유지하려고 노력한다. 좋은 보고서 쓰기는 "간단할수록 좋다"[2]라는 전제를 고수해야 한다. 본 장에서는 보고서 편집의 최선의 방법을 평가하고, 작성자와 대표되는 회사와 고객이 이 과제를 매우 진지하게 고려함으로써 어떻게 이익을 얻을 것인지에 대해 제안한다.

1) Tim Dees, "Report Writing Aids," Law &Order, December 2003: 18; see Rory J. McMahon, Practical Handbook for Private Investigators (Boca Raton, FL: CRC Press, 2001): 135.

2) Jean Reynolds, "The Myths of Report Writing," Law &Order 62, no. 2 (February 2014): 54.

1.1 효율성

보고서와 합당한 기록유지는 민간경비회사 운영의 생산성과 능률성에 직접적으로 관련된다. 민간경비회사 운영의 능률과 그 기록 그리고 기록절차에 관한 질(質) 사이에는 직접적인 관계가 있다. 불과 몇 년 전만 해도 건강관리 센터 내에서 안전유지업무를 수행하는 단순했던 직무가 오늘날에는 설비들에 관한 심한 복잡성과 어려운 문제들 그리고 요구 면에서 매우 대조적으로 바뀐 것처럼 이 수요들을 충족시키는 것에 있어서 민간경비회사는 그 운영상 책임의 각 단계에 관한 상세한 기록을 위하여 준비한 계획에 따라 기능해야 한다.[3]

보고서는 두 가지 근본적인 결과를 만들어낸다. 첫째, 수사의 초기 단계를 기록하는 것이고, 둘째, 후속 조사 조치는 첫 번째 단계의 반복이 아니라는 것이다. 사건 조사가 진행됨에 따라, 발견된 모든 사실과 뉘앙스를 기억하기 어렵기 때문에 이러한 보고서들은 조사관이 정확하고 효율적인 길을 계속 가게 한다.

관계자들이 공유하는 보고서는 지식적인 협업을 위한 보편적인 이해와 분위기를 조성하는 경향이 있다.[4] 그 보고서들은 수사팀과 경영진을 선택된 행동 계획과 이미 완료된 조사 과정에 근접하게 한다.

수사 분야의 오랜 전문가인 베넷과 헤스는 "당신의 노트와 마찬가지로 우리의 보고서는

3) Russell Colling, Hospital Security, 2nd ed. (Butterworth-Heinemann, 1982): 235; see how the rise of technology has influenced report writing in: Bryan Roberts, "The Keyboard Is Mightier than the Sword," Journal of California Law Enforcement 41 (2007): 14; Robert Garigue and Marc Stefaniu, "Best Practices for Security Report Writing," adapted from Robert Garigue and Marc Stefaniu, "Information Security Governance Reporting," Information Systems Security 12, no. 4 (September/October 2003): 36-40.

4) For an interesting analysis on the distinction or difference between solely individual reports versus collaborative reports amongst a team, see Annelies Vredeveldt, Linda Kesteloo, and Peter J. van Koppen, "Writing Alone or Together: Police Officers' Collaborative Reports of an Incident," Criminal Justice &Behavior 45, no. 7 (2018): 1071-1092, https://doi-org.ez.lib.jjay.cuny.edu/10.1177/0093854818771721.

다른 많은 사람들에게 중요한 정보를 전달하는 영구적인 기록"[5]이라고 주장하면서 단순히 철해 놓은 것이 아니라 사용한다고 말했다. 보고가 없으면 사건 및 그 담당자가 사건을 둘러싼 사건 및 상황에 대한 획일적인 이해를 잃을 가능성이 높고, 한 가지 비전을 가지고 운용하기보다는 문서화가 부족하면 예측과 진전을 이루기 어려운 개인주의가 형성될 것이다. 보안 회사들은 경찰 부서와 마찬가지로 초안 및 최종 보고서의 효율성을 보장하기 위해 소프트웨어 프로그램에 점점 더 의존하고 있으며, 그러한 소프트웨어 프로그램은 효율성을 보증하는 데 크게 기여하고 있다.[6]

웹 연습 보고서 쓰기 소프트웨어를 확인해보세요; www.silvertracsoftware.com/security-incident-reporting-software.

1.2 보고서와 기억

단기 기억과 장기 기억 모두 명확성과 기억력에 영향을 미치는 다양한 영향을 받게 되며, 이 이유만으로 보고서는 가능한 한 가깝게 기억을 굳힌다. 현장에서 참고하고, 사건 발생 후 가능한 한 빨리 보고서를 작성하면 사실의 부정확성의 위험을 줄일 수 있다. 참고 사항과 필드 표기법은 최종 보고서에 대한 사실적 근거를 제공한다. "이러한 동시대의 메모는 경찰관들이 보고서를 작성하는 시작 패드 역할을 하기 때문에 보고서 작성에 있어 중요한 부분

5) Bennett and Hess, "Investigation": 79; William Evan Gillespie, "Report Writing as an Essential Tool to Investigations" (IFPO, January 2011), www.ifpo.org/wp-content/uploads/2013/08/Gillespie_Report_Writing.pdf; Applied Police Training and Certification, Report Writing Guidelines for Incident Report Writing (2009), accessed September 9, 2018, http://ddq74coujkv1i.cloudfront.net/pdfs/reportwritingmanual.pdf.

6) "Information Technology: More Police Departments Use Software Programs to Help Officers File Reports," Law Enforcement Employment Bulletin (May 2007): 1.

이다."[7] 사례 문서는 인간 기억의 오류성을 완전히 수용하여 나중에 참조할 수 있는 영구적인 위치를 제공한다. "보고서에 포함된 정보를 검색할 필요성은 작성 후 수 시간 또는 수일 이내에 발생할 수 있다. 보안 시스템 평가를 위한 신속하고 효과적인 기법은 문서화된 사실에 따라 제공된 답변이 아닌 개인 기억으로 얼마나 많은 과거 활동에 대한 질문에 대답하는가를 결정하는 것이다."[8] 8시간의 경과, 기억력의 퇴색, 다양한 의견과 같은 외부 영향의 다양성 등이 모두 고려되지 않았다. 기억의 질과 다큐멘터리 기록의 긴급한 필요를 무시하고 있다.[9]

1.3 조직적 영향

보고서와 보고서 작성은 즉각적인 발견보다는 사건에 대한 공식적인 이해를 함양하며, 이 때문에 조사관은 항상 더 잘 정리 정돈되어 있어야 한다. 보고서는 바로 그 구조에 의해 수사관에게 사건을 둘러싼 사건들과 상황들을 배열하고 분류하도록 강요한다. 숙련된 조사관들은 어떤 조사의 수명을 추적하여 연대순으로 순차적으로 사실과 조건을 작성하는 법을 배운다.[10] 오너 소통은 자발적인 경향이 있는 반면, 서면 형태로 생각을 전달하는 것은 보다 공식적인 조직적 접근을 필요로 한다. 각 보고서는 조사자에게 숙련된 조사자의 근본적인

7) B. J. Bourg, "Seven Steps to Effective Report Writing," Law &Order 58, no. 11 (2010): 66-69.

8) Colling, "Hospital": 234; Corrections, Public Safety and Policing Ministry of Justice and Attorney General, Corrections, Public Safety and Policing, Private Investigator and Security Guard Training Manual (2008): Chapter 7, http://jjspaofazssecurity.yolasite.com/resources/pisg-manual-07.pdf;McMahon, "Practical Handbook": 135.

9) See Julie Schroeder, Bonnie Grohe, and Rene Pogue, "The Impact of Criterion Writing Evaluation Technology on Criminal Justice Student Writing Skills," Journal of Criminal Justice Education 19, no.3 (2008): 432-445.

10) Frank Kerns, "7 Tips to Improve Security Officers' Incident Report Writing Skills," Security Magazine, February 28, 2017, www.securitymagazine.com/articles/87863-tips-to-improvesecurity-officers-incident-report-writing-skills.

질문을 반영하는 사례와 작성자의 "누구, 무엇, 언제, 어디서, 어떻게"를 표적으로 삼도록 지시한다.

행정적 관점에서, 보고서와 문서는 보안 회사가 공통적으로 생성하고 생성하는 과제, 비용, 급여, 사진 또는 조사 결과와 같은 기능을 정리한다. R. Gallati는 탐정학 개론에서 기록의 중요성을 강조한다:

> 근본적으로 경비예산, 민간경비의 공공관계는 기록에 의존한다. 그들이 충분한 파일들에 근거가 되지 않는 한 의사소통은 일정 수준까지 올라갈 수 없을 것이다. 적당한 기록 없이는 당신은 단순히 어디에서 당신이 있었던지, 어디에 당신이 있는지, 또는 어디로 당신이 가고 있는지를 말할 수 없을 것이다.[11]

민간경비회사의 구조상 운영에 영향을 미치는 몇몇 기록들을 고려해라.

- 사건 보고서
- 지불기록 보고서
- 인원 파일
- 정보 파일
- 통계 파일
- 메모 파일
- 장비 파일
- 일지와 다른 연속적 서류
- 조사와 증거기록
- 체포와 다른 행동 보고서

경비보고서의 범위와 정도는 사적인 법집행활동의 넓은 범위를 반영한다.

11) R. Gallati, Introduction to Private Security (1983): 262; "Conquer the seven sins of security report writing," Healthcare Security and Emergency Management, November 1, 2004, www.hcpro.com/HOM-43520-742/Conquer-the-seven-sins-of-security-report-writing.html; Garigue and Stefaniu, "Best Practices."

1.4 공공관계 수단

기록의 매우 유익한 부산물은 기업의 서비스 제공의 증명을 고려한다. 보안 회사들은 무엇보다도 사업 기업이고 생존을 위해 충분한 수입과 수익을 창출할 필요가 있다. 이런 식으로, 보안 운영은 수익률에 관심을 덜 기울이는 정부 수입원에 의존하는 정부 당국자와는 매우 다르다. 보안 산업은 그러한 사치를 가지고 있지 않으며 주로 소비된 시간과 요금 사이의 상관관계를 증명하는 기록을 작성해야 한다. 게다가, 보고서들은 고객들에게 행해진 진척상황과 그 사건의 조사 주기가 어디일지 확신시켜준다. 보고서는 X나 Y를 했다는 보안 제공자의 주장을 확증한다. 세련된 고객들, 특히 사업과 산업적인 관심이 있는 고객들은 보안 서비스를 위해 상당한 액수의 돈을 투자하고 있으며, 언급된 활동의 기록적인 기록에 대한 정당한 기대를 가지고 있다. 영구적인 기록은 그 회사의 노력을 반영한다.

경비회사의 조사관은 의뢰인들에게 제출된 보고서가 민간경비회사 그 자체에 대하여 인상을 만든다는 것을 절대 잊어버리지 않아야 한다. 교양 있는 의뢰인들, 특히 사업 그리고 산업적 관심을 가진 사람들은 당신을 조사적 임무를 수행하도록 고용하는 것에 꽤 많은 돈을 투자하고 있다. 보고서들은 당신의 조사활동의 성질에 관하여 의뢰인을 교육시킬 뿐만 아니라 회사의 호의(好意)를 얻을 수 있도록 한다. 게다가 보고서는 의뢰인과 조사관 사이에서 조사의 도구일 뿐만 아니라 중요한 의사소통상의 도움이 되는 것이다. Pinkerton社는 "보고서는 우리의 생산물이다."라는 표어로써 이러한 사실들을 요원들에게 강조한다.

전문적으로 초안 작성된 보고서에 대한 강제적인 요구는 Pinkerton社에 의해서 완전히 평가된다.

우리들은 의뢰인의 보고서야말로 조사관과 경영자가 가지고 있는 가장 중요한 책임이라고 생각한다. 아무리 뛰어나게 혹은 전문적으로 조사가 수행되었더라도 의뢰인이 받는 것은 보고서이다. 그들은 이러한 보고서를 고용, 파면, 해임, 非지속적인 배상지불, 분쟁해결, 법원에 제소, 지속적인 조사수행, 마음의 평온을 얻는 것, 기소(起訴) 그리고 그들이 우리의 계

산서를 지불할 것인지를 경정하기 위하여 이 보고서를 사용할 것이다.[12]

보고서는 고객과 조사자 사이의 "중요한 의사소통 도구"이며, 고객을 "교육"하기 위한 수단이다.[13] 보고서 작성에 관한 이러한 입장을 확인하면서 작가 로버트 갤러티는 다음과 같이 말하고 있다. "우리가 이전에 말한 바와 같이 보안은 지속적으로 '매각'되어야 한다. 그렇지 않으면 보안이 보증하는 주의를 받지 못할 수도 있다. 물건을 팔려면 의사소통을 해야 하고, 설득하려면 의사소통을 하면서 교육을 해야 한다."[14]

마지막으로, 보고서는 고객이 불이행이라고 주장하는 경우에 방어기제 역할을 할 수 있다. 대부분 자율적으로 메모를 가져가고 보고하는 것으로 완료되기 때문에 문서의 증거적 신뢰성은 매우 유리하므로, 문서의 작성자가 법적 환경에서 문서를 앞당길 필요가 없다. 보고서는 "업무 기록"에 해당된다.

12) Pinkerton's, Inc., Investigator's Guide: Report Writing (1990): 5.

13) Charles P. Nemeth, Private Security: An Introduction to Principles and Practice (Boca Raton, FL: CRC Press, 2018): 405.

14) Gallati, "Introduction": 256; Liz Martinez, "How to Train Your Security Staff for Successful Report Writing," SecurityInfoWatch, April 19, 2005, www.securityinfowatch.com/article/10608649/how-totrain-your-security-staff-for-successful-report-writing; Robert D. Sollars, "Security Report Writing: Tips for Creating Pro Security Reports," November 30, 2015, www.silvertracsoftware.com/extra/-security-officer-report-writing-and-creating-professional-reports.

2 완벽한 보고서작성의 특성

보고서 작성은 내용의 질과 적절한 문법적 구성 규칙을 준수하는 것만큼 효과적이다. 확실한 보고서 작성은 적절한 문법과 사용법, 설명과 서술의 명확성, 그리고 역사적 그리고 현재 기록의 정확성을 포함한 많은 요인에 달려있다. 보고서는 신선하고 신뢰할 수 있는 제품이어야 하며, 그 결과는 단순히 자발적인 사고만이 아니라 심사숙고한 후에야 한다. 보고서는 항상 주관적인 가정과 전망보다는 객관적인 현실을 강조해야 한다.[15] 모든 보고서는 논리적 과정, 그 정확성에 대한 신중한 평가, 그리고 개인적인 관찰과 기억의 화해에 의해 지도되어야 한다. 마지막으로 모든 보고서는 문법과 해설 구조에 대해 지속적이고 열정적인 조사가 필요하다. 모든 보고서는 재검토하고 다시 검토해야 한다. Mary Dowd 박사는 다음과 같은 기대를 하고 있다.

> 우리들은 의뢰인의 보고서야말로 조사관과 경영자가 가지고 있는 가장 중요한 책임이라고 생각한다. 아무리 뛰어나게 혹은 전문적으로 조사가 수행되었더라도 의뢰인이 받는 것은 보고서이다. 그들은 이러한 보고서를 고용, 파면, 해임, 비(非)지속적인 배상지불, 분쟁해결, 법원에 제소, 지속적인 조사수행, 마음의 평온을 얻는 것, 기소(起訴) 그리고 그들이 우리의 계산서를 지불할 것인지를 결정하기 위하여 이 보고서를 사용할 것이다.[16]

15) See Martinez, “Successful Report Writing.”

16) Mary Dowd, “How to Effectively Write Reports as a Security Officer,” Chron.com, June 29, 2018, https://work.chron.com/effectively-write-reports-security-officer-20169.html.

민간경비업체와 조직은 항상 보고서 작성 과정의 중요한 중요성을 지지하고 육성해야 한다. 어떤 미니멀리즘적인 의미가 아니라, 수사 과정의 중요한 핵심 부분으로 말이다. [17]

2.1 기록작성의 첫 단계

필드 노트는 후속 보고서의 초안에서 중요한 역할을 하며 종종 실제 서면 텍스트로 변환되는 첫 번째 무의식의 흐름이다. 첫 번째 방문부터 수사 현장의 마지막 회의까지 전문 수사관은 현장에서 발생할 수 있는 관찰, 질문, 아이디어, 생각을 적어 둔다. 이 문서화 과정의 초기 단계는 그 중요성을 최소화하지 못하지만, 현장 메모는 후속적으로 제출되고 완성된 보고서보다 덜 형식적이다. 필드 노트는 보고서가 최종 확정될 때 나중에 의존해야 하는 예비 관찰이다. 메모는 공식 기록이 아니라 공식 문서로 이어지는 도구다. 사실, 현장 메모는 종종 아이디어의 엉망진창이고, 일부는 결국 받아들여지고, 다른 일부는 버려지고, 최종적인 조사 보고서로 이어지는 수집 과정의 일부와 소포가 된다. 그림 8.1을 참조하십시오.

용어가 암시하는 바와 같이, 현장 노트나 메모를 취하면 정렬된 표기법이나 질의와 관련된 사실과 조건이 암호화된 관계가 되는 경향이 있다. 표준적인 질문의 줄들 - 누가, 언제, 어디서, 그리고 어떻게 그 문제가 필드 노트의 구성을 통해 진행된다. 현장 노트에서 일반적으로 발견되는 배경 세부사항은 다음과 같이 조사 후반 단계에서 관련성이 있을 수도 있고 없을 수도 있다.

- 날씨
- 조명
- 용의자/피해자의 옷차림
- 도로의 서술
- 도로의 위치
- 현장의 응급 의료진

17) See Chris Anderson, "How to Improve Report Writing," Security Officer's Guide, August 19, 2015, www.silvertracsoftware.com/extra/049-super-easy-ways-to-improve-your-security-officer-report-writing.

- 진술
- 다른 조사관들의 활동: 법의학 기술자, 사진사, 측량 스케이터, 경찰
- 중요한 전화번호와 주소
- 다른 중요한 정보

메모는 사실의 동화 과정을 시작하지만 끝내지 않으며 기껏해야 후속 공식 보고서의 밑거름 역할을 하거나 장면 스케치와 사진 또는 디지털 증거와 같은 다른 문서를 보완하거나 문서 증거의 존재를 확인하거나 확증한다. 효과적인 현장 노트는 조사 과정에서 조사자의 단계 또는 순서에 따라 시간 순서대로 배열된다. 현장 노트에 포함되는 것은 주로 조사 중인 사건의 성격에 달려 있다. 범죄 행위를 위해 저자는 다음을 기록한다.

- 접수된 날짜 및 시간 통화
- 도착 시간
- 상주하는 담당자의 이름
- 출석 증인의 이름 및 정보
- 만지거나, 이동하거나, 변경한 모든 것
- 출석한 목격자에서 조사관에게 진술한 모든 진술
- 장면의 정확한 지리적 위치
- 전체 장면 조건
- 사진사 이름, 시간 사진, 사진으로 묘사된 장면, 설정, 필름 속도 등을 포함한 사진 촬영
- 설명, 식별 표시, 날짜, 시간 및 발견된 정확한 위치, 발견된 사람 및 증거 관리인을 포함한 실제 및 물리적 증거[18]

18) Gallati stresses the importance of taking good notes: The investigator must acquire the habit of making complete, comprehensive notes. They must not trust their memory. They are to place their initials and the date on each page as well as number them. They should be in chronological order (Gallati, "Introduction": 2).

케이스 이름	케이스 번호
날짜	시간 am pm
증거	
2. 목격자	
3. 일반적 관찰(general observation)	
조사관	서명

그림 8.1 **현장노트 형식**

웹 연습 현장노트 작성하는 비디오를 시청하시오; https://youtu.be/V1Xk4bdUU_E.

보고서의 문서가 확정됨에 따라, 정보의 정신적 돈은 조사자에 의해 크게 의존하게 될 것이다.

현장기록 형식의 또 다른 예는 그림 8.2에서 볼 수 있다.

보고서의 문서가 확정됨에 따라, 정보는 조사자의 기억에 의해 크게 의존하게 될 것이다.

날짜	시간
장소	
주변의 서술	
관련된 사람들	
목격자	

사고의 서술

그림 8.2 현장기록을 기록하기 위한 대체 템플릿

2.2 조사보고서의 필수요인: 정확, 간결 그리고 완전한

정확성은 두 가지 범주에서 보안전문가에 대한 관심사항이다. 즉, 첫 번째는 보고서에 포함된 정보들이 사실에 입각하거나 합법적으로 수집되었는지에 대한 것이고, 두 번째는 보고서에 포함된 정보가 기술적으로 올바로 수집되었는지에 대한 것이다. 각 보고서는 정확하고 객관적으로 이야기를 전달하고 다음 부분을 포함해야 한다.

1. 모든 서술은 연대순으로 써야 한다.

2. 이름을 알면 사용하고 알 수 없는 경우에는 피의자 #1, 피의자 #2 등을 사용한다.
3. 속성 섹션에 각 항목을 나열하십시오. 유사한 항목, 즉 가치가 큰 항목 또는 쉽게 식별할 수 있는 목록을 특정 설명과 별도로 분류한다. 설명에서 자산을 언급할 때는 일반적인 용어를 사용하십시오.
4. 재산의 총 가치는 서술에서 언급되어야 한다.
5. 청소년이 대상인 경우 부모/보호자 및 학교 정보를 포함한다.
6. 언급된 모든 과목은 과목 섹션에 기재되어야 하며, 그 반대의 경우도 마찬가지다.
7. 내러티브에 언급된 모든 차량은 차량 섹션에 나열되어야 하며, 그 반대도 차량 섹션에 나열되어야 한다.
8. 대상자가 지역 거주자가 아닌 경우, 지역 주소 정보를 입수하고, 대상자가 영구 주소와 함께 해당 지역을 떠날 때를 기록한다.
9. 담당자는 재판 전에 이동할 수 있는 피해자와 목격자로부터 향후 연락 정보를 얻어야 한다.
10. 모든 진술에는 진술하는 사람의 이름과 함께 서술에 개요가 있어야 한다.
11. 용의자와 실종자에 대한 자세한 설명은 보고서의 주체 목록에 포함되어야 한다. 일반적인 설명은 서술에 사용되어야 한다.[19]

시간적 또는 순차적 공백으로 채워진 조사 보고서는 리콜에 거의 도움이 되지 않을 것이며 법적으로나 사실적으로 의심스럽다. 사실, 불완전한 보고서와 메모는 재판 소송의 증언 단계에서 완전히 훼손될 수 있다. 보고서 작성의 모든 면에서 철저함은 필수적이다. 조사보고서의 작성자에 대한 이해도 마찬가지로 중요하다. 보고서의 공백이나 구멍은 반드시 도전받을 수 있기 때문이다. 앞에서 지적한 바와 같이, 스타일, 문법 및 구성의 규칙, 설명서의 명확성에 대한 관심은 항상 보고서 작성의 선두에 있어야 한다. 콕스와 브라운은 보고서 작성의 양식적 측면을 강조하기 위해 상식과 약간의 유머를 사용한다.

19) APTAC, "Report Writing Guidelines."

① 정확성은 정보에서 뿐만 아니라 단어 사용에 있어서도 중요하다.

서투른 단어선택은 당신으로 곤경에 처하게 한다. 한 조사관이 용의자가 그를 "강요했다"라고 그가 말했을 때 그가 의미했던 것을 설명하기 위해 세 가지 경우에 관해 법정에서 진술을 했다. 그가 밀려서, 벽 쪽으로 밀어 넣고, 구두로 겁을 줬을까 혹은 무엇을? 등과 같은 가치판단들이 피해져야 한다. 그리고 대신에 짤막하게 세부사항들이 주어져야 한다. 예를 들어, "그 아이가 아버지를 두려워하는 것 같다"고 말하지 말라. 대신 이러한 전제 방향으로 당신이 가게끔 하는 사실들을 생각해 봐라: "아버지가 방에 들어왔을 때 아이는 말하는 것을 멈추고 울기 시작했다. 아버지는 웃으면서 아이에게 사탕을 주었다. 그러나 그 아들은 그의 어머니에게 돌아가 안겨서 더욱 울었다."

② 간결성이 정확한 혹은 완전성을 희생하지 않으면서 사용되는 한 이것은 중요하다.

이것은 단어에도 적용된다. 간단한 단어가 필요할 때 결코 복잡한 단어를 사용하지 마라. 능동형 문장이 점점 짧아지면서 일반적으로 수동형 문장보다 더 정확하다.

③ 완벽성은 필수 불가결한 것이다.

이 점에 관하여 회자되는 이야기 중의 하나는 Abraham Lincoln이라는 젊은 변호사에 관한 이야기인 바, 그는 밤에는 달이 빛나지 않는다는 것을 증명하였기 때문에 추정된 용의자가 아마도 달이 최고로 밝을 때 확인되었던 그 사건에서 승소하였다. 심지어 명확한 것이라도 그 어떤 것을 추정하지 마라. Australia에서 최근 한 사건이 재미있는 기사거리로 신문의 앞 페이지에 등장하였다: 한 사람이 술에 취했다고 증거 없이 주장되었다. 그리고 경찰관은 그 남자의 눈이 충혈된 것을 관찰했다고 그 기사(記事)는 표현 하였다.

변호사는 "그 둘 다?"라고 물었다. 지금 맑아진 눈의 피고를 보면서 경찰관은 "예, 둘 다"라고 대답했다. 그 때 피고는 그의 맑은 인공 안구를 꺼내어 테이블 위에 굴렸다. 그 사건은 기각되었다.[20]

20) C. Cox and J. Brown, Report Writing For Criminal Justice Professionals (Anderson Publishing, 1992): 14-15.

모든 조사 보고서 작성자는 철자 오류, 단어와 용어의 오용, 그리고 보고서 발표의 논리적이고 질서 있는 흐름에 세심한 주의를 기울일 필요가 있다. 문법적 엄격함은 전문 보고서 작성의 핵심이다. 간결함, 생각과 아이디어의 간결함, 객관적인 발표도 중요한 속성이다. 수사보고서는 의견, 추측, 감정적 자질, 개인적 복수나 대상도 없어야 한다. 스트레스는 완전히 사실적이어야 한다.[21]

의뢰인이나 관리자에게 보고서를 제출하기 전에 그 조사관은 그 내용을 완전히 읽고 살펴보는 시간을 가져야 한다. 마지막으로 평가하는데 있어서 그 조사관은 보고서가 다음과 같이 만들어졌는지 확인해야 한다:

- 사실에 입각하여
- 명확하게
- 정확하게
- 기계적으로 교정
- 목적이 있어야 하고 · 표준영어를 쓰고
- 완성되어야 하고 · 읽기 쉽게
- 간결해야 한다.

2.3 보고서의 형식

효과적인 보고서 작성은 또한 보고서 설계의 기본 스타일과 형식에 익숙해야 한다. 모든 보고서 시스템에서 가장 간략하고 가장 서술이 적은 체크리스트 형식은 단순히 작성자에게 요청된 정보를 표시, 별표 또는 초기별로 확인할 것을 요구한다. 체크리스트 형식의 수많은 예가 본문 전체에 포함된다. 서술 형식은 가장 높은 수준의 작문을 필요로 한다. 그림 8.3[22]에서 체포 보고서의 전형적인 예로서 체포로 이끌고 있는 사실들이 제공된다.

21) Dowd, "Effectively Write Reports."

22) "Form LE-7," G.A. Thompson Co., P.O. Box 720254, Dallas, TX 75372.

No
체포보고서

체포된 사람의 이름: 별명: 체포날짜

용의자 주소: 직업: 시간 am/pm

주민번호 운전면허증 정보 주 면허번호 면호 종(Type) 만료날짜

나이 인종 성별 시력 머리카락 키 몸무게 생일 출생지 타투

체포장소 체포방삭: □ 현장 □ 전화 □ 영장
영장번호: 영장발부날짜:

의심되거나 기소된 죄명

범죄날짜 시간 □am □pm 재판소
범죄장소 장소유형 상거래명

무장여부 □ 예 □ 아니요 적용되는 모든 항목을 체크하라
무기유형 □ 취함 □ 음주 □ 욕함 □ 저항
이전체포이력 같은 죄로 체포된 다른 사람들

자동차 년도(make) 모델 스타일 색깔 면허번호 주 만료날짜 압수여부 장소

재산실에 비치된 재산
고소인의 이름 고소인과 용의자의 관계
고소인의 주소 번호#1 번호#2
목격자의 이름1 주소 나이 번호#1 번호#2 부모 혹은 보호자
2)
위 보고서에 포함하지 않는 내용들

체포된 사람의 권리는 누가 읽어줬는지 날짜 시간 장소
조사결과 NCIC#
체포한 경찰관 보고서작성자 최종처분

그림 8.3 전형적인 체포보고서(출처: GF Thompson)

몇몇 보고서들은 어떤 문제에 관하여 조사관에게 추론, 발견 또는 결론을 만들도록 요구하기 위하여 의도적으로 디자인된다. 종종 대안적 설명 혹은 묘사에 관한 리스트가 요구되어질 수 있다. 해석적 질문들이 의심이 가는 설명, 동기 혹은 수법(modus operandi, 작전의 방법 혹은 MO)에 관하여 연역적 혹은 추론적 결론이 요구될 수 있다. 그림 8.4[23]를 봐라.

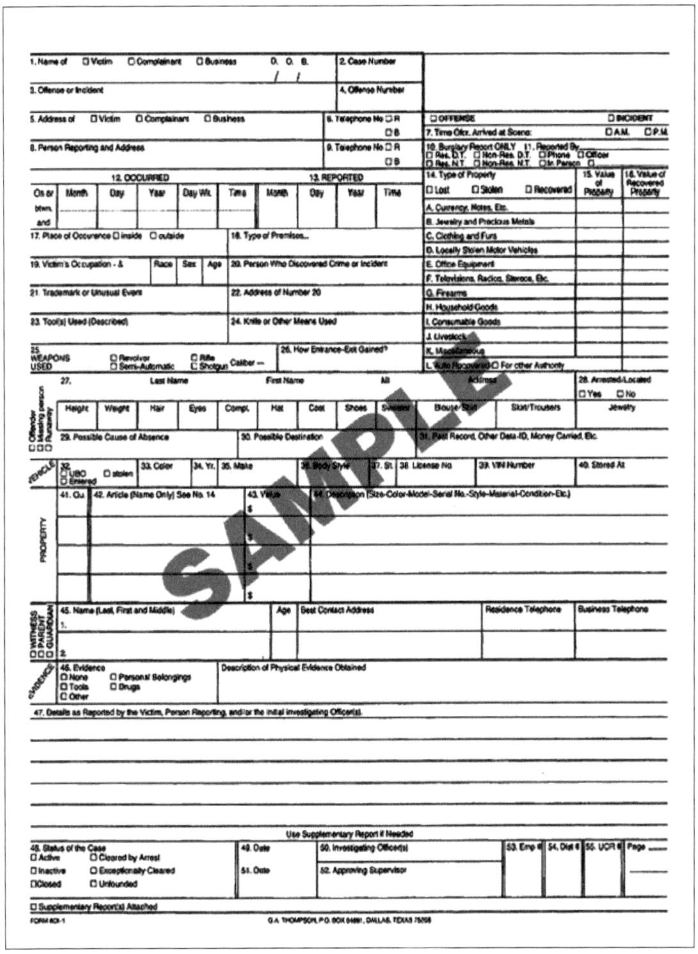

1. Name of ☐ Victim ☐ Complainant ☐ Business D. O. B. / /
2. Case Number
3. Offense or Incident
4. Offense Number
5. Address of ☐ Victim ☐ Complainant ☐ Business
6. Telephone No ☐ R ☐ B
☐ OFFENSE ☐ INCIDENT
7. Time Ofcr. Arrived at Scene: ☐ A.M. ☐ P.M.
8. Person Reporting and Address
9. Telephone No ☐ R ☐ B
10. Burglary Report ONLY ☐ Res. D.T. ☐ Non-Res. D.T. ☐ Res. N.T. ☐ Non-Res. N.T.
11. Reported By ☐ Phone ☐ Officer ☐ In Person ☐
12. OCCURRED — On or btwn. and — Month, Day, Year, Day Wk., Time
13. REPORTED — Month, Day, Year, Time
14. Type of Property ☐ Lost ☐ Stolen ☐ Recovered
15. Value of Property
16. Value of Recovered Property
A. Currency, Notes, Etc.
B. Jewelry and Precious Metals
C. Clothing and Furs
D. Locally Stolen Motor Vehicles
E. Office Equipment
F. Televisions, Radios, Stereos, Etc.
G. Firearms
H. Household Goods
I. Consumable Goods
J. Livestock
K. Miscellaneous
L. Auto Recovered ☐ For other Authority
17. Place of Occurence ☐ inside ☐ outside
18. Type of Premises...
19. Victim's Occupation - & Race Sex Age
20. Person Who Discovered Crime or Incident
21. Trademark or Unusual Event
22. Address of Number 20
23. Tool(s) Used (Described)
24. Knife or Other Means Used
25. WEAPONS USED ☐ Revolver ☐ Semi-Automatic ☐ Rifle ☐ Shotgun Caliber —
26. How Entrance-Exit Gained?
☐ Offender ☐ Missing person ☐ Runaway
27. Last Name First Name MI Address
28. Arrested/Located ☐ Yes ☐ No
Height Weight Hair Eyes Compl. Hat Coat Shoes Sweater Blouse/Shirt Skirt/Trousers Jewelry
29. Possible Cause of Absence
30. Possible Destination
31. Past Record, Other Data-ID, Money Carried, Etc.
VEHICLE
32. ☐ UBO ☐ stolen ☐ Entered
33. Color 34. Yr. 35. Make 36. Body Style 37. St. 38. License No 39. VIN Number 40. Stored At
PROPERTY
41. Qu. 42. Article (Name Only) See No. 14 43. Value $ 44. Description (Size-Color-Model-Serial No.-Style-Material-Condition-Etc.)
☐ WITNESS ☐ PARENT ☐ GUARDIAN
45. Name (Last, First and Middle) 1. 2. Age Best Contact Address Residence Telephone Business Telephone
EVIDENCE
46. Evidence ☐ None ☐ Tools ☐ Other ☐ Personal Belongings ☐ Drugs
Description of Physical Evidence Obtained
47. Details as Reported by the Victim, Person Reporting, and/or the initial investigating Officer(s).
Use Supplementary Report if Needed
48. Status of the Case ☐ Active ☐ Inactive ☐Closed ☐ Cleared by Arrest ☐ Exceptionally Cleared ☐ Unfounded
49. Date
51. Date
50. Investigating Officer(s)
52. Approving Supervisor
53. Emp # 54. Dist # 55. UCR # Page
☐ Supplementary Report(s) Attached
FORM #OI-1
G.A. THOMPSON, P.O. BOX 64891, DALLAS, TEXAS 75206

SAMPLE

그림 8.4 추론적 질문지의 예시(출처: GF Thompson)

23) "Form OI-1," G.A. Thompson Co., P.O. Box 720254, Dallas, TX 75372.

3 민간경비 조사관들의 전형적인 보고서

다음에 오는 것은 보안 전문가에 의해 규칙적으로 채워지게 될 형식, 문서, 보고서의 대표적 사례이다. 어떤 형태의 문서들은 이 교과서 안에 제시되어 있다(예를 들면, 감시 행정관리, 최초인터뷰에서), 그러므로 여기서는 반복되지 않는다.

조사관자들은 표준화된 형식들과 문서들이 조사 실무에 관한 특별한 요구 사항들에 맞추어질 필요가 있다는 것을 명심해야 한다. 표준화된 형식들은 단지 지침만으로도 효용이 있다.

3.1 활동(근무)을 통하여 만들어진 보고서

민간 조사관은 특정 기간 동안, 그리고 특정 활동에 따라 활동의 실체를 추적하고 연대순으로 게시할 것으로 예상할 수 있다. 어떤 서클에서는 이러한 보고서를 활동로그 또는 심지어 시간 기록이라고 부른다. 그 밖의 예는 다음과 같다.

- 근무 혹은 일일 일지
- 자동차 일지
- 의뢰인/방문자 일지
- 물품 일지

• 사건 보고서[24]

이러한 모든 문서는 계획적으로 관리되는 경향이 있으며 어떤 특정 사례의 장점에 있어서 결론이나 가치에 덜 관심을 갖는다.(All of these documents tend to be administrative by design and less concerned about conclusions or deductions in the merits of any particular case.)

웹 연습 사건 보고서에 대한 기사를 읽어보시오; www.pimall.com/nais/nl/n.reportwlc.html.

3.1.1 일일보고서

일부 수사관들은 현장 도착과 출발 시간을 알려주는 일일 활동 보고서와 하루 종일 취해진 조사 조치를 작성하도록 요청 받는다. 일부 보고서는 조사 중인 활동을 기록하고 취한 조치에 대한 설명을 요청한다. 보안 부서에서 제출한 일일 보고서는 보고서 작성에 대한 체크리스트와 서술적 방법을 결합한 것이다. 그림 8.5를 참조하십시오.

3.1.2 검토보고서

민간경비 업계에서는 수사 활동에 관한 주간, 월간, 심지어 연간 검토 문서를 작성하는 것이 관례다. 공공 및 민간 법 집행에서 이러한 유형의 문서는 생산성 측정 및 직무 수행 시 개인 책임 강화에 도움이 된다. 보안부서 활동의 연간 요약은 그림 8.6에 있다.

24) Ralph F. Brislin, The Effective Security Officer's Training Manual (Butterworth-Heinemann, 1995): 101-102; McMahon, "Practical Handbook": 135; Gillespie, "Report Writing."

3.1.3 순찰과 관찰 보고서

보안조사관들의 많은 기능들 대부분은 관찰기술과 기법들에 달려 있다. 그림 8.7는 시간과 자료 그리고 관찰된 행동에 관한 개략적 설명을 구성하기 위해 필요한 윤곽들을 담고 있다.

3.1.4 감시보고서

감시보고서에 관한 충분한 논의는 7장에서 살펴 볼 수 있다.

3.1.5 행방불명자 보고서

행방불명자들은 공법(公法)집행관과 사법(私法)집행관들 양쪽 모두 관련이 있다. 그림 8.8[25]의 행방불명자 보고서는 많은 양의 정보를 요구하고 있다.

그림 8.9의 "최근행방에 관한 수색"은 전형적인 민간조사관의 도움이 있어야 한다. 보고서는 수색절차에서 반드시 해결되어야 할 복잡하한 임무들을 요약하고 있다.

웹 연습 https://youtu.be/ZslHIT48mJc에서 건너뛴 목격자를 찾는 방법에 대한 비디오를 시청하시오.

25) "Form MPR-1," G.A. Thompson Co., P.O. Box 720254, Dallas, TX 75372.

보안경비 일일보고서

보고서 작성자	배지 번호	근무시작 AM PM	근무 끝 AM PM	SMTW 날짜 TFS
보고받은 경비관 AM PM	보고받은 시간 AM PM	라디오 번호	총 몇 시간	

1부터 13번 항목은 예 아님 아니요로 체크 반드시 해야 한다. 만일 예라고 체크할 시 세부내용까지 적어라			세부상항 예, 확인된 각 항목의 세부사항 및 기타 모든 비정상적인 발생 또는 관심 사항 아래에 보고해라
....있었는가?	예	아니요	
화재 위험			
흡연 위반			
문이나 창문이 열리거나 깨짐			
금고가 열림			
무단침입자			
수상한 행동			
절도 시도			
절도			
재산 손해			
보안등 꺼짐			
주차 위반			
출구가 막힘			
안전상 위험			

검토자	적전 점검자	
서명	서명	
날짜		경비관 서명

그림 8.5 일일보고서 예시

보안부서 연간 활동 보고서

날짜:____

20　20

A. 절도/실종

1. 회사
2. 직원

B. 재산에 대한 악의적인 피해

1. 회사
2. 직원

C. 장비를 허락도 받지 않고 마음대로 손댄 경우

D. 외부 캡/탭/물건(Foreign Caps/Tabs/objects)

E. 물품 은닉(concealed shortage)

F. 제품 문제

1. 부서
2. 기타

G. 화를 잘 내는 사람한테 온 전화/편지(crank calls/letters)

H. 오토바이 사고

I. 직원 문제

J. 폭행

K. 미팅/컨프런스/재판

L. 마약중독자

M. 기밀

N. 자동차 절도

O. 창고/트럭체크

P. 공동작업자

1. 회사
2. 외부 업체

Q. 지속되는 조사

R. 기타

그림 8.6　보안 부서에 대한 연간 요약 활동 보고서의 예

순찰과 관찰 요청서

날짜______________________ 요구하는 경찰관______________________
시간______________________ 종료 날짜______________________
장소______________________
요청하는 사유______________________

경찰관 관찰일지

경찰관______________________ 관찰______________________

경찰관______________________ 관찰______________________

경찰관______________________ 관찰______________________

경찰관______________________ 관찰______________________

경찰관______________________ 관찰______________________

경찰관______________________ 관찰______________________

경찰관______________________ 관찰______________________

경찰관______________________ 관찰______________________

경찰관______________________ 관찰______________________

경찰관______________________ 관찰______________________

경찰관______________________ 관찰______________________

그림 8.7 순찰과 관찰 요청서

행방불명자 보고서

이름:

행방불명자 유형
D=장애
I=본의아닌(involuntary)
E=위험에 처한(endangered)
J=청소년
V=재난 피해자

성:
M=male/
F=female

인종
□백인
□흑인
□모름
□알래스카인
□인디언
□아시안/태평안인

DOB
월:
일:
년:

출생지:

키: 몸무게:

눈 색깔
□BLU=파랑 □GRY=회색 □MAR=밤색
□BRO=갈색 □GRN=초록 □PNK=핑크
□BLK=검정 □HAZ=헤이즐 □XXX=모름

머리색깔
□BLK=검정 □WHI=하얀색
□BRO=갈색 □SDY=모래색
□BLN=금발 □GRY=회색
□RED–빨강 □XXX=모름

흉터/자국/문신

주민번호

Drilicna 주 만료년도

NCIC FPCLASS

RT RI RM RR RL LT LI LM LR LL

혈액형
□A+ □B+ □AB+ □O+
□A– □B– □AB– □O–

포경여부
□예□아니요

발자국 여부
□예 □아니요

X–ray
□예 □아니요

몸매
□매우 마름□근육
□마름
□육중한/다부진
□보통 □비만

마지막 연락
월:
일:
년:

실종자는 뼈가 부러지거나 치유된 상태, 인공 신체 부위 또는 신체 부위가 없는 상태인가? □예 □아니요

번호판 및 차량 정보

번호판	주	만료 년도	차 종류	차량 식별번호	년도

차종	모델	스타일	색깔	기타

기타 정보

보고기관		보고경찰관
고소인 이름	고소인 주소	고소인 전화번호
행방불명자와 고소인 관계	행방불명자 주소	행방불명자 가명
행방불명자 직업		다른 전화번호

아래는 옷과 개인 소지품 목록이다. 사람 또는 신체와 함께 발견된 항목(스타일, 유형, 크기, 색상, 조건 등)을 표시하십시오.

항목	스타일/유형	사이즈	색깔	표시	항목	스타일/유형	사이즈	색깔	표시
헤드기어					신발,부츠				
스카프/넥타이/ 장갑					속옷				
코트/자켓					여성속옷				
스웨터					스타킹				
셔츠, 블라우스					지갑				
바지,스커트					돈				
약말					기타				

그림 8.8 행방불명자 보고서 예시(출처: GF Thompson)

현재 위치 검색 보고서

배우이름________________________ 근무처________________________
주소____
전화번호________________________ 휴대전화________________________
거주지 확인 날짜____________________ 경찰관________________________
접촉자____
On________by________시간______접촉방식________________________
on________by________시간______결과________________________
on________by________시간______
on________by________시간______

A. 친척
B. 이웃
C. 통신사
D. 자동차국
E. 우체국
F. 보호관찰국
G. 교도소
H. 신원확인국(city identification bureau)
J. 카운티 교도소(County jail)
K. 기타(특정)
1.________________________
2.________________________
3.________________________
4.________________________

날짜:________________________	날짜________________________
경찰관________________________	경찰관________________________
접촉자________________________	접촉자________________________
접촉방식________________________	접촉방식________________________
결과________________________	결과________________________
날짜:________________________	날짜________________________
경찰관________________________	경찰관________________________
접촉자________________________	접촉자________________________
접촉방식________________________	접촉방식________________________
결과________________________	결과________________________
날짜:________________________	날짜________________________
경찰관________________________	경찰관________________________
접촉자________________________	접촉자________________________
접촉방식________________________	접촉방식________________________
결과________________________	결과________________________

(접촉자가 6명 이상일시 별도 시트를 사용)

20년 월 일 날 선서
위와 같은 것은 내가 그 천한 배우에 대해 행한 검색을 진실하고 정확하게 요약한 것이다.

공증인 관리인 봉인: 경찰관

그림 8.9 현재 위치 검색 보고서 예시

3.1.6 잠복수사 보고서

잠복수사 보고서는 가장 정교한 형태의 이야기를 요구한다. 박스 8.1에서 잠복수사보고서 발췌본을 검토하십시오.

Box 8.1 상세 내용이 포함된 잠복수사보고서 예시

#219

2018년 6월 27

진행보고서: 이러한 발견에 대한 구두 보고서는 2018년 6월 29일 월요일에 고객에게 제공되었다. 마빈은 공개적으로 몇 개의 시계를 훔쳤다고 시인했고 한 여성이 그에게 이 시계를 제공했다고 말했다. 스트롱은 플레이스테이션4 게임 디스크를 훔친 사실을 시인했는데, 이 디스크는 자신이 마약을 구입하기 위해 길거리에서 절반(1/2) 가격에 팔았다. 점심 식사 후, 존스는 지난 토요일 퇴근 직후, 키니와 그리스왈드가 관련된 특이한 활동이 발생한 주차장 뒤쪽에서 선적 선착장 문까지 운전하는 것을 목격했다고 말했다. 존스에 따르면, 그는 그리스발트와 키니가 함께 절도죄를 범했다고 생각한다. 돈 셰리단의 도움을 받은 달튼은 선적 부두의 피트 구역에서 반통짜리 바베큐 구덩이 두 개를 제거하고 선적 선착장 차고 문을 통해 시설 밖으로 운반하는 작업을 진행했다. Dalton은 Griswald로부터 보관할 두 개의 그릴을 받았음을 표시했다.

전체 보고서를 읽는 것을 추천한다.

오늘 근무가 시작되었을 때, 그램, 스트롱, 존스, 달튼, 셰리단, 크리스틴, 존이 토요일 일에 참석했다. 로저, 넬슨, 워커는 회사에 늦게 보고했다. 플랜트 매니저인 그리스왈드는 오늘 창고에 있는 것으로 알려졌다. 교대 시작과 동시에 부두에서도 신입 사원이 잠깐 관찰되었다. 그는 다음과 같이 묘사된다.

남자, 흑인, 나이 22세, 키는 170cm, 77kg, 중간 체격, 짙은 안색, 짧은 곱슬곱슬한 검은 머리, 얇은 콧수염, 하얀 티셔츠, 청바지, 테니스화를 신고 있었다.

비록 수령하는 동안 모든 부서가 이 날짜에 일하고 있지는 않았지만, 관찰한 모든 선착장 직원들은 트레일러에 가공된 상품을 적재하고, 선적하기 위해 적하, 분류, 태그를 단 두 개의 트럭 적재물을 처리하기 위해 부지런히 일했다.

오전 8시 53분쯤, 메릴과 존스는 그들의 작업 노력을 중단하고 오늘날 일하는 직원들을 위해 도넛이 제공되고 있는 시설의 하층 식당으로 갔다. 다른 작업 구역의 직원들도 오전 9시 이전에 카페테리아에 도착하는 것이 눈에 띄었다. 이 휴식 시간 동안, 마빈은 자신이 여러 개의 시계를 훔쳤다는 것을 직원 집단에게 공개적으로 말했다. 마빈은 한 여직원이 그에게...을 제공했다고 주장했다.

3.1.7 폭발물 수색 보고서(Bomb Search Report)

요인보호와 테러리즘예방에 관계하고 있는 민간경비 조사관들은 폭탄과 다른 폭발성장치들에 대한 수색에 매우 경계를 해야 한다. 타인의 안전까지 책임지는 사람들은 폭발물이 끊임없는 걱정거리다. 표 8.1을 확인하라

표 8.1 폭팔물 수색보고서 예시

폭발물 수색보고서

기억해라 : 일정한 간격을 두고 떨어져 있는 것을 잘 유지해라.
근방지역들에서는 수색하지 마라.
의심이 가거나 혹은 대상 장소를 벗어난 지역에서는 손대지 마라.

조사된 지역 :
발견된 후 의심이 가는 대상물 :
대상물의 묘사 :
대상물의 밑그림

명확히 눈에 보이거나 딱딱 소리가 나는 타이머 시계를 가진 대상물인가. Yes/No
도화선이 불에 타는 것이 보이거나 냄새가 나는가? Yes/No
인계철선(Trip Wire) 혹은 부비트랩(Booby Traps)이 보이는가? Yes/No
대상물을 찾은 시각이 정확히 몇 시인가? :
대상물 형태의 스케치

쉽게 접근할 수 있는 대상물인가? Yes/No
정확한 경로와 대상물로부터 스케치를 시작해라.

다른 장치들을 위해 계속 조사하고 있는가? Yes/No
의심이 가는 다른 장치들도 보이는가? Yes/No
지역 주위에 있는 대상물을 철거했는가? Yes/No
대상물 근처에 사람이 있는가? Yes/No
만약 그렇다면 거기에 몇 명이 있는가? :
모든 피난자들에게 설명해 주었는가? Yes/No
의심이 가는 대상물 주위에 가연성 물질 혹은 폭발성 물질, 그리고
귀중한 물품들이 있는가? Yes/No
그들이 도착할 때 폭발물 팀에게 이 양식을 건네줘라.

이름 : 계급:

3.1.8 검사보고서(inspection report)

검사 보고서는 고객에게 도움이 되는 도구로서, 이를 계속 업데이트하거나 민사상 책임을 야기할 수 있는 잠재적 유해 조건을 인지하는 것이다. 예를 들어, 주차 당국이나 공공건물의 안전과 보안 또는 특정 제품 설계는 검사 문서에서 수집할 수 있다.

검사하지 않으면 민사소송의 소홀이 추론될 수 있으며, 검사규정은 그 평균이나 조치 원인에 대해 방어된다. 검사 보고서는 그림 8.10의 안전성 검사 체크리스트만큼 복잡하지 않을 수 있으며, 작성자에게 발언을 하거나 시정 조치를 기록하도록 요구하는 약간 더 까다로운 건물 검사 보고서 버전이다. 그림 8.11을 참조하십시오.

3.1.9 안전사고보고서(Security Incident Reports)

잘못된 행동이 발견되었을 때 모든 보안 회사들은 "사고보고서"로 알려진 것을 작성한다(그림 8.12를 보라). 보안조사관이 사건과 관련된 첫 번째 접촉은 종종 이러한 서류를 재평가하는 것과 관련이 있다. 보다 더 단순화된 사고보고에 관한 체크리스트 버전은 그림 8.13에 있다.

3.1.10 조사보고서(investigative reports)

조사 보고서 형식은 많은 시나리오를 묘사하고 있으며, 본 장에서 논의된 바와 같이, 내용은 조사의 당사자와 주제에 크게 의존한다. 형식은 균일할 수 있지만, 한 보고서가 다른 보고서와 동일할 가능성은 매우 낮다. 재산이 누락된 경우, 손실을 둘러싼 상황과 사건을 다루는 보고서가 작성될 것이다.[26] 일부 보고서는 고객의 불만을 요약한다. 그림 8.14를 참조하십시오.

체크리스트 설계로 초안된 Box 8.2[27]의 자동차 사고 점검표는 최초 및 할당된 후속 당사자가 정보에 완전하고 완전한 접근을 할 수 있도록 보장한다. 수사 보고서라는 제목의 더 완전한 문서는 그림 8.15에 있다.

26) See Gillespie, "Report Writing."

27) Naval Justice School, JAGMAN Investigations Handbook (2016): XI-5-XI-7, www.dtic.mil/dtic/tr/fulltext/u2/1014458.pdf.

안전검사 체크리스트

부서______________________ 날짜___________________

이 목록은 단지 상기시키기 위한 것입니다. 다른 안전하지 않은 행동과 조건을 찾아 보고하여 시정 조치를 취할 수 있도록 한다. 특히 사고를 일으킨 안전하지 못한 행동이나 조건이 시정되었는지 확인하세요. 또한 이전 검사에서 "X"로 표시된 잠재적 사고 원인이 수정되었는지 여부를 확인하세요

1. 방화
- ☐ 소화설비
- ☐ 스탠드파이프, 호스, 스프링클러 헤드 및 밸브
- ☐ 출구, 계단 및 표지판
- ☐ 가연성물질 보관

2. 살림
- ☐ 복도, 계단 및 바닥
- ☐ 재료의 저장 및 쌓기
- ☐ 세탁실 및 락커룸
- ☐ 빛과 환기
- ☐ 폐기물 처리
- ☐ 야드 및 주차장

3. 도구들
- ☐ 전동공구, 배선
- ☐ 수공구
- ☐ 공구 사용 및 보관

4. 개인 보호 장비
- ☐ 고글 또는 페이스 실드
- ☐ 안전화
- ☐ 장갑
- ☐ 인공호흡기 또는 방독면
- ☐ 보호복

5. 재료 취급 장비
- ☐ 동력트럭, 핸드트럭
- ☐ 엘리베이터
- ☐ 크레인과 호이스트
- ☐ 컨베이어
- ☐ 케이블, 로프, 체인, 슬링

6. 게시판
- ☐ 깔끔하고 매력적인
- ☐ 디스플레이가 정기적으로 변경됨
- ☐ 잘 조명됨

7. 기계
- ☐ 작업 지점 가드
- ☐ 벨트, 도르래, 기어, 샤프트 등
- ☐ 오일링, 청소 및 조정
- ☐ 유지보수 및 오일 누출

8. 압력 장비
- ☐ 증기 장비
- ☐ 공기 리시버 및 압축기
- ☐ 가스 실린더 및 호스

9. 안전하지 않은 관행
- ☐ 과도한 차량 속도
- ☐ 부적절한 리프팅
- ☐ 위험지역에서의 흡연
- ☐ 말장난
- ☐ 통로나 계단에서 달리기
- ☐ 공기 호스의 부적절한 사용
- ☐ 기계 또는 기타 가드 제거
- ☐ 방심하지 않고 움직이는 기계에 대한 작업

10. 응급처치
- ☐ 응급 처치 키트 및 응급실
- ☐ 스트레처와 방화 담요
- ☐ 비상 소나기
- ☐ 보고된 모든 부상

11. 기타
- ☐ 산과 가성
- ☐ 새로운 공정, 화학 물질 및 용제
- ☐ 먼지, 증기 또는 연기
- ☐ 사다리 및 비계

그림 8.10 안전검사 체크리스트 예시

건축 보안 검사

보안 검사는 날짜와 아래 표시된 시간에 ____________________에 실시되었다. 회사 재산의 보호와 관련이 있는 조건도 아래에 명시되어 있다.

검사관______________

도로____ 날짜____________________ 20____________

건물주소_______________________________ 시간: __________(AM/PM)부터 ______________(AM/PM)

중앙 사무소 ( ) 구역 ( ) 차고 ( ) 잠금장치 ( ) 작업 센터 ( ) 캐리어 헛 ( ) 차량 ( ) 회계 건물 ( ) 상업 건물()

정기적인 관리수단: 가드 ( ) 잠긴 문이나 게이트 ( ) 비상전화. ( ) 코드 키 세트 ( ) 케이블 박스 잠금 ( ) 자물쇠( )

No.	아이템	만족	불만족	비고 – "불만족" 분류 및 시정조치를 유발한 조건을 명확히 설명
1	적절한 조명			
2	자물쇠 상태			
3	울타리 상태			
4	관문 상태			
5	지하입구			
6	외부 문			
7	창문들			
8	가드 서비스			
9	저장 – 케이블			
10	재료 보관, 페이지			
11	공구창고			
12	대화 세트 스토리지, 케이지			
13	차량 또는 빈 도어가 잠금 해제됨			
14	화재위험			
15	구내에서 발견된 타인에 대한 식별 및 책임	고용인 비고용인		
16	담당 부서는 다음과 같이 조언: 날짜: 직위: 이름:			
17	반복 조건 번호( )위			

필요한 경우 다른 쪽 사용

그림 8.11 안전검사보고서 적성 양식

표준사고보고서

공격행동		받은 날짜-시간 요일	날짜 월 일 년	시간 AM/PM	사건번호
강제 침입		고소인 이름			집전화
절도	개인재산 회사재산 뽑기기계 자동차	주소			회사전화
강도		직위 □ 방문자 □ 직원 □ 기타(지정)			
폭력 강간		사건 시간/날짜 요일	날짜 월 일 년	시간 AM/PM	
살인 소란		장소	무기사용		
교통 기타(지정)		특징			

피해자 이름	주소	
성: □남 □녀 나이 인종	직위 □방문자 □직원 □기타(지정)	
의료치료 □예(설명하라) □아니요	분실물 설명	가치

가해자 설명

No.1	성: □남 □녀	인종	키	몸매	눈	머리카락	안경 □예 □아니요	안색
	표시(Marks)				나이	모자	코트	셔츠
No.2	성: □남 □녀	인종	키	몸매	눈	머리카락	안경 □예 □아니요	안색
	표시(Marks)				나이	모자	코트	셔츠

목격자 이름	주소	전화번호
1.		

목격자 이름	주소		전화번호
2.			
신고한 법집행기관	시간	신고한 사람	
1.	AM PM		
2.	AM PM		
체포된 용의자 이름		주소	
1.			
체포된 용의자 이름		주소	
2.			
기소			
1.		2.	
무력이 있었는가? □ 예 □ 아니요			
보고하는 경찰관 서명 날짜		경찰관만 사용 승인________________ 날짜 이름 완료된 카드____________	

설명 – 이 보고서를 작성할 때 구체화하십시오. 지침은 반드시 사용하십시오. 누구, 무엇, 언제, 왜, 어디서, 어떻게. 공격성을 자세히 묘사하시오. 피해자, 목격자 및 용의자가 진술한 내용 포함 조명 불량, 극한 격리 등 공격 및 기여 조건의 장면을 묘사해야 합니다. 현장에서 발견된 증거와 피해자, 목격자 및 피의자의 음주, 참고용 안전 보고서 등 기타 모든 관련 정보 나열합니다.

보안 부서 전용

이 범죄는

□ 미발견(unfounded)

□ 체포(cleared by arrest) 서명__________날짜__________

□ 예외적으로 석방(exceptionally cleared)

□ 활동이 없는(inactive[not cleared])

그림 8.12 **표준사고보고서 예시**

보안부 사고보고서

사고

☐ 재산범죄 ☐ 알코올

☐ 공공 기물 파손 행위 ☐ 기타________________ ________________

보고된 날짜와 시간

☐ 무단 침입 ________________ ________________

보고된 날짜와 시간

☐ 타임 카드 위반(time card violation)________________ ________________

사고 난 장소

☐ 무단 진입/출국

상세하게 보고하라: 누가 언제 무엇을 어디서 어떻게 왜

고소인 주민번호 주소

가해자 주민번호 주소

목격자 주민번호 주소

사건 설명: ________________

____

____

____

____

____

____

____

____

강도피해액 $ 에 의해 보고됨.

반대편에 계속되는가? ☐ 예 ☐ 아니요 ________________

경비원 배지번호

그림 8.13 단순화된 사고보고서

손실, 손상 또는 도난 재산 보고서

NOTE: 과실로 인해 재산을 도난당했거나 분실, 파기 또는 훼손한 경우, 이 양식을 작성하여 발생 72시간 이내에 법무장관실로 보내야 한다.

기관명 기관번호

사건장소 도시 주

보고한 경찰서	경찰보고서 번호	폐기코드	손실일 추정가치
일련번호	구매 일자	구매 가치	

국가 재산 번호	구성 요소 번호	설명	장소

자산책임자	재산의 관리자 이름	재산의 관리자 번호

상세하게 보고(당시 어떤 보안대책이 있었는지 포함)

하나에 체크하세요

□ 본 문서에 열거된 국가 재산을 둘러싼 상황에 대한 우리의 조사는 이 재산의 손실, 파괴 또는 손상이 이 재산의 관리와 보호에 책임이 있는 사람의 태만으로 인한 것이라고 믿을 만한 타당한 이유를 나타낸다.	□ 본 문서에 열거된 국가 재산을 둘러싼 상황에 대한 우리의 조사는 이 재산의 손실, 파괴 또는 손상이 이 재산의 관리와 보호에 책임이 있는 사람의 태만으로 인한 것이 아니라고 믿을 만한 합리적인 이유를 나타낸다.

이 양식은 기관/기관장 또는 지정된 대리인이 서명 및 날짜를 기입해야 한다. 지정된 대리인이 이 양식을 완성하는 경우, 해당 개인의 계급은 재산 관리자의 계급보다 커야 한다.

서명	날짜

직위 및 이름

파일을 위해 이 양식을 보관하십시오. 직원의 부주의로 인해 재산의 분실, 파손 또는 도난이 발생한 경우, 이 양식의 사본과 해당되는 경우 경찰 보고서 사본을 법무장관실에 제출한다.

그림 8.14 **손실, 손상 또는 도난 재산 보고서 예시**

조사보고서

1.참조/연결/프로퍼티 슬립 # | 2. 코드 | 3. UCR 코드 | 4. Trans Disc No | 5. 케이스 번호

6. 범죄□ 사고□ | 7. 순찰지역 | 8. NJS | 9. 피해자 이름 | 10. 인종 | 11. 성 | 12. 나이

13. 날짜/시간 사이 에 | 13. 시간 | 13. 요일 | 16. 월 | 17. 일 | 18. 년 | 19. 집주소 - 도시 - 주

20. 장소 | 21. 고용인 - 학교 | 22. 회사번호

23. 보고한 시간 | 24. 최초신고인 | 25. 나이 | 26. 날짜와 시간

27. 환경유형 | 28.코드 | 29.무기-도구 | 30. 코드 | 31. 주소 | 32. 번호

33.자동차 | 34.년도 | 35. 모델 | 36. 몸매 | 37. 색깔 | 38. 등록번호와 주 | 39시리얼번호

도난재산의 가치 | 40현금 | 41. 보석 | 42. 모피 | 43. 옷 | 44. 자동차 | 45.MISC.

46총 도난재산의 가치 | 47 총 되찾은 재산 가치 | 48. teletype □예 □아니요 | 49 경보기 번호 | 50 날씨 | 51. 지위범죄 | 52 지위사건

53 체포(cleared by arrest)

성인□ 청소년□ 성인하고 청소년□ 마약□

관련된 목록 – 추가 피해자의 리스트 및 식별 – 가해자 또는 용의자 설명 – 취한 조치 – 조사자 – 물리적 증거 발견 – 어디 – 누구에 의해 수행된 – 처분 및 기술 서비스 – 피해자의 인터뷰 – 목격자 – 피의자 – 목록 – 도난 재산 설명 – 가치 – 법원 조치 – 진술서 첨부

54 관련자 주소 전화번호		인종	성	생일	체포, 용의자, 목격자
					□
					□
					□
					□
서술:					
55. 이름	56. 배지번호	57. 페이지__의 페이지_		58 보고한 날짜	61 케이스 번호
서명 ________	59 타이피스트(typist)		60감독관(desk supervisor)		

그림 8.15 조사보고서

Box 8.2 자동차 사고 체크리스트(출처: US 해병대)

차량사고 체크리스트

- 차량 식별 번호(VIN), 번호판 번호, 제조, 모델, 연도 및 색상을 포함하여 식별된 차량
- 운전자의 이름, 나이, 주소(가정 및 직장) 및 전화번호를 식별한다.
- 군 구성원은 사고 당시 군대 상태(예: 현역, TAD, 출국, 자유 등), 등급/직급, 부대 이름, 주소, 위치 및 부대 식별 코드(UIC)를 표시한다.
- 만약 개인이 사고로 죽거나 불구가 된 경우, 친족 또는 법적 대리인에게 유사한 식별 정보를 제공하십시오.
- 정부 차량이 관련된 경우, 해당 차량이 할당된 유닛과 차량의 사용을 허가한 유닛의 개인을 식별해야 한다.
- 관련된 개인 차량: 차량 보험자의 이름, 주소, 정책 번호 및 전화 번호(운송된 보험의 금액 및 종류 포함)

- 사고 시간.
- 빛과 기상 조건
- 주행 조건에 미치는 영향
- 사고 위치(예: 고속도로 번호, 주행 방향, 마일스톤 번호, 거리 이름, 교차로)
- 도로 및 지형 요인, 도로 특성
- 운전자의 시야에 장애물이 있을 경우
- 목격자의 증언, 미끄러짐 흔적, 도로 상태 및 차량 손상으로 입증된 관련 차량의 속도
- 사고를 초래한 조건을 만들 때 해당 차량에 의해 수행되는 모든 부분을 포함하여 사고와 관련된 다른 차량의 조치
- 현장의 교통 상황 및 해당 상황이 사고에 미치는 영향.
- 교통안전 장치, 표지판 및 표시를 포함하여 사고와 관련된 교통 법규 및 규정 (예: 스쿨존, 통행금지 구역, 철도 건널목, 속도 제한 감소).
- 차량에 설치된 안전장치(예: 안전벨트, 어린이 캐리어)를 사용하기 위한 모든 규정.
- 동상, 조례 또는 규정의 사본을 공개해야한다.
- 관련 차량의 기계적 상태
- 기계적 결함 또는 상태(예: 결함 또는 마모된 브레이크/타이어)가 사고의 원인이 된 것으로 판단되는 경우 차량의 관련 정비 이력을 포함하십시오.
- 음주, 피로, 약물 또는 기타 의료 조건, 사고 전 수면 시간, 작업 시간 등을 포함한 운전자의 신체조건
- 알코올 섭취량, 혈중 알코올 또는 기타 중독 테스트 결과
- 사고 전에 복용한 모든 의약품 또는 약물
- 운전자의 경고에 영향을 줄 수 있는 비정상적인 스트레스 또는 비정상적인 상태
- 의견 섹션은 사고 원인과 관련된 이러한 사실에서 도출될 수 있는 합리적인 추론을 다루어야 한다.
- 운전자에게 면허를 부여한 상태를 포함하기 위해 일반적으로 또는 주행 중인 차량의 유형에서 운전자의 운전 경험.

- 이전의 운전 특권 상실 및 운전 관련 유죄 판결
- 설치된 안전장치와 사고 당시 사용 여부
- 승객 행동 의견에는 운전자에 대한 승객 행동의 영향에 대한 합리적인 추론이 포함될 수 있다.
- 승객이 차량에 탑승했거나 차량에서 내릴 수 있는 합리적인 기회가 있을 때 운전자의 손상에 대한 모든 탑승자의 지식과 관련된 사실 및 의견
- 완전히 설명된 차량 손상(가능한 경우 사진 포함) 및 수리비용
- 기타 재산(가능한 경우 사진 포함) 손상 및 수리비용
- 관련 의료 기록, 청구서 및 영수증에 의해 문서화된 개인 상해 및 의료비용 및 범위
- 사인이 발생한 경우 사망 증명서 사본과 부검 보고서에 포함해야 하는 사유를 표시한다.
- 사고 목격자의 이름, 나이, 주소 및 전화 번호
- 사고 현장과 관련된 (증인) 위치, 그 위치에서 관찰할 수 있는 능력 및 그들이 본 것에 대한 설명.
- 사고를 조사했던 모든 법 집행 공무원의 이름, 주소 및 전화 번호
- 사고와 관련하여 작성된 모든 법 집행 또는 경찰 보고서의 사본에 포함해야 하며 원본 보고서의 관리인을 표시해야 한다.
- 사고로 인한 모든 민간 또는 군사 범죄 혐의와 그러한 혐의의 궁극적인 해결.
- 사고의 발생 가능한 원인에 대한 의견. 증거가 가능한 원인을 규명하기에 불충분할 경우, 사고에 기여한 조사관의 의견으로 그러한 요인을 열거해야 한다.
- 당사자의 기여 또는 비교 과실에 관한 의견(있는 경우)
- 제출된 군사 또는 범죄 혐의와 관련된 사실에 포함되지 않을 경우, 법률, UCMJ 조항 또는 위반된 규정에 대한 의견.
- 차량을 경제적으로 수리할 수 있는지 여부와 인양 값.
- 운전기사(정부 차량의 경우)가 주법에 따라 고용 범위 내에서 행동하고 있는지 여부, 그리고 군 구성원들에 의해 지속된 부상이 근무 중 발생했는지 또는 비행으로 인해 발생했는지 여부.
- 징계 여부
- 정부 자산이 손상된 경우, 재산의 처분에 관한 권고 사항.
- 정부가 클레임을 제기해야 하는가?

- 안전 절차 문제에 대한 적절한 권고 사항

주의: 정부 차량과 관련된 자동차 사고는 거의 항상 정부에 대한 또는 정부의 책임을 돌릴 수 있다. 이러한 경우 "Claims"을 참조하십시오. 본 핸드북의 체크리스트에 필요한 모든 사실과 의견을 기재한다.

3.1.11 교통 보고서

이 지역에서 위임되고 권한을 부여 받은 회사들에 대한 교통 통제 위반은 정확하게 목록화되어야 한다. 그림 8.16을 참조하십시오.

3.1.12 재산보고서

소매상과 보험사 양쪽에서 민간조사관은 장물(贓物)의 내(內) · 외부(外部)적 효과에 관심을 갖고 있다. 현장의 조사관들은 질문 안에 도난당한 재산을 목록화하고 정확히 묘사해야 한다.

"도난품보고서"는 항목화 뿐만 아니라 모델, 사이즈, 일련번호, 연식과 가치와 같은 세부적인 특징들까지 요구한다. 그림 8.17을 보라.

현장에서 발견거나 포착되고 보전된 증거는 적당한 연쇄적, 보관적, 바람직한 확인을 목적으로 항목별로 나누어지는 것이 필요하다. "재산의 항목화"보고서는 한번 포착되면 증거물을 행로를 만든다.

기록 또는 인수증 시스템은 연쇄적 보관에 있어서 중단이 없으며 민간경비 요원들에 의해 취득된 증거는 조건이나 형태에 있어서 본질적으로 변하지는 않는다는 것을 증명하기 위한 가장 현명한 방법이다. 증거의 출입은 반드시 일지(日誌)에 기록되어 경로가 추적되어야 한다.

교통위반기록	기간:	날짜
작전(operation)	직함(designation):	페이지___에

시간/날짜	자동차 서술	면허/허가증	유형	갯수	장소

그림 8.16 **교통위반기록**

절도 보고서

피해자의 이름 | 2. 고소인 번호

3. 피해자 주소 | 4. 전화번호 | 5. 휴대번호

6. 사건 발생 주소 | 7. 사건 날짜 | 8. 보고서 작성 날짜

절도/분실물 서술

양	아이템 설명	색깔	남성/여성	크기	시리얼 번호	모델 번호	나이	가치

나는 이 양식의 사본이 보험회사에 요청하기 위해 필요할 때 배포될 수 있고, 내가 아는 한, 목록에 있는 모든 물품들이 도둑맞았다는 것을 알고 있다.

서명: 날짜:

10. 피해자 증언

사물실 사용 전용

날짜 받은 날짜

11. 보고서 작성 요령

a. 항목 1-10(고발 번호 제외)을 깔끔하고 정확하게 작성

b. 완전한 것은 사진이나 그림을 포함한 상세한 설명을 포함한다.

c. 각 항목은 대략적인 연령과 값을 포함해야 한다.

d. 추가 목록에 대한 추가 양식을 요청하십시오.

e. 가능한 빨리 이 양식을 ______________________에 반환하십시오.

단위 참조:

복제자:

검토자:

12. 보고하는 경비원 번호 13. NCIC 입력 기준 14. 부서 입력 기준 페이지

그림 8.17 절도 보고서 예시

3.1.13 기본안전검측

만약에 시설물, 사업장 혹은 산업적 관심사에서 보안위반(보안침해) 확인이 요청된다면 조사관들은 종종 안전조사(검측)자료를 수집한다.

그림 8.15에서처럼 보안조사 문서는 회사의 현재 보안 상태에 대한 반영구적 인상을 형성한다. 그것은 전략적 의사결정에 있어서 정책입안자들과 경영자들에 달려있다.

시설, 장소 또는 위치의 검측은 전체적인 물리적 설계, 경계선, 그리고 보안 혹은 잠금장치의 수준에 관한 종합적인 분석이다. 보안위반 확인이 요청되면 시설의 내부 검측이 재평가되어야 할 첫 번째 요소가 될 것이라는 점은 두말할 필요가 없다. 표 8.2를 확인하라

웹 연습 신체안전검측에 관련된 비디오를 시청하시오: https://youtu.be/SLw6Rm6tsc.

표 8.2 시설 및 현장 위험도 평가 및 보안조사

체크리스트				
창문	예	아니요	N/A	참고
모든 창문은 아무리 작거나 외진 창문이더라도 단단히 고정되어야 한다.				
지하 창문에 관목과 다른 장애물이 없는가?				
지하 및 등급 창 보호 대상:				
철창				
와이어 메쉬?				
잠금?				
와이어 메쉬?				
플렉시글라스?				
렉산?				
또? (설명)				
지상을 포함한 모든 윈도우:				
잠금 장치가 올바르게 장착되어 있는가?				
매일 밤 각 윈도우가 닫혀 있고 안전하게 잠겼는지 확인하셨습니까?				

체크리스트

불

건물 외관과 골목길을 밝히기 위해 외부 조명을 설치하였는가?

밤에 실내등이 켜져 있는가?

강제로 구내에 들어가려고 할 때 침입자가 분명히 보일 수 있도록 야간에도 출입구 조명이 켜져 있는가?

지나가던 사람들이 또는 경찰이 발이나 차량에서 쉽게 구내를 볼 수 있도록 하기 위해 전략적인 장소에서 불이 켜져 있는가?

사전 설정된 시간에 조명을 켜고 끄는 타이밍 장치를 사용하여 사람 이 있는 인상을 주고 있는가?

잠금장치/문	예	아니요	N/A	참고
모든 외부 도어에는 적절한 잠금 장치가 장착되어 있는가?				
단단한 자제로 외부 문이 시공되었는가?				
도어 외관에 노출된 힌지에는 때어내기 불가능한 힌지 핀이 장착되 어 있는가?				
인접한 건물의 문은 밤에 잠겼는가?				
외부 도어가 모두 잠기어 출입을 방지하는가?				
모든 도어가 잠겼는지 매일 밤 정기적으로 점검하는가?				

침입 방지 장치	예	아니요	N/A	참고
보안경보기가 있나?				
만약 당신이 시스템을 가지고 있다면, 그것은 Underwriters Laboratories, Inc.에 의해 승인되었는가?				
허가받은 근로자에 의해 제대로 설치되었는가?				
보안 경보 시스템을 정기적으로 점검하십니까?				
시스템이 위험 지점을 완전히 커버하고 있는가?				

당신의 경보 시스템은:	예	아니요	N/A	참고
중앙 경보소에 연결됐나?				
자동 다이얼 부착 장치에 연결되었는가?				
지역 경보?				

CCTV	예	아니요	N/A	참고
보안 카메라 시스템 있어?				
시스템이 7일 이상 기록되는가? 테이프 또는 디지털 레코더				
CCTV에 동작 감지가 있나?				

체크리스트

	예	아니요	N/A	참고
동작 감지가 알람 시스템에 결합되는가?				
카메라 배치에서 모든 진입/출구 지점과 중요 영역을 다루는가?				
이 시스템은 주차장을 덮고 있는가? '예'인 경우 로우 라이트 카메라 가 필요한가?				
시스템이 사진을 인쇄하거나 중요한 사건을 비디오로 만들 수 있는가?				
소화장치	예	아니요	N/A	참고
모든 소화기가 접근 가능한 위치에 있는가?				
모든 소화기를 시험하여 최신 상태로 유지하였는가?				
스프링클러 시스템 있는가?				
최근에 시험해 보셨나요?				
매월 비상조명을 설치하여 시험하고 있는가?				
매연검출기기는 설치 및 매월 시험하고 있는가?				
모든 비상구는 제대로 표시되었는가?				
모든 가전제품이 휴식장소나 부엌에 있는가?				
어린이 구역/데이케어	예	아니요	N/A	참고
어린이 보호구역은 진입점이 제한되어 있는가?				
모든 어린이 교실 구역에 창문이 있는가?				
기저귀는 안전한 장소에 보관하고 있는가?				
어린이 보호구역에 화장실이 있니?				
아기들이 들어가지 못하게 창고문은 잠겨있는가?				
어린이 외부 영역은 철조망과 게이트로 연결된 체인으로 보호되고 있는가?				
보안 조치	예	아니요	N/A	참고
귀중품 및 기록물의 서면 또는 사진 재고를 구내에 보관하십니까?				
출구와 출입구, 창문 등을 점검하여 야간 출발 전에 안전한지 확인한다.				
귀중한 물건, 용기 및 기타 귀중품은 사용하지 않을 때 금고, 금고 또는 잠겨진 캐비닛에 보관되고 있는가?				
키 또는 안전한 조합에 접근하는 직원 또는 자원봉사자가 자신의 상태를 종료할 때 잠금장치 및/또는 조합이 변경되는가?				
경비원은 있는가?				
그렇다면 이 경비원을 채용하기 전에 조사하셨나요?				

체크리스트

사다리, 상자 및 기타 장비는 범죄행위에 위한 사용을 방지하기 위 해 방치하지 않도록 사용 후 치워 놓은 것인가?

저녁에 지역은 회의 및 기타 활동에 사용되었는가?
(저녁 활동은 일반적으로 강도/도둑의 가능성을 감소시킨다)

야간 경찰 순찰이나 경비대 검문 준비는 하셨습니까?

24시간 사용할 수 있는 구내인가?

건물 전체?

건물의 일부 섹션(설명)

건물의 한 구획이 24시간 동안 열려 있는 경우, 이 구획에서 다른 구획으로의 이동이 제한되는가?

위의 답변이 "예"인 경우 취한 보안 조치를 기술하십시오.

날짜______________________________

3.2 주요 범죄 서류(Major criminal Documentation)

3.2.1 범죄보고서(The Offense Report)

종종 "일반적 범죄보고서"로 일컬어지는 범죄보고서는 범죄사건에 관한 조사와 수사에서 수행된 첫 번째 중요한 문서이다. 그림 8.18에 제시된 것과 같은 범죄보고서는 평가되고 있는 불법행위(라틴어로 actus reus)에 관하여 보고서 기록자로 하여금 상세한 내용으로 작성하기를 요구하고 있다. 확실하게 하기 위하여 이런 위치, 의심점, 접촉들과 사건에 관계된 다른 사람들이 목록으로 작성된다.

만약 그 보고문서가 충분한 공간을 가지고 있지 않다면 대부분 민간경비회사들은 연결된 종이 혹은 보충적인 보고서양식을 가지고 있다. 보충적 보고서는 조사상황을 상향 시키는데 사용할 수 있다.

범죄보고서	17. 사건 장소	피해자 이름	1A. MO 번호	2. 고소인 번호
18. 첨부 □보충자료 □재산 □체포 □자동차 □기타________	19 출동시간 20 철수 시간	3. 피해자 주소 도시 5. 피해자 근무처/학교		4. Res. 전화 6. 근무처 전화
21. 날씨		7. 피해자 성별, 인종, 나이	8.사건 발생 장소(주소)	
22. 사건 장소를 설명하라		9 최초신고자 성별 인종 나이	10. Res. 전화	
		11. 최초신고자 주소 도시		12. 근무처 전화
23. 요청사항 □사건조사 □교통 □청소년 □순찰 요청 □기타________________________		13.사건 발생 날짜, 요일, 시간	14. 최초신고의 날짜와 시간	
		15. 사고 혹은 범죄	15A 범죄 보상 □예 □아니요	16. UCR
목격자 보호자	24 이름 나이 1. 2.	최적의 연락처 주소	전화번호	기타 번호
실종자 용의자	25. 이름–주소 1. 2. 3.	성별 인종 생일	키 kg 머리	눈 기타 인상착의
자동차	26. 년도 - 모델 - 상표 색깔 등록 번호 - 주 - 년도 특징			
27. 재산 □실종 □강도 □손상 □기타	양 서술–크기–색깔–모델–스타일–재료–상태	시리얼 번호	어디서 발견	나이 총 가치
아이템 번호	28 서술 (1) 위 항목의 계속(왼쪽에서 계속됨) (2) 위에서 요약한 추가 피해자, 목격자 및 용의자를 포함한다. (3) 사건의 세부사항을 기술한다 (3) 증거와 재산을 기술하고 처분(4) M.O – 사용 방법 – 어떤 시점에서 어떤 도구 또는 무기 – 기타 행위를 하는지를 표시한다.			

		사무실 전용	
		34. 날짜	35 누가 보고
29. 보고하는 보안관 번호	30. 상황 □찾지 못함 □해결 □진행중 □일시 중단	36. 언급된 기관	
31. 두 번째 보안관 번호	32. 상관 승인 33. 일일보고 □예 □아니요	37검토자	페이지

그림 8.18 **범죄보고서의 예시**

3.2.2 체포보고서

민간조사관은 어떤 시민들처럼 똑같은 체포권한을 가지고 있다. 그리고 대부분의 재판관할권 내에서 합리적 의심기준은 지지되고 있다.[28] 각 개인들에게는 책임과 기록유지 목적을 위하여 모든 체포를 서면화할 것이 요구되고 있다. 경찰은 단순히 용의자가 체포된 이후에나 신병을 넘겨받는다.

체포와 압수 수색에 관한 법률적 기준이 느슨해졌음에도 불구하고, 민간조사관에게 있어서 개인 조사관들과 업계 자체에서는 그 활동에 대해 신중하고 규칙적이어야 한다. 문서는 적법한 절차에 있어 규칙성을 촉진할 뿐만 아니라 학대를 줄일 수 있으며, 소송은 폭력적인 치안 유지에 대한 억제책이 된다.

법은 경찰관보다 민간경비에게 더 강력한 모습을 보인다. 잘못된 체포와 기소의 희생자들은 개인 요원들을 상대로 손해배상 소송을 성공적으로 제기할 수 있다. 비록 부정하게 체포된 사람은 신분이나 돈이 거의 없을지라도, 변호사들은 만일의 사태에 대비하여 이용할 수 있고 체포된 사람의 고용인은 보통 수취 가능한(보험에 든) "깊은 주머니"가 될 것이다. 고용

28) Charles P. Nemeth, Private Security and the Law, 5th ed. (Boca Raton, FL: CRC Press, 2018): 96 et seq.

주는 응답자 상관의 교리에 따라 고용인의 업무상 손해에 대해 책임을 진다. 또한 학대하는 회사들은 집행 서비스를 위한 많은 계약서를 받지 않을 것이다. 경쟁과 관습법은 고객이 기꺼이 지불할 수 있는 가격으로 양질의 보호 서비스를 촉진한다.[29]

민간조사관이 완성시키곤 하는 체포서류에 관한 사례가 그림 8.19에 있다.

3.2.3 피고측 진술(Defendant's statement)

예방책으로서, 모든 사람에게 법적으로 요구되지는 않지만 민간 경비 회사는 정보를 끌어오거나 증인을 심문하기 전에, 면접관들에게 그들의 법적 권리를 경고하거나 조언해야 한다. 민간 경비 부문에서 헌법(미란다) 보호가 적용되지 않는 것에 대해 약간의 어려움이 있었다.[30] 법원은 특히 민간경비 및 공무원이 특정 사건에 대해 긴밀하게 수사할 때 사설 및 공공 경찰이 흐릿하다고 주장하는 사건을 점점 더 많이 심리하고 있다. 연루, 공공기능, 사관을 이용해 헌법상의 규범을 회피하거나 회피하는 등의 논쟁은 이제 매우 흔하다.[31] 이러한 관계는 헌법적 원칙에 얽매이지 않고, 공무원이 그렇지 않았다면 확보할 수 없었던 증거를 제공하므로, "플래티넘 플래터 교리(Platinum platter doctrine)"[32]로 언급된다. 사건에 대한 상호 협조나 지원은 나중에 피고의 헌법적 근거를 부주의하게 제공할 수 있다.

증언의 타당성을 보장하기 위해, 일부 민간 경비 조사관들은 미란다 경고를 전달한다(박스 8.3 참조). 이러한 권리는 포기될 수 있지만 자발적으로, 인지적으로, 현명하게 포기해야 한다(박스 8.4 참조).

29) National Center for Policy Analysis, "Potential Abuses under Private Law Enforcement," www.publicpolicy.org/~ncpa/studies/s181/s181j.html; see also Charles P. Nemeth and K. C. Poulin, Private Security and Public Safety: A Community Based Approach (2005): 294.

30) Nemeth, "Private Security Law": 112.

31) Nemeth, "Private Security Law": 189.

32) Nemeth, "Private Security Law": 115.

체포보고서 14. Rep 장소 용의자 이름 1A MO 번호 2. 고소인 번호

15. 체포 장소 3. 용의자 주소 도시 4. 체포번호/등급

15. 주위 서술 5성별 인종 생일 kg 키 머리 눈 6. ID 번호

17.체포 일, 날짜/시간 7 NCIC 체크 시간 8. 주민번호

18음주측정기/조작자/시간/측정치 19.부모/보호자/시간 공지 □예 □아니요 9. 태어난 장소 10.무기(설명) 시리얼번호

20저항 □예□아니요 21.마약 □예□아니요 22. 무기 □예□아니요 11. 직업 12. 집번호 13. 회사 번호

23용의자 고용장소 혹은 학교 24. 사건 일어난 일, 날짜/시간 25. 신고한 날짜/시간

26suspect operator license number 27 혐의 28 USR

29자동차 보관 견인된 장소 30 바뀐 혐의 날짜/시간

31 자동차 년도/상표/모델 색깔 등록번호/주/년도 31A 자동차에 등록된 주인 주소

코드: C–고소인 V–피해자 W–목격자 P–보호자/부모 CO–용의자

32 이름 코드 주소 도시 집 전화 회사 번호

1.

2

3

4

5

체포절차

A. 체포: 시간 B 권리: 시간 C 이송: 시간 D 도착 시간 E 처리와 권리 시간 F 신문 시간 G 기소 시간

H 서방/구속 시간 I 암묵적 동의법 시간

아이템 번호 34 위 항목의 계속(왼쪽 "항목번호" 표시) (2) 위에 열거되지 않은 사건의 세부사항 설명 (3) 32번 블록에서 추가 목격자, 피해자 등을 파악한다.

35 이송 보안관 번호	36 체포한 보안관 번호	37 booking officer 번호
38 이송 보안관 번호	39 체포한 보안관 번호	40 수색한 보안관 번호
41 용의자 돈	42상관 승인	43일일보고 페이지 □예 □아니요

그림 8.19 범인의 범행까지 포함하는 체포보고서 예시

44. 보안관 관찰일지

알코올 냄새: □강함 □중간 □약함 □기타

안색: □상기됨 □얼룩덜룩 □창백함 □보통 □기타

눈: □핏발이 선 □눈물 □유리 같음 □수축됨 □팽창함 □기타 □ 안경 □콘택즈렌즈

발언: □앞뒤가 맞지 않는 □혼란스러운 □깜짝깜짝 놀람 □좋음 □기타

균형: □취중보행 □휘청거리는 □설수 없는 □걷는데 도움이 필요함 □기타

정신상태: □공손 □신이 난 □수다스러움 □우스운 □전투적인 □망연자실 □기타

의복상태: □깔끔함 □더러움 □토사물로 더러워짐 □오줌으로 더러워짐 □부분적으로 옷을 입음 □기타

의복(의복 및 의복의 색상 설명)____

____

피고인 부상? □예 □아니요 □ 병원에 있는가? □예 □아니요 의사________________

부상에 대한 설명 ____

____

45 새운 이유

□ 과속, 너무 느리게 운전 □사고 □위빙/드리프팅 □물건이나 근처 차 충돌할 뻔

□이유 없이 정차 □넓은 반지름 턴 □취한 것 같다 □차선 이탈 □장비 위반

□정지 사인/불에서 멈추지 않음 □너무 밀접하게 뒤따름 □너무 밝음/차등 없음

기타____

46 현장시험

1	2	3	변색된 정도를
걷다가 돌기	**한 발로 서기**	**음주측정**	표시하다
□설명 듣는 동안 균형을 유지할 수 없다.	□균형을 잡으면서 흔들림		
□설명이 완료되기 전에 시작	□팔을 이용하여 균형을 잡다		
□균형 잡기 위해 걸음을 멈추다.	□계속 흔들림		
□발끝까지 닿지 않다	□발을 내딛는다		
□걷다가 균형을 잃다	□테스트할 수 없음/거절한다		
□잘못된 스텝 수			
□테스트를 할 수 없다/거절한다			

Instructions read per mtl form______________□

47 화학 실험

시험 시간

화학 호흡 측정: 관리한 인원　　　　　　　　　　　　　시리얼 번호

장치

결과

소변검사: 획득 시간

표본 보관 장소

혈액 검사: 검사관　　　　　　병원

표본 보관 장소　　　　　　어디에서 이송　　　　　　어디로 이송

그림 8.19 **계속**

Box 8.3 미란다 원칙

질문하기 전에 본인의 권리를 이해해야한다.

당신은 묵비권을 행사할 수 있으며, 당신이 한 발언은 법정에서 불리하게 사용될 수 있습니다. 당신은 변호인을 선임할 수 있으며, 질문을 받을 때 변호인에게 대신 발언하게 할 수 있습니다. 만약 변호사를 쓸 돈이 없다면, 국선변호인이 선임될 것입니다. 이 권리가 있음을 인지했습니까?

이름 ________________ 날짜 __________________ 시간 ____________________________

목격자 ______________________________

목격자 ______________________________

Box 8.4 권리포기 신청서

본인이 자신의 권리를 포기하는 것을 알립니다.

포기

나의 권리는 담당 경찰관이 나에게 읽어 주었고, 나는 나의 권리가 무엇인지 이해한다. 나는 기꺼이 진술하고 질문에 답할 것이다. 나는 변호사를 원하지 않는다. 나는 내가 무엇을 하고 있는지 이해하고 알고 있다. 나에게 약속이나 협박도 하지 않았고, 어떤 종류의 압력이나 강요도 나에게 이용되지 않았다.

이름 ____________ 날짜 ____________ 시간 ____________

목격자 ______________________________

목격자 ______________________________

용의자의 차량, 개인 소지품 또는 기타 재산에 대한 검색을 실시할 경우, 검색을 시작하기 전에 해당 당사자의 동의를 문서화하고 기록하는 것이 바람직하다. 위에서 언급한 것과 같은 헌법상의 도전은 비록 실패했지만, 4차 개정 사건에서도 이루어졌다.[33] 박스 8.5를 참조하십시오.

33) Ibid.

Box 8.5 수색에 대한 동의서

수색에 대한 동의

[날짜]

주

나_______은 나의 권리에 대해서 알고 있으며 수색영장이 없거나 수색에 대하여 거절할 수 있는 권리를 알고도 _____________경찰서에 근무하는 _____________하고_________한테 _______(종류)_____________, _______(차량번호)_____차량 수색을 할 수 있도록 합니다. 이 경찰관들은 불법행위에 연루되었을지도 모르는 편지, 서류, 자료 또는 다른 재산들을 내 차에서 가져갈 수 있는 권한을 부여를 받았다. 나는 내가 설명할 수 없는 진술된 경찰관들이 발견한 것이 법정에서 재판할 때 나에 대한 증거로 사용될 수 있다는 것을 알고 있다.

이 서면 허가는 내가 위와 같은 이름을 가진 경찰관들에게 자발적으로 어떤 위협이나 약속도 없이 주어지고 있는 것이다.

이름 _______________ 날짜 _________________ 시간 _________________________

목격자 ____

목격자 ____

이러한 헌법상의 문제가 해결되면 피의자 또는 목격자의 진술을 확보해야 한다. 증인 진술 문서는 여러 가지 형식으로 되어 있다. 박스 8.6은 하나의 예를 제공한다.

Box 8.6 목격자 진술서 예시

목격자 진술서

[날짜]

주

나______, 나이____, 성_____, 직업____, 주소__________________________________는

나의 의지로 ________________________과 관련된 진술을 적는다. 이 진술은____________

____때 일어난 사건에 대한 진술이다.

(날짜)

(시간)

웹 연습 목격자 진술에 대한 비디오를 보시오: https://youtu.be/hSpp69qB83E.

4 결론

본 장에서는 민간경비를 위한 보고서 작성 및 문서 준비의 많은 측면과 요건을 소개한다. 현장 노트부터 보안 조사까지 다양한 형식의 보고서를 검토하였고, 모든 보고서는 명확성과 일반적인 권고사항에 비추어 평가된다는 점을 강조하였다. 또한 이 장에서는 민간 보안업계가 일반적으로 활용하는 일련의 양식을 강조하고 적절한 준비 방법에 대한 권고사항을 전달한다. 마지막으로, 보고서 작성으로 보안 조사관 및 회사에 대한 순차적이고 조직적인 이익을 충분히 강조하였다.

제 9장

조사방법과 기법:
절도 및 재산범죄 조사사례

1 개관

재물범죄는 개인과 사업에 매우 큰 영향을 미친다. 경제범죄와 관련된 비용을 완전히 정의하고 인식하기란 쉽지 않은데 그 이유는 범죄행위가 매우 다양한 방식과 방향으로 나타나기 때문이다.[1] "쇼플리프팅은 많은 소매상들에게 끈질긴 문제다. 도난, 사기, 오류, 손상 또는 폐기에 기인하는 예방 가능한 손실을 나타내기 위해 사용되는 용어인 '축소'의 주요 원천이다.[2] 무엇이 축소를 구성하는지에 대한 합의는 가치, 장부 또는 실제 가치, 재고 비용, 모든 최종 연산에 영향을 미치는 다양한 결론과 완전히 일치하지는 않는다.[3] 글로벌 소매 테프트 바로미터(Global Retail Theft Barometer)[4]의 추정에 따르면, 2014-15년 전세계 소매 범죄 비용은 2140억 달러를 넘어섰다.[5]

1) Robert D. McCrie, "Shoplifting: Managing the Problem," Security Letter, July 2006: 4; Read Hayes and King Rogers, "Catch Them If You Can," Security Management, October 2003: 80; see: PwC, Global Economic Crime and Fraud Survey (2018), www.pwc.com/gx/en/forensics/global-economic-crime-and-fraud-survey-2018.pdf; Katie Reilly, "Shoplifting and Other Fraud Cost Retailers Nearly $50 Billion Last Year," Time.com, June 22, 2017, http://time.com/money/4829684/shoplifting-fraud-retail-survey.

2) Adrian Beck, "Shrinkage and radio frequency identification (RFID): prospects, problems and practicalities," in The Handbook of Security, ed. M. Gill (Basingstoke, UK: Palgrave MacMillan, 2006).

3) See Adrian Beck, "Moving Beyond Shrinkage: Developing a Definition and Typology of Total Retail Loss," Security Journal 31, no. 1 (February 2018): 93-110.

4) Global Retail Theft Barometer (2015), www.odesus.gr/images/nea/eidhseis/2015/3.Global-Retail-Theft-Barometer-2015/GRTB%202015_web.pdf.

5) See also Jack L. Hayes International, Inc., 30th Annual Retail Theft Survey, http://hayesinternational.com/news/annual-retail-theft-survey.

이러한 형태의 절도를 수행하기 위해 사용되는 방법론은 창의적인 것과 공격적인 것의 혼합이다. 가게 물건을 훔치는 것은 더 이상 사소한 부수적인 범죄가 아니라, 무거운, 부정적인 영향을 많이 받는 범죄다. 상점절도는 일반적으로 다음과 같은 형태와 형식으로 이루어진다.

- 손바닥: 작은 물건을 훔쳐서 손바닥에 감추다.
- 전환 가격: 저렴한 가격의 상품에서 더 비싼 상품에 가격표를 붙이는 것.
- 스팀: 큰 패거리들은 도망치기 전에 많은 양의 물건을 훔치기 위해 상점에 들어가 협박하거나 위협하거나 직원들을 방해한다. 그들이 폭력에 의존할 가능성이 높기 때문에, 이 사람들과 싸우는 것은 위험할 수 있다.
- 직원 담합: 절도범들과 연계해 일하는 직원들. 절도나 범행 공모에 눈감아주기.[6]

국내외에서 소매 도둑질과 수축 문제는 충격적이다. 그림 9.1 참조하라.[7]

소매업자들에게 명백한 재정적 손실을 넘어 소매 범죄의 영향은 멀리까지 미칠 수 있다.[8] 극단적인 경우, 만성적인 범죄 수준으로 인해 기업이 문을 닫게 되어 고용 기회, 재화, 서비스의 가용성이 제한될 수 있다.[9] 게다가, 높은 범죄 수준의 비용은 결국 높은 가격을 통해

6) Garda, Retail Security Guide 20, www.garda.ie/en/Crime-Prevention/Retail-Security-Guide.pdf.

7) "Theft Barometer (2015)": 20.

8) See Nicole Leinbach-Reyhle, "New Report Identifies US Retailers Lose $60 Billion a Year, Employee Theft Top Concern," Forbes, October 7, 2015, www.forbes.com/sites/nicoleleinbachreyhle.

9) M. Hopkins and M. Gill, "Business, crime and crime prevention: emerging debates and future challenges," in Handbook of Crime Prevention and Community Safety 2nd ed., eds. N. Tilley and A. Sidebottom (Abingdon, UK: Routledge, 2017): 373-393.

소비자에게 돌아간다.[10] 그것은 밤필드와 홀린저가 "범죄세"[11]라고 부르는 것을 포함한다. 그리고 소매업계는 이전에 보지 못했던 폭력과 조직 수준에서 점점 더 절도를 경험하고 있다. 밴드와 갱단을 배회하는 것처럼 집단적이고 폭력적인 소매 절도 행위는 소매업과 상업적 실체에게 주요한 보안상의 문제가 되었다.[12] 조직화된 소매 절도는 빠르게 성장하고 매우 고통스러운 현실이며 이러한 급습의 "루트"는 빠른 판매와 빠른 수익을 위해 마련되기 때문이다. 예를 들어, "ORC 갱단은 긴급 피임, 임신 테스트, 넥시움, 수면 보조제, 주름 크림, 면도기, 아기 분유와 같은 빠른 이익을 위해 사용될 수 있는 상품을 강탈한다."[13] 그림 9.2를 참조하십시오.[14]

절도, 상점절도, 조직적인 사기(詐欺)와 다른 형태의 화이트 칼라범죄는 상업지역의 이익가능성을 침해당할 뿐만 아니라 회사의 고용주의 신용저하는 물론, 불행하게도 간접비용의 증가로 사업에서 발생한 손실을 고객에게 전가하게 되는 주요원인이 된다.[15] 경제적 범죄는 아래와 같은 많은 간접적인 방법으로 사회에 영향을 미친다:

10) J. Bamfield and R. C. Hollinger, "Managing Losses in the Retail Store: A Comparison of Loss Prevention Activity in the United States and Great Britain," Security Journal 7 (1996): 61-70.

11) Aiden Sidebottom, Amy Thornton, Lisa Tompson, Jyoti Belur, Nick Tilley, and Kate Bowers, "A Systematic Review of Tagging as a Method to Reduce Theft in Retail Environments," Crime Science: An Interdisciplinary Journal 6, no. 7 (2017): 1, https://doi.org/10.1186/s40163-017-0068-y.

12) See E. Finkel, "Organized Retail Crime on the Rise—nd Perennial Challenges Remain," Security 54, no. 3 (2017): 58-60, 62.

13) L. Martinez, "Taking the Bite out of Organized Retail Crime," Security Technology Executive 24 (September 2014): 20.

14) National Retail Federation, Organized Retail Crime Survey (2016): 7, accessed September 9, 2018,https://nrf.com/system/tdf/Documents/retail%20library/2016-NRF-Organized-Retail-Crime-Survey_Report.pdf?file=1&title=2016%20Organized%20Retail%20Crime%20Survey.

15) C. Meyer, "Monitoring the Floor," Security 51, no. 4 (2014): 56, 58.

나라별 최고손실	전 세계적인 위축 - 나라별
US: $367억6000만	수축률이 가장 낮은 상위 10개국 중 8개국이 유럽에 위치해 있다; 이것들은 노르웨이, 스위스, 프랑스, 폴란드, 그리고 영국과 같은 나라들이다. 수축률이 가장 높은 나라는 멕시코, 네덜란드, 핀란드, 일본, 중국이다.
중국: $260억6000만	소매업체들은 미국의 감소로 367억9000만 달러의 손실을 보았는데, 이는 전 국가 중 가장 높은 것으로 중국(26억6000만 달러)과 일본(149억9000만 달러)이 그 뒤를 이었다.
일본: $149억 9천만	유사분석이 가능한 모든 국가들 중에서, 7은 2013-2014년에 비해 2014-2015년에 수축이 감소했고, 10은 증가를 목격했다. 감소를 목격한 7개국 중 6개국은 호주를 제외한 유럽에 있다.

그림 9.1 나라별 글로벌 축소 손실(Global Shrinkage loss by country)(출처: Checkpoint systems)

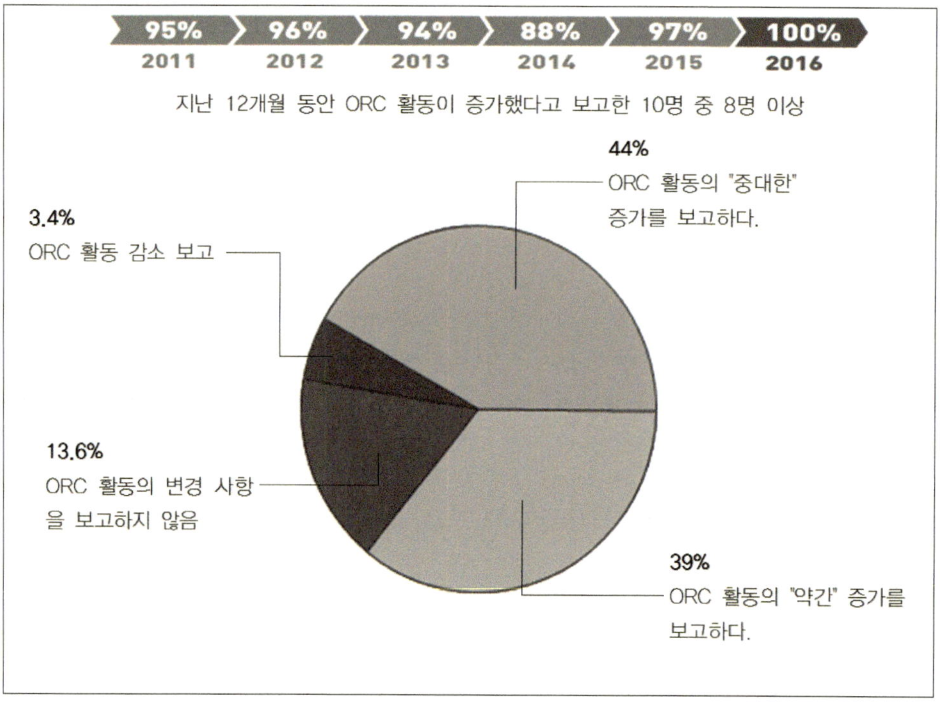

그림 9.2 조직 소매 범죄 조사(Organized Retail Crime Survey)

사 업:[16]

- 보험과 안전보호의 비용증가;
- 내부감사비용;
- 용의자에 대한 수사와 기소비용 – 그 기간 동안 발생하는 안전과 인사관리에 따라 발생하는 시간 손실;
- 이익감소;
- 판매가격상승과 경쟁력 약화;
- 생산성 감소;
- 명성의 실추;
- 서비스의 질(質)의 약화;
- 소규모 사업장의 생존에 대한 위협.

지방정부(Local Government)[17]

- 용의자의 수사와 기소의 비용;
- 지능적이거나(예를 들면 횡령과 같은) 첨단기술과 연관된 범죄(컴퓨터 범죄 등)의 기소(起訴)시 비용증가;
- 경제사범을 다루는데 있어 교정프로그램의 비용;
- 범죄예방 비용;
- 범죄보고와 보호프로그램의 집행 비용;

16) William C. Cunningham and Todd H. Taylor, The Hallcrest Report: Private Security and Police in America (Chancellor, 1985): 19; Linda A. Bressler and Martin S. Bressler, "Accounting for Profit: How Crime Activity Can Cost You Your Business," Global Journal of Business Disciplines 1, no. 2 (2017): 21.

17) Ibid.; Nicole V. Lasky, Bonnie S. Fisher, and Jacques Scott, "'Thinking Thief' in the Crime Prevention Arms Race: Lessons Learned from Shoplifters," Security Journal 30, no. 3 (July 2017): 772-792, http://dx.doi.org.ez.lib.jjay.cuny.edu/10.1057/sj.2015.21.

• 세입(稅入)의 감소 (예를 들어 판매세의 감소, 범죄인의 음성소득으로 인한 탈세, 범죄와 관련된 손실에 대한 사업상 인정되는 세액공제 등).

공공분야:[18]

• 범죄로 인한 손실을 막기 위한 소비자의 재회와 용역 비용 증가;

• 투자의 감소;

• 세금증가;

• 사업실패로 인한 고용감소;

절도와 다른 재물범죄로 인한 경제적 손실의 정확한 양(量)에 대해서 동의하지 않더라도 "범죄는 크건 작건, 소매업이든 도매업이든, 제조업이든 서비스업이든 모든 산업을 희생시킨다"고 확신할 수 있다.[19]

2016년 미국 소매업계는 489억 달러 가까이 되는 재고 손실을 입었다.

전국소매업연합(National Retail Federation) 무역단체가 매년 실시하는 전국소매보안조사 결과, 2016년 평균 재고 감소율은 1.44%로 높아졌다. 재고 손실을 측정하는 이 수치에는 가게 물건을 훔치기, 직원의 절도, 행정상의 실수, 판매상 사기 및 기타 알려지지 않은 손실이 포함된다.

재고 누락(36.5%)이 가장 많은 것은 외부 고객의 물건을 훔치는 데 따른 것으로 분석됐으며 직원

18) Ibid.; Paul R. Zimmerman, "The Deterrence of Crime through Private Security Efforts: Theory and Evidence," International Review of Law and Economics 37 (March 2014): 66-75, https://doi.org/10.1016/j.irle.2013.06.003.

19) Robert O'Block, Security and Crime Prevention (Mosby, 1981): 156; M. McCourt, "The Predictive Revolution," Security 51, no. 11 (2014): 20; Matt Hopkins, "Business, Victimisation and Victimology: Reflections on Contemporary Patterns of Commercial Victimisation and the Concept of Businesses as 'Ideal Victims'," International Review of Victimology 22, no. 2 (May 2016): 161-178, http://journals.sagepub.com.ez.lib.jjay.cuny.edu/doi/pdf/10.1177/0269758016628948.

절도(30%)가 뒤를 이었다. 관리상의 오류는 재고 감소의 21.3%를 차지했고, 벤더의 부정행위는 5.4%를 차지했다.

83개 소매점을 대상으로 실시한 이번 조사에서 소매업체 중 일부는 여러 개의 브랜드를 갖고 있었으며, 상점도둑질 사건 당 평균 비용은 798.48달러로 두 배나 증가했다. 직원 절도사건 1인당 평균 비용은 1,922.80달러였다. 이 조사는 부분적으로 좀도둑과 종업원들에 대한 처벌이 감소했기 때문이라고 말했다.[20]

사건 정리율(해결 및 가해자 신원에 의해 사건이 종결되는 비율)은 다른 범죄, 특히 중범죄에 비해 낮은 재산범죄 분류율이다. 살인, 강간, 강도 등 주요 개인 범죄에 경찰 자원과 에너지가 할당될 가능성이 더 높다. 강력범죄가 우리의 관심사를 사로잡고 있는 가운데, 재산범죄는 계획상 경미해 보인다. 물건을 훔칠 때처럼 가벼운 처벌에 대한 압력이 증가함에 따라, 재산범죄의 가오름이나 가혹함이 사라지게 된다.[21] 일부 국가에서는 효과적인 억제 접근법이 범죄율의 하락을 야기했다.[22]

정치인들과 국회의원들도 이것에 관여해왔다. 입법자들은 그것을 전통적인 절도 행위, 즉 타인의 재산을 불법적으로 빼앗는 행위라고 언급하는 대신, 실제 절도 행위보다 덜 중죄적인 가게도둑에 대한 새로운 법령을 만들고 설계했거나, 그 대안에 공식적인 기소 가능성을

20) Katie Reilly, "Shoplifting and Other Fraud Cost Retailers Nearly $50 Billion Last Year," Time.com, June 22, 2017, http://time.com/money/4829684/shoplifting-fraud-retail-survey.

21) Bill Turner, "Shoplifting Penalties Rarely Benefit Retailers These Days," LPM Insider, July 2, 2018,https://losspreventionmedia.com/insider/shoplifting-organized-retail-crime/changes-in-shopliftingpenalties-make-it-tougher-for-retailers/. There has been a trend to decriminalization. See Charles P. Nemeth, Criminal Law, 2nd ed. (2011).

22) For example, see R. Brown, Explaining the Property Crime Drop: The Offender Perspective (Canberra: Australian Institute of Criminology, 2015).

줄이기 위해 중죄나 경범죄 지침을 올렸다.[23] 다른 이들은 "사업"은 실제로 사람과 같은 의미에서 범죄 "피해자"가 아니며, 이러한 구별 때문에, 그 좀도둑을 정식으로 기소하고 기소하려고 할 때 사법 제도의 에너지가 잘못 배치되고 잘못 인도된다고 주장한다.[24] 성공적인 유죄 판결의 척도인 기소유예율은 더욱 인상적이지 않다.[25]

주거 보안 시스템을 제공하는 민간 경비 회사는 주거용 강도들을 식별하고 체포하는 데 큰 부담을 가지고 있다. 불안과 신분 확인과는 별도로, 보안 담당자는 분실물 복구에 있어 고객을 도울 의무가 있다. 압도적으로 많은 경우, 강도 사건으로 손실된 재산(특히 무력을 거의 사용하지 않는 재산)은 거의 회수되지 않는다. 논쟁의 여지가 없는 것은 이러한 형태의 범죄 비용이 광범위한 선거구에 부정적인 영향을 미친다는 것이다.[26] 그는 "상당한 규모의 손실이나 축소를 용인할 수 없기 때문에 기업에 대한 많은 범죄의 영향을 무시할 수 없다. 기업에 대한 범죄는 일부 폐업과 기업 도산의 주요 원인으로 인식될 정도로 규모가 커졌다. 재계는 특히 재계에 공통되는 범죄기회를 예상하고 싸우는 공격적인 정책과 절차를 강조하기 시작해야 한다."[27]

이번 장(章)의 초점은 사법(私法)과 공법(公法)집행을 방해하는, 다시 말하면 좀도둑과 상점절도, 그리고 또 다른 형태의 절도행위, 차량절도와 내부자 사기 등과 같이 반복적인 범죄행위이다. 상기시키는 것으로서 교과서의 다른 부분들이 관련된 원칙들에 관하여 상세히 설명한다.

23) See Turner, "Shoplifting Penalties."

24) See Hopkins, "Business, victimisation and victimology."

25) Turner, "Shoplifting Penalties"; Ben Stevens, "Shoplifting nearly doubled last year due to "effective decriminalisation," Retail Gazette, March 22, 2018, www.retailgazette.co.uk/blog/2018/03/shoplifting-nearly-doubled-last-year-due-effective-decriminalisation.

26) See Bressler and Bressler, "Accounting for Profit."

27) O'Block, "Crime Prevention": 157; Beck, "Moving beyond shrinkage"; PwC, "Global Economic Crime"; Reilly, "Cost Retailers."

2 상점절도

미국 경제에서는 매일 가게도둑의 역병이 일어난다. 어떤 문화적 요인이 이러한 부정적인 활동을 촉발시키고 맹공격을 저지할 수 있는 방법이 있는가? 도둑과 배우들은 어떻게 그들의 범죄성을 합리화시킬까? 어떻게 하면 민간 경비업계가 피해를 최소화하거나 완화시킬 수 있을까? 그림 9.3을 참조하십시오.[28]

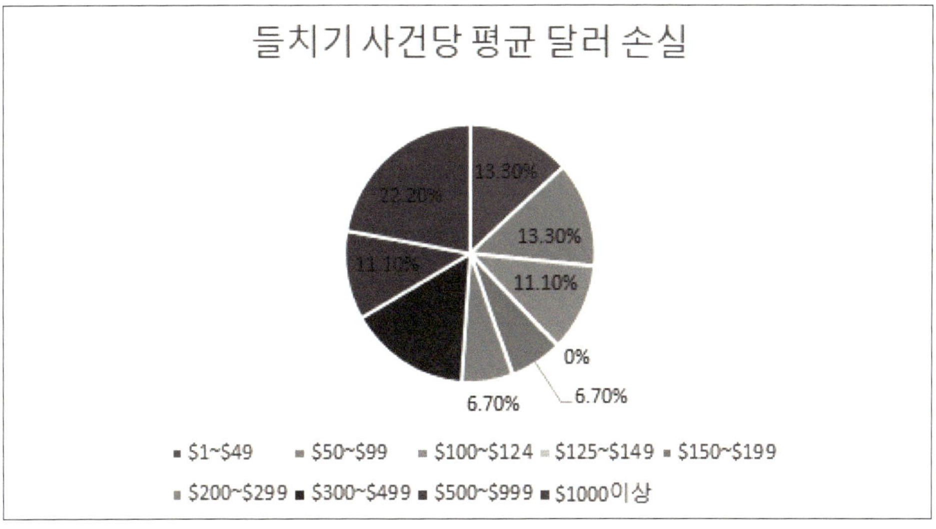

그림 9.3 2017 상점절도로 인한 피해 조사(전국 소매 연합의 허가 하에 사용됨)

28) National Retail Federation, 2017 National Retail Security Survey, 6 (2017), https://nrf.com/system/tdf/Documents/NRSS-Industry-Research-Survey-2017.pdf?file=1&title=National%20Retail%20Security%20Survey%202017.

2.1 합리화와 정당화

사업계획자와 다른 기업가들은 일정 수준의 내부 및 외부 도용과 상점도용을 당연하게 여긴다. 쇼핑은 문화적 관용, 순전한 양, 치유와 그에 상응하는 결과의 부족 그리고 사건들의 쇄신을 감당할 수 없는 법적 제도라는 수많은 요인들 때문에 유행하는 비율에 도달했다. 이런 설명과 더불어 가해자들은 기존의 범죄와 처벌의 문턱에 이르지 못하는 관용적 관점을 악용해 상점도도의 범죄성을 합리화했다.[29] 가게도둑질이나 소매도둑질 행위는 너무나 흔해져서 여러 방면에서 탈법이라는 외침이 터져 나오고 있다.

웹 연습 전국도매방지협회는 www.shopliftingprevention.org/에서 좀도둑들의 동기에 대해 예리한 통찰력을 제공한다.

가해자들은 종종 이러한 불법 행위를 변명하기 위해 합리화를 제기하는 데 능숙하다. 합리화 및 정당화는 다음과 같이 분류할 수 있다.

① 상점절도는 훔치는 게 아니라 단지 빌리는 것뿐이다.

② 상점절도는 시대의 한 표상이다.

③ 상점절도는 정당하고 도덕적인 행위이다.

④ 상점절도는 작업상 발생하는 보상금이나 간접이익이다.

⑤ 상점절도는 범죄는 아니다. 다만 그보다는 계급 내 투쟁으로 나타나는 정치적 행위이다.

좀도둑들은 그 행위에 대한 다양한 동기 부여와 그것을 해명하는 많은 핑계들을 가지고

29) Robert McCrie, “Retail Mgmt.: Center Helps LP Directors &Aids Shoplifters to Break Habits,” Security Letter, November 3, 2008; “Loss Prevention: Portrait of Effective Anti-Shoplifting Programs,” Security Letter, October 15, 2008: 2; Turner, “Shoplifting Penalties”; Stevens, “Shoplifting nearly doubled.”

있다. 로버트 오블록은 그의 저서 "보안과 범죄 예방"에서 아마추어들과 전문 좀도둑들을 구분하고 있다.

> 상점절도는 절망, 충동, 동료들의 압박, 복수 혹은 (드물게) 병적(病的)도벽 등을 포함하여 다양한 이유로 발생한다. 이러한 이유들로 상점 절도를 감행하는 이들은 대체로 아마추어이며 상습적인 전문 절도범들에 비해 대다수(가벼운 절도범들)를 대표한다. 모든 상점절도범의 85%가 아마추어들이다.[30]

합리화가 어떤 식으로 전달되든, 물건을 훔치거나 소매치기하는 행위는 매우 보편적이 되어, 많은 방면에서 그것은 비범죄적인 행위와 동의어가 된다.

상점절도를 아래의 범주로 구분할 수 있다

① 아마추어 성인 상점절도범

② 청소년 상점절도범

③ 전문 상점절도범

④ 병적도벽증

⑤ 상점절도 중독자

⑥ 부랑자와 알콜중독 상점절도범[31]

"조직사기: 예방과 수사의 기초"에서 절도범과 상점절도범들은 개인의 특징보다는 그 동기에 의해 구분되어 있다. 표준적 합리화들은 "개인의 동기"탓으로 돌려지고 있는 바, 동기를 암시하는 다음과 같은 내용들이 있다:

30) O'Block, "Crime Prevention": 158.

31) Kansas Bureau of Investigations, "Shoplifting: Another Word for Stealing," accessed September 9, 2018, www.kansas.gov/kbi/PDF/brochures/Shoplifting.pdf.

① 경제적– 실질적 혹은 인식된 경제적 욕구를 달성하기 위하여

② 이데올로기적– 이데올로기적 차이에서 오는 그러한 것들에 대한 앙갚음을 하기 위하여

③ 이기적– 자기 자신이 영리하고 똑똑하다는 것을 증명하기 위해 혹은 자기중시에 관한 과도한 관념을 가지고 있기 때문에

④ 정신적– 현실에 대한 왜곡 (예를 들면 착각 등)[32]

동기가 무엇이든, 그것은 미국의 어떤 기업에게도 힘든 도전이다.

2.2 상점절도의 방법

모든 조사관은 상점절도의 기법과 방법 그리고 그와 관련된 속임수들에 대해 정통하여야 한다. 대개 상점절도범은 그런 절도행위를 저지르기 위해서는 그들의 손에 의해 의존해야 한다. 상점절도범은 예리하게도 거기에 조화되고, 그들의 환경을 인식하고, 영역을 쭉 훑어보면서 그들은 절도행위를 저지르기 전에 구석구석을 빠르게 살펴보는 경향이 있다. 상점절도범은 불법행위를 저지르면서 잡히지 않으려고 긴장되어 있기 때문에 상점절도범의 물리적 움직임과 행동이 더 유연한 경향이 있다. 대신에 그들은 재빠르고, 갑자기 움직이고 산발적이다. 또 다른 행동으로는 전환, 유인 그리고 점원이나 다른 관리자들의 주의를 딴 곳으로 돌리는 등의 소동을 일으키는 것에 의존한다.

상점절도범들은 이러한 속임수들에 관여한다:

① 손 안에 감추는 방법은 절도에서 가장 간단하고도 일반적인 방법이다. 이런 방법은 자주 장갑이나 손수건, 짐꾸러미 같은 도구를 이용한다. 이 때 공범은 절도범을 가리고 서 있을 것이다.

32) J. Bologna, Corporate Fraud: The Basics of Prevention and Detection (1984): 82; "Shoplifting, employee theft top reasons for $44B retail loss in 2014," RetailCustomerExperience.com, June 29, 2015.

② 가방이나 호주머니는 훔친 물건을 숨기는데 자주 사용된다. 쇼핑백이나 다른 기계의 상자, 우산, 책개방, 유모차, 서류가방, 여행가방, 도시락가방을 자세히 보기 바란다.

③ 긴 코트는 훔친 물건들을 감출 수 있다.

④ 긴 스커트는 물건들을 감추기에 알맞다. 익숙한 절도범들은 가랑이 사이에 거의 25파운드의 햄이나 8보루의 담배를 숨길 수 있다.

⑤ 고무밴드는 타이나 스타킹, 양말 등의 꾸러미를 낚아챌 수 있다.

⑥ 모자, 장갑, 스카프, 코트, 스웨터 그리고 지가같은 물건들은 상점에 있어서 텅 비게끔 행할 수 있다.

⑦ 코트나 스웨터를 원하는 장소에 던지고 나서 그 안에 원하는 물건을 숨겨 가지고 나온다.

⑧ 귀금속이나 악세사리들을 옷 속에 떨어뜨리거나 머릿속에다 숨겨 가지고 나온다.

⑨ 탈의실에서 꾸러미나 가방에 옷들을 추가로 숨길 수 있다.

⑩ 물건들을 고의적으로 흩뜨려 놓는 행위 : 옷과 같은 제품들을 점원이 혼동되도록 흩어놓는 것으로, 공범을 활용하거나 다른 방법으로 점원의 주의를 흩뜨려 놓는다.

⑪ 가격 바꾸기: 높은 가격의 다른 제품 가격라벨을 낮은 가격의 제품라벨과 바꿔 놓는다.

⑫ 카운터 주위를 맴돌며 다른 것을 보여달라고 한다. 진열장 주변에 있는 비싼 제품을 훔치기 위해서이다.

⑬ 공범(共犯)이 물건을 훔치는 동안 계속해서 벨을 울려 점원의 주의를 딴 곳으로 돌린다.

⑭ 진열장의 물건 중 작은 물건이나 그 일부를 뜯어내서 숨긴 다음, 후에 공범에게 수선한다.[33]

절도행위는 상인의 환경과 도둑의 표적이 되는 상품에 따라 다르다. 상점 보안요원은 절도발생이 임박했다는 신호가 되는 단서를 인식할 필요가 있다. 다음을 경계하자:

33) Kansas Bureau, "Shoplifting"; Maryland Security Professionals, "Common Grocery Store Shoplifting Techniques and How to Combat Them," January 10, 2018, https://marylandsecurity.net/security/commongrocery-store-shoplifting-techniques-and-how-to-combat-them/; Florissant, MO Police Department, "Shoplifting," www.florissantmo.com/egov/documents/f3bfaf93_2770_c331_55de_bc08b51d9569.pdf.

① 주머니에 빈 종이가방을 가지고 가게에 들어온 손님이 가방에다 물건을 채우고 사용하지 않는 계산대를 통과해서 나간다. 만약에 물어보면 용의자는 이미 계산된 것이라고 점원을 안심시킨다.

② 쉽게 열고 닫을 수 있는 박스에는 아마도 값비싼 물건이 들어있을 것이다.

③ 장바구니는 크레용이나 스테플러를 가지고 온 상점절도범에게 쉬운 표적이다. 이것은 “가격 표시기”라고 불리는 것으로서 거의 모든 제품에서 발생할 수 있지만 특히 고가제품에 인기가 있다. (오늘날 많은 상점에서 컴퓨터화된 가격제를 사용하고 있다.)

④ 슈퍼마켓에서의 절도범은 비싼 차(茶) 봉지를 열고 그 내용물을 밑으로 가라앉는 지갑에 쏟아붓는 것으로 알려져 있다.

⑤ 손님이 그 지갑에다 제품을 놓고 계산대 출구에서 점원에게 가족 중 한 명이 물건을 잘못 사왔다고 설명하면서 외상구매에 관해 물어본다. 점원이 영수증이 없다며 환불을 거부하면 절도범의 승리. 물론 가게에서 환불을 승인하더라도 절도범의 승리는 마찬가지다.

⑥ 가격 바꿔치기의 또 다른 방법은 이른바 “뚜껑 바꿔치기”이다. 뚜껑에 가격 표시 스템프가 자주 찍히는 것을 훔치려는 욕망이 있는 절도범은 큰 용기의 뚜껑에 있는 캡을 작은 용기 위에 있는 캡으로 간단하게 바꿔친다.[34]

보안조사관들은 공공시설물에서 뿐만 아니라 백화점의 매장에서 일어나는 상점절도에 있어서의 차이에 주목할 것이다. 매력적인 상품들은 상점절도의 수준과 강도에 영향을 미칠 것이다.

34) Ronald V. Clarke and Gohar Petrossian, Shoplifting: Problem Specific Guides Series, 2nd ed. (2013),www.popcenter.org/problems/pdfs/Shoplifting.pdf; Kansas Bureau, “Shoplifting”; Maryland, “Shoplifting Techniques”; Florissant, MO, “Shoplifting.”

2.3 상점절도 신호

절도범을 발견하고 잡는 것은 예리한 감각과 사람관찰에 대한 뛰어난 숙련된 기술이 요구된다.[35] 직접적인 행동과 추리에 의해 조사관은 절도용의자를 합리적이고 상당한 이유를 갖고서 적절한 판단할 수 있다. 수상한 상황이란 아래와 같다:

- 계절과 맞지 않게 큰 코트를 입고 가게에 들어오는 사람
- 헐렁하고 불룩한 바지를 입은 사람, 길거나 주름 잡힌 치마를 입은 사람(유행하지 않는 스타일 임에도 불구하고)
- 눈 움직임이 활발하거나 고개를 돌리며 주변을 두리번거리는 사람, 많은 전문 상점절도범은 눈 움직임 이상의 다른 단서를 주지 않는다.
- 매우 서둘러 가게를 나가는 사람
- 상품에 대해 물어볼 때 그 물건에 대해 관심이 없어 보이는 손님
- 원하는 상품을 자주 마음을 바꾸며 잘 알지 못해 보이는 손님
- 어색한 걸음걸이로 가게를 떠나는 사람이나 자주 신발을 묶고 양말을 치켜올리는 행동을 하는 사람 또는 훔친 물건을 감추기 위해 어색한 행동을 하는 사람
- 물건을 진열하는 점원의 뒤에 있거나 쫓아다니는 사람
- 가게에서 친구나 애인을 기다리는 무관심한 손님
- 코트 바깥주머니에 계속 손을 집어놓고 있는 손님
- 소란을 피워 점원의 주의를 딴 곳으로 돌리는 행동을 하는 손님–공범이 절도를 할 수 있도록 도와준다.[36]

35) See Joseph Petrocelli, "Shoplifting," Police, December 2008: 16; C. Meyer, "Monitoring the floor," Security 51, no. 4 (2014): 56-56, 58; Clarke and Petrossian, "Shoplifting."

36) Clarke and Petrossian, "Shoplifting"; Kansas Bureau, "Shoplifting"; Maryland, "Shoplifting Techniques"; Florissant, MO, "Shoplifting."

이러한 최초의 징후를 관찰한 후 다른 조건들과 상황들의 확인, 그리고 용의자의 행동적 특징들은 다음과 같다:

- 계속 더 많은 제품들을 보여달라는 요청을 하면서 점원의 자리를 계속 이탈케 하는 손님을 경계하라.
- 다른 상품들을 더 보여달라고 계속 점원을 보내는 행위
- 둘 이상의 손님이 같은 시간 같은 장소에서 상품들을 뒤죽박죽 흩어놓는 행위
- 둘 혹은 세 사람이 그룹을 지어서 점원의 주의를 차단하기 위해 계산대 주변을 같이 둘러싸는 행위.
- 한적한 장소나 구석에서 제품을 확인하는 행위
- 계속 바닥에 물건들을 떨어뜨리는 행위
- 상표를 손에 쥐고 있는 행위
- 제품을 손에 쥐거나 부수는 행위
- 엘리베이터에서 우물쭈물 망설이거나 갑자기 결정하는 경우
- 뒷문을 통해 나가는 것
- 상점 구석구석을 돌아다니지만 한 계산대 앞에 계속 나타나는 행위
- 대규모 십대들이 그룹으로 들어와서 작은 그룹으로 나뉘어 흩어질 때
- 제품의 가격표를 제거하는 행위
- 신경질적인 행동–입에 침을 바르거나 과도하게 땀을 흘리는 행동 등
- 놀란 표정[37]

민간경비 회사나 컨설턴트는 상점도둑을 막기 위한 방법에 대해 상인에게 적극적으로 조언해야 한다. 사실, 정교한 보안 관행은 이러한 행위가 일반적으로 어떻게 진행되는지 알

37) Clarke and Petrossian, "Shoplifting"; Kansas Bureau, "Shoplifting"; Maryland, "Shoplifting Techniques"; Florissant, MO, "Shoplifting."

수 있는 "예측 가능한" 행동을 제공한다. 보안 전문가는 "비즈니스 연속성, 인프라 및 이해관계자에게 부정적인 영향을 미칠 이벤트를 예측하고 차단하기 위한 향후 구매 행동, 물리적, 사이버 및 정보 보안 운영 센터(SOC) 작업을 예측할 수 있다."[38] 민간 보안회사는 상황 및 환경설계에 의해 어떻게 절도를 완화할 것인가와 절도를 방지할 수 있는 방법에 대해 상인들에게 교육해야 한다.[39] 물리적인 공간은 쉽고 준비된 절도를 방지하기 위해 만들어질 수 있다. 입출구에 추가적인 기기들을 배치하는 것도 도울 수 있다. 상인들은 많은 방어선을 가지고 있다.

- 직원에게 상점도난 방법을 교육한다.
- 직원에게 가게 물건을 훔치는 것을 막은 것에 대한 보상을 제공한다.
- 모든 고객들은 매장에 입장하는 즉시 환영을 받아야 한다.
- 현금 레지스터 영역을 높이고, 볼록 거울, 단방향 미러 및 CCTV를 사용하여 시각을 극대화하십시오.
- 전자 제품 보안 감시 시스템(EAS)을 사용하십시오.
- 모든 좀도둑을 기소한다는 내용의 게시물
- 항상 현금 레지스터를 잠그고 모니터링하십시오.
- 케이블 타이를 사용하십시오.
- 가격 전환 감시
- 모든 배달원 모니터링
- 재무 담당자는 다른 상품을 숨길 수 있는 모든 판매 품목을 확인해야 한다.
- 출납원에게 판매 영수증이 첨부된 상태에서 고객의 가방을 닫도록 한다.[40]

38) McCourt, "Predictive Revolution."

39) See Clarke and Petrossian, "Shoplifting"; see also C. Carmel-Gilfilen, "Bridging Security and Good Design: Understanding Perceptions of Expert and Novice Shoplifters," Security Journal 26, no. 1 (2013): 80-105, doi:http://dx.doi.org.ez.lib.jjay.cuny.edu/10.1057/sj.2011.34.

40) Mark Gleckman, "Crime Prevention/Community Relations," in The Security Supervisor Training Manual, eds.

2.4 상점절도 조사방법

쇼핑 프로토콜은 이러한 모든 접근법을 범죄의 기본 요소에 따라 증거가 입증될 때까지 기다리는 현명하고 참을성 있는 보안 조사관과 혼동한다. 조심스럽게 체포하라; 수사관이 혐의 입증을 위해 필요한 증거와 사실을 확신할 때까지만 구속하는 것을 자제하라. "상점절도 기소: 손실방지전략(Prosecuting the Shoplifter : A Loss Prevention Strategy)" 에서는 상점절도 사건에 대하여 성공적인 조사와 기소를 위한 요소들이 대강을 제시한다.

① 논리적으로 그리고 조직적으로 증거를 확보, 많은 사례가 증거불충분 때문에 법원에서 종종 기각된다. 이것은 상점 관리자나 보안요원들이 가게에 있는 몇몇 사실들, 법정에서 증거로 지금 필요한 사실들을 간과하고 있다는 뜻이다. 법정에서 범죄사실을 입증할수 있는 능력은 증거에 달려있다. 따라서 범행의 요소를 입증하는 기술이 필요하다.

② 기억에서 제시된 증거에 기초를 둔 판결. 선택적 기소의 본질은 상인의 특권에 의하여 허용 된 것으로서 기억에서 발견된 증거를 기초로 판결하는 능력이다. 종업원은 증거가 사건을 기소하고 판결에 큰 영향을 줄 수 있다는 점을 반드시 이해하고 있어야 한다. 때때로 증거가 충분치 못해 판결을 뒷받침하지 못하고 용의자를 풀어줘야 할 경우도 있다.

③ 유죄판결을 받아내기 위해 필요한 두 가지 종류의 증거물, 상점주인은 상점절도의 사건에 있어 유죄판결을 얻기 위해 필요한 두 가지 종류의 증거물이 어떤 것인지 반드시 알아야 한다. 매장에서 용의자가 물건을 숨기는 것 혹은 가격표를 바꿔치기 하는 것 혹은 물건을 훔치려는 동료를 도와 주는 것을 목격함으로써 눈으로 목격한 증거는 나오게 된다. 물리적 증거는 항상 용의자가 상당한 이유에 근거하여 처음 감금된 후에 나온다.

④ 용의자의 변명에 대한 법적 의미 이해 : 노련한 보안요원도 때때로 용의자의 변명이 또한 증

Sandi J. Davies and Ronald R. Minion (1995); Clarke and Petrossian, "Shoplifting"; Maryland, "Shoplifting Techniques"; Florissant, MO, "Shoplifting."

거가 될 수 있다는 것을 잊는다: 방어는 증거다. 상점주인은 좋은 청취자가 되어야 한다. 그들은 (상인)가게 관리인이나 보안요원이 그들의 눈으로뿐만 아니라 귀로 증거를 만들어낸다는 것을 잘 알 것이다. 상점절도 용의자를 처리함에 있어서 경험이 적은 그러한 모든 사람들조차, 그 용의자가 매우 드물게 자신의 유죄를 인정한다는 것을 안다. 대부분의 시간 동안 사람들은 그들이 상점절도범이라는 것을 부인한다.

⑤ 증거의 관점에서 발언. 법정에서 판사, 검사, 그리고 변호사는 증거의 관점에서 발언한다. 그러므로 이들이 사건을 취급하고 기소여부를 결정할 동안 상점관리인과 가게보안요원은 그들의 기억 속에 있는 증거의 언어를 배워야 한다. 어떤 증거가 법정에서 증명될 것인가의 관점에서 그들의 기억 속에 있는 상점절도 사건을 어떻게 논의할 것인가가 상점주인에게 보여지게 될 것이다. 상점관리인이나 보안요원이 "혐의"나 "의견"의 관점에서 증언을 한다면 불기소될 만한 사건과 패소할 소송 기회가 더욱 많아질 것이다.[41]

상기(想起)하는 것으로서 조사관은 증거물의 질, 내용, 그리고 완전성을 증명하고 보전해야 한다. 관련된 사항과 논의는 6장에 있다. J. Kirk Bearfoot, 피고용인 도난 조사팀, 체포할 수 없는 구속 체인의 확보에 대한 현명한 조언을 제공한다:

> 중요한 점은 잠깐 동안 누가 그 물건을 단독으로 보관했느냐를 보여줄 수 있고 어떤 방식으로도 증거를 함부로 만지거나 위치를 변경시킬 수 있는 위치에 어느 누구도 있지 않았다는 것을 증명할 수 있어야 한다. 밀수품 취급에 관련된 조사관의 서면보고는 신원확인을 위해서 그런 증거에 관한 표시를 나타내야 한다는 것 또한 제시되고 있다. 가능하다면 확인할 수 있는 표시들의 성질과 밀수품에 대한 그들의 위치가 포함되어야 한다. 이런 방법으로 서면(書面)보고는 증거에 관한 실제 확인표시를 확실하게 하고 모든 사건을 완전히 보강한다.[42]

41) J. Cleary, Prosecuting the Shoplifter: A Loss Prevention Strategy (1986): 19-21.

42) J. Kirk Barefoot, Employee Theft Investigation (1979): 81.

이러한 제안으로부터, 조사자는 소매도둑의 일을 단계별로 한다. 첫째, 범죄를 식별하는 것, 둘째, 그러한 범죄의 요소들이 사실에 의해 증명되었다는 것을 확신하는 것, 셋째, 혐의와 우려 둘 다에 인내심을 보이는 것, 그리고 마지막으로 피고 자신의 행동 패턴으로부터 확실하게 배우는 것이다. 고객은 단순한 고객이 아니라 용의자다.

3 종업원에 의한 내부절도

종업원에 의한 내부절도, 낭비와 시기는 회사에서 발생하는 손실 중 가장 큰 부분을 차지하고 있다. 소매업종에서 발생하는 내부 절도의 비율은 가히 천문학적이다.[43] 그림 9.4 참조하시오

물론, 모든 소매상들이 손실을 입지만 미국과 다른 나라들 사이에는 큰 차이점이 하나 있는데, 전 세계적으로 정직하지 못한 직원들은 재고 손실의 약 28% 뒤에 있고, 좀도둑들은 39%를 훨씬 더 많이 차지한다. 이 연구는 직원 절도가 매출 손실의 43%를 차지한다는 점에서 그리 미국적인 상황은 아니라고 말한다. 이는 약 180억 달러, 즉 고객이 취한 할인 비용보다 23억 달러 많은 금액이다.

어떤 가게들은 다른 가게들보다 더 많이 절도를 당한다. 예를 들어, 할인점들은 가정 개선점이나 슈퍼마켓보다 직원 절도율이 더 높다. 게다가, 단순히 상품이나 용돈을 가지고 걸어가는 것이 아니라, 훔치는 대부분의 근로자들은 더 미묘한 방법으로 훔친다.

"일반적으로 절도는 동료가 자신이나 다른 누군가에게 이익을 주기 위해 거래를 조작할 때 발생한다"고 데일은 말한다. 예를 들어, 직원들은 환급, 할인 또는 현금 레지스터에 거래 무효를 입력할 수 있다. 그들은 또한 "거래를 취소하거나, 가격을 수정하거나, 그렇지 않을 때 누군가가 쿠폰을 사용했다고 말할 수 있다."[44] 소매축소는 현금등록기에서 시작하여 판

43) Leinbach-Reyhle, "New Report."

44) Anne Fisher, "U.S. retail workers are No. 1…in employee theft," Fortune, January 26, 2015, http://fortune.com/2015/01/26/us-retail-worker-theft.

매업자에게까지 확장되고 앞쪽 행정사무소에서 쉽게 발생하는 다양한 형태를 취할 수 있다. 그림 9.5를 참조하십시오.[45]

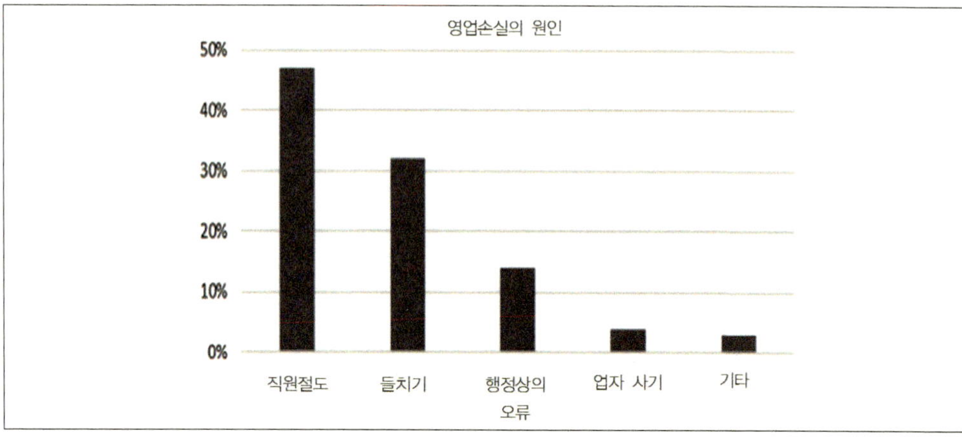

그림 9.4 감시보고서 예시(출처: 미국 소매 연맹)

원인	% 몫(2014~2015)	% 몫(2013~2014)	가치의 감소 ($ 10억, 2014~2015)
부정직한 직원 절도	39%	28%	48.12
들치기	38%	39%	46.89
판매자/판매자 사기	7%	13%	8.64
행정상실 및 비범죄상실	16%	21%	19.74

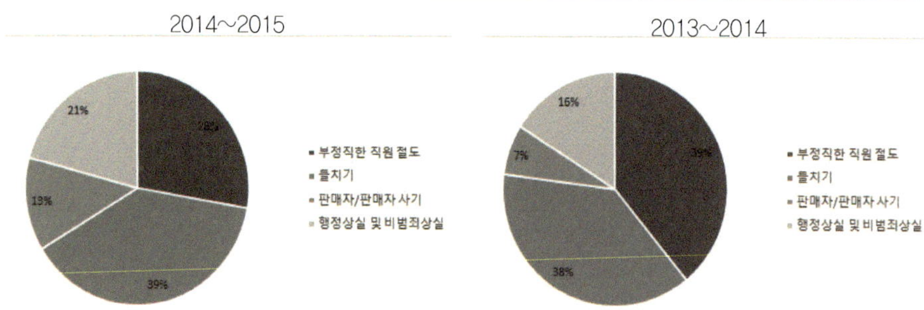

그림 9.5 출처별 글로벌 소매 축소, 글로벌 소매 서프트 바로미터(출처: 체크포인트 시스템)

45) "Theft Barometer (2015)": 25.

민간경비업체는 내부 절도를 예상하고 계획해야 하며, 고객에게 미치는 영향을 최소화하기 위해 다양한 프로토콜을 권고해야 한다.[46]

3.1 내부절도의 이유와 합리화

내부 절도와 다른 형태의 직원 절도들이 왜 그렇게 눈에 띄게 증가했는지에 대해 상당한 의견 차이가 존재한다. 일부 이론가들은 직원들과 고용주들은 서로와 회사에 대한 충성심을 모두 잃었다고 주장한다. Barefoot의 말처럼:

> 일반적으로 직원들의 충성도가 높은 일본 기업들과 달리, 전형적인 미국 고용주는 직원 충성도가 더 이상 균형 잡힌 보안 프로그램에서 실행 가능한 요소로 간주될 수 없을 정도로 감소하는 것을 보아왔다.[47]

직원들이 자신의 불법 행위를 어떻게 합리화하는가? 동기를 식별하는 것은 보안 팀에게 정책 수립의 중요한 단계가 된다. 즉, 왜 사람들이 다른 상업용 부동산 범죄를 저지르는 것이 수사관에게 중요한지를 발견하는 것이다. 일부 산업 분석가들은 이러한 범죄의 "이유"에 대한 인식 부족과 행동적 맥락의 부족을 보고 있다.[48]

46) See "Retailer Security Chief Pushes Proactive Approach," Corporate Security, January 31, 2008: 8; Francesca Nicasio, "How to Prevent and Handle Internal Theft in Retail Stores," Vend, April 30, 2018, https://blog.vendhq.com/post/64901830752/prevent-and-handle-internal-theft-retail; see also C. W. Von Bergen et al., "The Truth about Honesty Testing," http://homepages.se.edu/cvonbergen/files/2012/11/The-Truth-About-Honesty-Testing.pdf.

47) Barefoot, "Undercover": 8.

48) See D. Ritchey, "'Tis the Season," Security 52, no. 12 (2015): 10-12.

일부 전문가들은 다음과 같은 표준적인 이론들을 만들어냈다.

- 금전적인 문제
- 복수
- 유혹 혹은 기회
- 직장 규범[49]

많은 공공 및 민간 법 집행 당국자들은 그 직원의 근거는 종종 "모든 사람이 그것을 한다"는 것이라고 지적한다. 왜 나는 안 되지?" 사설 보안 수사관들은 이런 유형의 추리가 도둑의 도덕적인 의사결정에 스며들기 때문에 이해와 논쟁을 벌여야 한다. 한편, 모든 소매 절도 사건에서 다른 길을 열어, 관용을 베풀고 주류 사법 처리에서 벗어나려고 하는 보안 회사는 무심코 그 활동을 촉진하는 허용오차 임계값을 설정하고 있는지도 모른다. 요컨대 결과가 없는 행동은 결과 없는 다른 행동으로 이어진다.

3.2 계획적인 절도

절도가 완료되는 방법은 주로 위치, 기회 및 접근 수준에 따라 결정된다. 다양한 전술은 장소, 제품, 용량에 따라 다르다. 내부 절도를 자행하는 직원은 범죄의 길이 많고 개인 사정과 조건에 따라 절도 및 사기 행위를 저지른다. 그리고 내부 직원 절도가 상거래와 기술처럼 진화한다는 것은 의심의 여지가 거의 없다. 예를 들어, 누가 "선물 카드" 사기를 치거나 모바일 체크아웃 지점에서 정보에 접근하는 것을 상상했겠는가.[50] 다른 범죄에는 다음이 포함

49) "Why employees steal, and how to handle it," HR Specialist, April 13, 2016, www.thehrspecialist.com/23224/why-employees-steal-and-how-to-handle-it; Brandon Gaille, "Types of Employee Theft and Office Theft Statistics," May 26, 2017, https://brandongaille.com/types-employee-theft-and-office-theftstatistics/.

50) See Garett Seivold, "5 Ways Employees Are Stealing from Your Stores Right Now," LPM Insider, January 4,

될 수 있다.

- 상품 사기
- 횡령
- 조직화된 범죄 계획
- 상업적 뇌물 및 리베이트
- 신용카드 사기
- 장물 입고
- 경비사기
- 가격 전환
- 의료 및 의료 부정 행위
- 샵리프팅
- 자비롭고 종교적인 사기 행위
- 모기지 밀크업(Mortgage milking)
- 보험사기
- 위조 및 기타 문서 변조
- 잘못된 보안 사기[51]

내부절도 방법은 다양하다. 예를들어,

- 상품 사기
- 횡령
- 조직화된 범죄 계획
- 상업적 뇌물 및 리베이트
- 신용카드 사기
- 장물 입고
- 경비사기
- 가격 전환
- 의료 및 의료 부정 행위
- 샵리프팅
- 자비롭고 종교적인 사기 행위
- 모기지 밀크업(Mortgage milking)
- 보험사기
- 위조 및 기타 문서 변조
- 잘못된 보안 사기

2018, https://losspreventionmedia.com/insider/employee-theft/5-ways-employees-arestealing-from-your-stores-right-now.

51) Nicasio, "Internal Theft"; Seivold, "5 Ways"; "Employee Theft: Statistics, Interviewing Techniques and Tips to Optimize Your Employee Theft Policy," LPM Reports, accessed September 9, 2018, https://losspreventionmedia.com/free-reports/employee-theft-statistics-interviewingtechniques-and-tips-to-optimize-your-employee-theft-policy.

직원 도난 전략 및 전술은 다음을 포함하여 다차원적이다.

- 상품을 판매대 건너 공범에게 전달
- 상품을 은닉 장소에 보관
- 언더링 현금 레지스터(Under-ringing cash registers)
- 고객에게 과충전 및 차액 포탈
- 무감독 출구를 통한 상품 도난
- 매출 등록 실패
- 허위 환불 작성
- 배달원 및 운전자와 충돌
- 창고 또는 창고에서 도난
- 반품된 상품 및 해고로부터 도난
- 판매 수표 발행 후 대금 회수
- 공범에 대한 부정 수표 발행
- 공범에게 부정한 환급
- 반품된 구매 내역을 기록하지 못하고 동일한 금액의 현금을 훔침
- 현금을 횡령하기 위한 판매 기록 조작
- 스토어 레코드를 위조하여 도난 사고 발생
- 현금 레지스터에서 비용 인출
- 허가받지 않은 자에게 직원 할인 제공
- 훔친 물건을 쓰레기 또는 다른 용기에 담는 행위
- 배송 담당 직원이 자신의 주소로 물품을 발송
- 교대 근무가 끝날 때 집에 보관하는 의류 및 액세서리 착용
- 할인된 가격으로 구매하기 위해 고의적으로 손상된 상품
- 손상된 상품을 할인 가격으로 구입하고 나중에 손상된 상품을 첫 번째 품질의 상품으로 대체
- 현금으로 지불해야 하는 수표 훔치기 수표
- 고객이 버린 영수증 수거 및 환불에 사용

- 이른 시간 또는 늦은 시간 동안 도난
- 선착장 또는 기타 출구로부터 훔침
- 위조 수표
- 수집할 수 없는 계정에 대한 컬렉션 유지
- 공급업체로부터 리베이트 수령[52]

3.3 절도 조사

직원이나 일반인의 절도사건을 조사할 때 많은 방법이 매우 효과적이다. 그것은 말 그대로 모든 사람들이 도둑질을 할 수 있다는 가정하에서 시작된다. 미국산업안전협회는 조사관들에게 회사의 가장 신뢰받는 직원들 조차도 조치를 조사하는 과정에서 간과되어서는 안 된다고 경고한다.

> 수사관은 모든 가능한 용의자들을 고려해야 하며, 그들이 정직해 보이기 때문에 아무도 제거하지 말아야 한다. 취업 전 면접에서, 모든 징후는 직원을 신뢰할 수 있다는 것을 나타낼 수 있다. 그러나 사람들은 변하고, 회사에 대한 부정적인 태도는 여러 가지 이유로 발전할 수 있다. 업데이트된 배경 조사는 그 직원이 술이나 약물 남용의 피해자가 되었거나, 재정적으로 곤경에 처해 있거나, 불미스러운 동료들의 강한 영향을 받고 있다는 것을 밝혀낼 수 있다.[53]

52) O'Block, "Crime Prevention": 184-85; Nicasio, "Internal Theft"; Seivold, "5 Ways"; LPM Reports, "Employee Theft."

53) American Society for Industrial Security, Basic Guidelines for Security Investigations (1981): 91. See John H. Christman and Charles A. Sennewald, Shoplifting: Managing The Problem (2006); LPM Reports, "Employee Theft."

소매점 점원의 내부 절도에 대한 조사를 실시할 때는 다음 사항을 고려해야 한다.

1. 매상고는 모두 로밍되어 있고, 금전출납부는 현금기록부에 입금되어 있는가?
2. 현금 레지스터는 거래가 발생했을 때를 제외하고 항상 폐쇄되어 있는가?
3. 점원들이 점원이 아닌 직원들에게 할인 혜택을 주고 있는가?
4. 직원구매절차를 준수하고 있는가?
5. 부서별로 점원 간에 유별나게 밀접한 관계가 있는가, 서로 직원 구매를 취급하는가?
6. 점원은 환불 및 교환에 대한 스토어 절차를 준수하고 있는가?
7. 점원은 부서 내 가격 결정에 익숙하여, 고객의 "가격 전환" 가능성을 제한하고 있는가?
8. 적정 세금이 부과되고 있는가?
9. 점원들은 보석 같은 가게 상품을 입고 있으며, 반품하는 것을 "잊고" 하고 있는가?
10. 점원들이 나중에 그들이 구매할 상품을 카운터 아래에 놓고 있는가?[54]

웹 연습 https://youtu.be/uN4V-zNyFil에서 직원 절도의 유형에 대한 비디오를 시청하십시오.

수사관은 의심되는 직원의 행동도 관찰해야 한다. 수상한 신호 찾기:

- 현금 인출기는 "아래"이다.
- 현금 인출기는 "오버"되거나 항상 정확하다.
- 지속적이고 일관된 오류.
- 판매 금지 거래
- 동향. 너의 현금 손실은 간헐적인가?[55]

54) Pinkerton's Inc., Investigations Department Training Manual (1990): 155-156; Nicasio, "Internal Theft."

55) "Identifying the warning signs of internal theft," Tellermate, August 11, 2016, www.tellermate.com/us/news-and-resources/identifying-warning-signs-internal-theft/.

어떤 증거는 용의자를 직접적으로 연루시킬 수 있다.

1. 고액권 구매 또는 직원 소비 습관이나 생활 양식의 현저한 변화
2. 근무습관의 변화
3. 독립적으로 또는 감독되지 않고 작업하려는 목적
4. 급여, 여행, 경비 기록의 문제
5. 누락된 항목
6. 과도한 결근
7. 수상한 차들, 특히 뒷문이나 쓰레기장 근처에 주차된 차들
8. 직원 행동의 변화
9. 친구나 가족이 나타나는 패턴, 또는 직원 체크아웃 라인만 통과한다고 주장하는 가족과 친구들의 패턴.
10. 빈 공간, 반지, 현금 보관함 오버/짧은 공간 변경
11. 파손된 상품이나 잘못 배치된 상품의 증가[56]

조사관들은 이것들과 많은 다른 단서들에 익숙해지며 이것이 바로 고도로 숙련된 수사관들이 기업과 산업에 의해 그토록 소중히 여겨지는 이유다. 경영진은 또한 특히 채용과 심사 과정에서 내부 도난을 예방하고 억제하는 데 중요한 역할을 한다. 경영진의 의무는 신입사원의 도용 가능성이 낮다는 것을 확신하거나 가능한 한 확실히 하는 무결성 검사에 달려 있다. 표 9.1[57]에 열거된 바와 같이 많은 기법을 사용할 수 있다.

제9장

56) Michele Eby, "11 Warning Signs that Your Employees May Be Ripping You Off," Media Partners, www.media-partners.com/articles/eleven_warning_signs_that_your_employees_may_be_ripping_you_off.htm.

57) National Retail Federation, 2017 National Retail Security Survey (2017): 11, https://nrf.com/system/tdf/Documents/NRSS-Industry-Research-Survey-2017.pdf?file=1&title=National%20Retail%20Security%20Survey%202017 at page; see also: Read Hayes, "Strategies to Detect and Prevent Workplace Dishonesty," (2008), www.asisonline.org/globalassets/foundation/documents/crisp-reports/crisp-strategies-detect-

표 9.1 2017 소매업자가 사용하는 직원 무결성 선별 옵션 조사

TABLE 9.1 2017년 유통업체 직원 청렴도 심사 조사		
여러 차례의 면접	2017	2016년과 % 포인트 차이
형사 유죄 판결 수표	91.0%	2.0▲
과거 고용 이력을 확인	85.1%	−4.1▼
개인참고조회	73.1%	11.6▲
교육 검증	58.2%	−0.3▼
약물 검사(마약 검사)	43.3%	7.9▲
운전경력	40.3%	−15.1▼
신용 체크	28.4%	−13.1▼
컴퓨터 사용 면접	26.9%	−6.9▼
취업 전 정직성 시험	20.9%	4.0▲
상호 보호 협회	14.9%	−0.5▼
필적 분석	9.0%	−3.3▼
노동자의 배상 청구	3.0%	3.0▲
전국소매연맹의 허가를 받아 사용함.	1.5%	−3.1▼

3.4 자백 혹은 진술의 확보

일단 증거 근거가 확고해 보이고 관할권에 따라 상인과 그의 수사관/사무관은 용의자를 일시적으로 구금하고 심문할 권리가 있다. 이에 더해, 가맹점은 해당 기관에 공식 처리를 문의할 수 있다. 그러나 많은 기업들은 비용 등의 요인 때문에 이러한 사례들을 비공식적으로 처리하는 것을 선호한다. 숙련된 수사관들은 그들의 사실을 정확하게 파악하고 서류를 완벽하게 정리할 필요가 있다는 것을 알고 있다. 현명한 제안에는 다음이 포함된다.

prevent-workplace-dishonesty.pdf.

- 해고 서류와 가능한 경우 최종 점검을 포함한 모든 서류를 미리 준비한다.
- 증인을 방에 보관한다. 전형적으로, 다른 가게 매니저나 인사 담당자.
- 일부 LP 절차를 검토하고자 하는 직원에게 말함으로써 인터뷰를 시작하십시오.
- 비록 당신이 미리 할 수 있는 한 많이 알고 있어야 하지만, 당신의 카드를 돌리지 마십시오. 다양한 전술을 써서, 당신은 그 직원이 그들이 저지른 줄 몰랐던 범죄를 자백하게 할 수 있을지도 모른다.
- 만약 당신이 그 직원을 합법적으로 기소할 것이라면, 그 직원이 자백한 후에 경찰을 부르되, 경찰이 도착할 때까지 인터뷰를 계속하라. 그리고 다음 사항에 유의하십시오. 당신의 직원은 법적으로 언제든지 일어나서 당신과 회의를 떠날 수 있으며, 당신은 그들이 그렇게 하는 것을 막기 위해 아무것도 하지 말아야 한다.[58]

너무 빠르고 너무 멀리 이동하기 전에, 용의자를 심문하고 진술의 형태로 유죄를 입증하는 것을 근절하는 것이 이치에 맞을지도 모른다. 민간 보안 요원은 미란다식 헌법상 감독 대상이 아니기 때문에 보안 조사관이 경찰과 긴밀히 협조하지 않는 한 그 질문은 경고를 받을 필요가 없다.[59]

법률적으로나 개인적으로나 용의자들을 심문할 때 많은 관심을 기울여야 한다. 물론 헌법이 적용되지 않을 수도 있지만, 불법적인 구속, 거짓 투옥, 명예훼손, 또는 악의적인 기소라는 형태의 민간요법은 확실히 적용된다.[60] 판례법과 배심원은 과도한 강요, 성희롱, 정신적 고통과 관련된 사건들로 가득하다. 상식을 이용하라. 오랜 개업의인 조셉 디 도메니코는 도둑 용의자에게서 진술을 구하면서 수사관의 행동에 대해 다음과 같이 말하고 있다.

① 인터뷰는 사적인 분위기에서 행하라.

② 여성 조사관은 어린이나 여자인 상점절도 용의자와 인터뷰를 행하라.

58) Nicasio, “Internal Theft.”

59) Charles P. Nemeth, Private Security and the Law, 5th ed. (Boca Raton, FL: CRC Press, 2018).

60) Ibid.

③ 조사관은 정중히 질문하여야 한다. 절대 위협이나 강압, 또는 용의자에게 어떠한 장담도 하여서는 안 된다.

④ 조사관은 절대 어떠한 약속도 하여서는 안 된다.

⑤ 만약 용의자가 애인이나 혹은 경찰에게라도 전화 걸기를 요구하면 전화할 수 있도록 허락 해 주거나 아니면 사람을 보내서 연락을 취할 수 있도록 한다. 이러한 상점 내에서의 호의 는 체포된 이후에도 보일 수 있다. 이것은 사리에 맞는 행동으로 보일 것이다.

⑥ 용의자를 "죄인"취급하지 말라. 용의자가 자유롭게 화장실을 사용할 수 있고, 물을 마시고, 흡연(허용된 장소에서)할 수 있도록 하라.

⑦ 만약 상점절도 용의자가 조사관에게 자신이 현재 치료중이라는 이유로 의사를 불러줄 것을 원한다면, 만약 그 상점 내에 양호시설이 있다면 간호사에게 보여야 하지만 의료시설이 없다면 조사관은 반드시 현명한 판단을 내릴 수 있도록 연습하여야 한다. 안정성의 측면에서 본다면 실수하는 것이 더 나을 것이다. 그리고 그 상황에 관한 용의자의 진술을 확보하라.

⑧ 용의자에게 도망칠 수 없는 인상을 주기 위해 사무실 문을 잠그거나 문 앞에 경비원을 세우지 말 것.

⑨ 사건 경과서식을 작성하는 것은 몇 가지 신중성을 기해 접근하여야 한다. 조사관은 이 서식을 작성할 때 주위상황을 숙고하여야 한다.

⑩ 미리 인쇄된 자백서에 서명하도록 시도할 때 용의자에게 이 양식은 구두자백도 포함된다고 설명하라.

⑪ 조사관은 이런 사건의 99퍼센트가 여러 가지 이유로 이 상점에 의해 기소되지 않을 것임을 염두에 두라. 어떠한 이유보다도 상점절도의 대가는 보안성이다. 이것은 상점절도 용의자가 진술서에 서명하고 석방되는 여지를 남겨 놓는 주요요인이다. 그들은 사건이 보안사무실을 벗어나지 않을 몇 가지 보증을 원한다.[61]

작업장 도난 조사를 준비할 때 체크리스트는 표 9.2를 참조하십시오.

61) J. Di Domenico, Investigative Technique for the Retail Security Investigator (Lebhar-Friedman Books,1979): 135

4 주거침입과 탐정

보안산업의 주요 관심사는 주거침입범죄이다. 이 흉악한 범죄의 의미는 아마 재산에 그 근원을 두어야 할 것이다. 집이나 혹은 다른 구조물에 대한 불법적인 침입을 항상 요한다. 전통적 Common Law상 주거침입에 대한 정의, 즉 그러한 범죄들이 오늘날에는 법규(法規)로 정의되고 있다.

① 부동산은 달리 거주하는 집이어야 한다.

② 집 그 자체의 일부분에 관한 파괴가 있어야 한다. 파손은 실질적이어야 할 뿐만 아니라 구조적이어야 한다.

③ 반드시 침입이 있어야 한다. 손이나 도구 같은 가벼운 침입이라도 마찬가지이다.

④ 파손과 침입은 모두 밤에 이루어져야 한다. 하지만 같은 시간에 동시에 발생할 필요은 없다.

⑤ 집 안에서 중죄를 저지르려는 의도가 있어야 하며 그러한 의도는 파손과 침입 때에 동반하여야 한다. 의도된 중죄가 실행되어질 필요는 없다.[62]

이러한 요소들의 법적 수정은 꽤 흔했다. "주거 주택"의 정의는 자유롭게 해석되었고, 닭장, 소의 마구간, 돼지집, 헛간, 연막집, 방앗간, 그리고 대부분의 상업적 구조를 포함한 다른 건물이나 점유 구조의 다른 모든 영역을 포함한다.[63] "파쇄(Breaking)"라는 용어는 실제적인 재산의 파괴를 요구하지 않으며 단지 점유된 구조물의 비행기나 입구의 지점을 파괴할 뿐이

62) W. L. Clark and W. L. Marshall, A Treatise on the Law of Crimes (Callaghan, 1967): 984.

63) Ibid.: 986-987

다. 또한 대부분의 관할구역은 야간 결정을 재평가하고 해당 요구사항을 의무화하지 않았다. 그러나 많은 관할 당국은 침입 시간을 범죄의 등급이나 가능한 처벌의 심각도에 적용 가능하도록 한다.[64]

비록 그렇기는 하지만, 일부 자산을 훔치는 의미에서, 강탈은 반드시 재산범죄가 아니다. 흉악범은 재산 절도를 포함한 여러 가지 이유로 침입하지만, 강도 정의에는 "그 안에 있는 모든 중죄"의 수수료가 포함된다. 그래서 동기는 신체적 폭행이나 성폭행일 수 있다. 상소 결정은 거주지 내의 중죄를 범하려는 의도에 의해 입주가 촉진되어야 한다는 요구사항을 우리에게 상기시키는 역할을 했다.[65]

강도사건의 수사는 다른 모든 범죄와 같은 일반적인 수사 접근법을 필요로 한다. 중죄의 요소들에 대한 증명은 수집된 객관적 사실과 연관되어 있다. 다음 단계에 주의하십시오.

1. 도난현장의 잠복지문을 주의 깊게 확인한다.
2. 지문을 채취할 경우 전 직원을 대상으로 지문을 채취한다.
3. 광택이 나는 바닥 표면이나 바닥에 있는 모든 종이의 발자국이 있는지 확인한다.
4. 도난건물을 둘러싸고 있는 구역에서 도난건물과 관련이 있을 만한 타이어 자국이나 발자국이 있는지 확인한다.
5. 누락된 모든 재산 또는 금액에 대한 정확하고 상세한 설명을 구한다.
6. 가지고 있는 보험의 손실부담 조항을 확인한다.
7. 구내에 출입할 수 있는 모든 사람을 인터뷰하라. 이 단계에는 야간 경비원, 순찰원 또는 그 지역에서 일하는 순찰원, 강도 전에 마지막으로 구내를 빠져나온 사람, 그리고 강도 사건을 발견하고 신고한 사람이 포함되어야 한다.
8. 복구된 공구의 출처를 추적해 보십시오.

64) See N.Y. Crim. Law "□ 221.2 (McKinney, 1962).

65) See William Coates, "Criminal Intention of Burglary," N.C.L. Rev. 2, (1924): 110; see also Champlin v. State, 84 Wis. 2d 621, 267 N.W. 2d 295 (1978); State v. Oritz, 92 N.M. 166, 584 P. 2d 1306 (1978).

9. 폭발물이 회수되면 운송을 시도하지 말고 해당 장치에 대해 문의하십시오.
10. 공격 대상 금고의 저울 사진을 찍는다(해당되는 경우).
11. 가능하면 금고의 제조, 일련 번호, 크기 및 무게를 구한다(해당되는 경우).
12. 용의자를 체포하여 범행 현장이나 근처에서 강도죄로 기소하면, 즉시 입고 있는 모든 의복에 접근할 수 있게 된다...옷에는 안전한 단열재, 페인트 조각 또는 금속 입자가 들어 있을 수 있다.
13. 용의자가 체포되었을 때 차량에 탑승한 경우, 신원 확인을 위해 회수된 도구를 표시하고 다른 모든 증거와 함께 전달한다.[66]

표 9.2 일자리에 대한 불만 사항 조사체크리스트

일자리 불만 상항 방지, 조사 및 해결 조사 체크리스트
I. 일자리 불만 방지
☐ **중대정책** ☐ 성적 및 기타 피해 ☐ 직장폭력 ☐ 행동 및 윤리 기준 ☐ 전자 및 기타 통신
☐ **조사의 가치가 있는 상황의 예** ☐ 약물 남용 의심 ☐ 태도 문제 ☐ 차별/해당 불만 사항 ☐ 위협박 ☐ 반달리즘 및 기타 파괴 행위 ☐ 정책 위반 ☐ 직장절도 ☐ 안전문제 ☐ 반경쟁(Anti-competitive)

66) Pennsylvania State Police, Bureau of Training and Education, Investigation of Safe Burglaries (1972): 1-2; Amaury Murgado, "How to Investigate a Burglary," Police Magazine, February 9, 2017, www.policemag.com/channel/careers-training/articles/2017/02/how-to-investigate.aspx.

일자리 불만 상황 방지, 조사 및 해결 조사 체크리스트

□ **고발절차 유효**
□ 불만을 접수할 수 있는 지식이 있고 예민한 개인 지정
□ 직원에게 불만사항 안내 및 알림
□ 구강 항의를 허용한다.

□ **연수**
□ 직원
□ 관리자

II. 조사 준비

□ **조사계획 수립 및 시행**
□ 잠재 조사자 명단을 유지한다.
□ 조사자는 주 및 연방 고용법에 대해 잘 알고 있어야 한다.
□ 조사자는 철저한 조사를 해야 한다.
□ 객관적이어야 한다.
□ 외부 변호사가 조사해야 하는지 여부 결정(예: 고위 경영진에 대한 불만 사항일 수 있음)

□ **증거 수집/확보 프로세스 설계 및 시행**

□ **정보 흐름/상태 보고서**
□ 누가 정보를 수신하는지 결정한다.

III. 일자리 불만 상황 조사

□ **조사규칙**
□ 직원이 불만을 제기한 후 또는 회사가 부적절한 행위, 정책 위반 등이 발생했다고 판단할 근거가 있는 경우 가능한 한 빨리 조사에 착수한다.
□ 인력/상위 경영진 참여
□ 가능한 범위 내에서 변호사 의뢰인의 특권에 의한 조사를 보호하기 위해 초기 및 조사 내내 외부 변호사와 상의하십시오.
□ 근로자가 조합에 의해 대표되는지 여부를 결정한다. 그렇다면 단체협약 고충처리절차와 Weingarten 권리가 적용된다.(아래 XI 참조)

□ **조사 계획에 따르십시오.**
□ 조사관 선택 – 조사관은 마음을 열고 모든 관련자와 대화한 후 결정을 내려야 한다.
□ 증거 수집 및 확보
- □ 불만사항 및 의심되는 공격자의 인사 파일을 검토하여 이전 불만사항 또는 최근 징계 조치가 있는지 확인하십시오.
- □ 일지
- □ 기록.
- □사진
- □ 음성 메일.
- □ 이메일.
- □ 전화 기록.

일자리 불만 상황 방지, 조사 및 해결 조사 체크리스트

- □ 영수증.
- □ 기타 관련 문서
- □ 기타 관련 증거
- □ 잠재적 증인 식별 - 사례별로 적절한 인터뷰 순서를 결정한다.

□ 각 인터뷰 및 조사 과정의 각 단계에 대한 상세한 메모로 조사 파일 유지

□ 증인면접 실시

□ 모든 인터뷰에 증인을 출석시킨다(최소한 같은 증인이 필요하다).

Ⅳ. 불만상황 인터뷰

□ 조사과정 설명 당신은 공정한 해결책에 도달하기 위해 사실을 얻고 모든 이슈를 명확히 하고자 한다.

□ 기밀성을 논의하여, 가능한 범위 내에서 기밀성을 유지할 것이며, 정보는 "알 필요가 있다"는 기준으로만 전파될 것임을 표명한다. 철저한 조사를 해야 할 의무를 방해할 수 있으므로 절대 기밀을 약속하지 마십시오. 불평불만이 당신을 원하지 않더라도 협의를 조사할 법적 의무를 설명하라.

□ 불만 사항과 함께 관련 정책 검토

□ 회사의 어떠한 보복 정책도 검토하지 마십시오. 필요하다면 무엇이 보복을 구성하는지를 설명하시오.

□ 질문

□ 우선 불만족에게 자신의 이야기를 들려주도록 한다. 메모하다. 날짜, 시간 및 행동 장소, 목격자 또는 기타 관련 문서와 같은 모든 세부 사항을 기록한다.

□ 불만사항 질문 시, 일반적인 질문부터 시작하여 구체적인 질문으로 이동하십시오.

- □ 일반적, 선도적이지 않은 질문
  - □ 가해자로 추정되는 사람과 얼마나 오래 근무하셨습니까?
  - □ 그/그녀와의 관계(즉, 관리자/부속인)를 어떻게 설명하시겠습니까?
- □ 구체적 질문
  - □ 사건은 언제 일어났는가? (날짜, 시간, 장소)
- □ 매우 구체적인 질문
  - □ 사고 설명(해당되는 경우 정확한 단어를 포함한 세부 사항)
  - □ 누가 그 사건에 연루되었는가? 각자가 관여했던 것은 무엇인가?
  - □ 그 사건과 관련하여 누구에게 이야기하셨습니까?
  - □ 전에도 이와 같은 일이 있었는가?
  - □ 그 사건이 당신에게 어떤 영향을 미쳤는가?
  - □ 어떻게 해결하시겠습니까?
- □ 모든 관련 사건을 연대순으로 다시 한 번 살펴보십시오. 가능한 경우 정확한 단어, 누구에게 무엇을 말했는지, 누구에게 어떤 반응을 보였는지를 포함한 모든 행동 불만 사항의 세부 사항을 기록하십시오.
- □ 행동과 관련된 모든 사람의 신원을 확인한다(필요하고 적절할 경우 연락처를 묻는 것을 고려한다).
- □ 수행할 모든 증인의 신원 확인(필요하고 적절한 경우 연락 정보 요청 고려)
- □ 행위에 대한 불만족 대응
  - □ 범죄 혐의자에 대한 대응

일자리 불만 상황 방지, 조사 및 해결 조사 체크리스트

- □ 타인에 대한 의견.
- □ 불만족시 직원이 다른 직원이 동일하거나 유사한 행위를 당했는지를 알고 있는지 조사하십시오.
- □ 불만 사항이 어떻게 해결되기를 원하는지 살펴보십시오. (요청된 해결을 약속하지 마십시오. 모든 해결은 모든 사실과 상황에 기초할 것입니다.)

□ 서류 또는 증거물 확보

□ 불만 사항 담당자를 초대하여 추가 정보를 얻으십시오.

V. 중간 해결책

□ 조사가 진행되는 동안 불만사항과 의심되는 위반자를 분리해야 하는지 여부를 결정한다.

□ 당사자를 분리한다.

□ 결근 휴직

□ 정지(급여의 유무)

□ 감독권 제거

□ 공격자로 추정되는 자에게 행동을 중지하도록 지시한다.

VI. 협의가 제기된 가해자 인터뷰하기

□ 위반 혐의자에게 통보한다.

□ 일반적인 용인할 수 없는 행위인 경우 불만 사항을 파악하지 않아도 될 수 있다.

□ 조사 과정을 설명하고 — 사실을 파악하며, 공정한 해결을 위해 모든 문제를 명확히 한다.

□ 부적절한 행위 또는 회사 방침 위반이 발생했다고 판단될 경우 징계 조치를 취할 가능성을 포함하여 회사의 관련 정책을 검토하십시오.

□ 회사의 어떠한 보복 정책도 검토하지 마십시오. 필요하다면 무엇이 보복을 구성하는지를 설명하시오.

□ 기밀성 논의 – 가능한 범위까지 기밀성을 유지할 것이며, 정보는 "알 필요가 있다"는 기준으로만 전파될 것이다. 절대 기밀성을 약속하지 마십시오. 철저한 조사를 수행해야 할 의무를 방해할 수 있습니다.

□ 질문

□ 일반적인 비주문 질문에서 시작하여 구체적인 질문으로 넘어가고, 불만 사항 및 가해자의 답변과 관련된 모든 사실을 파악하십시오.

□ 일반적, 유도적이지 않은 질문

- □ 불만족과 함께 일한 지 얼마나 되셨습니까?
- □ 그/그녀와의 관계(즉, 관리자/부속인)를 어떻게 설명하시겠습니까?

□ 자세한 질문

- □ 사건은 언제 일어났는가? (날짜, 시간, 장소)

□ 매우 구체적인 질문

- □ 사고 설명(해당되는 경우 정확한 단어를 포함한 세부 사항)
- □ 누가 그 사건에 연루되었는가? 각자가 관여했던 것은 무엇인가?
- □ 그 사건과 관련하여 누구에게 이야기하셨습니까?
- □ 전에도 이와 같은 일이 있었는가?

일자리 불만 상항 방지, 조사 및 해결 조사 체크리스트

- □ 그 사건이 당신에게 어떤 영향을 미쳤는가?
- □ 어떻게 해결하시겠습니까?

□ 서류 또는 증거물 확보

□ 의심되는 가해자를 초대하여 추가 정보를 얻으십시오.

Ⅶ. 임시 수정 해결책 재평가

□ 조사가 진행되는 동안 중간 해결책이 필요한지 여부를 추가로 평가한다. 외부 변호사와 상담하는 것이 좋을 것이다.

□ 당사자를 분리한다.

□ 결근 휴직

□ 정지(급여의 유무)

□ 감독권 제거

□ 범죄 혐의자(및/또는 불만 사항)가 행위를 중단한다.

Ⅷ. 목격자 인터뷰

□ 당사가 부적절한 행위, 정책 위반 등의 불만 사항을 접수하였음을 설명하십시오.

□ 조사 프로세스 설명 – 사실을 파악하고, 공정한 해결책에 도달하기 위해 모든 문제를 명확히 한다.

□ 기밀성을 논의하여, 가능한 범위 내에서 기밀성을 유지할 것이며, 정보는 "알 필요가 있다"는 기준으로만 전파될 것임을 표명한다. 철저한 조사를 해야 할 의무를 방해할 수 있으므로 절대 기밀을 약속하지 마십시오.

□ 회사의 어떠한 보복 정책도 검토하지 마십시오. 필요하다면 무엇이 보복을 구성하는지를 설명하시오.

□ 질문.

□ 증인 심문에서 일반적인 개방형 질문부터 시작하십시오. 구체적인 질문으로 넘어가라. 불만 사항과 관련된 모든 사실을 파악하십시오.

- □ 일반적, 유도적이지 않은 질문
  - □ 불만족과 함께 일한 지 얼마나 되셨습니까?
  - □ 그/그녀와의 관계(즉, 관리자/부속인)를 어떻게 설명하시겠습니까?
- □ 구체적 질문
  - □ 사건은 언제 일어났는가? (날짜, 시간, 장소)
- □ 매우 구체적인 질문
  - □ 사고 설명(해당되는 경우 정확한 단어를 포함한 세부 사항)
  - □ 누가 그 사건에 연루되었는가? 각자가 관여했던 것은 무엇인가?
  - □ 그 사건과 관련하여 누구에게 이야기하셨습니까?
  - □ 전에도 이와 같은 일이 있었는가?
  - □ 그 사건이 당신에게 어떤 영향을 미쳤는가?
  - □ 어떻게 해결하시겠습니까?

□ 서류 또는 증거물 확보

□ 추가 정보가 있는 증인을 초대한다.

Ⅸ. 최종보고서 준비

일자리 불만 상항 방지, 조사 및 해결 조사 체크리스트
□ 모든 주의사항, 진술 및 증거 검토
□ 추가 면접 필요 여부 결정
□ 각자의 이야기를 분석하고 신뢰성을 평가한다.
□ 회사 방침 위반 또는 부적절한 행위가 발생하였는지 판단한다.
□ 보고서 초안, 시행된 세부 단계 및 결론의 이유를 작성한다. 법적 결론을 내리지 마십시오. 예를 들어, 성희롱이 발생할 수 있다. □ 모든 초안은 처리하여 외부 상담원에게 전달해야 한다. □ 외부 상담원과 조사 노트를 어떻게 할 것인지 논의한다.
X. 일자리 불만사항 해결책
□ 불만사항 및 의심되는 결론에 대해 통보한다.
□ 필요한 경우 적절한 징계를 부과한다.(고충처리 대상자, 위반 혐의자) □ 잠재적 징계 조치: □ 구두 경고. □ 경고문 □ 두 번째 서면 경고. □ 정지(급여의 유무) □ 종료.
□ 불만사항 후속 조치의 경우 보복 또는 추가 부적절한 행동을 경험한 적이 있는지 확인
□ 위반 혐의자에 대한 후속 조치로서 징계 조치가 유효할 수 있도록 보장한다.
XI. 유니온 직원 관련 정보
□ Weingarten Rights – 유니온 직원은 인터뷰 중에 합리적으로 대표자를 출석시킬 수 있다. 징계를 내리다 비노조 직원들은 이 권리를 가지고 있지 않다.
□ CBA(Collective Bargaining Agreement)는 CBA 및 정책이 핸드북 정책을 대체하는 정도 앞뒤가 맞지 않다
□ 노조원들에 대한 불만처리절차를 유의한다.표 9.2 (계속)
X. 일자리 불만사항 해결책
□ 불만사항 및 의심되는 결론에 대해 통보한다.
□ 필요한 경우 적절한 징계를 부과한다.(고충처리 대상자, 위반 혐의자) □ 잠재적 징계 조치: □ 구두 경고. □ 경고문 □ 두 번째 서면 경고. □ 정지(급여의 유무) □ 종료.

일자리 불만 상항 방지, 조사 및 해결 조사 체크리스트
□ 불만사항 후속 조치의 경우 보복 또는 추가 부적절한 행동을 경험한 적이 있는지 확인
□ 위반 혐의자에 대한 후속 조치로서 징계 조치가 유효할 수 있도록 보장한다.
XI. 유니온 직원 관련 정보
□ Weingarten Rights – 유니온 직원은 인터뷰 중에 합리적으로 대표자를 출석시킬 수 있다. 징계를 내리다 비노조 직원들은 이 권리를 가지고 있지 않다.
□ CBA(Collective Bargaining Agreement)는 CBA 및 정책이 핸드북 정책을 대체하는 정도 앞뒤가 맞지 않다
□ 노조원들에 대한 불만처리절차를 유의한다.

주거침입 대상이었던 지역을 조사할 때에는 도구, 연장, 기계적인 수단과 파손 및 침입 시에 도움이 되었던 것이 무엇인지 확인하여야 한다.[67] 일반적인 주거침입의 도구리스트는 아래와 같다 :

- 해체용 금속막대 혹은 지렛대
- 끝이 뾰족한 펀치
- 코어 드릴 혹은 대패
- 망치와 해머
- 파이프 렌치 • 볼트 절단기
- 펜치 • 쇠톱과 칼날
- 쇠지레 (crowbars)
- 다이아몬드 심이 박힌 대패
- 타이어 족쇄
- 연마용 톱, 끌, 나무대패, 펜치 혹은 와이어 커터
- 병따개 혹은 플레이드 그리퍼
- 바이스그립(vise grip) • 열쇠구멍 절단톱
- 산소-아세틸렌 장비 • 전동드릴
- 스크류 드라이버

민간경비는 사업 도용과 강도 감소에 중요한 역할을 한다.[68] 사업, 산업 및 개인은 자신도 모르게 강도 및 기타 재산범죄의 기회에 기여할 수 있다. 부르고뉴는 많은 이점을 찾는데, 그 중 일부는 다음과 같다.

67) For some thoughtful suggestions on burglary investigations, see Murgado, "Investigate a Burglary."

68) See Charles P. Nemeth and K. C. Poulin, Private Security and Public Safety: A Community Based Approach (2005): 71-72.

• 어두운 영역

• 창문 앞부분의 스러브

• 고정되지 않은 문

• 보안 카메라 부족[69]

가장 좋은 방법은 절도/도난 방지 프로그램을 설정하는 것이다.[70] 시설 또는 주변 보호에서 보안 전문가는 광범위한 책임을 진다. 감시 시스템은 가해자들이 감시자의 눈에 의해 억제되기 때문에 중요한 역할을 한다.[71] 그 밖에 주목할 만한 상식적인 제안은 다음과 같다.

• 모든 외부 출입구와 보안 도어 내부에 데드볼트 잠금 장치가 있는지 확인하십시오. 자물쇠를 사용할 경우 강철로 만들어 항상 잠겨 있어야 한다. 승인되지 않은 키가 만들어지지 않도록 잠금 장치에서 일련번호를 제거하십시오.

• 모든 외부 또는 보안 도어는 금속으로 라이닝되어야 하며 금속 보안 크로스바로 고정되어야 한다. 노출된 힌지를 모두 핀으로 고정하여 탈거하지 않도록 하십시오.

• 창문에는 보안 잠금 장치와 도난 방지 유리가 있어야 한다. 진열창을 제외한 모든 창문에 금속 격자를 설치하는 것을 고려해 보십시오.

• 야간에 진열된 윈도우 디스플레이에서 값비싼 모든 아이템을 제거하고 폐업 후 비즈니스를 쉽게 들여다 볼 수 있도록 하십시오.

• 특히 문, 창문, 스카이라이트 또는 기타 진입점 주변에서 비즈니스의 안팎을 조명하십시오. 변조를

69) "How Burglars Choose Their Targets," Protect America, November 15, 2017, www.protectamerica.com/home-security-blog/spotlight/how-burglars-choose-their-targets_15029.

70) See A. Tseloni, R. Thompson, L. Grove, N. Tilley, and G. Farrell, "The Effectiveness of Burglary Security Devices," Security Journal 30, no. 2 (2017): 646-664, doi:http://dx.doi.org.ez.lib.jjay.cuny.edu/10.1057/sj.2014.30; see also "Most effective burglary deterrents, according to the burglar." Security Distributing &Marketing, March 2014: 18.

71) C. Meyer, "Monitoring the Floor," Security 51, no. 4 (2014): 56-58.

방지하기 위해 외부 조명 및 전원 위에 커버를 설치하는 것을 고려하십시오.

- 주차장의 조명이 양호하고 시야가 막히지 않는지 점검하십시오.
- 금전 등록기는 업무 외부에서 쉽게 볼 수 있도록 하여 주간 또는 야간에도 경찰이 감시할 수 있다. 닫은 후에 여닫고 비워 두어라.
- 금고가 내화성이며 단단히 고정되어 있는지 확인하십시오. 그것은 평이하게 보아야 한다. 비어 있을 때는 열어두고, 문을 닫을 때는 귀중품을 잠글 때 사용한다. 액세스 권한이 있는 직원이 비즈니스를 종료할 때 조합을 변경하십시오.
- 경보 시스템에 투자하기 전에 여러 회사에 문의하여 사용자의 요구 사항에 맞는 보안 수준을 결정하십시오. 현지 법 집행 기관에 연락하여 기성 기업을 추천하십시오. 시스템을 올바르게 사용하는 방법을 배우십시오. 시스템을 매일 점검하고 닫을 때 테스트를 실행하십시오.[72]

표 9.3의 체크리스트는 민간 경비에게 큰 도움이 될 것이다.

표 9.3 주거침입 예방 체크리스트(Burglary Prevention Checklist)

주거침입 예방 체크리스트(Burglary Prevention Checklist)			
이름: 주소:			
주거침입 예방 체크리스트			
예방 팁	OK	필요사항	대체품목
문			
앞문			
뒷문			
측문			
지하문			

72) Merchants Insurance Group, "Business Owner Burglary and Robbery Prevention Tips," June 20, 2017, www.merchantsgroup.com/business-owner-burglary-robbery-prevention-tips/; Tseloni, Thompson,Grove, Tilley, and Farrell, "Security Devices"

주거침입 예방 체크리스트(Burglary Prevention Checklist)			
채인 래치(chain latch)			
앞문			
뒷문			
측문			
지하문			
헤비듀티 힌지(Heavy Duty Hinges)			
앞문			
뒷문			
측문			
지하문			
피프홀(peephole)			
앞문			
뒷문			
창문이 있는 문			
출입을 위한 키가 필요			
메일박스/문에 있는 메일슬롯			
차고 문 핀 텀블러 잠금(Garage Door Pin tumbler Lock)			
창문:			
핀 텀블러가 있는 모든 창			
나무 막대 또는 나무 줄무늬(Patio Door)			
막대 또는 그릴웍스(Grillworks):			
"Out of the way" 창			
차고 창문			
지하실 창문			
키:			
키가 손실된 경우 입주할 때 텀블러 변경			
중복된 키 배포 안 함			
집과 자동차 키를 분리해 두십시오.			
키에 이름과 주소 입력 안 함			
집 열쇠를 밖에 숨겨 두어라			

5 피해를 최소화하기 위한 방어기법, 주거침입확인 및 재산의 손실

5.1 전략과 전술들

고도로 숙련된 절도 및 재산 조사관은 두 가지 기본적인 특징을 가지고 있다. 첫째, 조사관은 자신이 배정된 영역을 알고 있고, 둘째, 조사관은 손실 패턴을 분석할 수 있다. 물론 이것은 조사관이 관련된 인물과 성격, 지리적 위치, 그것의 배치 및 전체적인 운영을 알아야 한다. 주거 시설의 경우, 가정 보안 산업의 성장은 미국 전역의 지역사회에 진정한 틈새를 반영한다. 확실히, 강력한 주거 보안 시스템은 강도 예방에 큰 도움이 된다[73]. 숙련된 민간 보안 조사관은 소매업자에게 상품이 어떻게 도둑맞고 있는지를 조언하고 동시에 이 경제적 도둑질을 어떻게 해결할 것인지에 대한 권고안을 제시할 수 있다. 이 이중 목표를 달성하기 위해 일부 보안 프로토콜이 실행되어야 한다.

73) See Jeffrey Roth, "The Role of Perceived Effectiveness in Home Security Choices," Security Journal 31, no. 3 (July 2018): 708-725.

5.1.1 현장안전 검측과 그 적용

보안조사는 시설의 현재 상태를 측정하고 검토하고, 보안의 장점과 약점을 부각시키며, 안전과 보안의 개선을 위한 시정조치에 대한 권고 및 해당 장소의 환경설계의 현황을 제시함으로써 고객에게 보안 취약성에 대한 평가를 제공한다. 보안조사는 많은 목적을 가지고 있지만 범죄행위의 억제를 더 강하게 하는 것은 없다. 현장 조사를 완료하면 영구적인 기록을 파일에 보관할 수 있다. 표 9.4[74]의 비즈니스 또는 상업 조사를 참조하십시오.

5.1.2 조직적 특성을 결정하기

보안업체에서 일하는 조사관은 특히 고객의 특징에 대해 조직적 관리적인 느낌을 가져야 한다. 느슨히 조직되고 관리상 문제가 있는 회사에서는 내부절도와 같은 심각한 문제가 일어나기 쉽다. 국립사법연구원(The National Institute of Justice)은 다음과 같이 언급하고 있다:

> 재물을 취득하려는 종업원들에 대한 통제는 회사조직이 우선순위의 목표 리스트상에서 재물절도방지를 가시적으로 유지해야 한다는 문제처럼 보인다. 일시적 주제 혹은 최소한의 중요성이 무시되거나 무관심해져서는 안 될 뿐만 아니라 조직관리팀에 있어서 이러한 부분이 전문화된 영역을 위한 임무로 할당되어서도 안 된다. 이 연구는 모든 직업상 단계에서 내부절도에 대한 통제를 염려하는 명백하고 일관된 분위기를 단지 보임으로써 회사조직은 그 종업원들의 행동에 관한 의미 있는 효과를 갖도록 기대할 수 있다고 제시한다.[75]

74) Barrow County Sheriff's Office, "Business Security Checklist," www.barrowsheriff.com/forms/BusinessSecurityChecklistv2.pdf.

75) U.S. Department of Justice, National Institute of Justice, Theft by Employees in Work Organizations (1983): 2.

모든 회사 혹은 제도상의 환경은 조사관의 판단에 영향을 미친다. 직무를 잘 수행하기 위해서 조사관은 반드시 알아야 할 것이 있는 바, 그것은 어떻게 경영되고 있는가? 체포를 하기 위해 어떻게 그 당사자들을 추적할 것인가? 계략들을 어떻게 극복할 것인가? 등이다. 종업원을 소홀히 다루는 회사, 즉 업적에 대해 보상이 거의 이뤄지지 않고 행동 혹은 행위에 제한이나 통제가 없는 회사는 종업원의 일탈행동 때문에 매우 큰 손실을 입을 위험이 있다. 근본적으로 통제부족은 혼란 상태를 초래한다. 대개 경험적으로 종업원들이 회사가 불법적 그리고 비도덕적 행동에 대해 단호히 대처하고 회사가 자신의 재산에 대한 보호를 확실히 하는데 중요한 시간과 에너지를 투자했다는 등 경영의 세밀함을 느낀다면 범죄행위의 가능성은 줄어들 것이다. 표 9.5의 조치는 내부 절도에 장애물을 제공한다.

표 9.4 상용 또는 비즈니스 보안 설문 조사

상용 또는 비즈니스 보안 설문 조사		
예	아니요	
		외부 그라운드
		재산 주변에 울타리가 있는가 아니면 영역성에 대한 명확한 정의가 있는가?
		울타리가 있으면 키가 충분히 크고 수리가 잘 되어 있는가?
		야간에 울타리 문을 잠글 수 있는 신뢰성 있는 시스템이 있는가, 또는 시설에 사람이 거주하지 않을 때.
		경첩과 자물쇠 등 울타리 출입문이 보수상태가 양호한가?
		울타리가 잡초나 다른 땅 덮개로 막혀 있는가?
		사용하지 않거나 필요 없는 울타리 문이 있는가?
		도둑이 울타리를 넘는데 도움이 되는 나무, 기둥 또는 다른 특징들이 있는가?
		해당되는 경우, 울타리 및/또는 게이트에 "트레스패스 금지" 표시가 있는가?
		관목과 덤불 및 기타 식물 성장은 보도, 진입로 또는 건물 출입구의 4(4)피트 이내에서 2피트 이하의 높이로 유지되고 있는가?
		보도, 진입로 또는 건물 입구로부터 4피트(4)에서 8피트(8)피트 사이의 관목과 덤불 및 기타 식물 성장이 4피트(4)피트 이하의 높이로 유지되고 있는가?
		낮은 나뭇가지가 땅에서 최소한 6피트 이상 떨어지도록 나무를 다듬는가?
		주차구역에서는 나무를 손질하여 조명기구로부터 빛을 차단하거나 가려놓지 않도록 하고 있는가?

상용 또는 비즈니스 보안 설문 조사		
예	아니요	
		나무들을 다듬어서 건물 상층부에 접근할 수 없는가?
		가시가 많은 식물이 울타리를 따라 건물의 1층 창문 아래에 땅 덮개로 사용되고 있는가?
		외부 불빛
		건물 주차장이 충분히 조명되었는가?
		통로 및 건물 출입구가 잘 켜져 있는가?
		건물의 모든 면이 적절하게 조명되었는가?
		비작동 조명의 보고를 용이하게 하기 위해 조명기준에 잘 표시 또는 식별되고 있는가?
		작동 불능 조명을 보고할 책임이 있는 사람에 대한 명확한 정의가 있는가?
		스위치 박스가 고정되어 있는가?
		조명이 시각장애인 순찰관에게 지시 또는 배치되는가?
		조명 기구 보호 렌즈 밴드에 내성이 있는가?
		건물 외부
		화재 대피 및 비상구는 건물 외부로부터 접근하기 어렵게 설계되었는가?
		지붕이나 다른 건물 부착물을 타고 올라가면 지붕이나 높은 층의 창문에 접근할 수 있는가?
		건물에 대한 전화선과 전원선이 쉽게 접근할 수 없을 정도로 충분히 높은 곳에 위치해 있는가?
		건물에 접근할 수 있는 보호되지 않은 채 조명등이 있는가?
		쓰레기 또는 쓰레기통 구역이 울타리를 치고 잠겨 있는가?
		나가는 쓰레기의 무작위 현장검사가 이루어지고 있는가?
		팬 개구부 및 환기 샤프트가 적절히 고정되어 있는가?
		인접한 건물에서 건물로의 접근을 얻을 수 있는가?
		주차장
		직원들이 건물에서 재산을 제거하고 이를 감지하지 않고 자신의 자동차에 넣는 것이 가능한가?
		주차장은 순찰 관찰에 도움이 되는가?
		주차장은 CCTV에 의해 감시되고 있는가?
		직원 주차장에 주차하는 사람은 차량을 등록하고 주차 허가증을 제시해야 하는가?
		외부 문
		모든 외부 도어가 견고하고 강제 침입에 대한 내성이 있는가?

상용 또는 비즈니스 보안 설문 조사		
예	아니요	
		외부 도어가 바깥쪽으로 흔들리며 힌지 핀이 노출된 경우, 분리 가능한 핀을 비이동식 힌지 핀으로 교체하였는가?
		도어 프레임이 잘 제작되고 양호한 상태인가?
		모든 외부 도어가 도어 프레임 안에 단단히 들어맞는가?
		외부 도어의 각도(180°)가 넓은가?
		이중 실린더 데드 볼트가 장착된 잠금 장치로부터 40인치 이내에 유리가 있는 도어인가?
		이중 외부 도어의 경우, 두 도어 사이의 공간을 덮는 아스트라걸(강 금속 커버 슬립)이 있는가?
		외부 도어 스트라이크 플레이트가 강화 또는 중용되고 최소 3인치 길이의 나사로 고정되어 있는가?
		외부 도어에는 도어 리인포스먼트(Door Re-enforcer)가 장착되어 있는가? - 잠금 구역에서 도어를 감싸는 금속 채널 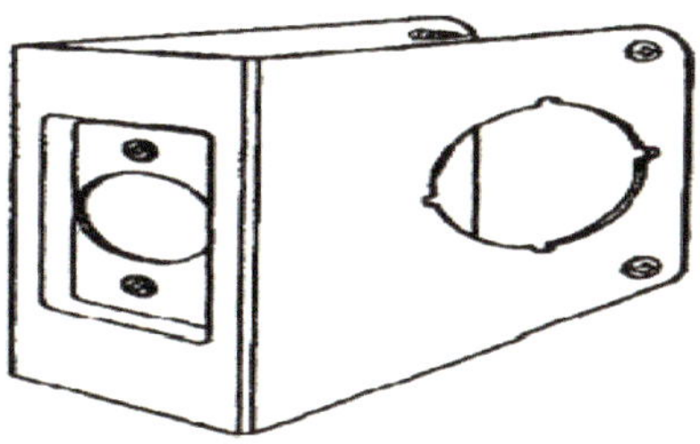
		모든 외부 도어에 최소 1인치 던지기 기능이 있는 데드볼트 잠금 장치가 장착되어 있는가?
		사용하지 않는 외부 도어가 올바르게 고정되어 있는가?
		외부 창문
		모든 외부 윈도우에 적절한 잠금 장치가 있는가?
		사용하지 않은 창문은 영구적으로 밀봉되어 있는가, 바 또는 그릴에 의해 보호되고 있는가?
		지면에서 14피트 이내에 있는 모든 창문은 막대, 그릴 또는 기타 보호 덮개로 보호되고 있는가?
		모든 통풍구 또는 이와 유사한 개구부의 유리 면적이 1제곱 피트 이상 보호 덮개로 고정되어 있는가?
		바, 그릴 또는 기타 보호 덮개로 보호되지 않는 지면의 14피트가 있는 모든 창문은 전자 경보 시스템으로 보호되고 있는가?
		건물 내에 이중으로 걸려 있는 창문이 고정된 적이 있는가?
		크랭크 핸들이 케이스 윈도우에서 탈거되었는가?

상용 또는 비즈니스 보안 설문 조사		
예	아니요	
		지하실이나 지하실로 통하는 창문에 보안봉, 그릴 또는 보조 잠금장치가 있는가?
		내부 불빛
		실내 조명이, 특히 위험성이 높은 구역에서 적절한가?
		특히 복도, 화장실 및 기타 공용 구역에서 실내 조명을 위한 보조 전원이 있는가?
		내부 보안 조명은 벽 스위치보다 타이머로 제어되는가?
		내부 문
		내부 도어가 견고하고 강제 침입에 대한 내성이 있는가?
		모든 내부 도어가 도어 프레임 안에 단단히 들어맞는가?
		내부 도어가 바깥쪽으로 흔들리며 힌지 핀이 노출된 경우, 분리 가능한 핀을 비이동식 핀으로 교체하였는가?
		각 내부 도어에 작동 가능한 잠금 장치가 있는가?
		엑세스 관리
		작성되고 지속적으로 시행되는 키 관리 정책이 있는가?
		모든 키, 특히 마스터 키에 대한 기록이 있는가?
		키의 무단 복제를 금지하는 시행된 정책이 있는가?
		키의 분실 또는 도난 사실을 신속히 보고하고 있는가?
		정기적인 주요 감사를 실시하고 있는가?
		종업원이 퇴직, 사임, 해고 또는 정직될 때 효과적인 키 회복 정책이 있는가?
		중복 키가 안전한 위치에 저장되어 있는가?
		주요발행과 책임에 대한 명확한 책임이 있는가?
		천장 건설
		시설 내에 탈착식 패널이 있는 부유 천장이 있는가?
		복도, 사무실, 창고 등의 벽이 2층이나 지붕의 하위층까지 완전히 상승하여 벽을 넘어 진입을 할 수 없는가?
		와이어 메시가 매달린 천장의 탈착식 패널 위에 놓였는가?
		매달린 천장 패널이 제자리에 접착되었는가?
		기계 설비실
		건물 기계실에 대한 접근이 적절히 통제되고 있는가?
		모든 가스, 물, 스프링클러 및 기타 밸브가 안전하게 잠겼는가?

상용 또는 비즈니스 보안 설문 조사		
예	아니요	
		대형 전기 스위치가 도킹되어 있는가?
		금고
		금고나 귀중한 재산 저장을 위해 사용되는 것이 있는가?
		"그렇다"는 경우, 금고 강도는 내성이 있는가(강도 도구나 횃불로 공격을 30분 동안 견딜 수 있는가? 금고는 바닥에 고정되어 있는가, 아니면 콘크리트에 매립되어 있는가?
		전자 경보 시스템에 의해 금고가 보호되고 있는가?
		금고에 바퀴나 캐스터가 있으면 제거했는가?
		금고는 밤에 불이 켜져 있는가?
		금고는 경찰이나 경비원이 감시할 수 있는 곳에 위치해 있는가?
		조합에 대해 알고 있는 종업원이 비자발적으로 종료될 때마다 안전한 조합이 변경되는가?
		보안 경보
		시설에 전자 경보 시스템이 있는가?
		경보 시스템은 숙련되고 명성이 높고 신뢰할 수 있는 경보 설치 회사가 설치하였는가?
		보안경보시스템은 전문경보업체가 모니터링하고 있는가?
		경보 시스템이 5년 이상 된 경우 장비를 업그레이드 또는 업데이트하기 위해 평가하였는가?
		해당 사업장의 직원들이 경보 시스템을 적절히 무장하고 해제하는 방법을 교육받았는가?
		경보 시스템에 예비 전원(배터리/제너레이터)이 있는가?

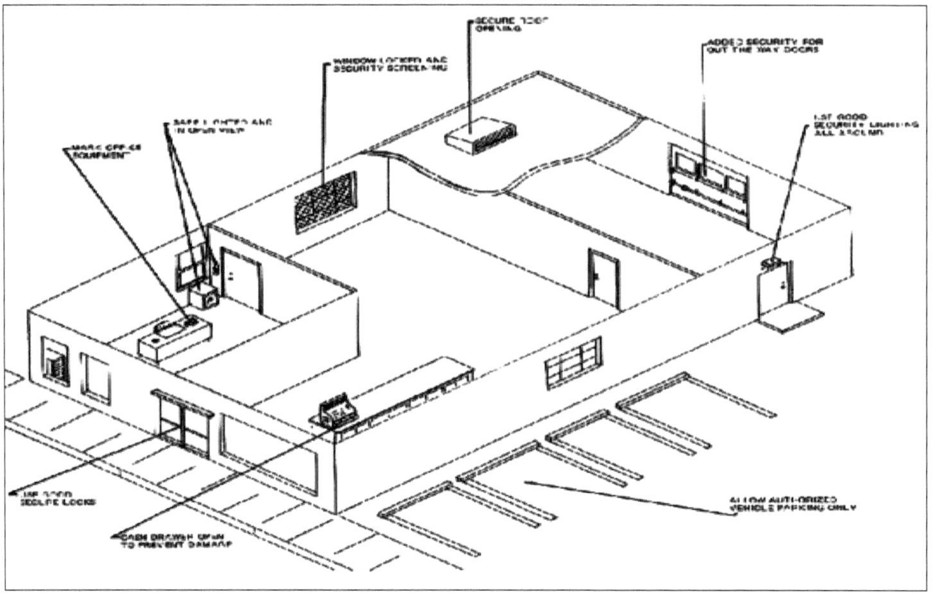

표 9.5 위험을 줄이고 내부 도난을 방지할 수 있는 조치

A. 예방대책

1. 내부 통제

a. 업무의 분리

b. 업무의 순환

c. 정기 내부감사와 불시점검

d. 정책, 진행, 체계, 프로그램 그리고 프로그램 변경의 증거자료와 개발

e. 이중 서명 허가제, 서명자에 의해 제한된 현금승인서, 만료기간 그리고 수표량의 제한 등의 확립

f. 오프라인 침입의 통제와 제한

g. 전체를 한 묶음으로, 전체를 낱개로(batch totals hash totals)

2. 컴퓨터 접근 통제

a. 신원확인을 통한 방어

(1) 키 혹은 카드 삽입

(2) 비밀번호와 코드넘버

(3) 제외-반복에러로 폐쇄

(4) 활동시간/해제시간

(5) 코드와 비밀번호의 주기적인 교체

b. 인증 방어

(1) 무작위 개인 데이터

(2) 음성, 지문 혹은 장문 인식
(3) 회수(回收 callbacks)
c. 보안단계별 승인 허가제 확립

B. 탐지 대책

1. 로긴 시스템의 예외

a. 순서의 실패, 우선순위의 실패와 실행과 침투의 실패
b. 부적절한 패턴 교류: 너무 높이, 너무 낮게, 너무 많이, 너무 자주, 너무 적게,
보기 드문 파일접근 (남은 시간과 장소)
c. 낮은 보안단계의 접근시도
d. 부적절하게 접근하기 위한 반복적 시도 틀린 비밀번호, 진입코드 등
e. 유사한 그리고 과잉 체크

2. 관리정보시스템

a. 경영수준의 모니터링 실시
(1) 계획과 기준의 변동
(2) 정책, 절차 그리고 실행에 있어서 부과되거나 혹은 허용된 일탈행위
(3) 과거 양적인 관계들, 예를 들면 보급품, 비율, 퍼센트, 추세, 과거의 작업수준, 지표들 등에서의 일탈.

3. 정보획득

a. 종업원의 태도, 가치, 직무만족도에 대한 모니터링
b. 종업원에 의한 도박, 부정 혹은 부패로 고객, 행상인 그리고 공급자들이 느끼는 불만, 비효율, 모순된 일들이 일어나는지 이들로부터 조사연구 혹은 무작위 피드백을 권유

5.1.3 절도 테스트

내 · 외부의 상점절도와 좀도둑질의 테스트는 두 가지 주요 범주로 나눌 수 있다. 정직 그리고 서비스 테스트이다. 회사에서 정직성 테스트를 할 때 조사관은 종업원으로 하여금 고객이 구매행위를 하는 동안 현금을 훔쳤는지여부에 대해서 한정한다. 서비스 쇼핑에서 조사관은 관리자에게 종업원들이 특정한 구매를 하는 동안 다양한 관찰이 이루어질 때 그 행위가 어떻게 이루어지는지 보고한다.

웹 연습 재고 축소 및 소매 도난 통제를 전문으로 하는 Jack Hayes International—회사를 방문하십시오. http://hayesinternational.com/2013/08/increasing-profitability-by-lowering-shrinklosses/.

9.5.1.3.1 정직한 쇼핑

종업원에게서 절도, 속임수, 사기, 좀도둑 및 다른 불법행위를 탐지하기 위해 조사관은 정직성 테스트를 실시한다. 이 테스트의 타입은 조사관이 동시에 두 가지 아이템의 물건을 구매한다. 가격은 같거나 다를 수 있다. 수사관은 이전 판매의 판독기 인식을 확인한다. 그리고 나서 두 개의 같은 아이템을 선택하고 종업원에게 정확한 액수의 금액을 지불한다. 조사관은 이후에 금전등록기 서랍이 구매당시에 혹은 그 전후(前後)에 열리고 닫혔는지를 관찰하여야 한다. 추가로 조사관은 종업원이 영수증을 유출하였는지 아닌지 또한 확인하여야 한다. 이후에 일어나는 구매된 상품과 그 가격의 관계를 공식적으로 기록한다. 다른 언급할 가치가 있는 기록은 다음과 같다.

- 상품이 포장되었는가? 또는 조사관으로부터 그 금액을 받았는가?
- 점원이 상품이나 지불된 돈을 회수(call back)하였는가?
- 점원에게 받은 잔돈은 정확한가?
- 금전등록기에 기록된 판매량은 정확한가?

문제가 있거나 의심스러운 행위는 보고서에 반영한다. 정직한 쇼핑의 보고서기록 사례는 그림 9.6에 있다.

쇼핑조사 보고서

기업:________________ 가게번호________ 사건번호________________

주소________ 도시________ 주________________

날짜________ 간________ Opr.________ 보고서번호________________

이름

번호

편지(LETTER)________________

성별________ 나이________

키________ 몸무게________

몸매________________

눈________ 코________

이빨________________

안색________________

머리색깔________________

스타일________________

안경________________

보석________________

기타________________

Reg loc no________________

Reg read________________

other cust/oprs/영업사원________________

지출

	$20	$10	$5	$1	50c	25c	10c	5c	1c	총
1 지출										
2 지출										

영업사원의 용모

- ☐ 몸치장이 좋은
- ☐ 합격할 수 있는
- ☐ 평균
- ☐ 인상적이지 않은
- ☐ 꾸밈이 없는
- ☐ 기타

거래 설명

____

____

____

____

____

____

____

영업사원의 태도

- ☐ 열정적인
- ☐ 기분좋은
- ☐ 일상적인
- ☐ 무관심한
- ☐ 적의 있는
- ☐ 신속히 처리하다.
- ☐ 제안된 다른 항목
- ☐ "고맙다"고 제의했다.

구입한 물건

총

그림 9.6 소매점 직원의 실적을 평가하는 조사관 대상 쇼핑조사 보고서

1) 조합구매(2가지 혹은 그 이상의 구매)

조합구매에서 조사관은 2개 이상의 다른 물품을 동시에 구입하고 전체 구매금액을 정확히 종업원에게 지불한다. 종업원이 금전등록기에 그 매매거래를 전부 기록하는지 혹은 부분이나 아니면 아예 기록을 하지 않는지 관찰하고 기록한다. 영수증을 발급하는지 않았는지도 관찰하고 기록한다. 이후의 보고서는 물건을 구입한 정확한 시간과 점원이 금전등록기에다. 이전에 등록한 기록에 대해서 첨부한다. 이것은 직원이 만약 영수증을 주지 않았다면 유용할 것이다. 구입하기 전 금전등록기의 기록을 확인함으로써 영수증을 받지 못했어도 구매량을 쉽게 확인할 것이다.

2) 복수구매(1가지 혹은 그 이상의 구매)

복수구매의 효과는 조사관이 1개 이상의 물품을 구입할 때 나타난다. 이 구매행위는 비용계산 결과 고르지 않은 현금량, 전체 제품가격보다 더 큰 지불의 결과를 초래할 것이다. 지금의 과잉공급이 발생한 후에는 금전등록기와의 차이를 알림표로 만들고 조사관에게 제출한다. 이러한 시나리오에서 조사관은 그 표(表)를 보고서 종업원의 금전등록기 사용이나 그 운용을 비교 확인할 수 있다. 이것은 복수구매의 첫째 구매과정 즉, 확인절차이다.[76]

복수구매 조사의 두 번째 단계는 종업원의 정직성 테스트이다. 종업원이 돈을 받은 후에 조사관은 추가물품을 구매한다. 두 번째 물품을 구입할 때 정확한 금액을 지불한다. 두 번째 구입한 물품을 처음에 구매할 때 사용한 같은 가방에 넣어달라고 종업원에게 요구한다. 종업원은 아마 그렇게 해 줄 것이다. 여기서 주의할 점은 두 번째 물품에 대한 영수증을 받았는지 아닌지 확인하는 것이다.

Pinkerton社는 복수구매과정에 대하여 또 다른 유익한 정보를 제공한다:

이중 구매할 때는 상식을 활용하라. 예를 들어, 첫 번째 구매에 39센트를 쓰고 두 번째 구

76) Pinkerton's, Inc., "Training Manual": 165.

매에 10달러를 쓰는 것은 보통 일이 아닐 것이다... 첫 구매를 하기 전에 당신의 접근법과 구매할 물품들을 계획하라. 이렇게 하면 당신은 첫 번째 부분의 상품의 종류를 조절할 수 있기 때문에 가방이 두 번째 파트에서 산 물건을 담을 수 있을 만큼 충분히 클 것이다... 두 번째 구매할 물건을 고를 때, 레지스터에서 가능한 한 멀리 떨어진 곳에 물건을 찾도록 하라... 또한 당신이 구매한 포장되지 않은 물건을 고르거나 꺼낼 수 있다. 이중 구매의 2부 귀금속 매장에서 물건을 살 때도 그럴 수 있다.

마지막 주의(主意)로서, 두 번째 구매는 반드시 처음 구매 후 즉시 이루어져야 한다. 왜냐하면 사실상의 연쇄(사슬)와 금전적 연속이 다른 상품들에 의해 저지되지 못하기 때문이다. 부자연스럽거나 어색하게 행동하지 말아야 한다. 무관심하거나 흥미없다는 듯이 표현하라. 두 번째 구매에서 영수증을 발급받기 위해 기다리지 말고 즉시 그 상점을 떠나라. 종업원이 승인을 경청하면 그렇게 하라.

3) 교환구매

손님이 여러 개의 제품들 중에서 선택하기 어려울 때 부정직한 종업원은 유혹에 굴복한다. 교환구매에서 조사관은 염두에 둔 2개 이상의 물건을 선택한다. 조사관이 최초에 선택한 물건은 싼 물건이어야 한다. 조사관은 종업원에게 일정치 않은 양의 돈을 지불한다. 잔돈, 물품 그리고 판매한 영수증을 보고 조사관은 당황한 손님처럼 행동하며 마음을 바꿔 더 비싼 물건으로 바꾸겠다고 한다. 손님으로 가장한 조사관은 싼 물건과 비싼 물건의 차액을 지불하고 이 시점에서 주의 깊게 보아야 한다. 점원이 금전등록기에 기록하는지, 차액을 기록하는지, 아니면 차액을 착복(着服)하는지를 확인한다.

4) 환불구매

물품의 환불을 테스트하는 조사관은 매장으로 들어간다. 물품을 환불한 후에 받은 그 돈으로 다른 물건을 구입하여야 한다. 환불구매의 목적은 상점의 시스템이 영수증 없이 환불받을 수 있는가 테스트하는 것이다. 종업원이 영수증 없이는 환불이 불가능하다고 한다면 영수증을 찾아서 구매행위를 마친다.

작가 Read Hayes, ASIS 재단의 CRISP 보고서 전략에서 일자리 비정직함을 탐지하고 예방하는 것은 직원들이 다음과 같은 소매 사기를 저지르는 것을 예방하는 데 중요한 조언을 제공한다. 박스 9.1.[77]

Box 9.1 직원 소매 사기를 억제하고 막기 위한 전략(출처: ASIS INTERNATIONAL 2018)

1. 절대로 직원들이 그들의 지갑이나 꾸러미를 판매장에 가져오도록 해서는 안 된다. 업무 구역에서는 필수 개인 용품이 들어 있는 깨끗한 비닐 지갑만 허용해야 한다.
2. 고가 및 매우 높은 손실 오버 스톡 항목을 별도의 잠금 및 모니터링되는 보안 우리에 보관하여 보다 나은 보호 기능을 확보하십시오. 해당 지역에 대한 접근을 문서화하는 로그를 유지한다.
3. 직원 도난의 탐지 및 억제에 도움이 되는 폐쇄회로 텔레비전(CCTV) 및/또는 로밍 보안 요원의 사용을 고려한다. 직원들은 종종 가게에서 "숨겨진 곳"을 잘 알고 있기 때문에, 모든 종류의 감시는 가능한 한 바닥을 덮으면서 자연스럽거나 기계적으로 철저해야 한다.
4. 직원과 그 친척에게 가게 할인 혜택을 준다. 이것은 합법적인 구매를 용이하게 할 수 있다.
5. 가격총(Price Guns)의 배분을 통제하고 직원과 고객의 무허가 가격 인하를 막기 위해 직원 구매 가격을 확인한다.
6. 재고관리를 책임지지 않는 직원이 모든 물품의 출하를 허가하고 확인한다.
7. 경비원이나 관리직원이 감시하는 지정된 직원 출입구를 통해 전 직원이 일터를 출입할 것을 요구한다.
8. 오버코트와 비정상적으로 큰 소포를 위한 공간을 제공하라. 이 입구에 직원들에게 도난은 범죄라고 경고하는 표지판을 붙이면, 적발된 사람들은 기소될 것이다.
9. 직원들이 도어를 쉽게 열어젖힌 다음 틈새로 상품을 밀어 넣을 수 있기 때문에 당김줄이 아닌 아래쪽에 있는 문을 잠근다.

77) Hayes, "Strategies," Appendix C: 34-5.

10. 현지 화재 규정에 따라 일반 고객 교통에 사용하지 않는 모든 도어를 고정하고 패닉 알람을 설치하십시오. 패닉 도어를 매월 테스트하십시오.
11. 도어를 중앙 경보 시스템에 연결하여 패턴의 개구부 및 폐쇄를 기록한다.
12. 관리자가 유통 시설이나 매장에서 이루어지는 모든 화물 배송을 관찰하고 문서화하도록 한다.
13. 공급 구역으로의 접근을 제한하고 이들 구역이 경비원에 의해 감시되는지 확인한다.
14. 물품보관 구역에 출입하는 직원에게 창고 직원이 동행하도록 하고, 로그인 시트 기록명, 입출국 시간, 제거된 상품 등을 작성하도록 한다.
15. 고객 반품 및 손상된 물품은 안전한 모니터링 구역에 보관하십시오.
16. 물품보관소는 무질서한 더미가 아닌 깔끔한 스택에 보관하므로 분실물 발견이 용이하다. 형편없는 살림살이는 직원 절도 가능성에 대한 빠른 귀띔이다.
17. 회사용 장비, 회사용 가스 펌프, 전화, 인터넷, 이메일, 우편 요금계 및 기타 회사용으로 설계된 시설의 개인 또는 불필요한 직원 사용을 제한한다.
18. 패턴에 대한 유틸리티, 인터넷 사용 및 전화 요금을 모니터한다.
19. 다른 회사의 손님과 직원들을 그들의 약속 장소로 안내한다.
20. 한 부서의 직원을 다른 부서로 전환배치해서 재고를 확인하게 한다. 경영진이 재고를 감독하는지 확인한다.
21. 상품을 정돈된 진열대에 보관하라. 문이나 조작 가능한 창문 근처에 고손실 물품을 쌓아 두지 마십시오.
22. 회사 장비에 회사 이름을 분명히 영구적으로 표시한다.
23. 공구와 장비는 매 근무일이 끝날 때마다 상사에 의해 재고 관리되고 잠겨 있는지 확인한다.
24. 어울리지 않게 보이는 회사 장비나 상품을 의심하라. 직원들에게 부재중 항목을 경영진에게 보고하도록 권장한다.
25. 유통 시설의 가공 라인에서 고가의 상품을 재고한다. 보안 구역에 보관하십시오.

9.5.1.3.2 서비스 테스트

서비스 테스트에서 종업원을 세밀히 관찰함으로써 다양한 이슈에 관하여 평가할 수 있다.

- 접근
- 등장
- 예의
- 판매원의 의식
- 구매제의
- 서비스효과
- 제품에 대한 지식
- 판매의 결산

서비스 테스트는 계산상 아래와 같은 의문을 고려해야 한다:

- 물건을 얼마나 팔았나?
- 어떤 종류의 제품이 있는가?
- 제품의 가격은 얼마인가?
- 제품에 부과된 세금이나 다른 특별한 세액은 무엇인가?
- 총 판매액은 얼마인가?
- 지불수단으로 무엇이 사용되었는가?
- 상점의 시스템에 순응하여 돈을 금전등록기에 넣었는가?
- 무슨 내용으로 영수증은 발급되었는가?
- 점원이 물건과 잔돈을 제대로 지불하였는가?
- 점원은 바빴는가? 예의 발랐는가? 깨끗했는가?
- 점원의 성향은? 주의 깊은가? 불만스러운가? 전문적인가?

종업원에 대한 서비스 수준을 테스트하는 것은 관리를 위한 부수적인 방편이고 손님에 대한 서비스가 희박하거나 불만인 종업원이 그 대상이며, 이들은 회사에서 문제를 일으키기 쉽다.[78]

78) See also Sidebottom, Thornton, Tompson, Belur, Tilley, and Bowers, "A systematic review": 1.

6 분실 혹은 도난품

소매 절도와 업무상 도난의 경우, 그림 9.7의 개인 재산 문서는 상당한 도움이 된다. 개인 재산 분실 사건이 절도나 가게도둑 혐의로 이어질 경우 대부분의 보안부서에는 도난 신고서가 붙게 된다. 그림 9.8에는 도난에 대한 코멘트뿐만 아니라 대응을 위한 권고사항도 수록되어 있다.

사설 보안 요원이 압수한 재산의 위치를 추적하면 적절한 구속 사슬이 보장된다. 그림 9.9는 재산의 이동을 추적하는 데 사용되는 재산 관리 영수증의 샘플이다.

개인 재산 분실 문서

보고한 사람 배지 부서 보고한 날짜 시간

주소(비고용인일 경우) 보고받은 사람

재산의 추정 가치

사건 발생 장소

재산에 대한 설명

분실물은 누가 찾았는가? 날짜 시간

분실물은 누가 찾았는가?		날짜	사건
분실물은 잠겨진 컨테이너 안에 있었나?	잠겨진 방에서?	잠물쇠에 친입흔적이 있는가?	
분실물은 어떻게 없어졌는가?			
주목할 점			
현제 상황 ☐ 주인한테 반환 ☐기타, 설명해라________________ ☐ 찾은 이한테 반환			
분실물을 돌려준 사람(서명) 날짜		조사한 조사관 경비원	

그림 9.7 개인 재산 분실 문서

보안부
도난 또는 재산 손실에 대한 보고서

사건번호

1.고소인 이름 | 2. 장소와 tele.ext. | 3. 신고한 날짜

4. 재산에 대한 설명 | □회사 재산 □개인 재산

5모델# | 6시리얼# | 7기업재산번호 | 8가치

9 도난 혹은 분실한 추정 시간

10 마지막으로 본 장소(빌딩, 층, 사무실) | 11 책임 맡긴 혹은 소유하고 있는 주인

12 재산을 보호하기 위한 주의상항 설명

13. 추가 세부 사항

14 경찰 보고서에 올라올 내용

15 보고서 준비한 인원 | 16 날짜

17 추천하는 조치

그림 9.8 도난 혹은 분실 보고서

재산 통제 영수증

이름	직책	서명
장소		전화번호(telephone extension)

재산 양도권

이름	직책	서명

양도: □영구적 □일시적 □기타

아이템	수	서술	발행한 날짜	회수한 날짜

그림 9.9 재산 통제 영수증

표 9.6 손실보고서 양식, 다중 손실 또는 도난이 추적되어야 하는 상황

경비부			손실 보고		20___ ___월		
보고날짜	손실날짜	이름	상황	어떻게 잃었는지	경제적 의미	절도 혹은 손실	회복여부

대기업, 교육기관, 호텔, 모텔, 운송회사 내에서 운영되는 보안업체들은 일반적으로 일반적인 근무일에 보고해야 할 사건이 한두 건이 아니다. 손실을 보고하기 위해 특수 양식을 사용하는 것은 복잡하고 방대한 정보를 추적할 수 있는 탁월한 방법이다.

표 9.6은 이러한 유형의 보고서의 한 스타일을 보여준다.

7 결론

민간 경비는 절도 및 재산 범죄의 예방, 억제 및 감지에 필수적인 역할을 한다. 부동산 범죄에 대한 법적 시스템 대응의 허용성, 소매 도둑과 좀도둑이 옹호하는 합리화 및 정당화, 그리고 그들의 다양한 방법과 기법에 의해 옹호되는 것, 그리고 사업 환경, 고용주/종업원 맥락에서 그리고 다른 기업 환경에서 내부 절도의 증가 등은 모두 잘 나타낸다. 잘 훈련된 보안관들과 수사관들을 갖는 것의 중요성 여기서 다룬 절도 및 재산 범죄의 조사에 관한 구체적인 권고사항, 전술 및 전략은 이러한 다산적이고 심각한 범죄를 다루는 보안 전문가들에게 도움이 될 것이다.

제 10장

조사방법과 기법: 보험사기 사례

1. 서설
2. 응용 및 방법
3. 특별한 문제:
   자동차 절도, 자동차 사기 및 부품절도
4. 결론

1 서설

보험 산업은 민간 보안 전문가들, 특히 민간 조사관들의 서비스를 지속적으로 필요로 한다. 이러한 현실의 일부는 보험 관행의 다양한 측면 내에서 순전히 많은 양의 사기 행각에 의해 추진된다. ACFE(Association Certified Fraud Examiners)는 가장 일반적인 부정행위 버전을 설명한다.

- 에이전트 및 브로커 구성
- 부정한 언더라이팅
- 차량 보험 제도
- 재산 제도
- 생명 보험 제도
- 책임 제도
- 의료 보험 제도
- 근로자 보상 제도[1]

보험사기는 보험계약과 보험신청서의 다양한 수준에서 발생할 수 있다. ACFE는 사기가 일어나는데 네 가지 단계로 요약한다.

- 보험에 가입한 개인

1) Association of Certified Fraud Examiners, Insurance Fraud Handbook (2018), accessed September 9, 2018, www.acfe.com/uploadedfiles/acfe_website/content/documents/insurance-fraud-handbook.pdf.

• 보험가입자

• 제3자 청구인

• 청구인에게 서비스를 제공하는 전문가[2]

대형 통신사들은 직원을 대상으로 조사원을 두고 있지만, 많은 보험사들은 상업, 상해, 자동차 및 근로자들의 보상 환경에서 독립적인 계약자 관계에 의존하게 되었다. 허리케인과 다른 대형 자연재해와 같은 재난이 닥칠 때 보험업계는 단지 사건의 양 때문에 외부 조사 서비스에 의존해야 한다.[3] 민간 경비는 보험 관행과 절차에 기여하고 관여하는 것은 다음을 포함하되 이에 국한되지 않는 서비스의 범위였습니다.

• 보험청구자와 목격자 인터뷰 · 기록조사

• 진술확보 · 신용국

• 병원진단서, 검시서 확보 · 법원

• 소환조사 · 자동차기록

• 목격자 위치 · 활동검사

• 전과조회 · 배경조사

보험업계의 조사적 관행은 일반적으로 생명, 화재, 해양, 상해 등 4가지 기본적인 보험 유형을 포함한다. 일반적으로, 조사자들은 위해, 피해, 심지어 비극까지도 분석한다. 피보험자 및 보험자는 명시적이고 명확한 계약인 보험계약의 계약 당사자들이다. 이에 따라 보험사는 청구가 발생했을 때 법적 책임의 유무를 판단하기 위해 보험금의 상태, 신뢰성, 진위 등에 대한 검증이 필요하다. 민간 보안업체들은 이런 권위 있는 평가를 자주 하도록 요청 받는다.

---

2) Ibid.: 1.

3) For information on the scope of the problem in the insurance industry, see FBI News, "Investigating Insurance Fraud: A $30-Billion-a-Year Racket," January 31, 2012, www.fbi.gov/news/stories/investigating-insurance-fraud.

• 사망 · 재산손해

• 신체손상 · 질병과 장애

보험금 청구 유형이 무엇이든 기초적인 조사는 사실을 입수하고 정보를 기록함으로써 진실을 결정한다.[4]

보험회사들은 주로 명확하고 정확한 사실적 진술에 관심을 가지고 있는데, 이는 그들의 법률 변호사가 판단을 내리거나, 전술 전략을 개발하거나, 결산 위치를 정할 수 있게 한다. 보험 부문의 전통적인 조사 라인에는 다음이 포함된다.

• 사건(청구권을 야기한 사건)이 실제로 발생했나?

• 피보험자에게 책임이 있나?

• 무엇이 부상과 손해를 가중시켰나?

• 누구에게 잘못이 있나?

• 청구인에게 어떤 병력이나 부상 기록이 있었나?

• 청구인이 실제로 장애가 발생했나?

• 청구인측 목격자의 신뢰성, 평판, 인격이 어떠한가?

• 청구인의 신체조건에 관하여 감시가 결과를 만들어낼 수 있을까?

• 非보험 운전자 사건에서 책임이 부과될 수 있는 재산이 있는가?[5]

보험자와 피보험자가 해결할 법적 사실적 그림을 얻을 수 있도록 이러한 유형의 질의에 대한 조기 답변을 타겟팅하고 공식화하는 것은 조사자의 책임이다.

4) See a protocol for investigative practice in four basic steps at Joseph L. Giacalone, "Four Basic Steps in Fraud Investigation," http://blogs.lexisnexis.com/public-safety/2015/06/fraud-investigation-basic-steps.

5) Pinkerton's Inc., Investigation-Insurance Claims (1990): 3; James E. Whitaker, Insurance Fraud Handbook (Association of Certified Fraud Examiners, 2018), www.acfe.com/uploadedfiles/acfe_website/content/documents/insurance-fraud-handbook.pdf; Giacalone, "Four Basic Steps."

2 응용 및 방법

• • • 각 보험 조사에는 앞 절에 기술된 기본적인 문제들이 포함된다. 그렇더라도 수사관은 당사자와 관련 주체뿐 아니라 특정 주체에 근거해 수사를 조정해야 한다. 그러므로 바람이나 우박 사건은 자동차 사고 치사 사건으로 인한 자살로 인한 사망과 마찬가지로 방화 시나리오와는 분명히 다를 것이다. 모든 보험 사례에 공통되는 진입점 정보와는 별도로, 조사자는 고유한 주제에 대한 문서화를 적용하여 조사 작업의 수행에 도움이 될 수 있는 일련의 양식, 체크리스트 및 기타 문서화 도구를 개발할 필요가 있다. 게다가, 현대 수사관은 드론, GPS 장비, 지도 제작, 원격 감시 등 조사 과정에서 최첨단 기술을 채용하고 있는데, 이 모든 것은 완전한 법적 준수를 통해서만 이루어져야 한다.[6]

2.1 재산권 소송: 방화사건 사례

화재 사고 및 재산 정책에서 빈번한 조사는 재산, 상품 또는 기타 담보물에 대한 손상이 보상 가능한 청구인지 여부를 포함한다. 방화가 배제된 경우, 화재 책임에 대한 정책 조항은 대개 매우 간단하며, 해결이 필요한 유일한 문제는 평가와 공제 문제뿐이다. 방화 증거는 숙련된 수사관들이 흔히 말하듯이 쉽게 결론지을 수 있는 것이 아니다. 화재 조사는 "예

6) See Denise Johnson, "Tips and Tools for Insurance Fraud Investigations," Claims Journal, June 5, 2014, www.claimsjournal.com/news/national/2014/06/05/249845.htm.

술과 과학의 혼합물"이다. 화상 패턴의 식별과 해석은 그 직업의 '예술'이기 때문이다. 오늘날 그 어느 때보다 소방과 공학을 중시하고 있다고 말했다.[7]

방화사건 조사는 수사관에게 훨씬 더 복잡한 문제고 소방관의 자질과 기술은 매우 다양하다. 존 렌티니(John Lentini)는 획일성과 표준화된 자격요건이 필요한 조사반 그림을 그린다.

현실은 화재조사업에는 자신이 무엇을 하고 있는지 모르는 많은 개인들이 소속되어 있고, 화재가 방을 완전히 삼켰을 때 화재 패턴이 다르게 해석되어야 한다는 결정적인 지점을 극복하기 위해 수년간 노력해온 소방학자들의 연구도 전혀 모르고 있는 것이다. 그러한 사람들을 위한 유일한 단어는 "해킹"이다. 해킹은 값싸게 일하고 빨리 일을 하지만 방화를 결심하면 가벼운 정밀조사조차 견디지 못하는 경우가 많다.[8]

웹 연습 화재 및 방화 조사에 대한 NIJ 가이드를 참조하십시오. www.nij.gov/topics/law-enforcement/investigations/crime-scene/guides/fire-arson/Pages/welcome.aspx.

방화죄는 흔히 피보험자에 의해 저질러진다. Arson은 기업, 정부 기관 및 개인에게 수백만 달러의 유출을 초래한다. 조사관들이 화재 피해를 입은 구조물을 검토할 때, 소유주들의 이름이 최초 용의자 목록에 나타난다. 보험자를 사취하기 위해 불타는 것은 특히 경제적으로 침체된 지역이나 소유자가 비상한 재정적 압박을 받고 있을 때 발생할 가능성이 높다. 조사자는 다음과 같은 가능한 동기를 고려해야 한다.

- 사기
- 다른 범죄은폐

7) Steven W. Carman, "The State of Forensic Science: Science Trumps Art in Fire Investigation," Texas Bar Journal 74 (July 2011): 587.

8) J. J. Lentini, "The Evolution of Fire: Investigation and Its Impact on Arson Cases," Criminal Justice 27, no. 1 (2012): 12; see also Gregory E. Gorbett, Brian J. Meacham, Christopher B. Wood, and Nicholas A. Dembsey, "Use of Damage in Fire Investigation: A Review of Fire Patterns Analysis, Research and Future Direction," Fire Science Reviews 4, no. 4 (2015).

- 시기(猜忌)
- 복수 · 테러리즘[9]
- 소년범에 의한 절도
- 폭동
- 반달리즘(vandalism)
- 스릴(방화광)

피보험자가 설정한 화재를 가리키는 동기 또는 완화 요인에는 다음이 포함될 수 있다.[10]

1. 돈이 필요한가?
2. 임대물품을 없앨 이유가 있나?
3. 사업을 이동할 이유가 있었나?
4. 불리한 계약을 했나?
5. 유리한 상황이 무엇인가?
6. 사람들이 뭐라고 이야기 하는가?
7. 건물이 위치한 곳은 이웃은 어떠한가?
8. 화재가 누구에게 유리한가?
9. 다른 범죄가 발생했는가?
10. 동네에서 문제나 어려움이 있었나?
11. 동네에서 방화는 흔한가?
12. 최근에 가입한 보험이 많은가?

화재 조사로부터 얻을 수 있는 것의 대부분은 과학적인 분석과 인간의 지능의 혼합에 의존한다. 목격자들은 고의적인 화재의 증거에 있어서 매우 중요하다. 왜냐하면 매우 많은 지

9) National Institute of Justice, Sourcebook of Justice Statistics (1988); Shelly King and Michael L. McCabe, "Whose Fire Scene Is This Anyway?" Forensic Examiner 20, no. 2 (Summer 2011): 74-77.

10) Richard N. Kocsis, "Arson: Exploring Motives and Possible Solutions," Trends &Issues in Crime and Criminal Justice, August 2002: 1; Johnson, "Tips and Tools"; Joseph L. Giacalone, "Four Basic Step in a Fraud Investigation," http://blogs.lexisnexis.com/public-safety/2015/06/fraud-investigation-basic-steps.

역들이 거주하거나 일하는 장소에서 화재가 발생하다. 조사관은 화재 현장이나 근처에서 적절한 질문을 해야 한다. 제안된 형식과 일련의 화재 목격자는 다음과 같은 조사 라인을 포함한다.

- 이름?
- 어떤 아파트에 있었는가?
- 화재 당시 집에 있었는가?
- 아파트에 다른 사람이 있었는가?
- 화재 당시 깨어 있었는가?
- 화재 경보는 어떻게 받으셨습니까?
- 화재경보 후 어떤 조치를 취하셨습니까?
- 건물을 빠져나가기 위해 어떤 경로를 택하셨습니까?
- 대피하기 전/탈출 중 연기 냄새가 났는가?
- 대피하기 전/탈출 중에 연기를 보셨습니까?
- 복도에서 연기를 보셨나요?
- 대피하기 전에/탈출 중에 불꽃을 보았는가?
- 화재경보기가 활성화되는 것을 들었는가?
- 화재경보기의 작동 위치
- 다치셨습니까?[11]

방화 보험 조사 사건의 입증과 관련된 동기 및 기타 문제에 관한 포괄적인 문서는 표 10.1에 있다.

제10장

11) Justin A. Geiman and James M. Lord, "Systematic Analysis of Witness Statements for Fire Investigation," Fire Technology 48 (2012): 227, doi:10.1007/s10694-010-0208-3.

표 10.1 화재 및 방화 조사를 위한 인터뷰를 통해 정보를 얻을 수 있는 장소 목록

화재 및 방화 조사를 위한 인터뷰를 통해 정보를 얻을 수 있는 장소 목록
인터뷰 정보 출처
다음은 영리 목적의 방화 계획과 관련하여 저질러질 수 있는 몇 가지 증인의 목록과 그들이 질문해야 할 질문의 유형이다.
I. 화재 현장 목격자 인터뷰
A. 증인 가능성: • 건물 세입자 • 주변 건물 세입자 • 건물 내 비즈니스맨 • 주변 건물 내 비즈니스맨 • 건물 내 비즈니스 고객 • 주변 건물에 있는 비즈니스 고객 • 버스 노선 운전사, 택시 운전사, 배달원, 쓰레기 수거업자, 경찰 순찰대, 대기자 포함
B. 질문 대상: • 화재 상황을 관찰하셨습니까? • 화재 상황을 몇 시에 처음 관찰하셨습니까? • 건물의 어느 부분에서 화재를 관찰하셨습니까? • 건물에 대한 관심이 무엇이었습니까? • 화재 전에 건물로 들어가거나 나가는 사람을 보셨습니까? • 알아보셨습니까? • 설명해 주시겠습니까? • 화재 구역에서 차량을 관찰하셨습니까? • 설명해 주시겠습니까? • 연기와 불꽃의 색을 설명할 수 있는가? • 얼마나 빨리 불이 번졌는가? • 건물이 둘 이상의 장소에서 탔는가? • 특이한 냄새를 감지하셨습니까? • 다른 것은 관찰하셨습니까? • 또 어떤 것을 관찰하셨습니까?
II. 현장 소방관 및/또는 소방관 인터뷰
A. 질문 대상: • 알람이 수신된 시간은? • 화재 현장에 몇 시에 도착하셨습니까? • 현장으로 가는 경로가 차단되었는가? • 도착 시 화상의 범위는 얼마였습니까? • 문과 창문이 잠겨 있었는가?

화재 및 방화 조사를 위한 인터뷰를 통해 정보를 얻을 수 있는 장소 목록

- 입구 및/또는 통로가 막혔는가?
- 어떤 종류의 화재였습니까?
- 화재의 확산 속도는?
- 어느 지역에서 화재가 시작되었는가?
- 화재가 지붕과 얼마나 가까운가?
- 가속기 사용의 증거가 있었는가?
- 방화 흔적이 발견되었는가?
- 건물에 화재 경보 시스템이 있었는가?
- 작동 중이었습니까?
- 경보 시스템을 조작했다는 증거가 있었는가?
- 건물에 스프링클러 시스템이 있었는가?
- 작동했는가?
- 스프링클러 시스템을 조작한 증거가 있었는가?
- 당신이 도착했을 때 그 건물에 누가 있었는가?
- 건물 안에 있던 사람은 누구인가?
- 그 또는 그녀가 당신에게 아무 말도 하지 않았는가?
- 도착 당시 현장에 사람이 있었는가?
- 그들은 누구였는가?
- 현장에 도착하거나 출발하는 차량을 관찰하셨습니까?
- 설명해 주시겠습니까?
- 건물에 내용물이 있었는가?
- 내용에 대한 증거가 제거되었는가?
- 소유자가 참석했는가?
- 소유자가 진술하였는가?
- 소유자가 뭐라고 했는가?
- 건물의 이전 화재 경력은?
- 그 지역의 이전 화재 경력은?

Ⅲ. 보험인력 인터뷰

많은 방화 수익 사례에서 얻는 이익은 보험이나 보험 증서로부터의 지불이다. 보험금 청구에 수익이 집중되는지를 판단하기 위해 면접을 볼 수 있는 세 부류가 있다. 그들은 보험대리인/브로커, 보험조정인, 그리고 보험조사인이다.

A. 에이전트 또는 브로커에게 물어볼 질문:

- 피보험자는 누구인가?
- 하나 이상의 보험에 가입되어 있는가?
- 피보험자가 수혜자인가?
- 어떤 유형의 정책이 발행되었는가?
- 보험의 액수는?
- 언제 발행되었는가?

화재 및 방화 조사를 위한 인터뷰를 통해 정보를 얻을 수 있는 장소 목록

- 언제 만료되는가?
- 프리미엄 비용은 얼마인가?
- 지불이 최신 상태인가?
- 적용 범위가 증가하였는가?
- 얼마인가?
- 언제부터 증가가 적용되었는가?
- 증가 원인은 무엇인가?
- 정책에 특별한 규정이 있는가(예: 사업 중단 또는 임대 소득)?
- 그것들은 무엇이며, 언제 시행되었는가?
- 피보험자가 이 재산에 대해 취소 통보를 받은 적이 있는가? 만약 그렇다면, 언제? 왜?
- 피보험자가 다른 보험을 가지고 있는가?
- 화재 위치에서 이전에 손상이 있었는가?
- 피보험자가 소유한 다른 장소에서 손실이 있었는가?

B. 보험 청구 조정자에게 질문:

- 피보험자로부터 선서를 받으셨습니까?
- 피보험자가 손실 증명서, 내용물 가치, 선하증서, 건축물의 가치 등에 관한 서류를 제출하였는가?
- 화재 현장 점검하셨습니까?
- 화재현장은 공공보험조정기로 점검하셨습니까?
- 귀하와 공공 조정자가 손실 비용 수치에 합의했는가?
- 이전에 이 공공 조정기를 다뤄 본 적이 있는가?
- 조정자가 이전에 이 소유자를 대변한 적이 있는가?
- 피보험자가 본 회사와 다른 손실을 본 적이 있는가? 만약 그렇다면, 자세한 정보를 제공하라.

C. 보험 조정자에게 질문:

- 화재 원인을 파악할 수 있었는가?
- 증거를 수집하셨습니까?
- 누가 증거를 분석했는가?
- 분석 결과는?
- 화재의 원인이 인수 검사를 통해 알려진 건물 상태와 일치하지 않았는가?
- 위치와 관련된 과거 화재에 대해 조사하셨습니까?
- 피보험자와 관련된 과거 화재에 대해 조사해 보셨습니까?
- 조사 결과는?
- 공공 조정자와 관련된 사전 조사를 해보셨습니까?
- 동일한 보험 대리점/브로커가 취급하는 건물과 관련된 사전 조사를 해보셨습니까?
- 이러한 조사의 결과는 무엇이었습니까?
- 이 화재가 그 지역에서 최근에 발생한 화재의 패턴에 맞는가?
- 유사점은 무엇인가?
- 차이점은 무엇인가?

화재 및 방화 조사를 위한 인터뷰를 통해 정보를 얻을 수 있는 장소 목록

- 이번 화재와 관련하여 진술이 있으십니까?
- 누구의 진술을 받았는가?
- 어떤 점이 드러나는가?

소환장 없이 정보보험 담당자가 넘길 수 있는 양에 제한이 있을 수 있지만 수사관은 소환장이나 압수수색영장 발부가 득실을 거둘 수 있을지를 충분히 판단할 수 있어야 한다.

화재 및 방화 조사를 위한 인터뷰를 통해 정보를 얻을 수 있는 장소 목록(계속)

Ⅳ. 기타 보험금 관련 증인

- 소유자와 보험에 가입한 지 얼마나 되셨습니까?

소유주의 재정과 관련된 정보를 가지고 있는 많은 다른 사람들이 있는데, 이것은 그들이 어떻게 화재를 통해 이익을 얻을 수 있는지를 나타낼 수 있다. 이 증인들에는 사업 관계자들, 채권자들, 경쟁자들이 포함될 것이다. 다음은 증인들이 답변할 수 있는 질문 유형이다.

- 소유주와의 관계 속성은?
- 비즈니스 재무 상태에 대한 정보를 알고 있는가?
- 소유자가 유사한 비즈니스에 대해 경쟁력을 갖추고 있는가?
- 최근 기업의 지위를 위협할 기술 발전이 있었는가?
- 최근 비즈니스 포지션에 영향을 미칠 경쟁의 증가가 있었는가?
- 경제의 변화가 기업의 입장에 영향을 미쳤는가?
- 소유주가 최근에 채권자에게 지불하는 데 어려움을 겪었는가?
- 소유주의 부채가 최근에 증가하였는가?
- 최근에 주요 직원을 잃은 적이 있는가?
- 최근 사업장 위치가 악화되었는가?
- 소유자가 담보 대출을 늘렸거나 제2, 제3의 담보 대출을 받았는가?
- 소유주가 담보대출을 하는 데 어려움을 겪었는가?
- 소유자의 재무 상태에 대한 다른 정보가 있으십니까?

방화 증거는 신뢰할 수 있는 법의학적 물적 증거 없이는 어려우며, 대부분의 경우 이러한 유형의 조사는 전통적인 수사관의 기술을 넘어선 전문화를 요구한다.[12] 첫째, 국제 방화 수

12) Mary R. Williams and Michael Sigman, "Performance Testing of Commercial Containers for Collection and

사관 협회®(IAAI®)는 전문 소방 조사를 통해 방화 범죄를 억제하겠다는 강력한 약속으로 결속된 9,000명 이상의 소방 수사 전문가들로 구성된 국제 전문 협회다. 그림 10.1 참조[13]

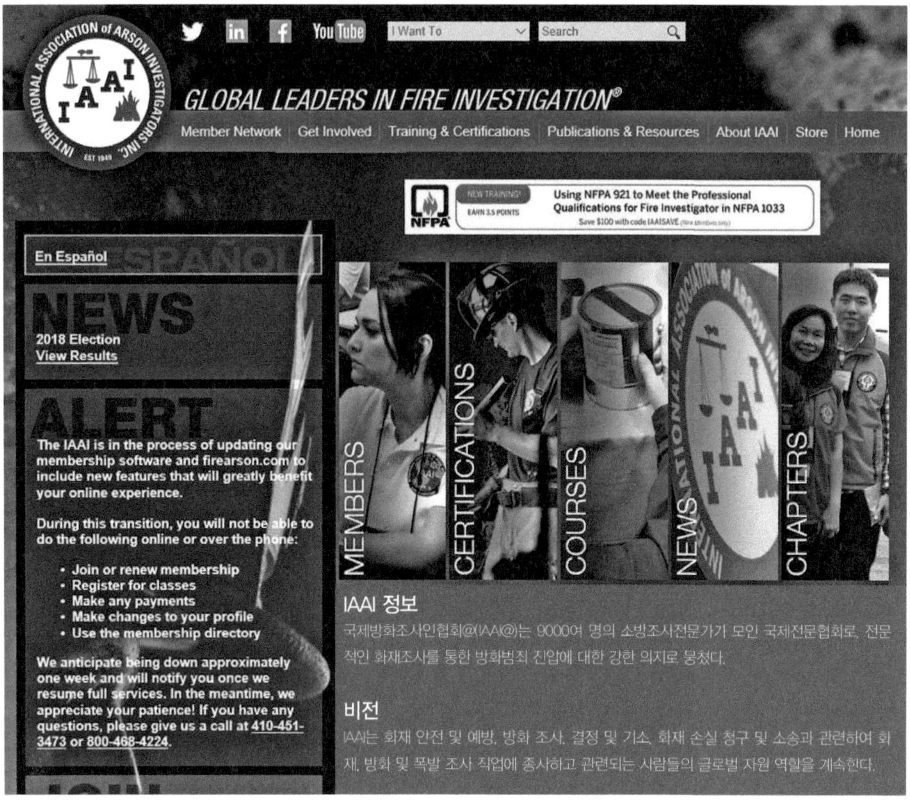

그림 10.1 국제 방화 조사원®(IAAI®)는 화재 조사 자원의 선도 기관이다.(출처: 국제 방화 조사원)

Storage of Fire Debris Evidence," Journal of Forensic Science 52 (2007): 579; Steven W. Carman, "The State of Forensic Science: Science Trumps Art in Fire Investigation," Texas Bar Journal 74 (July 2011): 587; Lentini, "The evolution of fire."

13) International Association of Arson Investigators, Inc., accessed July 22, 2018, www.firearson.com.

다음으로, 전국 소방 수사관 협회는 전 세계 소방 수사관 교육을 전담하는 소방 조사 전문가들로 구성된 비영리 단체다. NAFI는 21세기 화재조사과학을 도입하기 위해 이 협의를 주도해 왔으며, 미국소방방호협회(NFPA) 921 조사지침서를 바탕으로 다양한 교육 프로그램을 제공하고 있다. 그림 10.2 참조[14]

국제소방수사인협회(IAFI)의 목적은 국제무대에서 활동하는 소방수사전문가의 연계, 훈련, 교육, 전문성과를 지원하고 향상시키는 플랫폼을 제공하는 것이다. 또한 IAFI는 동료들을 이끄는 구성원의 전문성, 경험, 지위를 인정하는 수단을 제공한다. 그림 10.3 참조[15]

그림 10.2 이 분야의 전문가들을 위한 또 다른 훌륭한 자원인 미국 소방 수사관 협회의 페이지 (출처: 미국 소방 수사관 협회)

제10장

14) National Association of Fire Investigators, accessed July 22, 2018, www.nafi.org.

15) International Association of Fire Investigators, accessed July 22, 2018, www.internationalassociationoffireinvestigators.com.

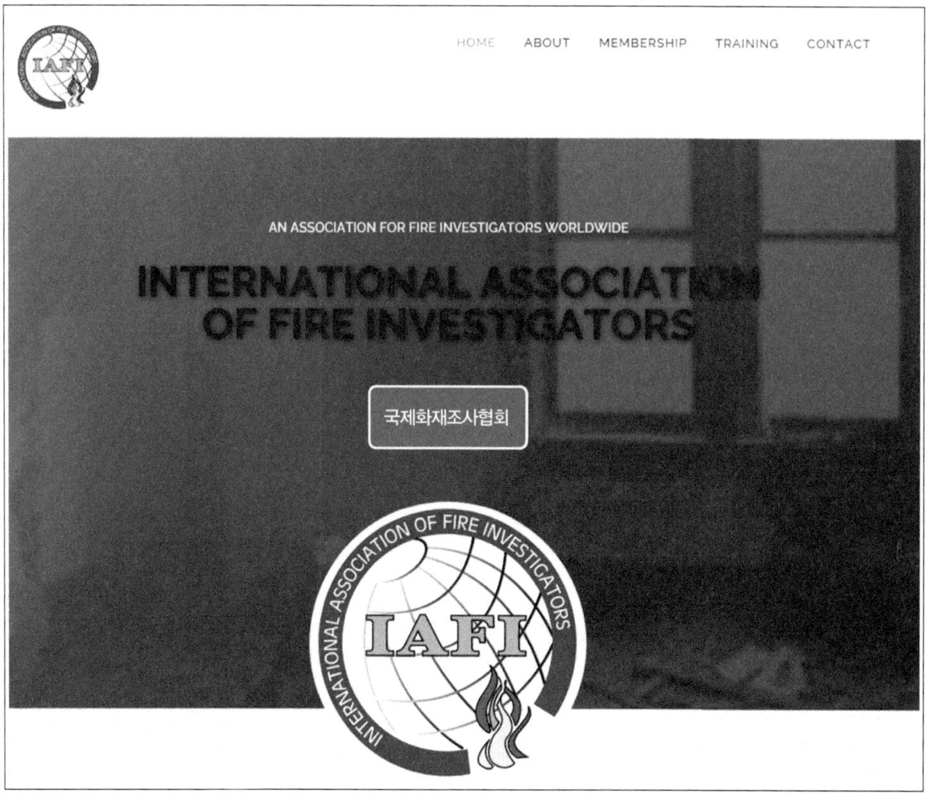

그림10.3 국제소방수사인협회(International Association of Fire Research Association)는 전문회원과 자원을 제공하는 또 다른 글로벌 조직이다.(출처: 국제소방수사인협회)

수사관은 실제 현장 및 장소를 검토할 때 표 10.2[16]과 유사한 체크리스트를 사용해야 한다. 수사관은 현장에 속하지 않는 것이나 속하지 않은 것이 없는 것을 찾고 있어야 한다.

탐정들은 주택, 보트, 자동차 및 기타 내화재산에 대한 화재조사 보고서를 작성한다. 거주

16) "Arriving at the Fire and/or Arson Scene: Evaluating the Scene," Office of Justice Programs, National Institute of Justice, accessed July 22, 2018, www.nij.gov/topics/law-enforcement/investigations/crimescene/guides/fire-arson/Pages/evaluate.aspx.

지에 대한 종합 화재 보고는 박스 10.1[17]을 참조한다.

표 10.2 화재 현장 및 위치에서 사용할 세부 체크리스트

화재 현장 및 위치에서 사용할 세부 체크리스트
응급구조원에게 연락하여 입지를 확립한다. • 현재 사고 지휘관의 식별 및 연락 및 현재 신원 확인 • 사건 지휘관과 브리핑을 실시하여 관할권과 권한(법적 진입권)을 가진 사람을 결정하고 현장에 있는 다른 직원(예: 법 집행, 소방, 응급 의료 서비스, 유해 물질 직원 및 유틸리티 서비스 직원)을 식별한다. • 필요한 지원 수준 및 추가 인력이 필요한지 여부를 결정한다. • 최초 대응자와의 관찰 및 논의를 통해 진입 전 초기 장면 안전 확인 직원 안전 문제뿐만 아니라 환경도 고려하십시오. 억제 노력으로 인한 안전 조건의 변화를 평가한다.
씬(scene)의 경계를 정의하십시오. • 예비 현장 평가(손상 범위를 파악하기 위한 화재 현장 전체 둘러보기, 손상 정도가 가장 적은 구역에서 진행)를 실시하여 추가 조사를 보장할 수 있는 영역을 식별하고, 증거를 방해하지 않도록 주의한다. • 비화재 증거(예: 차체, 핏자국, 잠재적 지문 또는 공구 자국) 또는 추가적인 화재 관련 증거(예: 실패한 점화원, 연료 용기 및 점화 가능 액체)를 포함할 수 있는 인접 영역을 검사하고 보호한다. • 주변을 표시 또는 재평가하고 현장 접근을 통제하기 위한 절차를 수립한나.
현장에서 목격자를 찾아 인터뷰한다. • 사고 지휘관에게 연락하고, 최초 대응자와 최초 진입 소방관을 식별하고, 서면 또는 기록된 인터뷰를 통해 관찰 내용을 문서화하도록 준비한다. • 화재 신고자를 결정한다. 가능한 경우 보고서의 테이프 또는 사본을 보관하십시오. • 건물/장면 소유자, 거주자 및 재산 관리를 담당하는 사람을 식별한다. • 누가 마지막으로 건물/장면을 떠났는지 그리고 그들이 떠나기 직전에 무슨 일이 일어났는지 확인한다. • 다른 목격자(예: 이웃 및 방관자)를 식별 및 면담하고 진술 내용을 기록한다.
화재 당시 현장 보안을 평가한다. • 최초 대응자에게 입구가 이루어진 위치, 건물이나 차량에 진입하기 위해 어떤 조치를 취했는지, 현장에 도착했을 때 시스템이 활성화되었는지 여부를 물어보십시오. • 문, 창문, 기타 개구부 및 화재 구분(예: 방화문)의 상태를 관찰하고 문서화한다. 화재 당시 그것들이 개방됐는지, 폐쇄됐는지, 아니면 훼손됐는지 확인해보라. • 유틸리티, 감지 시스템 및 억제 시스템의 타이머, 스위치, 밸브 및 제어 장치의 위치와 최초 대응자에 의한 위치 변경 사항을 관찰하고 문서화한다. • 보안 및 억제 시스템 모니터링 기관에 연락하여 시스템의 설계 및 기능에 대한 정보와 사용 가능한 문서를 얻으십시오.

17) "Management for Arson Prevention and Control," (US Fire Administration and National Fire Academy

화재 현장 및 위치에서 사용할 세부 체크리스트

씬(scene) 처리에 필요한 리소스를 식별하십시오.

- 뚜렷한 원인(화재가 시작된 위치)과 명백한 화재 원인(점화원, 첫 번째 연료가 점화된 위치 및 둘을 합치게 한 사건의 상황)을 식별한다.
- 원인 및 원인이 즉시 명백하지 않거나, 방화 원인에 대한 명확한 증거가 있는 경우, 조사자는 다음을 수행해야 한다.
  - NFPA 921 및 기타 지침에 따라 장면 검사를 수행하십시오.
  - 필요한 전문 지식을 갖춘 사람을 찾으십시오.
- 전문인력의 도움을 요청하고 조사를 지원하는 데 필요한 특수장비를 확보해야 하는 시기를 파악한다. 표준 장비에는 다음이 포함되어야 한다.
  - 차단 테이프
  - 사용하지 않은 깨끗한 증거 용기(예: 캔, 유리병, 나일론 또는 폴리에스테르 가방)
  - 나침반
  - 오염 제거 장비(예: 버킷, 팬 및 세제)
  - 증거 태그, 라벨 및 테이프
  - 장갑(가공용 장갑 및 작업용 장갑)
  - 수공구(예: 해머, 스크류드라이버, 칼 및 카우바).
  - 조명(예: 플래시라이트, 스포트라이트)
  - 마커 콘 또는 깃발
  - 개인 보호 장비
  - 사진 장비
  - 레이크, 빗자루, 스페이드 등
  - 테이프 측정
  - 쓰기 장비(예: 노트북, 펜, 연필 및 영구 마커)

Box 10.1 화재 보고서의 예

CASE NUMBER: #123456

DATE: 9/18/19

사건 요약

2019년 9월 18일, 수사관 스미스와 브라운은 존스 서장의 요청으로 사건 #123 이스트 1번가에 대응했다. 파견 시간은 1200시간, 현장에 도착한 시간은 1230시간이었다. 수사관들은 목조 건물, 단층 1가구 1주택의 건축물을 관찰했다. 조사 결과 욕조에 인접한 화장실에서 불이 난 것으로 드러났다. 관측된 지표와 취합 및 분석한 증거에 따르면 화재는 가연성 가속제(가솔린)의 분포에 의해 시작되어 열린 불꽃(라이터)에 의해 점화되었다. 두 명의 목격자(W-1과 W-2)가 용의자를 지목했다. 용의자가 집에 침입해 액체를 뿌리고 라이터로 불을 지르는 모습이 보였다. 목격자(W-1, W-2)는 모두 피의자(S-1)의 이름을 확인하고 포토라인에서 신원을 확인했다. 그 화재의 동기는 악의/보복이었다. 용의자(S-1)는 2019년 9월 17일 추방된 상태였다.

실험실 분석결과

증거로 채택된 것은 휘발유 통, 라이터, 쇠 지렛대였다. 지문은 3개 전시물에서 모두 채취해 용의자(S-1)를 각 물품 취급자로 지목했다. 게다가, 한 주유소 관리인(W-3)은 증거물로 가져간 것과 유사한 용기를 가득 채운 용의자(S-1)를 확인했다. 실험실 분석 결과 가연성 액체는 휘발유였으며 주유소 관리인(W-3)이 설명한 것과 같은 옥탄 등급을 갖고 있었다.

목격자

W-1 John A. Smith, 345 E. 2nd St. Fun City, MA 00000, 300/111-2222. DOB 1-1-11, Occupation - 변호사

W-2 John A. Doe, 444 E. 3rd St. Sun City, MA 00000, 300/222-3333. DOB 2-2-22, Occupation - 의사

W-3 James A. Smith, 555 W. 4th St. Moon City, MA 00000, 300/444-5555, DOB 3-3-33, Occupation - 주유소 메니저

목격자 증언

목격자 1명과 2명은 모두 용의자가 집에 들어가 액체를 뿌리고 불을 지르는 것을 확인했다. 목격자 3은 컨테이너를 사고 채우는 용의자의 신원을 확인할 수 있다. 옥탄 등급은 87이다.

용의자의 진술

진술은 없고, 용의자는 체포되었고 미란다 경고는 2019년 9월 19일 1200시간 즉시 내려졌다.

위반된 법령

MA 페널티 코드 111222: 다른 주거지에 불을 지피고 있다. 보석금/금고 5천 달러

MA 형법 1234: 불법 침입 – 강도. 보석금/금고 5천 달러

MA 형법 45678: 방화벽을 설치할 때 가연성 액체의 분포.

보석금/벌금: 10,000달러

총 보석금/벌금 $18,500

알 수 없는 소방서는 용의자의 석방을 권하지 않는다.(법원출석명령 석방)

웹 연습 소방관들을 위해 인터파이어를 방문하십시오.

www.interfire.org/resourcecenter.asp.

2.2 피고용자의 보상

근로자의 보상은 고용주/고용주 관계 내에서 직장에서 발생하는 상해를 정식으로 고소하지 않고 미리 정해진 보상 공식에 따라 해결하는 입법적 구제책이다. 과실의 문제는 직장에서의 부상 입증보다 덜 중요하다. 태만과 고의적 불법행위라는 관습법적 원칙을 엄격한 책임, 무고, 법적 구제책으로 대체하는 입법적 대응이다. 업무상 부상을 당한 직원들은 자신의 부상이 업무상 관련이 있고 고용 범위 내에 있음을 증명할 수 있어야 한다. 부정청탁의 문제는 이제 수사계에서는 전설적인 것이다. "사기꾼들의 보상 건수가 증가하고 있으며 이는 이미 보험사와 고용주가 휘청거리고 있는 수십억 달러의 연간 가격표를 증가시킬 것 같

다.”[18]

이러한 비용들은 매우 중요하기 때문에 보험사들은 현재 무인 항공기를 사용하여 사기 행각을 추적하고 있다. 소형 무인정찰기는 곧 이 숫자들의 일부를 갈아치우는 데 도움이 될 것이다.

장애의 경우처럼, 부상을 가장하기 쉬우며, 부정청구가 증가함에 따라 발생하는 비용 때문에 고용주의 보험료가 인상되었다.[19] 이 설정에서 조사자의 주된 목적과 목적은 청구의 무결성을 보장하고 또한 적절한 치료와 치료 프로토콜로 기존의 부상을 완화하는 것이다.[20]

청구 보상성에 관한 정보를 수집하는 워크시트는 Box 10.2[21]에 있다.

18) Lori Chordas, “Eye in the sky: drones will soon fly to new heights to investigate fraudulent workers' compensation claims.” Best's Review, March 2016: 96.

19) Rebecca A. Shafer, “'Loss' From Employer's Fraud on Insurers Is Unpaid Workers' Compensation Premiums,” Criminal Law Reporter 83 (2008): 752; “Workers Comp Cost Containment Starts with Post-Injury Investigation,” Lexis Nexis Legal News Room, October 24, 2013, www.lexisnexis.com/legalnewsroom/workers-compensation/b/recent-cases-news-trends-developments/archive/2013/10/24/workers-comp-cost-containment-starts-with-post-injury-investigation.aspx?Redirected=true; Stacey Golden, “3 keys to a successful workers' compensation fraud investigation,” July 23, 2015, Property Casualty 360, www.propertycasualty360.com/2015/07/23/3-keys-to-a-successful-workers-compensation-fraud/?slreturn=20180622132116; AMIS/Alliance Marketing &Insurance Services, AOE/COEInvestigative Report &Investigation Procedure, www.amisinsurance.com/content/AOE-COE_investigative_report_and_investigation_procedures.php.

20) See: Shafer, “Cost Containment.”

21) North Carolina Bar Foundation, VI Practical Skills Course, Workers' Compensation (1988) 36; Golden, “3 keys.”; Steven Babitsky, “Investigating Workers' Compensation Claims,” https://www.seak.com/blog/workers-compensation/investigating-workers-compensation-claims/

Box 10.2 근로자 보상 사례의 샘플

고용인 데이터 – 근로자 보상 사건

IN RE:______________________ 부상의 날짜:______________________

INS.CO:______________________ 청문위원______________________

청문회 날짜:______________________

IC Docket No.______________________

1. 이름 ______________ 주민번호______________ 나이__________

2. 주소______________________ 전화번호______________________

자식 수____

4. 고용인하고 주소______________________________________

종사하는 직업______________________________________

5. 고용일______________________ 고용 기간______________

6. 출근 날짜__________ 하루에 몇시간 일하는가?__________ 주에 몇일__________

7. 임금율__________ 시간/하루/주 당__________ 초과근무 당__________

8. 평균 주 수당______________ 추가 수당______________________

9. 사건 당시 날짜______________ 시간______________________

10. 상해 날짜에 보상했는가?__________ 잃은 근무시간 언제부터 시작__________

11. 보상받는 금액(Now receiving comp)__________ 일주일 수당을 주일 몇 번 지급__________

13. 사고와 부상의 설명______________________________________

____

사고를 설명하라____

____

14. 절단된 부위 있나?______________ 절단부______________________

15. 사고 통지: 누구?______________ 직책______________________

언제____

16. 목격자____

17. 의사______________________________

누구에 의해 보내짐______________________________

18. 병원______________________________어디서____________________어디로____

19. 이동______________________________

20. 직장에 복귀?____________________날짜________________봉급률______________

21. 어떤 진술이나 기록된 인터뷰가 있는가?______________누구한테______________

22. 다른 변호사들이 상담했는가?____________________누구______________________

23. 제 3자의 신뢰도______________________________

24. 그 밖의 모든 상해 및 배상______________________________

25. 이전 건강상태______________________________

26. 연락날짜______________________________언급한 사람____________________

27. 부가적인 내용______________________________

노동자의 보상법 제정 이전에, 미국 법은 안전하지 않은 도구나 장비를 제공하거나, 위험한 작업 환경을 조성하거나, 작업 환경의 위험을 경고하지 않은 사업주와 같은 사업주의 부주의하거나 의도적인 행위를 평가하거나 분석하는 데 더 신경을 썼다. 이러한 지지 선은 법적으로 없어졌고, 부상은 엄격한 책임에 따라 판정된다. 즉, 업무상 부상은 누구의 잘못에 관계없이 보상받을 수 있을 것이다. 미시건 주 법규는 이러한 원칙이 어떻게 적용되는지를 규정하는 몇 가지 책임 시나리오를 제시한다.

① 부상당시에 이런 활동을 위임한 고용자의 고용과정 중에 개인부상을 당한 피고용자는 법에 따라 보상받는다. 피고용자가 부상으로 인해 사망한 경우에는 법에 따라 피고용인의 상속인에게 보상한다. 복합 요인으로 사망하거나 부상당한 경우에는 사망이나 부상의 시점은 피고용자의 장애나 사망을 일으킨 근무 마지막 날이 된다.

② 심장과 심장혈관 조건에 제한되지 않는 것을 포함하여 정신장애와 노화과정 조건이 만약에 중요한 업무에 고용됨으로써 악화 혹은 가속화되었다면 보상받을 것이다.

③ 직장에 출퇴근하는 노동자, 노동자의 직무가 수행되어지는 부동산에 있는 동안 그와 그녀의 고용

과정 중에 있는 것으로 추정된 근무시간 전후의 합리적 시간 등이 근무시간에 해당한다.[22]

이 법정 공사의 결과, 골절된 뼈에서 폐질환에 이르기까지 업무상 부상은 근로자의 장애 보상법의 규정에 따른다. 대부분의 국가에서 편익 일람표를 발행한다(박스 10.3[23] 참조).

Box 10.3 1969년 이후 노동자의 분배활동으로 인한 수익의 차감

1969년 근로자의 장애인 보상법(제외)

1969년 317조

361 구속 또는 범죄위탁의 영향, 예정된 장애, 총 및 영구적 장애의 의미, 제한, 두 번째 구성원의 상실에 대한 지급.

361절.

(1) 고용주는 종업원이 범죄의 집행 또는 투옥으로 인해 일을 얻거나 수행할 수 없는 기간 동안 제301조 (7) 또는 제(8), 제351, 371조 (1) 또는 제401조 (5) 또는 제(6)에 따른 보상에 대해 책임을 지지 않는다.

(2) 다음의 일정에 포함된 경우, 각 경우의 장해는 명시된 기간 동안 지속되는 것으로 간주하며, 개인 상해로 지급되는 보상은 이 법에 따른 최대 및 최저 보상률을 적용받는 세후 평균 주급액의 80%가 된다. 특정 손실이 발생했는지 여부를 판단할 때 내부 관절 대체 수술, 내부 이식 또는 기타 유사한 의료 절차의 영향을 고려해야 한다. 손실에 대한 특정 손실 기간은 다음과 같이 고려되어야 한다.

(a) 엄지손가락, 65주.

(b) 첫 손가락, 38주.

22) See MCL 418.301

23) MCL 418.361

(c) 둘째 손가락, 33주.

(d) 셋째 손가락, 22주.

(e) 네 번째 손가락, 16주.

엄지손가락 또는 손가락의 첫 번째 팔렌지의 손실은 엄지손가락이나 손가락의 1/2의 손실에 해당하는 것으로 간주해야 하며, 보상은 위에서 지정한 금액의 1/2이어야 한다.

지골 1개 이상의 손실은 손가락 전체 또는 엄지손가락의 손실로 간주한다. 1개 이상의 손가락에 대해 받은 금액은 손 상실에 대한 이 일정에서 제시한 금액을 초과해서는 안 된다.

(f) 엄지발가락, 33주.

(g) 엄지발가락 이외의 발가락, 11주.

어떤 발가락의 첫 번째 팔랑지 손실은 그 발가락의 1/2의 손실에 해당하는 것으로 간주되어야 하며, 보상은 위에서 지정한 양의 1/2이어야 한다.

1개 이상의 지골 상실은 전체 발가락의 상실로 간주해야 한디.

(h) 손, 215주.

(i) 팔, 269주.

팔꿈치보다 6인치 이상 아래인 팔꿈치와 손목 사이의 절단은 손으로 간주해야 하며, 그 지점 이상의 절단은 팔로 간주해야 한다.

(j) 발, 162주.

(k) 다리, 215주.

무릎과 발 사이의 절단(평판)은 경골 테이블(평판) 아래 7인치 이상에서 발바닥으로 간주해야 하며, 이 지점 이상의 절단 부분은 다리로 간주해야 한다.

(l) 눈, 162주.

눈 하나의 시력 80% 상실은 그 눈의 전체 상실을 구성한다.

(3) 제351절에 명시된 총 및 영구적 장해, 보상은 다음을 의미한다.

(a) 양쪽 눈의 시력 완전 및 영구 손실.

(b) 발목 위 또는 발목 위 양다리 또는 양발의 손실.

(c) 양팔 또는 양손이 손목 위 또는 그 이상에서 손실됨.

(d) 소분류 (a), (b) 또는 (c)에서 2명의 멤버 또는 기능 상실.

(e) 양다리 또는 양팔 또는 1 다리와 1 팔의 영구적이고 완전한 마비.

(f) 치료할 수 없는 광기 또는 무기력.

(g) 양다리 또는 양손, 양팔 또는 1개 팔 또는 1개 팔의 산업적 사용의 영구적 및 전체적 손실. 본 세분화를 위해 이러한 영구성은 부상일로부터 500주 이상 전에 결정되어야 한다.

(4) 본 조항에 명시된 금액은 모두 상기와 같은 최대 및 최소의 제한을 받는다. 다른 신체의 손실에 대해 보상금을 지급하는 동안 1개의 신체를 상실한 경우, 본 조에서 정하는 기간 동안 2번째 신체의 손실에 대해 보상금을 지급한다. 제2회 신체의 상실에 대한 지급은 제1회 신체에 대한 지급이 종료되는 시점에 개시한다.

History: 1969, Act 317, Eff. Dec. 31, 1969;—Am. 1980, Act 357, Eff. Jan. 1, 1982;—Am.1985, Act 103, Imd. Eff. July 30, 1985;— Am. 2011, Act 266, Imd. Eff. Dec. 19, 2011.

Constitutionality: The statutory limitation in subsection (2)(g) of this section is not unconstitutional. Johnson v Harnischfeger Corp, 414 Mich 102; 323 NW2d 912 (1982).

Enacting section 2 of Act 266 of 2011 provides:

"Enacting section 2. This amendatory act applies to injuries incurred on or after its effective date."

Popular name: Act 317

Popular name: Heart and Lung Act

초기 인터뷰와 사례 평가 시, 조사자의 가장 시급한 관심사는 부상의 존재 여부 및 부상의 관련성 또는 발생 여부여야 한다. 청구의 정당성을 확인하기 위해, 조사자는 청구의 신뢰성을 확보하기 위해 가장 자주 사용되는 전략인 감시 기법과 전술의 사용을 고려해야 한다. 근로자들의 보상, 장애, 부상 입증은 사진이나 비디오 감시의 사용에 크게 의존해야 한다. 이러한 유형의 감시의 최종 결과는 시각적 수단으로 청구인의 상태에 대한 진위를 확인하거나 반박해야 한다. 최선의 방법은 청구인의 관점에서 부상이 기능 능력에 어떤 영향을 미치는

지 정확히 판단하는 것이다. 청구인의 움직임이 극단적일수록, 그리고 진정 장애인의 움직임과 충돌할수록 청구인의 행동을 시각적으로 기록하는 것이 중요하다. 조사관은 또한 청구인이 부상과 관련된 활동을 수행할 수 있는지 여부를 문서화해야 한다. 검색할 조치 유형:

등부상

1. 대상자가 일반적인 방식으로 짐(채소 같은 것)을 옮기는 중이다.
2. 대상자가 불편한 위치에서 보통 무게의 물건을 옮기는 중이다.
3. 대상자가 불편한 위치에 기대고 있다(유리창을 닦기 위해 창 밖에 나가 있는 것 같은).
4. 대상자가 무거운 물건을 잡거나 압력을 가하기 위해 몸을 사용 중이다(누군가의 머 리 위에서 구멍을 뚫기 위해 전기드릴에 압력을 가하는 행동과 같은 것).

머리부상

1. 대상자가 높은 온도에서 육체적으로 열심히 일한다(지붕 위에서 일하는 것과 같이).
2. 대상자가 격렬한 분위기(격렬한 춤을 추는 것과 같이)에서 계속 머리를 세차게 움직인다.
3. 대상자가 격렬히 달린다.

다리부상

1. 대상자가 부주의 방식으로 빨리 걷고 있다(뛰거나 빨리 거리를 건너는 것과 같은 것).
2. 대상자가 달리고 있다.
3. 대상자가 무거운 물건을 레일이나 지팡이의 도움 없이 위층으로 옮기고 있다.
4. 대상자가 쪼그리고 앉은 자세로 일어난다.
5. 대상자가 도움 없이 계단을 빠르게 올라간다.
6. 대상자가 가끔 쪼그린 자세로 있다.

팔부상

1. 대상자가 무거운 물건을 팔로 옮기고 있다(자동차 타이어 같은).

2. 대상자가 무언가를 쥐거나 당기고 있다(큰 바위나 나무뿌리 같은).
3. 대상자가 무거운 것을 세우고 있다(긴 사다리 같은).
4. 대상자가 무언가를 끄고 있다(젖은 수건을 짜는 것과 같은).
5. 대상자가 벨트 위로 무언가를 들고 있다(자동차에서 상자, 짐 등을 옮기는 것과 같은).

채찍질 같은 부상

1. 기본적으로 비(非)정상적인 목 움직임과 같은 등부상과 머리부상에서 보여지는 것과 같은 활동들이다.[24]

박스 10.4에는 수집해야 할 정보의 유형, 찾아야 할 관련 의료 정보 및 보고해야 할 감시에 대한 자세한 데이터와 조사자의 조사 결과의 요약이 수록되어 있다.

Box 10.4 노동자보상 최종 보고서양식(Workers' Compensation Investigation Final Report)

노동자보상 최종 보고서 양식

고객 : (성명)	File 번호 :
(표제)	날짜 :
(회사 상호)	작성자 :
(주소)	(표제)

24) Pinkerton's, Investigation, "Using Your Camera on an Insurance Investigation;" Steven Babitsky, "Investigating Workers' Compensation Claims," https://www.seak.com/blog/workers-compensation/investigating-workers-compensation-claims/; Golden, "3 keys."

조사의 보고서

RE : 누구에 의해 요구되었는지(고객과 주소) 누구를 감시하기를(용의자의 성명) 결정했는지......(조사)와/혹은 (포함된) 활동(사진들)과/ 혹은 (비디오테이프). 이것들이 드러난 노력....

세부항목

A. 개인 정보 :

(용의자의 이름 및 기타 가명)

(용의자의 주소)

(전화번호)

(생년월일)

(주민등록번호)

(키)

(몸무게)

(머리카락/혹은 눈의 색깔)

B. 수집정보

용의자가 가진 (현재의/계약이 만료된/정지된) 운전면허, OLN(번호), 만기날짜 등

㈜ 당국에 드러난 자동차기록의 체크,

용의자가 소유하고/혹은 사용하는 다음의 자동차 :

(연식, 제조회사, 모델, 차의 색상)

(등록)

C. 인터뷰 결과

(날짜) (인터뷰객체의 이름)등을 인터뷰했다. 용의자의 (이름) (이웃) (노동조합) (개인적 친분관계) (다른 점)은 이와 같다. 인터뷰는 (거주지)에서 이야기했다. 감시자는 (인터뷰의 결과를 알았다.)

D. 의료 정보

(출처 : 이름을 포함하고 다른 것)에 따르면 용의자의 의료적 상황은 (설명한다.)

E. 감시 결과

—— 예 ——

1989년 3월 21일 (목요일)

오전 7 : 30 ~ 오후 3 : 00 까지의 세부항목.

오전 7 : 35 - 1989년 3월 21일 목요일 오전 7시 35분에 감시원들은 456 East Main Street, West Hills, PA에 도착했고 용의자에 대한 감시를 시작했다. 감시원들은 거주지앞에 주차를 했고 1979년식 검정색 Buick Regal을 지켜보았다. 감시원들은 용의자가 살고 있는 오렌지색 벽돌의 집 위쪽에서 나란히 2중으로 거처를 감시했다. 오른쪽은 사람이 살지 않았다.

오전 9 : 35 - 감시원들은 용의자와의 전화를 통해 접촉하려 했지만 성공하지 못했다. 감시원들은 용의자가 집에 없음을 나타내는 녹음된 메시지들에 귀를 기울였다. 감시원들은 오전 10시에 대략적인 감시를 종결시켰다.

1989년 3월 22일 금요일

오전 6 : 00 ~ 오후 12시까지의 세부항목.

오전 6 : 00 - 1989년 3월 22일 금요일 오전 6시, 직원들은 456 East Main Street, West Hills, PA에 도착했고 용의자에 대한 감시를 시작했다. 용의자의 차(1979년식 검정 Buick Regal)는 거처의 앞에 주차되어 있었다.

대략 9시경에 명백한 결과들과 함께 거주지에서 그녀가 있는 것을 확인하기 위해 전화를 건다는 핑계로 용의자에게 접근했다. 감시원들은 대략 오후 12시까지 감시를 계속하며 움직임을 지켜보았다. 감시는 대략 오후 12시에 종료되었다.

1989년 3월 23일 토요일

오후 2 : 30 ~ 오후 6 : 00까지의 세부항목

오후 2 : 30 - 1989년 3월 23일 토요일에 감시원들은 456 East Main Street, West Hills, PA에 도착했고 용의자에 대한 감시를 시작했다. 감시원들은 차 안으로 들어가 용의자를 감시했고 용의자가 들어간 West Hills 쇼핑센터 식품매장으로 나아갔다.

오후 2 : 45 - 오후 2시 45분, 용의자는 식품매장으로 신원불명의 백인여성과 함께 들어갔고 그녀의 차는 123 East Main Street에 위치한 Richmond 쇼핑센터로 나아간 후에 들어갔다. 용의자는 MAC 은행 기계 앞에 주차했고 몇 개 정도 무엇인가를 거래하는 것이 보였다.

오후 3 : 10 - 오후 3시 10분 용의자와 동행녀는 West Hills 쇼핑센터로 돌아왔고 Food King 슈퍼마켓으로 들어갔다.

오후 3 : 55 - 오후 3시 55분에 용의자는 한 개의 식료품 가방을 가지고 슈퍼마켓을 나왔고 그녀의 자동차로 갔으며 그녀의 자동차 트렁크에 식료품을 실었다. 그러고 나서 용의자는 아이스크림 가게로 들어갔다.

오후 4 : 05 - 오후 4시 05분 용의자는 아이스크림 가게를 나왔고 아이스크림콘을 먹은 뒤 그녀의 차에 탔다.

오후 4 : 10 - 대략 4시 10분경에 용의자는 East Main Street에 위치한 MAC 은행기계로 갔다. 용의자는 기계에서 거래를 한 뒤 집으로 향했다. 감시는 대략 오후 5시 45분 쯤 종료되었다.

F. 요약

감시원들은 명백히 눈에 보이는 신체적인 장애는 움직임을 둔화시킨다고 관찰했다.

감시원들은 관찰했다.........

2.3 장애보상을 위한 소송

장애보험이 문제되고 있는 보험회사는 장애청구에 관한 증명을 위한 반복적인 요구를 갖는다. 정부수준에서 특별히 "사회보장청"[25] 조사관에 의한 외부평가와 분석은 표준운용 절차이다.

장애결정에서 다음의 요소들은 핵심요소로 중요한 것들이다:

- 청구권자가 실제로 장애인인지 확인하라.
- 청구권자가 입원을 했나?
  - 어디에서, 언제 동안
  - 담당의사 이름은 무엇인가?
- 청구권자가 집에만 있는가?
  - 청구권자가 얼마 동안 누워 있었나?
- 청구권자가 부상으로 인해 어떤 부목, 어떤 정형외과 기구, 다른 의료기구를 사용하는가? 만약 가능하다면 의료기구 이름과 종류를 작성하라.
- 부상에 대해 상세히 기록되어 있나?
- 청구권자는 그의 활동에 제한을 받나?
  - 청구권자는 일하고 있는 중인가? 어떤 상태인가?
- 사고 후 실직상태인가?
  - 증거와 사실을 기록하라.
- 이전에 사고를 당한 적이 있나?
  - 청구권자가 이전에 두드러진 병력이 있었나?
- 청구권자가 운전을 하는가?

25) Social Security Administration, Office of the Inspector General, "Cooperative Disability Investigations," https://oig.ssa.gov/cooperative-disability-investigations-cdi.

• 청구권자는 현재 어떤 일에 종사 중인가?[26]

웹 연습 "사회보장국이 당신의 불효 주장에 도전하기 위해 사설탐정을 보낼 것인가?"라는 질문에 답하는 비디오를 시청하십시오. https://youtu.be/VpLoAfjCL10

이 내용을 통해 논의된 표준적인 감시기술에 부가해서 장애청구조사는 청구권자와의 면접에 상당히 의존한다. 보험회사가 사기와 속임수의 가능성이 있는 것을 제외하면 조사관들은 개인적인 법정대결 또는 청구권자와의 토론을 두려워할 필요가 없다. 이런 종류의 핑계는 타당할 뿐더러 이웃조사는 아마도 가장 올바른 정보가 될 수 있을 것이다.

몇몇의 경우를 제외하고 이웃조사는 사실과 다를 때 해야 한다. 사실과 다른 핑계는 우리가 우리 회사나 우리 고객의 대표로서 우리 자신을 증명할 수 없음을 의미한다. 그리고 우리는 우리 조사의 정확한 목적을 이야기할 수 없다.[27]

사람들에게 질문할 때는 조사관이 철저히 준비하고 감정적인 모습을 보이면 안 된다. 논리적으로 유도된 정보는 자연히 이러한 제3의 당사자들로부터 나타난다. 박스 10.5의 "이웃조사 점검표"를 채택함에 있어서 조사관은 질문의 적절한 경향에 초점을 모아야 할 것이다.

표 10.5 이웃조사 체크리스트 양식(Neighborhood Investigation Checklist)

이웃조사 체크리스트

1. 그들은 얼마나 오랜 기간 동안 대상자를 알고 있었나?
2. 인근 주민들과 대상자 사이에 가족 관계가 존재하는가?
3. 현 주소는 (얼마나 오랫동안 그 곳에 있었나) 이전 주소에서 얼마나 자주 대상자를 보았는가?
4. 나이, 인종, 결혼 여부(배우자의 이름)
5. 부양가족 여부(친척관계 이름 그리고 부양가족 대략의 나이)

26) Ibid. at 4.

27) Ibid.

6. 대상자는 고용되었는가? 만약 그렇다면 어디에? 만약 직장에 다녔다면 그가 직장을 떠난 것이 언제이고 그의 출 · 퇴근방식은 무엇이었는가? (또한 만약 고용여부가 알려지지 않았다 면 매일 어느 시간대에 대상자가 그의 거주지를 떠났는가?)
7. 만약 실직상태라면 언제 어디서 그가 과거에 일을 했는가? 그의 수입의 원천지는 어디인 가? 그의 보통 직업은?
8. 이웃주민들은 대상자가 어떤 상태였으며 또는 입원을 한 사실에 대하여 알고 있는가? (어디서, 언제, 어떻게, 얼마나, 오랫동안)
9. 이전의 건강상태나 후에 나타난 의문의 상처와의 관계
10. 의문의 상처는 그의 정상적인 생활에 영향을 주었는가? (일의 범위, 집의 수리, 차의 수리)
11. 현재의 활동들(볼링,볼링, 댄스)
12. 배우자 또는 아이들이 있는가? (만약 있다면 어디에, 얼마나, 오랫동안)
13. 소유한 재산(거주지, 자동차, 보트, 트럭, 기계 등)
14. 이웃주민에 대한 그의 평판이 바람직한가?(대상자가 술을 마시는 정도, 싸움, 약의 사용, 도박)
15. 개인과 관련된 이름과 주소 친구들 그리고 친척들
16. 개인 참조인, 친구 및 친척의 이름과 주소.

2.4 자동차 손해배상책임을 위한 소송

자동차 소송의 증가로 인해 이러한 분야에서 민간경비산업 서비스는 높은 수요를 나타낸다. 보험회사는 변호사들에 의해 신청도니 손해들과 배상청구권을 해결하기 위해 강경한(hardball) 전략을 채택할 것이다.

전형적인 자동차사건은 자동차 보험계약으로부터 일어난다. 다시 말하면, 약정(約定)이 보험자(보험회사)와 피보험자(청구자) 사이에 시작했다. 자동차 보험계약서에 관한 선택된 샘플 페이지는 박스 10.6에 있다.

Box 10.6 자동차 보험계약으로부터 발췌양식(Excerpt from Auto Insurance Contract)

스케줄

기본적인 갑의 혜택

혜택	
의료비 혜택	$10000까지 가능
작업손실급여	$4000까지 가능하며 최대 $1000까지 분할 가능
장례비급여	$15000까지 가능

아래 또는 선언문에 표시된 기본 갑의 혜택 대신 다음 옵션이 적용된다.

부가적인 갑의 혜택

혜택	**책임의 한계**
의료비 혜택	$________까지 가능
작업손실급여	$______까지 가능하여 최대 $______까지 분할 가능
장례비급여	$__________까지 가능
우발적 사망수당	$_______________까지 가능

☐ 조합 갑의 혜택

혜택들	**책임의 한계**
최대 총 단일 한계	최고 $_______________
다음과 같은 개별 한계에 따라:	특정 달러 금액 없음
의료비 혜택	특정 달러 금액 없음
작업손실급여	최대 2,500달러
장례비급여	$25,000
우발적 사망수당	

참고사항: 부가적인 갑 혜택 또는 조합이 일정 또는 선언에 적용되지 않는 경우 기본적인 갑의 혜택만 적용된다.

아래 또는 선언에 표시된 바와 같이 다음 제외 사항이 적용된다.

☐ 업무손실급여제외

작업 손실 혜택이 적용되지 않음

I. 정의

갑의 혜택 적용 범위와 관련하여:

"법"은 1984년 개정된 펜실베이니아 자동차 금융 책임법을 의미한다.

또한, 갑의 급여 적용범위에 대해 다음과 같은 단어와 구를 정의한다. 그것들은 진한 글씨체로 한다.

"**신체 부상(bodly injury)**"은 사람과 그 사람이 질병, 질병 또는 죽음에 이르는 우발적인 신체적 해를 의미한다.

"**보험에 든(insured)**"은 다음을 가리키는 말이다.

1. 당신과 당신의 가족 구성원.
2. 다른 사람:

2.4.1 정책 결정

피보험자와 보험자 사이에 계약적 의무에 관한 경제적 기초는 보험증권 신청서 페이지에 목록으로 되어 있다. 대부분의 보험증권 신청서는 내용면에서 통일적이고 이러한 범주들로 구성되어 있다:

- 신체의 상해책임
- 재산의 손해책임
- 의학적 치료에 대한 지불과 배상
- 개인재산에 관한 포괄적인 보험의 보상범위
- 충돌방지
- 견인차 이용료
- 장례비용
- 화재와 절도
- 비(非)보험자와 보험 가입된 운전자

이러한 금전적인 표(表)가 잠재적 소송의 매개변수에 영향을 주더라도 보험증권 그 자체는 보험자와 피보험자의 의무를 안내하는 계약 조항을 포함한다. 이러한 주요 구성요소들은 보험계약서에 설명되어 있다 :

- 특정한 협약과 보험의 보상범위(박스 10.6를 참조).
- 보험의 보상범위의 배제(박스 10.7 참조).
- 계약 그리고 다른 우연한 사고(박스 10.8 참조).

Box 10.7 보상범위의 배제(Exclusion to Coverage)

배 제(EXCLUSION)

우리는 신체적인 상해에 대해 보상을 제공하지 않는다.

1. 신체적 상해의 발생을 시도하거나 고의로 발생시키는 동안 어떤 개인에 의하여 받은 :
   a. 그 자신 ;
   b. 그녀 자신 ;
   c. 어떤 다른 사람 ;

2. 중죄(重罪)를 저지르는 동안 어떤 개인에 의하여 입은

3. 법집행기관 공무원에 의한 적법한 구금이나 체포를 교묘히 피해가는 것을 추구하는 동안에 어떤 개인에 의해서 입은

4. 그 사람에 의하여 명백하게 개조되어진 차량을 사용하거나 유지하는 동안 어떤 개인에 의해 입은, 그런데 이 배제(4.)규정은 다음에는 적용되지 않는다:
   a. 당신 ; 혹은
   b. 어떤 가족 구성원

5. 사고 당시 어떤 개인에 의해 입은 :
   a. 소유자가 하나 또는 더 많은 사람들이 기록된 차량이고 법(法)에 의하여 요구되는 사실상의 재정적 책임을 가진 사람이 그들 중의 아무도 없는 자동차 ; 혹은
   b. 법(法)에 의하여 요구된 재정적 책임이 사실상 없는 그 사람에 의하여 소유되고 있는 차량을 점유 중인

6. 주거지나 부동산으로서 사용하기 위하여 정착된 동안 자동차를 유지 혹은 사용 중인 어떤 개인에 의하여 입은

7. 자동차를 수리, 서비스 혹은 다른 유지에 관한 회사의 과정 중에 행위의 결과로 부상을 입은 어떤 개인에 의하여 입은, 이 배제규정(7.)은 만약에 그 행위가 회사의 부동산 밖에 있다면 적용되지 않는다.

Box 10.8 책임의 한계(Limit of Liability)

책임의 한계(LIMIT OF LABILITY)

제 1 당사자의 이익을 위하여 보험증서 혹은 표 안에서 보여진 책임의 한계가 적용되는 것은 어떤 사건에 대한 결과로서 각 피보험자에게 혹은 피보험자를 위하여 우리가 지불할 가장 최대의 것이다. 이것은 숫자에 상관없이 우리가 지불할 최대의 것이다 :

1. 청구권이 만들어진 ;
2. 보험증서 안에 혹은 표 안에 보여진 차량 또는 자산 ;
3. 사고에 포함된 차량 ; 혹은
4. 제 1 당사자 이익을 제공 중인 보험자

만약 제1당사자 이익 결합이 제공된다면 우리는 책임의 전체 한계를 "기본적 제1당사자이익을 위한 법"에서 요구되는 어떤 분리된 한계를 제공하기 위하여 적용할 것이다.

제1당사자 이익보상 하에서 지불할 만한 어떤 규모는 지불된, 지불 가능한 혹은 어떤 노동자 보상법률 혹은 유사한 법률 하에 있는 피보험자에게 제공되기 위하여 요구된 어떤 규모를 초과할 것이다.

조사자는 자동차 책임 청구 조사 내에서 많은 기능을 가질 수 있지만, 주된 기능은 사실을 결정하는 것이다. 책임, 청구 손해배상, 소송에 관한 결정은 수사관행의 범위를 벗어난 사안이지만, 같은 내용의 해결을 위임받은 것은 수사관의 업무에 큰 부담을 주고 있다.[28]

28) James E. Whitaker, Insurance Fraud Handbook (Association of Certified Fraud Examiners, 2018) http://www.acfe.com/uploadedfiles/acfe_website/content/documents/insurance-fraud-handbook.pdf; For an excellent series of resources for the Accident Investigator, visit: "Accident Reconstruction &Investigator Liability Insurance Coverage," Alliance Marketing &Insurance Services, http://www.amisinsurance.com/lines/

수사관들은 소송과 관련된 전략적 의사결정을 이끌어내는 사실의 편성에 있어 보험회사를 돕는다. 자동차 사고의 경우, 복수의 치료법과 조치의 원인이 존재할 수 있다. 과실치사 행위는 상호 배타적인 것이 아니라 예상대로 행동의 원인이다. 전통적인 과실법은 어떤 부주의한 행위, 즉 적절한 치료를 위반하면 실제 부상과 손상이 발생한다고 주장한다. 정지 표지판이나 적신호를 달리거나, 운전 중에 잠이 들거나, 차도에서 눈을 산만하게 하여 부상을 입힌 사람은 자동차 운행 시 다른 사람의 보살핌과 행동의 기준을 위반한 것으로 간주된다. 과실을 넘어 다음과 같은 다른 치료법을 간과해서는 안 된다.

1. 제1자 급여-현대의 무고장 조항에 따라, 그의 보험 회사와 계약적 자격으로 보험에 가입한 사람은 자동차의 소유, 운영 또는 이용으로 인한 부상에 대한 보상을 받을 수 있다.
2. 의도적인 고문, 단순히 부주의한 것이 아니라 고의적인 행위, 신체적 상해를 입히거나 재산을 파괴하는 개인은 폭행, 배터리, 무단침입 또는 고의적인 정신적 고통 등 고의적인 불법행위 이론에 대해 소송을 제기할 수 있다.
3. 보험에 들지 않거나 보험에 들지 않는 혜택 —만약 불법행위자의 보험 한도가 부상에 대해 적절히 보상하지 않거나, 불법행위자가 보험에 가입하지 않은 경우(이것은 "보험에 가입하지 않은" 것으로 표시됨), 피보험자 자신의 보험이 불충분하거나 보험에 가입하지 않은 보험에 의해 그 부족함을 보충할 수 있다. 경쟁 사업자들은 종종 보험에 가입하지 않은 보험금을 지불하기 전에 어떤 합의에도 동의할 권리를 주장할 것이다.

웹 연습 보험업계에서 자동차 보험 청구 부분을 담당하고 있는 많은 회사 중 하나인 www.theeyewitness.com/auto-liability-investigations.html을 방문하십시오.

accident_reconstruction_insurance.php

2.4.2 자동차 손해배상책임 소송을 위한 절차

자동차 사고 또는 책임사건에 있어서 조사활동을 억제하는 것은 사건의 순서, 연계성 그리고 충돌 혹은 다른 상해로 이끄는 조건들의 흐름을 밝히기 위해서 필요하다.

사고 쪽으로 이끄는 사건의 연쇄는 다음과 같은 사항으로 이루어져 있다 :

1. 주된 사건, 시간, 장소 그리고 사건의 형태—예를 들면 ; 도로에서 탈선했거나 ;보행자와 도로 위에서 충돌
2. 위험의 인식—보고 느끼고 혹은 사고가 곧 일어날 것 같은 징조로 여겨질 수 있는 예외적인 혹은 예상치 못한 움직임과 조건
3. 인식의 주안점—보통의 개인에 의하여 인지될 수 있는 비(非)정상적인 또는 예상치 못한 움직임 혹은 조건 ;
4. 벗어날 수 없는 요점—구경하고 있는 사람에 의하여 더 이상 예방될 수 없는 사고 밖의 시간이나 장소
5. 충돌의 최대화—충돌상태에 있는 목적물들이 서로 가능한 한 멀리 밀려나는 위치와 시간 ; 그리고
6. 마지막 상태—마지막으로 관련된 대상자가 죽어서 왔을 때의 시간과 장소 ; 이것은 어떤 것이 이동하기 전의 상태이다.[29]

자동차사고 조사관들은 앞의 목록에서 "마지막 상태"를 주장하기 위하여 그들이 할 수 있는 모든 것을 하여야 한다. 생명구조의 문제와 재산손실의 최소화라는 예외와 함께 사고현장에서 흠이 없는 최선의 사진을 제공하면서 목적물은 그들의 마지막 상태로 남아 있어야 한다. 보험회사는 사고사건을 분석하고 재현할 수 있는 그들의 능력에 기초한 이익들을 깨닫는다. 보험자 또는 피보험자의 이익 중 어느 한 쪽을 대신하여 일하는 조사관들은 같은 수준의 헌신과 능숙함을 가져야 한다. 조장적 과실행위가 순수한 방어로 작용할 곳에서 사고

29) W. Strobl, The Investigator's Handbook (Butterworth Heinemann, 1984) 90; Whitaker, "Handbook."

현장의 재현은 조사절차에서보다 더 심각한 단계가 된다.

조사관들은, 규칙적인 형태로 사용되어진 형태는 문서화하고 사건진상의 흐름을 요약 할 메모를 완성하는 것이 필요하다. 자료표로서 정식으로 채용된 두 가지 형식들은 박스 10.9와 10.10이다.

Box 10.9 의료 자료(Medical Data)

의료자료

다음 항목을 요약하십시오.

상해 묘사

사고사

진보.

과거 병력

현재 불평

날짜 종류 영구성

Box 10.10 사고자료(Accident Data)

사고자료

사고자료 양식

이름

사고 날짜 시간 am/pm

주소 도시 주 우편번호

경찰서 사건 번호 딱지 □예 □아니요

"예" 누구한테? 기소

다른 차량

년도 상표 모델

색깔 번호판 주

다른 차량의 운전자

이름 눈에 보이는 부상? □예 □아니요

집주소 도시 주 우편번호

집전화 회사번호

운전면허증 주 보험업자

나이 성별 키 몸무게

부상 유형

다른 차량의 등록된 주인

이름 눈에 보이는 부상? □예 □아니요

집주소 도시 주 우편번호

운전면허증 주 보험업자

다른 차량에 탄 승객들

이름 눈에 보이는 부상? □예 □아니요

집주소 도시 주 우편번호

집전화 회사번호

운전면허증 주 보험업자

나이 성별 키 몸무게

부상 유형

사고 당시 앉아있던 위치

목격자

이름 눈에 보이는 부상? □예 □아니요

집주소 도시 주 우편번호

집전화 회사번호

이름 눈에 보이는 부상? □예 □아니요

집주소 도시 주 우편번호

집전화 회사번호

2.4.2.1 현장 스케치

그와 그녀가 기억하고 있는 사고를 도해화하기 위해서는 의뢰인에게 물어보아라. 이러한 유형의 적극적이고 회화적인 기대는 의뢰인이 사실들을 곧바로 얻을 수 있게 도움을 줄 것이다. 그리고 조사관은 의뢰인의 이야기를 입증하고 증명할 수 있다.

2.4.2.2 사고현장의 촬영

기록과 문서가 조사기술의 필수적인 부분이라면 사고 현장사진들은 생생한 증거의 조각들이다. 조사관들은 사진처리에 있어서 능숙해야 되고 경찰관과 독립적인 계약자로서 일하는 개인 사진작가 사이에서 강한 관계를 발전시켜야 한다. 사고현장에 대한 사진을 통한 커버는 다음의 사항을 포함해야 한다:

운전자 또는 관련된 운전자들의 관점에서 현장접근. 다른 거리에서 여러 현장사진을 찍는 것이 필요할 것이다. 그와 그녀가 자동차 안에 앉아 있었을 때 운전자의 눈높이에서 사진을 찍어라 트렉터 및 트레일러 견인장비의 높은 운전실은 운전자를 지면으로부터 8피트 정도 높이에 앉힌다는 사실을 기억하라. 필요한 높이를 측정하기 위해 견인차 또는 배달용 트럭에 올라타야 한다.

- **눈으로 목격한 者의 관점** : 목격자 진술을 확실하게 하기 위하여 목격자가 서 있는 위치와 눈높이에서 현장사진을 촬영하라.
- **차량의 위치** : 차량이 이동되기 전, 차량의 최종 위치에 관한 상태를 촬영하기 위해 노력하라. 차량들이 사진을 찍기 전ㄴ에 이동했다면 분필이나 테이프로 위치를 표시한다.
- **희생자의 표시** : 몸 위치를 촬영하거나 또는 상처가 난 희생자를 치료하기 전, 위치를 표시한다. 피해자가 내던져진 차량이 없는 곳에서 피해자의 위치를 촬영하고 혹은 자료를 위해서 옮겨진 부상당한 피해자의 위치를 표시하라.
- **충돌 지점** : 만약 가능하다면 사고가 난 차량 혹은 차량의 충격지점을 찍는다. 이것은 차량의 마지막 상태에 해당하거나 혹은 그 지점으로부터 약간의 차이가 있을 것이다. 가능하다면 사진에 있는 두 가지를 연관시켜라.
- **사건현장 전부의 상태** : 사건현장요소와 관련된 한 장 또는 몇 개의 그림은 사건 조사관에게 유용할 것이다. 이와 같은 그림에 대한 하나의 관찰지점은 현장에서 간과되는 중요한 위치이다 ; 옥상, 제방, 다리 심지어 트럭은 좋은 위치를 제공할 수 있다. 다른 종합적 장면은 차량 이동방향에서 눈

높이 정도로 사진을 카메라로 찍을 수 있다. 그때 현장접근을 알기 위하여 현장반대 방향 쪽에서 현장 쪽을 통과하여 되돌아보면서 찍을 수 있다.

- **사건관련 세부사항 관찰** : 차량손실 상세목록, 스키드마크, 타이어흔적, 닳거나 손상된 타이어, 등록번호판, 윤활유 · 물 · 휘발유 흘림 그리고 망가진 부분은 사건조사관들을 돕는 중요한 정보를 제공한다. 차 안에 문제가 될 만한 물건 즉 와인, 맥주 그리고 다른 술병들, 마약 혹은 화기류(火器類) 등을 찍어라.[30]

교통조사의 저명한 연구 센터인 노스웨스턴 대학의 공공 안전 센터는 이 사고 현장 사진 프로토콜을 다음과 같이 제안하고 있다.

B. 사진이 나타내는 것
1. 차량 확인
    a. 차량 번호판
    b. 차량 등록판
    c. 차종 및 모델
2. 접촉 손상부위
    a. 겹쳐진 부분
    b. 붕괴된 부분
    c. 추진 방향
3. 유도된 손상지역
4. 무사한 부분

30) Eastman Kodak Co., Photography in Traffic Accident Investigation (1979) 4; "Tips for Car Accident Scene Photography," Findlaw.com, accessed July 22, 2018, https://injury.findlaw.com/car-accidents/tips-for-car-accident-scene-photography.html; Falcon Transport, "Employee Handbook," accessed July 22, 2018, http://www.falcontransport.com/PDF%20Files/Handbook/Photos.pdf.

5. 차량 내부—필요할 경우
6. 차량 램프(문제가 있다면 #6과 #7에 준하고 사진을 찍는다)
7. 차량 타이어
8. 사진들을 클로즈업[31]

"교통연구소"는 또한 사진들을 속도, 초점, 거리 그리고 현장의 깊이 등에 따라 차트화 할 것을 추천한다.

2.4.2.3 자동차 사고의 재현

교통사고 조사에 참여한 조사관들은 간단한 문제에서부터 단지까지 수많은 문제에 직면하게 될 것이다. "많은 다른 전문적 활동들과 마찬가지로, 교통사고 조사는 필요와 가용 자원에 따라 다양한 레벨이나 기술 수준에서 이루어질 수 있다."[32] 현재 1936년 설립된 민간 비영리단체인 국민안전센터(Center for Public Safety)로 알려진 노스웨스턴대 교통연구소[33]는 사법기관, 형사사법기관, 사설경비기관, 고속도로교통기관에 사고재건 서비스를 제공하고 있다. 사고 재건을 위한 전문적인 지위를 향상시키고자 하는 민간 조사관들은 교통 연구소의 많은 교육 프로그램 중 하나에 참여하기를 원할 수도 있다. 추락사고 조사 과정에 관한 웹

31) The Traffic Institute, Vehicle Damage Photography (SN 7717) 2-3; State of Texas, Vehicle Damage Guide for Traffic Crash Investigators (2015), ftp://ftp.dot.state.tx.us/pub/txdot-info/trf/crash_notifications/2015/crash-report-80.pdf.

32) The Traffic Institute, Level of Traffic Accident Investigation (SN 8000) 1; Texas, "Damage Guide."; Elvin Aycock, Traffic Accident Reconstruction (2010), accessed July 22, 2018,https://atu587.org/sites/ default/files/Traffic%20Accident%20Reconstruction.pdf.

33) Northwestern University, The Center for Public Safety, 555 Clark St., Evanston, IL 60204.

페이지는 그림 10.4[34]에 있다.

이 센터는 다음과 같은 다섯 가지 수준의 교통사고 조사를 구분하고 있다.

① 보고(Reporting)

② 보충자료수집(Supplementary Data Collection)

③ 기술적 준비(Technical Preparation)

④ 전문적 재현(Professional Reconstruction)

⑤ 원인분석(Cause Analysis)

첫째 단계에서 조사관은 사고조건, 인명(人命) 그리고 재물을 포함하여 사고 상황을 식별하고(identifies) 분류한다(classifies). 이 교과서에서 언급된 보고서들과 다른 서류들은 시간대를 암시하는 내용, 장소, 환경, 차량의 파괴정도와 현장의 운전자, 보행자들, 승객들, 목격자들 그리고 현장에 있던 경찰들로 채워진다.

SmartDraw와 Virtual CRASH와 같은 회사는 그림 10.5[35]와 10.6[36]과 같은 가상 재구성을 제공한다.

34) "Crash Investigation I," Northwestern University, The Center for Public Safety, accessed September 12, 2018, https://registration.nucps.northwestern.edu/courseDisplay.cfm?schID=1301.

35) SmartDraw, https://www.smartdraw.com/accident-reconstruction.

36) Virtual Crash, http://www.vcrashusa.com/home.

그림 10.4 노스웨스턴 대학교의 공공 안전 센터는 사고 재건과 충돌 조사에 관한 과정을 제공하는 한 대학이다.(출처: 노스웨스턴 대학교, 공공 안전 센터)

그림 10.5 SmartDraw와 같은 회사들은 사고 장면을 재현하는 스케치를 만드는 유용한 소프트웨어를 제공한다.(출처: SmartDraw LLC)

제10장

4 결론

이 장에서는 민간 보안 업계에서 가장 자주 목격되는 보험 조사를 다루었다. 자동차 정책과 그 책임의 매개 변수로 시작하고 자동차 부품을 보호하기 위한 보안 대책으로 끝난 독자는 많은 조사 요법에 노출되었다. 또한, 이 장에서는 근로자의 보상, 장해 및 사고 분석, 사고 재구성에 대해 충분히 다루었다. 이 장은 이러한 다양한 환경에서 취해야 할 실질적인 단계를 강조하고 광범위한 문서와 실행 양식을 전달한다.

제 11장

조사방법과 기법: 신원(배경)조사 사례

1. 서설
2. 신원확인과 예비적 배경사항조사
3. 배경조사 문제
4. 배경조사에 관한 대안적 방법
5. 종합적인 배경조사 리포트
6. 결론

1 서설

사설 보안 세계에서의 배경 조사의 역할과 그것의 조사 부문은 의무와 책임의 상위 계층에 있다. 제대로 하지 못하면 책임의 수문이 열리고, 잠재적인 경제적 손실을 유발하며, 심지어 우리의 국가 안보에 위협을 가한다. 2013년 미국 정부의 하청업체 에드워드 스노든이 국가안보국(NSA)으로부터 기밀을 유출했다. 이 보안 위반에 재빨리 뒤이어, 미국 의회는 스노든과 같은 사람이 "놓치게"할 수 있는 배경 조사 관행이 무엇이었는지에 대한 연방 조사를 시작했다. 그들이 발견한 것은 스노든과 같은 계약자들이 일반 공무원들과 같은 정도로 세밀히 조사되지 않았다는 것이다. 그러므로 아이러니하게도, 정부의 감시 시스템을 폭로하려는 스노든의 의도는 사실 새롭고 진행 중인 배경 조사[1]에 대한 정부의 조사를 증가시키는 자극제가 되었고, 여러 가지 면에서 전 세계적인 배경 조사의 특성과 중요성을 증가시켰다.

정부는 스파이 활동과 테러 활동의 위협에 대해 우려하고 있을 수 있지만, 개인, 기관, 기업 모두 그들이 고용하고 함께 일하는 사람들의 정체성, 기질, 배경에 대해 점점 더 우려하고 있다. 알코올과 마약 중독, 문서 위조 용이성, 녹취록 변경, 허위 이름과 배경 추정 등이 모두 우려되고 있으며, 그 결과, 배경 조사가 민간 보안 과제에서 점점 더 많은 부분을 차지하고 있다.

위험한 것을 측정할 수 있는 능력 때문에 개인적인 배경 점검도 중요하다. 이러한 조사는 개인에게 가정이나 재산에 대한 접근권을 부여할 때, 대개 계약자나 유모나 가정부와 같은

1) S. Young, "Slipping Through the Cracks," Surveillance &Society 15, no. 1 (2017): 125-136.

전업 가사 근로자가 서비스를 수행할 수 있도록 해야 한다. 이러한 직책에 대한 신청서와 너무 커서 열거할 수 없는 다른 많은 신청서는 허위 또는 기타 오해를 일으킬 수 있는 정보를 포함할 수 있다. 철저한 신원조사를 실시함으로써, 집주인은 소유물을 보호하고 사랑하는 사람을 안전하게 지킬 수 있는 능력을 키운다. 그러나 개인 배경 조사는 사업 관련 배경 조사보다 더 광범위하지 않은 자원 부족으로 인해 종종 유사하지만 종종 발생하기 때문에, 본 장은 주로 기업, 기관 및 정부에 의해 수행되는 배경 점검에 초점을 맞춘다.

기업 환경에서 인사 부서는 배경 검토에 크게 의존한다. 투자회사들이 고용과 배분에 투입하는 것을 감안할 때 심각한 배경조사가 필요하다는 것은 아무리 강조해도 지나치지 않다. 9/11사태에 대응하여 기업들은 예비직원에 대한 신원조회에 점점 더 의존해 왔다. 일반적으로 제3자에 의해 수행되는 기본 점검에는 전과기록, 날짜, 출처 및 교육 크레딧 대상, 그리고 전근직 일자 및 장소가 포함된다. 그러나 점점 더 자주 기업들은 신용 이력, 민사 소송, 자동차 기록, 심지어 "생활의 방식"과 성격에 대한 정보도 수집하고 있다. 첫 번째 홀크레스트 리포트(Hallcrest Report)의 작가 윌리엄 커닝햄(William Cunningham)과 토드 테일러(Todd Taylor)에 따르면:

> 특별한 지위 때문에 고용된 사람이 그와 그녀가 이력서 혹은 취업지원서 상에서 자기가 진술한 배경, 교육훈련 그리고 기술들을 가지고 있다는 사실은 매우 중요하다. 어떤 지위들은 신뢰성, 태도, 기밀성과 다른 성격 특성에 대한 특별한 요구들을 가진다. 이러한 지위들을 위하여 조직은 이전의 불리한 것들이 후보자의 성격에 반영된 것이 없는지 부적당한 행위 쪽으로의 경향들이 없는지에 대해 증명할 수 있어야 한다.[2]

2) William C. Cunningham and Todd H. Taylor, The Hallcrest Report: Private Security and Police in America (1985): 43; see also Peter Psarouthakis, "Business Background Investigations: Tools and Techniques for Solution Driven Due Diligence," Security Management (June 2008): 120; Kris Frieswick, "Background checks: worries about personnel integrity are creating a few worries of their own," CFO, The Magazine for Senior Financial Executives, August 2005: 63.

기업이 지원자의 진술된 배경을 믿는 것을 자연스럽게 주저하는 것은 지적 재량권을 보여주는데, 특히 직원을 무시한 채 해고하지 않는 고용주에 대해 제기될 수 있는 민사적 행동을 고려할 때 그러하다.[3] 오늘날과 같은 기후에서, 그 위험은 범죄의 체크무늬 배경에서부터 학대 행위의 역사에 이르기까지, 일련의 전 고용주 해고에서부터 그 직업에 대한 징계 이력에 이르기까지, 그리고 성적으로 부적절하다는 평판까지, 그 위험은 엄청나고 여러 가지가 있다.

> 안보 공동체 자체 내에서, 이것이 얼마나 철저하게 이루어졌는지에 대한 많은 논의가 계속되고 있다. HR 측면에서는 어떤 배경 요소가 채용되는 역할과 관련되는지, 그리고 프로세스와 관련된 비용과 시간에 대한 질문이 있을 수 있다.
> 응시자가 입사 원서상의 주요 요소(즉, 교육, 고용 이력 등)를 위조하면 불합격한다는 것이 일반적으로 받아들여지고 있다. 이것이 명확하지 않은 분야는 윤리, 명성, 직업, 운영 능력과 관련된 분야들이다. 이러한 덜 명백한 속성은 실제로 대부분의 직무 기술에서 중요한 식별자지만, 그것들을 검증하는 것은 매우 모호해진다.[4]

J. Kirk Barmfoot는 다음과 같이 말했다.

> 만약 적절한 통제와 절차들이 유효하다면 우선, 선천적 · 기본적으로 정직한 사람들을 선발하는 것이야말로 건실한 기업을 세우는데 있어서 절대적으로 필요하다. 상습적인 종업원절도의 전력을 지닌 사람을 고용하는 것은 보안문제가 항상 일어날 것이며 보안부서 조사반에 엄청난 양의 업무를 부과하게 될 뿐이다.[5]

3) See Charles P. Nemeth, Private Security and the Law, 5th ed. (Boca Raton, FL: CRC Press, 2018); D. Showmaker, "Improving Security with Global Background Checks," Security 50, no. 10 (2013): 38-38, 41; Lessing E. Gold, "Better Check the Background," Security Distributing &Marketing (October 2009): 34.

4) J. Brennan and L. Mattice, "Pre-Employment Vetting: Value or Liability," Security 52, no. 4 (2015): 40.

5) J. Kirk Barefoot, Employee Theft Investigation (1979): 190.

더욱이 일부 사업장은 너무 규모가 작아서 정교한 배경 검토를 수행할 수 있는 보안부서가 없기 때문에 초기 배경 점검은 내부 도용으로부터 비즈니스를 보호하는 데 있어 진정한 첫 번째, 첫 번째 방어선이다. 그러나 많은 중소기업들은 비용절감 방안으로 이 중요한 고용절감을 포기한다. 어떤 경우에는, 몇 백 달러를 절약하려는 이러한 노력이 나중에 훨씬 더 많은 비용이 드는 해악이나 심지어 재정적인 파탄이나 파산을 초래하기도 한다. 따라서 배경 점검은 기업의 활력소가 되고, 그러한 중요한 고용 단계를 소홀히 하는 기업들은 위험에 처하게 된다.

마지막으로, 고용하고 있는 기업들은 그들이 배경 조사를 수행하는 것을 돕기 위해 개인이나 회사를 고용해야 하는 가장 명백한 사례들을 제시할 수 있지만, 이러한 조사가 정당화될 수 있는 다른 상황들이 있다. 테러리즘과 테러리스트의 시대에 지원자나 잠재적 직원이 누구일지 정확하고 정확하게 알아야 할 필요성은 그 어느 때보다도 중요했다. 보안전문가들은 미국 정부가 비자를 소지한 근로자들에게 자체 심사를 실시해야 할 실사 의무를 면제해 주는 뒷조사를 실시했다고 단정할 수 없다. 정부의 노력은 어리석은 것이 아니다."[6]

배경조사는 복잡한 경제 거래에서 투자자를 보호하고 타인과의 거래, 계약 협상 및 국가 및 국제 통상 표준 준수를 방지할 수 있는 능력을 가지고 있다.[7]

배경조사 컨설팅 회사는 이제 비즈니스와 업계에서 흔히 볼 수 있는 설비다.

연방 및 주 차원에서, 일부 기관에서 개별 민간 계약자는 이제 배경 조사를 실시한다. 예를 들어, 술, 담배, 화기국은 사설탐정을 고용하여 배경 조사를 한다. 배경조사는 주로 잠재적 고용에 대한 초기 고용 단계에서 이루어지지만, 이러한 관행은 현재 퇴직 후 채용되고 있다. 이러한 유형의 영구 선별은 "연속선별, 재발 선별 및 사후선별은 동의어이며 상호 교환

6) Lester Rosen, "International Hiring 101: Background Checks, Due Diligence &Legal Compliance," Security 49, no. 11 (November 2012): 126-127.

7) See Kenneth Springer, "The Case for Extra Due Diligence; Private eyes are not just for film noir—hey can be useful to conduct a background check for investors who want to protect themselves," Investment Dealers' Digest, January 21, 2011: 22.

적으로 사용되기 때문에 "infinity"라고 불렸다. 고용주들이 문제행동의 사전 탐지가 조직의 위험을 야기하는 미래의 나쁜 행동을 예방하거나 예견하기에 충분하지 않다는 것을 배우고 이해하기 시작했기 때문에 인피니티(infinity) 심사가 보류되고 있다."[8]

만약 직원이 근무 중에 징계 문제가 될 경우, 최신의 신원조회가 이치에 맞을 수 있다. 한 사례에서 중소기업의 직원이 등록기에서 현금을 훔치다 적발되기도 했다. 이 직원은 초범으로서 법원의 자비에 몸을 던질 계획이었지만, 이 여성의 배경을 조사하기 위해 수사관을 고용함으로써, 사업주는 그 직원이 이미 다른 법정과의 사전 초범에 의해 배상 협정을 맺었다는 것을 알게 되었다. 게다가, 그 수사관은 그녀가 이전의 두 번째 고용주로부터 돈을 훔치고 있다는 것을 알게 되었다. 이 시나리오와 그 밖의 시나리오에서 사업주는 완전히 방어할 수 있는 후속적인 결정을 하기 위해 필요한 배경정보를 선과 악 둘 다로 조사한다.

8) W. B. Nixon, "The Emergence of Infinity Screening to Mitigate Risk," Security 53, no. 9 (September 2016): 81-82.

2 신원확인과 예비적 배경사항조사

• • • 배경 조사가 유용할 수 있는 다른 상황도 있지만, 그들의 주된 목적과 기능은 직원 심사다. 종업원이 실제로 그리고 대리적으로 그 사업을 대표하기 때문에, 특히 고객이나 고객과 상호작용을 할 때, 종업원이 정직하고, 책임감 있고, 신뢰할 수 있도록 하는 것은 어떤 사업의 성공과 복지에 필수적이다. 배경조사는 순차적이고 확증적이어야 한다. 제리 브레넌과 린 매티스는 백그라운드 리뷰(배경사항조사)에서 단계적인 과정을 제안한다.

1. 직책 내에서 해당 직책과 관련된 윤리 및 평판 문제와 관련하여 귀사가 기대하는 바를 명확히 기술하십시오.
2. 면접 과정에서 관련 역량 및 행동 질문을 개발하고 질문한다.
3. 입증할 수 있는 사실의 입수
4. 조직의 정책 지침이나 해당 국가 내의 법률 및 규정을 위반하지 마십시오.
5. 조직이 기본 트랜잭션 검증을 뛰어넘는 위험 기반 참조 프로세스를 구축하도록 권장하십시오.
6. 후보자에게서 적절한 동의를 얻는다.
7. 심각한 모욕적 정보를 입수할 경우 조직이 어떻게 대응할지에 대한 계획을 수립하고 평가 방법론을 실제에 적용하십시오.
8. 당신의 행동이 윤리적으로 그리고 법적으로 방어할 수 있도록 확실히 하라.[9]

9) Jerry Brennan and Lynn Mattice, "Pre-Employment Vetting: Value or Liability," Security 52, no. 4 (April 2015): 40.

배경 조사는 모든 당사자에게 공평해야 하며 이러한 종류의 조사를 수행하는 사람들은 인종, 성별, 나이 또는 장애, 신조, 국적 등에 기초한 특별한 규칙을 피해야 한다. "모든 경우에, 모든 사람을 평등하게 대하고 있는지 확인하라."[10]

그 검토는 고용주에게 자아를 조기에 나타내는 이력서로부터 시작된다. 이력서는, 비록 일부 이력서가 심각하게 부정확한 장식과 심지어 노골적인 부정확한 표현으로 고통을 받지만, 대부분의 경우, 과거와 현재의 입장을 정직하게 묘사한 것이다. 예를 들어, 선별적 기관으로부터 학위가 있다고 주장하는 것은 검증될 필요가 있고, 일부 높은 수준의 인증이나 전문성을 나타내는 것은 액면 그대로 받아들일 수 없다. 정보를 계속 확인하여 정확성을 점검해야 한다. 게다가, 기업 스캔들이 증명했듯이, 어떤 회사도 직원들의 위법 행위의 영향을 완전히 피해가지 못한다. 직원의 부정행위로 인한 피해는 재정적인 손실에서부터 법률 위반 및 규제상의 위험에 이르기까지 파괴적일 수 있으며, 이 모든 것은 직업, 명성, 그리고 심지어 기존 및 잠재 고객들의 신뢰를 손상시킬 수 있다. 따라서 크고 작은 모든 사업체들은 그들의 직원들 손에 의해 미래의 재난으로부터 자신을 보호하기 위해 배경조사는 필수적이다.

웹 연습 다양한 유형의 백그라운드 검사와 www.trustify.info/for-business/insight/different-types-of-background-checks에서 제공하는 내용에 대한 기사를 읽어 보십시오.

배경 조사는 여러 가지 형태를 취할 수 있으며, "배경 조사는 사업의 성격, 절차 수행을 위한 자원, 사업의 보안 요구 등에 근거해야 한다."[11]

종종 이러한 선별의 수준과 깊이를 표준 배경 조사 또는 종합 실사 조사로 분류하는데, 전

10) "Background Checks: What Employers Need to know," U.S. Equal Employment Opportunity Commission, accessed July 21, 2018, www.eeoc.gov/eeoc/publications/background_checks_employers.cfm.

11) Robert O'Block, Security and Crime Prevention (1981): 191; Linda B. Dwoskin et al. "Welcome Aboard! How to Hire the Right Way," Employee Relations Law Journal (Spring 2013): 28; see also Sue Stott and Jonathan Longino, "The Law on Screening Employees in the Information Age," Security 53, no. 3 (March 2016): 40-40, 42.

자는 주로 식별 데이터를 검증하고 다양한 데이터베이스와 교차 검사를 하며, 후자는 보다 엄격하고 철저하며 때로는 개인의 성인 생활의 모든 측면에 대한 정보, 인적 자산을 포함시킨다.[12] 이 두 가지 유형의 조사에 대한 전체 설명은 부록 A에서 확인할 수 있다.

어떤 종류의 뒷조사를 하더라도 수사가 진행되려면 당사자의 동의를 얻어야 한다. 11.1항은 뒷조사를 하기 위한 승인이다. 양식에서 분명히 알 수 있듯이, 다양한 법률 사례와 법률은 회사가 무엇을 할 것인지와 그 이유에 대한 명확한 진술을 포함하도록 의무화했다.

Box 11.1 배경 조사를 허용하는 승인 및 릴리스 양식

배경 조사 회사

배경 조사를 허용하는 승인 및 릴리스 양식

나는 이에 따라 배경조사 회사(BACKGROUND INVESTIGATION FIRM)과 그 지정된 대리인과 대리인에게 배경 조사를 실시하여 소비자 보고서 및/또는 조사 소비자 보고서가 고용 목적으로 생성되도록 권한을 부여한다.

소비자 보고서/투자 소비자 보고서의 범위는 다음과 같은 영역을 포함할 수 있지만 이에 국한되지는 않는다는 것을 이해한다.

사회 보장 번호의 확인, 현재 및 이전 거주지, 모든 직원 파일을 포함한 고용 기록, 성적서를 포함한 교육, 신용 기록 및 보고서, 연방, 주, 카운티 관할 지역, 출생 기록, 자동차 등록부 및 교통 인용과 등록, 기타 모든 공공 기록을 포함하거나 내 성격, 일반적 명성, 개인적 특징 또는 생활 방식에 관련된 제3자와의 인터뷰를 수행한다.

나는 또한 개인, 회사, 기업, 법인 또는 공공 기관(사회보장국 및 법 집행 기관 포함)에 대해 구두 또는 서면 정보를 (BIF) 또는 그 대리인에게 누설할 권한을 부여한다. 나는 이에 따라 그들이 제공

12) For an excellent series of suggestions for background protocol, see Dwoskin et al. "Welcome aboard!"

하거나 수집한 정보 및 그러한 정보에 근거하여 내 고용과 관련하여 내린 결정과 관련하여 책임으로부터 회사의 계열사, 직원, 공인 대리인과 이 백그라운드 조사와 관련된 모든 다른 사람들을 석방한다. 이 허가서의 복사본은 내가 서명한 원본만큼 유효하다. 나는 내가 제공한 모든 정보가 정확하고 정확하다고 내가 아는 한 믿는다.

이 석방은 내 고용 기간 동안 유효할 것이다. 나는 조사의 성격과 범위에 대한 서면 공개를 요구할 권리가 있으며 소비자 보고서의 정보에 근거하여 어떠한 불리한 조치/결정이 내려지면 소비자 보고서의 무료 사본을 입수할 권리가 있는 것으로 알고 있다.

이름 ______________________________

주소 ______________________________

전 주소 ______________________________

전화번호 ______________________________

주민번호 ______________________________

생일 ______________________________

지원하는 분야 ______________________________

**연령, 성별 또는 인종에 대한 정보는 고용 결정의 일부로 사용되지 않으며, 배경 조사를 완료하는 데 도움이 되도록만 제공되고 있다.

서명______________________ 날짜______________________

의뢰인이 작성할 것

의뢰인 이름______________________ 전화번호 ______________________

이메일 ______________________ 서명______________________

이러한 유형의 배경 조사 양식은 많은 회사에 입사하는 전제 조건이다. 전체적으로 회사가 파악하고자 하는 것은 잠재적 직원이 자신이 누구라고 말하는지, 그리고 그가 범죄 활동, 데이터 도난, 폭력, 사기 또는 과실에 대한 전과가 있는지 여부다. 고용 전에 이러한 요소들을 밝혀냄으로써, 그 사업은 이러한 범죄들의 희생양이 될 가능성을 줄인다.

고용 설정, 감시 운영, 건너뛰기/추적 분석 또는 기타 문제에서 개인의 배경을 결정하는 능력은 다음 유형의 기록에 대한 접근에 따라 달라진다.

- 교육과 학교자료
- 고용 정보
- 이웃주민 정보
- 범죄배경과 법원기록
- 민사소송과 법원기록
- 신용과 재정자원
- 개인 신원증명서

많은 보안업체들은 이러한 관행에 초점을 맞추고 있다. 그림 11.1을 참조하십시오.[13]

이러한 정보의 출처는 5장에서 포괄적으로 논의되었다. 본 장의 초점은 사설탐정에게 실용적 이용에 관한 전문적 제안, 양식, 문서, 체크리스트 등을 통해 배경사 확립에 이용되는 조사순서에 대한 총론이다. 그림 11.2는 배경 조사의 영역을 검토하며, 조사자가 검색 과정을 구체화하는 데 도움을 줄 수 있다. 보안전문가를 배경조사의 측면으로 안내하는 조사관의 체크리스트는 그림 11.3에 나타나 있다. 조사자는 배경 조사 관행과 배경 정보에 대한 접근에 관한 연방, 주 및 지역 법률을 준수하도록 권고한다.

13) "Investigations &Intelligence," Critical Intervention Services, accessed July 21, 2018, www.cisworldservices.org/services/investigations.html.

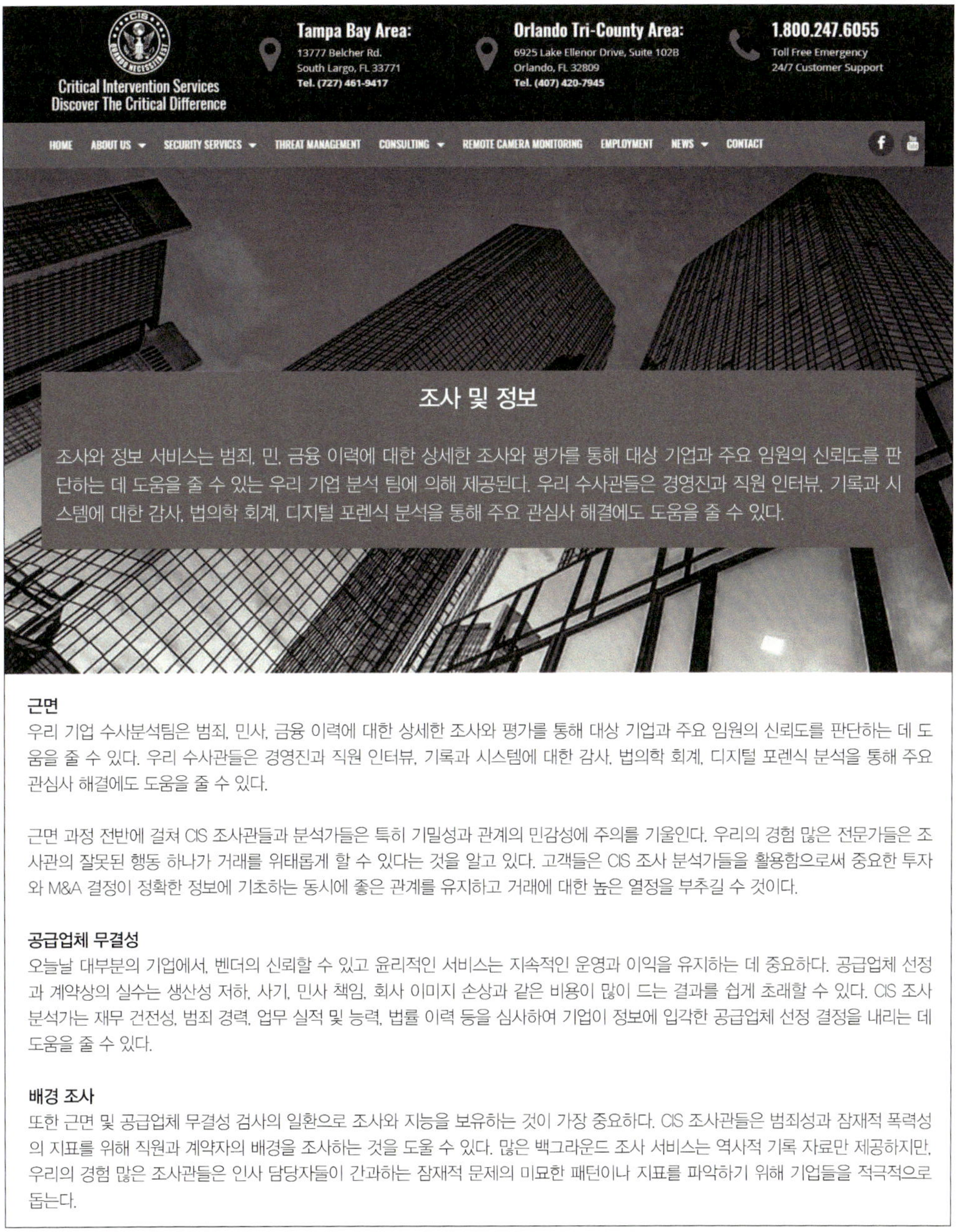

조사 및 정보

조사와 정보 서비스는 범죄, 민, 금융 이력에 대한 상세한 조사와 평가를 통해 대상 기업과 주요 임원의 신뢰도를 판단하는 데 도움을 줄 수 있는 우리 기업 분석 팀에 의해 제공된다. 우리 수사관들은 경영진과 직원 인터뷰, 기록과 시스템에 대한 감사, 법의학 회계, 디지털 포렌식 분석을 통해 주요 관심사 해결에도 도움을 줄 수 있다.

근면

우리 기업 수사분석팀은 범죄, 민사, 금융 이력에 대한 상세한 조사와 평가를 통해 대상 기업과 주요 임원의 신뢰도를 판단하는 데 도움을 줄 수 있다. 우리 수사관들은 경영진과 직원 인터뷰, 기록과 시스템에 대한 감사, 법의학 회계, 디지털 포렌식 분석을 통해 주요 관심사 해결에도 도움을 줄 수 있다.

근면 과정 전반에 걸쳐 CIS 조사관들과 분석가들은 특히 기밀성과 관계의 민감성에 주의를 기울인다. 우리의 경험 많은 전문가들은 조사관의 잘못된 행동 하나가 거래를 위태롭게 할 수 있다는 것을 알고 있다. 고객들은 CIS 조사 분석가들을 활용함으로써 중요한 투자와 M&A 결정이 정확한 정보에 기초하는 동시에 좋은 관계를 유지하고 거래에 대한 높은 열정을 부추길 수 것이다.

공급업체 무결성

오늘날 대부분의 기업에서, 벤더의 신뢰할 수 있고 윤리적인 서비스는 지속적인 운영과 이익을 유지하는 데 중요하다. 공급업체 선정과 계약상의 실수는 생산성 저하, 사기, 민사 책임, 회사 이미지 손상과 같은 비용이 많이 드는 결과를 쉽게 초래할 수 있다. CIS 조사 분석가는 재무 건전성, 범죄 경력, 업무 실적 및 능력, 법률 이력 등을 심사하여 기업이 정보에 입각한 공급업체 선정 결정을 내리는 데 도움을 줄 수 있다.

배경 조사

또한 근면 및 공급업체 무결성 검사의 일환으로 조사와 지능을 보유하는 것이 가장 중요하다. CIS 조사관들은 범죄성과 잠재적 폭력성의 지표를 위해 직원과 계약자의 배경을 조사하는 것을 도울 수 있다. 많은 백그라운드 조사 서비스는 역사적 기록 자료만 제공하지만, 우리의 경험 많은 조사관들은 인사 담당자들이 간과하는 잠재적 문제의 미묘한 패턴이나 지표를 파악하기 위해 기업들을 적극적으로 돕는다.

그림 11.1 민간경비회사는 고객을 대신하여 개인의 배경을 평가하는 데 있어 매우 소중할 수 있다. (출처: Critical Intervention Services. Inc.)

3 배경조사 문제

• • • 처음부터 수사관은 '배경'의 정확한 의미를 파악해야 한다. 배경에는 주거 이력, 고용 이력, 군대 배경, 법률 및 범죄 배경과 함께 신분, 인성, 이름 확인의 역사가 포함되며, 특히 주택과 자동차 등 자산 구매와 관련된 경제사를 포함한다.[14]

배경조사는 검토 중인 주제, 말하자면 그 혹은 그녀의 부분의 합, 그리고 검토 대상자에 의해 제시되고 있는 현재 그림과 역사적 인물을 일치시키는 방법을 합성한 것이다. 이러한 평가는 한 과목의 국가 경험뿐만 아니라 국제적이고 더 글로벌한 역사가 이 검토의 일부임이 분명하다.[15]

이러한 다양한 요소에 대한 검토가 뒤따른다.

___________________ ______________________________
지원자의 이름 또는 이니셜 성

______________(회사)가 채용 과정의 일환으로 소비자 보고서 및/또는 조사 소비자 보고서("보고서")를 입수하기 위해 ___________(계약자)를 이용할 것으로 알고 있다. 또한 법률에 의해 허용된 범위 내에서 고용될 경우 회사는 고용을 갱신, 갱신 또는 연장하기 위해 계약자로부터 추가 보고서를 얻을 수 있다는 것을 이해한다.

계약자 조사에는 내 신용 배경, 파산, 소송, 판결, 유급 세금 공제, 불법 구금자 조치, 배우자 또는 자녀 양육비를 지

14) See Lessing E. Gold, "Better Check the Background," Security Distributing &Marketing (October 2009): 34; see also Suzanne Lucas, "What happens on a pre-employment background check?" MoneyWatch, December 9, 2013, www.cbsnews.com/news/what-happens-on-a-pre-employment-background-check.

15) See D. Showmaker, "Improving Security with Global Background Checks," Security 50, no. 10 (2013): 38-41.

불하지 않는 것, 수집을 위해 배치된 계정, 성격, 일반 평판, 개인 특징 및 생활 수준, 기록의 추적, 범죄기록(해당 연방 및 주법에 의해 부과되는 제한사항의 적용을 받는다)이 포함될 수 있다는 점을 이해한다. 나는 그러한 정보가 이전 고용주, 학교, 금융기관, 지주 및 공공기관 또는 그러한 지식을 가지고 있는 다른 사람들과 직접 또는 간접적으로 접촉하여 얻을 수 있다는 것을 이해한다. 조사 소비자 보고서가 요청되는 경우, 그러한 정보는 내 지인 및/또는 동료 또는 내가 알고 있는 다른 사람들과의 면담 등 어떤 수단을 통해서도 얻을 수 있는 것으로 알고 있다.

추구하는 조사의 성격과 범위는 아래 선택된 서비스에 의해 표시된다:(고용인만 사용)
□범죄기록 □학위 증명 □성범죄자 검색 □SSN 추적 □고용 검증 □OFAC/테러 감시 목록
□자동차신고 □신상 조회 □FACIS(사기 및 남용 제어 정보 시스템) □신용 보고서 □전문 라이선스/인증
□조사관실(OIG) □기타; 목록을 제시

나는 공정신용신고법에 따른 내 권리의 첨부된 요약서와 법률에서 요구하는 권리 관련 주 요약(총체적으로 "권리의 요약")을 수령한 것을 인정한다.

이 동의는 보고서에 포함된 정보의 정확성에 의문을 제기하거나 이의를 제기하는 내 능력에 영향을 미치지 않을 것이다. 회사가 내 보고서에 대한 전부 또는 일부를 근거로 나를 실격시키기로 조건부 결정을 내리는 경우, 나는 보고서 사본과 다른 권리 요약본을 제공받을 것이며, 만약 내가 보고서에 실격된 것으로 알려진 정보의 정확성에 동의하지 않는다면, 나는 나의 수신인으로부터 5 영업일 이내에 회사에 통지해야 한다.이러한 정보의 정확성에 도전하는 보고서의

나는 이 조사에 동의하고 회사에 내 배경에 대한 보고서를 입수할 수 있는 권한을 부여한다.

보고서 작성 목적으로 나의 신원을 확인하기 위해, 나는 자발적으로 생년월일, 주민번호 및 기타 정보를 공개하고 모든 고용 결정이 정당한 비차별적 사유에 근거한다는 것을 충분히 이해하고 있다.

조사소비자신고서에 관한 문의사항을 처리하기 위하여 지정된 소비자신고기관에서 가장 가까운 단위의 명칭, 주소, 전화번호는 다음과 같다.

□ 캘리포니아, 메인, 매사추세츠, 미네소타, 뉴저지 & 오클라호마 신청자만 해당: 나는 스털링으로부터 받은 모든 보고서의 사본을 상자를 확인하여 요청할 권리가 있다.

그림 11.2 고용주들이 배경조사를 수행할 수 있도록 고용주들이 서명하고 기입할 수 있는 양식

□캘리포니아, 코네티컷, 메릴랜드, 오리건 및 워싱턴 주 신청자만 해당: (i) 법률에 의해 정보가 요구되지 않는 한, 회사가 내 신용 이력, 신용도, 신용 등급 또는 신용 용량에 대한 정보를 얻지 못할 것이라는 것을 더 잘 이해한다. (i) 나는 금융 기관(캘리포니아와 Connectic)에 고용하려고 한다.(iii) 나는 메릴랜드 금융규제청장 또는 기업의 법인이나 계열사가 승인한 연방기관, 금융기관의 계열사 또는 자회사 또는 신용조합 주식보증법인에 의해 보험에 가입된 예금을 받아들이는 금융기관에 고용을 구하고 있다. 미국증권거래위원회(Maryland만 해당)에 투자자문위원으로 재등

록됨;(iv) 정보는 실질적으로 직무와 관련이 있으며, 정보를 사용하는 진정한 이유가 서면으로 내게 공개됨(아래 질문을 완료함), (Connecticut, Maryland, Oregon and Washington만 해당), (v) e를 찾고 있다.(California와 Oregon에만 해당 – 경찰 또는 평화 공무원 직위는 연방 보험에 가입된 은행 또는 신용 조합과 함께 구해야 함), (vi) 회사는 내가 내 업무와 관련된 법률 위반에 해당하는 특정 활동에 관여했다고 합리적으로 믿는다. 고용(Connectic only), (viii) 주법무부(California only), (viii) 면제 관리직(California only) 나는 소매점에서 정기적인 청탁이나 신용카드 신청이 아닌 타인의 개인정보(예: 은행이나 신용카드 계좌정보, 사회보장번호, 생년월일)에 정기적으로 접근하는 직책을 채용하려고 한다. 나는 고용주의 은행이나 신용카드의 명의 서명인이 되거나 고용주를 대신하여 금융계약을 체결할 수 있는 권한을 가진 직책에 고용을 구하고 있다. 회사의 기밀 정보나 독점 정보에 접근하거나 현금 1만 달러 이상을 정기적으로 액세스하는 직책을 채용하려고 한다(California만 해당)

기업이 신용 정보를 직무와 실질적으로 관련되는 것으로 간주하는 이유(신용 정보를 얻기 위한 유일한 기준인 경우 완료) 또는 캘리포니아에서 신용 검사를 위한 회사의 기초

뉴욕시 신청자만 해당 : 뉴욕시정법 23A조의 첨부된 사본을 수령한 점 또한 인정한다. 나는 또한 내가 어떠한 조사 소비자 보고서 사본도 문의하여 요청할 수 있다는 것을 이해한다. 더 이상의 점검이 요청되어 소비자 신고 기관의 이름과 주소를 제공받는다면 나는 더 많은 조언을 받을 것으로 알고 있다.

캘리포니아 신청자 및 거주자: 만약 내가 캘리포니아에 취업 신청을 하거나 캘리포니아에 거주한다면, 나는 정상적인 영업시간과 합리적인 통지에 따라 조사 소비자 보고 기관에 의해 유지되는 나에 관한 파일을 시각적으로 검사할 권리가 있다는 것을 이해한다. 검사는 직접 할 수 있으며, 만약 내가 직접 나타나서 적절한 신분증을 제공한다면, 나는 실제 복제 비용을 초과하지 않는 수수료로 파일 사본을 받을 권리가 있다. 나는 내가 선택한 한 사람과 동행할 권리가 있으며, 그 사람은 합리적인 신분증을 제공할 것이다. 또한 서면요청을 할 경우, 특정 수취인에게 보낼 사본에 대한 적절한 신분증을 첨부하여 인증된 우편으로 검사를 할 수 있다. 또한 서면요청서, 전화공개를 위한 적절한 신분증, 그리고 전화통화가 선불되거나 직접 나에게 청구되는 경우, 요금에 대한 요약을 전화로 요청할 수 있다. 나는 또한 조사 소비자 보고 기관이 나에게 제공된 정보를 설명할 수 있는 훈련된 인력을 제공해야 한다는 것을 이해한다; 나는 조사 소비자 보고 기관으로부터 나에게 유지되는 파일에 포함된 암호화된 정보에 대한 서면 설명을 받을 것이다. 이 항에서 사용하는 "신분증"은 일반적으로 유효한 운전면허증, 주민등록번호, 군인 신분증 및 신용카드와 같은 문서를 포함하여 사람을 식별하기에 충분하다고 간주되는 정보를 의미한다. 나는 다음 웹사이트에 접속하여 조사 소비자 보고서의 작성 및 처리와 관련된 정보를 포함한 개인정보 보호관행을 볼 수 있으며 내 개인정보가 미국 또는 그 지역 외부로 전송될 것인지에 대한 지침도 볼 수 있다.

서명 ____________________ 오늘날짜 ____________________

신원조사 검증 정보		
이름		
이름		성
교육정보		
교육수준		
학교명		
졸업년도	학위 수여	
학교 전화번호/장소		
이 학교에 다니면서 다른 이름을 사용한 적이 있나 "예"인 경우 여기에 표시하십시오.		
고용 정보(이전 7년 고용 정보를 포함하십시오. 가장 최근의 고용주로부터 시작하시오.)		
가장 최근/현재 고용주 – 회사 이름		
언제부터 일했는가.		
현제 재직중인가 □예 □아니요		
마지막 근무 일자		
직책		
회사 주소		
도시	주	우편번호
상관		
전화번호		
퇴직 사유		
회사명		
언제부터 일했는가.		
마지막 근무 일자		
직책		
회사 주소		
도시	주	우편번호
상관		
전화번호		
퇴직 사유		
위의 정보가 정확하며 관련 정보가 누락되지 않았다는 점에 동의한다. 서명 ______________________ 날짜 ______________________		

회사명

언제부터 일했는가.

마지막 근무 일자

직책

회사 주소

도시	주	우편번호

상관

전화번호

퇴직 사유

회사명

언제부터 일했는가.

마지막 근무 일자

직책

회사 주소

도시	주	우편번호

상관

전화번호

퇴직 사유

회사명

언제부터 일했는가.

마지막 근무 일자

직책

회사 주소

도시	주	우편번호

상관

전화번호

퇴직 사유

위의 정보가 정확하며 관련 정보가 누락되지 않았다는 점에 동의한다.

서명 ______________________________ 날짜 ______________________________

배경조사의 체크리스트

이름					직책				
1. 확인된 문서									
문서유형	날짜			by	문서유형	날짜			by
생일					결혼생활 파경				
시민권 요구 조건									
교육 요구 조건									
군입대/전역									
운전면허									
2. 추천인 확인 완료									
	날짜					날짜			
연락유형	직접연락	손편지	답장받음	by	연락유형	직접연락	손편지	답장받음	by
친척하고 추천인					고용인, 상관 그리고 직장동료				
이웃, 집주인					2차 추천인				

제11장

배경조사의 체크리스트

이름				직책			
3. 확인한 기록							
	날짜				날짜		
문의유형	보낸 편지	답장 받음	by	연락유형	보낸 편지	답장 받음	by
친척하고 추천인				고용인, 상관 그리고 직장동료			
신용기록							
병역기록							
DMV 기록							
완료한 검사							
검사 유형	날짜		by	기타	날짜		by
의료검사완료							
심리검사완료							
추가항목							
추가항목유형	날짜		by	코멘트			
지원자 오리엔테이션 및 설문 검토(선택 사항)							

지원자 불일치 인터뷰(있는 경우) (선택 사항)
서술형 조사 보고서 작성

그림 11.3 배경조사의 체크리스트

3.1 신원 증명

조사의 모든 측면과 마찬가지로, 개별적인 배경을 확인하고 신원을 확인하는 작업은 질서정연한 과정을 필요로 한다. 상자 11.2에는 신분증명을 위한 적절한 조사순서가 열거되어 있다.

Box 11.2 신분증명을 위한 적절한 조사순서

조사 절차

1. 이름의 증명
   - a. 전화번호부 혹은 Coles directory(월간지회사)
   - b. 전화정보 기술자
   - c. 신용기록(신용기록의 최상부분)
   - d. 핑계(변명)
2. 주소의 확인
   - a. 전화번호부와 Coles directory
   - b. 전화정보 기술자
   - c. 신용기록 등등...
   - d. 변명

e. 다른 모든 기록들

위의 두 가지는 꼭 가져야만 한다.

3. 투표자 기록

a. 전체의 이름이 동일한지 상세하게 검사하고 주소 확인, 출생지와 생년월일, 사회보 장번호(만약 쓸모 있다면), 배우자, 그리고 집안의 거주자

4. 추정된 이름 확인

다수의 주에서 이러한 가명을 조회하고 DBA나 사업상의 가명을 조회한다.

5. 주(州) 각료의 점검

법인과 동업 한계범위의 소유권을 주 각료의 점검에 의해 확인한다.

6. 세금 감정이나 세금 사정인 사무

재산이 실재와 소유자가 동일한지 확인하고 개인 혹은 법인의 소유, 지난 모든 시간의 세금을 확인하고 획득한다. (만약 필요하다면...)

7. 기록들 – 군(郡) 사무원 사무

a. 모든 문서를 꺼내 사무 사정인이 동일한지 확인한다.

b. 재산이 동일한지 확인하기 위해 모든 보증증서들과 신용증서들의 사본을 획득한다.

c. 지난 세금을 낸 이래 오늘 날짜까지의 모든 재산 보고서의 규준을 점검한다.

d. 지난 2년간 문서의 사본을 검사하고 재산처분에 대한 규준을 점검한다.

e. 추상적인 재판의 유치권 기준을 점검하고 과거 5년간 면제를 포함하며 사본을 확인한다. 주요한 것과 함께 모두 다르게 동일하다고 볼 수 있는 기록을 만든다.

f. 기름과 가스 정보를 확인한다.

8. 철하기

실재 재산보다 값어치 있는 것을 확인하여 주(州)와 군(郡)수준에서 동일한 상업 법전을 점검하여 철한다.

9. 이혼기록들

군(郡)과 주(州) 수준에서 이혼 기록들의 목록을 획득하여 재산 분배방식을 점검한다.

10. 파산

연방법원의 파산기록들을 점검하여 사용할 수 있도록 하고 가치와 채권자의 목록, 그리고 진술에 대한 철(綴)을 한다.

11. 연방 민사사건

연방 재판에서 민사기록, 미정의 사건 등을 점검한다. 등등...

기록과 정보에 대한 접근은 지역성에 따라 다르지만 모든 상황에서 접근은 배경 조사 과정의 성공에 필수적이다. 주와 카운티는 기록에 대한 접근 권한을 부여하는 데 있어서 연방기관보다 다소 자유롭다. Bottom과 Kostanoski에 따르면:

많은 공공기록들은 인사책임자와 보안 및 손실통제 담당 인사에게 유용하다. 각 州는 노동자 보상청구를 위하여 고유한 서류저장소를 가지고 있다. 각 주는 중앙에 "운전면허기록센터"를 가지고 있다. 범죄기록들은 郡(County)단위 (미국에는 3,000개가 넘는다.)와 모든 州단위 (Nevada 州를 제외)에서 이용 가능하다. 이러한 기록들에 접근관련 규칙들은 州마다 다르다.

면적이 광대한 대부분의 郡들 혹은 州정부는 전화나 문서로 정보를 제공할 수 있다. 이러한 기록들에 대하여 컴퓨터화된 접근방식은 매년 확장되고 있다. 모든 주와 워싱턴 D.C는 운전관련 기록들에 대해서 공중이 접근할 수 있도록 허용하고 있다. 전문대학과 대학교들은 출석이나 학위수여에 관한 확인을 허락할 것이지만 지원자 허용은 완전한 사본이 요구된다. 형사판결, 민사소송기록들, 연방 세금담보권 그리고 파산파일을 포함하여 연방기록들이 이용 가능하다.[16]

16) N. Bottom and J. Kostanoski, Introduction to Security and Loss Control (1990): 158; see also National Employment Screening Services, The Guide to Background Investigations (1990); "Employee Background Checks How to Do Employee Background Checks: The Complete Guide," BetterTeam.com, www.betterteam.com/employee-background-checks; "Background Checks: What Employers Need to know," U.S. Equal Employment Opportunity Commission, www.eeoc.gov/eeoc/publications/background_checks_employers.cfm; Stott and Longino, "Screening Employees."

접근 정책은 또한 기관의 유형에 따라 달라질 것이다. 예를 들어, 교육 기관들은 쉽게 접근할 수 없게 만드는 다수의 프라이버시 및 데이터 규칙에 의해 안내된다. 대학들이 출석 확인이나 학위 부여를 허용하겠지만 당사자의 동의 없이 성적표를 열람하는 것은 뜬구름일 뿐이다. 연방 정부 기관은 주 정부 기관보다 "햇볕" 또는 "알 권리" 정책에 의해 더 적극적으로 지도된다. 그 결과 형사 유죄판결, 민사소송기록, 연방세무채권, 파산신청 등 연방기록은 취득하기 어렵지 않다. 법정 설계와 심지어 내부 기관 및 기업 정책도 목표의 허가 없이 얼마나 많은 정보를 수집할 수 있는지와 많은 관련이 있을 것이다.

3.2 고용경력

입사 원서 접수 첫날부터 사직, 퇴직 또는 해직 날짜까지 취업사적 내용이 수사 대상에 대해 많이 드러난다. 취업 환경에서 지원서 양식은 지원자를 선별하고 현재 직원의 신분과 행태를 확인하는 중요한 도구 역할을 한다. 그 양식은 법률문제에 민감한 상세한 문서여야 한다. 다른 목적을 달성하기 위해 신청서는 신청자의 이름과 주소, 시민권, 학교 교육, 직장 경험 및 기타 세부사항을 포함한 다양한 주제적 문제를 다루어야 한다. 고용 신청서에 포함될 수 있는 포괄적인 항목 목록은 다음과 같다.

(a) 지원자가 자신의 이름과 주소를 원서에 쓰도록 요구한다.

(b) 지원자가 만약 그와 그녀에 대해 고소당한 상태였다면 그와 그녀가 기소 혹은 유죄 선고를 받았는지와 무슨 죄명(罪名)에 의한 것인지 질문하라.

(c) 지원자의 나이를 물어 보라.

(d) 지원자에게 그와 그녀가 고용될 필요가 있는 시간과 날짜를 설명하라.

(e) 응모자가 미국시민인지 질문하라 혹은 시민의 일원(一員)이 될 의지가 있는지 질문하라.

(f) 학교 교육에 관하여 질문하도록 하라. 학원과 직업교육 모두

(g) 직업 경험에 관해 물어 보라.

(h) 그와 그녀의 성격과 배경으로 파고들어 물어 보라.

(i) 이름과 주소, 사고 또는 비상시에 연락할 수 있는 사람의 관계를 물어본다.

(j) 지원자들에게 미국 군대에서 군대의 경험을 조사한다. 그리고 난후에 고용, 전역서들을 열람하게끔 요청한다.

(k) 민족, 종교 또는 나라의 기원을 가리킬지도 모르는 조직들 내의 구성원 멤버십에 관하여 지원자에게 질문한다.

(l) 지원자가 미국 정부의 타도를 옹호하는 조직에 속하는 것인지를 질문한다.

(m) 지원자의 성(性)이 직업을 위한 자격을 구성하는 유일한 것인지 질문한다.[17]

웹 연습 왜 사람들이 이력서를 위조하는지에 대한 CNBC의 기사를 www.cnbc.com/2014/02/07/desperate-measures-why-some-people-fake-their-resumes.html에서 읽으시오.

그들 자신이 지원서 형식을 디자인하는 고용주들은 특별히 법적인 문제라고 할 수 있는 빨간 깃발을 들어올리는 문제(불합격시킨다는 의미)에 관하여 자각할 필요가 있다. 상당수의 주(州) 그리고 연방의 입법 하에서 장차의 고용주들로부터 나온 어떤 타입의 질문들은 부적당하다. 그러한 문제들은 다음과 같다 :

(a) 이름이 변경되었으면 지원자에게 본명을 물어본다.

(b) 만약 본인이 외국인이면 지원자나 지원자 가족의 출생지를 물어본다.

(c) 지원자에게 미국 군대로부터의 전역서 제출을 요구한다(고용 전에)

(d) 외국 군대의 경험을 조사한다.

(e) 그것이 직업의 자격이 아니거나 혹은 州나 연방의 최소연령법률들이 필요로 하지 않을 때 지원자의 나이를 물어본다.

17) T. Ricks, B. Tillett, and C. Van Meter, Principles of Security, 2nd ed. (1988): 204-205; U.S. EEOC, "Background Checks"; Stott and Longino, "Screening Employees."

(f) 지원자의 인종 혹은 피부색을 물어본다.

(g) 지원자에게 원서와 함께 사진을 제출하도록 요구한다.

(h) 조직 내의 구성원의 자격을 가리킬 수 있는 인종, 종교 또는 나라의 기원을 지원자에게 물어본다.

(i) 지원자의 배우자 혹은 어머니의 부친 이름에 관해 질문한다.

(j) 지원자의 배우자, 부모 혹은 관계인들의 거주지를 질문한다.

(k) 배우자의 부모님들이 귀화자인지 아니면 원래 태어난 시민인지를 지원자에게 물어본다.

(l) 지원자에게 그의 종교에 관해 질문한다.[18]

유사하게 연방의 소비자입법은 이 문제에 대한 정보에 대해서 제한적인 지침들을 가지고 있다:

(a) 체포, 기소들의 기록들 또는 유죄 판결된 범죄에서의 사건의 경향, 석방이나 가석방날 짜 이전 7년 전에 있었던 자료들을 가지고 있도록 한다.

(b) 지원하기 전 14년 전후의 어떠한 파산이 있었는지 여부

(c) 어떤 세금담보권, 법적 소송 또는 판결들, 혹은 유해한 결과를 미치는 그 밖의 그런 정보를 가진다.[19]

어떤 주제에 대한 정확한 묘사를 얻기 위해 법원 기록을 사용하는 것은 현명한 수사 전략이다. 이러한 유형의 레코드에 대한 액세스를 안내하는 많은 규칙에 주의하십시오. Box 11.3[20]을 가이드로 사용하십시오.

18) Ibid.: 205-206; U.S. EEOC, "Background Checks"; Stott and Longino, "Screening Employees."

19) Ibid.: 206; U.S. EEOC, "Background Checks"; BetterTeam.com, "Background Checks"; see also Michael Sankey, "A Primer on Searching Recorded Documents, Judgments, and Liens," Public Record Retriever Network, www.prrn.us/documents/Searching.pdf.

20) "Tip Sheet for Searching Court Records," Public Record Retriever Network, www.prrn.us/documents/CourtTipsheet.pdf.

Box 11.3 법원 기록 검색 팁(출처: BRB Publication. LLC.)

법원 기록 검색 팁

다음은 법정에서 기록 검색을 수행할 때 명심해야 할 일련의 팁이다.

1. 인덱스 & 레코드 시스템 배우기

   대부분의 민사법원은 원고와 피고 양쪽의 기록을 지수화 하지만, 일부 민사법원은 피고 이름으로만 지수화 한다. 예를 들어 원고 검색은 누군가가 특별히 소송적인지 여부를 결정하는데 유용하다.

2. 검색 요구 사항 이해

   법원이 그들의 수색 요건을 과장하는 경향이 강하다. 민사사건의 경우, 통상적으로 합리적인 요건은 피고(또는 원고)명 - 전체명이고, -을 검색하는 기간(예: 1993-2002). 형사사건의 경우, 법원은 정확한 개인을 확인하기 위해 생년월일(DOB)과 같은 더 많은 신원 확인을 요구할 수 있다.

3. 제한적 기록을 주의하라

   법원은 소년, 입양과 같은 유형의 사건 기록을 가지고 있는데, 법원 명령 없이는 공개되지 않는다. 기록은 또한 시야에서 밀봉되거나 삭제될 수 있다. 재판장은 종종 특정 기록 유형을 대중이 사용할 수 있는지 여부를 결정한다. 일부 형사재판 기록에는 체포 경관의 보고가 포함되어 있다. 일부 지역에서는 이 정보가 공개 기록으로 간주되는 반면, 다른 지역에서는 경찰 보고서가 봉인될 수 있다.

4. 같은 위치에서 여러 개의 법원 감시

   일반 관할법원과 한정된 관할법원이 같은 건물에 있으면서 같은 지원요원을 이용할 경우 기록 데이터베이스도 결합될 가능성이 있다. 그러나 그렇다고 해서 반드시 양쪽 데이터베이스를 모두 검색 받고, 당신이 요청하지 않는 한 하나의 검색에 대한 비용을 지불하겠다는 뜻은 아니다. 추측하지 마라.

5. 관할권 중복 주의사항 주의

일부 주에서는 일반 관할 법원과 제한 관할 법정이 민사 소송에 대해 달러화 액수가 중복되어 있다. 그것은 어느 쪽이든 소송이 제기될 수 있다는 것을 의미한다. 두 법원을 모두 확인해라. 절대로 추측하지 마라.

6. 확실한 진실

기록이 당신의 주나 카운티에서 일정한 방식으로 유지된다고 해서, 다른 어떤 주나 주가 같은 방식으로 일을 한다고 가정하지 말라. 사건 문서 이미지는 일반적으로 온라인에서 이용할 수 없다. 왜냐하면 법원은 여전히 전자 파일링과 이미징을 실험하고 개발하기 때문이다. 일반적으로 사례 문서의 복사본은 현장에만 있다.

당신의 공공기록물 검색은 당신을 카운티에서 카운티로 또는 주에서 주로 데려갈 때, 항상 이 진실을 마음속에 간직하라.

그러나 국립주법원센터는 수사관에게 법원 기록이 일시적이고 신뢰할 수 없는 경우가 많으며 어떤 주체의 적합성을 판단하는 독점적인 수단이나 방법이 되어서는 안 된다고 상기시킨다. 온라인 "법정기록은 법원의 공식기록이 아니며 정보화 목적으로만 제공되며 오류나 누락이 발생할 수 있기 때문에 온라인 형식의 기록에는 특히 그러하다. 따라서 이러한 법원 시스템의 사용자는 그러한 시스템에서 검색된 정보의 정확성, 통화성 및 완전성을 검증할 책임이 있다."[21]

고용 형태는 배경 조사를 위한 출발점이다. 예비 직원이 정보를 작성한 후, 제공된 정보를 확인하고 제외된 정보를 잠재적으로 발견하는 것은 조사자의 일이다. 따라서 수사 초기부터 배경 조사 요청의 폭을 파악하는 것이 중요하다. 박스 11.4에서, 가입자로 언급되는 클라이

21) National Center for State Courts, "Online court records are not the same as background checks," www.ncsc.org/Topics/Technology/Records-Document-Management/Background-Checks.aspx.

언트는 특정 신청자에 관한 주문을 제출했다. 가입자에게 서비스 메뉴(신용, 법원, 범죄, 교육, 이웃, 자동차, 현재 고용, 이전 고용, 산업재해 기록 등) 중에서 선택할 것을 요청하는 문서 하단의 항목은 조사자가 조사 범위를 결정하는 데 있어 선택의 범위를 나타낸다.

Box 11.4 인사조사요청서 템플릿

인사조사요청서

의뢰인______________________________ 날짜____________________

주소____

보고한 사람________________________ 전화번호____________________

지원자 이름________________________ 전화번호____________________

집주소____

이전주소____

____

생일__________________________ 운전면허____________________

성________ 국적____________ 키______________ 몸무게________

SS#________ 결혼여부________ 배우자________ 처녀이름(Maiden Name)________

부양가족____

교육수준(고등학교, 대학교 등)

____

____

고용경력(현재, 과거)

이름&주소 직책&상관 날짜

____

____

____

service ordered(체크하라)

□신용 □교육 □현재 고용 □재판 □이웃(□현재 □과거)
□과거 고용 □범죄경력 □자동차 기록 □산업 재해 기록

신청자의 명성에 대한 경구 주장은 소문(두 번째 또는 세 번째 발언)이므로 별 가치가 없다. 배경 조사의 품질과 전문성은 서면 설명서에 따라 달라진다. 신청자의 약물 사용, 출석 기록, 전반적인 노동 질에 관한 정보는 신청자의 이전 고용주(박스 11.5)로부터 요청할 수 있으며, 신청자의 고용 배경에 관한 최종 보고서에 대한 의무적인 첨부 자료다.

Box 11.5 신청자의 이전 고용주에게 보내는 샘플 편지

[현재 평화유지군으로 채용되지 않은 평화유지군 후보자에 대한 고용조회용 커버레터]

[대리인 레터헤드]

[날짜]

[이름]

[메일 주소]

[도시, ST Zip]

친애하는 ___________씨

[후보의 이름]은 ___________에 귀사에 의해 고용된 것으로, 이 부서의 평화 담당관직의 후보자입니다. 우리는 이 개인에 대한 고용 정보를 우리에게 제공함으로써 그 직책에 대한 자격을 결정하는 데 도움을 줄 것을 요청합니다.

정부법 제1031.1항은 개인이 평화유지관리직에 지원할 때 고용주들이 서면 고용정보를 공개하도록 규정하고 있습니다. 법률 사본이 당신을 위해 첨부되어 있다. 고용주는 입사지원서, 성과평가, 출석기록, 징계조치, 재취업자격 및 평화공무원 성과와 관련된 기타 정보를 포함하는 서면취업정보를 공개할 의무가 있습니다(주 또는 연방법 또는 규정에 따라 다른 사람에 의해 공개 금지된 정보는 제외).

우리는 당신이 [후보자의 이름]에 관한 위의 고용 정보를 제공하는데 협조해 주어서 고맙겠습니

다. 우리는 이 요청에 당신을 민사상 책임으로부터 해방시켜 주는 공증된 허가와 함께 동행 합니다. 우리는 당신이 이 서류를 복사해서 우리에게 제공하는데 드는 모든 비용을 기꺼이 부담할 것입니다. 물론, 당신의 답변은 법률상 절대적으로 특권입니다.

감사합니다.

[이름]

[직책]

[전화번호 - 선택]

[이메일 - 선택]

첨부 – 정부 법규 제1031.1

승인/상담 양식

3.3 신용 이력

일부 보안 전문가들은 좋든 나쁘든 어떤 주체의 신용 기록이 성격에 대한 의미 있는 척도를 제공한다고 주장한다. 금융 업무를 적절하게 처리하는 사람, 자산과 부채를 지능적으로 따져보는 사람, 과도한 위험을 감수하지 않는 사람, 충동구매의 이력을 보이지 않는 사람은 대개 믿을 만한 인물로 간주된다. 공정신용신고법 등 규제행위는 검사를 제한한다.[22] 단, 박스 11.6에 나타낸 허가증 등의 문서는 접근을 허용한다.

Box 11.6 신원 조사 허가서 관련된 견본

신원 조사 허가서

아래에 서명함으로써, 나는 다음과 같은 별개의 문서를 수령했음을 인정한다(그리고 내가 그것들을 읽고 이해했음을 증명한다).

- 배경조사 관련 공개
- 공정한 신용 보고법 및 추가 주법 공지사항에 따른 귀하의 권리 요약

아래에 서명함으로써, 나는 또한 ____________________에 대해, 고용 과정 중에, 그리고 해당되는 경우, 내 고용 기간 동안 언제든지 나에 대한 "소비자 보고서"(캘리포니아 법에 따라 "투자자 보고서"로 간주됨)를 입수할 권한을 부여한다.

서명____________________________________ 날짜____________________________

신원조회에 필요한 개인정보

백그라운드 점검을 위해 다음 정보를 제공하십시오.

22) See Tony Rodriguez and Jessica Lyon, "Background screening reports and the FCRA: Just saying you're not a consumer reporting agency isn't enough," January 10, 2013, www.ftc.gov/industry/human-resources.

성	이름	중간이름	주민번호	생일(월/일)
결혼/배우자 이름		운전면허 번호		주
이메일 주소				
거주지(현재부터 시작)				
도로주소명	도시	우편번호	언제부터?________	
도로주소명	도시	우편번호	언제부터?________	
도로주소명	도시	우편번호	언제부터?________	

생일	전화번호

연방법과 주법에 법적 면제가 없는 한, 수사관들은 신용 보고서에 대한 접근을 제한했다.[23]

웹 연습 소비자 금융 보호국의 소비자 신용 및 보고서에 대한 일반적인 조언을 참조하십시오.

https://files.consumerfinance.gov/f/201504_cfpb_summary_your-rights-under-fcra.pdf

전형적으로 신용보고서의 역방향은 신용보고서의 해석을 위한 건설의 조건, 조건, 규칙을 설명한다. 수사관은 신용이력 추적 및 보고 전문 기업의 주소와 전화번호가 적힌 명부를 확인해야 한다. 그 사업에 종사하는 더 유명한 회사들 중 일부는 다음과 같다.

- CBI Equifax
- Dun & Bradstreet

23) Federal Trade Commission, "Using Consumer Reports: What Employers Need to Know," www.ftc.gov/tips-advice/business-center/guidance/using-consumer-reports-what-employers-need-know; Rodriguez and Jessica Lyon, "Background screening reports"; see the guidance of the Federal Trade Commission regarding credit background checks at www.ftc.gov/industry/human-resources.

- National Association of Credit Management
- Trans Union Credit Information Co.

최소한 신용평가 보고서는 비록 완전하진 않지만 개인 신용이력의 대강을 반영할 수 있는 정직한 시도가 되어야 한다. 보고서가 은행, 투자회사들, 신용카드회사들 혹은 다른 개인적 신용승인으로 기록된 그러한 공공(公共)신용 대부분의 형식들을 취급하기 때문에 그 결과들은 모든 나쁜 결과를 초래하는 것은 아니다. 조사관들은 보다 명백한 생략에 대해서 맞추어야 한다:

- 거짓 혹은 가명으로 신용을 획득했다.
- 신용을 공적으로 기록하지 않았고, 예를 들면 부모와 자식 간의 차용
- 저당/토지 거래에서 소유자들에 의해서 개인적 차용을 공급받았다.
- 임시적인 신용경향 혹은 중요 집행부를 위한 법인 대부(貸付)

신용의 중요성은 많은 다른 출처와 문서들을 조사할 것을 요구한다. 법원으로의 접근은 개인의 신용 배경과 재정 안정성을 검토하는 수사관에게 필수적이다. 온라인 민사재판기록은 법원의 공식기록이 아니며 법원 자체에서 이용할 수 있는 공식재판 파일을 반영하지 않을 수도 있다. 여기에는 다양한 이유가 있다.

- 일부 기록은 봉인되어 있다.
- 종이접속 파일에만 있는 다른 파일
- 다른 것들은 너무 오래되어서 온라인 상태가 아니라 법원의 기록 보관소에서만 이용할 수 있다.
- 형사재판 기록의 이용 시도와 마찬가지로, 사람에 대한 민사재판 기록의 이용은 법으로 금지될 수 있다.[24]

24) National Center for State Courts, “Online court records are not the same as background checks,” www.ncsc.org/Topics/Technology/Records-Document-Management/Background-Checks.aspx.

재정적 자료와 신용가치에 관한 직접적 혹은 추론적 증거는 다음의 무수한 출처로부터 수집될 수 있다 :

- 신용국
- 은행들과 금융기관들
- 고용 기록들
- 지방 출처들
- 공공 기록들
- 정부기관(국) 수집
- 인명록들
- 정보제공자의 해답
- 신문
- 투자편람
- 집주인들
- 주 당국
- 자료수집서비스
- 연방 정부
- 우체국
- 주식거래
- 회사나 개인에 대한 조사
- 견고한 투자
- 채권자들
- 보험회사들
- 무역편람[25]

재정상 조사의 정확한 범위를 결정하는 것은 박스 11.6과 같은 "임무부여서식"기록문서에 의지한다. 의뢰인이 바라는 활동에 정밀하게 착수하여 확실한 부분과 법원기록 부분을 찾아 통보한다.

25) Pinkerton's Inc., Investigations Department Training Manual (1990): 97.

Box 11.7 임무부여서식 예시

임무부여서식

to________________ from________________ 작성한 날짜__________

선임된 사람________________________ 요청한 사람__________

금액제한________________________ 완료한 날짜__________

다음 개인 및/또는 기업에 대해 자산 검색 또는 기타 특정 조사를 수행하도록 귀사에 요청함

이름 주소

달리 요청하지 않는 한 최소 5년의 기간을 포함하는 다음 영역을 검색하십시오. 할당된 각 주제 및/또는 업체에 대한 전화번호를 제공하고 핑계 전화를 통해 가능한 모든 정보를 확인하십시오. 이 조사에 관련된 모든 전체 문서의 사본을 얻으십시오.

다음 카운티로 조사를 안내하고 할당된 각 주제 및/또는 업체에 대해 다음 검색 영역을 포함하십시오.

나라________________________________

확인/확인

거주지 주소 – 거주자 전화 번호 – 거주지 소유권 – 시장 가치 – 결혼 상태 – 사업 상태 – 사업체 전화 번호

법원 기록 검색

증서 – UCC 신고 – 가명 – 세무사 – 납세 심사원 – 범죄 및 민사 기록 – 파산 – 이혼 – 조사 – 유권자 등록 – 자동차

기타 ________________________________

특별 지시 ________________________________

흔히 신용가치에 대한 조사는 피조사자의 자산과 가치 있는 것 전체를 함께 다룬다. 박스 11.8임무는 "자산조사"라는 이름이 붙어 있다. 조사관에게는 신용, 회사 혹은 법인의 소유, 실제 재산 보안이익 그리고 다른 개인적 정보를 평가하도록 요청된다. 시간, 지출 그리고 보수와 비용을 위한 인증비율이 또한 계산된다.

Box 11.8 자산조사 양식(Asset Investigation)

자산조사

기록 날짜 ______	만기일 ______
주제 ______	조사관 ______
주소 ______	완료일 ______
______	우편으로 발송된 날짜 ______
SS# ______	Auth. Hrs ______
SS# ______	Auth. Rate ______
고용인 ______	마일리지 ______
______	나라 ______ 주 ______

보고서 요약 ______

______

______

일일조사진행

날짜	서술	시간	exp
	신용		
	corp.		
	CPF		
	재산		
	UCC		
	SS# Trace		
	최신 주소		
	이웃 수색		

반면 법원에서는 실제 자산, 그것의 위치와 과세 비율에 관한 정보가 "실제 자산정보"라고 이름이 붙여진 작업서류에서 발견되고 기록될 수 있다.

실제 자산에 관한 평가에 있어서 두 번째 목적은 저당, 지불각서 그리고 다른 보장된 혹은 담보된 이익을 포함한 그런 재산에 대하여 현재 부속된 담보권과 책임을 결정하는 것이다.[26] 박스 11.9는 특별한 재산에 대한 현재의 책임 상태를 완전히 서류화하기 위한 필요한 전문어와 법률상의 조항들을 갖고 있다.

Box 11.9 부동산의 모든 권리와 부채를 문서화

자산조사

_수색한 날짜 주제 나라, 주
재산

우리 수사는 ____________________(나라)____________________주
다음에 관련된 다음 정보____________________
증서의 종류____________________
철한 날짜____________________
분량&페이지 번호____________________
양도자____________________
양수인____________________
재산 장소____________________
재산 묘사____________________
____
____ ____________________금액의 약속어음 날짜____________________는__________에게
지급된다.
자산의 현재 평가된 가치는____________________
서명____________________

조사관은 또한 세액(稅額) 평가소에 기록된 개인자산정보, 증거기록자 혹은 등록자의 의지를 알고 있어야 한다. 어떠한 사법관할권에서는 개인 재산세 형식이 매년 파일로 되어야 하는 바, 이에는 상장 주식, 공채, 다른 융통성 어음증서들 그리고 심지어는 보석류와 다

26) See Charles P. Nemeth, The Reality of Real Estate (Prentice Hall, 2015). Sankey, "A Primer"; Public Record Retriever Network, "Tip Sheet."

른 개인자산의 윤곽까지 포함된다. 이러한 정보에 대한 훌륭한 작업표는 박스 11.10에 들어 있다.

Box 11.10 개인 자산 정보

개인자산정보

수색한 날짜　　　　주제　　　　나라, 주

개인재산

납세 연월

얻음　　　　세무사 사무소

세무평가구

주인

징소

재산의 장소

재산의 서술

가치

크기와 페이지번호

주인

징소

재산의 장소

재산의 서술

가치

크기와 페이지번호

주인

징소

재산의 장소

재산의 서술

가치

크기와 페이지번호

서명 ______________________

웹 연습 카운티의 웹 사이트를 방문하여 해당 지역에서 온라인으로 사용할 수 있는 재산 기록을 확인하십시오.

"고속도로 및 공공안전부서" 혹은 다른 정부당국을 통하여 자동차관련기록 검색은 또 다른 대상자의 자산과 책임비율에 관하여 다른 통찰력을 제공해 준다. 자동차 표제 위에 1차, 2차 담보권들은 과도하게 확대된 신용 혹은 보통보다 큰 책임들을 시사한다. 보트들 그리고 항공기들 또한 "해양자원부 혹은 연방항공청"과 같은 중앙등록부서에 기록될 만하다. 이러한 유형의 정보는 박스 11.11과 같은 형태로 기록될 수 있다.

Box 11.11 운송수단 정보

개인자산정보

수색한 날짜 주제 나라, 주

자동차

주인
년도, 모델, 제조사
운전면호#, 주
자동차 ID 번호
운전면허 날짜
운전면허 소지자와 주소

가치(추정치)
코멘트

주인
년도, 모델, 제조사
운전면호#, 주
자동차 ID 번호
운전면허 날짜
운전면허 소지자와 주소

가치(추정치)
코멘트

서명 ____________________

주(州) 단위의 장관 혹은 다른 법인의 국(局) 그리고 소비자 업무 철하기 수준에서 통일상업법 철하기 혹은 재정상태회계서 다른 개인의 자산 내에 보호된 이익을 증명하는 것은 중심에 위치했다. 기록상으로 규모가 꽤 큰 혹은 과도한 재정적 회계서를 갖고 있는 유형자산 소유자들은 종종 곤경에 처한 재정적 상황을 증명하고 있다.

O'Block에 의하면

> 재정상 불안정에 관한 심각한 징후들은 피고용자를 부정행위로 이끌고 파산선언, 파산들, 채무불이행들 그리고 재소유의 경력으로 포함시킨다. 이러한 형태의 재정 긴장상태는 피용자에게 부수적 수입을 얻을 수단으로 고용주로부터 뭔가 절도하도록 부추길 수 있다. 혹은 종업원에게 첫 번째 작업에서 숙련도 악화를 야기할 수 있는 2차 직업을 갖도록 강요할 수 있다.[27]

신용을 확장한 당사자가 안전한 당사자로 언급되는 반면에 금전을 빚지고 있는 당사자는 채무자로 알려져 있다. 담보물건은 대출책임의 생명동안 보증수단으로 담보 잡힌 자산이다.[28] 박스 11.12를 보라.

27) R. O'Block, "Security": 193; Springer, "Due Diligence"; "Using Consumer Reports: What Employers Need to Know," Federal Trade Commission, www.ftc.gov/tips-advice/business-center/guidance/using-consumer-reports-what-employers-need-know.

28) See Nemeth, "Resource Manual": 226; Wells Fargo, "Types of Secured Loans and Lines of Credit," www.wellsfargo.com/goals-credit/large-expenses/secured-loan-types.

Box 11.12 통일상업법 철(鐵)하기

통일상업법 철(鐵)하기

수색한 날짜	주제	나라, 주
	자동차	

계기 번호
철한 날짜
채무자
확보된 당사자
담보

이 UCC는 이 문서에도 기록되어 있다.

계기 번호
철한 날짜
채무자
확보된 당사자
담보

이 UCC는 이 문서에도 기록되어 있다.

서명 ______________________

판결, 담보권 그리고 파산들에 관련된 서류들은 5장에서 언급되었다. 박스 11.13 – 11.15들은 보다 부가된 통찰력을 제공하고 있다.

Box 11.13 판결틀

판결틀

수색한 날짜 주제 나라, 주

판결틀

사건번호
기록재판소
크기와 페이지 번호
철한 날짜
청원자 vs 피고인
판단량

사건번호
기록재판소
크기와 페이지 번호
철한 날짜
청원자 vs 피고인
판단량

서명 ______________________

Box 11.14 담보권 진술(Liens Statement)

담보권 진술

수색한 날짜 주제 나라, 주

담보권 진술

문서번호
문서 철한 날짜
담보한 금액
청원자 vs 피고인

문서번호
문서 철한 날짜
담보한 금액
청원자 vs 피고인

문서번호
문서 철한 날짜
담보한 금액
청원자 vs 피고인

서명 ________________________

Box 11.15 파산진술(Bankruptcy Statement)

파산진술

수색한 날짜 주제 나라, 주
파산

파산자 명부
사건 번호
파일을 철한 날짜
파산 유형
(자발적/비자발적 – 챕터 7,11,13)
미국 파산 재판소 장소

상태(하나만 선택) □계류중 □마무리
폐쇄된 경우, 처분:
자산, 부채 및 채권자의 사본 나열 또는 제공

서명 ____________________

다양한 민간경비 기업들은 이러한 유형의 서비스를 독점적으로 강조한다. 그림 11.4[29]를 참조하십시오.

29) Palmer Investigative Services, 624 W. Gurley St., Suite A, Mail: P.O. Box 10760, Prescott, Arizona 86304, http://www.palmerinvestigative.com/asset.htm.

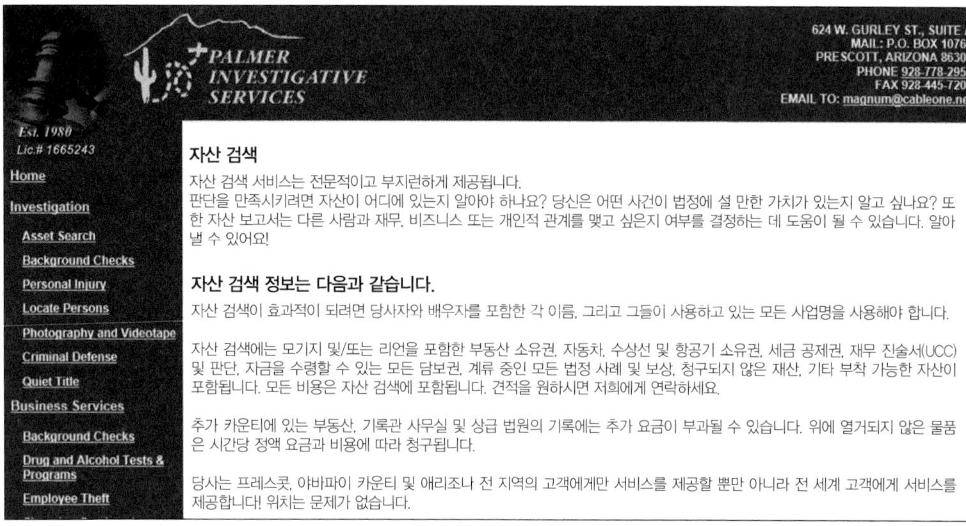

그림 11.4 이런 점에서 수많은 기업들이 다양한 서비스를 제공하고 있다.

개인들은 종종 법인(法人) 조직 그리고 협력 기업들을 통하여 자산을 한 곳에 집중시키기 때문에, 다른 사업체를 고려하지 않은 채 조사관은 정직하고 정확한 순(純)재산 혹은 신용도의 개요에 대한 정직하고 정확한 표시를 얻을 수 없다. 여러 가지의 합법적 조치 그리고 그 밖의 법인 조직의 책략들을 통해서 개인의 재산은 법인 조직체 안으로 이전될 수 있으며, 결국 공격할 수 없는 것이 되어 버린다. 이런 것을 염두에 두고 조사관은 (조사)대상자의 회사들 혹은 법인 조직의 이해관계에 대한 평가를 항상 맡아야 한다. 모든 미국의 사법관할권 내에서 기업의 경영자들에 관한 정보, 주주(株主)들 그리고 그와 같은 것들은 장관 또는 그 밖의 대표기관과 같은 곳을 통해서 접근할 만하다. 박스 11.16을 보라.

Box 11.16 회사/법인(Companies/Corporations Incorporation)

파산진술

수색한 날짜 주제 나라, 주

기업/기업 법인

________________의 기록을 찾아보니 다음과 같은 것이 드러났다.

관련된 정보

회사명

주소

전세번호

통합 날짜:

등록된 보안관

보안관 직책

보안관 직책

보안관 직책

현재 상태

법인명

주소

전세번호

통합 날짜

등록된 보안관

보안관 직책

보안관 직책

보안관 직책

현재 상태

서명 ____________________________

다양한 회사들이 자산 조사를 돕기 위한 소프트웨어 시스템을 만들었다. 톰슨 로이터는 지도 기술을 이용해 자산을 찾는 CLEAR를 만들었다. 그림 11.5[30]를 참조하십시오.

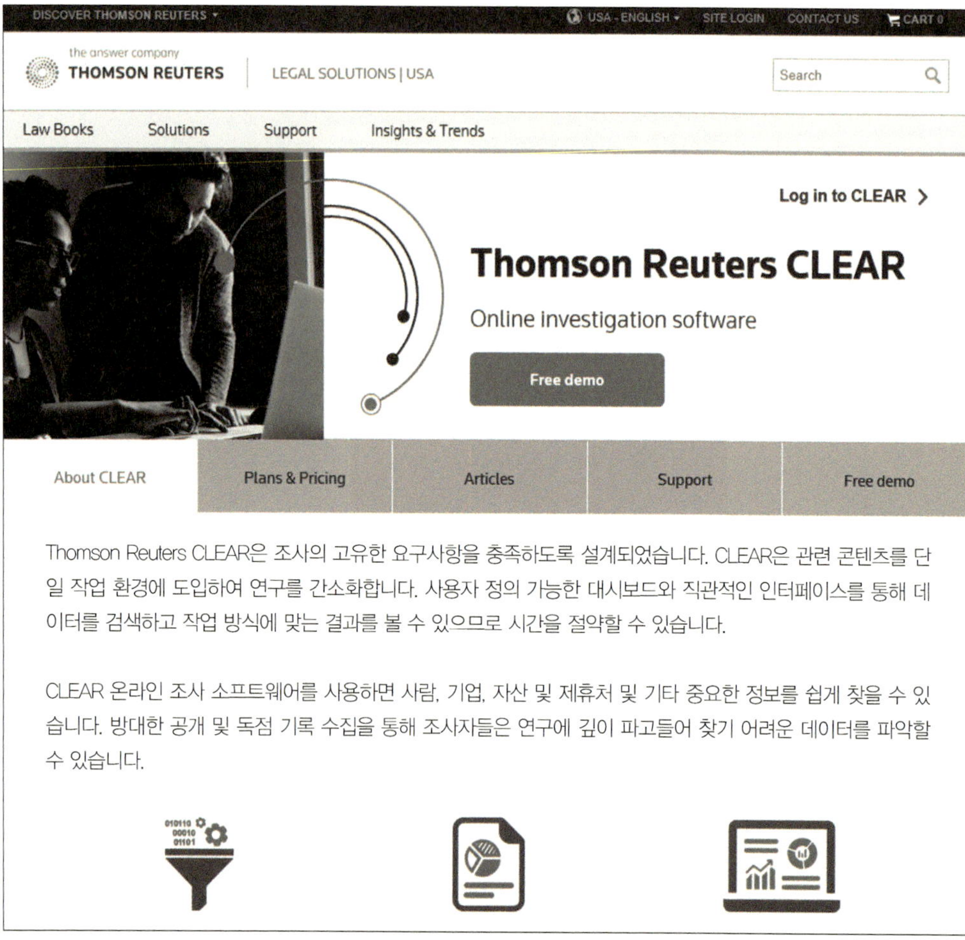

그림 11.5 이제 기업들은 자산과 기타 중요한 정보를 찾기 위한 고유한 검색 기능과 서비스를 제공할 수 있다.(출처: Thomson Reuters)

30) Clear: Online Investigation Software, Thomson Reuters, https://legalsolutions.thomsonreuters.com/law-products/solutions/clear-investigation-software.

LexisNexis는 기업 보안 및 민간 조사 전문가에게 중요한 정보와 통찰력을 제공하여 복잡한 사례를 해결하고 보안 위험을 최소화하는 어큐린트®(Accurint)를 민간 조사 기관용으로 개발했다. 그림 11.6[31]을 참조하십시오.

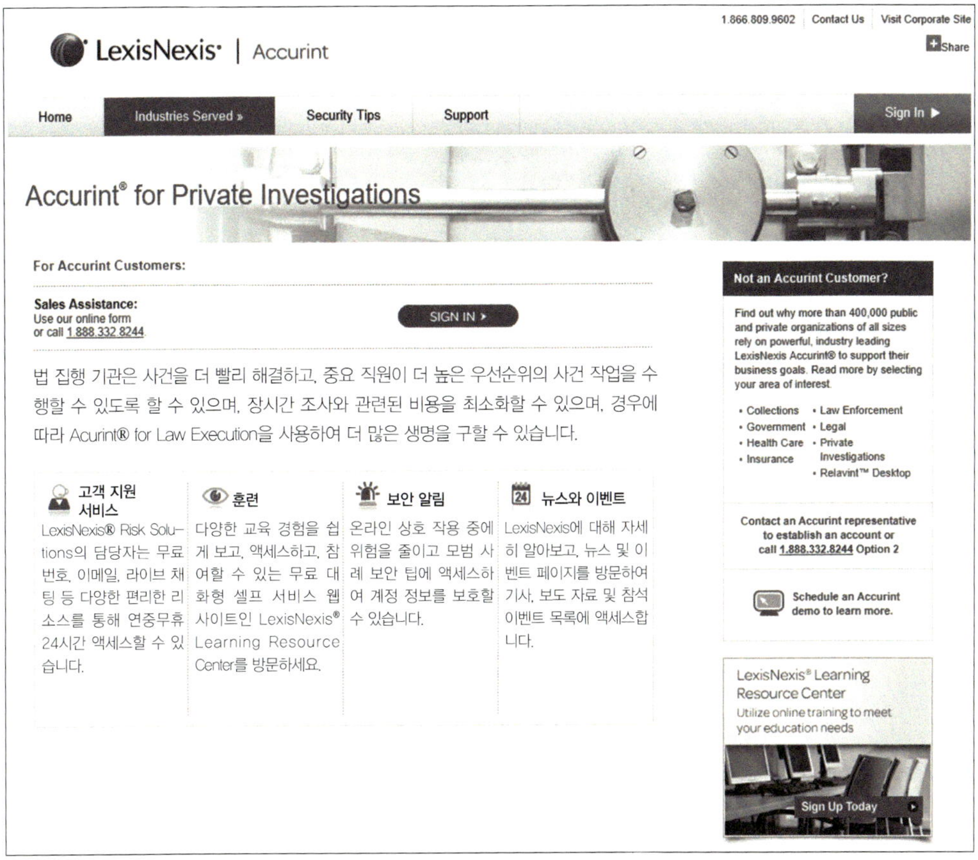

그림 11.6 LexisNexis는 수사관들에게 다양한 서비스를 제공한다.(출처: LexisNexis)

일반 배경 조사 소프트웨어는 오늘날의 기술 주도 사회에서도 큰 장점이다. Micropact는

31) "AccurintR for Private Investigations," LexisNexis, www.accurint.com/privateinvestigations.html.

잠재적인 고용 후보가 제대로 조사되었는지 확인하기 위해 조사의 모든 요소를 추적하는 데 도움이 되는 프로그램을 개발했다. 그림 11.7[32]을 참조하십시오.

그림 11.7 배경 조사는 MicroPact가 제공하는 여러 가지 해결책 중 하나이다.(출처: MicroPact 2018)

IRBsearch는 수사 전문가들이 추적과 배경 검증을 위해 필요한 40개 이상의 검색을 제공한다. 각 검색은 다음과 같은 6가지 주요 범주에 해당된다. 사람, 자산, 기업, 법원, 라이센스 및 전화 모든 검색 및 보고서 결과는 7일 동안 저장되며 PDF, Word 문서 또는 Excel 스

32) "Background Investigation," MicroPact, www.micropact.com/solutions/background-investigation.

프레드시트로 내보낼 수 있다. 그림 11.8[33]을 참조하십시오.

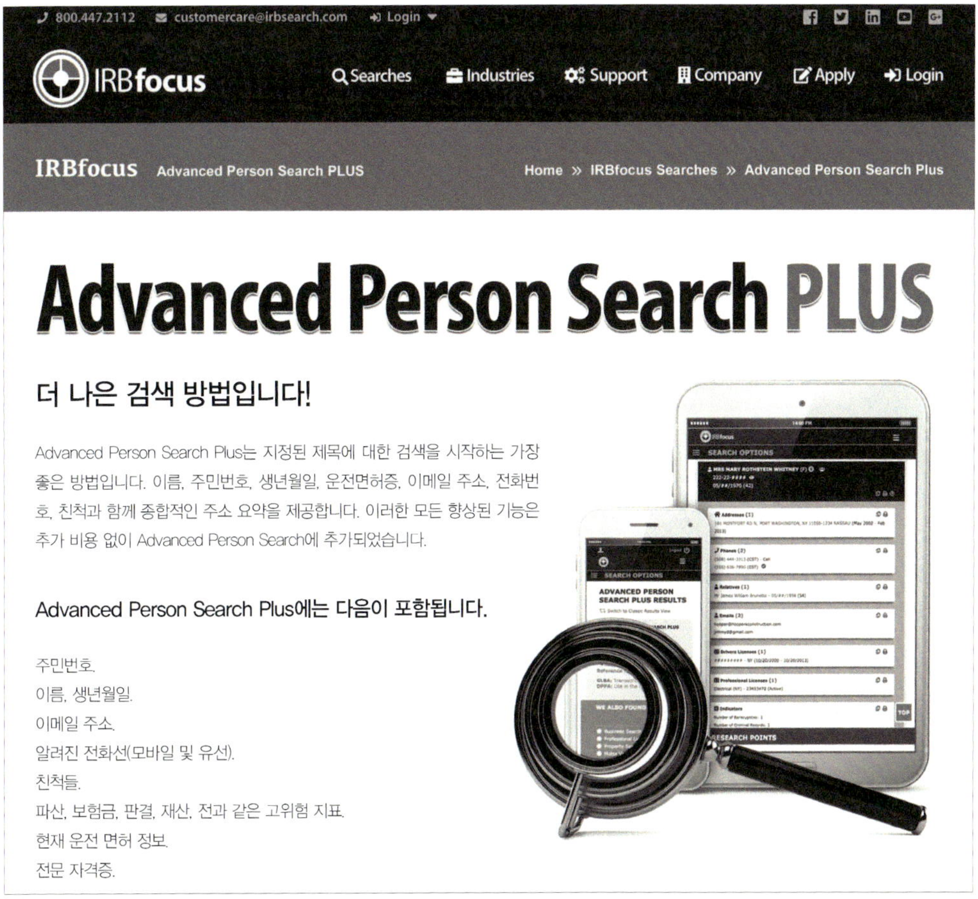

그림 11.8 IRB는 간단명료하게 말했다: "법원에 더 이상 길게 줄을 서서는 안 된다. RetrieveALL 사용으로 법원이 네게로 와!"(출처: IRBResearch LLC)

웹 연습 GoodHire.com에서 자신의 취업 전 배경 조사를 수행하십시오.

33) "Advanced Person Search PLUS," IRBsearch, http://irbsearch.com/irbfocus-avp-plus.html.

4 배경조사에 관한 대안적 방법

4.1 신원증명

신원증명– 그러한 증명서와 그 밖의 다른 사람에 의한 증명–은 한때 개인적인 평가와 사정의 중요한 수단이었다. 기술발달, 정보의 공유 그리고 거짓말탐지기의 도움으로 신원증명은 뒤로 물러나 앉게 되었다.[34] 그런데 박스 11.17에 있는 것과 같은 신원증명서류들은 여전히 개인의 인물을 평가하기 위하여 가장 신뢰할 수 있는 방법들 중 하나이다.

Box 11.17 신원증명서신

관계있는 자(者)에게:

나는 대략 동안 __________을 알고 있었다. 형사사법 프로그램의 책임자로서, 나는 프로그램 안에서 가르치는 모든 학부의 수업에 관한 평가에 책임이 있다. 이 책임을 다하면서 나는 교실에서 증명된 재능들의 인식을 발전시킬 수 있다. 나는 _______가 정신적으로 성숙한 것임을 발견했었다. 감정적으로 지적인 그리고 사람들과 함께 매우 일 잘하는 대단히 민감한 프로의 사람. 그는 분명하게 열의와 함께 그의 생각들을 내놓는다. 그는 확실히 교육자의 역할로 나의 지각에 깊은

34) Peter Mirfield, "Character and Credibility," Criminal Law Review, March 2009: 135; Dwoskin et al., "Welcome aboard!"

영향을 미쳤었다. 그는 연구, 지적인 관심사 그리고 의사소통기법을 학생을 위하여 매우 실용적이고 이해할 만한 현실 속으로 결합시킬 수 있는 능력이 있다.

몇 년이 지나____________은 교수방법, 직업상의 발전과 대학에 대한 서비스에 있어서 학구적 탁월성에 관한 한결같은 기록을 발전시켜 왔다. 그의 일관되고 확실한 학생 평가들은 복잡하고 추상적인 물질과 학생들 삶에 관한 매일의 경험을 연결시키는 독특한 능력을 반영한다. 그리고 다양한 욕구를 지닌 학생들의 동기를 극대화하고 학구적 고민에 관한 역사를 증명할 역량을 반영한다. 그 자체로 ____________는 한 학기 과정 동안 晝間에서 夜間으로 스케줄을 바꿔야 하는 교대제 근무자들의 편의를 봐주기 위하여 그 자신이 불편하더라도 종종 수업시간표를 변경해 왔다. 그는 대학 낙방의 경력이 있는 주부들, 경찰관들, 공장노동자들 그리고 학문상의 실패 경력이 있는 젊은 대학생들에게 학문에 대한 열정을 성공적으로 주입시켰었다.

____________는 보다 더 어려운 분주한 삶의 현실들과 함께 효과적으로 일할 수 있는 보다 더 괄목할 만한 능력을 그에게 주는 일상생활의 뉘앙스에 관한 훌륭한 기본적 이해를 갖고 있다. 게다가, 그는 우리 사회 구조 내에서 일을 잘하고 직업적 구조 내에서 이슈와 문제들에 합리적으로 그리고 지적으로 직면하였다.

____________는 교직의 우수한 구성원이고 우리의 형사사법 체계의 전문화에 힘을 바쳤다. 한 개인에 대하여 내가 가질 수 있는 최고의 존경으로 그를 추천한다.

진정으로,

형사사법프로그램의 책임자

신원증명서는 거추장스럽고, 관리하기 어렵고, 때로는 작가를 신뢰할 수 없다는 이유로 호평을 받지 못했다. 다른 이슈들은 다음과 같은 역사적 방법에 부정적인 영향을 미쳤다.

(1) 조사자는 정보의 무결성을 평가하기 위해 신원증명서의 작성자를 추적해야 했다.

(2) 신원증명서의 내용과 질은 통일성이 결여되어 있었다.

(3) 천진난만하게 만들어도 허위, 오언, 오보에 대한 소송에 대한 두려움.

"결과적으로, 고용주들은 전통적인 신원증명서들에 대해 거의 신뢰하지 않게 되었다. 왜냐하면 그들은 그러한 설문지들이 그들 자신의 책상에 도달했을 때 그들 스스로 대답하는데 솔직함을 거부하기 때문이다."[35]

이 문서들을 충분히 읽고 그들의 언어와 그 의미를 이해한 조사관들은 한번에 좋은 평가를 인정한다. 그 작가는 칭찬에서 명백하다. 중간평가나 심지어 부정적인 평가도 종종 "지원자는 정말 열심히 노력한다" 또는 "지원자가 떠나야 하는 것은 부끄러운 일이지만, 그는 다른 곳에 더 좋은 기회가 있다고 느낀다"와 같은 싱겁거나 중립적인 칭찬으로 제시된다. 숙련된 조사관은 표창의 언어와 예약의 언어를 구별할 수 있다.

4.2 상담 서비스

사회 및 행동과학자들은 근무지를 위하여 테스트와 다른 평가 방법론을 만들어 냄으로써 배후조사에 있어서 그들의 시계(視界)를 증가시키고 있다. 여러 가지 형식들과 구조에 대한 테스트들은 다음의 영역들 안에서 고안되었다:

- 개성
- Minnesota Multiphasic Personality Iventory (MMPI)
- The Glueck Predictability Table(글뤽부부의 비행예측표)
- The Kvaraceus Delinquency Scale and Checklist
- The Rorschach Test(로르샤하 테스트)

35) Barefoot, "Investigation": 191; Dwoskin et al., "Welcome aboard!"

- 정직 또는 성실
- 마약 또는 알콜 사용법
- 생산성과 능률성
- 근무경력
- 근무역량과 관계들
- 행동과 개인적 습관

웹 연습 https://psychcentral.com/quizzes/personality/start.php에서 16종류의 중언 성격 테스트를 보십시오.

일련의 조사와 시험 기구를 통해 주로 예, 아니요 포맷으로 —성격과 인격 발달의 여러 분야를 측정할 수 있다. 서비스 테스트에서 고객, 동료, 감독자와 효과적이고 유용한 관계를 구축하려는 당사자의 욕구가 측정 가능한 요인이다. Reid Report Assessment는 청렴도, 사회적 행동, 물질적 사용 및 작업 배경을 평가하고 측정하여 생산적인 직원이 될 가능성이 높은 청렴도 높은 구직자를 식별하는 데 도움이 된다.[36 37 38]

4.3 폴리그래프

1988년 고용인 거짓말 탐지기 보호법이 통과되기 전, 1988[39]년 후반부터 시행된 이 조항

36) Lester Rosen, "International Hiring 101: Background Checks, Due Diligence &Legal Compliance," Security 49, no. 11 (November 2012): 126-127; Springer, "Due Diligence"; Stott and Longino, "Screening Employees."

37) "The Reid Report Risk Assessment," Fraud &Forensic Services, www.arastl.com/reid-risk-assesment/.

38) "Reid Report 30th Ed.," PSI Services, www.psionline.com/assessments/reid-report-29th-ed/.

39) 29 USC 2001; 29 CFR Part 801; "Employee Polygraph Protections Act (EPPA)," U.S. Department of Labor,

은 많은 미국 기업들에 의해 배경 조사와 검토를 위한 도구적이고 매우 효과적인 수단으로 간주되었다.[40] 그래서 1989년 이전에는 "수천 개의 회사들"이 있었다. 입사 지원자에 대한 거짓말 탐지기 심사를 활용한다.[41] 주 및 연방법은 고용 전 심사에 광범위한 제한을 두었다. 이에 따라 개별적인 내부 조사도 무기한 처리돼 고용주와 보안업체들이 거짓말 탐지기의 향후 역할에 대해 불확실하게 된다.[42] 그렇더라도 공무원들은 여전히 보안업체들을 고용해 이런 시험을 한다. 예를 들어, 거짓말 탐지기는 여전히 경찰 신청자 심사에 정기적으로 사용된다.[43]

또 거짓말 탐지기는 피고인의 무죄 주장에 대한 진실성을 가려내고 시험해 보려는 검찰청의 도구다. 여기에서도 피고는 동의해야 한다. 당사자들의 규정의 제한적인 경우를 제외하고 거짓말 탐지기 결과의 허용은 미국의 법체계에서 아직 목격되지 않았다. 직원 거짓말 탐지 방지법과 관련된 직원의 권리를 설명하는 포스터의 예는 그림 11.9[44]를 참조하십시오.

웹 연습 미국 노동부에서 설명한 거짓말 탐지기의 많은 뉘앙스를 숙지하려면 www.dol.gov/whd/polygraph/을 방문하십시오.

Wage and Hour Division, www.dol.gov/whd/polygraph; "Other Workplace Standards: Lie Detector Tests," U.S. Department of Labor, Employment Law Guide, https://webapps.dol.gov/elaws/elg/eppa.htm.

40) See Congressional Record, Vol. 131, No. 148, S. 1815 (1988).

41) Barefoot, "Investigation": 192.

42) Charles P. Nemeth, "Erosion of Privacy Right and Polygraphs," Forensic Science International 21 (1984): 103.

43) Mark Handler et al., "A Focused Polygraph Technique for PCSOT and Law Enforcement Screening Programs," Polygraph 38 (2009): 77; Amy-May Leach et al., "The Reliability of Lie Detection Performance," Law &Human Behavior (February 2009): 96; "Other Workplace Standards: Lie Detector Tests—Who is Covered," U.S. Department of Labor, Employment Law Guide, https://webapps.dol.gov/elaws/elg/eppa.htm#who.

44) U.S. Department of Labor, "Employee Rights: Employee Polygraph Protection Act," www.dol.gov/whd/regs/compliance/posters/eppac.pdf.

확실히, 이러한 제안들은 어떤 주체의 배경을 분별하기 위한 접근법의 일부분을 나타낸다. 또한 다음과 같은 배경 평가를 위한 다른 방법을 다룰 수 있다.

1. 운전기록
2. 학생 성적표
3. 병역 기록
4. 주(州) 면허 기록
5. 전문 자격증 기록
6. 근로자보상[45]

45) "Employee Background Checks," Betterteam, www.betterteam.com/employee-background-checks.

거짓말 탐지기 보호법

직원 거짓말 탐지기 보호법은 대부분의 개인 고용주가 고용 전 선별 검사 또는 고용 과정에서 거짓말 탐지기 테스트를 사용하는 것을 금지합니다.

금지 사항

고용주는 일반적으로 피고용인 또는 구직자에게 거짓말 탐지기 검사를 요구하거나 요청하거나 검사를 거부하거나 법에 따라 다른 권리를 행사하기 위해 피고용인 또는 예비 직원을 퇴역, 징계 또는 차별하는 것을 금지합니다.

면제

연방, 주 및 지방 정부는 법의 영향을 받지 않습니다. 또한 이 법은 연방정부가 국가 안보 관련 활동에 종사하는 특정 개인에게 제공한 테스트에는 적용되지 않습니다. 이 법은 거짓말 탐지기의 일종인 거짓말 탐지기 검사를 제한 사항에 따라 보안 서비스 회사(예 : 장갑차, 경보 및 가드) 및 제약 제조업체, 유통업체의 특정 예비 직원에게 민간 부문에서 시행할 수 있도록 허용합니다.

이 법은 또한 고용주에게 경제적 손실을 초래한 직장 사고(예 : 도난, 횡령 등)에 합리적으로 의심되는 민간기업의 특정 직원에 대한 거짓말 탐지기 검사를 허용합니다.

권리조사

거짓말 탐지기 테스트가 허용되는 경우, 테스트 수행 및 기간에 관한 수많은 엄격한 표준이 적용됩니다. 수험생은 시험 전에 서면 통지를 받을 권리, 시험을 거부 또는 중단할 수 있는 권리, 승인되지 않은 사람에게 시험 결과를 공개하지 않을 권리를 포함하여 여러 특정 권리를 갖습니다.

시행

미국 노동부 장관은 위반 행위를 억제하고 위반자에 대해 10,000달러의 민사처벌을 평가하기 위한 법원 조치를 취할 수 있습니다. 직원 또는 구직 신청자는 자신의 법원 소송을 제기할 수도 있습니다.

그림 11.9 직원 거짓말 탐지기 보호법과 관련된 직원들의 권리

5 종합적인 배경조사 리포트

조사관의 궁극적인 목표는 대상자의 성격에 대한 전체적이고 포괄적인 그림을 고객에게 제공하는 것이다. 조사자가 이 장 전체에 걸쳐 다루는 다양한 과정을 거치면서 이동함에 따라, 그 결과는 공식적으로 분류되고 구성되어야 한다.[46] 이 최종적이고 매우 중요한 단계에서 조사자는 포괄적인 배경 보고서를 작성한다. 보고서에는 다음 사항이 포함되어야 한다.

- 신원확인 정보
- 유죄판결의 기록
- 민사소송과 다른 소송의 기록
- 신용과 재정 내력
- 교육 기록들
- 이웃 정보
- 개인이나 직업상 참고자료
- 과거와 현재의 직업
- 과거와 현재 고용주들의 견해
- 다른 재정 자료

46) Laura P. Worsinger, "Tips for Background Checks," Security Management (October 2006): 85; BetterTeam, "Employee Background Checks."

박스 11.18에 있는 배경조사 보고서 샘플은 대략적인 내용을 나타낸다.

Box 11.18 배경조사 보고서 샘플

1. 범죄 수사:

검색 유형: 테네시 주 전역

상태: 범죄 기록 발견

사례 번호: 99-CR5500403

카운티: 데이비드슨

공격: 잘못된 확인

레벨: 경범죄

문장 날짜: 1999년 9월 13일

일회성 처분: 유죄

월마트에 404달러 45센트에 대한 수표를 썼는데, 그 수표는 반환되었다. 지시된 대로 30일 이내에 금액을 지불하지 않았다. 배상금에 벌금 65달러의 형을 선고받고, 위반 없이 마무리된 1년의 집행유예를 선고받았다.

2. 교육 검증: 데이비드슨 카운티 커뮤니티 칼리지

졸업 요구: 6/76

졸업 확인: 없음

학위 주장: A.A.

정도 확인: 없음

3. 고용 확인: 빠르고 신속한 트럭 운전사고

날짜	유형	결제금액	기소할 수 있는가?	사망자	부상
06/23/00	backing	$3400	예	아니요	예

4. 자동차 기록:

검색 유형: 테네시

상태: 수신된 결과

결과:

라이센스 번호: 888-11-888

발행일: 1999년 7월 24일

만료 날짜: 05년 7월 24일LICK 상태: 유효함

TYPE/Class: 연산자

제한사항: 없음

위반

speeding 83/55	6/12/01	Lowndes County SO, MS
2. 교통 신호를 무시	1/3/03	Nashville PD, TN

주소검색

결과

1. 2003년 11월 03일 – 2004년 신청자, 샘플 SSN: 888-11-8888

DOB: 03/1956 ASE: 47

231 피치트리 Rd. SW

애틀랜타, GA, 30303

카운티: 풀턴

SSN 유효: 예 발급: TN

2. 1997년 09/1997 - 2003년 10월 신청자, 샘플 SSN: 888-11-8888

DOB: 03/1956 ASE: 47

1641 애플 과수원 박사

NASHVIL, TN 37201

카운티: 데이비드슨

SSN 유효: 예 발급: TN

3. 01/1989 - 06/1997 신청자, 샘플 SSN: 888-11-8888 DOB: 03/1956 연령: 47

서밋 애비뉴 32B

코랄 게이블스, FL 33133

카운티: 데이드

SSN 유효: 예 발급: TN

4. 08/1991 - 01/1989 신청자, 샘플 SSN: 888-11-8888 DOB: 03/1956 연령: 47

PO BOX 13A

PICKENS, MS 39146 00879

카운티: 홈즈

SSN 유효: 예 발급: TN

5. 01/1980 – 01/1989 신청자, 샘플 SSN: 888-11-8888 DOB: 00/1957 연령: 47

파인 가 347번지

내슈빌, TN 39095 98039

카운티: 데이비드슨

SSN 유효: 예 발급: TN

범죄 수사

검색 형식:플로리다 주 교정국

상태:아니 기록물 발견

검색 형식:GAStatewide

상태:아니 기록물 발견

교육 검증

기관.

데이비드슨 카운티 커뮤니티 칼리지

교육로100길

내슈빌, TN 37201

전화: 615-444-333 팩스: 615-555-6666

상태: 연구 완료

	자료제공	자료확정	경보
기입된 잘짜	9/74-6/74	9/3/74-6/15/76	아니요
졸업날짜	6/72	없음	예
학부	A.A.	없음	예
전공	교양과목	교양과목	아니요
부전공	n/a	n/a	아니요
GPA	3.0	3.0	아니요
출석	아니요	아니요	아니요

코멘트: 졸업하거나 학위를 받지 않았다.

확인자: S. Kann

확인 날짜: 2004년 2월 19일

고용 확인

상태: 연구 완료

분리 원인: 자발적

회사 유형: 소형 트럭 제작

장비 유형: 트랙터-세미

트레일러 유형: 드라이 밴

화물 운송 유형: 장비 및 자동차 부품

지리적 영역: 48개 주

전체 또는 파트타임: 전체 시간

도로 위 또는 지역: 도로 위

단일 작동 자격: 예

팀 운영 자격: 아니오

위험 물질: 예

재취업 대상: 예

세부사항: 약물 및 알코올에 대한 재검사가 필요함.

최근 3년간 제어된 물질에 대해 양성반응: 없음

세부 정보: 없음

최근 3년 동안 호흡 알코올 농도 0.04 이상의 알코올 테스트: 아니요

세부 정보: 없음

최근 3년간 약물 또는 알코올에 대한 필수 검사 거부: 아니오

세부 정보: 없음

기타 마약/알코올 규정 위반: NO

만일 그렇다면 후속 시험을 포함한 D.O.T. 복귀 요건의 성공적인 완료에 대한 문서가 있는가?

약물 남용 전문가:N/A

위치: 없음

사고 건수: 1

사고

날짜	유형	금액	기소	사망	부상
06/23/00	backing	$18000	예	아니요	예

실습: 박스 11.18의 문서를 주의 깊게 검토하고 이러한 질문에 답하십시오.

1. 피조사자의 아이는 몇 명인가?
2. 피조사자는 어디에서 일하는가?
3. 기업개선국에서 AC&T에 대한 불만 접수했나?
4. 피조사자의 이름은?
5. 피조사자의 신용 기록은?
6. 피조사자는 범죄로 유죄 판결을 받은 적이 있는가?
7. 피조사자의 주소는?
8. 잭 그레이와 피조사자의 관계는 무엇인가?
9. 피조사자는 어떤 대학이나 대학을 다닌 적이 있는가? 만약 그렇다면, 그는 졸업했는가?
10. 수사관 의뢰인은 누구인가?

6 결론

· · · 내부적으로는 사람과 사람을 검토하도록 지정된 조사자로서, 또는 기관과 기업이 이러한 특정 전문지식을 채용하는 협의체 능력에서, 배경조사에서 조사자의 역할은 상당히 만만치 않다. 이 장에서는 고용부터 교육 기록, 주거 역사에서 민형사 소송 기록에 이르기까지 검토가 필요한 다양한 배경 범주에 대한 자세한 정보를 제공한다. 이러한 기능을 수행하기 위한 양식 및 체크리스트는 물론 새로운 기술 제품과 서비스가 백그라운드 리뷰에 어떻게 도움이 될 수 있는지에 대한 권고사항이 포함되어 있다. 이 장의 마지막에, 독자는 주제에 관한 모든 관련 정보를 수집하고 그 정보를 문서 형태로 기념하는 포괄적 배경 보고서에 노출된다.

제 12장

탐정사무실 보안과 행정상의 이슈들

1. 약간의 일반적인 원칙들
2. 시간관리 방법
3. 행정적 서류의 가치
4. 자료정리 시스템
5. 계산서 작성
6. 결론

1 약간의 일반적인 원칙들

조사관들은 조직적인 조사 방법이 자신과 관리자들의 삶을 더 쉽고 더 생산적으로 만들어 줄 것이라는 것을 금방 알게 될 것이다. 조직적인 것은 보안 전문가에게 매우 부러울 만한 특성이다. 그 기반에서 경비 산업은 이익을 추구하는 사업으로, 비용은 이익을 초과하지 않고 보안 요원과 그 또는 그녀의 사업은 성과를 거두기 위해 고객을 참여시킨다. 따라서, 사업을 추적하고 추적하는 내부 프로세스가 지속적으로 필요하다. 한 보안 전문가는 "응용자 추적, 온보드, 보안 운영, 스케줄링, 급여 지급, 송장 청구, 회계 및 기타 사업 운영 등 모든 단계에서 추적해야 하는 일종의 "생태계"라고 언급했다.[1]

조직하고 문서화하는 법을 일찍 배워라. 의심스러운 경우, 조사 과정의 쇠퇴와 흐름을 조절하기 위한 형태, 전시, 체크리스트, 문서, 차트, 그래프와 같은 시스템을 만들어라. 행정적으로 효율적이지 못한 것은 기업 이윤의 손실의 주요 원인 중 하나이다. 조직화의 부재는 분실물에서 도난 물품에 이르기까지 상업적 운영에 경제적 영향을 미치며, 중요한 것은 성과와 직무와 관련된 내부 문서에 의해 추적되지 않고 직원들 또한 통제가 안 된다.[2]

민간경비 사업도 다르지 않다. 일상적이고 표준화된 운영 절차가 없다면 보안 요원이 일하는 회사는 어려움을 겪을 것이다. 로버트 하프 인터내셔널(전 세계 86개 사무소를 갖춘 인사센터)의 로버트 하프 사장은 이런 현상을 일종의 의도치 않은, 심지어 규범적인 행동인 "시간

1) See Mark Folmer, "The Guard Scheduling Conundrum," Security Management, August 2017, https ://sm.asisonline.org/Pages/The-Guard-Scheduling-Conundrum.aspx.

2) See Mark Tarallo, "The Fraudster Down the Hall," Security Management, August 2018, https ://sm.asisonline.org/Pages/The-Fraudster-Down-the-Hall.aspx.

절도"로 지칭하고 있는데, 이는 기업과 산업 분야의 사무실에서 정기적으로 발생하고 비효율적인 행정운영을 초래하는 것이다.[3] 현재, 시간을 낭비하는 가장 흔한 10가지 방법은 다음과 같다.

- 휴대폰/텍스트
- 험담
- 인터넷
- 소셜 미디어
- 스낵 브레이크 또는 담배
- 시끄러운 동료들
- 미팅
- 이메일
- 방문하는 동료들
- 스피커폰으로 전화를 거는 동료[4]

민간경비업체는 다른 기업들과 똑같다. 낭비되는 시간은 돈이 증발하는 것이다. 도미니크 디슨(Dominic Deeson)은 시간 낭비를 일종의 절도 행위로 묘사하고 있으며, 확실히 통제되어야 하는 나쁜 경영 관행이라고 묘사하고 있다.[5] 다음과 같은 7가지 "정상적인" 근무 업무도 직

3) R. Half, "Time Death: How Bosses Can Reduce Ranks of Goof-Offs," USA Today, January 3, 1985; see also Jack Gordon, "Wasting Time on the Company Dime," Training, May 2006: 6; George M. Naimark, "Stop Wasting Valuable Time," Harvard Business Review, December 2004: 143; M. E. Brock, L. E. Martin, and M. R. Buckley, "Time Banditry," International Journal of Selection and Assessment 21 (2013): 309-321, https://onlinelibrary-wiley-com.ez.lib.jjay.cuny.edu/doi/full/10.1111/ijsa. 12040 ; Y. Liuand C. M. Berry, "Identity, Moral, and Equity Perspectives on the Relationship between Experienced Injustice and Time Theft," Journal of Business Ethics 118, no. 1 (2013): 73-83, doi:http://dx.doi.org.ez.lib.jjay.cuny.edu/10.1007 /s10551-012-155 4-5.

4) V. Fludd, "Workplace Productivity Drains," Talent Development 6, no. 9 (2014): 20.

5) Dominic Deeson, "Time Wasting Is Theft and Bad Management," Management Services, Spring 2005: 3; Brock,

원의 생산성을 떨어뜨릴 수 있다.

1. 불필요한 회의
2. 불필요한 보고
3. 구식 절차
4. 너무 많은 의사소통
5. 중요치 않은 자료
6. 산만함에 대한 대응
7. 불평과 험담[6]

박스 12.1에 나오는 "보편적 시간낭비 요인 40가지"를 봐라

Box 12.1 보편적 시간낭비 요인 40가지

TOP 40 TIME WASTERS WOORLDWIDE

계획과정(PLANNING)

1. 목표/우선순위/계획의 부재
2. 경영위기의 우선순위의 변동
3. 한 번에 너무 많이 하려고 하거나 비현실적인 시간배당을 시도하는 것
4. 계획/지명을 기다리는 것
5. 이동
6. 경솔하거나 조바심 내는 것

조직화과정(ORGANIZING)

Martin, and Buckley, "Time Banditry"; Liu and Berry, "Equity Perspectives."

6) John Boitnott, "7 Tasks You Do Every Day that Waste Time and Cost Your Business Money," October 4, 2016, Entrepreneur, www.entrepreneur.com/article/283205.

7. 인적 분열/난잡한 책상
8. 혼란스런 책임과 권위
9. 노력의 중복
10. 여러 명의 책임자
11. 문서작업/번문욕례/독해
12. 열악한 파일링 시스템
13. 부적절한 설비/장비

참모관리(STAFFING)

14. 교육을 받지 않은/부적절한 참모
15. 과부족(過不足) 참모
16. 장기결석/지각/이직
17. 문제성 직원문제
18. 과(過)의존적 참모

지시과정(DIRECTING)

19. 비효과적 대표파견/관례화된 일에 관여
20. 동기부족/무관심
21. 조정의 결핍/팀워크

통제과정(CONTROLLING)

22. 전화방해
23. 잠시 들르는 방문객들
24. "NO"라고 말 못하는 무능력
25. 불완전한/연기된 정보
26. 자기통제부족
27. 끝내지 않고 자리 떠나기

28. 표준/통제/절차보고 부족
29. 가시적 주의 산만/소음
30. 과(過) 통제
31. 정보가 제공되지 않음
32. 토론과정에 활용될 수 없는 사람

의사소통과정(COMMUNICATING)

33. 모임
34. 부족/불명확한 의사소통과 지시
35. 사회화/무익한 대화
36. "Memoitis"/과(過)대화
37. 경청에 실패

의사결정과정(DECISION-MAKING)

38. 꾸물거림/우유부단
39. 모든 사실 부족
40. 갑작스런 결정

경제적 비능률성의 비이익은 제외하고라도 어떤 전문적 접근은 높은 수준의 조직적 행정관리적 기술을 주장한다. 이성적인 관리(管理)는 보다 개선된 행정관리적 실무를 요구한다.

2 시간관리 방법

어떤 보안 서비스도 시작부터 시간의 추적이 보안 전문가에게 중요한 단계가 된다. 고객들은 잘 조직된 보안 전문가에게 당연히 감명을 받았고, 비효율적이고 엉망이 된 요원에 대해 당연히 괴로워하고 있다. 예를 들어, 누락되거나 혼동되거나 상충되는 약속은 어떤 보안 회사에게도 처음부터 좋지 않은 인상을 준다. 일정을 모니터링하기 위해 수동 또는 전자 시스템을 사용하여 약속 날짜를 기억해라. 전 세계의 수많은 회사들이 바쁜 보안 전문가들을 위해 약속 추적과 시간, 업무 관리를 다루는 소프트웨어 프로그램을 제공한다. 그림 12.1[7]에서 InTime software Scheduling software를 참조하십시오.

웹 연습 보안업계를 위해 특별히 개발된 시간 유지용 소프트웨어는 www.guard1.com/en/home.htm에서 확인하십시오.

중복되는 약속을 피하기 위해, 조사자는 조사 대상 사건의 깊이와 범위를 어느 정도 이해하거나 인지하고 있는지 확인해야 한다. 첫 방문에 15분이면 사건 발생에 충분치 않다. 한편, 사무총무 등 2차 인력에 의해 일부분을 처리할 수 있는 비교적 손쉬운 경우는 장기간에 걸쳐 예정되어서는 안 된다.

약속 날짜와 시간에 대한 고객의 인식을 확인하는 한 가지 방법은 미리 알림 카드나 전화를 사용하는 것이다. 역사적으로 변호사, 의사, 그리고 다른 전문가들은 의뢰인의 기억을 되살리기 위해 이 방법을 사용해 왔다. 민간 경호실은 특히 임명 규모가 꾸준히 증가하고 있

7) "Scheduling Software," inTime Software, https://intime.com/solutions/scheduling-software.

그림 12.1 Scheduling software는 시간하고 할 일을 조직화하는데 도움을 준다.
(출처: InTime Solutions, Inc.)

을 때 이러한 실무적 고려를 해야 한다.

인력과 과제를 모두 계획하면 내부 업무 효율이 뚜렷해진다. 예정된 약속과 현장 과제를 추적하기 위해 스케줄 시스템을 사용하는 것은 좋은 생각이다.(그림 12.2 참조) 약속을 지키지 않는 고객에게 보통 엽서나 편지의 형태로 된 메모는 정중한 독촉장이 될 수 있지만, 이런 종류의 메모는 호의를 유지하기 위해 긍정적인 면모를 가져야 한다.

스케줄			발행하는 날짜			
의뢰인 이름			주제		페이지	
일	월	화	수	목	금	토
쉬프트1	쉬프트1	쉬프트1	쉬프트1	쉬프트1	쉬프트1	쉬프트1
쉬프트2	쉬프트2	쉬프트2	쉬프트2	쉬프트2	쉬프트2	쉬프트2
쉬프트3	쉬프트3	쉬프트3	쉬프트3	쉬프트3	쉬프트3	쉬프트3

보안관	계급	배지	임무	시간
			총 시간	

그림 12.2 **직원 근무 일정**

3 행정적 서류의 가치

이 교과서의 다른 부분에서 학습된 것은 의뢰인과의 최초의 면담, 보상청구에 대한 평가 그리고 의뢰인과의 접촉유지 등이다. 사건이 진행되면서-사례금 계약과 다른 예비적인 문제들이 해결되었다고 추정하면서 기억표기체계의 어떤 형식은 조사관 혹은 그/그녀의 고용회사에 의하여 채택되어져야 한다. "보험조사요청(Insurance Investigation Request)"과 "인터뷰 기록(Interview Report)양식"은 표 12.1과 박스 12.2을 보라. 보안 조사관은 이러한 유형의 형식을 사용함으로써 편리하지만 파일 시작 부분에 삽입할 수 있는 간략한 정보를 생략하여 사용할 수 있다.

표 12.1 보험조사요청(Insurance Investigation Request)

보험조사요청(Insurance Investigation Request)

보험조사요청		사건 번호
대상 이름		요청 날짜
현재 주소		전화번호
이전 주소		
고용인	직책	전화번호
의뢰인		의뢰인 파일 번호
주소		전화번호

요청방법 □편지 □전화 □이메일 □새로운 사건 □사건 재구성

사건 유형 □노동자 보상 □사고. □아무도 잘못 없음
□보험에 들지 않은 자동차 운전자 □법적책임
□위치 □의료 과오류
□기타 ____________________

예산/시간 할당				
조사의 성질				
대상자	서술	생일	인종	성
키	몸무게	머리	눈	
안경		수염	몸매	
SSN		기타 정보		
변호사				
배우자/부양할 가족				
다른 관련 당사자들				
자동차 정보				
의뢰인 특별 부탁				

표 12.2　인터뷰기록(Interview Report)

Box 12.2　인터뷰기록(Interview Report)

사건명___________________________________면담 날짜______________

사건번호_____________________면담기간__________에서______________

면담자____

면담한 대상자____

면담 서술____

조사관은 단순히 정보를 수집하는 것이 아니라 나중에 정보를 의미 있고 이해할 수 있는 방법을 채택해야 한다. 보안 관행과 절차에서 반복되는 결함 중 하나는 수집된 정보의 중복성과 무분별한 유지다. 정보 수집이 유익한 연습이 되려면, 조사자는 정보를 절약하고 파일에 대한 접근 권한을 부여받을 수 있는 모든 당사자들이 보편적으로 이해하는 언어를 사용해야 한다. 양식, 체크리스트, 기타 전시물들이 집중되어 풍부한 정보를 집약적으로 보존하는 한편, 이들 문서의 내용은 수사팀에 이익이 되는 방식으로 작성되어야 한다. 보안 회사가 서비스하는 고객들은 중복된 자료의 페이지를 훑어보거나 장황한 보고서를 해독하는 것보다 더 나은 일을 한다. 보고서에 포함할 올바른 사실을 선택하는 것의 중요성은 충분히 강조될 수 없다.

> 시간이 지남에 따라 조사관은 가능한 한 많이 기록하는 것을 장려할 시간이 있다; 그 시간은 지나가 버렸다. 오늘날의 의뢰인들은 일상적인 원리에 토대를 둔 조사관들에 의하여 준비된 잡담기록들을 통과하여 벗어날 시간을 가질 수 없다. 의뢰인들은 객관적이고 난해한 사실들에 대해 만족할 만한 대가를 지불한다. 그들은 그것을 기대하는 것을 배웠다. 그리고 그러한 사실들을 얻기 위해 결심하였다. 이것은 조사관들이 무엇이 보고서에 들어가야 되고 무엇이 들어가지 말아야 하는 것에 대하여 그들 자신의 독창력을 사용하도록 요구받는다는 것을 의미하는 것은 아니다. 매우 빈번하게 의뢰인이나 조사관들 모두 의뢰인에게 정보의 한 부분에 관한 중요성을 평가할 수 없다. 이러한 사실들이 존재해야 하지만 보고서는 대단한 미국 소설처럼 종료가 필요하진 않다.[8]

회의 또는 개인 방문 수준에서 결과에 대해 공식 표기해야 한다. 보안 담당자는 회의 메모 양식에 대한 논의에서 비롯되는 인상과 의무를 작성할 수 있어야 한다. 조사가 진행됨에 따라 보안 담당자는 더 큰 그림의 일부가 될 수 있는 정신적 인상뿐만 아니라 특정 사실 또는 법적 문제를 기록하는 데 동일한 형식을 사용할 수 있다.

조사의 사실, 상황, 상황을 문서화하는 것 외에도, 이러한 양식과 문서들은 또 다른 중요

8) Pinkerton's Inc., Administration of the Investigations Department (1990): 4.

한 목적을 제공한다: 그것은 보안 회사와 운영자를 전문적 과실 및 태만이라는 비난으로부터 보호하는 것이다. 의료과실 문제는 민간 보안에 상당한 영향을 미치기 때문에 철저하고 정확한 기록보존은 지능적인 방어기제다. 예를 들어, 사설 보안 회사들과 개인들은 전문적인 방법으로 그들의 일을 수행하지 못한 것에 대해 소송의 위협을 받고 있다. 만약 채택되고 일상적으로 사용된다면, 대응적이고 확실한 문서화는 주장과 빈정거림을 반박할 수 있다. 그 서류와 서류들은 그 사건의 영구적인 기록의 일부가 되고 전문적 무능력에 대한 비난을 적절히 변호한다.

3.1 소프트웨어 중요성(software considerations)

소프트웨어 시스템은 이제 보안실에 표준절차이다. 소프트웨어 패키지는 수많은 컨설턴트와 회사들이 있음에도 불구하고 업계에서 쉽게 구할 수 있다. 다양한 회사들이 파일과 사례 관리의 복잡성과 관련된 모든 활동의 조정을 돕기 위해 나섰다. 이러한 소프트웨어 제품 중 일부는 이 텍스트에서 이전에 검사한 적이 있다. 소프트웨어 시스템이 다음과 같은 목적을 달성하는 경우 고려할 가치가 있다.

1. 고객, 목격자, 전문가와의 연락을 위한 양식 서신 작성
2. 당면한 사건 관련 문서, 증인 또는 사건, 상황에 대한 연대순 또는 순차적 검토 제공
3. 문서 색인화 능력 보유
4. 교체가 불가능한 어떤 정교하고 아방가르드적인 시스템보다는 지극히 평범한(run-of-the-mill) PC와 호환되는 시스템인가
5. 편집하기 쉽다
6. 심플한 디스플레이 화면 제작
7. 단순하고 복잡한 아이디어와 이슈를 검색할 수 있음
8. 문서 코딩을 제공할 수 있음

9. 해당 제목에서 유연한 데이터 파일을 쉽게 변경할 수 있음
10. 회사의 가장 일반적인 조사 형태와 관련된 정보 제공
11. 쉽게 배운다.

물론 기업의 수사관행이 더욱 정교해지고 모든 참여 수사관의 경험적 기반이 확대됨에 따라 소프트웨어는 정보를 보관할 수 있는 능력을 갖추어야 한다. 기술의 장점 중 하나는 반복적인 정보를 저장하고 유사하거나 다른 사실 패턴으로 사례를 비교하고 대조하는 능력이다. 현재의 경우뿐만 아니라 미래에 발생할 경우에도 쉽게 접근할 수 있는 데이터베이스를 만드는 소프트웨어를 보유하는 것이 급선무다. 문서, 목격자, 사실 분석의 추적이 가장 도움이 된다. 몇 가지 샘플 광고에 대해서는 그림 12.3[9]과 12.4[10]를 참조하십시오.

그림 12.3 디지털 항공우주 솔루션 웹 사이트(출처: Digital Aerospace Solution)

9) "Itrac Case Management System," Digital Aerospace Solutions, accessed September 12, 2018, www.1das.com/main.aspx.

10) "Home page," Trackops, accessed September 12, 2018, https://trackops.com/.

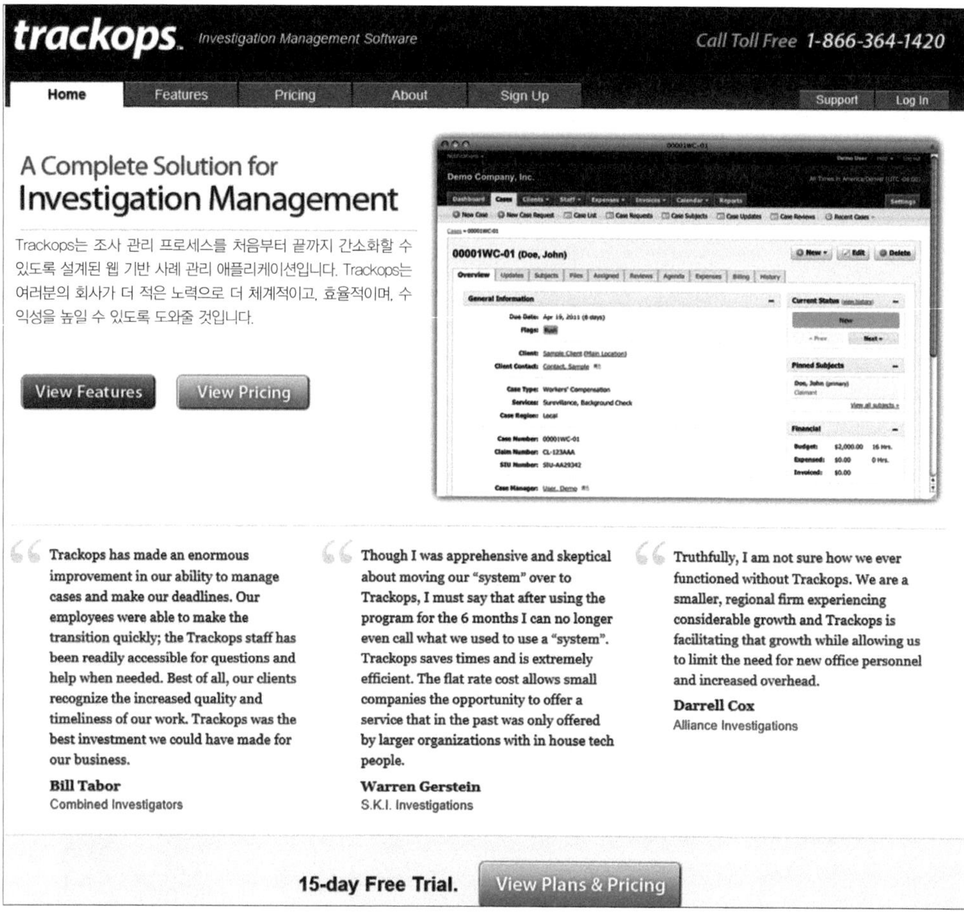

그림 12.4 Trackops 소프트웨어 웹 사이트 (출처: Trackops LLC)

보안 전문가용으로 구축된 Trackforce는 직원을 추적하고, 방문자를 관리하며, 사고 보고서를 작성하여 책임감과 운영을 개선하도록 돕는다. 이 소프트웨어는 데스크탑(포스트)과 2개의 모바일 제품(m-Post 및 Patrol)을 사용하여 클라이언트 및 활동 보고서를 사용자 정의할 수 있는 기능을 제공한다. 그림 12.5[11]를 참조하십시오.

11) "POST Security Operation Apps," Trackforce, accessed September 3, 2018, https://trackforce.com/post-se

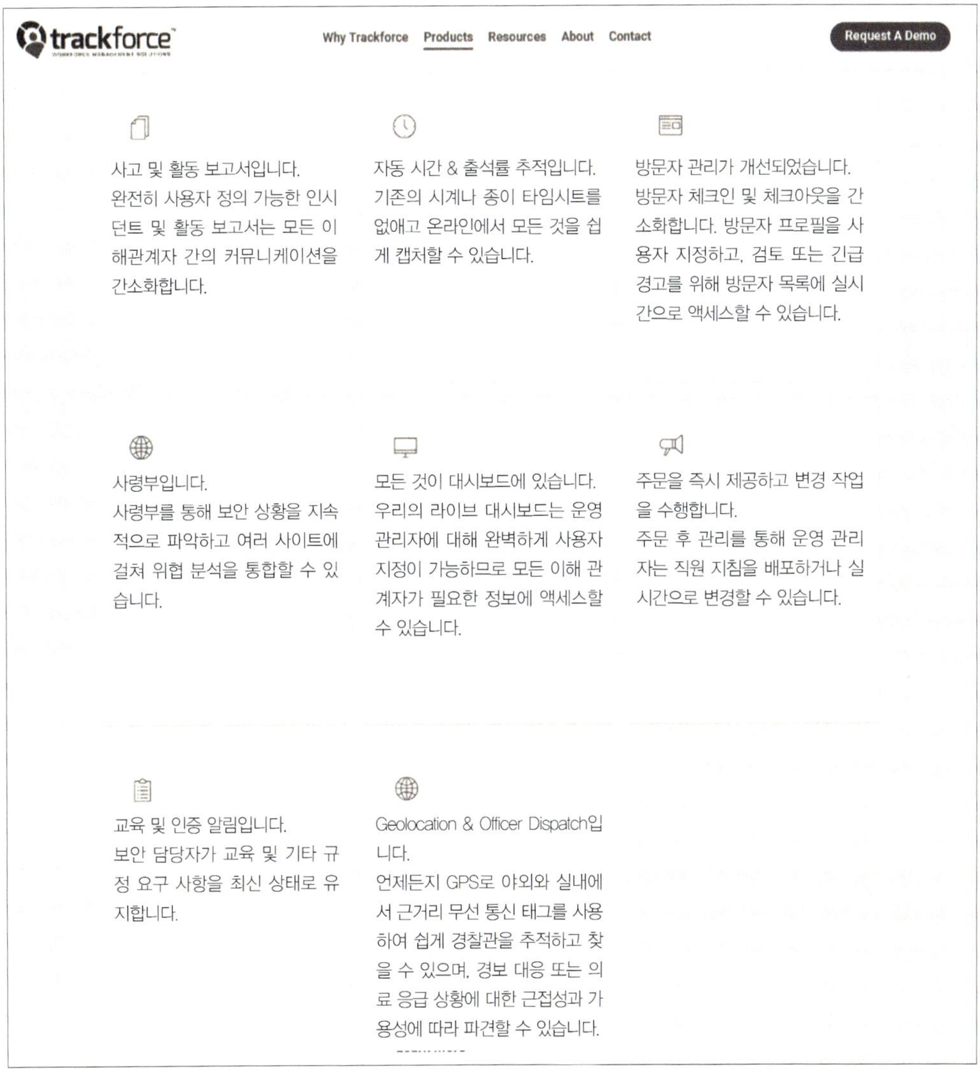

그림 12.5 Trackforce 웹사이트 (출처: Trackforce)

curity-operation-app/#post_features ; for a flowchart which tracks client and case, see Charles P. Nemeth, The Paralegal Resource Manual, 3rd ed. (Anderson Publishing, 2008): 319.

Silvertrac은 또 다른 인기 있는 가드 관리 소프트웨어 프로그램으로, 자동 보고서, 장교 성능 추적, 고객 및 직원 커뮤니케이션을 제공한다. 또한 이 소프트웨어는 조직의 효율성을 향상시키기 위해 보고 및 관리 기능을 갖추고 있다. 그림 12.6[12]을 참조하십시오.

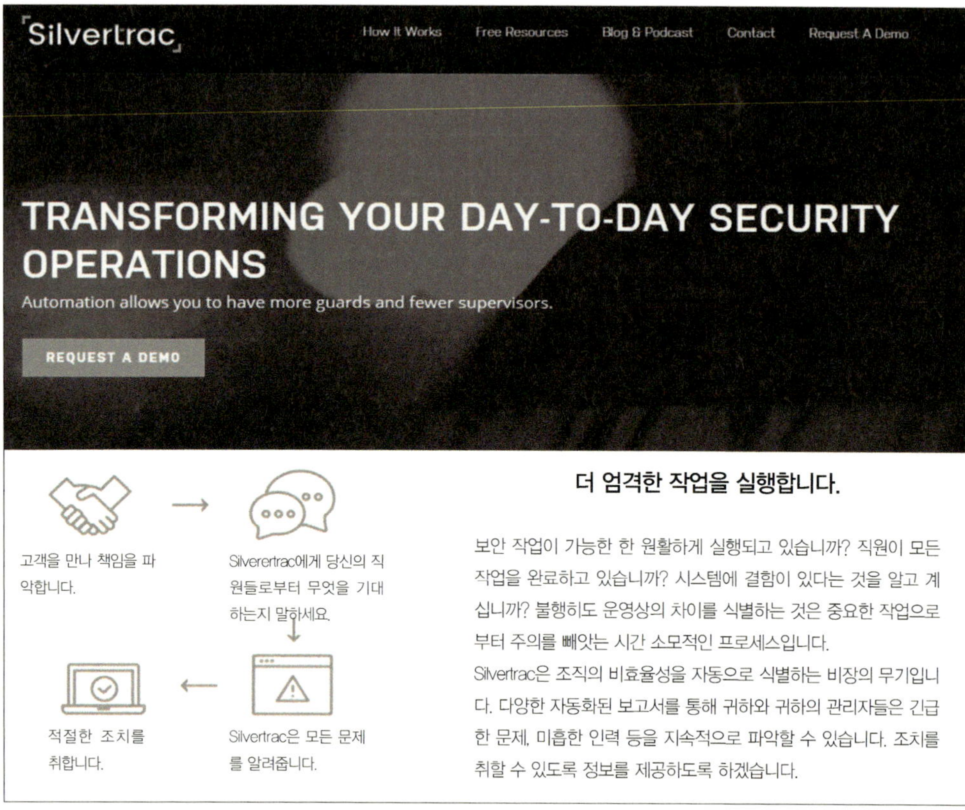

그림 12.6 Silvertrac 웹사이트(출처: Silvertrac 소프트웨어)

12) "Automated Security Guard Management," Silvertrac, accessed September 12, 2018, www.silvertracsoftware.com/automated-security-guard-management.

OfficerReports.com은 매일의 활동과 사고 보고서, 체크리스트, 사후 명령, 정책 매뉴얼을 포함하는, 경찰관들을 위한 사용하기 쉬운 플랫폼을 가지고 있다.[13] 중소기업의 경우 전자 보고서 양식이 훌륭한 선택이 될 수 있다. 조사자 Marketing.com은 저렴한 가격에 전자 템플릿의 "투자자 번들"을 제공한다. 이 패키지에는 다른 것들 중 가석방 계약서, 감시 보고서, 조사 송장이 포함되어 있다.[14]

웹 연습 Capterra의 웹사이트를 방문하여 조사 분야의 많은 소프트웨어 공급업체를 살펴보십시오.

www.c apter at m/inv estig ation –마나 게멘 t–sof tware /.

13) Officer Reports.com, http://officerreports.com/products.html.

14) "Investigators Bundle," Investigator marketing.com, https ://investigatormarketing.com/shop/#included.

4 자료정리 시스템

4.1 장비 및 보관

효과적인 서류정리방식은 적절한 조사를 위해 반드시 필요하다. 당사자들, 장소들 그리고 조건들에 관한 필요한 정보를 제대로 위치를 정할 수 없는, 최종 기간 내에 업무를 처리하는 보안전문가를 상상해 보라. 그리고 그 파일은 어떤 운(韻)이나 이유 없이 배열된 종이와 다른 서류들 밑에 깊숙이 숨겨져 있다. 어떤 사무실에서는 찾는데 보내는 시간은 시간을 버리는 것이라고 한다.

자료정리 시스템은 첫째 그리고 맨 먼저, 중앙집권화되어야 한다는 것인데 즉, 이것의 한 장소에서 자료정리의 완전성과 조직을 확실하게 하기 위하여 임명된 한 사람으로라는 뜻이다. 자료가 옮겨졌다면 재정리를 위하여 그 전의 위치로 되돌려져야 한다.

파일 정리는 조사 범위, 유형 및 유형에 따라 달라지지만 다음 지침을 따라야 한다.

최근 사항들

- 서신왕래
- 계산서
- 초안
- 여분의 복사본

- 송장(送狀)/영수증(지불한)
- 송장(送狀)/영수증(지불하지 않은)
- 메모(내부용)
- 연구
- 전화번호부
- 작업서류
- 사진첩
- 조사보고서
- 목격자진술서

여러 당사자와의 서신이 예상될 경우, 개별 폴더를 제안한다. 다양한 파일 시스템 기술이 존재한다. 주제 파일링 시스템의 예는 그림 12.7에 재현되어 있다.

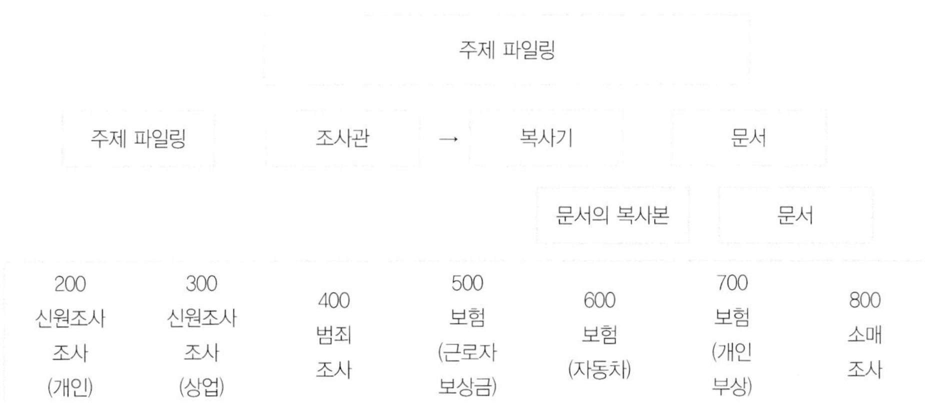

그림 12.7 **주제 파일링 시스템 예시**

양식에서 알 수 있듯이, 피험자는 숫자 코드로 지정되었다. 숫자 부호화 시스템은 공간을 절약하고, 빠른 참조를 제공하며, 컴퓨터화된 파일 시스템에 쉽게 통합될 수 있다. 숫자 체계는 색상 코딩의 사용으로 더욱 강화될 수 있다. 수치 파일 시스템은 또한 사건에 익숙하지 않은 사람들이 그 동태를 한눈에 알 수 있도록 가능한 한 유익해야 한다. 수치 시스템은 저장 및 폐기 기법에 대한 빠른 참조 가이드를 제공한다. 시스템은 클라이언트의 이름, 파일이 열린 연도, 해당 연도의 사례 번호 및 조사 유형에 할당된 번호를 표시해야 한다. 예를 들면 다음과 같다.

의뢰인 샘 브라운은 2018년 1월 절도 행위로 의심되는 직원들을 감시하기 위해 수사관 존리와 만난다. 그 파일은 다음과 같은 방법으로 식별할 수 있다.

브라운, 샘 18-0005200

코딩은 Brown, Sam (클라이언트), 18 (개방 연도 파일), 0005 (개방 연도별 케이스 번호), 200 (도난용 번호 코드)을 나타낸다.

폴더는 확장 파일 위로 탭이 조금 더 확장되어 있어서 빠르게 볼 수 있어야 하며, 문서들은 손실을 방지하기 위해 어떤 형태의 클립을 사용하는 폴더 안에 포함되어야 한다. 일반적으로 삽입은 최신 정보가 위에 있는 시간순으로 해야 한다. 삽입 준비는 파일 작성 중인 특정 문서에 따라 달라지며 보안 담당자와 파일 유지자가 상호 합의해야 한다.

4.2 비망록 파일

보안 전문가는 시간과 일정에 따라 관리된다. 의뢰인은 결과와 관련된 비용들이 현명하게 사용되어지도록 자신들의 투자에 대한 당연한 기대를 가지고 있다. 그러므로 각 사건에 대한 다가올 성과를 종합적으로 개요를 잡는 추적 시스템을 갖는 것은 필수적이다.

매우 효과적인 비망록 시스템은 다음으로 구성되어 있다:

- 3" × 5" × 12" 판지로 만들어진 색인 카드 박스
- 1-31일의 칸막이로 구성되어진 색인 카드 몇 세트
- 연도별 색인카드 칸막이

- 여러 색깔로 이루어진 준비된 색인 카드

칸막이와 카드들은 다음과 같이 배열되어야 한다:

- 현재 연도
- 현재월
- 일별 칸막이 세트
- 향후 몇 달 동안 일일 분할업체 사용
- 남은 기간 – 12월
- 내년
- 1월 ~ 전월 구분자
- 남은 기간
- 빈 카드

예를 들어 카드들은 다양한 색깔로 부호화되어야 한다:

- 흰색 : 돈 문제에 관한 의뢰인
- 녹색 : 돈 문제가 아닌 사안
- 노랑색 : 특별한 경우, 일시에 개인적인 사람을 만났을 때
- 주황색 : 인용
- 빨강색 : 중요한 마감사항(IMPORTANT DEADLINE)[15]

단순한 상기(想起) 방법은 "비망록 수첩(Tickler Memo)"이다. 박스 12.3의 형식처럼 표준형식을 사용함으로써 보안조사관은 단지 자신에게 부과된 문제들을 조사하기 위해 그리고 메일 체크해야 될 번호가 매겨진 서류 안에 넣기 위하여 필요하다.

15) Pennsylvania Bar Institute, The Pennsylvania Young Lawyer's Handbook (1984): 28.

Box 12.3 비망록메모(Tickler Memo)

의뢰인 이름____________ 의뢰인 번호____________________________

조사관_____________________ 날짜_________________________________

메모

누구와 약속있는가

장소

날짜 시간 확인했는가?(예/아니요)

면담자(목격자이름)

공소시효 만료

보고서

의뢰인 청구서

파일 마무리

후속족치

노트

큰 달력이나 탁상 날짜 책과 같은 다른 종류의 알림 시스템도 사용할 수 있다. 시스템의 선택은 일반적으로 보안 회사의 크기와 직원의 해당 작업량에 따라 결정된다.

4.3 소프트웨어의 중요성

Report Exec은 소프트웨어 제품군에 모바일 플랫폼을 포함한 광범위한 보고, 운영 및 분석 모듈을 제공하여 모든 문서화 요구 사항을 충족한다. 그림 12.8을 참조하십시오.[16]

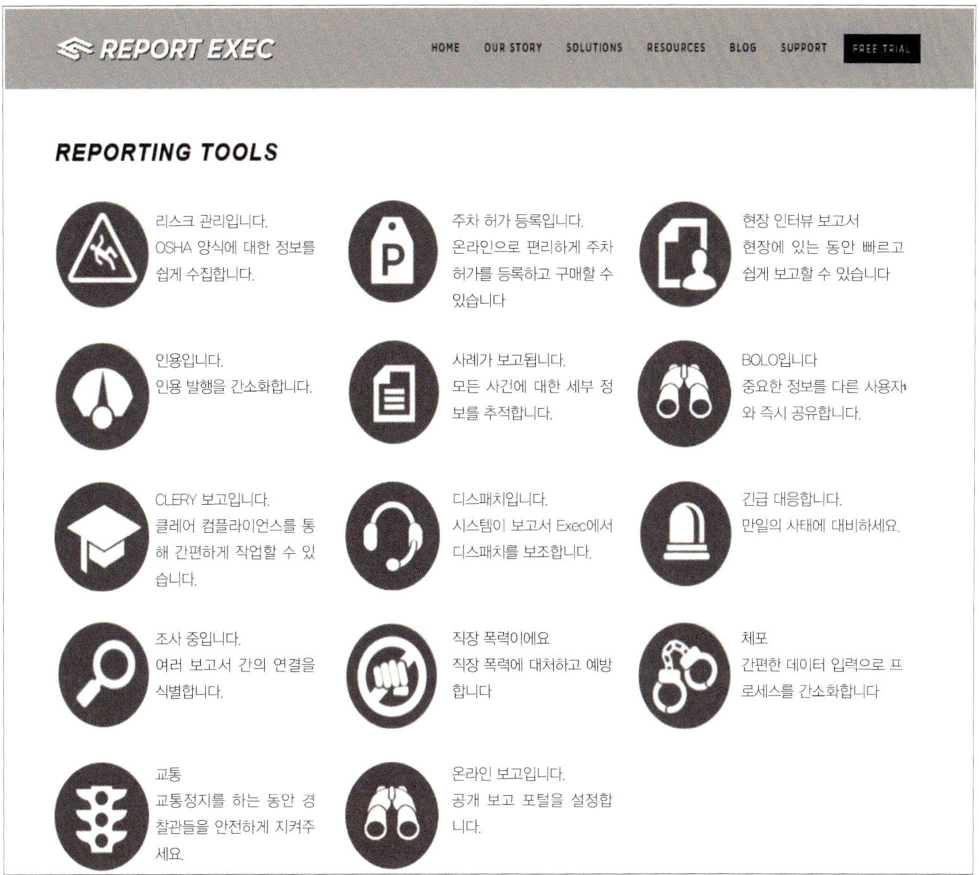

그림 12.8 Report Exec 웹사이트(출처: Competitive Edge Software Inc.)

16) "Solutions," ReportExec, http://reportexec.com/solutions.

i-Sight는 조사자들이, 조사자들을 위해 고안한 직관적인 사례 관리 소프트웨어다. 이 소프트웨어는 조사 보고서, 사건 이력 추적에 이르기까지 수사관의 니즈가 확대되면서 성장하도록 개발되었다. 사용 가능한 기능의 표현은 그림 12.9[17]를 참조하십시오.

PI Direct는 단독 PI부터 15명 이상의 조사관을 가진 회사에 이르는 규모의 기업들을 위한 또 다른 올인컴퍼니 프로그램이다. 시스템 특징으로는 사례 관리 업무, 소셜 미디어 조사, 양식 및 보고서 생성, 증거 및 문서 보관 등이 있다.

17) "Software," i-Sight, https://i-sight.com/features/.

그림 12.9 I-Sight 웹사이트(출처: I-Sight)

5 계산서 작성

경비전문가가 수행하는 모든 행정업무 중에서 비용의 산정 및 청구 가능시간의 기록이 단연코 우선이다. 경비전문가는 아무리 우호적이든 의도적이든 고객이 청구서를 지불하는 것이 느릴 수 있기 때문에 이러한 노력에 부지런해야 한다. 그림 12.10[18]은 법률 사례의 진행 상황을 도표화한다. 도표는 시간이 지남에 따라 청구서를 지불하려는 고객의 의지가 자연스레 감소하기 때문에 모든 청구서를 완전히 계산하여 고객에게 신속하게 발송해야 한다는 것을 보여준다. 유사한 패턴은 개인 보안 설정에서 적용할 수 있다.

재정적인 책임과 어음회수는 확실히 보안실에서 선호되는 활동은 아니다. 그러나 유효한 경제적 실행과 소송의뢰인의 재정적 책임이 없으면 사무실은 위험에 처하게 된다. Pinkerton Inc.는 직원들에게 건전한 사업적 판단력을 가지고 행동할 것을 촉구한다.

당신과 친숙하지 않은 장래의 소송의뢰인의 사무실에 전화했었을 것이다. 당신은 그를 모르고 당신은 그의 사업을 완전히 아는 것도 아니다. 그러면 "일반적인 상식"은 당신에게 경계해야 한다고 말한다. 당신이 그 사람에게 그의 경제적 상태를 증명하려고 물을 때 당신은 매우 난처한가? 당신이 그에게 질문을 던질 때 그가 당혹스러워할 거라고 실제 생각하는가? 두 질문에 대한 대답은 신사라면 부정적이다. 만약 당신의 소송의뢰인이 사업가라면 그는 당신의 관심을 존중할 것이다. 만약 당신이 재치 있고 공손하다면 어떤 해로움이 일어나지 않고 당신은 당시의 위치에서 안전하게 보호받을 것이다. 이 특별한 시점에서 당신은 결

18) Jay G. Foonberg, How to Start and Build a Law Practice, 5th ed. (American Bar Association, 2004):309.

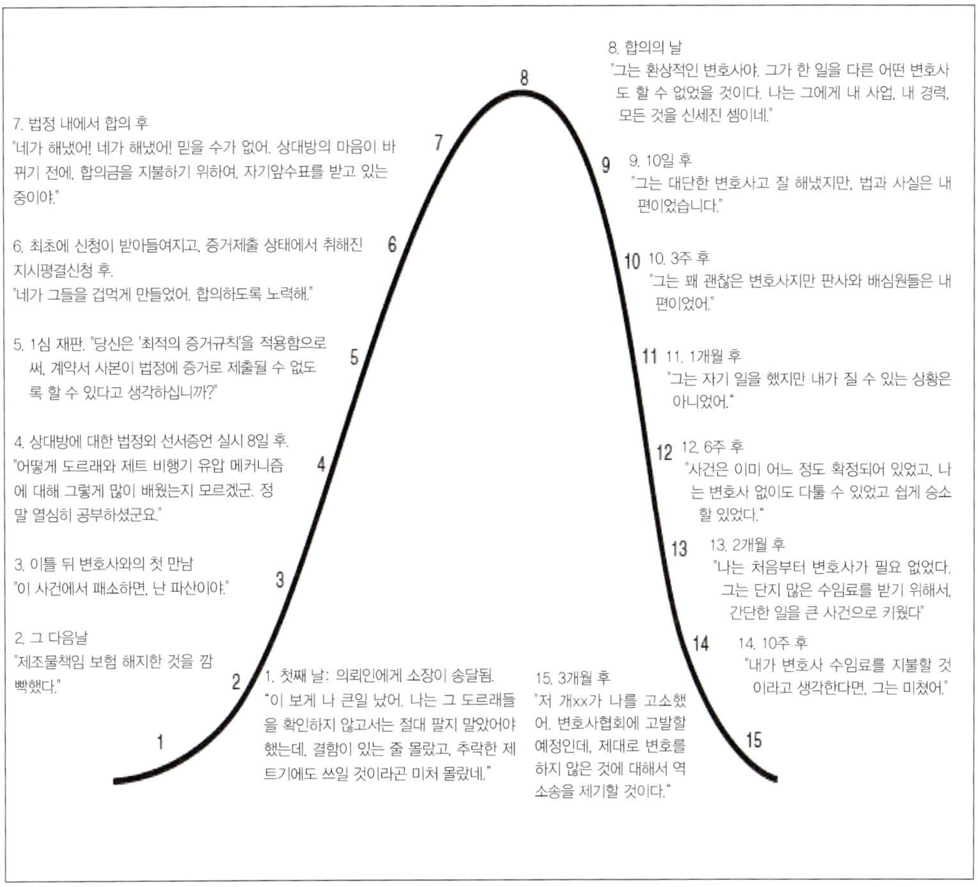

그림 12.10 "How to start and build a law practice"에 나오는 의뢰인의 고마움 표시변화 곡선 (출처: Jay G. Foonberg과 America Bar Association)

단을 내려야 한다. 청구서에 대하여 그가 지불하기를 당신이 원할 때 이 사람은 청구서를 지불할 것인가? 만약 당신이 그 대답이 "아니오(no)"라고 믿는다면 당신은 "변호사 의뢰료"를 청구해야 한다. 그 변호사 의뢰비용은 가능한 시간과 비용들을 다 포함하게 충분해야 할 것이다. 만약 당신이 그 대답을 "예"라고 믿는다면, 그래도 나는 당신에게 여전히 기본적인 주의를 하라고 충고할 것이다. 당신 의뢰인의 회사로 하여금 돈을 지불하라고 청구하라. 당신은 아무 문제없을 것이다. 당신에 의하여 최종계산서로서 추정된 금액에 대하여 만약 의뢰인이 응할 만큼 돈이 있다면 이를 확인하기 위하여 당신의 은행으로 하여금 당신을 위한 신

용체크를 하게 하는 것은 쉬운 문제이다. 그 때부터 그는 기꺼이 말할 것이다.[19]

경비원 또는 민간조사관은 보수에 관하여 회사가 고정시켜 놓은 지침과 정책들을 고수해야만 한다. 조사관으로 하여금 그/그녀의 서비스날짜, 서신왕래 그리고 관련된 비용 예를 들면, 운송비 · 전화비 · 식사비 · 숙박비와 같은 지출을 완전히 추적해 줄 것을 요구하고 있다. 그림 12.11과 그림 12.12가 가장 좋은 예이다.

19) Pinkerton's, "Administration": 12.

예비조사 결과

시간지킴이	시간

과업 가정(task assumptions)

날짜	끝나는 날짜	기간

고려해야 할 과제

- 고객 인터뷰를 하다
- 증인 인터뷰를 하다
- 메모를 정리하다
- 공문서를 검토하다
- 서류를 분석하다

가정

가격 추정치

고려해야 할 비용

- 복사
- 문서 처리
- 온라인 조사
- 조사료
- 여행

가정

그림 12.11 예비조사 결과를 제출하는 데 사용되는 보고서 양식

예비조사 결과

시간지킴이		시간

과업 가정(task assumptions)

날짜	끝나는 날짜	기간

고려해야 할 과제
- 고객 인터뷰를 하다
- 증인 인터뷰를 하다
- 선택한 클라이언트 문서 검토
- 공개 서류를 검토하다
- 문서를 분석하고 정리하다

가정

가격 추정치

고려해야 할 비용
- 복사
- 문서 처리
- 온라인 조사
- 조사료
- 여행

가정

그림 12.12 **정황 조사 보고서**

조사관의 청구 작성하는 작업에 소요된 시간의 책임이 더 중요한 관련성이다. 종종 이것은 회사의 급여 기능과 역할에 따라 추적된다. 그렇다 하더라도, “경비 서비스 사업은 로켓

과학이 아니지만, 그렇다고 그것이 쉽다는 뜻은 아니다. 직원들에게 작업 시간, 시간 및 참석, 산업 관계, 인적 자원 관리 및 청구서 작성과 관련된 비용을 지불하는 것.[20] 조사자는 교통비, 전화비, 식사비, 숙박비 및 기타 잡비 등 서비스 일자, 통신비 및 관련 경비(그림 12.13)를 완전히 추적하거나 그림 12.14와 같은 일반 경비 양식을 사용할 수 있다. 또 다른 방법은 비용에 신용카드를 사용하고 이를 검증 양식에 기록하는 것이다(그림 12.15).

시간과 경비 보고서

의뢰인　　　　　　　　　　　　임무

청구서 발송지　　　　　　　　　의뢰인 계좌번호

전화번호

서비스					
수량	날짜	시간/일	요금	액수	총액수

경비
- 시외&시내 버스비
- 번호
- 자동차 비용
- 식사
- 기타 여행경비
- 숙소

____

여러종류(아이템)________

________________ 총

총 액수________________

모든 항목을 지원비에 붙여라

그림 12.13 각 개별 조사의 비용을 나열하고 시간을 추적하는 데 사용되는 샘플 양식

20) See Mark Folmer, "Speak the Language of Payroll," Security Management, January 2018, https://sm.asisonline.org/Pages/Speak-the-Language-of-Payroll.aspx.

사무비 비망록

의뢰인 의뢰인 계좌번호

임무 월 20

조사관 제출날짜

날짜	서술	경비	추가경비	총 금액

총

조사관:

그림 12.14 경비 적는 양식

신용카드구매확인서

직원 월

날짜	서술	총액	청구서	의뢰인 번호

총

직원:

그림 12.15 신용 카드 구매 양식 확인

고객 접대, 통행료, 주차 등과 같은 여행 및 여행 관련 문제에 대한 현금 지출은 그림 12.16과 12.17에 제시된 양식에 기록될 수 있다. 이러한 비용은 조사 관행의 손익계산서에 유의적으로 영향을 미친다. 어떤 회사들은 여행자의 지출과 원래 취득 비용을 모두 추적한다. (항공사와 기타 운송 회사가 부과하는 수수료의 차이와 함께, 적절한 예비 계획과 선정이 상당한 고려가 되어야 한다.) 다른 경비회사들은 종종 그들의 에이전트와 수사관들에게 자금을 인출할 수 있는 자금이나 비용의 선금을 제공한다. 경비전문가는 승급이 월급도 아니고 임금도 아니고 회사 돈을 빌려 경비를 충당하는 것임을 깨달아야 한다. 일반적이고 합리적인 지출을 초과하는 금액은 회사에 반환해야 한다.

경비보고서

이름 끝나는 날짜

날짜	사건#	거리	숙소	일일경비	접대비	통행료 주차비	기타	일일 총경비
일요일								
월요일								
화요일								
수요일								
목요일								
금요일								
토요일								
총								

기타

보고한 총금액

금액 지불 기일

여행의 목적

요약

총 경비

현금 인출

회사가 부담할 요금

		고객이 직원한테 지불할 금액	
		고객이 회사한테 지불할 금액	
준비한 인원	날짜	승인한 사람	날짜

그림 12.16 경비보고양식의 예

비용지출액 보고서

의뢰인 이름			사건 번호		파일번호
날짜			총경비		
□ 여행					
어디서			어디로		
시작 마일리지			마무리 마일리지		총 마일리지
	□개인 자동차			□회사 자동차	
□공항	□택시	□버스	□기차	□지하철	□총:
□전화					
누구한테					
도시		주		전화번호	
누가					
□개인 전화비용		□신용카드	□후불		
□여흥					
어디서					
의뢰인 이름					
목적					
□기타					
	□우편	□주차		□복사기: 몇 개___	□기타
서명:					

그림 12.17 비용지출액 보고서 양식 예

또 다른 형태의 형태는 다양한 종류의 서비스를 추적하기 위한 일반적인 타임슬립이다. 진행 중인 기록은 고객에게 "좀 더 강력한 충격"을 초래할 수 있는 청구서의 개요를 보여줄 수 있다. 이 형식의 형태는 그림 12.18에 나타나 있다. 이러한 문서를 정기적으로 작성하면 조사자와 고객이 신뢰할 수 있는 기록이 생성된다. 그것은 또한 그러한 비용을 모으는 능력을 극적으로 증가시킨다.

타임슬립	
의뢰인 이름	사건번호
뭐에 관한	
행동유형	몇 시간 청구
노트:	
서명	날짜

그림 12.18 타임슬립예시

청구 가능한 모든 시간이 계산되고, 지출이 조사 및 설명되고, 여행, 전화 및 기타 일반적이고 합리적으로 관련된 지출이 표로 작성된 후, 고객에게 송장을 제출해야 한다. 기본 청구 형식은 박스 12.4에 있다. 박스 12.5, 그림 12.19 및 표 12.2는 청구 과정에 도움이 되는 다른 관련 양식을 제시한다.

Box 12.4

경비회사

123 ABC로

아무도시, USA, 00000

누구에게:

제공받은 서비스:

Box 12.5 일일 시간 및 비용 요약 예제

일일 시간 및 비용 요약 예제

의뢰인:

케이스 넘버: 날짜:

조사관:

이동 시간: 감시 시간:

마일리지:

경비: 영수증 나열하거나 첨부

차량:

휴대전화 비용: 전화기록하고 그 비용을 첨부

보고서 올린 시간:

요약

현금지출

체출날짜			부서		이름			마무리 기간	
날짜		상관 이름	총 금액		날짜		상관 이름	총 금액	
월	일		선금	비용	월	일		선금	비용
					총 선금				

총 선금					총 금액				

그림 12.19 비용 및 현금 지출에 대한 샘플 기록

표 12.2 주간 시간표 예시

주간 시간표						
직원 이름	직원 번호		~가	~에게		
날짜	케이스#	사무실	이동	감시	U/C	총 시간
활동 유형별 총계						
총						
직원 서명			날짜			
상관 서명			날짜			

마지막으로, 합법적인 사무실 절차는 작업 현장에서 사고 및/또는 부상을 기록하는 데 부주의할 수 있다. 공식 보고서는 부상 발생 방법, 직원의 기능이나 업무가 무엇이었는지, 그리고 어떤 수준의 혜택이 존재하는지 설명해야 한다.

5.1 소프트웨어 중요성(software consideration)

CROSStrax Investigation biling 소프트웨어는 고객 송장 처리뿐만 아니라 청구 및 비용도 추적하고 용이하게 한다. CROSStrax는 조사자들이 시간 및/또는 활동을 추적할 수 있는 간단한 인터페이스를 제공한다. 또한 이 소프트웨어에는 보고서 템플릿, 사례 기록, 사례 노트 및 통합 이메일이 포함된다. 그림 12.20[21]을 참조하십시오. Officer Reports.com은 스케줄링, 급여, 고객 요금 청구에 도움이 되는 시간 및 출석 소프트웨어를 가지고 있다. 그림 12.21[22]을 참조하십시오.

21) "Billing and Expenses," Crosstrax, www.c rosst rax.c o/cro sstra x-features/billing-and-expenses.

22) "Time and Attendance Software," Officer Reports.com, http://offcerreports.com/time-and-attendance-software.html.

그림 12.20 CROSStrax 웹사이트(출처: CROSStrax LLC)

그림 12.21 OfficerReports.com 웹사이트(출처: OfficerReports.com)

Virtual Case Management 소프트웨어는 사례, 연락처, 문서, 통신 및 회계 관리를 지원하는 맞춤형 시스템을 제공한다. 이 시스템은 원활한 이메일 통합, 온라인 결제 처리 및 송장 작성 기능을 갖추고 있다. 그림 12.22[23]를 참조하십시오.

그림 12.22 VirtualCaseMangement의 웹사이트(출처: VirtualCaseManagement.com)

23) "Private Investigators &Process Servers," Virtual Case Management, www.virtualcasemanagement.com/private.aspx.

6 결론

· · · 이로써 보안업계의 조사과정에 대한 우리의 조사가 완료되었다. 마지막 주제는 민영화된 조사 서비스의 효과적인 전달을 위해 매우 중요한 행정업무에 관한 것으로서, 활동을 추적하는 소프트와 다큐멘터리 모두, 청구서 및 청구서 및 청구서를 계산하는 메커니즘에서 여행 및 기타 변제를 계산하는 프로그램에 이르기까지, 활동을 추적한다. 제대로 기능하지 않는 사무실은 약속한 서비스를 충족시키지 못하는 운영이다. 또한, 업계에서는 제공되는 서비스의 작업과 결과를 모니터할 뿐만 아니라, 종업원을 직립하고 좁게 유지할 수 있는 수단과 방법을 제공하는 추적 도구가 필요하다. 그리고 결국 잘 관리된 사무실은 잠재적인 법적 책임을 최소화한다. "종업원들은 국민을 안전하게 지켜야 할 의무가 있다. 당신의 직원들이 현장, 큐비클 또는 건설 현장, 미국 또는 해외 어느 곳에서든, 그 의무는 당신의 직원들을 불필요한 위해의 위험으로부터 보호하는 것이다. 그러나 점점 더 이동성이 뛰어나고 전세계적인 노동력이 이러한 의무를 이행하는 데 새로운 도전을 가져왔다.[24]"

민간 경비는 이 나라의 법적, 경제적, 사회적 구조에 필수적인 역할을 한다. 보험 조사에서부터 자산 보호에 이르기까지, 민간경비 요원들은 학교, 대학, 박물관, 엔터테인먼트 단지, 포춘지 500대 기업, 그리고 대부분의 소매 및 상업 시장을 포함한 대부분의 주요 기관에서 민간경비가 참여한다. 이 작품은 독자들에게 민간 안보의 기능에 대한 다양한 인상을 남기고 아마도 이 위대한 사업의 미래에 대한 경외심을 남겨주길 바란다.

24) See Brett Andrew, "How to Use Technology to Improve Duty of Care Obligations," Security Management, August 14, 2018, www.securitymagazine.com/articles/89335-how-to-use-technology-toimprove-duty-of-care-obligations.

INDEX

로마자

역자 프로필

임준태 프로필

- 국립경찰대학 법학과 졸업
- 연세대학교 행정대학원(사법행정 전공) 행정학석사
- 독일 Freiburg 법과대학(범죄학/경찰학 전공) 법학박사(Dr. jur.)
- 연세대학교 대학원 법학과(형사법 전공) 법학박사
- 미국 Penn State Law School(미국법 전공) 법학석사(LLM)
- 現 동국대학교 경찰사법대학 경찰행정학부 교수
- 한국스마트치안학회 회장(2020)
- 한국국가정보학회 감사(2020)
- 전)한국경찰연구학회장
  한국형사정책학회 감사
  대통령소속 지방자치발전위원회 자문위원
  국무총리실 정책평가위원회 전문위원
  삼성화재보험범죄방지 자문위원

- University of Toronto Faculty of Law Visiting Scholar(2017)
- School of Criminology at Simon Fraser Univ. in Canada Visiting Scholar(2006)
- Justice Institute of British Columbia in Canada Visiting Scholar(2003)
- Max-Planck Institute for Public and International Law at Heidelberg in Germany Visiting Scholar(2002)
- Sam Houston Univ. at Texas in USA Visiting Scholar(2001)

송영남 프로필

- 동국대학교 경찰행정학과 "범죄학" 박사 졸업
- 용인대학교 경호학과 "경호학" 박사 졸업
- Pearson BTEC Level 3 Advanced(PRIVATE INVESTIGATION)
- 2007 올해를 빛낸 인물 20인 선정 헤럴드경제
- 2008 한국현대인물열전 33인 선정 한국인물연구원
- 2018 평창동계올림픽 민간안전인력본부 강릉단장
- 現 I F I 국제법과학수사연구소 설립/ 소장
- 現 ㈜예죽경호 설립 / 대표이사
- 現 동국대학교 경찰사법대학 사회안전교육연구원 민간경비교육센터 센터장
- 現 동국대학교 경찰사법대학원 경찰사법학과 객원교수
- 現 IFI 국제탐정협회 설립 /회장

- The American Society of Criminology (November 18 - 21, 2015)
  "Do multicultural factors influence on prison life satisfaction level of foreign inmates?"
- 헤럴드경제 "민간법과학수사의 초석을 마련하다"
- 피플코리아 "IFI 국제법과학수사연구소 송영남 소장 민간법과학수사의 확대와 발전"
  외 168회 언론방송 및 기사

탐정학 조사방법과 실무기법

발행일 1판 1쇄 인쇄 2020년 7월 20일
1판 1쇄 발행 2020년 7월 22일

역 자 임준태·송영남
발행인 윤덕우
발행처 도서출판 그린
주 소 경기도 파주시 가람로 116번길 107 운정한강듀클래스 411호
전 화 02)333-2574, 5
팩 스 02)333-2561
출판등록 제8-16호(1995. 5. 3.)
E-mail greenpress@greenpress.co.kr
Homepage http://www.greenpress.co.kr

가 격 40,000원
ISBN 978-89-5727-320-3 (93350)